首任校长郭沫若塑像

1983年12月，邓小平同志为中国科大题词

2016年4月，习近平总书记视察中国科大，与同学们亲切交流

校党委书记　舒歌群

校长、中国科学院院士　包信和

2018年9月1日,中国科学院院长白春礼(中)视察中国科大

2018年9月20日,学校举行建校60周年纪念大会

2018年9月19日,学校举办校友科技论坛

2018年9月1日，学校举行高新园区奠基仪式

2018年9月5日，校党委理论学习中心组召开集中学习会，重温习近平总书记视察科大重要讲话精神

合肥同步辐射燃烧实验线站建设成果获得2018年国家自然科学二等奖

2018年9月,学校承办的第十五届全国物理力学学术会议在合肥召开

2018年4月8日,诺贝尔生理学或医学奖获得者Edvard I. Moser在学校作报告

2018年9月19日,学校举办教育创新暨中外大学校长论坛

机器人大赛

曲艺沙龙

自行车竞技

勤奋路

一鉴亭

孺子牛

雪松

中国科学技术大学
年鉴 USTC Yearbook
2018

《中国科学技术大学年鉴》编委会 编

中国科学技术大学出版社

内容简介

本书是全面反映2018年中国科学技术大学基本情况及各项建设事业改革与发展的史料性文献资料，收录了2018年内学校主要活动和各项工作的重要文献、文件、统计数据等资料，内容共分16个部分，涉及学校概况、年度聚焦、重要文献、文件选辑、规章制度、机构与干部、学科专业、教学与人才培养、科学研究与科技产业、教职工队伍、国内外学术交流与合作、"全院办校、所系结合"、办学支撑条件、学院和国家实验室介绍等各个方面，并专题收录了60周年校庆专题文献及2018年大事记。

图书在版编目(CIP)数据

中国科学技术大学年鉴.2018/《中国科学技术大学年鉴》编委会编.—合肥：中国科学技术大学出版社，2020.1
ISBN 978-7-312-04924-8

Ⅰ.中… Ⅱ.中… Ⅲ.中国科学技术大学—2018—年鉴 Ⅳ.G649.285.41-54

中国版本图书馆CIP数据核字(2020)第051888号

出版	中国科学技术大学出版社
	安徽省合肥市金寨路96号,230026
	http://press.ustc.edu.cn
	https://zgkxjsdxcbs.tmall.com
印刷	安徽国文彩印有限公司
发行	中国科学技术大学出版社
经销	全国新华书店
开本	787 mm×1092 mm 1/16
印张	35.75
插页	6
字数	888千
版次	2020年1月第1版
印次	2020年1月第1次印刷
定价	100.00元

编 委 会

主 编 朱长飞

副主编 王 伟　刘 明　方黑虎

编 委（按姓氏笔画排序）

丁兆君　万 绚　马 壮　马小艳

孙 璐　李志浩　吴 佳　何 婧

何昊华　张 岚　贺崧智　蒋文娟

蔡立英　戴耀华

出版说明

一、《中国科学技术大学年鉴(2018)》(以下简称《年鉴》)是全面反映2018年中国科学技术大学基本情况及各项建设事业改革与发展的史料性文献资料,收录了2018年内学校主要活动和各项工作的重要文献、文件、统计数据等资料,部分统计资料的时间跨度有所延伸。

二、本《年鉴》内容共分16个部分,涉及学校概况、年度聚焦、重要文献、文件选辑、规章制度、机构与干部、学科专业、教学与人才培养、科学研究与科技产业、教职工队伍、国内外学术交流与合作、"全院办校、所系结合"、办学支撑条件、学院和国家实验室介绍等各个方面,并专题收录了60周年校庆专题文献及2018年大事记。除另有注明的以外,所有资料的截止时间均为2018年底。

三、本《年鉴》力求资料完整、内容翔实、数据准确。由于编辑力量和水平有限,疏漏、误差之处在所难免,读者如有发现,敬请批评指正。

四、本《年鉴》由中国科学技术大学档案馆(校史馆)和党政办公室联合组织编写,得到了学校领导、各学院和国家实验室、机关各部门和各直属单位的大力支持与帮助,谨此一并致谢。

编 者
2019年6月

目　录

出版说明 ·· (001)

一、学校概况 ··· (001)

二、年度聚焦 ··· (005)
 中国科大举办60周年校庆系列活动 ··· (007)
 中国科学院、安徽省重点支持学校建设 ·· (007)
 舒歌群担任中国科大党委书记 ·· (007)
 继续保持青年人才队伍优势 ·· (007)
 国际化建设持续推进 ··· (008)
 3项成果获国家自然科学二等奖 ·· (008)
 重大科研平台建设成效显著 ·· (008)
 自然指数名列全球高校第18位 ·· (009)
 13个学科进入ESI世界前1‰学科 ·· (009)
 多项成果入选国内十大科技成果 ·· (009)
 中国科大高新校区奠基 ·· (009)

三、60周年校庆专题文献 ··· (011)
 在中国科学技术大学建校60周年纪念大会上的讲话（中国科学院院长、党组书记　白春礼）······ (013)
 在中国科学技术大学建校60周年纪念大会上的讲话（安徽省委书记　李锦斌）·············· (014)
 红专并进启新程，科教报国谱华章　加快建设中国特色、科大风格的世界一流大学——在中国
  科学技术大学建校60周年纪念大会上的讲话（中国科学技术大学校长　包信和）··········· (016)
 在中国科学技术大学建校60周年纪念大会上的讲话（清华大学校长　邱勇）················· (019)
 在中国科学技术大学建校60周年纪念大会上的讲话（校友代表　赵忠贤）····················· (021)
 在中国科学技术大学建校60周年纪念大会上的发言（教师代表　陈宇翱）····················· (022)

四、重要文献 ··· (025)
 中国科学院院长、党组书记白春礼在全校教师干部大会上的讲话 ·························· (027)

安徽省委副书记信长星在全校教师干部大会上的讲话……(030)
许武同志在全校教师干部大会上的讲话……(031)
舒歌群同志在全校教师干部大会上的讲话……(033)
坚持党委领导下的校长负责制　推进完善现代大学治理体系——舒歌群书记在全国高等学校党的建设工作会议的经验交流材料……(034)
包信和校长在纪念中共中央发布"五一口号"70周年座谈会上的发言……(036)
红专并进树新人，科教报国谱华篇——中国科学院院长、党组书记白春礼在中国科大2018级本科生开学典礼上的讲话……(038)
求真唯实　上下求索——校长包信和在2018级研究生开学典礼上的讲话……(039)
做永不褪色的科大人——校长包信和在2018届本科生毕业典礼暨学位着装授予仪式上的讲话……(041)
乘新时代春风　放飞青春梦想——校长包信和在2018届研究生毕业典礼暨学位着装授予仪式上的讲话……(044)
传承科教报国、追求卓越精神　做新时代的奋进者——校长包信和在2018年冬季学位着装授予仪式上的讲话……(046)
不忘初心　勇攀高峰——校长包信和在第37届郭沫若奖学金暨2017年度国家奖学金颁奖典礼上的讲话……(048)
潜心立德树人　执着攻关创新　全面推进中国特色世界一流大学建设——2014～2018年校党委工作总结报告……(049)
科教报国　追求卓越　努力办出中国特色世界一流大学——2014～2018年学校行政工作总结报告……(061)
包信和校长在中国科学技术大学附属第一医院建院120周年纪念大会上的讲话……(073)

五、文件选辑……(077)

中国科学技术大学2018年党委工作要点……(079)
中国科学技术大学2018年行政工作要点……(083)
关于舒歌群等同志职务任免的通知……(091)
中共中国科学院党组关于杨金龙等同志职务任免的通知……(092)
关于学校领导班子成员工作分工的通知……(092)
关于进一步完善学院党政领导班子议事决策机制的通知……(093)
关于建立党员领导干部、教师联系党支部制度的通知……(095)
关于调整差旅费中有关市内交通费报销规定的通知……(099)
关于中共电子科学与技术系总支部委员会更名的通知……(099)
关于成立中共中国科学技术大学生命科学与医学部委员会的通知……(100)
关于成立生命科学与医学部相关学院的通知……(100)
关于恢复应用化学系的通知……(100)
关于成立中共中国科学技术大学应用化学系总支部委员会的通知……(101)
关于成立中共中国科学技术大学离退休干部委员会的通知……(101)
关于成立大数据学院的通知……(101)
关于成立法律事务办公室的通知……(102)
关于成立对外联络与基金事务处的通知……(102)

六、规章制度 (103)

中国科学技术大学党委理论学习中心组学习实施细则 (105)
中国科学技术大学"双一流"建设项目监理条例 (107)
中国科学技术大学舆情应对处置工作办法 (108)
中国科学技术大学关于进一步加强和改进师德师风建设的指导意见 (112)
中国科学技术大学建立健全师德建设长效机制的实施办法(试行) (115)
中国科学技术大学关于授予普通高等教育本科毕业生学士学位实施细则 (118)
中国科学技术大学国家助学金管理实施细则 (119)
中国科学技术大学国家励志奖学金管理实施细则 (121)
中国科学技术大学学生活动经费管理规定 (123)
中国科学技术大学本科生学籍管理实施细则 (124)
中国科学技术大学学生"文明宿舍"评选办法 (134)
中国科学技术大学工程类博士专业学位研究生申请学位的研究成果要求 (135)
中国科学技术大学博士硕士学位授权审核实施办法 (136)
中国科学技术大学关于优秀博士生提前答辩申请学位的规定 (137)
中国科学技术大学关于授予来华留学生学位实施办法 (138)
中国科学技术大学马克思主义学院建设方案 (141)
中国科学技术大学马克思主义理论研究专项管理办法(试行) (144)
中国科学技术大学关于具有副教授(副研究员)专业技术职务教师申请博士生导师岗位的暂行规定 (145)
中国科学技术大学关于建立学术荣誉体系教师队伍的意见 (146)
中国科学技术大学资深讲席教授和荣誉讲席教授聘用实施办法 (147)
中国科学技术大学杰出讲席教授岗位聘用实施办法(试行) (149)
中国科学技术大学讲席教授岗位聘用实施办法(试行) (152)
中国科学技术大学科研岗设置与管理办法(试行) (155)
中国科学技术大学教师岗位专业技术职务聘用实施办法(试行) (160)
中国科学技术大学支撑岗位专业技术职务聘用实施办法(试行) (164)
中国科学技术大学收入管理办法 (168)
中国科学技术大学院级统筹增量经费(绩效预算)分配暂行办法 (172)
中国科学技术大学资金存放管理暂行办法 (173)
中国科学技术大学电子支付账户管理暂行办法 (178)
中国科学技术大学校内预算绩效评价暂行办法 (181)
中国科学技术大学国内学术会议管理暂行办法 (188)
中国科学技术大学科研经费管理办法 (189)
中国科学技术大学科研项目经费外拨管理办法 (191)
中国科学技术大学重大科研项目档案管理实施细则(试行) (193)
中国科学技术大学科研绩效管理办法(试行) (205)
中国科学技术大学国有股权管理办法(试行) (207)

七、机构与干部 (211)

学校党政领导 (213)
中共中国科学技术大学第十一届委员会常务委员会委员名单 (213)

中共中国科学技术大学第十一届委员会委员名单 (213)
中共中国科学技术大学纪律检查委员会委员名单 (213)
中国科学技术大学机构设置图 (214)
学院、系和教学部设置 (215)
校部机关党政机构负责人名单 (217)
学院、系、教学部党政负责人名单 (220)
重点科研机构负责人名单 (228)
直属单位负责人名单 (231)
担任各级人大代表、政协委员以及各民主党派重要职务等人员名单 (232)
各类委员会(非常设机构)及其成员名单 (233)

八、学科专业 (249)

一级学科博士、硕士学位授权点 (251)
专业学位授权点 (252)
博士后科研流动站学科 (253)
中国科大进入 ESI 前 1‰ 学科名单 (254)
国家级重点学科 (255)
2018年国家级"新工科"研究与实践项目 (257)

九、教学与人才培养 (259)

本科学生人数 (261)
在校研究生人数 (261)
接收外国留学生情况 (262)
中国科学院优秀博士学位论文奖名单 (263)
中国科学技术大学优秀博士学位论文提名奖名单 (265)
中国科学技术大学优秀博士学位论文奖名单 (266)
2018年"大学生研究计划"数据统计表 (267)
实验教学示范中心 (268)
虚拟仿真实验教学中心 (268)
各类奖教金获得者 (269)
2017~2018学年度校优秀学生工作干部、优秀辅导员和优秀班主任 (278)
2018年度奖学金一览表 (280)
助学金一览表 (282)
2017~2018学年度国家奖学金、中国科学院院长奖、郭沫若奖学金获奖者名单 (283)
2018年本科招生分省录取情况 (286)
国家任务毕业生去向 (287)
毕业生中的中国科学院院士 (288)
毕业生中的中国工程院院士 (290)
毕业生中的国际著名学术机构院士 (291)

十、科学研究与科技产业 (293)

国家级科研机构 (295)

国家重大科技基础设施 (295)
中科院级科研机构 (296)
省部级科研机构 (297)
校级科研机构 (298)
2018年获批百万元及以上民口纵向科研项目(课题)一览表 (301)
2018年职务专利授权一览表 (306)
2018年获科技奖励情况一览表 (343)
2004~2018年入选国际重大进展成果一览表 (344)
2001~2018年入选中国、世界十大科技进展新闻一览表 (345)
1998~2018年入选中国科学十大进展一览表 (345)
1998~2018年入选中国高等学校十大科技进展一览表 (346)
2005~2018年入选国内十大科技进展新闻一览表 (347)
2018年发表在《Science》《Nature》《Cell》及其子刊上的论文一览表 (348)
2001~2017年发表论文情况 (349)
2001~2017年发表论文在全国高校排名情况 (350)
2011~2018年国际论文10年段被引篇次和排名一览表 (350)
2016~2018年自然指数(NI)一览表 (351)
2009~2018年中国卓越国际论文情况 (351)
主办(承办)的学术刊物 (352)
国家自然科学基金委员会创新研究群体 (353)
持股企业情况表 (354)
科技产业孵化基地一览表 (356)

十一、教职工队伍 (357)

教职工人员结构情况 (359)
专任教师年龄、学历情况 (360)
分学科专任教师情况 (360)
中国科学院院士、中国工程院院士一览表 (361)
发展中国家科学院院士一览表 (363)
国家级教学名师一览表 (364)
国家万人计划入选者 (364)
优秀人才名单 (365)
正高级专业技术职务人员名单 (367)
近年来博士后人数变动情况 (371)
"大师讲席"设置及聘任情况 (371)
我校专家当选国务院学位委员会第七届学科评议组成员名单 (374)
我校教师担任第四届安徽省学位委员会委员名单 (375)
我校2018~2022年教育部高等学校教学指导委员会委员名单 (375)
2018年博士生导师名单 (377)
2018~2019学年度在聘外籍语言教师情况 (398)

十二、国内外学术交流与合作 (399)

　　公派出访人员出国(境)情况 (401)
　　近年来接待外宾情况 (401)
　　与国(境)外机构签订交流协议情况 (402)
　　与国(境)外机构合作科研项目情况 (403)
　　主办、承办国际大型学术会议情况 (403)
　　"大师论坛"举办情况 (405)

十三、全院办校、所系结合 (407)

　　与中国科学院研究院所签署合作共建协议一览表 (409)
　　聘请中科院研究院所领导和专家兼任学校院系领导一览表 (410)
　　与中国科学院研究院所联合创办"科技英才班" (411)
　　近年来接收中国科学院研究院所代培研究生情况一览表 (413)
　　近年来向中国科学院研究院所推荐免试研究生情况一览表 (414)
　　近年来本科生在中国科学院研究院所开展实践教学情况一览表 (415)
　　中国科学院研究院所在学校设立奖学金一览表 (415)
　　近年来与中国科学院研究院所共建科教结合平台一览表 (416)
　　近年来与中国科学院研究院所共建实验室一览表 (417)
　　近年来与中国科学院研究院所共建科教融合学院一览表 (418)

十四、办学支撑条件 (421)

　　图书馆馆藏情况 (423)
　　档案馆馆藏情况 (425)
　　近年来图书出版情况 (425)
　　近年来校园网络建设情况 (426)
　　年度教学科研仪器设备统计 (427)
　　年度办学经费收入情况统计 (432)
　　年度经费支出情况统计 (432)
　　年度固定资产情况表 (433)
　　年度科研经费到款情况 (433)
　　年度竣工和在建校舍情况 (434)

十五、2018年大事记 (435)

十六、各学院、国家实验室介绍 (483)

　　少年班学院 (485)
　　数学科学学院 (489)
　　物理学院 (492)
　　化学与材料科学学院 (494)
　　生命科学学院 (499)
　　工程科学学院 (501)
　　信息科学技术学院 (504)

  计算机科学与技术学院 …………………………………………………………… (508)
  地球和空间科学学院 ……………………………………………………………… (510)
  管理学院 …………………………………………………………………………… (512)
  人文与社会科学学院 ……………………………………………………………… (518)
  软件学院 …………………………………………………………………………… (522)
  环境科学与光电技术学院 ………………………………………………………… (524)
  公共事务学院 ……………………………………………………………………… (526)
  材料科学与工程学院 ……………………………………………………………… (529)
  国家同步辐射实验室 ……………………………………………………………… (532)
  合肥微尺度物质科学国家研究中心 ……………………………………………… (534)

附录　新闻媒体有关我校的报道索引 ……………………………………………… (537)
  国际新闻媒体有关我校的报道索引 ……………………………………………… (539)
  国家级新闻媒体有关我校的报道索引 …………………………………………… (542)

一、学校概况

中国科学技术大学是中国科学院所属的一所以前沿科学和高新技术为主,兼有医学、特色管理和人文学科的综合性全国重点大学。

1958年9月,中国科大创建于北京,首任校长由郭沫若兼任。它的创办被称为"我国教育史和科学史上的一项重大事件"。建校后,中国科学院实施"全院办校、所系结合"的办学方针,学校紧紧围绕国家急需的新兴科技领域设置系科专业,创造性地把理科与工科即前沿科学与高新技术相结合,注重基础课教学,高起点、宽口径培养新兴、边缘、交叉学科的尖端科技人才,汇集了严济慈、华罗庚、钱学森、赵忠尧、郭永怀、赵九章、贝时璋等一批国内最有声望的科学家,得到了迅速发展,建校半年即被列为全国重点大学。

1970年初,学校迁至安徽省合肥市,开始第二次创业。"文革"结束后,学校锐意改革、大胆创新,在全国率先提出并实施了创办少年班、首建研究生院、建设国家大科学工程、面向世界开放办学等一系列具有创新精神和前瞻意识的教育改革措施,得到迅速恢复和发展。"七五""八五"期间一直得到国家的重点建设,很快发展成为国家高质量人才培养和高水平科学研究的重要基地。

20世纪90年代以来,学校主动适应国内外科技、教育和社会经济发展的要求与挑战,大力推行教学科研改革和结构性调整,成为国家首批实施"985工程"和"211工程"的大学之一,也是唯一参与国家"知识创新工程"的大学。多位党和国家领导人来校视察,关心中国科大发展。学校办学实力和水平得到稳步提升,走出了一条独具特色的"精品办学、英才教育"的内涵式发展之路,迈出了创建一流研究型大学的坚实步伐。

学校现任名誉校长为中国科学院院士、发展中国家科学院院士周光召教授和中国科学院院长、发展中国家科学院院长白春礼教授,党委书记由舒歌群教授担任,校长是中国科学院院士、发展中国家科学院院士和英国皇家化学会荣誉会士包信和教授。

学校有20个学院、32个系,设有研究生院,以及苏州研究院、上海研究院、先进技术研究院。有数学、物理学、力学、天文学、生物科学、化学6个国家理科基础科学研究和教学人才培养基地和1个国家生命科学与技术人才培养基地,8个一级学科国家重点学科,4个二级学科国家重点学科,2个国家重点培育学科,18个安徽省重点学科。建有国家同步辐射实验室、合肥微尺度物质科学国家研究中心、火灾科学国家重点实验室、核探测与核电子学国家重点实验室(联合)、语音及语言信息处理国家工程实验室(联合)、类脑智能技术及应用国家工程实验室、热安全技术国家地方联合工程研究中心、量子信息与量子科技前沿协同创新中心、国家高性能计算中心(合肥)、安徽蒙城地球物理国家野外科学观测研究站、大尺度火灾国际联合研究中心等11个国家级科研机构和59个院省部级重点科研机构。

学校现有各类普通高等教育在校学生27914人,其中博士生6486人,硕士生14068人,本科生7360人。本科生生源和培养质量一直在全国高校中名列前茅。校园总面积约163万平方米,建筑面积108万平方米,拥有资产总值约27亿元的先进教学、科研仪器设备,图书馆藏书243万册,已建设成国内一流水平的校园计算机网络,以及若干科研、教学公共实验中心。

学校在人才队伍建设上坚持培养与引进并重的方针,按照事业、感情、待遇并重和培养、使用、关爱并举的原则,努力建设一流的师资队伍。现有专任教师1715人,科研机构人员577人。有中国科学院和中国工程院院士53人,发展中国家科学院院士17人,教授745人

（含相当专业技术职务人员），副教授956人（含相当专业技术职务人员）。同时，还有一批国内外著名学者受聘担任名誉（客座）教授、"大师讲席"教授。

学校大力弘扬"勤奋学习、红专并进、理实交融"的校风、校训，坚持"精品办学、英才教育"的理念，形成了不断开拓创新的优良传统，以及教学与科研相结合、理论与实践相结合的鲜明特色，培养出大批德才兼备的高层次优秀人才。近年来，学校不断深化教学内容与课程体系改革，加强以德育为核心、以创新能力培养为重点的全面素质教育，毕业生以综合素质高、创新能力强受到社会广泛赞誉。建校以来，为国家培养了数万名德才兼备的高层次优秀人才，其中涌现出一大批在国内外科技、教育、经济、管理和国防等领域的科技骨干，包括71名"两院"院士。他们取得了令人瞩目的成就，为学校赢得了社会公认的良好信誉。

学校面向世界科学前沿领域和国家重大需求，凝结科学目标，开展科学研究，努力提高学术研究水平和科研创新能力与竞争力，取得了一批具有世界领先水平的原创性科技成果。2001～2018年，学校获国家级科技奖励40项、省部级科技奖励191项，每年在国际上发表的科技论文及被引用情况一直居国内高校前列，被科技部评为全国科研业绩最佳的四所大学之一。2004年以来，在单分子物理化学、纳米科技的基础研究、量子信息科学、铁基超导体、火灾科学与防治技术、极地科学考察与研究等领域，科研成果57次入选世界十大科技进展（新闻）、中国十大科技进展（新闻）、国内十大科技新闻、国际物理学重大进展、中国基础科学研究十大新闻和中国高等学校十大科技进展等。

学校一贯坚持立足国内，面向世界，开展广泛的学术交流与合作。近年来，先后与数十个国家和地区的百余所大学和研究机构签订了合作交流协议，平均每年有上千位外籍专家学者来校讲学或进行合作研究，先后派出教师上万人次赴境外访问学习或进行合作研究，许多学成归国的教师在教学、科研、管理等工作岗位上担当了重任。

长期以来，学校积极探索有中国特色的高等教育改革与发展道路，为国家经济建设和社会发展，特别是科技与教育事业作出了重要贡献，是我国在国际上有较大影响的大学之一。目前，全校上下正深化改革，锐意创新，力争把学校建设成为具有世界水平、中国特色、科大风格的世界一流研究型大学，为实现"创寰宇学府，育天下英才"的宏伟目标而努力奋斗。

二、年度聚焦

中国科大举办60周年校庆系列活动

2018年,学校以"红专并进一甲子、科教报国六十年"为主题,举办建校60周年系列庆祝活动。通过举办系列报告会、学术会议、校友活动,建设校史馆等文化展示平台,出版学术、文化作品,集中展示了学校60年办学成就,传承"红专并进、理实交融"校训,弘扬"科教报国、追求卓越"精神,得到了广大师生、校友和社会各界的充分认可,进一步提升了学校的知名度、美誉度和国际影响力。习近平总书记在我校60周年校庆期间,要求学校全面贯彻党的教育方针,坚持社会主义办学方向,传承科教报国、追求卓越的精神,瞄准世界科技前沿,立足国内重大需求,潜心立德树人,执着攻关创新,在基础性、战略性工作上多下功夫,努力办出中国特色世界一流大学。

中国科学院、安徽省重点支持学校建设

2018年,中国科学院院长办公会审核通过学校"率先建成世界一流大学"的总体框架,中共安徽省委常委会议通过了《关于全力支持中国科学技术大学办出中国特色世界一流大学的意见》,全力支持学校"双一流"建设。学校按照"扶优扶需扶特扶新"的发展理念,推动基础前沿学科率先进入国际前列,积极探索"科大新医学"和"科大新工科",努力实现工程高技术学科、生命科学和医学学科跨越式发展,管理和人文学科特色发展。

舒歌群担任中国科大党委书记

5月15日,中国科学技术大学举行全校教师干部大会。中共中央组织部干部三局巡视员刘后盛宣布了中共中央、国务院关于舒歌群同志担任中共中国科学技术大学党委书记(副部级)的决定。中国科学院院长、党组书记白春礼,安徽省委副书记信长星出席会议。

继续保持青年人才队伍优势

8月3日,国家自然科学基金委公布2018年国家杰出青年科学基金资助名单,我校王毅、李震宇、田长麟、倪怀玮、盛国平5位教授入选,入选人数列全国高校第三。同时,我校16

人入选国家优秀青年科学基金资助名单,入选人数列全国高校第三。23人入选青年千人计划,位于全国高校前列。

截至2018年底,学校优秀青年人才(青年千人、青年拔尖、青年长江、国家优青)不重复统计226人,约占高层次人才的53%,继续保持我校年轻人才较多的传统优势。

国际化建设持续推进

2018年,我校国际化建设持续推进。充分利用各类引智和国际合作项目,推进国际化师资队伍建设,目前国际访问教授人数达到207人,全职国际师资人数达到121人。加强全英语授课课程体系建设,深入实施"英语授课推进计划",博士生项目基本实现全英文覆盖。学生赴海外学习和交流的人数保持增长,教师出访与境外专家来访人数持续稳中有增。推进国际学院建设,在校留学生人数达到730余人,其中70%是博士生。加强与"一带一路"沿线国家高水平大学的合作,"一带一路"沿线国家留学生人数超过留学生总数75%。

3项成果获国家自然科学二等奖

1月8日,中共中央、国务院在北京举行2017年度国家科学技术奖励大会,我校共有3项成果获自然科学二等奖。胡源研究员团队的"聚合物/层状无机物纳米复合材料的火灾安全设计与阻燃机理"项目、郭庆祥教授团队的"若干有机化合物结构性质关系及反应规律性"项目获国家自然科学二等奖,李嘉禹教授参与完成的"微分几何中的几个分析问题研究"项目获国家自然科学二等奖。

重大科研平台建设成效显著

2018年,积极筹建量子信息科学国家实验室和中科院比较行星学卓越创新中心,获批建设未来网络试验设施、高精度地基授时系统2项重大科技基础设施,获批建设未来网络安徽省重点实验室、太阳能光热综合利用安徽省重点实验室,获批建设量子信息科学安徽省实验室、先进光子科学技术安徽省实验室、微尺度物质科学安徽省实验室。

自然指数名列全球高校第 18 位

2018年1月,自然出版集团更新了最新的自然指数。此次自然指数更新统计时间段为2016年10月1日至2017年9月30日。中国科大在68种自然科学杂志上共发表682篇论文,自然指数236.29,位列全球高校第18位,较去年上升1位,在中国大陆高校中排名第4位。物理学领域,我校位列全球高校第11位,大陆高校第3位;化学领域,我校位列全球高校第8位,大陆高校第4位。

13 个学科进入 ESI 世界前 1% 学科

2018年3月,科睿唯安(Clarivate Analytics)发布最新一期ESI学科排名数据。我校的化学、物理学、材料科学、工程学、地球科学、生物学与生物化学、计算机科学、环境科学与生态学、数学、临床医学、社会科学总论、植物学与动物学、分子生物学与遗传学共13个学科进入世界前1%学科,其中分子生物学与遗传学是首次进入世界前1%。

ESI前1%的学科一般被视为国际高水平学科,公布数据显示,我校此次新入选的分子生物学和遗传学学科论文篇均引用19.86次,具有较强影响力。

多项成果入选国内十大科技成果

2月27日,科技部发布2017年度中国科学十大进展。我校潘建伟院士团队主导完成的"实现星地千公里级量子纠缠和密钥分发及隐形传态"入选并名列榜首。自1998年以来,我校共有14项成果入选中国科学十大进展,入选成果数位居全国高校第一。

12月31日,由"两院"院士评选的2017年度中国十大科技进展新闻揭晓,潘建伟团队两项成果"世界首台超越早期经典计算机的光量子计算机诞生"和"量子通信'从理想王国走到现实王国'"同时入选。此外,我校参与完成的"'悟空'发现疑似暗物质踪迹"成果也入选。

中国科大高新校区奠基

2018年9月1日,中国科大高新校区奠基仪式举行,一期项目开工建设。中国科大高新校区位于合肥市高新区,北邻中国科大先进技术研究院、西接中科院量子信息与量子科技创新研究院,规划总用地面积约1537亩,由园区、附属中小学幼儿园、人才公寓三部分构成。中国科大高新校区拟布局与高新技术及工程学科密切相关的信息、计算机、工程等学院及重点科研机构。

三、60周年校庆专题文献

在中国科学技术大学建校 60 周年纪念大会上的讲话

中国科学院院长、党组书记　白春礼

(2018 年 9 月 20 日)

尊敬的各位来宾、各位校友，亲爱的老师们、同学们：

今天我们相聚在美丽的中科大校园，热烈庆祝中国科学技术大学建校六十周年。习近平总书记一直关心中科大的发展，先后三次视察中科大，给予我们亲切关怀和鼓励。在中科大成立六十周年之际，总书记对学校的工作作出重要指示，指出：中国科学技术大学是为"两弹一星"事业而创办的一所大学。建校 60 年来，学校坚持"红专并进、理实交融"的校训，敢为人先，锐意进取，培养了大批德才兼备的优秀人才，取得了一系列举世瞩目的科研成果，为党和国家事业发展作出了重要贡献；殷切希望我们：全面贯彻党的教育方针，坚持社会主义办学方向，传承科教报国、追求卓越的精神，瞄准世界科技前沿，立足国内重大需求，潜心立德树人，执着攻关创新，在基础性、战略性工作上多下功夫，努力办出中国特色世界一流大学，为培养德智体美劳全面发展的社会主义建设者和接班人，为建设创新型国家、建设世界科技强国作出新的更大的贡献。

老师们、同学们、朋友们，总书记的重要指示情真意切、语重心长，既充分肯定了中科大六十年来在立德树人、科技创新等方面取得的骄人成绩，又对中科大未来发展提出了殷切期望，这是对中科大全校师生和中科院全院上下的巨大鼓舞和有力鞭策。我们要深刻领会、认真贯彻习近平总书记重要指示精神，开拓创新、锐意改革，努力将中国科学技术大学率先建设成为世界一流大学和新时代中国特色社会主义标杆大学。

老师们、同学们、朋友们，中科大有着辉煌的历史和光荣的传统，有着与生俱来的科学基因和坚毅沉实的奋斗精神。60 年来，中科大始终秉承"红专并进、理实交融"的校训，坚持"科教报国、服务社会"的办学使命，培养了一大批科学大家和科技领军人才，产出了一批具有世界影响力的重大创新成果，为我国经济社会发展作出了重要贡献。中科大六十年发展取得的成就，离不开社会各界的大力支持。在此，我代表中国科学院，向长期以来关心和支持中科大建设发展的教育部等国家有关部门，向安徽省委、省政府，社会各界人士以及广大校友表示衷心感谢！

老师们、同学们、朋友们，9 月 10 日，中央召开了全国教育大会，习近平总书记发表了重要讲话，作出优先发展教育事业、加快教育现代化、建设教育强国的重大部署，为新时代教育改革发展指明了前进方向、提供了根本遵循。60 年前，为培养国家急需尖端科技人才而成立的中科大，已成为中国高等教育的重要力量。今天，站在新的历史起点上，中科大要牢记总书记的谆谆嘱托，深入贯彻落实全国教育大会精神，不忘初心、持续奋斗、再创佳绩。

希望中科大严把政治方向、潜心立德树人，努力培养中国特色社会主义建设者和接班人。中科大要深刻认识抓好思想政治工作对建设世界一流大学的重要意义，做好思想政治工作的顶层设计，创新工作方式方法，提高学生的思想水平、政治觉悟、道德品质、文化素养，让学生成为德才兼备、全面发展的中国特色社会主义合格建设者和可靠接班人。

希望中科大深化教育改革、坚持科教融合,加快推进世界一流大学和一流学科建设。中科大要坚持"全院办校、所系结合"的办校方针,坚持与世界一流高校对标,推进中国特色现代大学制度建设。要瞄准世界科技前沿,立足国内重大科技需求,执着攻关创新。要促进教育与科研的深度融合,完善科教融合体制机制,加强与科研院所协同育人、协力创新,形成一批"特色鲜明、优势互补"的一流学科群,实现学校内涵式发展,不断提升办学水平。

希望中科大搭建宽广平台、做好服务保障,着力打造一支"学为人师、行为世范"的高水平教师队伍。中科大广大教师要珍惜这份荣誉、爱惜这份职业,严格要求自己、不断完善自己。要建立以学术能力和科研贡献为导向的公平、开放、合作的考评机制。努力培养卓越教师和学科带头人,大力引进和造就领军人才,全力打造一流学科团队,建设一支具有国际视野、创新能力强的教师队伍。

希望中科大抢抓历史机遇,服务区域创新,全力推动合肥综合性国家科学中心和量子信息科学国家实验室建设。中科大要抢抓"双一流"高校、综合性国家科学中心、国家实验室建设等千载难逢的历史机遇,下好先手棋,推进新改革,开拓新局面。紧密围绕安徽省经济社会发展的重大科技需求提供有效科技支撑,在实施创新驱动发展战略中作出新的贡献。

老师们、同学们、朋友们,红专并进一甲子,科教报国六十年。中科大新时代的美好画卷已经展开,我们相信在社会各界的关心支持下,通过全校师生的共同努力,一定能够率先将中科大建成世界一流大学,为国家科教事业发展、为实现中华民族伟大复兴的中国梦作出新的更大贡献!

谢谢大家!

(根据讲话录音整理,未经本人审阅)

在中国科学技术大学建校60周年纪念大会上的讲话

安徽省委书记　李锦斌
(2018年9月20日)

各位领导、各位嘉宾,老师们、同学们:

今天,我们在这里隆重聚会,共同庆祝中国科学技术大学建校60周年,这是中国科大发展史上的一件大事、要事,也是安徽人民的一件盛事、喜事。首先,我代表中共安徽省委、安徽省人民政府和全省七千万人民,向中国科大全体师生员工和海内外校友表示热烈的祝贺,向莅临大会的各位领导、各位嘉宾、各位朋友表示诚挚的欢迎!

以习近平同志为核心的党中央,高度重视中国科大的建设与发展。特别是习近平总书记先后三次亲临中国科大视察指导,这次又对学校的工作作出重要指示,让我们倍感温暖、倍感荣光。总书记的重要指示高瞻远瞩、内涵丰富、情深意切、语重心长,充分肯定了中国科大在办学、科研、育人等方面取得的丰硕成果,鲜明提出了办成中国特色世界一流大学的明确要求,饱含着对科大师生的殷切关爱,寄予着对科大发展的美好期待,是科大高水平建设、高质量发展的根本遵循和行动指南。我们要牢记总书记的殷殷嘱托,立足新起点,建功新时代,再创新辉煌。

科教报国六十载,大荣天下一甲子。60年前的今天,为研制"两弹一星"培养尖端科技人才,中国科学技术大学应运而生,被称为我国教育史和科学史上的一项重大事件。60年来,中国科大紧扣国家发展大战略,顺应世界科技大趋势,坚持"红专并进、理实交融"的校训,敢为人先,锐意进取,打造出一大批世界一流学科,研发出一大批世界一流成果,涌现出一大批世界一流大师,获得了"英才之摇篮、创新之重镇"的美誉。一代代科大人秉承"科教报国、追求卓越"的远大志向,新中国首个国家级实验室同步辐射实验室落户中国科大,稳态强磁场实验装置通过国家验收,成为国内一流国家实验室、大科学装置最多的高校;创造出全球首颗量子卫星"墨子号"、暗物质粒子探测卫星"悟空号"、全球首台量子计算机等一大批引领世界、造福人类的大国重器。一代代科大人秉承"尊师重教、创新育人"的大爱传统,集聚了严济慈、华罗庚、钱学森、赵忠尧、郭永怀、赵九章、贝时璋等一批国宝级的科技领军人物,形成了"名师荟萃、鸿儒辉映"的盛况;首创少年班,首建研究生院,创造出"千生一院士、七百硕博生"的佳话。一代代科大人秉承"为实求真、敢于创新"的大师之风,大力弘扬老一辈科学大师"严肃、严厉、严格"之作风,形成了"不唯上、不唯书、只为实"的学术传统,孕育了"育人为本、学术为根、报国为魂"的科大文化。今日之科大,已是莘莘学子向往汇聚的最高学府,是攀登科学高峰的神圣殿堂,是创新创造人才的成长沃土。

中国科大是世界的科大、中国的科大,也是安徽的科大。1970年,中国科大南迁合肥,不仅改写了我国高等教育的版图,更建构起安徽高等教育和科技创新的新坐标。半个世纪以来,安徽与科大相拥相依,共进共赢。历届省委省政府始终看重科大、倚重科大,中国科大始终倾情安徽、奉献安徽,助力合肥成为综合性国家科学中心,有力提升了安徽在全国创新大格局中的地位;积极争创量子信息科学国家实验室,有力提升了安徽基础性、战略性创新能力;搭建中国科大先进技术研究院等一批汇聚高层次人才的重大平台,有力提升了安徽创新人才的集聚效应;中国科大生命科学与医学部的成立及附属第一医院的挂牌,有力提升了安徽高端医疗水平。中国科大越来越成为安徽高质量发展的支撑点、科技创新的策源地、创新人才的强磁场,安徽因中国科大而更具魅力,安徽人民因中国科大而倍感自豪。

习近平总书记指出,今天我们比历史上任何时期都更接近、更有信心和能力实现中华民族伟大复兴的目标。希望正处在第二个甲子新起点上的中国科大,坚持以习近平新时代中国特色社会主义思想和党的十九大精神为指导,坚持党的教育方针,坚持社会主义办学方向,大力传承和弘扬"两弹一星"精神,努力办出中国特色世界一流大学。要瞄准世界科技前沿,坚定敢为天下先的志向,以关键共性技术、前沿引领技术、现代工程技术、颠覆性技术创新为突破口,勇于攻坚克难,执着攻关创新,努力实现前瞻性基础研究、引领性原创成果、"卡脖子"关键核心技术的重大突破。要立足国内重大需求,深入实施创新驱动发展战略,主动融入安徽"四个一"创新主平台、"一室一中心"建设,促进创新链、产业链精准对接,让更多的科技之花结出产业之果。要潜心立德树人,把培养德智体美劳全面发展的社会主义建设者和接班人作为根本任务,加快形成高水平的人才培养体系,着力培养造就一大批具有国际水平的战略科技人才、科技领军人才、青年科技人才和创新团队,为建设创新型国家、建设世界科技强国贡献科大智慧、科大力量。习近平总书记指出,时代的责任赋予青年,时代的光荣属于青年,希望科大学子高扬理想风帆,牢记报国之志,勤于学习、敏于求知、勇于奋斗,在祖国的万里长空放飞青春梦想,在广阔的人生舞台施展才华抱负,让中华民族伟大复兴在我们的奋斗中梦想成真。

中国科大是安徽的璀璨明珠,是安徽的靓丽名片,省委省政府怎么重视都不为高,怎么支持都不为多,怎么保障都不为过!我们将认真贯彻党中央决策部署,切实履行省、部、院共建的职责和义务,全力支持科大加快"双一流"建设,把科大的科研条件创造得更优,把科大的教学环境建设得更美,把科大的师生生活保障得更好,努力使大家在这里创新愉快、学习愉快、生活愉快。

潮平两岸阔,风正一帆悬。我们坚信,在以习近平同志为核心的党中央坚强领导下,中国科大一定会迎接永恒的东风,把红旗高举起来,插上科学的高峰,科大的明天一定会更加美好。

最后,祝各位领导、各位嘉宾和老师们、同学们身体健康、万事如意。

谢谢大家!

(根据讲话录音整理,未经本人审阅)

红专并进启新程,科教报国谱华章
加快建设中国特色、科大风格的世界一流大学
——在中国科学技术大学建校60周年纪念大会上的讲话

中国科学技术大学校长　包信和

(2018年9月20日)

尊敬的各位领导、各位来宾、各位校友,亲爱的老师们、同学们、朋友们:

大家上午好!

金秋九月的江淮大地叠翠流金,喜迎六秩的中国科大桃李芬芳。

今天,我们欢聚一堂,共同庆祝中国科学技术大学建校60周年。首先,我谨代表中国科大,向莅临庆典的各位领导、各位来宾和各位校友表示热烈的欢迎和衷心的感谢,向全球科大人致以节日的问候,向所有关心和支持中国科大发展的社会各界人士表示衷心的感谢,向60年来为学校改革创新发展作出贡献的老领导、老同志和所有教职员工致以崇高的敬意!

在共和国历史上,从来没有哪一所大学的诞生像中国科大那样,寄托了那么多开国元勋和老一辈科学家的深厚期望。1958年,为了响应党和国家"向科学进军"的号召、为研制"两弹一星"培养尖端科技人才,老一辈革命家和科学家亲手缔造了中国科大这所红色的大学。60年前的今天,中国科大成立暨开学典礼在北京玉泉路的解放军政治学院大礼堂隆重举行。会上,聂荣臻副总理在题为《把红旗插上科学的高峰》的重要讲话中指出:"由于目前我国科学技术力量远远不能适应国家建设事业发展的需要,因此必须采取措施,大力培养新生力量……一个社会主义的新型大学——中国科学技术大学诞生了,这将是写在我国教育史和科学史上的一项重大事件。"郭沫若校长在题为《继承抗大的优秀传统前进》的讲话中宣告:"我们不仅要掌握尖端,还要创造尖端。我们不仅要攀登上科学的高峰,还要不断创造科

学的高峰。"次日,《人民日报》《光明日报》等主要报纸均以《我国教育史和科学史上的重大事件》为题报道了中国科大的诞生,指出"中国科学技术大学开学,主要培养具有共产主义觉悟的尖端科学研究人才"。从此,中国科大走上了与国同运、科教报国之路。

党和国家的需要,就是中国科大前进的方向。中国科大自建校之日起就树立了"红专并进、科教报国"的远大志向,把扎根祖国大地、服务国家发展作为自己的职责和使命。从初建北京,以创新立校,向科学进军,到迁址合肥,乘改革东风,领风气之先;从服务"两弹一星"、创造性"所系结合"办学,到首创少年班、研究生院;从建成我国高校中第一个大科学工程,到全面参与合肥综合性国家科学中心建设,中国科大的一甲子是与祖国同行的六十年。一代又一代科大人秉承"红专并进、理实交融"的校训,为实现中华民族伟大复兴的中国梦不懈奋斗,创造了我国教育史和科技史上的一个又一个辉煌,践行了科教报国的铿锵誓言。中国科大在每一个时代都勇做创新排头兵,以一流的人才培养质量和原创性科技成果,努力向党和人民交上一份"满意答卷",赢得了"英才之摇篮、创新之重镇"的美誉。

60年来,中国科大不忘初心,始终坚持社会主义办学方向,以立德树人为根本。20世纪六七十年代,大批科大毕业生服务国家战略和国防科技事业,许多人为此终生奋斗在中西部地区的重要国防基地,甚至献出生命。改革开放后,中国科大坚持面向世界,开放办学,大批学子出国深造,学成归国后在各行各业至诚报国、群星闪耀。迄今为止,科大毕业生中已经涌现出32位科技将军、73位"两院"院士及大批前沿科技领军人才、科技型企业家、国防科技中坚,取得了"千生一院士、七百硕博生"的佳绩。一代代科大人前赴后继,自觉把爱国之情、报国之志融入国家建设和改革发展的伟大事业之中,也把红专并进的精神血脉代代延续。

60年来,中国科大牢记使命,始终与共和国同呼吸、共命运,服务国家战略需求,抢占世界科技前沿。从"两弹一星"到探月工程,从南北两极到地球深处,从大尺度的空间探测到微尺度的量子调控,从建设同步辐射加速器,到筹建量子信息科学国家实验室,从发现突破麦克米兰极限的铁基高温超导材料,到主导或参与研制世界首颗量子科学实验卫星"墨子"、暗物质粒子探测卫星"悟空",从开通国际上首条千公里级量子保密通信骨干网"京沪干线",到研制出世界首台超越早期经典计算机的光量子计算原型机,从两度荣获国家自然科学一等奖,到多次入选中国乃至世界十大科技进展,一代代科大人矢志不渝,用一项项举世瞩目的科技成就镌刻了学校的声誉坐标,践行了"把红旗插上科学的高峰"的誓言,也把科教报国的使命担当薪火相传。

中国科大是一所因创新而屹立的大学。在60年的办学历程中,中国科大在办学模式、英才培养、队伍建设、科技创新等方面,进行了一系列卓有成效的探索和改革,成为我国高等教育事业改革发展的先行者。中国科大取得的辉煌成就,凝聚着历届领导班子的心血和汗水,更是我们几代师生员工共同努力的结果。历届党和国家领导人都对学校发展给予亲切关怀,习近平总书记曾三次考察我校,多次对学校的工作给予了充分肯定,指出:中国科学技术大学是为"两弹一星"事业而创办的一所大学。建校60年来,学校坚持红专并进、理实交融的校训,敢为人先,锐意进取,培养了大批德才兼备的优秀人才,取得了一系列举世瞩目的科研成果,为党和国家事业发展作出了重要贡献;殷切希望我们:全面贯彻党的教育方针,坚持社会主义办学方向,传承科教报国、追求卓越的精神,瞄准世界科技前沿,立足国内重大需求,潜心立德树人,执着攻关创新,在基础性、战略性工作上多下功夫,努力办出中国特色世界一流大学，为培养德智体美劳全面发展的社会主义建设者和接班人，为建设创新型国家、建设世界科技强国作出新的更大的贡献。目光所聚、期盼所寄，是中国科大的荣誉，更是对科大人的重托。

老师们、同学们、朋友们！

红专并进一甲子，科教报国六十年。过去的60年，中国科大与共和国风雨同舟。而今，我们的国家进入了一个新时代。新时代、新机遇、新挑战，我们唯有不忘初心、牢记使命，敢于担当、心系社会、立足中国、放眼世界，才能完成我们建设中国特色、科大风格的世界一流大学的伟大目标。

为此，我们要坚持党的领导，把立德树人作为根本任务，培养德智体美劳全面发展的社会主义建设者和接班人。着力践行以学生发展为中心的育人理念，深化教育教学改革，坚持"基础宽厚实，专业精新活"的培养特色，以本科生书院、创新创业学院建设为抓手，积极推行大类教育、专业培养的"2+X"培养模式，形成具有科大特色的一流创新人才培养体系。着力以博士生培养机制改革为牵引，提升研究生创新意识与创新能力。把立德树人融入每项工作、贯穿育人始终，做到全员全过程全方位育人，大力培养"有理想、有追求，有担当、有作为，有品质、有修养"的"六有"大学生，造就德才兼备、红专并进的优秀人才。

我们要坚持学科引领、优化布局，以一流学科建设推动一流大学建设。着力优化学科体系结构，凝练学科发展方向，以团队和基地建设为抓手，构筑学科高峰，力争基础前沿学科率先进入国际前列，积极探索"新工科"和"科大新医学"，实现工程高技术学科、生命科学和医学跨越式发展，管理和人文学科特色鲜明。着力促进新兴交叉学科深度融合，不断培育新的学科增长点，持续提高学科整体水平和竞争力。

我们要坚持科教报国、追求卓越的精神，主动服务国家战略需求和区域经济社会发展。积极参与国家"双一流"建设、中国科学院"率先行动"计划、安徽省系统推进全面创新改革试验，以改革促创新、以贡献谋发展。瞄准世界科技前沿，立足国内重大需求，执着攻关创新，在基础性、战略性工作上多下功夫。着力推动合肥综合性国家科学中心建设，积极筹建量子信息科学国家实验室，努力使之发展成为体现国家意志、实现国家使命、代表国家水平的战略科技力量。着力以重大科研平台和国家重大任务为牵引，加快卓越科技创新体系建设，不断产生原始创新成果，催生变革性技术，培育战略性新兴产业，形成完整的创新链条。

我们要坚持"全院办校、所系结合"的办学方针，积极探索科教融合的新机制、新模式、新方法。着力巩固和拓展人才培养、学科建设、科学研究三位一体的"所系结合"网络，继续做好共享高层次人才资源、建立所系结合单元、共建科技英才班等工作。着力推动和完善科教融合共建学院建设，探索一流大学与科研机构深度融合的新模式。

我们要坚持人才强校的战略，全面提升人才队伍的核心竞争力。注重师德引领，尊崇学术、以人为本，打造一支"有理想信念、有道德情操、有扎实学识、有仁爱之心"的高素质教师队伍。坚持引进、培养、稳定并重，着力提高师资质量，努力培养卓越教师和学术带头人，大力引进和造就领军人才，全力建设学科团队，打造一支富有自主创新能力和国际竞争力的一流人才队伍。

我们要坚定文化自信和教育自信，传承和发扬中国科大的优良传统和优秀文化。秉承"红专并进、理实交融"的校训，弘扬"科教报国、追求卓越"的精神，坚持"精品办学、英才教育"的理念,以育人为本、学术为根、报国为魂,不断赋予科大文化新的时代内涵,努力形成推动社会进步、引领文明进程、具有科大特色的一流大学文化。

我们要坚持国际视野、开放办学,不断提升国际化水平。着力以科研国际化带动人才培养国际化,积极响应国家"一带一路"倡议,加强与世界一流大学和学术机构的实质性合作,建立紧密的国际合作网络。着力推进国际学院建设,积极引进海外优质资源,不断提升学校的办学竞争力和国际影响力。

各位领导、各位来宾、各位校友,老师们、同学们、朋友们!

中国科大是所有科大人的科大,是所有科大人藏在心底的精神符号、永不褪色的文化烙印、魂牵梦萦的精神家园。60年来,中国科大为党和国家培养了14万多名"又红又专"的社会主义建设者和接班人。校友是母校最宝贵的财富,正是每一位校友的光彩熠熠汇聚成了中国科大今日的星河璀璨。校友"爱国爱校"的情怀代代相传,是中国科大创建中国特色世界一流大学的坚强后盾。

中国科大更是中国的科大。60年来,党和国家事业发展的迫切需要、人民群众和社会各界的殷切期望是我们开拓创新、奋勇争先的冲锋号,党中央、国务院、中国科学院、教育部、安徽省、合肥市、各级地方政府和社会各界对中国科大的关心、支持和厚爱,是我们勇攀高峰、力争一流的磅礴动力。在此,我谨代表中国科大向大家表示衷心的感谢!

各位领导、各位来宾、各位校友,老师们、同学们、朋友们!

使命重在担当,实干铸就辉煌。60年来取得的办学成就和国际声誉充分证明,我们有立足中国大地建设世界一流大学的文化自信、教育自信。我们也清醒地意识到,相对于国内外许多高校,中国科大还是一所年轻的大学。在不断变革的新时代,我们唯有不断学习,不断探索,不断创新,才能承前启后,不断发展。在前行的过程中我们一定会遇到新问题、新困难、新挑战,但我们坚信:只要我们初心不改,秉承"红专并进、理实交融"的校训,弘扬"科教报国、追求卓越"的精神,永葆科大人的忧患意识和危机意识,凝心聚力、艰苦奋斗、开拓创新,中国科大就一定能早日建成中国特色、科大风格的世界一流大学,为中华民族伟大复兴的中国梦作出新的更大贡献!

风劲帆满图新志,砥砺奋进正当时。站在继往开来的崭新起点,让我们以习近平新时代中国特色社会主义思想为指引,牢记习近平总书记的嘱托,汇聚全球科大人和社会各界的力量,创寰宇学府,育天下英才,共同续写中国科大新甲子的辉煌!

谢谢大家!

在中国科学技术大学建校60周年纪念大会上的讲话

清华大学校长 邱勇

(2018年9月20日)

尊敬的各位领导、各位来宾,老师们、同学们:

今天欢聚在金色九月的科大校园,我们共同庆祝中国科学技术大学建校60周年。我谨代表清华大学和各兄弟高校,向中国科学技术大学全体师生及海内外校友,表示最崇高的敬意和最热烈的祝贺!

中国科学技术大学是新中国创造的最成功的大学之一,六十年来,中国科大以"科教报国、服务社会"为使命,秉承"红专并进、理实交融"的校训,坚持"学术优先、以人为本"的办学理念,弘扬"崇尚科学、追求卓越"的创新精神,培养了一大批德才兼备的高层次优秀人才,取得了具有世界领先水平的原创性科技成果,成为英才汇聚的创新高地,为我国经济社会发展和科技事业作出了突出贡献。

新中国成立后,中国的大学主动担负时代使命,在服务国家工业化建设和改革开放事业中快速成长,成为我国高层次人才培养的重要基地和科技创新成果的重要源泉。在这样一个历史进程中,中国科学技术大学和清华大学一道,艰苦奋斗、敢于创新,始终把服务国家重大战略需求作为义不容辞的责任,努力探索中国特色世界一流大学的发展道路。两校的交往活动日益频繁,两校的精神文化契合也让60年来积累的情谊更加深厚。"科教报国、追求卓越"的传统在科大人身上代代相传,"爱国奉献、追求卓越"的精神也烙印在每一个清华人身上。知名教育家刘达曾在1963~1975年间担任中国科大党委书记,他爱才如渴,竭力保护教师队伍、发展教学工作,在患难中与科大师生风雨同舟,为中国科大的长远发展作出了杰出贡献。刘达在1977~1983年间担任清华大学党委书记及校长,在清华百废待兴之际,他坚持解放思想、实事求是,领导清华拨乱反正,提出了新的发展规划,为学校工作的恢复整顿打开了局面。刘达同志在困难时期,对使命的执着精神和对事业的不懈追求,体现了科大和清华两所学校共同的精神传统。

一所大学要想在国家的伟大历史进程中发挥重要作用,不仅要有卓越的创新能力,更要有执着的服务精神。站在新的历史方位上,中国大学应当主动请缨,勇担时代使命,树立自信,保持定力,努力培养德智体美劳全面发展的社会主义建设者和接班人,产出引领世界科技变革的创新成果,在服务国家和经济社会发展的过程中不断提升自身的高度,为实现中华民族伟大复兴的中国梦作出新的更大贡献。

六十年红专并进、育人报国不辱使命,一甲子学术优先、卓越创新勇立潮头。甲子象征着过去的完成,也意味着新征程的开启。走过一甲子光辉历史的中国科学技术大学,形成了浓郁厚重、特色鲜明的优秀文化,正在朝着具有中国特色、科大风格的世界一流大学目标奋力迈进。我们对中国科大的未来充满无限期待,衷心祝愿中国科大在新的甲子创造更大的辉煌。

谢谢大家!

(根据讲话录音整理,未经本人审阅)

在中国科学技术大学建校60周年纪念大会上的讲话

校友代表 赵忠贤

(2018年9月20日)

尊敬的各位领导、各位来宾,老师们、同学们:

大家上午好!

作为校友今天能与大家一起庆祝母校——中国科学技术大学六十华诞,我很兴奋,也很自豪。能代表十四万余名校友发言,更感到十分荣幸。首先,对出席典礼的各位领导和嘉宾表示衷心的感谢!向为中国科大六十年的发展付出心血的老师、职工和领导们表示衷心的感谢和崇高的敬意!

刚才,我和大家满怀激动地聆听了习近平总书记对学校的重要指示。总书记肯定中国科大建校60年来,坚持红专并进、理实交融的校训,敢为人先,锐意进取,培养了大批德才兼备的优秀人才,取得了一系列举世瞩目的科研成果,为党和国家事业发展作出了重要贡献。这是总书记对中国科大六十年发展的高度肯定和赞扬,我作为科大校友,为母校感到无比的自豪。让我们共同祝贺中国科大六十年来取得的光辉业绩,并祝福她阔步迈上新的征程。

回首60年前的今天,郭沫若校长在学校成立暨开学典礼上宣告:"我们的学校如果可以说像一张白纸,就请把她办成为最新最美的学校吧!"他还要求同学们"不仅要创建校园,而且还要创建校风,将来还要创建学派"。正是在这种求实创新思想的指导下,中国科大成立不久就以其独具特色的崭新面貌跻身著名高校之列,并在不长的时间里,形成了自己特有的文化与传统。

我是1959年考入科大的,建校第二年科大已经是全国16所重点大学之一。我至今还记得,一进校门就看到影壁上一个地球和一支火箭,和当时科大招生简章上的一样。抬头就看见礼堂上方写着八个大字:团结、紧张、严肃、活泼。校园里读书声、施工声,声声入耳,这便是1959年我眼中的中国科大,就是这么一个朝气蓬勃的地方,充满了激情与希望。

在1959年新学年开学典礼上,郭沫若校长作了题为《勤奋学习、红专并进》的演讲,他指出"我们的校风是好的,就是勤俭办学、艰苦朴素、红专并进、团结互助。旧同学们已经学习了一年,和学校的教职工一道把这种优良的校风初步树立起来了,我们更要进一步把它巩固下去"。"勤奋学习、红专并进"的优良校风,深深影响了一代代科大人。中国科大南迁合肥48年来,始终传承和发扬着建校初期形成的传统和文化。正是这种坚守,中国科大才能不忘初心,长足发展,在人才培养、科学研究等方面取得举世瞩目的成就,成为参天巨松。科大永远是我心中那个奠基于北京的母校。

我们这一代人是在老一辈革命家和科学家爱国奉献精神感召下成长的。多年来,我在学习和实践中,不断理解这些前辈名家的治学精髓,逐渐体会到,搞科学研究需要扎根,长期的坚持和积累就会在认识上有所升华,才会抓住机遇、厚积薄发。我和其他校友一样,在科研中取得的一些成绩都源于在科大培育所打下的基础。我坚信,只要我们都能够安下心来,集中精力做事，就一定能把红旗插上新的科学高峰！

从"向科学进军"到"科学的春天"，再到"建设世界科技强国"，我经历了国家科学技术发展从弱到强的一个过程，而今中国建立了完整的科学技术体系和工业体系。我们国家能有今天的成就，是几代人努力奋斗的结果，最令我欣慰的是，作为科大校友，我奉献了。

一代人有一代人的使命，今天在座的还有许多年轻的校友和科大学子，实现"两个一百年"奋斗目标的接力棒就交给你们了，这是新时代赋予诸位的重任。我预祝大家牢记习近平总书记的嘱托，为建设世界科技强国、实现中华民族伟大复兴的中国梦，为人类文明进步作出新的更大贡献。祝福母校早日建成中国特色、科大风格的世界一流大学！

谢谢大家！

在中国科学技术大学建校60周年纪念大会上的发言

教师代表　陈宇翱

（2018年9月20日）

尊敬的各位领导、各位来宾、各位校友、老师们、同学们：

大家上午好！

今天，我非常高兴能够和大家共同庆祝中国科学技术大学六十华诞。20年前，我怀着激动的心情走进中国科大的大门，在这里度过了六年的学习生涯，2011年，在我的恩师潘建伟老师的感召下，我再次回到阔别已久的母校，成为一名光荣的科大教师。今天，我非常荣幸地作为教职工代表，为母校六十周年生日献上祝福："生日快乐，我亲爱的母校！"

红专并进一甲子，科教报国六十年。60年是中国传统文化中一甲子的轮回，对于科大而言，更是向新的征程再出发的起点。在这样一个重要时刻，全体科大人又非常高兴地收到了习近平总书记的重要指示，赞扬学校"培养了大批德才兼备的优秀人才，取得了一系列举世瞩目的科研成果，为党和国家事业发展作出了重要贡献"。这是以习近平同志为核心的党中央对学校发展的肯定和认可，我们感到非常自豪。

中国科学技术大学，诞生于新中国建立之初。1958年9月，肩负着培养研制"两弹一星"尖端科技人才的重担，科大在北京成立了，我们也是全国第一所招收研究生的大学。在那个百废待兴的年代，中国科技刚刚起步就面临着很多困难，西方发达国家对我们进行了技术封锁，国内的科研资源极其有限。但我们伟大而可敬的科学先驱们，纷纷放弃了国外优越的生活和远大的前程，为了中国在前进的道路上不因科技落后而受制于他人，付出了毕生心血，甚至生命。严济慈、钱学森、华罗庚、赵忠尧、郭永怀、钱临照等，每一个名字都是一颗闪亮的星，引领着科大的继承者们前行。而科大这所学校，也因先辈们的努力奋斗，拥有了科教报国的红色血脉和追求卓越的创新基因。

虽然因为历史的原因，中国科大在20世纪70年代经历了南迁的挫折，仪器设备损失超过三分之二，教师流失过半，这对一所大学是致命的打击。但我们仍能浴火重生，迎头赶上，就是因为全校上下一心，恪守着"红专并进、理实交融"的校训，始终以服务国家急需为己任，将为国家发展科技、为民族输送人才作为第一要务。

"两弹一星"前辈们的努力与奉献奠定了我国国防的基础,中国得以大幅度提升国际地位,进入了稳定发展的阶段。我们这一代人非常幸运,因为我们处在一个和平、伟大的时代,国家把创新摆在发展全局的核心位置,我们得以拥有优越的研究条件;同时我们又面临着极大的挑战,我们不能再满足于学习、模仿、引进,我们必须勇于创新,担起推动中国经济发展的重任,把知识产权的主动权牢牢掌握在自己手中,为中国经济发展培养人才,将科教报国的使命薪火相传。

在科大量子工程卓越中心的墙上,镶嵌着我们第一任近代物理系主任赵忠尧先生的一段话:回想自己的一生,经历过许多坎坷,唯一希望的就是祖国繁荣昌盛,科学发达。我们已经尽了自己的力量,尚需当今与后世无私的有为青年再接再厉,继续努力。

先生之志,吾辈永存!我们作为中科大的青年教工,要继承前辈们热爱祖国、献身科学的精神,我们将牢记习近平总书记的嘱托,"潜心立德树人,执着攻关创新",全心全意地投入中国自主创新的发展浪潮中,接过赵老他们这些前辈的接力棒,独立研发出更多无惧封锁、领先世界的核心科技,培养更多的优秀人才,成为托起中国经济腾飞的凤凰。我坚信,在国家和社会各界的大力关心和支持下,在全体教职工的共同努力下,中国科学技术大学一定会继续走向辉煌!

谢谢大家!

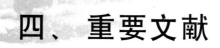

四、重要文献

中国科学院院长、党组书记白春礼在全校教师干部大会上的讲话

(2018年5月15日)

刘后盛局长、信长星副书记,老师们、同志们:

大家好,刚才中组部刘后盛局长宣布了党中央和国务院的决定,充分肯定了许武同志在中国科大任职期间的工作,介绍了舒歌群同志的情况,并对学校班子的建设和相关工作提出了要求。这次学校党委主要领导的调整,是中央根据工作需要和中国科大领导班子的建设实际,经过慎重研究作出的决定,充分体现了党中央、国务院对学校领导班子建设以及事业发展的亲切关怀和高度重视,中科院党组坚决拥护中央的决定。

自2003年11月担任中国科大党委常务副书记、副校长以来,许武同志已在学校工作了15年,其中担任校党委书记近10年,可以说将人生的黄金时间全部奉献给了中国科大。进入新世纪以来,中国科大坚持走一贯的内涵式发展道路,坚持"精品办学,英才教育",人才培养质量赢得国内外广泛赞誉,有"千生一院士,七百硕博士"的美誉;深入实施人才强校战略,建设了一支富有自主创新能力和国际竞争力的一流教师队伍,各类高层次人才占固定教师总数的31%;坚持面向世界科技前沿、面向国家战略需求、面向国民经济主战场,建立适合世界一流大学的卓越创新体系,成为我国拥有国家实验室、国家重大科技基础设施最多的高校;重大原创成果频出,得到了党和国家的高度认可,两获国家自然科学一等奖,学校主导或参与研制的"墨子""悟空"两项成果写入党的十九大报告,主导研制的光量子计算机入选习近平总书记发表的2018年新年贺词;学科建设成果优异,13个学科进入ESI全球前1‰学科领域,学校入选A类世界一流大学建设高校。这些成就的取得,是许武同志和侯建国、万立骏、包信和同志等历届班子成员共同努力的结果,尤其与许武同志作为班长的带头付出、精诚团结、踏实工作、勤勉务实密不可分。

许武同志政治立场坚定,坚持党的教育方针和社会主义办学方向,注重发挥校党委在管党治党、办学治校中的主体作用。大力弘扬"全院办校、所系结合"的办学传统,2003年以来全力开拓了中国科大与院属研究所全方位合作的新局面。他胸怀宽广,注重听取各方面意见,全心全意维护班子团结,是践行党委领导下校长负责制的优秀代表。他为人正派,自我要求严格,克服了两地分居的困难,一直独自一人在合肥工作。今年是中国科大建校60周年,许武同志在学校任职也近15年。在中国科大建校近1/4的时间里,他以校为家,以满腔热情融入科大校园、维护科大传统、弘扬科大精神,与学校师生员工结下了深厚的友谊,与科大校园结下了深情。许武同志用自己的担当和作为树立了校党委和党组织的高度威信。在此,我代表院党组向许武同志为中国科大发展作出的卓越贡献表示最诚挚的感谢!

舒歌群同志长期在天津大学工作,是热能工程领域的知名专家,曾担任内燃机燃烧学国家重点实验室主任,天津大学副校长、党委常务副书记等职务。他政治立场坚定、组织管理

和驾驭全局能力强，熟悉高等教育规律，拥有丰富的科研、教学和管理经验。希望舒歌群同志履新以后，尽快熟悉中国科大全局工作，适应新的岗位要求，注重党政密切配合，与学校党政领导班子一道，切实履行好"抓班子、带队伍，定规划、把方向，抓大事、谋发展"的职责。希望全校教职工自觉把思想和行动统一到中央的决定和要求上来，全力支持以舒歌群同志、包信和同志为班长的学校党政领导班子工作，全校上下团结协作、共同努力，不断推进学校各项事业取得新的更大成绩。

下面，结合近期工作，我代表院党组对中国科大党政领导班子和全体教职工提三点希望和要求。

一、以习近平新时代中国特色社会主义思想武装头脑，努力培养中国特色社会主义合格建设者和可靠接班人。

党的十九大把习近平新时代中国特色社会主义思想确立为中国共产党必须长期坚持的指导思想，当前和今后一个时期，中国科大领导班子、全体教职工以及广大同学要继续把习近平新时代中国特色社会主义思想和党的十九大精神学习领会好、贯彻落实好，并转化为推动各项事业发展的强大动力。5月2日，习近平总书记在北京大学师生座谈会上发表了重要讲话，从新时代坚持和发展中国特色社会主义的全局高度，从实现中华民族伟大复兴中国梦的战略高度，对教育改革发展、对青年成长成才提出了殷切希望和明确要求。总书记重要讲话深刻揭示了党和国家事业对人才需求的历史变化，科学概括了办好中国特色社会主义大学的任务要求，强调要围绕"一个根本任务"，培养德智体美全面发展的社会主义建设者和接班人；确立"两个标准"，把立德树人作为检验学校一切工作的根本标准，把师德师风作为教师评价的第一标准；抓好"三项基础性工作"，坚持办学正确政治方向，建设高素质教师队伍，形成高水平人才培养体系；提出"四点希望"，鼓励广大青年要爱国、励志、求真、力行，乘新时代春风，放飞青春梦想，以社会主义建设者和接班人的使命担当，为全面建成小康社会、全面建设社会主义现代化强国而努力奋斗。

这些重要论述，体现了总书记对社会主义办学规律、教书育人规律、学生成长规律的科学把握，是我们深化教育综合改革、办好社会主义大学的根本遵循，是青年学生成长成才的行动指南。希望同志们要时刻铭记总书记的嘱托，把习近平新时代中国特色社会主义思想学深悟透，从战略高度理解和认识党的十九大报告中关于优先发展教育事业、加快建设创新型国家等重大部署，围绕总书记对我院提出的"三个面向""四个率先"战略要求，进一步找准着力点，理清贯彻落实思路，结合实际融会贯通地落实好。"人无德不立"，育人的根本在于立德。希望中国科大始终牢记"红专并进、理实交融"的校训，不断弘扬"科教报国、追求卓越"的传统，深刻认识抓好思想政治工作对建设世界一流大学的重要意义，进一步增强做好思想政治工作的紧迫感和使命感，校党委要结合学校实际，做好思想政治工作的顶层设计，以办好中国特色社会主义大学为根本遵循，创新思想政治工作的方式方法，确保各项任务落到实处，不断提高学生的思想水平、政治觉悟、道德品质、文化素养，让学生成为德才兼备、全面发展的人才，努力培养中国特色社会主义合格建设者和可靠接班人，为实现"创寰宇学府、育天下英才"的宏伟目标而努力奋斗。

二、坚持科教融合，积极推进世界一流大学和一流学科建设。

习总书记强调"办好中国的世界一流大学，必须有中国特色。没有特色，跟在他人后面亦步亦趋,依样画葫芦,是不可能办成功的"。这充分彰显了我们办好世界一流大学的决心和信心,也为如何办好世界一流大学提供了方向指引。今年是中国科大建校60周年,红专并进一甲子,科教报国六十年,中国科大从建校伊始,就确立了鲜明的办学特色。60年来,我院始终坚持"全院办校、所系结合"的办学方针,在中国科大建设与发展的关键时期,先后召开四次科大发展工作会议,将学校纳入知识创新工程试点、"创新2020"首批启动单位、"率先行动"计划首批入选单位。当前,院党组正在组织实施"率先建成世界一流大学"行动计划,加强对科教融合工作的顶层设计和整体布局。坚持全院上下一盘棋,继续全力支持中国科大的世界一流大学和一流学科建设工作。

去年,中国科大入选A类世界一流大学建设高校,并明确了世界一流大学建设的"三步走"总体目标。目标任务明确以后最重要的就是抓好落实,中国科大要针对各阶段目标任务,制定具体落实举措,形成分解任务清单;要加强与世界一流高校的对标,正视差距,找准问题,努力拼搏,迎头赶上;要加强高水平师资队伍建设和青年教师培养,进一步完善拔尖人才培养模式。推动以章程为核心的现代大学制度建设,深化用人制度、岗位分类管理制度、薪酬制度和科研教学改革。要不断重温习总书记4月26日考察中国科大重要讲话精神,"勇于创新,敢于超越,力争一流",早日将中国科大建成质量优异、特色鲜明的世界一流大学。

三、加快创新发展,积极推动合肥综合性国家科学中心和量子信息科学国家实验室建设。

建设具有全球影响力的科创中心、组建综合性国家科学中心、在若干重大创新领域组建国家实验室,是以习近平同志为核心的党中央在全球新一轮科技革命和产业变革新形势下,站在国家和民族发展高度作出的重大决策,是为实现"两个一百年"奋斗目标和中华民族伟大复兴的中国梦作出的战略部署,其目的就是为国家实现"两个一百年"奋斗目标和民族复兴提供科技创新的强劲动力,打造创新发展的重要引擎。希望中国科大领导班子和全体职工,深入学习领会习近平总书记系列重要讲话精神和治国理政新理念新思想新战略,从牢固树立"四个意识"特别是核心意识和看齐意识的政治高度,从支撑引领世界科技强国建设的战略高度,进一步增强政治责任感和历史使命感,统一思想、提高认识、勇于担当、主动作为。把贯彻落实党中央国务院的重大决策,与深入实施院"率先行动"计划紧密结合起来;把贯彻落实院党组的决策部署,与合肥综合性国家科学中心、量子信息科学国家实验室建设紧密结合起来,抢抓新机遇,下好先手棋,推进新改革,开拓新局面。

目前,合肥综合性国家科学中心建设正在加快推进中,量子信息科学国家实验室进入实质性推进阶段。中国科大领导班子和全体教职工要以时不我待、只争朝夕的精神,选准突破口,找准切入点,按照院党组的决策部署,把握改革发展方向,狠抓工作落实。采取新型管理模式,集聚全球高端创新资源,在科研布局、创新能力建设、治理结构、科研活动组织模式、资源配置、人才队伍、绩效评价、开放共享等方面,积极探索新的体制机制,着力构建聚焦重大科学问题,鼓励协同创新,支持多学科交叉的重要原始创新的策源地。

中国科大、合肥物质院作为我院在皖的院属单位,要同心协力,共同认真落实好我院与安徽省全面创新合作协议,围绕安徽经济社会发展的重大科技需求,以支持安徽省建设创新型省份、建设全面创新改革试验区、建设综合性国家科学中心为重点,为安徽经济社会发展提供科技支撑。

最后，借此机会，我代表科学院党组向中组部、安徽省、合肥市党委和政府以及有关领导，长期以来对中国科大的关心与厚爱，对我院科技事业发展的大力支持与帮助，表示衷心感谢！相信在大家的共同努力下，一定能够早日把中国科大建成具有中国特色、科大风格的世界一流大学，为国家科教事业发展、中华民族伟大复兴作出新的更大的贡献！

安徽省委副书记信长星在全校教师干部大会上的讲话

(2018年5月15日)

尊敬的白春礼院长，刘后盛局长，尊敬的老师们、同志们：

刚才，中组部干部三局刘后盛局长宣读了中央关于中国科学技术大学党委书记任职的决定，这是党中央从中管高校领导班子建设全局和中国科大领导班子建设实际出发作出的重要决定，安徽省委坚决拥护，我也完全赞成白春礼院长和刘后盛局长的重要讲话。受李锦斌书记委托，我代表中共安徽省委、安徽省人民政府，对舒歌群同志担任中国科大党委书记表示热烈的欢迎和祝贺！对许武同志表示衷心的感谢和良好的祝愿，真诚感谢许武同志长期以来对中国科大和安徽科教事业发展所作出的重要贡献。

中国科大是我们安徽最引以为傲的一张靓丽的名片，是我们省高等教育当之无愧的龙头和翘楚，也是当之无愧的"英才之摇篮、创新之重镇"。2016年4月26日，习近平总书记亲临中国科大视察并发表重要讲话，对中国科大的办学成绩给予了充分肯定，对中国科大的发展提出了明确要求。总书记期望大家"再接再厉、更上层楼"，说"合肥这个地方是养人的，祝大家创新愉快"，并且勉励年轻人在学校"要心无旁骛，学成文武艺，报效祖国和人民，报效中华民族"，特别是提出了"勇于创新，敢于超越，力争一流"这十二个字的殷切期望。这极大地鼓舞了新时代科大人团结奋进、再创辉煌的决心和信心。

今年恰逢中国科大建校60周年，在科大科教报国的60年中有48年在安徽这片土地，在这近半个世纪的岁月里，中国科大立足江淮大地，志在科教强国，为国家和安徽省的科技创新、人才培养、经济社会发展作出了突出贡献。特别是近年来，中国科大推动合肥成为全国获批建设综合性国家科学中心的三个城市之一；依托中国科大建设的量子信息与量子科技创新研究院，成为安徽省科技创新的"一号工程"；在重大科技成果方面，中国科大主导或参与研制的全球首颗量子科学实验卫星"墨子号"升空、全球首台超越早期经典计算机的光量子计算机诞生、稳态强磁场试验装置通过国家验收。最新一期国际学术期刊《自然·纳米技术》杂志又介绍了中国科大的一项新成果，即通过新型催化剂把二氧化碳高效转化为甲醇。这些引领全球、造福人类的"大国重器"和刻有"安徽印记"的世界级科技成果都彰显着中国科大在参与全球科技竞争与合作中的重要地位，彰显着中国科大作为改革创新先行者的实力、影响力，还有潜力，也进一步巩固了安徽在全国创新格局中的重要地位。

中国科大所取得的这些骄人的业绩，是以习近平同志为核心的党中央正确领导的结果，是中科院和社会各界重视支持的结果,是历届校领导班子团结带领师生员工不懈努力的结果,其中也凝结着许武同志的辛勤付出、智慧、心血、汗水,许武同志在安徽工作近15年,这15年来许武同志坚决贯彻中央决策部署,紧紧围绕建设世界一流大学的目标,坚持"办精品大学、育科技英才"的办学理念,弘扬"红专并进、理实交融"的优良校风,紧扣国家战略需求,推动学校党的建设、人才培养、学科建设、科学研究、科教报国等各个方面都取得了丰硕成果。我特别要代表省委表示感谢的是,许武同志在促进省校合作方面做了大量卓有成效的工作:他和校领导班子积极推进院、部、省三方共建"985工程",全力争取首个国家实验室落户合肥,促进院、省共建中科大先研院等等。这些都为我省下好创新先手棋、实施创新驱动发展战略提供了有力支撑。安徽过去的发展包含着科大师生的智慧,安徽要在新时代实现新作为,更需要科大发挥重要作用。当前,全省上下正在深入学习贯彻习近平新时代中国特色社会主义思想和党的十九大精神,以供给侧结构性改革为主线,以"五大发展行动计划"为总抓手,着力打好"三大攻坚战",扎实推进"四个一"创新主平台、"一室一中心"和"三重一创"建设,加快建设创新引领、协同发展的现代化经济体系,推动安徽高质量发展,奋力开创现代化五大发展美好安徽建设新局面。实现这一宏伟目标,正如总书记两会期间参加广东代表团审议时讲到,发展是第一要务、创新是第一动力、人才是第一资源。中国科大作为安徽省科技创新的策源地、创新人才的强磁场,定将大有作为,也定会大有作为。这次中央决定舒歌群同志担任中国科大党委书记,这充分体现了中央对中国科大的高度重视,体现了对舒歌群同志的高度信任。刚才刘局长作了介绍,舒歌群同志政治立场坚定,学术造诣深厚,有丰富的高等教育和科研管理等方面的经验。我们完全相信,舒歌群同志担任党委书记后,一定会与包信和同志一起,团结带领全校师生员工不忘初心、牢记使命、团结拼搏、锐意进取,推动学校各项事业实现新发展,迈上新台阶。安徽省委省政府将一如既往地支持中国科大的建设和发展,努力为学校提供保障、做好服务,不断推动中国科大与安徽发展合作共赢、携手共进。也希望中国科大深入学习贯彻习近平新时代中国特色社会主义思想和党的十九大精神,认真贯彻落实总书记在北京大学师生座谈会上的重要讲话精神,牢牢把握社会主义办学方向,全面贯彻党的教育方针,抓住培养社会主义建设者和接班人这个根本,更好服务国家和安徽经济社会发展,加快建成具有中国特色、科大风格的世界一流大学,在实现中华民族伟大复兴中国梦的新征程上书写更加绚丽的篇章!

我就讲这些,谢谢大家!

(根据讲话录音整理,未经本人审阅)

许武同志在全校教师干部大会上的讲话
(2018年5月15日)

各位领导,老师们、同志们、同学们:

大家下午好!

刚才,刘后盛副局长宣布了中共中央关于科大党委书记职务任免的决定,三位领导作了重要讲话,对科大未来提出更明确的要求和希望。今天,中央任命舒歌群同志担任科大党委书记,充分体现了以习近平同志为核心的党中央对科大的高度重视和厚爱。我衷心拥护,坚决支持。

舒歌群同志长期在高等学校担任领导职务,具有非常丰富的高等教育、党务、科研以及管理工作经验,政治站位高、战略视野宽广,也具有相当高的学术影响力。刚才,刘后盛副局长代表中央对舒歌群同志给了高度评价,我完全同意。相信舒歌群同志的到来,会为科大全面加强党的建设和全方位的发展注入强大的动力。我衷心感谢党中央为科大选派了优秀的班长,我一定会全力支持配合,做好工作交接,确保学校各项工作平稳有序。

刚才,白春礼院长、刘后盛副局长、信长星副书记对我在科大的工作给予了肯定。卸任之际,我愉快接受中央关于我的免职决定,衷心感谢中组部、中科院、安徽省长期以来对我个人和科大工作的指导支持、关心帮助。

2003年11月27日,我来到科大担任常务副书记、副校长,2008年9月担任党委书记。15年弹指一挥间,不知不觉中,我深深融入了科大,度过了人生最重要的时光。我有幸三次参与了习近平总书记视察科大的全过程,深深感受到党中央对科大的关怀与期许。在此,我衷心感谢历届班子成员以及全校师生、广大校友对我的接纳、支持和包容。

15年来,我们坚持听党的话,跟党走,坚持党的教育方针,坚持弘扬"红专并进、科教报国"和"全院办校、所系结合"的办学传统,走精品办学、精英教育之路,科大师生和校友始终是科技界最活跃的精英力量。2017年全国第四次学科评估结果证明,我们每一位教师都是高水平的,他们卓越的学术表现赢得了学科建设的全面进步。

15年来,我们坚持依靠全体教职工的辛勤与智慧,脚踏实地办学,努力吸引留住好老师、招到好学生、传承好校风。科大的每一点成绩与进步,都源于大家实实在在的付出与积累。我们踏踏实实做事,坚持"办一件、成一件、师生满意一件",聚沙成塔,保持了科大各项事业平稳上升的态势。

15年来,我和历届班子成员团结一心,毫无保留地相互支持、相互补台。团结是科大班子最显著的标签,是我们每一位班子成员全力维护的传统,是班子凝聚力和战斗力的源泉。

15年来,我始终深入学习科大精神,弘扬科大传统。我们坚持尊重老师、爱护学生、勤俭办学、宽厚待人,努力让校园更加开放包容、更加质朴简单、更加风清气正。

15年来,我与科大结缘。"以校为家"是我一生最重要的记忆,难以忘记每天在教工餐厅与大家开怀交流。我深爱这片校园,更爱朴实率真、艰苦奋斗的科大师生,我们共同用勤劳的汗水浇灌这片土地,让美丽安静的科大校园枝繁叶茂、硕果累累。今天我也借此机会感谢一下我的家人,一直对我默默的支持和付出。

作为党委书记,我也有很多缺点和不足,往往感到能力有限,有些工作还达不到大家的期望,有些工作做得不够理想。大家从学校事业出发,给予我很多帮助和谅解。在此,我也向历届班子成员、全校师生员工和广大校友表达深深的歉意和诚挚的感谢!

今年正值科大建校六十周年。六十年来,科大的发展始终与新中国的科教事业紧密相连,是一部伟大的爱国史、创业史和奋斗史。我们要认真总结办学经验和科大传统,不断弘扬"红专并进、科教报国"和"追求卓越、艰苦奋斗"的科大精神。

同志们,党的十九大宣示了中国特色社会主义已进入一个伟大的新时代。我相信,在习近平新时代中国特色社会主义思想的指引下,在以习近平同志为核心的党中央集中统一领导下,从今天起,科大的发展也揭开了新的一页,歌群书记和信和校长一定能带领科大迈上新台阶,我对学校的未来充满信心。我会继续毫无保留地支持歌群书记、信和校长的工作,为大家加油鼓劲,祝福大家!

十五载风雨路,道不尽科大情。让我们共同祝愿科大的明天更加灿烂、辉煌!

谢谢大家!

舒歌群同志在全校教师干部大会上的讲话
（2018年5月15日）

各位领导,老师们、同志们、同学们:

刚才中组部刘后盛副局长宣布了中央关于我的任职决定并作了重要讲话,中国科学院白春礼院长、安徽省委信长星副书记作了重要讲话,对学校的建设与发展、对许武书记的工作给予了充分肯定和高度评价,对我本人提出了明确要求和殷切期望,我坚决服从中央的决定,衷心感谢中央的信任和重托,感谢中组部、中科院、安徽省委的肯定和关心,感谢全校师生的接纳和支持。今天,是我上任的第一课,使我受益无穷。

一直以来,我对中国科大充满敬仰。中国科大是新中国成立后我们党为"两弹一星"事业亲手创办的大学。60年前,她的创办被称为"我国教育史和科学史上的一项重大事件"。经历一个甲子,科大人怀揣"红专并进、科教报国"的远大志向,三次创业,扎根祖国大地,服务国家发展,取得了一系列具有世界领先水平的原创性成果。全校师生员工在许武书记和包信和校长的带领下,精诚团结,改革创新,学校各项事业都取得了长足的发展。许武书记坚定的理想信念、开拓创新的改革精神、夙夜在公的工作态度,是我学习的榜样。今天,从许武同志手中接过接力棒,到这样一所重要的大学担任党委书记,我深知使命光荣、责任重大。虽然个人学识能力有限,但必定全心投入、鞠躬尽瘁、不辱使命,为把中国科大建设成为中国特色世界一流大学而不懈奋斗。

中国科大是一所有精神的大学。一代代科大人在"红专并进、理实交融"校训精神指引下,在新中国建设和科技事业中前赴后继,为国家富强和民族进步作出了重要贡献。近年来,科大人以实际行动落实创新驱动发展的国家战略,"墨子"升空、"悟空"探秘以及科大讯飞的人工智能技术等等,创造了一系列具有自主知识产权的创新成果,为中国知识创新在国际上逐步从跟跑转向并跑、领跑作出了重要贡献。中国科大的发展始终与国家目标和未来方向紧密结合在一起,为人民服务,为党治国理政服务,为巩固和发展中国特色社会主义制度服务,为改革开放和社会主义现代化建设服务。科大人求实唯真的创新精神、艰苦创业的奋斗精神、科教报国的传统、沉静扎实的学风,一代代薪火相传,已经成为所有科大人的鲜明基因和文化血脉。

从今天开始,我很荣幸地成为中国科大的一员。作为一名新科大人,我要认真学习贯彻2016年4月26日习近平总书记考察中国科大时的重要指示精神,按照"勇于创新、敢于超越、力争一流"的要求,与校领导班子和全校师生一道,抓住新时代的新机遇,开拓创新、乘势而上。同时,向同学们学习,向老师们学习,向班子成员学习,向老同志学习,好好学习学校的历史和传统,自觉接受学校文化的熏陶,不断传承和发扬学校的优良传统。尊重学校自身的特点和发展规律,尊重她的文化传统,尊重广大师生员工的共同选择,在继承中发展,在发展中创新,坚持"全院办校、所系结合"的方针,坚持"精品办学、英才教育"的教学理念,让"科教报国、追求卓越"始终成为学校最鲜亮的底色,成为中国科大事业发展的不竭动力。

作为党委书记,我将认真学习贯彻习近平新时代中国特色社会主义思想,贯彻落实党的十九大精神,带领全校师生增强"四个意识",坚定"四个自信",做好"四个服务",在政治上、思想上、行动上始终同党中央保持高度一致。按照习近平总书记在北京大学考察时提出的"办出中国特色世界一流大学、培养社会主义合格建设者和接班人,要抓好三项基础性工作"的要求,坚持办学正确政治方向,建设高素质教师队伍,形成高水平人才培养体系,努力建设中国特色世界一流大学。按照"社会主义政治家、教育家"的标准严格要求自己,严守党的政治纪律和政治规矩,始终做到忠诚、干净、担当。认真履行好党委书记的职责,带领党委一班人,严格履行管党治党、办学治校的主体责任,坚持和完善党委领导下的校长负责制,与包信和校长紧密配合,把深化综合改革、推动内涵发展作为第一要务。围绕立德树人这一根本任务,聚精会神抓好党的建设,把抓好党建工作作为自己的第一责任,把从严治党的要求落到实处。与学校党政班子成员一道,真抓实干、认真履职,以实干创实绩,以实干谋发展,向党和人民交出一份满意的答卷。

从今天起,我将努力工作,尽快完成自己的角色转换。希望各位给我更多的指导和帮助,我愿意和全校师生员工、广大校友齐心协力,共同肩负起我们这一代人应该承担的历史使命,共同建设"中国特色、科大风格、世界一流"大学,创造中国科大新甲子的辉煌!

谢谢大家!

坚持党委领导下的校长负责制
推进完善现代大学治理体系
——舒歌群书记在全国高等学校党的建设工作会议的经验交流材料
中共中国科学技术大学委员会

中国科大是党和国家为"两弹一星"事业培养尖端科技人才,由老一辈革命家、科学家亲手创办的大学。60年来,中国科大始终秉承"红专并进、理实交融"的校训,矢志科教报国,在高等教育改革发展之路上不断探索,勇于创新。习近平总书记先后三次到中国科大考察工作、看望学生、与师生交流谈心,特别是今年9月20日,我校六十周年校庆之际,习近平总书记又对中国科大发展提出了新的期望和要求,体现了以习近平同志为核心的党中央对中国科大的亲切关怀,使得科大师生在思想上政治上行动上同以习近平同志为核心的党中央保持高度一致,坚持党对学校工作的全面领导,已经成为内化于心的自觉。

一、充分发挥党委领导的核心作用，注重顶层设计。校党委始终把学习贯彻落实习近平总书记系列重要讲话精神作为重大政治任务抓紧抓实，并坚持学以致用，学用结合，紧紧围绕中国特色世界一流大学建设，充分发挥党委的领导核心作用，注重顶层设计，用十八大以来习近平总书记关于科教工作的重要论述精神，特别是关于中国科大系列重要指示精神为指导，结合国家"双一流"建设、中国科学院"率先行动"计划、安徽省系统推进全面创新改革试验三大战略，制定实施《中国科学技术大学世界一流大学建设方案》，将世界一流大学建设与做好"四个服务"相统一，抓好"三个基础性工作"，力争早日建成中国特色世界一流大学。

二、坚持党委领导下的校长负责制，注重党政配合。健全党委统一领导、党政分工合作、协调运行的工作机制。2017年，校党委修订了党委全委会议、党委常委会议、校长工作会议议事规则，进一步厘清议事范围和决策程序。建立定期听取和审议常委会工作报告、纪委工作报告等制度。加强上会议题的事先审核机制，重大议题决策前，党委书记和校长以及班子成员事先充分沟通、个别酝酿，切实提高会议效率。

明确"三重一大"事项清单，对标对表解决学校发展重大问题。校党委认真梳理学校"三重一大"主要事项，形成"三重一大"事项目录清单，并根据学校发展实际，实行动态调整。制定完善《关于贯彻落实"三重一大"决策制度的暂行办法》，明确"三重一大"事项必须提交党委常委会议讨论决定，确保党委能集中精力议大事、谋全局、把方向。

建立健全并严格实施党委书记和校长经常性沟通制度、班子成员谈心交心制度、班子每周碰头会制度等，就事关学校发展及师生员工关心的事项充分交流、达成共识。同时，校党委坚持通过每年的校级领导班子考核述职、民主生活会报告、教代会等方式把党委领导下的校长负责制运行情况向上级报告、向校内师生员工通报。

三、完善现代大学治理体系，注重权力协调运行。在坚持党委领导下的校长负责制的领导体制下，不断完善行政权力、学术权力、民主监督有机融合、协调运行的体制机制和现代大学治理体系。在学术事务中充分发挥各级学术委员会、学位评定委员会和教学委员会的决策咨询作用，在行政事务中充分发挥预算专家委员会、人才引进委员会、师德建设委员会、国际合作与交流委员会等各类专门委员会的作用，在学校事务和民主管理中充分发挥教代会、学代会、研代会等机构的民主监督作用。比如，校党委建立了较为完善的三级预算管理体系，每年的预算编制须经预算专家委员会论证、预算工作小组审议、校长工作会议和党委常委会议审定，确保了预算编制的科学性和合理性；每年的教代会设置专门的代表质询环节和教代会提案机制，鼓励教代会代表就学校发展和师生员工关心的事项进行民主监督、提出意见建议。

四、发扬党的优良工作作风，注重调研督办落实。校党委坚持党的群众路线，发扬党的优良作风，围绕中国特色世界一流大学工作建设实际，兴调查研究之风，坚持深入基层，了解实际情况，把上级重大决策部署、校党政年度主要工作安排的贯彻落实情况、重大政策制定研究与执行情况作为调研的主要内容。如2018年5月，校党委主要领导带头，在一个半月的时间内，与校领导班子成员深入交流，走访调研了学校全部学院、重点科研机构、机关部门和直属单位，听取各单位党建及业务工作整体汇报，实地考察部分实验室和公共实验平台，听取师生对学校改革发展的意见建议，了解基层单位急需解决的困难问题。结合实际调研情况,党委书记、校长带领班子成员强化责任担当,对事关全局的中心工作和事关师生根本利益的重大事项亲自挂帅、亲自部署、亲自督办、一抓到底。如加快推动科大花园一期住房产权证办理和二期人才楼分配,解决教工住房问题;进一步加强和规范国内差旅费管理,试行包干制,提高工作效率。2018年6月,校党委开展"减轻教师负担,提高工作效率"专项活动,并把专项活动落实情况纳入年度督促检查工作重点,促进机关管理服务水平提升,坚决杜绝新"四风",全面提升学校行政管理能力。

回顾60年办学史,中国科大始终得到党中央的亲切关怀。我们深切体会到,中国科大始终是党的科大、人民的科大、中国的科大,红色基因永不褪色、红色旗帜永不动摇。中国科大全体党员、师生员工将牢记习近平总书记的嘱托,全面贯彻党的教育方针,坚持社会主义办学方向,传承科教报国、追求卓越的精神,瞄准世界科技前沿,立足国内重大需求,潜心立德树人,执着攻关创新,在基础性、战略性工作上多下功夫,努力办出中国特色世界一流大学,为培养德智体美劳全面发展的社会主义建设者和接班人,为建设创新型国家、建设世界科技强国作出新的更大的贡献。

包信和校长在纪念中共中央发布"五一口号"70周年座谈会上的发言

(2018年4月28日)

习近平总书记在今年3月4日全国政协联组会上指出:"中国共产党领导的多党合作和政治协商制度作为我国一项基本政治制度,是中国共产党、中国人民和各民主党派、无党派人士的伟大政治创造,是从中国土壤中生长出来的新型政党制度。"中国新型政党制度发轫于"五一口号",在"五一口号"发布70周年之际,我们重温风雨同舟的光辉历史,展望共创伟业的美好未来,具有特殊重要意义。

一、坚定不移拥护中国共产党的领导,永葆与中国共产党同心同德的政治信仰

1948年4月30日,中共中央以极大的政治胸襟和远见卓识,发布了声震寰宇的"五一口号",为饱受磨难的中国人民指明了前进方向。一旗举、天下动,一号呼、天下应,以郭沫若为代表的无党派民主人士,与其他民主党派代表一道旗帜鲜明地接受中国共产党的领导,坚定走上新民主主义和社会主义道路,拉开了协商建国的序幕。1949年9月,中国人民政治协商会议第一届全体会议召开,中国共产党领导的多党合作和政治协商制度的基本格局由此奠定。"五一口号"以其深远历史影响和伟大历史意义彪炳史册!

凡益之道,与时偕行。70年来,无党派人士以真诚的意愿和满怀的信心走上了中国共产党领导的中国特色社会主义民主政治发展道路,在中国革命、建设、改革伟大历程中,书写了华彩篇章。今后,不论风云如何变幻,我们自觉接受中国共产党领导的政治立场不能变,与党同心同德的政治信仰不能变,牢固树立"四个意识",坚决做党的好参谋、好帮手、好同事。

二、在新时代多党合作舞台上发挥社会主义协商民主重要作用，做到"有事多商量、有事好商量、有事会商量"

和羹之美，在于合异。中国共产党与各民主党派、无党派人士和衷共济的真诚合作，以1948年发布"五一口号"为契机，从共同反对国民党独裁统治到新民主主义革命胜利，从新中国成立到社会主义改造完成，从改革开放到全面建成小康社会，经过70年的发展和不断完善，无论在实践上还是在制度设计上都更加成熟。今天，作为人类命运共同体的倡导者和实践者，中国以充满生机活力的新型政党制度为世界政党建设和人类政治文明贡献了中国智慧。

商以求同，协以成事。新时代为无党派人士参与社会主义协商民主提供了广阔舞台。党的十八大以来，习近平总书记亲自主持召开协商会座谈会24次，与民主党派中央负责人和无党派人士代表共商国是。无党派人士就国家经济社会发展中重大问题开展考察调研，通过建言献策小组、院士专家团等载体发挥群体作用，从过去参政议政"个体户"变成了"集团军"。今后，我们要紧扣大团结大联合的主题，聚焦国家中心任务，坚持道实情、建良言，做到会协商、善议政，找到最大公约数，画出最大同心圆。

三、聚焦新时代中国特色社会主义战略部署，发扬无党派人士优良传统，彰显履职尽责新作为

"爱国报国、追求进步、敬业为民、淡泊名利、团结合作、自我砥砺"的优良传统，是无党派人士与中国共产党团结合作中形成的宝贵财富。在社会主义民主政治的广阔沃土上，郭沫若、程思远、袁隆平等老一辈无党派代表人士积极参政议政，用智慧和汗水为国家建设添砖加瓦，为我们树立了榜样。包括我在内的许多无党派人士，相继被党组织任命为国家机关、国有企事业单位负责人，一批无党派人士担任了各级人大代表、政协委员，充分体现了党中央对无党派人士的信任和重视，对我们是极大的激励和鞭策。新一代无党派人士更要学习和传承老一辈与中国共产党风雨同舟、荣辱与共的优良传统，坚定走中国特色社会主义道路的信念，聚焦新时代中国特色社会主义战略部署履职尽责，"共同把中国的事情办好"。

今年9月20日，我所在的中国科学技术大学将迎来建校60周年。1958年，首任校长郭沫若先生亲自题写了校歌《永恒的东风》，从此"又红又专"的科大精神融入到科大人的血脉，代代相传。红专并进一甲子，科教报国六十年。进入新时代，我将在党委领导下，履行好校长职责，团结全校师生，牢记习近平总书记"勇于创新、敢于超越、力争一流"的嘱托，带头践行社会主义核心价值观，坚持真理、传播真知，积极向社会传递正能量，以立德树人为根本，加快建设具有中国特色的世界一流大学。

不忘初心，方得始终；回首历史，可知将来。无党派人士将更加紧密地团结在以习近平同志为核心的党中央周围，深入学习贯彻习近平新时代中国特色社会主义思想，不忘多党合作初心，牢记振兴中华使命，为决胜全面建成小康社会、实现中华民族伟大复兴的中国梦，做出不懈努力！

红专并进树新人，科教报国谱华篇
——中国科学院院长、党组书记白春礼
在中国科大2018级本科生开学典礼上的讲话
（2018年9月1日）

亲爱的同学们、老师们、朋友们：

大家上午好！

今天，我们相聚在美丽的科大校园，共同迎接来自祖国各地的2018级1860名新同学。今天我也非常高兴、非常自豪，作为老校友，成为了母校的名誉校长。在此，我代表中国科学院，代表中国科大全体师生，向同学们表示最热烈的欢迎和祝贺！向悉心呵护你们的父母、辛勤培育你们的老师，致以最诚挚的问候！

中国科学技术大学有着辉煌的历史和光荣的传统。今年是中国科大建校六十周年，红专并进一甲子、科教报国六十年。六十年来，中央领导始终给予亲切关怀，习近平总书记多次视察中国科大，他评价科大是一所很值得敬重的大学，同学们能在这里就学很自豪。六十年来，中国科学院始终坚持"全院办校、所系结合"的办学方针，全力支持中国科大的建设和发展。六十年来，一代代科大人始终把爱国之情、报国之志融入国家建设发展事业中，在科教报国、追求卓越的道路上留下了深深的印记，取得了骄人的成就，在海内外享有崇高的声誉。

六十年的中国科大，培养了一大批科学大家和科技领军人才。32位科技将军、73位"两院"院士从这里走出。国家最高科学技术奖获得者赵忠贤院士，多次参加我国核试验的常永福将军、寒武纪创始人陈云霁和陈天石兄弟……他们为我国经济社会发展和国防事业作出了突出贡献。由此，中国科大享有了"千生一院士、七百硕博生"的美誉。

六十年的中国科大，产出了一批具有世界影响力的重大创新成果。世界首条千公里级量子通信干线、"墨子"号科学实验卫星、铁基超导、世界首台光量子计算机、科大讯飞语音识别系列产品……由此，中国科大被国内外盛赞为"英才之摇篮、创新之重镇"。

六十年的中国科大，涵养传承了浓郁厚重、特色鲜明的优秀文化。"科教报国，服务社会"的使命，"红专并进，理实交融"的校风，"崇尚科学、追求卓越"的精神……深深融入科大人的血脉，成为科大生生不息的力量源泉。

亲爱的同学们，你们大多是迎着新世纪曙光成长起来的"千禧一代"，你们有理想、目标远大，有主见、视野宽阔，有自信、富有创造力。同时，作为民族复兴的"圆梦一代"，你们也担负着沉甸甸的历史责任，使命光荣、任重道远。希望你们在未来四年里立德求真、格物致知，真正成长为一名优秀的科大人，成长为建设世界强国的中坚力量。在此，我提几点希望。

一是希望你们弘扬科学精神，敢于质疑、不惧权威，做一个既有知识更勇于创新的人。科学的本质是创新，创新的本质是突破旧的思维定式和旧的条条框框，是对前人的超越、把前人认为不可能的事情变成现实。因此，无论是理论创新还是实践创新，都需要质疑精神、批判精神。希望你们始终保持独立思考，用批判性思维去认识和分析未知世界。不应只学

习现有的理论和知识，更要培养起自主学习的兴趣和能力，不断探索和发现科学奥秘。要勇于挑战权威和传统，做到"不唯书，不唯上，只唯实"。始终坚持追求真理、忠于真理、捍卫真理的科学精神和精益求精、坚定执着的专业主义。

二是希望你们传承科大优秀文化，心无旁骛、行稳致远，做一个既有活力更有定力的人。你们是早晨八九点钟的太阳，有锐意创新的勇气、敢为人先的锐气、蓬勃向上的朝气。在纷繁复杂、眼花缭乱的社会里，更需要一种从容和淡定。古语云"欲多则心散，心散则志衰，志衰则思不达"。科技创新需要耐得住寂寞、坐得了冷板凳。陈景润、袁隆平、屠呦呦等许多大家熟知的科学家，都是数十年磨一剑，坚定执着、孜孜不倦，为国家和社会发展作出了重大贡献。希望同学们不为名利所惑，不为浮华所扰，真正静下心来，刻苦钻研、不懈追求，为我国科技事业发展贡献智慧和力量。

三是希望你们坚守家国情怀，丰富实践历练，承担社会责任，做一个既有能力更有担当的人。中国科大人历来以实现国家强盛、推动社会进步、谋求人类福祉为己任。中国科大首任化学物理系主任郭永怀先生，毅然放弃国外优厚的物质生活条件，回到祖国投身到"两弹一星"事业。在飞机失事的紧要关头，用生命保护了装有绝密核试验数据的公文包，为我国的国防事业作出了卓越贡献。希望同学们传承老一辈科学家爱国情怀和优良品质，始终将个人的成长梦、成才梦与实现中华民族伟大复兴的中国梦紧密地结合起来，在实践中不断历练成长，成为国家科技事业发展的栋梁之才。

四是希望你们注重全面发展，陶冶情操、健全人格，做一个既有学历更有魅力的人。大学生活丰富多彩，刻苦学习是主色调，但并不是全部。希望同学们在勤奋学习的同时要走出教室、走出校园，在丰富多彩的社团活动中释放青春激情，在服务社会的实践中增长见识才干。在读好有字之书和无字之书的过程中，学会倾听与沟通，学会分享与合作，学会理解与包容，成为一名身心健康、全面发展的青年才俊。

同学们，"笋因落箨方成竹，鱼为奔波始化龙"。希望你们珍惜宝贵时光，不负美好青春，肩负时代责任，高扬理想风帆，用智慧和汗水创造美丽人生，为实现中华民族伟大复兴的中国梦贡献力量！

谢谢大家！

求真唯实　上下求索
——校长包信和在2018级研究生开学典礼上的讲话
（2018年9月8日）

亲爱的同学们、老师们、朋友们：

大家上午好！

今天，我们欢聚一堂，隆重举行中国科学技术大学2018级研究生开学典礼。首先，我谨代表学校全体师生员工向来自五湖四海的同学们表示衷心的祝贺和热烈的欢迎！向悉心呵护你们的父母和亲友致以诚挚的问候和衷心的感谢！

同学们,再过十几天,就迎来中国科大六十华诞。红专并进一甲子,科教报国六十年。60 年来,一代又一代科大人红专并进、理实交融,自觉把爱国之情、报国之志融入国家建设发展事业中,在科教报国、追求卓越的道路上留下了科大人的印记,创造了我国教育史和科技史上一个又一个辉煌,也成就了中国科大今日的荣光。习近平总书记三次考察中国科大,评价科大是一所很值得敬重的大学,同学们应该为能在科大学习感到自豪。如今,科教报国的接力棒传到你们手里,大家是科大新甲子的第一批研究生,这既是你们的光荣和幸运,更是一份沉甸甸的责任。今年 9 月 1 日,中国科学院院长、党组书记白春礼院士在 2018 级本科生开学典礼上,寄语本科新生"在未来四年里立德求真、格物致知,真正成长为一名优秀的科大人,成长为建设世界强国的中坚力量"。我想,这也应该是对在座同学们的殷切期望。

同学们,研究生阶段是人生的一个全新的开始,在未来几年里,大家将要实现从学生到研究者的身份转变。对硕士生而言,你们将在导师的引导下,了解本学科的研究范式,踏上科学探索的征程;对博士生而言,则要开始培养自己独立的科研能力,向更加前沿的科学问题发起挑战。"科学"的英文单词"science",其拉丁文词源就带有"真知"的含义,科学研究的实质在于"求真"。今天,我想和同学们谈谈"求真"这个话题,为大家即将开始的研究生生活提供一些建议和期望。

一是希望同学们以旺盛的好奇心和求知欲为动力,开启求真之旅。求真是一场探索未知、充满挑战的旅程,最原始也最根本的驱动力是对新知识的渴望。正是在好奇心和求知欲的驱动下,人类才不断突破自身的认识局限,人类文明才会不断进步。从 17 世纪牛顿创立经典力学,到 20 世纪初,物理学取得了辉煌成就。英国著名物理学家开尔文曾宣称,物理学大厦已经落成,所剩只是一些修修补补的工作。不过物理学的晴空上笼罩着两朵乌云,这就是当时用经典物理理论不能解释的"以太漂移"和黑体辐射。为了解释黑体辐射,普朗克、波尔、海森堡等人创立量子力学,爱因斯坦则用 10 年时间独自苦思"以太之谜"而开创了相对论,掀起了 20 世纪物理学翻天覆地的革命。到了 21 世纪,"上帝粒子"的发现填补了粒子物理学标准模型的最后一块拼图,物理学大厦是不是就此大功告成了呢?应该还不是,因为我们这才发现,物理学的大门还没有完全打开,物理学的天空还飘浮着暗物质、暗能量、宇宙的终极命运等很多乌云。求真永无止境,你所知的知识就像一个圆圈,你了解的东西越多,你会发现未知的东西也越多。希望同学们以孩童般的好奇心和求知欲,去发现大千世界和宇宙万物中的未解之谜,提出新的问题、新的可能性,从新的角度去解决原有的问题,很可能未来的科学突破将从中诞生。

二是希望同学们以科学严谨的治学态度为基石,一步一个脚印在求真道路上行稳致远。我校首任校长郭沫若先生曾说过:"在实事求是的基础上大胆创造,在大胆创造的风格中实事求是。"科学的创造需要大胆的想象,没有大胆的想象就不可能打破常规,创造非常之成就。当然,这种大胆的想象是建立在实事求是的基础上的。在求真过程中,最基本也最重要的原则就是实事求是,这也是科学精神的核心要义。任何科学研究都有不可预知的问题,但仍有一些东西是我们可预知而且应该笃定的,比如基本的科学伦理、学术规范和学术操守,这是求真路上不可突破的底线。在今后的科研道路上,大家可能会面临这样或那样的抉择:是急功近利,对明知存在问题的数据进行所谓的"合理修饰"然后发表,还是脚踏实地,完善研究设计,重新进行实验?求真与否往往就是一念之差。"所谓诚其意者,毋自欺也",希望同学们始终恪守学术初心,以"零容忍"的态度坚决杜绝一切浮躁风气和学术不端行为。

作为求真的基石,科学严谨的治学态度不仅体现在大是大非的抉择上,更应渗透在学术研究的每一个细节中。在我校校史上就有这样一个故事,一个学生在作业中不慎把小数点点错了,钱学森先生在课堂上严厉地批评说:"小数点点错一个,打出去的导弹就可能飞回来打到自己!"在黑板上,钱学森先生写下了几个大字:"严谨、严肃、严格、严密",告诫学生"下笔千钧",要以对国家和民族负责的态度从事科学研究。希望同学们从做每一次实验、从论文写作中的每一个标点符号开始,养成严谨的好习惯,在科研之路上稳扎稳打,行稳致远。

三是希望同学们以水滴石穿的韧劲不懈努力,在求真道路上收获真理的硕果。"博观而约取,厚积而薄发",科学史上很多伟大成就的取得,都经历了困境中的长期探索和不懈努力。现代遗传学之父孟德尔经过长达8年对8000多株豌豆的杂交实验、对7对相对性状遗传规律的数学统计分析,才总结出划时代的遗传学分离定律和自由组合定律。从1916年爱因斯坦基于广义相对论预言了引力波,一代又一代科学家为之探索,直到2016年2月激光干涉引力波天文台(LIGO)宣布人类探测到首个引力波信号,引力波的存在才得到证实,足足耗费了百年光阴。国家最高科学技术奖获得者、我校校友赵忠贤院士曾经坐了二十多年"冷板凳",才发现了铁基高温超导体。他曾经说过,坚持做某一项工作,在长期积累的基础上会产生认识上的升华,而这种认识上的升华在科学研究中是非常重要的。同学们,世界上没有白走的路,每一步都算数。希望同学们在求真路上经得起失败,耐得住寂寞,啃得了硬骨头,以水滴石穿的韧劲不懈努力,收获真理的硕果。

同学们,求真唯实非易事,只有在好奇心和求知欲的驱动下,以科学严谨的治学态度脚踏实地,以水滴石穿的韧劲上下求索,才能品尝到真理的甘甜。希望大家在未来几年的研究生生涯中,以求真之心科研,以求实之心干事,书写属于你们的学问人生!

谢谢大家!

做永不褪色的科大人
——校长包信和在2018届本科生毕业典礼暨学位着装授予仪式上的讲话
(2018年6月23日)

亲爱的同学们、老师们、家长们、朋友们:

大家上午好!

今天,我们欢聚在焕然一新的大礼堂,隆重举行中国科学技术大学2018届本科生毕业典礼暨学位着装授予仪式。首先,我谨代表学校全体教职员工衷心祝贺同学们顺利完成学业、获得学位!在此,我也向辛勤培育你们成才的老师、含辛茹苦抚养和陪伴你们成长的父母和亲友们表示深深的感谢!

四载时光,弹指一挥。四年前,同学们伴随着巴西世界杯的喝彩声,从高考的胜利喜悦中走出来,以清零的心态开始在科大的学习和生活。四年来,你们不满足于在象牙塔里修身立德、学成文武艺,更渴望从更大的课堂了解世情国情社情,你们在教学相长、对话大师的过程中醉心于思想碰撞,在严格的学术训练和理实交融的创新实践中浸润科学精神,在丰富多彩的社团活动中释放青春激情,在服务社会的实践中增长才干。你们在中国科大的熔炉里锻造,深深地打上了中国科大的烙印,成为了名副其实的科大人,我为大家感到骄傲!

今天,同学们即将告别母校,踏上人生新的征途。无论你们走到哪里、身处什么环境,无论你们未来从事什么样的工作,希望你们做永不褪色的科大人,肩负科大人的使命与责任,永葆科大人的情怀与品格。

做永不褪色的科大人,就是要永葆科大人的底色,家国情怀始终如一。中国科大是老一辈革命家和科学家亲手创办的红色大学,建校的目标非常明确,就是为新中国"两弹一星"事业培养尖端科技人才。建校元老中既有钱学森、郭永怀等"两弹一星元勋",也有赵忠尧、杨承宗等"没有勋章的功臣",他们把红色基因注入科大人的文化血脉,"又红又专"的"红"就是科大人的底色。今天,我想和大家分享新中国放射化学奠基人、我校放射化学和辐射化学系首任系主任杨承宗先生的故事。

1951年,杨承宗在顺利通过约里奥-居里夫人主持的论文答辩、获得巴黎大学博士学位以后,垫上个人积蓄购买了国内紧缺实验器材与资料,带着极为珍贵的碳酸钡镭标准源,归心似箭回到百废待兴的祖国。为了突破铀材料制备这个原子弹研制的关键瓶颈,他带领团队亲手建成一座铀冶炼生产实验厂,经过三年多的日夜苦战,生产出了符合原子弹原材料要求的足量纯铀化合物,为我国原子弹的成功研制作出了不可磨灭的贡献。在杨老的同事、学生中,有的当选院士,有的荣获"两弹一星功勋奖章",但杨老既不是院士,也没有佩戴上共和国的勋章。很多人为他鸣不平,对于荣誉得失,杨老平静地说:"事情做出来就好,别的什么都不要去想。"这位百岁老人一生所持的是宽容大度、默默奉献的君子风范,他谦虚地说:"我一生只做了两件事,一是为原子弹炼出了所需要的铀,还有就是在中国科大办了一个专业。"杨承宗先生展现了老一辈科学家浓厚的家国情怀和"干惊天动地事,做隐姓埋名人"的风骨。

20世纪,我校创校先贤们怀揣一颗"科学报国"的红心,学成后毅然回国效力,他们是真正让中国"站起来"的民族脊梁。如今,我国正形成史上最大规模留学人才"归国潮",近年来我国引进的"青年千人"中,中国科大校友占10%,体现了科大人心系祖国、强国兴邦的情怀。同学们,我们面临的新时代,是实现中华民族伟大复兴的关键时代,你们是同新时代共同前进的一代,既拥有广阔发展空间,也承载着伟大时代使命。希望大家永葆科大人的底色,又红又专,把爱国之情、强国之志、报国之行统一起来,把个人的梦想融入实现中国梦的壮阔奋斗之中,将科教报国的使命薪火相传,成为让中国"强起来"的中流砥柱。

做永不褪色的科大人,就是要永葆科大人的本色,科学精神始终如一。刚才,蔚蓝色校旗从你们的头顶掠过,令大家激动不已。蓝色代表科学精神,正是科大人的本色。什么是科学精神?马克思说:"在科学上没有平坦的大道,只有不畏劳苦沿着陡峭山路攀登的人,才有希望达到光辉的顶点。"华罗庚说:"科学是实事求是的学问,来不得半点虚假。"科学精神是像赵忠贤、陈仙辉院士那样把超导事业作为毕生追求,"板凳要坐十年冷,文章不写一句空",持之以恒寻找新型超导材料,带领中国高温超导研究跻身国际前列;科学精神是像暗物质粒子探测卫星"悟空"首席科学家常进校友那样勇于探索未知,带领团队攻克一个又一个难关,努力解开远在星辰之外的宇宙密码；科学精神是像谢毅院士那样不怕啃硬骨头，在"卡脖子"的地方下大功夫，致力于寻找更有效的能源转换材料，推动清洁能源发展……同学们还可以从很多科大人的故事中体会科学精神的丰富内涵。

四年前，同学们怀揣着成为科学家的梦想，选择了中国科大。今后，还会有很多同学坚守初心，继续攀登科学高峰。习近平总书记在今年"两院"院士大会上强调："中国要强盛、要复兴，就一定要大力发展科学技术，努力成为世界主要科学中心和创新高地。""关键核心技术是要不来、买不来、讨不来的。"科技创新大潮澎湃，千帆竞发勇进者胜。作为中国科学技术大学的毕业生，理应肩负起历史赋予的重任，勇做新时代科技创新的排头兵。

四年来，同学们在科大耳濡目染的科学精神，是未来人生道路上一笔宝贵的精神财富。不管同学们将来是否继续在科学的长空搏击，都要永葆科大人的本色，弘扬科学精神。"纷繁世事多元应，击鼓催征稳驭舟"，要始终保持独立思考和清醒的头脑，敢于质疑，追求真理；干事创业时，既要敢于好高骛远，也要善于实事求是，遵循科学规律，发扬团队合作精神，做新时代的奋斗者，成为各行各业的创新引领者。

做永不褪色的科大人，就是要永葆科大人的特色，追求卓越始终如一。世界就像一个色彩斑斓的万花筒，每个人都是独一无二的，在新时代都有出彩的机会。"不是杰出者才做梦，而是善梦者才杰出"，那些胸怀梦想、心无旁骛地坚持做自己事情的人，把平凡事情做到伟大，把简单事情做到极致，就是出彩的科大人。比如，我们的校友植物学家钟扬秉持"一个基因可以拯救一个国家，一粒种子可以造福万千苍生"的信念，坚持16年援藏，在青藏高原跋山涉水50多万公里，收集了4000多万颗种子，像守护生命一样守护祖国植物基因库。他把有限的生命融入了这片他爱得深沉的土地，谱写了一首传唱千古的生命之歌。希望同学们不管将来投身哪个领域，都要扎下根来，干一行爱一行，追求卓越，做出彩的科大人，用你们的智慧和汗水，在中华民族伟大复兴的宏伟画卷中绘上自己绚丽的一笔。

在俄罗斯世界杯的热潮中，同学们将奔赴新的人生赛场。人生好比一场又一场创造奇迹的世界杯，你们是赛场的主角，只要心中有阳光，脚下就有力量！母校永远是你们坚强的后盾，会在看台上为你们加油、喝彩！

红专并进一甲子，科教报国六十年。今年恰逢学校建校60周年，同学们四年的求学生涯在此画上一个恋恋不舍的句号，你们和母校无限可能的未来也在此开启。每个科大人都是一颗闪亮的星，共同组成中国科大的星云璀璨。希望同学们弘扬"红专并进、理实交融"的校训精神，永葆科大人的家国情怀和科学精神，做永不褪色的科大人，乘新时代春风，肩负起社会主义建设者和接班人的使命担当，在奋斗中放飞青春梦想、成就人生精彩，开创中国科大新甲子的壮丽新篇章！

祝同学们承瀚海之辽阔，比星云之光华！

谢谢大家！

乘新时代春风　放飞青春梦想
——校长包信和在 2018 届研究生毕业典礼暨学位着装授予仪式上的讲话
（2018 年 6 月 24 日）

亲爱的同学们、老师们、家长们、朋友们：

大家上午好！

今天，我们在这里隆重举行中国科学技术大学 2018 届研究生毕业典礼暨学位着装授予仪式。首先，我要祝贺 817 名博士和 1860 名硕士顺利完成学业、圆满获得学位！同时，我提议同学们用热烈的掌声感谢辛勤培育你们的导师，以及陪伴支持你们的家人！

同学们，你们很快就要带着专属于你们的毕业戒指离开母校，带着在科大收获的知识、友谊和爱情，踏上新的人生征途，开启人生的华彩篇章。离别之际，同学们纷纷送上对母校的美好祝愿，有位同学写道："入学时科大是 50 周岁，到我今年博士毕业，恰巧是母校六十华诞，整整十年，可以说我与科大共同度过了这关键的十年，衷心祝福母校越办越好！"在此，我也希望大家继续传承科大的精神、文化和品格，与母校一同前行，共同追求属于中国科大人的光荣与梦想，共同把红旗插上科学的高峰！

这十年，不仅是国家日益繁荣昌盛的十年，也是学校快速发展、同学们成长成才的十年。十年来，我们感受到时代的变迁，亲身体会到科技创新助力大国崛起，推动社会高速发展，悄然改变我们的生活方式。大家现在可能都会在淘宝、京东上进行网购，用支付宝、微信实现移动支付，出门用滴滴打车、骑共享单车，乘坐高铁去感受"诗和远方"的美。所有这些我们今天习以为常的生活方式，十年前都还是难以想象的，这些是科学技术带来的颠覆性变革。科学技术从来没有像今天这样深刻影响着国家前途命运，从来没有像今天这样深刻影响着人民生活福祉。未来的中国要强盛、要复兴，就一定要大力发展科学技术，努力成为世界主要科学中心和创新高地。作为中国科学技术大学培养的科技创新生力军，同学们要为实现中华民族伟大复兴中国梦贡献青春力量。岁月如歌，青春有梦，你们作为新时代的主人翁，人生的舞台如此广阔，生逢其时，也重任在肩。

在临别之际，作为师长，我为大家送上几点期望：

一、希望大家做永葆青春的追梦人。在前不久召开的"两院"院士大会上，习近平总书记充分肯定了我国科技创新取得的重大成就，铁基超导材料、多光子纠缠、"悟空"、"墨子"、全超导托卡马克核聚变装置、纳米催化、语音识别等多项科大人主导或参与研制的成果均被提及。在诸多科大人当中，年轻的"70 后""80 后"已成为创新的生力军，中年的"50 后""60 后"依然保持着创新的活力，这其中还有一位"40 后"科大人永葆创新的激情，那就是我校杰出校友赵忠贤院士。他做客我们的"科教报国 60 年"科大精神系列报告会时，曾说过："对未知世界的探索是人类的一种本性，它使人向往、激动和年轻。"正是本着这样一种精神，他一辈子只做超导一件事。超导研究史长达百余年，其间高温超导有两次重大突破，赵忠贤院士及其合作者都取得重要成果，先后获得了 1989 年度、2013 年度国家自然科学一等奖，2016

年度国家最高科学技术奖。正如塞缪尔·厄尔曼的散文《青春》中所提到的："青春不是年华,而是心境;青春不是桃面、丹唇、柔膝,而是深沉的意志,恢宏的想象,炙热的感情;青春是生命的深泉在涌流。青春气贯长虹,勇锐盖过怯弱,进取压倒苟安……年岁有加,并非垂老,理想丢弃,方堕暮年。"同学们,趁你们还年轻,勇敢去追梦。年轻就是力量,有梦想就有未来。希望"90后"的同学们继续传承科大精神,勇于创新、敢于超越、力争一流,不仅要跟上时代发展的步伐,更要引领时代、创造未来。

二、希望大家做脚踏实地的圆梦人。在东区校园里,有一座著名的"孺子牛"雕像,每当毕业季,同学们都愿意在"孺子牛"前拍照留念,留下宝贵的记忆。脚踏实地、艰苦奋斗的"孺子牛",已成为科大人的精神图腾。在国家建设的每一个时期,总会有一批科大人站出来,承担起时代的使命,如孺子牛般负重前行。众所周知,预警机是现代战争中不可或缺的"空中司令部"。上世纪80年代,我国曾尝试向国外购买预警机被拒,2000年与他国合作研制预警机的合同被撕毁,正如习近平总书记在今年"两院"院士大会上强调的"关键核心技术是要不来、买不来、讨不来的"。"空警2000"总设计师、我校校友陆军院士,临危受命,从零开始,开启了他的预警机研发之路。38岁的他怀揣"做世界上最好的预警机"梦想,带领团队自力更生,夜以继日攻克了100多项核心关键技术,仅用五年时间就走完了西方十几年的历程,取得了世界预警机发展史上的9项"世界第一",使我国成为世界上少数几个具有预警机研制能力的国家之一。"奋斗为强国,牺牲铸辉煌,空警巡海疆,民族挺脊梁。"同学们,追梦需要激情和理想,圆梦需要奋斗和奉献。如果青春是一块无边的画布,奋斗就是最绚烂的画笔,愿你们将青春之梦融入国家民族发展,在不懈奋斗中画出人生最美的图画。

三、希望大家做心有大爱的助梦人。今年是我校研究生支教团组建20周年,20年来120多位支教队员行走在"爱心接力、薪火相传"的西部支教之路上,在"想看绿色都是一种奢侈"的贫瘠、干涸的土壤——宁夏回族自治区海原县,奉献大爱与智慧,帮助孩子们播撒梦想的种子,为他们开启了一扇了解世界的窗口,照亮他们的希望和未来。"苔花如米小,也学牡丹开。"支教队员播下的种子已经在孩子们心中生根发芽,比如原本想上高职的高峰兄弟三人,在支教队员和"一帮一"的鼓励与资助下,都努力完成学业,分别考上了大学。在支教队员的影响下,高峰在大学期间利用假期去贵州山村支教,他说:"我去贵州支教,正因为听从自己内心的那颗种子召唤吧。"我希望同学们化作爱的圆规,一只脚扎根原点不忘初心,另一只脚用爱前行,画出一个个同心圆,在帮助别人圆梦的同时,也成就自己的梦想。

同学们,你们即将离开母校,从科大的学生变为科大的校友,母校永远是你们坚强的后盾和精神的港湾。"大鹏之动,非一羽之轻也;骐骥之速,非一足之力也",今年是母校60周年华诞,每一位校友都是中国科大品牌的铸造者和维护者,母校新甲子的辉煌需要你们去续写!

"乘风好去,长空万里,直下看山河。"同学们无论是有志继续从事科学研究,还是渴望在创新创业的道路上一展所长,我都衷心祝愿大家乘时代春风,放飞青春梦想!

谢谢大家!

传承科教报国、追求卓越精神
做新时代的奋进者
——校长包信和在2018年冬季学位着装授予仪式上的讲话
(2018年12月8日)

亲爱的各位同学,老师们、家长们、朋友们:

大家上午好!

今天,我们在这里隆重举行中国科学技术大学2018年冬季学位着装授予仪式,共同庆贺877位同学顺利完成学业,成功获得学位。我谨代表学校全体教职员工向同学们致以最热烈的祝贺!同时,我提议,同学们以热烈的掌声感谢辛勤培育你们的导师,以及陪伴和支持你们的家人和朋友!

同学们,今年是我们中国科大建校60周年。9月20日,也就是在这个大礼堂,我们隆重举行了建校60周年纪念大会。会上,中国科学院院长、我校名誉校长白春礼院士受中央委托,传达了习近平总书记对中国科大校庆的热烈祝贺和对中国科大的殷切期望。习近平总书记充分肯定了我校60年来的办学成绩,殷切希望我们要继续传承科教报国、追求卓越的精神,瞄准世界科技前沿,立足国内重大需求,潜心立德树人,执着攻关创新,在基础性、战略性工作上多下功夫,努力办出中国特色世界一流大学,为培养德智体美劳全面发展的社会主义建设者和接班人,为建设创新型国家、建设世界科技强国作出新的更大的贡献。这不仅是对学校的殷殷嘱托,更是对同学们的切切期望。

同学们,这个曾经举行过开学典礼的大礼堂,是你们"科大梦"开始的地方。如今,你们身着学位服,又一次汇聚在这里,即将开启人生的新征程。你们正面临干事创业的黄金期,也恰逢我们伟大祖国奋力实现"两个一百年"奋斗目标的关键期。我们伟大祖国正在开启的新时代,恰是你们人生发展的最大机遇期。在此,我衷心希望,无论你们选择何种精彩的人生,都要带着自信拥抱新时代,带着理性认识新时代,带着责任建设新时代,努力做一名新时代的奋进者,做真正的"强国一代"。

叙过往情意绵长,念未来梦想澎湃。在临别之际,作为师长,我为大家送上三点期望:

一是做新时代的奋进者,就是要有报国的理想。

众所周知,中国科大是为"两弹一星"事业而创办的一所大学,23位"两弹一星"元勋中有11位曾在我校执教。其中,就有一位科学家横跨核弹、导弹、人造卫星三个领域,也是唯一一位以烈士身份被追授"两弹一星"功勋奖章的科学家,他就是我校首任化学物理系系主任郭永怀先生。他胸怀"学成归来、报效祖国"的愿望,冲破重重阻力,义无反顾回国,为新中国核事业的发展做了许多开创性的重要工作。为了筹划我国第一枚导弹热核武器的试验工作,郭永怀常常往返奔波于北京和青海核武器研制基地。1968年12月5日,他从青海赴北京汇报工作,因飞机失事不幸遇难。飞机坠毁前,他和警卫员紧紧相拥,用血肉之躯保护了国家机密文件。正是依据这份用生命保护的重要资料,在他牺牲的22天后,我国第一颗热核导弹试爆成功。就在前几天12月5日,是我们尊敬的郭永怀师长逝世50周年纪念日。为了进一步弘扬他无私奉献、以身许国的崇高精神,更好地激励一代又一代科大人投身国家建设和改革发展的伟大事业,学校申请以他的名字命名了小行星,也就是"郭永怀星",并决定在中校区以"永怀初心"为题,为他和夫人李佩教授敬立雕像,以示我们科大人的永恒怀念。

同学们,科教报国的接力棒已经传到了大家的手上,希望你们继承郭永怀、钱学森等"两弹一星"元勋的伟大精神,牢记科教报国的崇高使命,肩负起你们这一代人的责任,把爱国之情化为报国之行,在祖国的各行各业续写科大人的新辉煌。

二是做新时代的奋进者,就是要有创新的精神。

今年也是我国改革开放40周年,前不久,党中央拟表彰100名改革开放杰出贡献对象,潘建伟院士、王永民校友和张瑞敏校友这三位科大人光荣入选。潘建伟院士是国际上量子信息实验研究领域的开拓者,他带领团队让中国量子保密通信领跑世界;王永民校友发明"王码五笔字型"汉字输入法,首创"汉字字根周期表",有效解决了信息时代的汉字输入难题;张瑞敏校友带领海尔从一家濒临倒闭的集体小厂发展成为全球知名的跨国集团,创立"日事日毕、日清日高"OEC管理法,实现了我国企业管理从学习模仿到引领世界的突破。这三位科大人身上都闪耀着敢为天下先、勇于创新、追求卓越的科大精神。

同学们,21世纪是一个创新的时代,唯创新者进、唯创新者强、唯创新者胜,只有创新才能引领未来。希望同学们在未来事业发展中,敢于面对竞争和挑战,以创新的精神化解个人事业中的难题,破解社会发展中的痛点,创造更多漂亮的、从"0"到"1"的原创性突破,以我们科大人的方式引领时代创新大潮流,推动经济社会大进步。

三是做新时代的奋进者,就是要有开放的胸怀。

同学们,40年改革开放将丰富多彩的世界带进了中国,也让一个生机勃勃的中国日益走近世界舞台的中央。随着时代的发展,经济全球化加速了资本、科技、人才等生产要素的全球化流动,全人类已经成为了休戚与共的命运共同体。正如《The world is flat》一书所提到的,全球化时代已经从国家全球化、公司全球化进入个人全球化。新时代是如此精彩,地球村是如此充满活力,开放的时代为每个人提供了自由发展的空间,良好的自由发展空间需要人们相互包容、相互尊重、相互扶持。

同学们,"泰山不让土壤,故能成其大;河海不择细流,故能就其深"。希望大家在坚守道德底线、明辨是非、捍卫真理的同时,有容事容人的雅怀雅量,有虚怀若谷的谦谦之道,以更加开阔的眼界和更加开放的胸怀,参与全球合作交流,在成就他人的同时成就自我,在追求卓越中引领未来!

同学们,毕业典礼后,我们所有美好的记忆将留在每一张笑脸盈盈的相纸上,所有欢笑与不舍将成为面向未来的勇气,"长安何处在,只在马蹄下"。愿你们传承科教报国、追求卓越的精神,做有报国理想、有创新精神、有开放胸怀的奋进者,建功立业新时代、青春共圆中国梦!

今后,无论你们身在何方,母校永远是你们温暖的家,欢迎你们常回家看看!

谢谢大家!

不忘初心　勇攀高峰
——校长包信和在第37届郭沫若奖学金暨2017年度国家奖学金颁奖典礼上的讲话
（2018年3月24日）

尊敬的老师们、来宾们，亲爱的同学们：

大家下午好！

阳春三月，草长莺飞。在这个美好的时节，我们欢聚于美丽的科大校园，隆重举行第37届郭沫若奖学金暨2017年度国家奖学金颁奖典礼。首先，我代表全校教职员工，对本次荣获郭沫若奖学金的33位同学和荣获国家奖学金的110位同学表示热烈的祝贺！对远道而来的各位家长和各位中学校长、老师们表示诚挚的欢迎和衷心的感谢！感谢大家长期以来对中国科大本科生招生工作的大力支持，为学校输送了一批又一批优秀学子，希望今后我们继续加强合作，共同为国家培养更多栋梁之才。

郭沫若奖学金以我校首任校长郭沫若先生命名，是新中国第一个以个人名义命名的奖学金，在国内外享有崇高声誉，是我们每一位科大学子梦寐以求的崇高荣誉。自1981年第一届郭沫若奖学金颁发以来，已有879位科大学子获此殊荣。国家奖学金是国家于2002年设立的级别最高的奖学金，奖励在德、智、体、美等方面全面发展的优秀学生。在我校历届获奖者中，已经涌现出一大批包括科技领军人物、商界精英、政坛新秀等英才。同学们，祝贺你们加入这个群星璀璨的群体，我为大家感到特别的光荣和骄傲！

四年前，你们满怀期待来到科大，开启了大学的追梦之旅。四载光阴致科大，你们勤奋苦读，追求理想，全面提升自我，终不负韶华。今天，你们又将带着收获和对未来的憧憬离开科大，继续前行。在此，我想给同学们提两点希望，也是为同学们壮行：

一是始终胸怀报国之心，心系责任担当。最近，振奋国人的纪录片《厉害了，我的国》刷爆朋友圈，一幅幅画面全方位展示了党的十八大以来我国取得的辉煌成就，展现了中国新时代风貌。尤其让我们科大人感到非常骄傲和自豪的是，电影专门播放了习近平总书记2016年4月26日在科大考察时的场景，也多次提及了我们科大最近的几个成果，比如我们的"墨子"号卫星以及量子通信、量子计算等科研成就。从《复兴之路》到《厉害了，我的国》，在这些国家的重大宣传报道中，每每都能看到中国科大的画面，看到中国科大人的身影，我们科大人应该感到非常的骄傲和自豪。今年是我们科大建校60周年，作为我党亲手创办的一所红色大学，我们始终与共和国同呼吸、共命运，"红专并进一甲子，科教报国六十年"。"科教报国"和"创新立校"的基因融入科大的文化血脉，"红专并进、理实交融"的校训精神代代相传；"将红旗插上科学的高峰"写进校歌，成为一代代科大人的"初心"。我们现在常讲"不忘初心"，这就是我们科大人的"初心"。

同学们，你们是非常幸运的一代，身处一个伟大的时代，背靠一个非常强大的祖国。习近平总书记在刚刚闭幕的第十三届全国人大第一次会议的讲话中指出："新时代属于每一个人，每一个人都是新时代的见证者、开创者、建设者。"今天的颁奖典礼，我们有幸邀请到了我校 1997 级少年班校友陈云霁,他的弟弟陈天石是 2001 级少年班校友,兄弟俩研制了国际上首个深度学习处理器——寒武纪,并成功应用到手机中,使先进智能技术普惠千家万户,他们孵化了国际上首个智能芯片创业公司——寒武纪公司,荣获 2017 年度科技创新人物。他们就是这个新时代的见证者、开创者、建设者。在座的同学们大部分都还要继续深造,很可能都会在国内外继续攻读研究生,今后你们不论身处何方,请你们牢记,你们代表的是母校——中国科大、是祖国——中华人民共和国,你们今天的获奖不仅仅是一份荣誉,更是一份沉甸甸的责任,意味着你们要不忘科大人的"初心",志存高远,敢于担当,开拓创新,为实现中华民族伟大复兴的中国梦而勇攀高峰。

二是始终保持好奇之心,微笑面对生活。就在上周三,国际著名物理学家史蒂芬·霍金离开了我们。很多同学可能都读过霍金非常著名的科普著作《时间简史》《果壳中的宇宙》,或看过他的传记电影《万物理论》,对他的传奇故事并不陌生。霍金在 21 岁就不幸患上渐冻症,身困轮椅却行至宇宙尽头,口不能言却道尽自然至理,凭借顽强的意志和惊人的才华,在轮椅上完成了人类最为壮阔的探索和想象,在宇宙学研究中取得了非凡成就,提出了霍金辐射、广义相对论的奇性定理等重大理论。是什么力量支撑着霍金从未放弃对宇宙的探索,从未丧失对生活的信心?霍金自己给出了一个非常明确的答案:"无论生活多么艰难,都要保持一颗好奇心。"我想,好奇心可能是促使霍金这么顽强地生活下来,而且作出这么重大贡献的一个非常重要的因素。就在前些天,我校第 33 届郭沫若奖学金获得者、年仅 21 岁的 2010 级少年班校友曹原,潜心研究石墨烯超导电性,在经历一次又一次失败后,在魔角扭曲的双层石墨烯中发现新的电子态,可以简单实现绝缘体到超导体的转变,打开了非常规超导体研究的大门。曹原利用这些重大发现于一天之中在《Nature》上发表了两篇文章,轰动了国际学术界,曹原成为《Nature》杂志创刊 149 年来以第一作者身份发表论文的最年轻中国学者。

英雄出少年。同学们正值 20 来岁的年纪,风华正茂,创造力和想象力处于人生的巅峰,希望同学们永远保持一颗好奇之心,勇于探索未知世界,豁达面对人生挫折,心怀感恩,笑对生活。我相信,只要你们坚持在求真途中不断探索、不断前行,用自己的方式诠释人生的意义和思考的价值,你们的未来一定不可限量。

同学们,新时代是如此精彩,地球村是如此充满活力,希望你们"读万卷书,行万里路",永远保持一颗好奇和感恩之心,不忘科大人的初心,勇攀高峰,开创一个有意义的人生!今年 9 月 20 日,中国科大将迎来 60 周年华诞,希望同学们承载母校今日之荣光,续写母校明日之辉煌!母校永远是你们创新创业的坚强后盾和汲取力量的精神港湾!

同学们,加油吧,世界会因你们而更加精彩!

谢谢大家!

潜心立德树人　执着攻关创新
全面推进中国特色世界一流大学建设
——2014～2018 年校党委工作总结报告

五年来,在中科院、教育部和安徽省委省政府的领导下,校党委深入学习贯彻习近平新时代中国特色社会主义思想和党的十八大、十九大精神,切实担负起管党治党、办学治校主体责任,带领全校各级党组织、广大党员和师生员工,团结奋进、开拓进取,党的建设和各项事业蓬勃发展,中国特色世界一流大学建设取得了可喜的成绩。现将五年来校党委的主要工作汇报如下。

第一部分 五年来的工作回顾

一、充分发挥党委的领导核心作用,牢牢把握办学的正确政治方向

(一)深刻学习领会党的十九大精神和习近平新时代中国特色社会主义思想,牢牢把握正确政治方向

五年来,本届党政领导班子以习近平新时代中国特色社会主义思想为统领,带领全校师生认真学习贯彻党的十八大、十九大精神,学习贯彻全国高校思想政治工作会议精神和全国教育大会精神,学习贯彻习近平总书记关于中国科大的系列重要指示精神,牢牢把握办学正确政治方向,坚持党的办学方针,着力加强党建、德育、思想政治工作,为学校的科学发展提供思想保证、政治保证和组织保证。

特别是去年党的十九大召开以来,全校上下掀起了学习贯彻党的十九大精神和习近平新时代中国特色社会主义思想的热潮。经过各种形式的学习宣传,全校师生党员进一步高举习近平新时代中国特色社会主义思想伟大旗帜,认真贯彻落实党的十九大精神,进一步提高政治站位和政治觉悟,更加紧密团结在以习近平同志为核心的党中央周围,自觉在思想上政治上行动上同党中央保持高度一致。更加自觉地用三个"一以贯之"武装头脑、指导实践、推动工作,将推进"两学一做"学习教育常态化制度化和贯彻落实十九大精神相结合,进一步全面增强"四个意识",坚定"四个自信",使党的十九大精神真正入脑入心入言入行。

(二)增强党委领导核心作用,贯彻落实党委领导下的校长负责制

"东西南北中、党政军民学",党是领导一切的。这五年来校党委在学校改革发展稳定大局中充分发挥领导核心作用,坚持把方向、管大局、做决策、保落实,把党的全面领导贯彻学校各项工作全过程。

校党委全面贯彻落实党委领导下的校长负责制,建立健全党委统一领导、党政分工合作、协调运行的工作机制,加强维护党政班子团结融洽的集体氛围。全力加强领导班子自身建设,开好每年一度的校级领导班子民主生活会,贯彻民主集中制原则,大力营造团结奋进的班子氛围。完善党委常委会议制度、"三重一大"议事规则等制度,为校党委履行办学治校主体责任提供保障。

(三)履行办学治校主体责任,综合办学实力迈上新台阶

校党委坚持管方向,把大局,精心谋篇布局,奋力攻坚克难,全面履行管党治党、办学治校主体责任,不断团结和鼓舞全校师生,学校各项事业取得了突出的成就。这五年来,学校积极完善创新人才培养体系,人才培养质量稳步提高,基本建立"两段式、三结合、长周期、个性化、国际化"的培养体系,与中国科学院研究院所共建了14个科技英才班、8个所系结合英才班和6个科教融合共建学院;加快健全卓越科技创新体系,攻关创新取得重大突破,全面参与合肥综合性科学中心建设,积极筹建量子信息科学国家实验室。我校主导或参与研制

的"墨子""悟空"两项成果写入党的十九大报告,主导研制的光量子计算机入选习近平总书记发表的2018年新年贺词;持续推进人才强校主战略,一流师资队伍初步建成,学校拥有院士、杰青、长江学者等各类高层次人才427人,占固定教师总数的33%,高层次人才队伍比重比五年前提高了11个百分点;统筹推进科教融合,学科建设取得新成绩,2017年我校正式入选A类世界一流大学建设高校,数学、物理学、化学、天文学、地球物理学、生物学、科学技术史、材料科学与工程、计算机科学与技术、核科学与技术、安全科学与工程等11个学科成功入选世界一流学科建设名单;主动对接国家发展需求,社会服务效益不断增强,全力推进先进技术研究院建设和发展,打造具有影响力的区域创新中心和成果转化平台;逐步改善学校办学条件,现代大学校园配套完善,启动高新园区建设;不断推进国际化办学,国际影响力持续扩大;学校以六十周年校庆为契机,以"学术、文化、亲情、发展"为宗旨,办好六十年校庆系列活动,凝练发扬优良校风。

二、落实高校党建工作重点任务,推动从严治党向基层延伸

(一)认真贯彻落实中央精神,突出政治建设,强化理论武装

1. 系统性推进对党的十九大精神的学习贯彻,牢固树立"四个意识"。校级领导班子坚持以上率下,利用党委常委会、全委会(扩大)、党委理论学习中心组学习会等多种形式,带头深入学习党的十九大精神和习近平新时代中国特色社会主义思想。校党委多次举办十九大精神培训班,承办两期中科院副所级领导人员培训班和安徽省高校干部学习贯彻党的十九大精神集中轮训班,实现轮训全覆盖,全面提升全校党员师生的"四个意识",进一步坚定"四个自信"。

2. 建立健全学习长效机制,不断提高党员政治素质和理论水平。校党委明确每周三下午4点后可以作为党员政治理论学习时间,明确支部组织生活频次,抓实"三会一课"制度,增强党员意识,要求教工党支部每月必须组织一次政治理论学习。印发《党委理论学习中心组学习实施细则》,对学习内容、形式及要求、学习管理与考核等进行了明确的规定,建立校、院两级理论中心组学习制度。全面开展"主题党日",在加强党员的党性教育、强化党员的政治意识上发挥重要作用,已经成为各支部学习的重要形式之一。

(二)以中央巡视和巡视整改为契机,全面加强党的建设

1. 全力配合中央巡视组开展工作。2017年3月4日至4月30日,中央第四巡视组对校党委进行专项巡视。校党委认真学习习近平总书记关于巡视工作的重要讲话精神,专门成立联络组,认真准备各类材料、精心安排个别谈话、积极筹划调研事项,建立信访机制等,切实保障巡视工作顺利开展。巡视结束后,校党委收到中央巡视组的书面感谢。

2. 精准发力、层层压实,全力打好巡视整改攻坚战。2017年6月16日,中央第四巡视组向校党委反馈巡视意见。校党委高度重视,在巡视反馈会当天立即成立巡视整改领导小组和工作小组,建立"例会调度""简报交流""整改督导"等工作机制。共召开8次领导小组会议和9次工作小组会议,印发8期《巡视整改简报》,成立7个巡视整改督导组,由党员校领导任督导组组长,对26个基层党组织进行两轮督导,实现督导全覆盖,确保精准发力,层层压实责任。

3. 认真对照巡视反馈意见,逐项抓好整改落实。校党委严格按照中央要求"对标""对表",针对巡视发现的问题纠正、纠错、纠偏,把"四个意识"体现在具体行动中,逐项抓好整改

落实。坚持问题导向,对巡视中发现的问题,细化为9个方面、56项具体问题、133项具体整改任务,形成"问题清单、任务清单、责任清单"和"路线图、时间表",启动清单式整改,确保巡视反馈意见条条有整改、件件有着落。

4. 巩固巡视整改成果,推进学校改革创新发展。按时向中央巡视办呈交了巡视整改报告,133项具体任务在整改集中期均已完成,其中37条需"长期坚持"的任务坚持加强定期检查。同时,修订、制定了72项制度,对各类文件进行逐件逐条梳理,做好现行制度的"废改立"工作。坚持把巡视整改作为推动学校发展的重要契机,以整改促改革,以改革促发展。坚持抓细抓长,充分运用巡视整改工作成果,把建立起来的新制度、新机制转化为加快建设具有中国特色的世界一流大学的强大动力,推动学校改革创新发展。

5. 开展巡视整改"再总结"工作。为全面推动深化巩固巡视整改成果,校党委于2018年上半年开展中央专项巡视整改落实情况"再总结"工作。要求各学院、单位依据巡视整改方案,重点就党的建设工作、意识形态领域、教职工及学生思想政治建设、落实中央"八项规定"精神方面进行专项检查。巩固拓展中央专项巡视整改成果,通过"再总结"专项检查建立健全"长久立"的长效机制。

(三) 认真开展党内主题教育,持续推进巡视整改,推动从严治党向基层延伸

2014年,校党委大力抓好党的群众路线教育实践活动整改落实工作,推动作风建设常态化、长效化,得到了中央教育实践活动办公室和中央督导组的充分肯定。2015年5月至2016年1月,根据中央要求,校党委聚焦"对党忠诚、个人干净、敢于担当",精心设计"严以修身、严以用权、严以律己"三个专题的学习研讨,深入开展"三严三实"专题教育。

2016年以来,校党委统筹抓好"两学一做"学习教育,扎实推进"两学一做"学习教育常态化制度化。校党委成立党建工作领导小组暨"两学一做"学习教育常态化制度化领导小组,制订实施方案和具体学习计划,加强对学校党建工作的统一领导,不断推动从严治党向院系党组织和基层延伸。

(四) 落实高校党建工作重点任务,全面加强基层党建

全校现有院级党组织25个(分党委18个,党总支6个,直属党支部1个),基层党支部393个(教工党支部134个,学生党支部259个)。在校党员总数6713人,其中学生党员4920人,在职教工党员1793人,占教职工总数的比例为49.6%,各类优秀人才中党员144人,占优秀人才总数的比例为33.7%。

1. 党建工作体系初步建立。一是建立常态化考核工作机制。制定《院系级党组织书记抓基层党建述职评议考核工作实施办法》,2016年实现了所有校内单位党建考核全覆盖。树立党的一切工作到支部的鲜明导向,各院级党组织2017年以来已经对所属党总支、党支部考核全覆盖。二是不断优化基层党组织设置。将基层党支部设置与基层行政单元更好地契合,让党组织在单位发展中更好地发挥作用,做到应建尽建、设置规范、调整及时、体制明晰,调整或成立9个院系级党组织。三是建立党员领导干部、教师联系党支部制度。明确了8位党员校领导联系的师生党支部,各学院、实验室党组织班子成员也明确了联系的师生党支部,每个学生党支部都明确了党员教师。

2. 党内组织生活严肃规范。一是推进党支部标准化、规范化建设。根据中央印发的《中国共产党支部工作条例(试行)》,规范支部组织生活频次,建立后进党支部常态

化整顿机制。全面开展"主题党日",2015年以来共资助726项,资助总经费217万元。深入开展"弘扬爱国奋斗精神、建功立业新时代"活动,建立中科院"红专并进、科教报国"党员主题教育基地,让爱国主义精神在师生心中牢牢扎根。二是领导干部带头落实双重组织生活制度。2016年以来均全部按照中央要求完成中层领导班子民主生活会、专题组织生活会和开展民主评议党员工作。党员校级领导班子成员带头上党课,以普通党员身份参加所在党支部的组织生活,均参加1个以上分管和联系单位的中层领导班子民主生活会。

3. 党员发展呈现向好态势。一是加大在优秀人才中发展党员的力度。建立联系高层次人才制度和重点发展对象跟踪制度,五年来共发展教工党员50人,其中副高以上16人,教授7人,教工党员发展在质量、结构等方面呈现良好态势。二是重视学生党员发展。专门召开发展党员工作专题座谈会,建立联动会商机制,加大群团推优力度。五年来共发展学生党员2066人,培训了3429名入党积极分子。

4. 党建工作保障大幅加强。一是加强党务干部配备和培养。各院级党组织都配备1名党务秘书,共选聘专兼职组织员7人;促进党务干部的交流锻炼,机关与学院党务干部双向挂职7人。选优配强各级党组织书记,党务干部的年龄、学历、职称等结构均有较大改善。二是抓好校院两级党务工作者培训。近三年来,每年举办1次全校支部书记培训和1次党务工作者培训,各院级党组织每年开展1次新党员培训和新任党支部书记、党支部委员培训,实现了培训全覆盖。三是设立党建专项经费。校党委按照教工党员600元/(人·年)、学生党员300元/(人·年)的标准设立党建专项经费,同时将结余党费全部下拨到各院级党组织。2018年将教工党支部工作纳入学校公共服务绩效考核。五年来,共慰问党员307人,慰问金额45.19万元。

五年来,校党委始终坚持党建工作与学校改革发展相结合,认真开展争先创建,选树工作标杆、工作典型,使得党建工作切实为双一流建设和改革发展提供坚强保证。全校共有53个党组织、167名共产党员、41名党务工作者获得院省级和校级表彰。无机化学专业教师党支部入选全国样板支部,空间物理教师党支部入选首批全国高校"双带头人"教师党支部书记工作室。

2018年,我校入选全国10所党建工作示范高校,党建工作以及学校科教报国服务社会作出的积极贡献得到了中央的充分肯定。

三、完善选人用人机制,着力加强高素质专业化干部队伍建设

(一)完善干部选拔任用机制,选人用人工作规范透明

1. 狠抓制度建设,修订完善相关干部工作制度。根据中央新规定,组织修订《党政领导人员选拔任用工作办法》,修改、完善了具体的选拔任用纪实表格、公示公告、任免行文等配套文档,从制度和具体操作层面着力解决干部工作中存在的问题,加强干部选拔任用工作规范化建设。

2. 完善干部选拔任用机制,统筹推进中层领导班子和干部队伍建设。积极探索委任制、选任制、聘任制等任用方式,在干部选拔中实行公开选拔、竞争上岗、民主推荐等多种方式结合,坚持按期换届和动态调配,在干部队伍的结构优化、梯次接续、科学选任上加强布局谋划。五年来,共任免干部390人次,其中新提拔任用干部106人次。干部队伍老化现象有

明显改善,知识结构、地缘结构、学缘结构进一步优化,一批"信念坚定、为民服务、勤奋务实、敢于担当、清正廉洁"的优秀管理骨干走上了领导岗位。

我校"一报告两评议"各项指标满意率逐年提升,中央巡视期间达到98.7%,四项综合指标不满意率均为零,选人用人工作风清气正,得到上级部门和全校干部教师的肯定。

3. 积极推进干部外部交流和挂职锻炼。配合上级部门较好地完成了提拔全国性人民团体正职和各级人大代表、政协委员推荐等重要考核考察工作。做好干部挂职锻炼有关工作,共向校外选派挂职干部45人次。加大力度向地方推荐专职管理干部,2014年以来,4人外调提拔厅局级职务,5人调任地方县处级职务。同时,通过轮岗交流、内部挂职等方式,推动机关部门与学院基层干部双向交流任职。

(二)加强干部教育培训,干部培训体系基本建立

1. 突出抓好处级以上干部教育培训。组织全校中层领导人员参加一系列党的十九大精神专题培训。按照《中国科学技术大学2014~2019年干部教育培训规划》举办了"新提任中层干部培训班"的活动,同时根据校党委和"两学一做"学习教育的部署,组织了多场中层领导人员集中学习和党务工作培训。

2. 做好组织调学工作,加强网络培训平台建设,完善干部教育培训登记管理制度。协调上级各类培训班次学员选调工作,共选派50人次参加中央党校、中组部干部教育局等高层次培训班。加强中国科大"干部在线学习中心"建设,用好优质课程资源,分析掌握干部学习过程和学习行为。完善学习培训激励约束机制,将干部的教育培训情况作为考核的重要内容和任职、晋升的重要依据。

(三)从严监督管理干部,实现干部日常监督、综合考评全面覆盖

1. 严格执行个人有关事项报告"两项法规",加强日常管理约束。认真贯彻落实全面从严治党、从严监督管理干部的决策部署,加强对干部的日常严管约束,突出遵守政治纪律和政治规矩,严格执行领导干部个人有关事项报告"两项法规"。严格执行任前公示、任前谈话等制度,帮助干部更好地认识自己、找准定位、改进工作。

2. 完成干部档案专项审核工作,加强干部兼职管理。根据中组部的统一部署,于2016年制定了《中国科大处级领导干部任前档案审核办法》,严格对领导职务拟任人选考察对象进行任前档案审核。全面开展干部兼职专项清理工作,对全体中层领导人员兼职情况进行细致的摸底排查,统一报党委常委会进行审批,及时进行规范和清理。对配偶移居国(境)外的领导干部进行摸底和上报。

3. 严格干部履职情况考核,加强考核结果运用。根据《中国科大中层领导班子和管理干部考核办法》,2015年和2018年两次对全校中层领导班子和干部进行了综合考评,着力用好考核结果,解决突出问题,更好地改进工作。

四、坚持立德树人,大力加强和改进思想政治教育,传承发扬科大精神文化

(一)着力增强学生思想政治教育的覆盖面和影响力

1. 完善"全员育人、全方位育人、全过程育人"体系。校党委立足"办什么样的大学、怎样办大学"的战略高度,坚持红专并进,潜心立德树人,培养德智体美劳全面发展的社会主义建设者和接班人作为学校人才培养的核心任务。深入学习贯彻高校思政工作会议精神,把思想政治工作贯穿教育教学全过程,形成"三全育人"新格局。充分发挥校学生工作指导委

员会的协调、沟通、统筹作用,积极探索新形势下学生思想政治教育的工作规律,创新学生管理工作机制,健全长效机制,开创学生思想政治教育新局面。

2. 以校庆为契机,加强重要阵地建设。进一步弘扬科大创新文化,培养科学精神,激发爱国热情,增强民族凝聚力。校党委将校史馆、博物馆、少年班学院和同步辐射国家实验室联合成功申报安徽省第五届爱国主义教育示范基地。重点建设科教创新成果展厅、同步辐射国家实验室展厅、研究生教育四十年特展、少年班教育四十年特展、"红专并进、科教报国"中科院党员主题教育基地建设,打造和形成具有科大特色的传播办学声誉、传承科大文化的展馆群。

（二）坚持立德树人,积极实施"三全育人",统筹推进"六有"大学生培养计划

深入贯彻落实习近平总书记考察我校的重要讲话精神,全面推进《"六有"大学生培养计划》。通过"三全育人"培养"有理想、有追求,有担当、有作为,有品质、有修养"的"六有"大学生,积极组织学生党支部开展学习党的十八大、十九大精神,学习习近平总书记考察中国科大重要讲话精神等专题活动,学习全国高校思想政治工作会议和全国教育大会重要精神,安排辅导员、班主任在各班级开展主题班会活动,号召学生认真学习、领会、践行社会主义核心价值观。

强化"六有"大学生过程培养,规范"四三制"的本科生入学教育模式,优化开学典礼和毕业典礼形式。注重通过理想信念教育、爱国主义教育和"科大精神"文化传统教育等多种形式,积极培育和践行社会主义核心价值观,不断充实"崇尚科学精神、献身祖国科教事业"新内涵。注重对学生深入进行人生观、世界观、价值观教育,深化素质教育。

坚持重点关注、聚焦引导,进一步完善了涵盖学生思想、学业、生活、心理、安全与健康的"六个预警与援助体系"。实施"隐形补助"计划,使家庭困难学生在润物细无声的环境中得到学校和师长的关怀,教育引导学生养成"感恩社会,服务社会"的意识。通过学生资助宣传月、诚信教育主题宣传月以及助学贷款培训会、还款协议签订仪式、宣传册编印以及图片展示等活动,不断强化学生诚信意识。

（三）与中共安徽省委党校联合共建马克思主义学院

2016年,学校与安徽省委党校联合共建马克思主义学院。围绕共建思想政治理论课教学、共建马克思主义理论学科、联合申报研究课题项目、联合培养研究生等方面开展一系列工作,取得了初步进展。通过聘请主讲教师,共建教学、专题讲授的形式,打破了"一张面孔讲到底"的传统模式,使学生拓展了视野,增长了见识,提升了思政课程的教学质量。习近平总书记在考察学校时对共建马克思主义学院的创新做法给予肯定。至2018年春季学期,已实现本科和研究生思政课各层次共建教学的全覆盖。2018年,根据教育部的要求,制定马克思主义学院建设方案,进一步加强与省委党校的合作共建。

（四）加强学生工作队伍建设,创新工作方法,实现学生工作新突破

为进一步加强学生工作队伍建设,校党委连续出台相关通知和文件,不断完善学工队伍思想政治教育和考核培训工作,加强纵向的政策指导和横向的业务交流,切实提高学生工作效率。固化实施"学生工作例会"制度,每年召开10次例会,实施"辅导员班主任例会制度",开展本科新生辅导员班主任"集体备课"。

坚持问题导向,总结不同年级学生的规律,分析高年级与低年级学习状态的差别、通修

课与专业课学习能力的差别等,关注学习状态产生异常的学生,对症下药开展重点的教育引导,提高教育的针对性。以有效解决学生实际问题和困难为抓手,缓解学生心理压力。特别针对大一新生,实现新生入学教育与军训工作有力衔接,帮助新生尽快融入大学生活,进一步增强新生遵章守纪、吃苦耐劳、集体荣誉的意识。

(五)以党委教师工作部为抓手,加强师德师风建设

2017年,学校成立党委教师工作部,统筹推进师德师风建设。以制度建设为抓手,制定相关规定,明确师德师风标准是教师任职的首要条件,建立健全长效机制。加强师生学术规范与学术道德教育,营造鼓励创新、宽容失败、不骄不躁、风清气正的学术环境。

五、推进全面从严治党,深化党风廉政建设

(一)加强廉政宣传教育,严明纪律和规矩

学习和深入贯彻党的十八届、十九届中央纪委历次全会精神,组织全校师生党员、纪检监察干部认真学习党内重要法规,进一步严明党的政治纪律和政治规矩,坚持党要管党、全面从严治党。及时制定学校党风廉政建设和反腐败工作宣传教育和学习计划,不断加强党风党纪和廉洁从业宣传教育工作。2017年4月和2018年10月,校党委两次召开全校党风廉政建设警示教育大会,通报学校对违反中央八项规定精神和督促查处"四风"问题立行立改进行处理的情况,通报近年来中国科学院及我校党员干部违纪典型案例,筑牢拒腐防变思想防线。

(二)全面落实党风廉政建设责任制

认真落实执行上级党组织和纪检机关的工作部署和安排。研究制定并实施《中国科学技术大学党风廉政建设责任制实施细则(暂行)》,建立健全基层单位主要负责人报告履行"第一责任人"职责、班子成员履行"一岗双责"和述责述廉制度。认真落实学校全面从严治党相关工作部署,每年均制定相关工作计划或工作要点,将各项任务落实到每一位责任人。督促基层党组织落实主体责任,坚持常态化做好节点警示告诫工作,提醒各部门各单位和党员干部持续贯彻落实中央八项规定精神和院党组要求,以长效机制推动党风廉政建设规范化、常态化、长效化。

(三)完善工作体制机制,夯实纪律检查工作组织保障

健全和完善纪律检查工作体制机制,加强对党风廉政建设和反腐败工作的领导。研究学校党风廉政建设和反腐败工作的总体安排。加强规章制度建设,认真落实中央纪委转职能、转方式、转作风的工作要求,逐步聚焦主责主业,加强监督、严格执纪、敢于问责。

(四)构筑惩治预防体系,强化完善廉洁从业风险防控

大力推进廉洁从业风险防控工作,以"管理的制度化、制度的流程化、流程的信息化"为手段,完善各重点领域和关键环节的风险防控措施。对学校招生考试、干部选拔与任免、组织人事考察、廉政意见出具、物资采购管理、三公经费使用、基建与维修等重点领域和关键环节做好常态化监督和提醒。充分调动纪检监察专职干部、各级党组织纪检委员、党风监督员和特邀监察员的工作积极性,加强对学校重点领域、重要工作和关键环节的监督和再监督。

(五)加强改进作风建设,贯彻落实中央八项规定精神

作风建设永远在路上。校党委印发《关于深入贯彻落实〈中共中央政治局贯彻落实中央八项规定的实施细则〉等有关规定精神的通知》,坚决纠正"四风",建立健全作风建设的长效

机制。重点对2013年以来的国内公务接待、工作餐和物品采购等费用支出,不分经费性质和来源,开展全面深入的自查自纠工作。

(六)强化监督执纪问责,稳妥运用"四种形态"

把监督执纪问责放在重要位置,围绕学校中心工作,认真分析和把握学校"树木"与"森林"情况,践行并稳妥运用监督执纪"四种形态"。在监督执纪的过程中,准确把握监督执纪工作规则,不断规范工作程序和内容,注意工作方法和艺术,追求工作效率和效果,全面提升工作水平。

六、加强意识形态管理、推动宣传工作,全面提升科大形象

(一)以意识形态专项巡视整改为契机,认真落实意识形态工作责任制

1. 大力推进意识形态专项巡视整改工作。2017年,根据中央统一部署,完成意识形态专项巡视和巡视整改工作。按照巡视组的要求,完成《中国科学技术大学党委落实意识形态工作责任制报告》,完成70项意识形态专项巡视整改任务。通过巡视及整改,基本建立健全党委统一领导、党政齐抓共管、宣传部门组织协调、全校协同合作的良好格局和常态化全覆盖的意识形态工作责任制长效机制。

2. 全面加强意识形态管理,牢牢把握意识形态工作领导权话语权主动权。加强制度建设,先后制定实施我校《党委意识形态工作责任制实施细则》《党委网络意识形态工作责任制实施细则》,明确各级党组织的主体责任和工作要求;加强阵地建设和管理,建立内容"先审后发"制度,形成"内容有监管、过程有审核、发布有渠道、责任有落实"的管理闭环。

强化意识形态责任制,加强党委常委联系学院意识形态工作;建立党委宣传部牵头、有关部门参与的意识形态会商联动机制;加强舆情监测、应对处置工作;及时报送意识形态工作情况报告;按照安徽省委宣传部、省委教育工委要求,组织意识形态阵地管理自查、互查、督查工作等。

(二)围绕学校中心工作,加强选题策划,进一步做好对外宣传工作

1. 多次开展集中、重点宣传报道工作。坚持"重策划、出精品、立体化、塑品牌"的思路,在做好日常对外宣传报道的基础上,围绕"习近平总书记考察中国科大""科大师生学习贯彻党的十九大精神""习近平总书记考察中国科大一周年""科教结合研究生培养模式"等数十个重要选题和众多教学、科研成果和发展成就,以及学校重点工作和重要活动,加强组织策划,注重学校整体形象和品牌的塑造,开展了一系列集中宣传报道,取得了良好的社会反响。尤其是2017年组织新华社记者采访团深入学校采写的"解码中国科大"系列深度报道,通过新华社通稿、新华每日电讯、新华网、新华社客户端、新华社官微等渠道同步推出,引起社会各界广泛关注。

2. 及时组织报道原创性科研成果,传播我校"科技创新重镇"的社会形象,加强国际宣传。紧密跟踪我校原创性科研成果"高产区",及时报道高水平科技成果,很好地传播和塑造了中国科大"科技创新重镇"的社会形象。近5年来,组织了约200项科技成果(进展)的集中报道,引起媒体的广泛关注,《人民日报》、新华社、中央电视台等中央和地方主流媒体给予了大量报道。

国际宣传得到进一步加强。近5年来,国际知名媒体多语种新闻转发超过700篇。进一步加强与China Daily等的合作,积极开拓海外媒体传播渠道。

3. 六十周年校庆文化宣传。按计划圆满完成了六十周年校庆各项宣传文化工作，集中展示了学校六十年办学成就，总结科教探索与创新，传承"红专并进、理实交融"的校训，弘扬"科教报国、追求卓越"的精神，极大振奋了师生员工精神，得到了广大师生、校友和社会各界的充分认可，进一步提升了学校的知名度、美誉度和国际影响力。同时，加强舆情监测，开展了多次舆情应对处置工作，确保了校庆期间和谐、稳定的良好舆论氛围。

七、做好统战和离退休干部工作，加强对工会、共青团和学生会、研究生会的指导，促进党群共建和民主办学

（一）积极做好统战工作，充分发挥党外同志的作用

校党委认真学习贯彻中央统战工作会议和《中国共产党统一战线工作条例（试行）》精神，牢牢把握大团结、大联合的主题，切实履行主体责任，成立统一战线工作领导小组，进一步加强对统战工作的领导；建立校院党员领导干部与党外代表人士联系交友制度，加强和完善统战工作体制机制；不断加强统战干部队伍建设，推进统战工作重心下移；着力构建校党委统一领导、统战部牵头协调、有关方面各负其责和共同配合的大统战工作格局；认真做好新形势下民族、宗教和侨务工作。现有5名教授在民主党派中央任职，13位教授当选各民主党派新一届省委委员，各级人大代表、政协委员、省政府参事等33人，有民革、民盟等7个民主党派基层组织，成员218人。

（二）加强和支持工会工作，服务教职工需求

支持校工会认真履行四项职能，围绕中心，服务大局，强"三性"，去"四化"，突出服务教职工，突出问题导向，突出改革创新，着力做好民主建设、品牌活动、素质提升、权益维护、自身建设等工作，切实为教职工办实事、做好事、解难事，做好"娘家人"，获得了一系列荣誉，得到了上级工会、学校和广大教职工的认可。

（三）加强团学工作提升学生综合素质，繁荣校园文化

继续大力支持共青团工作，深入推进"青年马克思主义者培养工程"，开展了大学生骨干培养学校暨团校干部培训班、暑期"三下乡"社会实践、"升国旗进支部"等活动，引导广大团员青年坚定跟党走，强化爱国爱校教育；充分发挥学生社团的校园文化生力军作用，积极培养科技创新型人才，调动学生参与科技创新活动热情，举办大学生创业计划竞赛，开设创业讲坛；组织多个"所系结合科技夏令营"，通过暑期社会实践和见闻征文活动，引导学生投身实践、关心时政。

（四）切实做好离退休干部服务管理工作

积极探索新形势下离退休干部的服务管理模式，坚持以党支部和管理片两大支柱为依托，积极促进离退休干部党支部建设和思想政治建设，认真落实老同志的政治待遇和生活待遇。组织开展各种有益身心健康的文体活动，丰富离退休教职工精神文化生活，提高幸福指数；定期组织开展慰问和特困帮扶等活动，为老同志排忧解难，做好雪中送炭的服务。改善老同志的物质和精神生活，使老同志"安心走出来、开心融进去"，探索构建"学有阵地、乐有载体"的文化养老模式。

（五）注重预防，妥善处置，切实加强保密和安全稳定工作

落实安全管理责任制，密切关注可能影响校园稳定的苗头，进一步完善校园突发事件应急处理机制和工作体系，加强社会治安综合治理工作，切实维护校园安全和政治稳定。加强

保密管理体系建设和涉密人员保密教育培训,2018年学校以高分通过国家保密资质二级认证。

第二部分　下一步工作的思考

不忘初心,牢记使命,办好中国特色世界一流大学是全体科大人为之奋斗的梦想。在总结成绩和经验的同时,我们必须清醒地认识到,在实现"科大梦"的征程中还面临着诸多问题和挑战:忧患意识和危机感不强,综合改革力度还需进一步加大;党的建设方面还存在薄弱环节,巡视整改成果还需要驰而不息加以巩固深化。作风建设久久为功,中央"八项规定"精神还需进一步坚持。在高层次人才中发展党员力度还需进一步加大,教师思政工作还需进一步推进,马克思主义学院建设还要进一步加强。这些都是挡在前进路上的绊脚石,我们需要迎刃而解。

在我校60周年校庆之际,习近平总书记对学校下一步发展提出了进一步期望,要求我们全面贯彻党的教育方针,坚持社会主义办学方向,传承科教报国、追求卓越的精神,瞄准世界科技前沿,立足国内重大需求,潜心立德树人、执着攻关创新,在基础性、战略性工作上多下功夫,努力办出中国特色世界一流大学,为培养德智体美劳全面发展的社会主义建设者和接班人,为建设创新型国家、建设世界科技强国,作出新的更大的贡献。为落实习近平总书记新指示新要求,校党委决定下一阶段瞄准"潜心立德树人"和"执着攻关创新"两大核心任务,以改革创新精神,全面加强党的建设,为世界一流大学建设提供坚强的政治保障。

(一)坚持把党的政治建设放在首位,进一步坚定正确政治方向

1. 全面贯彻党的教育方针,充分发挥党的领导核心作用,坚持党委领导下的校长负责制,加强党对高校的领导。坚持党中央权威和集中统一领导,始终把党的政治建设摆在首位。教育引导广大党员干部师生不断牢固树立"四个意识",坚定"四个自信",不断提高政治站位和政治觉悟,紧密团结在以习近平同志为核心的党中央周围,坚决维护党中央权威和集中统一领导。

2. 牢牢把握社会主义办学方向,坚持和加强党对学校工作的全面领导。用习近平新时代中国特色社会主义思想武装头脑,以立德树人为核心,全面落实根本任务,培养又红又专、德才兼备、全面发展的中国特色社会主义合格建设者和可靠接班人。

3. 认真落实意识形态工作责任制。坚持马克思主义正确方向,牢牢掌握意识形态工作领导权话语权,形成完善的责任体系和制度体系,确保意识形态工作全覆盖、无盲区。着力加强对校园网站、新媒体等阵地管理,做到"内容有监管、过程有审核、发布有渠道、责任有落实"的管理闭环,切实维护网络意识形态安全。

(二)切实加强思想理论建设,提升思政工作水平

1. 加强思想建设和理论武装。持续深入学习宣传贯彻党的十九大精神,深刻领会习近平新时代中国特色社会主义思想,这是当前和今后一个时期我校各级党组织和师生党员的首要政治任务。抓好党委理论学习中心组学习,尤其要认真把握十九大报告关于高等教育人才培养、科技创新、加快建设创新型国家等重大部署,以及习近平总书记对我校系列重要指示精神,指导我校综合改革、"双一流"建设和"十三五"规划的顺利实施。

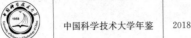

2. 切实加强和改进新形势下思想政治工作。深入学习贯彻落实全国高校思想政治工作会议和全国教育大会精神，培养德智体美劳全面发展的社会主义建设者和接班人。全校各有关单位和部门要加强协作，继续推进习近平新时代中国特色社会主义思想"进教材、进课堂、进头脑"。

3. 为世界一流大学建设营造良好舆论氛围。继续加强新闻宣传和文化传播工作，以师生为主体，以人才培养、科技创新为中心，加强主题策划，讲好科大故事。围绕科教融合新进展、"双一流"建设、量子信息科学国家实验室建设、合肥综合性国家科学中心建设、本科教育教学改革、"双创"典型、重要原创科技成果和科技创新人物、教书育人典型、党的建设等主题，利用校内外宣传资源，进一步提高报道质量和传播效果，提升对外宣传影响力。

（三）夯实基层党组织建设，进一步提升党建工作水平

1. 认真贯彻落实全国组织工作会议精神，全面提升基层组织力。党的力量来自组织，必须全面贯彻落实全国组织工作会议精神，进一步优化基层组织设置，加强组织体系建设，促进党建与单位发展紧密结合，全面提升基层组织力，真正把基层党组织建设成为党员的政治之家、思想之家，切实夯实组织基础。

2. 加强新时代高校党建"双创"工作示范高校建设，全面提升党建工作水平。以新时代高校党建"双创"工作示范高校建设为契机，全面落实高校党建工作重点任务，加强学校党建工作顶层设计，加强党务干部配备和培养，逐步优化教师党支部书记队伍，加大发展党员力度，形成优秀人才竞相向党组织靠拢的良好局面，深入开展实施党建双创工程，不断推进党支部标准化、规范化建设，切实促进党建工作体系进一步完善，党建工作保障大幅加强，党员发展呈现向好态势，党员意识不断增强，党内组织生活进一步严肃规范，党建工作水平显著提升。

（四）加强干部队伍建设，进一步提升推动科学发展的能力

1. 坚定推进从严治党，维护科大良好的校园风气。进一步突出正确用人导向，始终把政治标准放在首位，把政治纪律和政治规矩作为底线和红线，大力选拔讲政治、有党性、靠得住的领导干部，弘扬"红专并进"的优良传统，维护风清气正的校园生态，始终保证育人的根本方向，始终保证科大是学术净地，始终保证"官本位"在科大没有空间。

2. 坚持事业为上，选好配强中层领导班子。选人用人必须坚持从工作需要出发，以事业为上，将有利于推进世界一流大学建设作为选配班子的基本出发点，进一步开阔视野，准确识别干部的政治品质、工作实绩、群众口碑，选准人、选对人、选能人，切实把"敢担当、勤付出、能协作、懂管理"的优秀干部选拔出来，把精准科学选人用人落到实处，着力优化中层领导班子结构、增强班子的整体功能。

3. 大力培养储备优秀年轻干部，继续大力促进干部交流。根据中组部部署，加强干部队伍梯队建设，大力发现储备和培养锻炼年轻干部，遴选一批综合素质好、发展潜力强、有锐气和激情的优秀年轻干部，为学校发展储备"新鲜血液"。根据中央加强全国干部队伍专业化、知识化的要求，继续选派优秀年轻干部到地方党政机关挂职锻炼或交流任职，为他们提升管理水平和领导能力、丰富人生阅历、开阔视野格局搭建平台。

4. 推进管理队伍职业化，培养造就一流管理队伍。积极响应习近平总书记"全党来一个大学习"的号召，继续抓实领导干部党的基本理论、综合能力素质、高层次业务等具有前瞻性、实践性、个性化的专业化培训，培养领导干部的新素质、新本领、新精神。打造一支坚持

精品办学理念、尊重教学科研规律、管理能力突出、甘于为师生服务的专业化干部队伍,为新时代学校改革发展提供坚实的组织保证。

(五)深化党风廉政建设,进一步推动全面从严治党

1. 认真落实党风廉政建设"两个责任"。认真履行全面从严治党的党委主体责任和纪委监督责任,层层传达压力,把全面从严治党责任落实到位。严格落实中央八项规定精神,坚决防止不正之风反弹回潮。认真查找和杜绝廉洁风险,强化对领导干部的监督制约,营造风清气正的良好氛围,构建立德树人的良好政治生态。

2. 持续巩固深化巡视整改成果。持续推动巡视整改"再总结"工作,把深入学习贯彻党的十九大精神和进一步巩固深化巡视整改成果作为党建工作的两个重要抓手,切实落实到位。要始终把巡视中发现的问题当成一面镜子,真正做到敢管敢治、严管严治、长管长治,层层传导压力。坚持纪严于法、纪在法前,积极践行"四种形态",严格监督执纪问责。巡视整改建立起的制度体系,必须要进一步深化梳理完善,加强日常监督和定期检查,增强管理执行力,标本兼治推动从严治党。

(六)推动群团事业建设,进一步完善大统战工作格局

1. 扎实推进新时期统战工作。在十九大精神指引下,围绕学校中心工作、服务学校发展大局,不断健全统战工作机制、创新工作方法,发挥统一战线的法宝作用,努力画好最大同心圆,为建设"双一流"大学提供强大合力。

2. 加强对群团工作的领导。深化群团改革,增强群团工作的政治性、先进性和群众性。充分发挥教代会、工会的重要作用,拓宽民主监督的途径和方式,推进学校依法治校、民主治校、科学治校进程。深化共青团组织改革,增强共青团的吸引力和凝聚力。

老师们,同志们!今后一段时间,对中国科大而言极为关键,既是进入中国特色世界一流大学的关键期,也是乘势而上迈向世界一流大学前列的重要机遇期。让我们更加紧密地团结起来,深入学习贯彻党的十九大精神和习近平新时代中国特色社会主义思想,学习贯彻全国教育大会精神和习近平总书记对中国科大发展的系列重要指示精神,对标党和国家的战略需求,以更高的政治站位加强谋划思考,以更高的目标要求实施"双一流"建设,继承和发扬"敢为天下先"的科大精神,力争在若干重要领域实现重大突破,办出中国特色、科大风格的世界一流大学,为实现中华民族伟大复兴的中国梦作出新的贡献!

科教报国 追求卓越
努力办出中国特色世界一流大学
——2014~2018年学校行政工作总结报告

2014年以来,学校领导班子在中国科学院、教育部和安徽省的坚强领导和大力支持下,以习近平新时代中国特色社会主义思想为指引,深入学习贯彻习近平总书记关于中国科大的系列重要指示精神,抓住国家深入实施创新驱动发展战略、统筹推进世界一流大学和一流学科建设,中国科学院实施"率先行动"计划,教育部深化高等教育综合改革,安徽省系统推

进全面创新改革试验等历史性机遇,牢牢把握学校的战略发展方向,全面推进中国特色世界一流大学建设,学校各项事业发展取得了一定的成绩。

第一部分 五年来的工作回顾

一、对接国家战略和区域经济社会发展,争做创新发展的排头兵

在校党委的领导下,学校领导班子结合国家"双一流"建设、中国科学院"率先行动"计划和安徽省系统推进全面创新改革试验等战略,开展重大战略问题研讨,经过深入研讨、集思广益,形成"三点共识":一是世界一流大学建设要与服务国家战略需求、区域经济社会发展相统一,以改革促创新、以贡献谋发展;二是始终坚持"全院办校、所系结合"办学方针,把参与"率先行动"计划、谋求率先突破作为建设世界一流大学的重要支撑;三是坚持"深化改革、科教结合、率先突破、协调发展"的总体工作思路,全面推进学校的各项改革工作。在三点共识的基础上,明确了下一步工作的主要思路:通过科教结合,全面深化综合改革,以全面推进依法治校为保障,推进协同创新,努力实现学科体系一流、体制机制一流和科教水平一流。2014年7月26日,中国科学院院长办公会对这一思路予以讨论通过。

在院党组的坚强领导和大力支持下,学校积极争取创新资源和国家、地方政府支持,全面深化综合改革,激活学校发展的内生力,努力成为国家科教事业发展的排头兵。2014年,《中国科学技术大学章程》颁布实施,学校首批参与中国科学院"率先行动"计划。2015年,《中国科学技术大学综合改革方案》获批备案,学校完成"十二五"规划验收。2016年,中国科学院院长办公会审核通过《中国科学技术大学"十三五"改革发展总体规划》;安徽省、中国科学院签署全面创新合作协议,支持学校建设世界一流大学,在安徽省系统推进全面创新改革试验中发挥引领和示范作用。2017年,我校入选A类世界一流大学建设高校,全面参与合肥综合性国家科学中心建设,积极筹建量子信息科学国家实验室;安徽省人民政府、国家卫生健康委、中国科学院共建中国科大生命科学与医学部,安徽省立医院成为中国科学技术大学附属第一医院。2018年,中国科学院院长办公会审核通过学校"率先建成世界一流大学"的总体考虑,安徽省委常委会议通过《关于全力支持中国科学技术大学办出中国特色世界一流大学的意见》,全力支持学校"双一流"建设。

五年来,中国科大保持了良好的发展态势,各类办学资源实现大幅增长,总收入从2013年的29.91亿元增至2017年的65.95亿元,年增长率为21.86%,总资产从2013年的80.53亿元增至2017年的161.64亿元,年增长率为19.03%。学校综合办学实力稳步提升,在各类大学排行榜中稳居国内高校前列,跻身THS、QS世界大学排名百强行列。2016年4月26日,习近平总书记考察学校时,充分肯定学校近年来的办学成绩,强调"中国科技大学作为以前沿科学和高新技术为主的大学,这些年抓科技创新动作快、力度大、成效明显,值得肯定",殷切期望"中国科技大学要勇于创新、敢于超越、力争一流,在人才培养和创新领域取得更加骄人的成绩,为国家现代化建设作出更大的贡献"。

二、牢记习近平总书记嘱托,加快推进"双一流"建设

学校领导班子牢记习近平总书记嘱托,勇于创新、敢于超越、力争一流,加快推进世界一流大学建设。"十三五"期间是学校加快推进世界一流大学建设的关键阶段,学校高度重视

"十三五"发展蓝图的谋划,在编制大学章程、综合改革方案的基础上,历时一年多的时间广泛征求意见和建议,制定了《中国科学技术大学"十三五"改革发展总体规划》,加快世界一流大学和一流学科建设。

2017年9月,教育部、财政部、国家发展改革委印发《关于公布世界一流大学和一流学科建设高校及建设学科名单的通知》,我校入选A类世界一流大学建设高校,共有11个学科入选世界一流学科建设名单,成为唯一一所"数理化天地生"学科均入选的高校。为加快"双一流"建设,学校成立了"双一流"建设领导小组、监理组,制定了《中国科学技术大学一流大学建设方案》,明确了世界一流大学建设的"三步走"总体目标,提出了五大建设任务、五大改革任务。通过持续重点建设,到2020年,学校综合办学实力显著提升,跻身世界一流大学行列;优势学科进入世界前列,成为与科研机构深度融合、创新人才和创新成果不断涌现、具有中国特色的世界一流大学。到2030年,学校整体办学水平实现跨越式发展,进入世界一流大学前列;主要学科达到世界前列水平,若干重点建设学科引领国际前沿,声誉斐然、人才辈出、成果丰硕、贡献卓著。到本世纪中叶,学校综合办学实力进一步提高,建成质量优异、特色鲜明的世界一流大学,整体水平稳居世界一流大学前列,成为我国基础研究和原始创新的重要承载者和策源地,以及人才培养高地、国家科教中心、创新文化殿堂和学术交流圣地。

学校将按照"11+6+1"的学科布局,重点建设18个学科,包括:11个学科(数学、物理学、化学、天文学、地球物理学、生物医学科学、科学技术史、材料科学与工程、计算机科学与技术、核科学与技术、安全科学与工程),6个交叉学科(量子信息与网络安全、医学物理与生物医学工程、脑科学与类脑智能技术、力学与材料设计、信息计算与通信工程、管理科学与大数据),以及1个学科群(环境与生态学科群)。瞄准新兴领域和交叉学科领域,建设科大新医学(生命科学与医学部),发展科大新工科(量子信息科学、人工智能与大数据等),培育新的学科增长点。最终,推动6~8个学科成为世界前列、8~10个学科进入世界一流行列。

学校将按照"扶优扶需扶特扶新"的发展理念,优化学科体系结构,凝练学科发展方向,以团队和基地建设为抓手,构筑学科高峰,推动基础前沿学科率先进入国际前列,积极探索"新工科"和"科大新医学",实现工程高技术学科、生命科学和医学跨越式发展、管理和人文学科特色发展。

学校稳步推动生命科学与医学部建设,在安徽省、国家卫生健康委、中国科学院的大力支持下,积极探索"理工医交叉融合、医教研协同创新、生命科学与医学一体化发展"的"科大新医学"模式。学校推动信息与智能学科的规划和建设,筹建信息与智能学部,建设大数据学院、中国科大智慧城市研究院(芜湖);成立网络空间安全学院,成为国家首批7所"一流网络安全学院建设示范项目高校"之一;推进国家示范性微电子学院建设,与合肥市、中国科学院微电子研究所共建合肥微电子研究院。学校推进能源学科的规划与建设,恢复应用化学系,开展相关研究;与陕西延长石油(集团)有限责任公司开展战略合作,共建"中国科大-延长石油能源化工联合实验室"。学校还正在谋划建设有科大特色的管理与人文学科,与合肥市共建中国科大国际金融研究院,与山西省在科技考古、文物修复与文物保护领域开展合作,启动丝路科技与文明研究中心建设。

学科建设成效明显。在第四轮学科评估中,学校28个学科参评,有7个学科入选A＋学科、15个学科入选A类学科,理学基础学科全部入选A类学科。我校共有13个学科进入ESI全球前1%学科领域,其中化学、物理学、材料科学、工程学进入ESI全球前1‰学科领域。

三、坚持立德树人,培养德智体美劳全面发展的"六有"大学生

学校以立德树人为根本任务,坚持"科教结合、精品办学、英才教育"的人才培养特色,以学生发展为中心,因材施教,不断探索和实践"三结合、两段式、长周期、个性化、国际化"的创新人才培养模式,提升人才培养质量。

在坚持"基础宽厚实、专业精新活"优良传统的基础上,不断探索新型交叉学科的人才培养机制。在原有科技英才班的基础上,先后与相关科研院所、高科技企业联合创办精密光机电与环境科技英才班、新能源英才班、王小谟网络空间科技英才班、人工智能科技英才班等4个交叉学科英才班;启动了生物医学交叉学科人才培养计划、少年班交叉学科英才班、中美合作"金融与商务"英才班、文理复合英才班、新医学等多个交叉学科人才培养项目,推进量子信息、人工智能、大数据等新工科和新医学专业的建设。经过多年探索和实践,学校在拔尖人才的培养理念、人才选拔机制、课程体系、创新能力培养和管理机制等方面取得了明显进展,培养成果已初显成效。截至2018年7月,全校"拔尖计划"共培养学生1381人,其中已毕业958人,在读423人。近三届毕业的拔尖英才班学生中,94.5%的同学选择在国内外继续深造,其中出国深造率为56.8%。加强对拔尖人才培养模式的教学研究和成果总结,与科技英才班相关的教学成果先后荣获8项国家级和省部级教育教学成果奖。

积极深化创新创业教育改革,不断健全创新创业教育体系,建立多部门齐抓共管的创新创业教育工作机制。通过开设创新创业课程、鼓励学生参加各类创新创业实践和竞赛、建设"青年创新创业中心"和"极客中心"等措施,构建和完善"普及、提升、拔尖"三个层次的"金字塔"式创新创业培养体系。加强实验教学基地和实践创新基地建设,大力推进实验教学中心内涵式发展,统筹推进实验教学课程体系改革和实验教学信息系统建设,提升学生的创新创业实践能力。

坚持以学生发展为中心,注意呵护和培育学生的个性化素质和能力,实现学生百分百自主选择专业。建立学业指导和学业帮扶"闭环式"管理体系,完善个性化培养机制。每年学生学业指导中心对学生开展学业指导约谈2000人次以上。建立"助教管理系统"和"学业追踪管理系统"等信息化管理平台,通过学生学业信息的交换和共享,实现对学生日常学习情况的过程跟踪和实时管理,构建多部门协作的"教、学、管"联动运作模式。

坚持教授为本科生授课的优良传统,引导教师把主要精力用于教书育人。充分发挥校院两级教学委员会和教师教学发展中心的作用,组织开展教师教学能力提升活动,举办教师教学发展论坛、新进教师研习营、教学沙龙、青年教师教学基本功竞赛、助教培训和考核评价等活动,组织一线教师参与国内外教学研讨和教学交流,提升新进教师和骨干教师的教学能力。深入开展教学秩序检查、期中教学检查、学生课堂评价和毕业生问卷调查等工作,优化督导工作管理系统,改进教学督导工作模式。建立和完善全方位的助教管理体系,助教工作水平和满意度得到显著提升。加强教学管理的信息化建设,强化课堂教学管理,规范教学过程,推进本科生培养过程的精细化管理,提升教学管理水平和本科教学质量。

2016年，教育部高等教育教学评估中心对我校进行了本科教学工作审核评估。评估专家组对我校的本科人才培养给予充分肯定，认为"中国科大是一所优秀的大学，本科人才培养成果突出，培养的拔尖人才多……本科毕业生受国内外高校和社会的欢迎；'科教结合、协同育人'的特色鲜明……坚持精品办学、英才教育的理念，是中国大学中很有特色和影响力的一流大学"。

优质的本科生源是人才培养质量的重要保证。积极优化招生工作思路，稳定自主测试类招生比例，创新自主测试考务工作及招生宣传工作，保持我校总体生源质量位于全国高校前列。以"招收适合到中国科大学习的学生"为指导思想，着重考察学生的数理基础，通过少年班、创新试点班、自主招生、自强计划、综合评价、提前批等自主测试类招生，招收学科特长鲜明、创新潜质突出的优秀学生，2018年的自主测试类招生人数已经达到录取人数的38.4%。实施招生院长例会制度，强调学院负责制，打造招生老师、志愿者、教授三位一体的招生工作队伍，进一步提高高层次人才在招生队伍中的比例。通过在全国各地重点中学组织科普报告、建设优质生源基地、举办中学论坛和中学校长交流会、编制发放各类招生宣传材料、利用新媒体等方式，增强受众面和宣传效果。进一步加强与重点中学的深度合作，在全国各地建立优质生源基地达150余所。

研究生教育质量是学校人才培养质量的重要体现。学校以入选教育部博士研究生教育综合改革试点为契机，以博士生培养机制改革为牵引，深化研究生教育全过程综合改革。

持续加大招生选拔力度，提升研究生生源质量。实施"学长喊你上科大"系列活动、招生宣讲会、新媒体网络宣传、优秀大学生夏令营等品牌项目，全力打造优质生源提升工程，强化研究生招生宣传效果，实现推免生源、统考生源数量和质量同步提升。我校接收的推免生数量由2014年的1572人增长到2018年的2109人，其中，学术学位硕士研究生中推免生所占比例由44.7%提高到72%，"双一流"高校生源比例由63.1%提高到80.2%。持续推进博士研究生招生制度改革，全面推行"申请-考核制"，大力加强硕转博工作，优化拔尖创新人才选拔机制。学校不断向教育部、中国科学院争取资源，扩大博士生招生规模，博士生招生规模由2014年的1170人增至2018年的1867人，其中，工程博士招生规模显著提升，录取人数由2014年的20人增至2018年的141人。

学校围绕研究生创新能力培养，多方位持续开展研究生教育培养质量工程建设。积极推动本、硕课程贯通，统一选课平台，实现了本科生、研究生课程互选。推动研究生课程建设，大力加强研究生公共课程改革，重点推进重要学位课程、英文课程和网络课堂建设，强化课程质量评估和管理。持续实施博士论文创优支持计划，有效引导博士研究生不断提升自我科研创新能力。继续实施研究生教育创新计划建设项目，优化并提升研究生高水平学术讲座、暑期学校、学术论坛等品牌质量与影响力，为研究生创新能力提升创造更为优良的氛围和平台。不断完善专业学位研究生"集团军式"培养机制，加大创新创业教育课程建设力度，3次获批"全国示范性工程专业学位研究生联合培养基地"。这些举措有力地提升了我校研究生培养质量和创新能力，2017年，我校获批成为全国14所开展博士研究生教育综合改革试点的高校之一。

在加强学术学位一级学科体系建设的同时，不断优化专业学位学科体系。积极开展博士硕士学位授权审核工作，新增网络空间安全、光学工程一级学科博士学位授权点，考古学、机械工程一级学科硕士学位授权点,动态调整了部分硕士学位授权点。主动开展学位授予单位自我评估工作,完成24个一级博士点、5个一级硕士点、6个二级硕士点、3类专业硕士点的学科自我评估,为迎接国家学位授权点合格评估做好充分准备。2018年,我校获批成为开展学位授权自主审核的全国20家试点单位之一,促进了学校学科优化布局和新兴学科发展。

积极推进科教融合学院发展,先后与中科院合肥物质科学研究院、沈阳金属所、南京分院、长春应用化学研究所等相关研究院所共建了6个"科教融合共建学院"。"科教融合共建学院"的研究生教育完全归口到我校,实现了统一招生、统一学籍与培养管理、统一学位授予、统一信息服务、统一机构设置,成为学校研究生培养的重要组成部分。"科教融合共建学院"促进了校所双方共享彼此丰富的人才资源,加速了科教深度融合,促进了校所间学科交叉,形成了一批"特色鲜明、优势互补"的科教融合一流学科群,进一步提升了科教融合学科的综合实力。

完善学位授予体制机制,切实保障学位授予质量。主动提升并完善学位授予标准和细节,组织开展校级优秀博士学位论文评选,引导在校博士研究生不断提升学位论文质量。协调成立科教融合学院学位分委会,逐步统一并完善校本部及科教融合学院间的学位授予标准。我校研究生学位授予数量和质量稳步提升,2017年我校博士毕业生发表SCI论文数达到2198篇,其中在《Science》上发表2篇,在《Nature》及其子刊上发表28篇。发表SCI Ⅰ、Ⅱ区论文占SCI论文总数的61%,人均发表SCI论文2.08篇,人均SCI Ⅰ、Ⅱ区论文1.27篇。截至目前,共有190篇论文获"中国科学院优秀博士学位论文",入选数量高居院属各培养单位之首。

坚持立德树人、育人为本,不断推进学生工作,致力于培养"六有"大学生。开展教学管联动工作研究与实践,进一步建设"六个预警与援助体系"。持续加强心理健康教育与咨询中心规范化建设,整合全校资源,构建校院系班四级心理健康教育网络体系。完善"奖、助、贷、减、补、援、勤"并举的学生资助体系,我校的精准资助工作受到了社会的广泛关注,得到了教育部的充分肯定和大力推广。

2014年至2018年8月,我校累计授予博士学位4412人,科学学位硕士4559人,专业学位硕士8799人,学士学位8716人。积极与国家重点单位、重要领域、重点区域开展全方位合作,通过精细化就业服务,加强精准化就业帮扶,提高毕业生就职竞争力,拓宽毕业生就业渠道。2018年实现博士生初次就业率为94.8%,硕士生初次就业率为97.0%,本科生初次就业率为90.5%(国内外深造率为73.3%)。加强与国内外校友的联系,做好校友服务工作,凝聚校友力量,助力学校发展。广大校友在各自领域表现优异,人才培养质量得到国内外广泛认可。

四、深入实施人才强校战略,全面提升人才队伍的核心竞争力

学校注重师德引领,尊崇学术、以人为本,坚持"引进、培养、稳定并重",努力建设一支富有自主创新能力和国际竞争力的一流教师队伍。

充分利用各项人才政策资源,抢抓各类人才计划项目,大力引进和培养了一批高层次人才。截至目前,学校共有"两院"院士(含双聘)55人、"长江学者"(含长江青年学者)53人、"国家杰青"116人、"万人计划"(含青年拔尖)46人、"千人计划"48人、"青年千人计划"183

人、"国家优青"110人、"百人计划"155人。各类高层次人才不重复统计427人,占固定教师总数的33%,比2013年初提高了11个百分点。优秀青年人才比重大幅提升,"四青"人才(青年千人、青年拔尖、长江青年、国家优青)不重复统计226人,约占高层次人才的53%。聘请校外院士来校创建院士工作室,2013年以来新增8个院士工作室,目前共建立11个院士工作室,起到了高端引领作用。实施"大师讲席"和"大师讲席（Ⅱ）"制度,2013年以来聘任大师讲席、大师讲席（Ⅱ）教授11人,有力吸引了海外高层次学者定期来校工作,推进国际学术交流与合作。对高层次人才建立柔性考核机制,2013年以来先后组织了五届学术交流会,累计有123人做大会交流报告,激发了高层次人才创新的动力和活力,营造了潜心学术的宽松环境。

精准支持培养青年教师。继续实施"青年教师出国研修计划",选派青年骨干人才赴国外高水平大学或研究机构研修。2013年至今,累计派出203人赴海外研修,通过与国际同行的交流合作,有效提升了青年教师的学术水平与科研竞争力。2017年起实施"学术领军人才培养计划",加强对校内优秀青年人才的培养和支持,造就新一代学术领军人才,截至目前共支持了16位青年教师,资助其加强实验室和团队建设。积极争取中科院"青年创新促进会"支持,我校共有会员98人,其中18人当选优秀会员,居全院之首。

通过全面整合、规范管理,推动聘期制科研队伍上规模、上水平。目前,学校聘期制队伍规模达到852人,已成为学校科研产出的生力军和后备人才资源库。开设聘期制人员选聘固定教职通道,有效发挥激励导向作用,激发聘期制人员创新活力。自2014年首次开展聘期制科研人员转聘固定教职工作以来,累计共有114位聘期制人员转聘固定教职,其中27位获得"国家优青"支持,被聘为固定教职特任教授。

不断深化用人制度、岗位分类管理制度、薪酬制度等各项人事制度改革,逐步建立符合一流大学发展的人事管理体系。通过创新人才招聘、考核、激励、流动、发展等体制机制,推进"按需设岗、动态调整、学术优异、结构合理"的人才管理制度建设。推进教师、管理、支撑三支队伍科学有效的岗位分类管理,根据不同的发展定位,分类制定考核评价标准和指标体系,理顺各类人才的晋升通道和发展方向。探索建立与世界一流大学发展水平相适应的教职工薪酬体系,建立健全以岗位分类评价为核心的收入分配制度。

五、加快健全卓越科技创新体系,攻关创新取得重大突破

学校坚持"科教结合、协同创新,产生原始创新成果,催生变革性技术,培育战略性新兴产业"的指导思想,抢抓创新发展机遇,加快卓越科技创新体系建设,积极服务国家战略和区域经济社会发展。

重大平台设施建设成效卓著。学校全面参与合肥综合性国家科学中心建设,中国科学院量子信息与量子科技创新研究院揭牌成立,合肥微尺度物质科学国家研究中心、类脑智能技术及应用国家工程实验室正式获批组建,合肥先进光源预研工程正式启动,与中国科学院合肥物质科学研究院共建的稳态强磁场实验装置通过国家验收,"中国聚变工程实验堆集成工程设计研究"项目顺利启动,参与的未来网络试验设施获批启动。近五年,新增4个国家级科研机构、2个国家重大科技基础设施(联合)、2个中科院率先行动机构、5个中科院重点实验室等科研平台。目前,我校共有11个国家级科研机构、18个中国科学院重点科研机构、31个其他省部级科研平台和22个所系联合实验室,主持或参与4个国家重大科技基础设施

建设。科研组织体系建设已初见成效,在学校主要学科领域均有省部级及以上重点科研机构支撑。

承担国家重大任务的能力进一步提升。在国家重点研发计划项目方面,获批重点研究专项41项,获批经费12.61亿元,位居全国高校前列。尤其是在科技部基础司主管的国家重点研发计划中,我校获资助项目27项,获批经费10.25亿元,位居全国第一。在重大科技项目"科技创新2030"中,牵头组织编制量子通信与量子计算机重大科技项目实施方案,参与组织脑科学与类脑研究、新一代人工智能、深空探测及空间飞行器在轨服务与维护系统等重大科技项目实施方案的编制。学校还获批基金委重大项目5项、国家重大科研仪器设备研制专项1项、中科院战略性先导专项(B类)项目6项、院级重大科研仪器研制项目和关键技术研发团队1项等。科研到款经费逐年稳步增长,年均到款达到13.8亿元,较前五年翻了一番。国家自然科学基金面上和青年项目获批率保持全国主要高校第一,基金项目年均获批经费达到4.1955亿元,比前五年增长126%。

重大原创性科技成果不断涌现。"墨子号"圆满完成全部三大既定科学目标、在国际上首次成功实现千公里级星地量子通信,正式开通国际上首条千公里级量子保密通信骨干网"京沪干线",研制出世界首台超越早期经典计算机的光量子计算原型机;学校参与研制的我国首颗暗物质粒子探测卫星"悟空"取得重大发现,获取了目前国际上精度最高的电子宇宙射线探测能谱;多项成果发表在《自然》《科学》等顶级国际学术期刊上。

重大原创成果得到了党和国家的高度认可,获得了社会的充分肯定。我校主导或参与研制的"墨子""悟空"两项成果写入党的十九大报告;我校主导研制的光量子计算机入选习近平总书记发表的2018年新年贺词。习近平总书记在2018年"两院"院士大会上,提及多项由学校主动或参与研制的成果。2013年以来,研究成果先后入选中国十大科技进展新闻8次、中国科学十大进展6次,入选次数居全国高校首位。

科技创新能力和学术影响力持续提升。我校保持论文数量持续增长,SCI论文总数和我校第一单位SCI论文数分别比前五年增长66%和58%。在论文数量持续增长的同时,论文质量继续保持优异,位居国内高校前列。据ESI统计,我校近十年发表的SCI论文篇均被引次数达到14.83次,超过世界平均值12.71次,在全国主要高校中排名第一。5年来荣获国家科学技术奖12项,其中国家自然科学一等奖1项、二等奖7项,国家科技进步一等奖1项、二等奖1项,国家技术发明二等奖1项,国际科学技术合作奖1项。2018年国家自然科学奖2项、技术发明奖1项通过复评。2013年至今专利申请3176件,专利授权1809件,授权专利数是前五年的2.5倍。

积极推进科技成果转化工作,作为"三权改革"试点单位,共转化成果17项(专利51件),金额2.96亿元。依托校内重点科研机构,面向战略新兴产业方向,组织多学科交叉,强调与行业龙头企业协同创新,建立相关联合科研平台。2014年至今,学校共设立了中国科学院-阿里巴巴量子计算实验室、中国科大-中航工业量子技术联合研发中心、中国科大-京东AI联合实验室等7个校企联合实验室。依托先进技术研究院,建立"立足合肥、覆盖安徽、辐射全国"的技术转移网络体系,推动我校科研能力服务国民经济主战场。

六、坚持开放办学,不断提升国际化水平

学校坚持"科研国际化带动人才培养国际化"的战略,将国际合作交流与人才培养、科学

研究、队伍建设等紧密结合,努力完善"大外事"工作格局。加强与国外著名高校和科研机构的实质性合作,积极引进海外优质资源,以全球视野和开放合作提升学校的办学水平和国际竞争力。

按照学校"大外事"的工作格局,统筹推进国际师资队伍建设、英语课程体系建设,广泛拓展海外合作交流。建立多层级、广覆盖的国际师资引进机制,充分利用各类引智和国际合作项目,推进国际化师资队伍建设,目前国际访问教授人数达 207 人,全职国际师资人数达到 121 人。加强全英语授课课程体系建设,深入实施"英语授课推进计划",博士生项目基本实现全英文覆盖。通过参加环太平洋大学联盟、东亚研究型大学协会、全球研究理事会、一流大学建设系列研讨会等国际名校俱乐部以及中外大学校长论坛、大学校长联谊会等活动,积极拓展国际交流渠道,打造有国际影响力的国际交流与合作品牌活动。与斯坦福大学、麻省理工学院联合举办 SUM 夏令营,与斯坦福大学合作举办国际大学生创新设计大赛,打造未来科学家国际夏令营,加入中俄"两河流域"高校联盟,为各国学生搭建一个相互交流和学习的平台。设立"大师论坛",邀请多名包括诺贝尔奖获得者在内的国际高端学者来校访问,打造重点引智品牌。近年来学生赴海外进行学习和交流的人数大幅增长,教师出访与境外专家来访人数持续稳中有升。

积极推进国际学院建设,加强留学生招生管理与培养。拓宽宣传渠道,加大留学生宣传力度,优化遴选录取,实现留学生规模和质量明显提升,目前在校留学生已达 730 余人,其中 70% 是博士生,占全校博士生比例接近 10%。加强留学生精细化管理,制定外国留学生安全管理、课外活动管理等办法,搭建留学生在校生活全过程管理与服务平台。积极进行教学改革,建立健全留学生培养方案和学位标准,加强汉语言及中国文化课程建设,逐步建设留学生辅导员队伍,组织开展校内文化活动,帮助留学生了解中国、热爱中国。学校积极参与国家"一带一路"倡议,充分发挥办学优势和国际影响力,加强与"一带一路"沿线国家高水平大学的合作,为沿线国家学生来校攻读学位提供奖学金资助,目前"一带一路"沿线国家留学生占留学生总数超过 75%。

七、加快校园基础设施规划和建设,打造精致校园

学校以建设与一流大学相匹配的"园区精致、功能完善、设施先进、交流便利"的现代大学校园为目标,加快推进园区规划与建设,办学条件不断改善。

加快推进"十二五"规划项目建设并交付使用。"十二五"规划建设 13 个项目,总建筑面积约 43.3 万平方米,总投资约 19.4 亿元,其中国家投资 5.6 亿元。所系结合专家楼、金寨路下穿通道、中校区林荫大道、新建附属学校、科大花园二期、中校区学生宿舍楼、学生生活服务中心、动力保障站房 8 个项目已建成投入使用,物质科学教研楼正在进行竣工验收,生命科学楼扩建项目预计 2018 年底完工,综合体育中心、西区特种实验楼、人才周转公寓 3 个项目正在全面实施。学校"十一五"建设项目荣获 2014~2015 年度"国家优质投资项目奖"。

着力推动"十三五"园区规划建设项目申报、审批和建设。学校"十三五"拟建 4 个项目,总建筑面积约 16 万平方米,总投资约 8.6 亿元。拟在合肥本部建设合肥综合性国家科学中心中心协同创新交叉研究平台(地球和空间科学前沿研究中心、物质科学交叉前沿研究中心、医学前沿科学和计算智能前沿技术研究中心),在上海研究院建设上海科技创新中心协同创新交叉研究平台-量子信息技术协同创新平台。2017 年 12 月 26 日获国家发展改革委立项批复,目前项目可行性研究报告编制及土地、规划、能评、稳评等前期相关手续已完成并上报中国科学院。由学校承担合肥综合性国家科学中心国家同步辐射实验室新建光源预研科研用房已完成施工图纸设计,争取2018年内开工建设。

积极推动校园老旧建筑及基础设施升级改造。2014年至今共实施维修改造项目550项,总投资约4.9亿元,改造建筑面积约35万平方米。完成教学一、二、三楼及附属学校、幼儿园教学楼、校医院、学生食堂、三幢学生宿舍的整体改造;完成中校区保留科研用房及西校区力学楼群、电子楼群、火灾科研实验室、同步辐射实验室环形周边实验室、西区图书馆、南校区教学科研楼群的整体改造;对东区大礼堂、水上报告厅及周边环境、西区活动中心、物质科学教研楼科教创新成果展厅、校史馆、博物馆、眼镜湖周边环境等主要场所进行升级改造;完成东、西区校园道路、人行道、环境等综合改造。通过对原有建筑和基础设施的维修升级改造,创造优美教学、科研、生活环境,校园面貌焕然一新。

抢抓机遇,开拓发展空间。在安徽省、合肥市的大力支持下,完成量子信息与量子科技创新研究院暨中国科大高新园区选址及建设规划。量子信息与量子科技创新研究院规划用地约724亩,规划总建筑面积约64万平方米。高新园区规划总用地约1180亩,规划总建筑面积约73.2万平方米。2017年9月27日,量子信息与量子科技创新研究院1#科研楼实质性开工建设,目前正在进行主体工程施工。2018年9月1日,高新园区奠基仪式举行,一期项目开工建设。

八、完善现代大学制度,提高办学治校水平

学校以《中国科学技术大学章程》的贯彻落实为抓手,全面深化综合改革,不断激发办学活力,提高办学治校水平,推动现代大学制度建设。

全面推进依法治校,把制度建设作为办学治校的重要保障,建立健全长效机制。坚持和完善党委领导下的校长负责制,修订党委全委会议、党委常委会议、校长工作会议议事规则,制定《关于贯彻落实"三重一大"决策制度的暂行办法》《督促检查工作办法(试行)》,抓执行、保落实。注重发挥学院和重点科研机构在办学中的主体作用,使其在人权、事权、财权等方面拥有更多权力,实现管理重心下移。完善学院党政领导班子议事决策机制,在修订《学院工作条例》的基础上,印发《关于进一步完善学院党政领导班子议事决策机制的通知》,督促指导各学院进一步规范学院党组织会议和党政联席会议制度。充分发挥学术委员会、学位评定委员会、教学委员会等各类专门委员会在学校学术事务中的决策咨询作用,强化预算专家委员会在学校资源配置中的重要作用。进一步健全师生员工参与民主管理和监督的工作机制,发挥教职工代表大会、工会代表大会以及群众组织作用。进一步完善信息公开平台,推进校务公开的常态化、系统化和规范化。

深化"放管服"改革,减轻教师负担,提高工作效率。落实教育部等五部委《关于深化高等教育领域简政放权放管结合优化服务改革的若干意见》精神,制定学校《关于深化高等教育领域简政放权放管结合优化服务改革的实施细则》,落实办学自主权,不断提升管理服务水平。开展"减轻教师负担,提高工作效率"工作,以"少跑一趟、少等一天、少签一次"为目标,针对师生反映较大的问题出实招、抓落实,把师生的获得感作为试金石评价工作成效,为教学科研人员减轻负担,优化管理、激发活力,营造干事创业的良好环境。

不断完善内部控制制度体系,加强内部控制。落实中央八项规定精神,加强公务接待、

会议、国内差旅、因公出国(境)等管理。做好经费收支管理,明确和规范相关财务报销事项。做好财务预决算管理,强化"花钱问效"责任意识,开展校内预算项目绩效管理,提升预算资金使用效益。推进经济活动合同管理一体化平台建设,提高学校风险防控能力。加强采购管理,实现公开、透明和可追溯,保障了采购工作的合规性。强化内部审计监督职能,认真开展财务收支审计、科研经济业务真实性合法性审计、专项审计;全面开展工程造价审计,对基建维修改造等工程项目的资金使用进行监督,维护学校合法权益。

九、坚持以人为本,推进民生工程

学校坚持以人为本、关爱师生,扎实推进民生工程,不断改善师生员工的工作生活条件,努力营造教师乐教、学生乐学的氛围,让师生员工共享学校改革发展的成果。

公共服务支撑体系稳步发展,为师生的学习、科研和生活提供有力保障。建设科研设施与仪器设备在线服务平台,稳步推进公共实验中心仪器设备开放共享。优化网络基础设施,加强网络信息安全,完成一卡通升级改造,稳步推进和集成学校的信息化建设与服务,打造智慧型校园。不断完善图书馆文献资源,打造区域及全国文献信息服务中心。推进园区主要道路改造和绿化工程,加大危旧房屋拆迁力度,优化校园环境。加强校园交通整治,强化实验室安全和危化品管理,将治安防范、消防安全、交通整治及居委会工作相结合,建设平安和谐校园。以能源监管平台为依托,加强能耗监管,开展节能改造,打造绿色节约型校园。

推进薪酬制度改革,进行新一轮岗位津贴与绩效调整,促进教职工收入实质性增长、离退休人员收入大幅提升。完善各类人才的职业发展通道,努力实现人尽其才、才尽其用。实施新的研究生奖助方案,提高学生助学金和助教助研费用。改善学生住宿条件,启用中校区学生宿舍,稳步开展学生宿舍楼翻新改造,综合调配解决科教融合研究生和留学生公寓缺口,加强学生社区文化建设,为学生提供更多温馨服务。完善周转房管理制度和调配机制,努力满足各类引进人才和教职工周转住房、高端人才流动公寓的需求,完成科大花园二期人才楼调配工作,推进科大花园一期产权证办理,启动既有住宅加装电梯工作,做好危旧房屋置换安置。实施住房福利普惠政策,通过发放国家住房货币化补贴和购房补助、多次调整公积金基数,较好地满足了教职工的安居需求。做好离退休老同志服务工作,提高离休老同志的保健费和疗养费,加强对重病和生活困难老同志的福利慰问帮扶工作,改善老同志生活待遇和活动条件,让老同志们共享学校改革创新发展成果。

五年来,在以习近平同志为核心的党中央坚强领导下,在中国科学院、教育部、安徽省以及有关部门的大力支持下,在广大师生员工的共同努力下,学校的中国特色世界一流大学建设取得了可喜的成绩。五年的成绩来之不易,它凝聚了全校师生的辛勤劳动和汗水,包含了各级领导、校内外校友及社会各界的关心与支持。大家都是学校建设与发展的参与者和见证人,并为此奉献了智慧、付出了心血、作出了贡献!

我们必须清醒地看到,当前的工作还存在许多不足:面对兄弟高校的激烈竞争,我们的忧患意识和危机感不强,"不进则退、慢进也是退";对国家战略需求、区域经济社会发展的需要了解不够深入,主动对接的意愿不够充分;现代大学综合治理体系尚未完善,利用综合改革破解学校发展难题的能力有待提高;高层次人才和领军人才相对缺乏,人才队伍的稳定面临诸多压力,各类人才的分类管理和考核评价体系有待完善;人文、社会和创新创业教育尚未形成体系,学生人文涵养和通识教育亟待加强;学科设置存在短板,学科发展不够均衡,瞄准世界科技前沿,立足国内重大需求,亟须凝练学科方向;科研创新创业平台梯队化布局还不够,国家级科研平台较少,在重大显示性成果、重大关键共性技术方面突破不足;科学研究成果突出,但相对集中在少数几个领域,表现形式比较单一,在"后国家实验室"时代优势不明显;科技成果向现实生产力转化通道不畅,解决重大问题和原始创新的能力亟须提升;学校管理精细化程度不够,服务师生的水平有待提高;科教基础设施仍需改善,满足教学科研需求的能力仍需加强;办学资源与一流大学建设需求仍有差距,亟须开拓各类社会资源;亟须加强对外开放合作,讲好"科大故事",传播"科大文化"。

问题是改革创新发展的起点,我们必须坚持用发展的办法解决前进中的问题。在不断变革的新时代,我们唯有不断学习,不断探索,不断创新,才能承前启后,不断发展。

第二部分　下一步工作的思考

红专并进一甲子,科教报国六十年。在建校60周年之际,习近平总书记充分肯定学校的办学方向和建设发展成就:"中国科学技术大学是为'两弹一星'事业而创办的一所大学。学校坚持红专并进、理实交融的校训,敢为人先,锐意进取,培养了大批德才兼备的优秀人才,取得了一系列举世瞩目的科研成果,为党和国家事业发展作出了重要贡献",殷切希望学校"全面贯彻党的教育方针,坚持社会主义办学方向,传承科教报国、追求卓越的精神,瞄准世界科技前沿,立足国内重大需求,潜心立德树人,执着攻关创新,在基础性、战略性工作上多下功夫,努力办出中国特色世界一流大学,为培养德智体美劳全面发展的社会主义建设者和接班人,为建设创新型国家、建设世界科技强国作出新的更大的贡献",这为学校的未来发展指明了方向。

为此,我们要坚持党的领导,把立德树人作为根本任务,培养德智体美劳全面发展的社会主义建设者和接班人。着力践行以学生发展为中心的育人理念,深化教育教学改革,坚持"基础宽厚实,专业精新活"的培养特色,以本科生书院、创新创业学院建设为抓手,积极推行大类教育、专业培养的"2+X"培养模式,形成具有科大特色的一流创新人才培养体系。着力以博士生培养机制改革为牵引,提升研究生创新意识与创新能力。把立德树人融入每项工作、贯穿育人始终,做到全员全过程全方位育人,大力培养"有理想、有追求,有担当、有作为,有品质、有修养"的"六有"大学生,造就德才兼备、红专并进的优秀人才。

我们要坚持学科引领、优化布局,以一流学科建设推动一流大学建设。着力优化学科体系结构,凝练学科发展方向,以团队和基地建设为抓手,构筑学科高峰,力争基础前沿学科率先进入国际前列,积极探索"新工科"和"科大新医学",实现工程高技术学科、生命科学和医学跨越式发展,管理和人文学科特色鲜明。着力促进新兴交叉学科深度融合,不断培育新的学科增长点,持续提高学科整体水平和竞争力。

我们要坚持科教报国、追求卓越的精神,主动服务国家战略需求和区域经济社会发展。积极参与国家"双一流"建设、中国科学院"率先行动"计划、安徽省系统推进全面创新改革试验,以改革促创新、以贡献谋发展。瞄准世界科技前沿,立足国内重大需求,执着攻关创新,在基础性、战略性工作上多下功夫。着力推动合肥综合性国家科学中心建设,积极筹建量子信息科学国家实验室,努力使之发展成为体现国家意志、实现国家使命、代表国家水平的战略科技力量。着力以重大科研平台和国家重大任务为牵引,加快卓越科技创新体系建设,不断产生原始创新成果,催生变革性技术,培育战略性新兴产业,形成完整的创新链条。

我们要坚持"全院办校、所系结合"的办学方针,积极探索科教融合的新机制、新模式、新方法。着力巩固和拓展人才培养、学科建设、科学研究三位一体的"所系结合"网络,继续做好共享高层次人才资源、建立所系结合单元、共建科技英才班等工作。着力推动和完善科教融合共建学院建设,探索一流大学与科研机构深度融合的新模式。

我们要坚持人才强校的战略,全面提升人才队伍的核心竞争力。注重师德引领,尊崇学术、以人为本,打造一支"有理想信念、有道德情操、有扎实学识、有仁爱之心"的高素质教师队伍。坚持引进、培养、稳定并重,着力提高师资质量,努力培养卓越教师和学术带头人,大力引进和造就领军人才,全力建设学科团队,打造一支富有自主创新能力和国际竞争力的一流人才队伍。

我们要坚定文化自信和教育自信,传承和发扬中国科大的优良传统和优秀文化。秉承"红专并进、理实交融"的校训,弘扬"科教报国、追求卓越"的精神,坚持"精品办学、英才教育"的理念,以育人为本、学术为根、报国为魂,不断赋予科大文化新的时代内涵,努力形成推动社会进步、引领文明进程、具有科大特色的一流大学文化。

我们要坚持国际视野、开放办学,不断提升国际化水平。着力以科研国际化带动人才培养国际化,积极响应国家"一带一路"倡议,加强与世界一流大学和学术机构的实质性合作,建立紧密的国际合作网络。着力推进国际学院建设,积极引进海外优质资源,不断提升学校的办学竞争力和国际影响力。

今后,中国科大将以习近平新时代中国特色社会主义思想为指引,牢固树立"四个意识",坚定"四个自信",牢记习近平总书记的嘱托,秉承"红专并进、理实交融"的校训,弘扬"科教报国、追求卓越"的精神,积极参加国家"双一流"建设、中国科学院"率先行动"计划、安徽省"四个一"创新主平台和"一室一中心"建设,凝心聚力、艰苦奋斗、开拓创新,争取早日建成中国特色、科大风格的世界一流大学,为实现中华民族伟大复兴的中国梦作出新的更大贡献!

包信和校长在中国科学技术大学附属第一医院建院 120 周年纪念大会上的讲话

(2018 年 10 月 27 日)

尊敬的各位领导、各位来宾,同志们、朋友们:

大家上午好!

今天,我们欢聚一堂,隆重庆祝中国科学技术大学附属第一医院(安徽省立医院)建院 120 周年。首先,我谨代表中国科学技术大学,向附属医院全体职工表示热烈的祝贺,向莅临大会的各位领导、海内外嘉宾、各界朋友表示诚挚的欢迎!

百廿载栉风沐雨，双甲子薪火相传。120 年前，在西学东渐的大潮下，一大批西医院相继出现。1898 年，一位名叫柏贯之的医师在合肥城内东大街开办了一家西医院，后发展成为合肥基督医院。解放初期，这所医院被人民政府接管，更名为和平医院，即今天的安徽省立医院。2017 年 12 月 23 日，在安徽省委、省政府的大力支持下，安徽省立医院成为中国科学技术大学附属第一医院。从柏贯之医院开诊，到中国科大附属第一医院挂牌，附属医院走过了 120 年大医精诚、医者仁心的历程。

120 年来，附属医院从建院早期，坚守济世扶贫，为广大穷苦百姓提供医疗，到抗战时期，救死扶伤，收容难民，将医学仁爱精神扎根江淮；从新中国诞生之初的白手起家，筚路蓝缕，践行为群众服务的卫生方针，到 20 世纪 60 年代，名医荟萃，在安徽撒播现代医学的火种；从改革开放，求索转型，勇立潮头，引领公立医院综合改革，到新时代推动国家区域医疗中心创建，服务健康中国战略。附属医院始终与江淮儿女共命运、与时代发展齐奋进，在传播现代医学理念、守护百姓生命健康的道路上，披荆斩棘，勇往直前。

120 年来，附属医院始终秉承公益办院宗旨，以"为祖国献力、为事业献身"为使命，扎根江淮大地，为一方百姓解除病痛；一代代医学人才从这里起步，踏上了为人类健康事业奋斗终生的历程：从 1998 年抗洪前线，到 2008 年汶川地震救灾现场，从新疆和田到西藏山南，从也门到南苏丹，祖国和人民需要的地方，就是省医人前进的方向。一代代省医人自觉践行着"敬佑生命，救死扶伤，甘于奉献，大爱无疆"的精神，将"仁术济世"的优良传统代代传承，将对生命的捍卫和医学的坚守深深融于血脉之中。

风雨双甲子，百廿济世情。历经 120 年的沧桑，在数代省医人的共同努力下，附属医院已发展成为安徽省医疗卫生行业的领头羊和排头兵，前辈们的渴望、追求和对未来的期许，铸就了今日的辉煌！

同志们，朋友们！

幸福与健康是人类永恒不变的追求，人民健康是民族昌盛和国家富强的重要标志。习近平总书记在党的十九大报告中，响亮地提出了"实施健康中国战略"的号召，将"为人民群众提供全方位全周期健康服务"提升到国家战略高度。为深入贯彻落实党的十九大精神，实施健康中国战略，推进健康安徽建设，去年 12 月 23 日，安徽省委省政府、国家卫生健康委、中国科学院三方共建的中国科大生命科学与医学部揭牌，安徽省立医院正式成为中国科大附属第一医院。从此，附属医院步入了新的发展时期。

中国科大与附属医院的校院融合，不是简单的量的相加，而是通过优势互补、催化反应，实现质的提升。我们的目标是通过校院融合，探索一条"理工医交叉融合、医教研协同创新、生命科学与医学一体化发展"的"科大新医学"发展之路。近年来，随着科学技术的飞跃发展，医疗卫生领域的新概念、新理论层出不穷，医疗技术和方法日新月异。这些新的变化，不可避免将带来医疗卫生人才培养的变革、医疗科学研究的创新、医学科技成果的加速转化以及医疗卫生体制机制的改革。我们将紧紧抓住这一机遇，将中国科大的理工和生命学科优势向医学领域拓展，与附属医院优质的医疗资源有机结合，在转化医学、医学人工智能、肿瘤免疫治疗、脑科学等交叉领域着重发力，进一步推进创新药物和医疗器械研发，共同培养高精尖的医学人才，打造中国乃至世界医学研究和成果转化的创新高地。

附属医院是探索和践行"科大新医学"的重要载体，也是推进"双一流"建设的重要动力，也是中国科大回报和服务安徽的重要阵地。办好人民的医院,责任重大,使命光荣。这不仅是附属医院自己的大事,也是全校各部门、各单位共同的大事。学校将按照三方共建的要求和生命科学与医学部发展的战略规划,进一步加大对附属医院发展的支持力度,在学科建设、人才引进培育、科研项目部署和平台建设等方面给予附属医院重点支持,全面提升医院的综合实力。我们有决心,也有信心,把附属医院建设成为国际知名、国内一流的综合性大学附属医院,造福安徽人民,为建设健康中国作出更大的贡献。

同志们,朋友们!

红专并进一甲子,科教报国六十年。今年,也正逢中国科大建校60周年,习近平总书记在充分肯定学校办学成绩的同时,殷切希望我们:"全面贯彻党的教育方针,坚持社会主义办学方向,传承科教报国、追求卓越的精神,瞄准世界科技前沿,立足国内重大需求,潜心立德树人,执着攻关创新,在基础性、战略性工作上多下功夫,努力办出中国特色世界一流大学,为培养德智体美劳全面发展的社会主义建设者和接班人,为建设创新型国家、建设世界科技强国作出新的更大的贡献。"这不仅是对中国科大的重托,也是对附属医院的期望。

为此,我代表中国科大党政领导班子对附属医院提几点要求,也与大家共勉:

一是瞄准建成一流医院的目标,高标准、宽视野、大气魄地推进医院建设与改革。附属医院已经描绘了"两个15年"的美好蓝图:第一个15年,附属医院将建设成为国内一流医院;第二个15年,附属医院将发展成为与中国科大世界一流水平相匹配的一流医院。希望附属医院紧扣"两个15年"发展规划,积极探索校院融合的体制机制,充分发挥校院强强联合的效应。要围绕强化医师培训交流、改善患者就医环境、提升医院人文关怀等关键任务,积极与国内外知名医疗机构开展合作,努力为患者提供国际前沿的医疗理念和医学服务。要充分发挥附属医院办院规模大、辐射面广、临床资源丰富的基础优势,进一步加强医疗服务管理,提高医疗服务质量,回报江淮大地,造福安徽人民。要坚持科学与人文并进,努力创建人文型医院,推动人文主义价值与理想在医学中复归,以人的健康和发展为核心来发展医学,让"科大新医学"成为"有生命"的医学。

二是潜心立德树人,探索"理工医交叉融合"的医学人才培养新机制,打造医学人才培养高地。"志愿献身医学,热爱祖国,忠于人民,恪守医德,尊师守纪,刻苦钻研,孜孜不倦,精益求精,全面发展。竭尽全力除人类之病痛,助健康之完美……"这是中国科大首届医学英才班学生在白衣授予仪式上的庄严宣誓。为医者,仁心仁术。希望附属医院与中国科大生医部共同努力,在我国医学人才培养"5+3"和"3+2"传统模式基础上,认真总结国内外成功经验,充分发挥中国科大在理工科以及"新工科"等领域人才培养的独特优势,以医学英才班为试点,努力构建医学"5+3+X"本研贯通的课程体系。学校将以参与卓越医生教育培养计划2.0为契机,加快构建"科大新医学"专业设置、学位授予和人才培养体系,积极探索"理工医交叉融合"新模式,面向未来发展的需求,培养出掌握现代科学技术、精通医学基础和熟悉临床技术的一流的复合型高端医疗人才。

三是执着攻关创新,推进"医教研协同创新",打造医学研究和成果转化的创新高地。实现"健康中国"战略,不能离开医学科学的基础创新。我希望附属医院要面向世界医学前沿,立足国内需求,树立敢为天下先的志向,抓住安徽省把中国科大生命科学与医学部作为合肥综合性国家科学中心健康领域的优先重大创新平台、把附属医院作为生命科学与医学前沿技术创新与临床转化的首选基地的机遇,秉承"生命科学与医学一体化发展"的理念,深化校院融合,构建协同高效的医学科技创新体系,瞄准重大疾病、疑难病和罕见病等,打通基础研究、临床医学和预防医学的边界,开展原创性研究,以临床试验医院、临床医学研究中心建设为契机,大力促进创新药物、医疗器械和诊疗技术的临床试验,引领生命科学与医学前沿技术创新和临床转化,努力打造中国乃至世界医学研究和成果转化的创新高地。

同志们,朋友们!

风劲帆满图新志,砥砺奋进正当时。站在新甲子的起点上,希望附属医院以习近平新时代中国特色社会主义思想为指引,牢记习近平总书记的殷殷嘱托,在继承医院优良传统的同时,秉承中国科大"红专并进、理实交融"的校训,弘扬"科教报国、追求卓越"的精神,继往开来、锐意进取,不断提升核心竞争力,朝着建成一流医院的目标不懈努力,为建设健康中国、增进人民健康福祉作出新的贡献。我们相信,在各级领导和社会各界的关心和支持下,在全校师生员工、全院医护人员的共同努力下,附属医院的明天将更美好,中国科大的明天将更美好!

谢谢大家!

五、文件选辑

中国科学技术大学 2018 年党委工作要点

(党字〔2018〕10 号)

2018 年是继续深入学习贯彻党的十九大精神的关键之年,也是我校实施"十三五"规划、加快"双一流"建设的重要一年。在经过学校九届四次教代会和 2017 年度校级领导班子民主生活会广泛征求意见建议的基础上,校党委着重研究了今年主要工作,明确了指导思想和工作重点。2018 年校党委工作的指导思想是:以习近平新时代中国特色社会主义思想为指引,认真学习贯彻党的十九大、十九届二中、三中全会精神,以新时期党的建设总要求为根本遵循,牢固树立"四个意识"、坚定"四个自信",巩固和深化中央巡视整改成果,坚持和加强党的全面领导,深入开展"不忘初心、牢记使命"主题教育,持续推进"两学一做"学习教育常态化制度化。围绕这一指导思想,以 60 周年校庆为契机,2018 年校党委将切实抓好以下十个方面重点工作。

一、继续深入学习贯彻党的十九大精神和十九届二中、三中全会精神,开展"不忘初心、牢记使命"主题教育

持续深入学习贯彻党的十九大精神是当前和今后一段时间内,全党首要的政治任务。开展"不忘初心、牢记使命"主题教育,是新时代坚持和加强党的全面领导的必然要求,是坚持党要管党、全面从严治党的内在要求,是推进新的伟大工程的现实要求,是回应党的十九大主题的实践要求。贯彻落实《关于认真学习宣传贯彻党的十九大精神的方案》,采用多种方式,动员各个层面,进一步组织党员干部认真学习贯彻党的十九大、十九届二中、三中全会精神,深入学习贯彻习近平新时代中国特色社会主义思想,坚定理想信念,加强党性修养,牢固树立"四个意识",坚定"四个自信"。在党的十九大精神宣讲全覆盖的基础上,重点抓好中科院系统副所级领导人员学习贯彻党的十九大精神集中轮训班等工作,号召全体党员师生进一步坚决维护以习近平同志为核心的党中央权威和集中统一领导,在思想上政治上行动上同党中央保持高度一致,着力用习近平新时代中国特色社会主义思想武装头脑、指导实践、推动工作、规范行动。

根据中央要求,大力开展"不忘初心、牢记使命"主题教育,制定《中国科大深入开展"不忘初心、牢记使命"主题教育实施方案》,多措并举、分层开展,组织党员用党的创新理论武装头脑。组织党员干部学好用好《习近平治国理政》第一卷、第二卷等权威读本,邀请有关专家为全校干部师生作辅导报告,并对基层开展学习的情况进行检查指导。推动习近平新时代中国特色社会主义思想进教材、进课堂、进师生头脑。

认真贯彻落实《中共中央关于深入学习宣传和贯彻实施〈中华人民共和国宪法〉的意见》,充分认识重大意义,准确把握领会核心要义,并加强学习宣传和具体落实工作。

主要责任单位:党委组织部、党委宣传部、党政办公室、各基层党组织。

二、巩固和深化中央巡视整改成果，继续推进全面从严治党，落实党风廉政建设责任制，营造风清气正的政治环境

继续巩固和深化中央巡视整改成果，长期坚持，积极跟进，力争取得长效。继续坚持和完善党委领导下的校长负责制，充分发挥校党委的领导核心作用，全面贯彻落实党的教育方针。继续执行好《贯彻落实"三重一大"决策制度实施办法》，确保党委集中精力议大事、谋全局、把方向，运行好"三重一大"事项的清单管理及动态调整机制。继续完善相关规章制度，将行之有效的整改措施和工作机制固化成制度和流程，坚决防止问题反复。以巡视期间查处的典型案例为警示教材，开展警示教育，深入学习贯彻党的十九大、十九届二中、三中全会及十九届中央纪委一次、二次全会精神，加强廉政文化宣传建设，强化纪律意识，继续推进全面从严治党。

严格按照中央纪委驻院纪检组、中科院直属机关党委的工作要求，结合中央纪委驻院纪检组2017年纪律审查工作中发现的问题及其整改工作方案，认真做好贯彻落实和整改推进工作。及时学习贯彻和落实《中科院党组落实新时代全面从严治党要求实施意见》《中国科学院党风廉政建设责任制实施办法》的精神和要求，强化"两个责任"落实。

认真落实党风廉政建设责任制，强化"一岗双责"意识。把党风廉政建设责任履行情况作为重要考核内容，继续做好党风廉政个性化责任书的签订工作和新任干部、人才项目的廉政鉴定工作。深入贯彻落实中央八项规定及实施细则精神，盯紧重点领域、关键环节、突出问题。严格贯彻落实中央八项规定精神和反"四风"要求，持续加强作风建设。2018年，重点做好科研项目关联交易、基建项目监管等重点领域的风险防控和监督工作，预防违法犯罪行为的发生。

坚持问题导向，加强监督执纪工作。逐步完善纪检监督工作体制机制，按照"三转"要求，进一步转变监督执纪工作方式、作风。充分调动各级党组织纪检委员工作主动性，发挥党风监督员和特邀监察员的监督作用。妥善运用监督执纪"四种形态"，深入开展调查研究，促进纪检监督科学化、规范化，营造风清气正的政治环境。

主要责任单位：纪律检查委员会、监察审计处、党委组织部、党政办公室、党委宣传部、各基层党组织。

三、持续推进"两学一做"学习教育常态化制度化，全面提升组织力

进一步严肃党内政治生活，落实"三会一课"、组织生活会、民主评议党员等基本制度，增强组织生活的政治性、时代性、原则性、战斗性。推进支部标准化建设，确保基层党组织基本达标。

深入开展主题鲜明、形式多样、切合实际、贴近师生的"主题党日"活动，不断强化党员的党性教育；着力加强基层党组织带头人队伍建设，提升基层党组织的能力和水平，使党的政治领导力、思想引领力、群众组织力、社会号召力进一步得到增强。

党章党规党纪是"两学一做"专题教育的重要内容，通过对党章党规党纪最新规定的学习，进一步强化党员意识、纪律意识和组织意识。

主要责任单位：党委组织部、党委统战部、党政办公室、党委宣传部、各基层党组织。

四、加强党务工作队伍建设和党员发展、学习教育工作，提升基层党建水平

进一步提高基层党建工作水平，举办全校支部书记培训和党务工作培训；将教工党支部工作纳入学校绩效考核,强化支部书记、支委的责任意识,充分发挥党支部的主体作用。

严格党员发展程序,加大在优秀本科生、教职工中发展党员的力度,进一步优化党员结构,提高党员质量。严格落实发展党员的工作职责,确保高质量完成2018年发展党员计划。

多渠道加强党员学习教育,开展"七一"系列活动,做好困难党员慰问工作;继续办好网上党校、面授党校和党员培训班,积极组织党员和支部书记参加上级党组织的网络示范培训班。

主要责任单位:党委组织部、党委统战部、党政办公室、党委宣传部、学生工作部(处)、各基层党组织。

五、进一步完善干部选拔培养监督机制,统筹推进中层领导班子和干部队伍建设

加强干部日常监督管理和教育培训,以严格的态度和标准,抓细抓实,稳步提高干部工作科学化水平。突出政治标准,改进推荐考察方式,加强综合分析研判,把精准科学选人用人落到实处。

努力培养造就高素质专业化干部队伍,重点做好对处级以上领导人员学习贯彻习近平新时代中国特色社会主义思想和党的十九大精神的集中轮训工作。加强"干部在线学习中心"建设,完善网络培训制度。

认真贯彻落实全面从严治党、从严监督管理干部的决策部署,加强对干部的日常严管和约束,突出遵守政治纪律和政治规矩,严格执行领导干部个人有关事项报告"两项法规"。完善干部考核评价机制,科学制定考核方案,做好年度中层领导班子考核,加强对考核结果的运用。

主要责任单位:党委组织部、党委宣传部、各基层党组织。

六、围绕60周年校庆,做好宣传思想工作,加强意识形态工作和思想阵地规范管理,营造良好舆论氛围

结合60周年校庆宣传,把社会主义核心价值观和中国梦宣传教育与弘扬科大精神、科大文化相结合。根据校庆工作总体安排和宣传文化工作方案,重点做好制作学校宣传片、开展校庆主题征文、举办科大精神系列报告会等活动。加强主题策划,利用多媒体融合传播方式,对学校人才培养、科学研究、建设发展、文化精神等持续宣传报道。以校庆为契机,回顾总结学校发展历程,进一步凝练弘扬科大精神、科大文化。

抓好党委理论学习中心组学习。制定党委中心组年度学习计划,深入学习领会十九大报告关于高等教育人才培养、科技创新、加快建设创新型国家等重大部署,做到学习有计划、有记录、有档案。

进一步加强意识形态领域工作的规范管理,建立并运行意识形态工作的日常会商和应急联动机制。加强对形势报告会与哲学社会科学报告会、论坛等宣传思想阵地的规范管理;加强对校园网站、新媒体等阵地管理,落实好网络意识形态工作责任制实施办法;完善新媒体联盟,健全管理制度,做到"内容有监管、过程有审核、发布有渠道、责任有落实"的管理闭环。

主要责任单位:党委宣传部、新闻中心。

七、坚持立德树人,强化思想引领,继续推进师生思想政治工作

坚持立德树人,依据中央巡视整改和全国高校思想政治工作会议要求,持续加强师生思想政治教育工作。进一步加强师德建设,制定实施《师德建设长效机制实施细则》,积极引导广大教师做"四有"好老师。制定实施《教职工学术不端行为惩戒办法》,坚决维护学术道德,严肃查处学术不端事件。

进一步落实中央要求,继续加强思政队伍建设。以学生党建和思政工作为核心,加强和完善专兼职辅导员队伍建设,做好"辅导员班主任联谊会"新一届执委会改选工作。继续抓牢立德树人的根本任务,深入探索建立书院体系。研讨设计基于中校区"书院制"本科生管理模式,探索学业班主任-事务班主任联合管理体系;培训、管理好学校专门选拔的"管理岗位后备骨干"轮岗锻炼。加强心理健康教育与咨询中心的标准化建设,推动设立学院二级心理健康教育辅导站,提高心理健康教育工作水平。进一步完善"六个预警与援助体系",充分发挥"资助育人"效果。加强"教学管"联动,改进"学工一体化"管理信息系统平台,推进学生工作信息化建设。

支持共青团按照"思想引领、素质拓展、权益服务、组织提升"四维工作格局,继续推进改革创新,提高团组织吸引力、凝聚力。以喜迎校庆为契机开展系列活动,做好青年学生思想政治引领和价值引领。深化基层团组织建设,专挂兼结合配备各级团干部,深化直接联系青年制度,从严治团,打造服务青年新平台。

主要责任单位:党委教师工作部、学生工作部(处)、团委、教务处、研究生院。

八、继续弘扬民主办学优良传统,打造广大师生员工共谋学校发展的积极和谐环境,全力抓好扶贫工作

继续推动学校现代大学制度建设,进一步弘扬民主办学优良传统,持续提升办学治校水平。不断提高工会工作水平,充分发挥工会职能作用,进一步完善教代会制度。坚持服务教职工,发挥桥梁纽带作用,做好送温暖和困难帮扶工作,积极推进和谐校园、健康校园建设。结合学校60周年校庆工作,开展系列庆祝活动。

加强党外代表人士的教育培训,进一步巩固统一战线的思想政治基础;支持和协助民主党派和无党派知识分子联谊会加强自身建设;做好归侨、侨眷工作,加强对困难侨眷侨属的慰问;加强统战部门自身建设,提高统战干部的政治能力和工作水平。

完善离退休干部管理服务工作,加强福利慰问帮扶、人文关怀和信息化建设等。以"支部与管理片"为抓手,强化政治引导,突出组织优势,不断加强离退休党支部的基层党建工作。

进一步发挥扶贫开发领导小组办公室的统筹协调职能,稳步推进贵州省六枝特区和安徽省金寨县龙马村的定点帮扶工作,发挥学校科教优势,结合当地实际情况,充分调动当地干部群众的主观能动性和生产积极性,开展教育培训、科技扶贫和产业扶贫,按期完成学校承担的扶贫任务。

主要责任单位:工会、党委统战部、离退休干部工作办公室、扶贫工作领导小组办公室。

九、坚持党管保密和依法治密,继续做好保密工作,完成第三轮军工保密资格认定工作

进一步优化保密管理体系。依据"业务谁主管,保密谁负责"的原则,强化归口管理,不断完善各司其职、接口明确、协调联动的保密管理体系。完善保密工作责任制考评体系,制定个性化保密责任书,组织所有涉密人员逐级签订。组织制定信息安全保密管理体系文件,逐步落实涉密设备国产化替代工程。继续强化保密队伍建设,加强定密管理和涉密信息设备、存储设备管理。

完成第三轮军工保密资格认定。按照新版军工保密资格认定标准和实施方案,组织开展第三轮军工保密资格认定相关工作,确保今年8月份前能够顺利通过。

主要责任单位:校保密委员会。

十、推进校园安全信息化管理水平,积极做好校园维稳工作

以信息化、智能化、精细化为抓手,整合资源,优化配置,打造响应及时、执行有力的综合安全管理和应急指挥服务平台。

完善校园突发事件应对机制,加强协同响应,保障快速反应,进一步提升校园安全信息化管理水平,积极做好校园安全稳定工作。

主要责任单位:突发公共事件应急处置领导小组、保卫与校园管理处。

中国科学技术大学2018年行政工作要点
(校字〔2018〕43号)

2018年是全面贯彻党的十九大精神、加快"双一流"建设的开局之年,是改革开放40周年,也是中国科大建校60周年。在学校九届四次教代会和2017年度校级领导班子民主生活会广泛征求意见的基础上,学校领导班子集思广益、深入研讨,明确了2018年学校行政工作的指导思想,即习近平新时代中国特色社会主义思想为指引,深入学习贯彻落实党的十九大和十九届二中、三中全会精神,贯彻党的教育方针,牢牢把握社会主义办学方向,牢固树立"四个意识",坚定"四个自信",坚持立德树人,积极参与国家"双一流"建设、中国科学院"率先行动"计划升级版、安徽省系统推进全面创新改革试验,全面深化综合改革,深入实施"十三五"规划,加快建设具有中国特色、科大风格的世界一流大学。为此,学校确定以下行政工作要点。

第一部分 2018年工作要点

一、发挥科教结合优势,加快"双一流"建设

坚持"全院办校、所系结合"办学方针,积极落实省院全面创新合作协议,加快合肥综合性国家科学中心建设,谋划建设量子信息科学国家实验室,统筹推进量子信息与量子科技创新研究院暨中国科大高新园区建设。以建设"科教融合共建学院"、共建学科和科研平台为突破口,加强所系结合;召开科教融合建设工作会议,完善科教融合工作制度和体制。

按照国家"双一流"建设的部署和要求,推动学校世界一流大学建设,组织实施校级公共平台、学科专用平台、人才团队特色平台等重点项目,启动"双一流"建设监理工作与信息系统建设,迎接"双一流"建设中期评估。

进一步优化学科布局,强化基础学科建设,推动"新工科""科大新医学"和特色人文社科发展。主动对接国家战略需求和区域经济社会发展,稳步推进生命科学与医学部建设,做好智能与信息领域、资源环境领域学部建设的论证与规划,推动人工智能、大数据、能源等新兴交叉学科发展,培育新的学科增长极。配合合肥综合性国家科学中心建设,做好新建园区与科研机构等专项统筹规划,提升学校的源头创新能力和科技综合实力。

进一步完善研究院管理的体制机制,制定研究院管理办法,更好地发挥学校学科、人才和科学研究的优势,拓展学校发展空间。

二、完善创新人才培养体系,全面提升人才培养质量

坚持立德树人为根本,以学生发展为中心,推动大类教育和专业培养的"2+X"培养模式,真正实现学生个性化发展。积极探索本科生书院制管理模式改革,深入推进学业导师制,加强学生学业指导和兴趣引导。完善和拓展科教结合的人才培养传统与特色,充分利用和整合校内外教学资源,加强新兴领域和交叉学科领域的人才培养,积极推进以"新工科"和"科大新医学"为代表的交叉学科人才培养体系建设。全面实施教育部"基础学科拔尖人才培养计划2.0版",进一步发展、改革和完善科技英才班,特别是"拔尖计划"英才班的培养体系和管理模式。启动建设大数据、人工智能、网络安全等学科的"新工科"英才班和"科大新医学"英才班;大力推进"拔尖计划"英才班学生的科研实践训练,培养科研创新能力,建立跨学科学术交流平台;建立和完善"拔尖计划"英才班毕业生的个人档案和毕业追踪信息库,根据培养质量反馈不断提高拔尖人才培养水平。以少年班创立40周年为契机,认真总结经验,从研究教育规律入手,以创立"科大少年班"基金、成立"早慧教育研究中心"、建设以"少年班"为品牌的AP课程(The Advanced Placement Program)、申报国家教学大奖为抓手,着力提升少年班的影响力。

大力培养学生创新实践能力,提升实践教学水平。加强各实验教学中心的整合工作,建立计算机实验教学中心,持续支持各中心实验教学仪器设备的更新升级和实验课程体系的调整、创新。建立校级实验实践教学信息化平台,推动管理规范化、精细化和公开化,提高资源利用效率。

结合"2+X"培养模式改革,继续优化和完善基础课程的分层设计和模块化整合。采用校内外合作、共享优质在线教育资源等方式加强科学素养和人文社会通识课程的建设,优化和完善人文社会类综合素质课程体系;建立和完善"慕课"体系。加强创新创业教育,筹备和成立创新创业学院,完善创新创业课程体系。加强学生境外学习交流,拓展学生境外交流渠道和交流形式,重点推进境外名校暑期课程、海外暑期研究项目和国际联合培养。

完善教学激励机制,引导教师积极投身本科教学和人才培养,进一步提升教授为本科生授课比例,制定教师基本教学工作量标准,并建立考核管理机制;完善学校教师公共服务的评价体系。加强教师教学发展中心建设,在继续开展新进教师培训、助教培训和教师教学发展论坛等基础上,举办教学工作坊、教学沙龙等教学研讨活动,实现青年教师培训的规范化和制度化;加强教学研究和教学成果培育,重点推进新型课堂教学模式的探索和实践,做好国家教学成果奖的组织申报工作。加快建设教务系统基础数据管理平台和未来研讨教室。充分发挥教学督导作用,强化教学质量管理。

坚持立德树人,加强师德师风建设,做好师生思想政治教育工作,加强和完善专兼职辅导员队伍建设。探索建立本科生书院,研讨设计基于中校区的书院制本科生管理模式,探索学业班主任-事务班主任联合管理体系,将中校区打造成学生人文素质教育基地,提升学生综合素质。加强"教学管"联动,改进"学工一体化"管理信息系统平台,推动学生学习生活的数据分析和动态跟踪。

加强本科招生工作,服务创新人才培养。以学校60周年校庆为契机,加强招生宣传;完善招生队伍的建设与管理,建立新的绩效考核与评估制度;配合学科建设,制定和实施新设学科的招生方案;配合"2+X"培养模式改革,科学指定高考选考科目;配合新高考试点省份政策落地,探索创新人才选拔新模式。

构建全程化、全员化、专业化、信息化的就业指导服务体系。加强与国家重点单位、重点地区、重点领域联系,拓宽就业市场;打造专兼职就业指导队伍,加大对学生的就业引导,加强学生实习实践活动;完善就业信息平台,提高就业服务效率与质量;加强就业分析研究,加大就业对招生、教学、学工环节的反馈;加强对学生的创新创业教育,做好有关职业生涯规划大赛、创业竞赛服务。

三、继续深化研究生教育全过程综合改革,全面提升研究生教育质量

加强研究生招生工作,升级完善"学生志愿者系统"和"新媒体网络系统",依托线下线上研招宣讲面试等系列活动,不断创新研究生招生举措,深入推进研究生招生精准宣传,持续提高生源质量。继续推进博士研究生招生制度改革,在校本部及合作单位分类实施不同形式的招生举措。

做好研究生教学培养工作,以创建研究生精品课程为牵引,加强校内组织保障,深化课程教学体系改革,加快推进本研教育教学一体化进程;巩固业已成熟的研究生高水平学术讲座、暑期学校、学术论坛等三大品牌项目;实施博士论文创优支持计划,不断完善研究生资助体系,逐步提高研究生待遇;完善研究生学籍管理制度,提升学籍规范化管理水平;推动研究生国际学术交流,不断拓展研究生联合培养项目,大力推进与相关科研机构和高校合作交流。

继续推进研究生教育信息化建设,做好各层次学位授予工作。完善学校学位授予制度,接受各级学位论文抽查;组织中国科学院及各学会优秀博士学位论文申报参评,组织开展第二届校级优秀博士学位论文评选,支持和服务科教融合学院学位分委员会工作。落实研究生导师立德树人职责,组织开展新晋研究生导师上岗遴选及培训,持续开展全覆盖的科学道德宣传等思想政治教育工作。组织新增学位授权点申报,大力发展新兴学科,有序完成学位授权点"自我评估"。

四、坚持尊崇学术、以人为本,建设一流师资队伍

坚持培养和引进并重,加强高层次人才队伍建设。强化人才政策的宣传力度和执行力度,以"墨子论坛"为抓手,完善人才引进机制,吸引优秀人才加盟。在全面引进高层次人才的同时,重点为学校基础学科、"新工科""科大新医学"引进高素质的优秀人才。探索建立学术评价和考核新机制,加强高端人才管理和考核。改善聘期制科研人员工作和生活条件,设立体现学校文化底蕴和办学特色的博士后特别资助制度,吸引海内外优秀青年来校工作。

推进岗位分类管理和分类评价,建立健全科学、有效的岗位分类管理办法。建立学术荣

誉体系教师队伍，带动教师队伍整体实力不断提升。制定教师、支撑岗位专业技术职务聘用实施办法，做好2018年专业技术职务聘用工作。建立健全与深化科技体制改革相适应的科研岗位设置与管理模式，推进研究人员聘用制度改革，制定科研岗设置与管理办法，建立专职科研队伍。

研究制定符合学校实际的绩效工资实施方案，扎实推进三元结构薪酬制度向岗位绩效工资制度平稳过渡和有机衔接，做好过渡期内各项薪酬调整工作。稳步推进事业单位养老保险制度参保登记工作，保障事业单位养老保险改革工作的顺利实施。继续完善以基本医疗保险为基础，教职工健康体检、医疗补助和重大疾病救助为补充的多层次医疗保障体系，认真做好教职工医疗保障与服务工作。关心离退休老同志的生活，继续做好各项服务工作。

五、聚焦创新引领，不断深化科技体制机制改革，提升学校服务国家战略需求和区域经济社会发展的能力

以推动合肥综合性国家科学中心建设为抓手，进一步完善科技创新平台体系。加快推进量子信息与量子科技创新研究院的建设工作，积极探索国家实验室运行体制机制，为组建国家实验室奠定基础；着力加强重大科技基础设施建设，进一步提升合肥同步辐射光源性能，全面启动实施合肥先进光源预研项目、大口径光学巡天望远镜预研项目和中国聚变工程实验堆集成工程设计项目，参与推进未来网络试验设施、高精度地基授时系统建设；加强交叉创新平台建设，大力推动合肥微尺度物质科学国家研究中心、火灾科学国家重点实验室、类脑智能技术及应用国家工程实验室等国家级科研机构和首批安徽省实验室建设发展，谋划建设中科院地球与行星科学卓越创新中心、中科院先进光子科学技术重点实验室；根据学校学科发展新的布局，建设临床医学研究中心、微电子研究院等一批科研平台。

加大组织和管理力度，进一步加强学校承担国家任务和服务区域经济社会发展的能力。积极组织申报科技创新2030——重大项目；继续加强纳米科技、量子调控与量子信息、国家磁约束核聚变能发展研究等领域国家重点研发计划项目组织申报，力争在变革性技术关键科学问题等新设重点专项取得突破；积极推动中科院战略性先导科技专项等重大项目的组织策划，争取在生命医学领域培育和立项；设立"科大新医学"联合基金，推动理工医交叉融合、医教研协同创新，培育新的学科生长点。

进一步优化和完善科技服务与支撑体系建设，不断提升服务区域社会经济发展能力。适应国家有关武器装备科研生产和维修领域准入管理制度改革发展新要求，完成学校第三轮军工保密资格认定、质量管理体系换版审核等任务，提高承接战略科技任务的能力；构建技术转移体系，推动先进技术研究院新型研发机构试点建设，建设一批联合研发机构和成果转移转化中心，逐步形成立足合肥、覆盖安徽、辐射全国的技术转移网络；加强学校参控股企业的管理，完善资产经营有限责任公司投资引导功能，提升保值和盈利能力，加大清理不良资产的力度，营造健康的资产经营环境；以60周年校庆为契机，做好科教创新成果展示平台和科普网站建设、校庆科普系列丛书出版等工作，提升学校科技宣传的影响力。

六、整合资源，完善"大外事"工作格局，推动国际学院建设

整合全校国际合作资源，打造通畅的、多部门联动的"大外事"工作格局。以科研国际化带动人才培养国际化，统筹推进国际学院建设。成立留学生招生工作领导小组，开展多方位留学生招生宣传,实现招生流程规范化与标准化。明确留学生培养过程要求、学位授予标准,提升留学生培养质量。健全留学生宿舍管理制度,建立留学生在校生活"一站式"服务。完善全英语授课课程体系,发展学科群课程和本研贯通课程,拓展全英语授课专业;建立英语授课课程信息化平台,开展教学督导评分,加强英语授课课程质量监督和管理。搭建学生境外交流项目申请互动平台,推动与世界名校的暑期学生项目,打造更多学生交流品牌。充分利用各类引智和国际合作项目,建立多层次人才引进机制,完善国际访问教授成果评价体系,推广外国人才签证,增加在我校长期工作国际师资人数。联合安徽省外事办公室,设立教师因公出境工作服务站,优化专家出境流程。

七、加快园区规划和建设,深化后勤综合改革,全面提升校园管理水平

努力打造"园区精致、功能完善、生态优良"的美丽校园。全力推进"十二五"规划项目建设,确保中校区学生宿舍楼、学生生活服务中心、动力保障站房、东区物质科学教研楼、西区生命科学楼扩建5个项目竣工验收并交付使用,加快推进综合体育中心、西区特种实验楼建设新建项目。推动建设同步辐射实验室新光源预研科研用房、南区人才周转公寓项目。加快推进"十三五"科教基础设施建设项目可研申报等工作。做好与合肥市政府沟通协调,力争高新园区一期工程在年中全面开工建设,推进中西校区连通工程和园区发展规划。加快园区基础设施维修改造,保质按时完成校庆改造项目,推进教学科研用房、教学辅助用房、学生宿舍等改造项目。

深化后勤综合改革,持续提升后勤保障服务水平。做好条件改善改造项目的物资采购工作,加强设备验收和安装调试管理;积极落实"双一流"建设经费采购设备的政府采购预算,加强采购管理信息系统建设,加大采购政策宣贯力度,进一步规范零星采购,推进网上商城建设。加大公用房挖潜力度,做好物质科学教研楼等公用房调配的相关工作。加强门面房管理,争取完成相关经营单位的注销或整合工作。推进物质科学教研楼供电工程项目建设,做好中校区动力系统的接管与运行,全力做好入住中校区学生的保障工作。

推动校园管理的信息化、智能化、精细化,全面提升校园管理水平。做好中校区学生宿舍楼本科生入住工作,完善学生社区管理模式,打造书院制学生社区文化。完成新一轮物业服务企业招标遴选,探索具有学校特色的物业服务和管理方式。加强综合安全管理体系建设,推进平安校园安防工程,实现本部五个校区的安防工程全覆盖。构建校园智慧消防体系,打造我校消防综合管理和应急指挥平台。开展形式多样的安全教育,加强安全员队伍建设。全面实施实验室安全管理标准,进一步提升实验室安全管理水平。推进和协调各实验分中心建设,做好学校科研设施与仪器开放共享在线服务平台建设,提高公共实验中心服务水平。围绕60周年校庆,加强校园环境综合整治,建设文明校园。加强智慧校园基础设施建设和网络安全管理,建设统一信息发布系统。试点动态二维码、人脸识别等身份认证服务,完善门禁、通道等身份识别系统。推进高新园区新数据中心的规划和建设,完善学校共享数据中心,建设大数据处理和分析平台。

八、推进现代大学制度建设,提升办学治校水平

巩固和深化巡视整改成果,进一步完善"党委领导、校长负责、教授治学、民主管理"的内部治理结构。坚持依法治校,完善内部控制体系,规范工作流程。继续深化"放、管、服"改革,落实学校办学自主权,完善中国特色现代大学制度,破除束缚学校改革发展的体制机制

障碍，向院系放权，向研发团队和领军人物放权，激发广大教职员工教书育人、干事创业的积极性和主动性。

继续坚持民主办学，做好校务公开工作。坚持教代会、工代会等制度，保障各位代表的提案质询权；健全校学术委员会、学位委员会、教学委员会等运行机制，坚持和完善校领导接待日、征求意见和情况通报制度，拓展师生员工参与学校民主管理和监督的渠道，推进校务公开的常态化、系统化、规范化。推动服务型机关建设，进一步改进工作作风，提高管理效能，建设网上一站式办事大厅，逐步实现OA办公系统全覆盖，更好地服务广大师生。

九、合理配置资源，加强财务管理和内部审计，为学校发展提供保障

以60周年校庆为契机，继续拓宽筹资渠道，推进教育基金会发展，汇聚校友等社会力量，服务学校发展。合理配置经济资源，为学校改革发展和"双一流"建设提供有力的经费保障。进一步强化预算绩效管理，完善绩效评价体系，提高资金使用效益。树立管理于无形中的理念，运用大数据、智能化的技术手段，积极探索财务与业务融合新模式，推进和完善经济活动内部控制体系建设，完成经济合同管理和服务一体化平台建设，修订经济合同管理办法，提升综合效能。加大政策宣传力度，全面实施差旅费包干政策。完善科研财务助理制度，尝试建立院级单位财务专员对口服务机制，进一步提升财务管理与服务效能。

继续推进廉洁从业风险防控工作，完善防控措施，提高防控实效。加强审计信息系统建设，强化审计项目过程管理，规范内部审计流程，完善审计工作档案，提升审计工作质量。做好内部审计工作，开展财务收支审计、校内分支机构审计调查、专项审计，推动科研经济业务真实性合法性审计常态化。加强工程造价审核管理，对建设项目全过程的经济活动和管理活动实施动态跟踪审计，紧盯过程、把握环节、严控关口。多措并举，加强内审问题整改和审计结果的应用，建设长效监督机制。

第二部分　60周年校庆拟定安排

以60周年校庆为契机，回顾办学历程，总结办学经验，展示办学成就，推动学校改革创新发展。紧扣"红专并进一甲子，科教报国六十年"的校庆主题，以"学术、文化、亲情、发展"为宗旨，围绕教育、科技和文化三条主线举办系列校庆活动，扩大影响力，增强凝聚力，提高硬实力。

教育方面，围绕少年班创立40周年、学位与研究生教育40周年两个系列活动，重点突出学校改革开放40年的教育创新实践和成果。科技方面，以"报国、成果、英才"为主题，通过媒体报道、学术会议、讲座报告等形式，展示我校以量子通信、"悟空"等为代表的重大科研成就。文化方面，通过制作新华社"国家相册"、发布学校宣传片、举办科大精神系列报告会以及编撰校史院史等活动，对科大精神进行总结与凝练，向社会宣传学校60年来取得的辉煌成就。结合60周年校庆工作，做好诺贝尔奖得主校园行、东亚研究型大学（AEARU）理事会会议、AEARU夏令营等活动，制作"大师论坛"校庆祝福视频及配套英文宣传品。校庆工作从学校、院系两个层面，点面结合，以各项活动为抓手，扎实推进，逐步落实。

按时保质完成物质科学教研楼科技展厅、东区大礼堂、水上报告厅、西区活动中心以及校园环境道路改造等校庆改造项目。配合中西校区连通工程、中校区功能完善和书院建设，打造校史大道，建设校史长廊；完成校史馆、博物馆的整修、翻新，展示科大校史文化。

校庆期间，将紧密围绕纪念大会、联欢晚会、教育论坛、科技论坛、校友返校、捐赠活动等重点工作，做好科大精神系列报告会、2018年度"求是"颁奖典礼、诺贝尔奖得主中国科大行、"墨子沙龙"60周年校庆专场、东亚研究型大学理事会会议和中美能源大会等活动，实现"中央有关注、媒体声音强、校友勤参与、社会捐赠多"。

第三部分 重点工作的组织和落实

在全面落实上述工作任务的同时，学校2018年将推进落实以下重点工作，由分管校领导分别组织实施。

1. 巩固和深化巡视整改成果，进一步完善"党委领导、校长负责、教授治学、民主管理"的内部治理结构。坚持依法治校，完善内部控制体系，继续深化"放、管、服"改革。继续坚持民主办学，做好校务公开工作。推动服务型机关建设，进一步改进工作作风，提高管理效能。

此项工作由许武、包信和同志牵头负责。

2. 紧扣"红专并进一甲子，科教报国六十年"的校庆主题，以"学术、文化、亲情、发展"为宗旨，围绕教育、科技和文化三条主线举办系列校庆活动，扩大影响力，增强凝聚力，提高硬实力。

此项工作由潘建伟同志牵头负责，陈晓剑同志配合。

3. 加快合肥综合性国家科学中心建设，谋划建设量子信息科学国家实验室，统筹推进量子信息与量子科技创新研究院暨中国科大高新园区建设。

此项工作由潘建伟同志牵头负责，朱长飞同志配合。

4. 推动学校世界一流大学建设，组织实施校级公共平台、学科专用平台、人才团队特色平台等重点项目，启动"双一流"建设监理工作与信息系统建设，迎接"双一流"建设中期评估。强化基础学科建设，推动"新工科""科大新医学"和特色人文社科发展。稳步推进生命科学与医学部建设，做好智能与信息领域、资源环境领域学部建设的规划与论证，推动人工智能、大数据、能源等新兴交叉学科发展。完善研究院管理的体制机制。

此项工作由包信和同志牵头负责，朱长飞、杨金龙同志配合。

5. 推动大类教育和专业培养的2+X培养模式改革，积极探索本科生书院制管理模式改革，深入推进学业导师制，加强学生学业指导和兴趣引导。完善和拓展科教结合的人才培养传统与特色，加强以"新工科"和"科大新医学"为代表的新兴领域和交叉学科领域的人才培养，建立人工智能、大数据、网络安全等"新工科"英才班和"科大新医学"英才班。以少年班创立40周年为契机，认真总结经验，从研究教育规律入手，以创立"科大少年班"基金、成立"早慧教育研究中心"、建设以"少年班"为品牌的AP课程、申报国家教学大奖为抓手，提升少年班的影响力。优化和完善人文社会类综合素质课程体系，建立和完善"慕课"体系。加强创新创业教育，筹备和成立创新创业学院。制定教师基本教学工作量标准，并建立考核管理机制；完善学校教师公共服务的评价体系。

此项工作由陈初升同志负责，蒋一同志配合。

6. 坚持立德树人，加强师德师风建设，做好师生思想政治教育工作，加强和完善专兼职辅导员队伍建设。探索建立本科生书院，研讨设计基于中校区的书院制本科生管理模式，探索学业班主任-事务班主任联合管理体系，将中校区打造成学生人文素质教育基地。加强"教学管"联动，改进"学工一体化"管理信息系统平台，推动学生学习生活的数据分析和动态跟踪。

此项工作由蒋一同志负责，陈初升同志配合。

7. 以60周年校庆为契机，加强招生宣传，完善招生队伍的建设与管理，配合学科建设与新高考政策，探索创新人才选拔新模式。拓宽就业市场，加大就业引导和帮扶，构建全程化、全员化、专业化、信息化的就业指导服务体系。

此项工作由陈初升同志负责，蒋一、杨金龙同志配合。

8. 深入推进研究生招生精准宣传，持续提高生源质量。深化课程教学体系改革，加快推进本研教育教学一体化进程。完善研究生学籍管理制度，提升学籍规范化管理水平。完善学校学位授予制度，组织新增学位授权点申报，有序完成学位授权点"自我评估"。召开科教融合建设工作会议，完善科教融合工作制度和体制。

此项工作由杨金龙同志负责，潘建伟同志配合。

9. 强化人才政策的宣传力度和执行力度，以"墨子论坛"为抓手，完善人才引进机制，吸引优秀人才加盟。探索建立学术评价和考核新机制，加强高端人才管理和考核。改善聘期制科研人员工作和生活条件，设立博士后特别资助制度。建立学术荣誉体系教师队伍。做好2018年专业技术职务聘用工作。推进研究人员聘用制度改革，建立专职科研队伍。研究制定符合学校实际的绩效工资实施方案。稳步推进事业单位养老保险制度参保登记工作。

此项工作由蒋一同志负责，潘建伟同志配合。

10. 以推动合肥综合性国家科学中心建设为抓手，进一步完善科技创新平台体系。全面启动实施合肥先进光源预研项目、大口径光学巡天望远镜预研项目、中国聚变工程实验堆集成工程设计项目。组织申报科技创新2030——重大项目、国家重点研发计划项目，推动中科院战略性先导科技专项等重大项目的组织策划。完成学校军工保密资格认定、质量管理体系换版审核等任务；推动先进技术研究院新型研发机构试点建设，建设一批联合研发机构和成果转移转化中心，逐步形成立足合肥、覆盖安徽、辐射全国的技术转移网络；加强学校参控股企业的管理，加大清理不良资产的力度。

此项工作由朱长飞同志负责。

11. 整合全校国际合作资源，打造通畅的、多部门联动的"大外事"工作格局。统筹推进国际学院建设，成立留学生招生工作领导小组，开展多方位留学生招生宣传；明确留学生培养过程要求、学位授予标准，提升留学生培养质量。完善全英语授课课程体系，加强英语授课课程质量监督和管理。建立多层次人才引进机制，完善国际访问教授成果评价体系。设立教师因公出境工作服务站，优化专家出境流程。

此项工作由包信和同志牵头负责，杨金龙同志配合。

12. 加快推进"十三五"科教基础设施建设项目可研申报等工作。力争高新校区一期工程在年中全面开工建设，争取中西校区连通工程在校庆前基本完工。全力推进"十二五"规划项目建设，确保中校区学生宿舍楼、学生生活服务中心、动力保障站房、东区物质科学教研楼、西区生命科学楼扩建5个项目年内竣工验收并交付使用,按时保质完成校庆改造项目。做好条件改善改造项目的物资采购工作,进一步规范零星采购。做好物质科学教研楼等公用房调配工作。

此项工作由王晓平同志负责。

13. 做好中校区学生宿舍楼本科生入住工作,上半年完成新一轮物业服务企业招标遴选。8月底前全面建成覆盖本部五个校区的平安校园安防工程,完成校园智慧消防平台建设。围绕60周年校庆,加强校园环境综合整治,建设文明校园。推进高新园区新数据中心的规划和建设,建设网上一站式办事大厅。

此项工作由王晓平同志负责,蒋一同志配合。

14. 合理配置经济资源,为学校改革发展和"双一流"建设提供有力的经费保障。进一步强化预算绩效管理,推进和完善经济活动内部控制体系建设,完成经济合同管理和服务一体化平台建设,修订经济合同管理办法。全面实施差旅费包干政策,完善科研财务助理制度,尝试建立院级单位财务专员对口服务机制。

此项工作由黄素芳同志负责。

15. 继续推进廉洁从业风险防控工作,完善防控措施,提高防控实效。加强审计信息系统建设,开展财务收支审计、校内分支机构审计调查、专项审计,推动科研经济业务真实性合法性审计常态化。加强工程造价审核管理,对建设项目全过程的经济活动和管理活动实施动态跟踪审计。

此项工作由叶向东同志负责。

关于舒歌群等同志职务任免的通知
(党干字〔2018〕33号)

各分党委、党总支、直属党支部,机关各部、处、室:

经2018年5月24日校党委常委会议研究决定:

舒歌群同志兼任中共中国科学技术大学委员会党校校长。

许武同志不再兼任中共中国科学技术大学委员会党校校长职务。

特此通知。

中共中国科学技术大学委员会
2018年6月11日

中共中国科学院党组关于杨金龙等同志职务任免的通知
（科发党任字〔2018〕29号）

中共中国科学技术大学委员会：

经研究，决定：

杨金龙同志任中国科学技术大学副校长（试用期一年）；

杜江峰同志任中国科学技术大学副校长（试用期一年）、党委常委；

免去周先意同志中国科学技术大学副校长、党委常委职务，保留副局级。

中共中国科学院党组
2018年4月3日

关于学校领导班子成员工作分工的通知
（党字〔2018〕20号）

各分党委、党总支、直属党支部，各院、系、重点科研机构、直属单位，机关各部、处、室：

经校党委常委会议研究决定，对学校领导班子成员工作分工如下：

党委书记舒歌群：主持并全面领导学校党委工作，负责党的建设、干部工作。分管党委组织部。

校长包信和：主持并全面领导学校行政工作，履行学校法定代表人的职责。负责发展与规划、外事工作，兼任校友总会会长。分管发展和改革办公室、发展规划处、国际合作与交流部（含港澳台办公室）。

常务副校长潘建伟：负责师资队伍建设、量子信息与量子科技创新研究院暨中国科大高新园区总体工作，兼任研究生院院长。分管上海研究院、北京研究院，联系智能和信息学部（筹）。

党委副书记、纪委书记叶向东：负责纪律检查、统战、监察审计工作，协管党建工作，兼任机关党委书记。主持纪委工作；分管党委统战部、纪委办公室、监察审计处，联系化学与材料科学学院。

副校长陈初升：负责教学、招生就业工作。分管教务处、招生就业处、北京教学与管理部、附属中学，联系少年班学院、物理学院。

党委常委、副校长陈晓剑：负责新闻宣传、校地合作工作，兼任党委宣传部部长。分管党政办公室、党委宣传部（新闻中心）、档案馆、博物馆、校史馆，联系管理学院。

党委常委、副校长朱长飞：负责科学研究、实验室建设、科技成果转移转化工作，兼任先进技术研究院法定代表人。分管科研部、先进技术研究院、中科大资产经营有限责任公司、出版社，联系国家级科研平台。

党委副书记蒋一：负责人事、学生管理、校园文化、团学、工会工作。分管党委教师工作部、人力资源部、学生工作部（处）、团委，协管校友总会；联系工会、教代会、学生会和研究生会、人文与社会科学学院。

党委常委、副校长王晓平：负责离退休干部、资产、后勤保障与服务、基本建设、安全保卫、校园综合治理、物业管理工作。分管离退休干部工作办公室、资产与后勤保障处、基本建设处、保卫与校园管理处、饮食服务集团、校医院以及后勤保障与服务相关单位，联系地球和空间科学学院。

副校长杨金龙：负责学位与研究生教育工作。分管研究生院、校学位办、科教融合共建学院，协管国际合作与交流部（含港澳台办公室），联系数学科学学院、工程科学学院。

党委常委、副校长杜江峰：负责公共服务体系工作。分管苏州研究院、图书馆、网络信息中心、公共实验中心，联系生命科学与医学部。

总会计师黄素芳：负责财务管理和会计核算、资产登记管理工作。分管财务处，联系公共事务学院。

特此通知。

中共中国科学技术大学委员会
2018 年 6 月 11 日

关于进一步完善学院党政领导班子议事决策机制的通知

（党办字〔2018〕41 号）

各分党委、党总支、直属党支部，机关各部、处、室：

根据中组部、教育部党组《高校党建工作重点任务》精神，校党委经研究，决定进一步指导学院健全集体领导、党政分工合作、协调运行的工作机制，规范学院党委会议、党政联席会议制度，完善学院党政领导班子议事决策机制，现将有关事项通知如下。

一、学院党委会议是学院党委议事、决策、管理和执行机构。学院党委会议参会人员为学院党委委员，一般由书记召集并主持，根据工作需要，可安排有关人员列席会议。

学院党委会议的主要议事范围：

1. 学习传达党的路线方针政策、上级党组织及校党委的重要指示和决定，研究提出贯彻落实的办法和措施；

2. 讨论涉及学院改革发展、教师队伍建设、师生员工切身利益等重大事项；

3. 讨论决定学院党委年度、学期工作计划和总结,安排阶段性工作；

4. 讨论决定学院党建工作的总体规划、实施方案和重要规章制度；

5. 讨论决定学院基层党组织设置,并按有关程序进行审批或备案,以及加强基层党组织建设的重要举措；

6. 讨论决定学院发展党员计划、入党积极分子培训,党员教育、管理、监督和服务,党员奖惩等方面的重要事项；

7. 讨论决定院系干部队伍建设的重要事项；

8. 落实全面从严治党的主体责任,讨论决定学院党风廉政建设的重要事项；

9. 讨论决定学院意识形态领域重要问题和工作举措,按照学校规定在教师引进、课程建设、教材选用、学术活动等重大问题上把好政治关；

10. 讨论决定学院加强思想政治教育的重要事项；

11. 讨论决定学院工会、共青团、学生会、统一战线等重要事项；

12. 讨论涉及国家安全、保密、稳定等工作的重要事项以及重大突发性事件的处理；

13. 讨论决定学院党委职责范围内的其他重要事项。

涉及办学方向、教师队伍建设、师生员工切身利益、把好政治关等须由学院党政联席会议决定的重大事项,应由学院党委会议先研究,再提交党政联席会议决定。学院内设各职能部门及所属的系、教学科研机构等二级单位负责人任免调整,由学院党委会议研究决定,参照《中国科学技术大学党政领导人员选拔任用工作办法》执行。

二、学院党政联席会议是学院议事决策的基本制度和主要形式。党政联席会议参会人员为正副院长、分党委（党总支）正副书记,一般由院长、执行院长或书记主持,根据工作需要,可安排有关人员参加会议。

学院党政联席会议的主要议事范围：

1. 传达上级有关会议精神、文件、政策,结合本单位实际情况研究贯彻落实的措施和办法；

2. 讨论决定学院重要规划及内部治理方案,包括中长期改革发展规划、学科建设规划、人力资源规划、人才培养方案、内部组织机构的设置与调整方案、上报学校的学科专业设置与调整方案,基本规章制度,年度或学期工作计划等；

3. 讨论决定学院学科建设、人才培养、科学研究、社会服务、对外交流与合作、保密、行政管理与后勤等工作中的重要事项；

4. 讨论决定学院师资队伍建设的重要事项；

5. 讨论决定院系资产、财务工作的重要事项；

6. 讨论决定关系到师生员工切身利益的重要事项；

7. 讨论决定职责范围内的思想政治和意识形态、精神文明建设、安全稳定、群团工作的重要事项；

8. 其他需要党政联席会议讨论决定的重要事项。

凡事关本单位改革发展的重大问题，事关本单位师生员工切身利益的重要事项，都必须经过党政联席会议研究决定。

三、学院党政联席会议、党委会议坚持民主集中制，按照"集体领导、民主集中、个别酝酿、会议决定"的原则研究决定有关事项。党政联席会议、党委会议的重要议题，应在学院院长、书记充分交换意见、取得共识后，再提交会议讨论。集体决定重大事项前，院长、书记和有关领导班子成员要个别酝酿、充分沟通。不能用党政联席会议代替党委会议，同时要保证党政联席会议对学院重要事项的决定权。

四、学院党政联席会议、党委会议原则上每个月召开一次，也可根据工作实际需要随时召开。

各学院应根据本通知精神，于7月31日前修订完善本单位的党委会议和党政联席会议议事规则，明确细化相关程序、办法，报党委组织部备案（电子邮箱：zzb@ustc.edu.cn）。

特此通知。

中共中国科学技术大学委员会
2018年7月2日

关于建立党员领导干部、教师联系党支部制度的通知

（党组字〔2018〕28号）

各分党委、党总支、直属党支部：

为贯彻落实中组部、教育部党组《高校党建工作重点任务》要求，加强对基层党支部工作的指导，切实增强基层党支部的凝聚力和战斗力，提高学校党建工作整体水平，推动党员领导干部和广大党员教师带头联系基层、联系师生，进一步密切党群关系、干群关系和师生关系，校党委经研究，决定建立党员领导干部、党员教师联系党支部制度。现将有关事项通知如下：

一、参与范围及联系对象

（一）党员校领导根据工作分工，联系1个教师或学生党支部（见附件1）。

（二）各学院、实验室党组织班子成员结合分工联系1个教师或学生党支部。

（三）各学院、实验室党组织要根据加强对学生党支部工作的指导推动，遴选政治觉悟高、党性和工作能力强、熟悉学生工作的党员教师联系学生党支部，确保每个学生党支部都有党员教师经常联系、及时指导。

（四）原则上党员领导干部、党员教师联系的党支部不重叠。

二、联系内容及形式

党员领导干部、党员教师联系党支部必须围绕学校中心工作和基层党支部工作实际，通

过参加组织生活会、开展交心谈心、走访座谈等有效形式,加强对师生党支部工作的指导推动,确保党的建设各项任务落到师生党支部、取得实际成效。

（一）了解掌握所联系党支部的领导班子、党员队伍思想状况和工作学习情况,积极宣传党的路线方针政策,及时传达贯彻学校和本单位的有关决议和要求;经常了解和征求支部成员对学校和本单位工作的意见和建议,引导师生党员在促进学校发展中发挥先锋模范作用。

（二）了解掌握所联系党支部标准化建设情况,及时进行指导点评,帮助其找出存在的问题,并分析问题产生的原因,提出有针对性的解决办法和措施,促进党支部全面达标,进一步提升党支部建设质量和水平。

（三）积极参加党支部活动,原则上党员领导干部每学期至少参加1次所联系党支部组织生活或讲1次党课、作1次思政报告。

（四）党员教师应加强对学生思想工作、学业发展、职业生涯规划的指导,积极参与党支部有关活动,帮助党支部做好党建各项工作,充分发挥党支部的战斗堡垒作用。

三、有关要求

（一）加强组织领导。各学院、实验室党组织要把党员领导干部、党员教师联系党支部制度作为落实党建工作责任制的一项重要内容,高度重视,统筹安排,精心组织,抓好落实。各学院、实验室党组织书记作为第一责任人,要亲自研究部署,率先作出示范。各党支部书记要经常向联系的党员领导干部、党员教师汇报支部工作情况,积极主动地做好各项工作。各学院、实验室党组织在6月15日前将党员领导干部、党员教师联系党支部汇总表(见附件2、3)报送党委组织部。

（二）加强督促检查。校党委将不定期检查党员领导干部联系党支部情况,检查内容包括联系的次数、形式、内容及效果,并将其纳入党员领导干部年度工作述职和考核内容之中。党员教师联系党支部情况检查由各院级党组织负责。

特此通知。

附件：1. 党员校领导联系党支部安排表
　　　2. 党员领导干部联系党支部汇总表
　　　3. 党员教师联系学生党支部汇总表

中共中国科学技术大学委员会
2018年5月28日

附件 1

党员校领导联系党支部安排表

校领导	联系党支部
舒歌群	工程科学学院本科生支部
叶向东	化学与材料科学学院高分子科学与工程系 16 级硕士生支部
陈晓剑	管理学院统计金融本科生党支部
朱长飞	合肥微尺度物质科学国家研究中心 2017 级 2 班研究生党支部
蒋 一	人文与社会科学学院马克思主义原理课程组党支部
王晓平	地球和空间科学学院固体地球物理研究生第一支部
杜江峰	生命科学学院研究生第十支部
黄素芳	公共事务学院研究生第三党支部

附件 2

党员领导干部联系党支部汇总表

院级党组织名称： 书记签名：

党员领导干部姓名	现 任 职 务	联系党支部名称

附件 3

党员教师联系学生党支部汇总表

院级党组织名称：　　　　　　　　　　　书记签名：

党员教师姓名	专业技术职务	联系学生党支部名称

关于调整差旅费中有关市内交通费报销规定的通知

(校财字〔2018〕172号)

各院、系、重点科研机构、直属单位,机关各部、处、室:

2018年7月26日,中国科学院条件保障与财务局、监督与审计局根据中央纪委国家监委驻中科院纪检监察组的要求,联合下发了《关于开展院属单位差旅费管理自查自纠的通知》(条财字〔2018〕25号),要求院属各单位对2016年9月至2018年7月差旅费报销中存在的重复报销市内交通费、超标准乘坐交通工具等问题开展自查自纠。经自查,我校目前执行的差旅费管理办法中,对往返机场、高铁站与市区的出租车费实行据实报销,考虑到出差人员当日在市区还有公务出行的需要,没有同时核减当日市内交通费的包干补贴,在差旅费报销中存在部分重复报销市内交通费的情况。

根据本次自查工作要求,应立即予以整改,经校长工作会议研究决定,现将《中国科学技术大学差旅费管理办法(试行)》(校财字〔2017〕291号)中执行的"往返机场、高铁站与市区的出租车(机场大巴、地铁)票视同城市间的交通费凭据报销"调整为"往返当日发生的市内交通费可采用凭据报销,也可只领取当日的市内交通包干补助费,二者选其一,不得重复报销",调整后的规定自2018年9月1日起执行。

特此通知。

中国科学技术大学
2018年9月1日

关于中共电子科学与技术系总支部委员会更名的通知

(党组字〔2018〕13号)

各分党委、党总支、直属党支部:

学校经研究决定,将信息科学技术学院电子科学与技术一级学科所属教师和研究生全部划归国家示范性微电子学院管理。为加强基层组织建设和研究生教育管理,经校党委常委会议研究决定,将"中共电子科学与技术系总支部委员会"更名为"中共微电子学院总支部委员会",原有组织结构和工作职责不变,所属党支部作相应更名。

特此通知。

中共中国科学技术大学委员会
2018年4月20日

关于成立中共中国科学技术大学生命科学与医学部委员会的通知

(党组字〔2018〕50号)

各分党委、党总支、直属党支部，机关各部、处、室：

为加强生命科学与医学部党的建设，经2018年7月28日校党委常委会议研究，决定成立中共中国科学技术大学生命科学与医学部委员会。

特此通知。

中共中国科学技术大学委员会
2018年7月28日

关于成立生命科学与医学部相关学院的通知

(校人字〔2018〕192号)

各院、系、重点科研机构、直属单位，机关各部、处、室：

经2018年9月5日党委常委会议讨论通过，学校决定在生命科学与医学部下设基础医学院、临床医学院、生物医学工程学院，与生命科学学院一并隶属生命科学与医学部。

特此通知。

中国科学技术大学
2018年9月12日

关于恢复应用化学系的通知

(校人字〔2018〕74号)

各院、系、重点科研机构、直属单位，机关各部、处、室：

根据学校学科发展和人才培养需要，经校长工作会议研究，决定恢复应用化学系。

特此通知。

中国科学技术大学
2018年5月7日

关于成立中共中国科学技术大学应用化学系总支部委员会的通知

(党组字〔2018〕51号)

各分党委、党总支、直属党支部,机关各部、处、室:

为加强基层组织建设和党员教育管理,经2018年7月28日校党委常委会议研究,决定成立中共中国科学技术大学应用化学系总支部委员会,隶属于化学与材料科学学院党委。

特此通知。

中共中国科学技术大学委员会
2018年7月28日

关于成立中共中国科学技术大学离退休干部委员会的通知

(党组字〔2018〕72号)

各分党委、党总支、直属党支部,机关各部、处、室:

经2018年10月10日校党委常委会议研究,决定撤销中共中国科学技术大学离退休干部总支部委员会,成立中共中国科学技术大学离退休干部委员会。其干部职数、职级不变,党组织负责人不变,职务名称同步作相应调整。

特此通知。

中共中国科学技术大学委员会
2018年10月10日

关于成立大数据学院的通知

(校办字〔2018〕60号)

各院、系、重点科研机构、直属单位,机关各部、处、室:

经校长工作会议研究,学校决定成立大数据学院,联合校内外大数据相关教学科研力量进行建设,按照"科教融合共建学院"模式管理运行。
　　特此通知。

中国科学技术大学
2018 年 3 月 23 日

关于成立法律事务办公室的通知
(校办字〔2018〕37 号)

各院、系、重点科研机构、直属单位,机关各部、处、室:
　　为加强依法治校,规范我校法律事务管理工作,经校长工作会议研究,决定成立法律事务办公室,挂靠党政办公室。
　　特此通知。

中国科学技术大学
2018 年 3 月 30 日

关于成立对外联络与基金事务处的通知
(校人字〔2018〕176 号)

各院、系、重点科研机构、直属单位,机关各部、处、室:
　　为做好校友总会、教育基金会的日常运行,加强教育基金会基金的管理工作,积极联络服务校友及其他社会资源,经 2018 年 8 月 17 日党委常委会议讨论通过,学校决定成立对外联络与基金事务处,内设校友总会秘书处、教育基金会秘书处。
　　特此通知。

中国科学技术大学
2018 年 9 月 8 日

六、规章制度

中国科学技术大学党委理论学习中心组学习实施细则

(党字〔2018〕38 号,2018 年 6 月 29 日)

为进一步推进我校党委理论学习中心组学习制度化、规范化,推动理论武装工作深入开展,切实提高领导干部理论水平与工作能力,加强领导班子思想政治建设,根据《中国共产党章程》和《中国共产党党委(党组)理论学习中心组学习规则》(中办发〔2017〕9 号)等党内法规,制定本实施细则。

第一章 总 则

第一条 党委理论学习中心组学习,是我校各级领导班子和领导干部理论学习的重要组织形式,是严肃党内政治生活、加强党性修养的重要内容。我校各级党组织应当把理论学习中心组学习列入重要议事日程,纳入党建工作责任制,纳入意识形态工作责任制。

第二条 党委理论学习中心组学习以政治学习为根本,以深入学习习近平新时代中国特色社会主义思想为重点,以掌握马克思主义立场、观点与方法为目的,围绕中心,服务大局,做到知行合一、学以致用,坚持问题导向、注重实效。

第二章 组织与职责

第三条 学校党委理论学习中心组由全体校领导、党委委员以及机关党群部门主要负责人组成。根据学习内容和工作需要,可召开党委中心组学习扩大会议,吸收有关干部教师参加学习讨论。

第四条 各级党委及未隶属分党委的党总支、直属党支部对本级理论学习中心组学习负主体责任,对本单位、本部门理论学习中心组学习负领导责任。

党委书记是理论学习中心组学习第一责任人,党委书记因特殊情况不能参加学习时,可指定副书记或常委主持。

党委分管宣传思想工作的领导是理论学习中心组学习直接责任人,主要职责是配合党委书记做好学习的组织工作。

党委其他成员应当积极参加学习,自觉遵守理论学习中心组学习制度。

第五条 学校党委理论学习中心组学习秘书由党委宣传部、党政办公室、党委组织部主要负责人担任,由党委宣传部负责人牵头。党委宣传部负责起草校党委理论学习中心组学习计划,邀请有关专家,做好学习材料的编印、发放工作。党政办公室负责协调安排校党委理论学习中心组的考勤、记录等工作。

第三章 学习内容、形式及要求

第六条 党委理论学习中心组学习内容包括:

（一）马列主义、毛泽东思想、邓小平理论、"三个代表"重要思想、科学发展观、习近平新时代中国特色社会主义思想。

（二）党章党规党纪和党的基本知识。

（三）党的路线方针政策和决议。

（四）国家法律法规。

（五）社会主义核心价值观。

（六）中共党史、中国历史、世界历史和科学社会主义发展史。

（七）创建中国特色世界一流大学所需要的经济、政治、教育、文化、社会、生态、科技等方面知识。

（八）改革发展实践中重点、难点问题。

（九）党中央和上级党组织要求学习的其他重要内容。

第七条 党委理论学习中心组可采用多种多样的学习形式，切实提高学习效果。

（一）集体学习研讨。集体学习研讨是我校各级党委理论学习中心组学习的主要形式。学习时将重点发言与集体研讨、专题学习与系统学习结合起来，深入开展学习讨论和互动交流。理论学习中心组学习以中心组成员自己学、自己讲为主，适当开展专题讲座与辅导报告。

（二）个人自学。理论学习中心组成员应根据新形势和新任务，结合本人实际工作，明确学习重点，研读必要书目，下功夫刻苦学习。

（三）专题调研。理论学习中心组成员应当将学习与专题调研结合起来，深入院系、深入实验室、深入师生，认真调研，深化理论学习。

理论学习中心组成员积极参加论坛、报告会等学习活动，充分利用网络平台开展学习，提高学习效果。

党委理论学习中心组要结合本单位实际，创新学习方式，改进学习方法，增强理论学习的吸引力和感染力。

第八条 党委理论学习中心组要坚持把学习马克思主义理论作为做好一切工作的看家本领，把学习党的基本理论与学习党的创新理论成果结合起来，把握精神实质，努力做到真学真懂真信真用。坚持学以立德、学以修身、学以益智、学以增才，把提高理论素养与增强党性锻炼、提高工作本领结合起来，坚定理想信念，加强党性锻炼，提高精神境界。

坚持理论联系实际的马克思主义学风，紧密结合我校教育教学改革创新和创建中国特色世界一流大学的生动实践，紧密结合思想和工作实际，努力掌握运用马克思主义的立场、观点、方法分析问题和解决问题，将学习成果转化为加快科教结合和综合改革的步伐，不断凝聚高校内涵式发展的强大动力，促进学校治理体系的科学化与现代化，努力办好人民满意的大学。坚持问题导向，坚持学用结合、以学促用，提高利用党的基本理论解决实际问题的能力。

党委理论学习中心组应发挥"关键少数"的示范和表率作用，自觉学习、带头学习，把理论学习作为推进学习型党组织、学习型领导班子建设的首要任务，坚持学在前面、用在前面，为广大党员和师生加强政治理论学习带好头做好示范。

集体学习研讨应当保证学习时间和质量，每季度不少于1次。倡导理论学习中心组成员结合工作实际撰写学习心得、调研报告或理论文章。

第四章 学习管理与考核

第九条 学校党委理论学习中心组每年年初按照中央和安徽省委、中国科学院党组的部署,结合工作实际,制定年度学习计划。年度学习计划由校党委审定后施行,并报送中国科学院党组、安徽省委宣传部、安徽省委教育工委。

第十条 党委宣传部配合党委组织部等有关部门,负责学校分党委(二级)理论中心组学习情况的督查考核。督查可采取自查、抽查、普查等形式。考核可以结合领导班子和领导干部年度考核进行。

第十一条 党委理论学习中心组每年向上级党委宣传部、党委组织部报送中心组学习情况。党委宣传部、党委组织部每年通报分党委(二级)理论学习中心组学习情况。

第十二条 对党委理论学习中心组学习开展不力、出现错误倾向产生恶劣影响的,按照有关规定问责。

第五章 附 则

第十三条 各分党委及未隶属分党委的党总支、直属党支部,可以根据本实施办法,结合实际制定分党委(二级)理论学习中心组学习实施细则。

第十四条 本实施细则由党委宣传部负责解释。

第十五条 本实施细则自印发之日起施行。原《中国科学技术大学党委理论学习中心组学习实施细则》(党字〔2017〕11号)同时废止。

中国科学技术大学"双一流"建设项目监理条例

(校办字〔2018〕79号,2018年5月21日)

为保障学校"双一流"建设项目的顺利进行,提高"双一流"专项经费使用效率,推进学校"双一流"建设目标的实现,根据《中国科学技术大学一流大学建设方案》,进一步创新管理思路,制定本监理条例。

第一条 学校成立"双一流"建设项目监理委员会(以下简称"监理委"),通过日常监理与专项监理相结合的模式,对全校"双一流"学科平台项目、公共平台项目和重点建设项目等关键项目进行监理。

第二条 监理委设主任1名,监理专家若干。学校选聘相关资深专家构成监理专家库,监理专家库根据监理工作需要进行动态调整。监理委下设监理办公室,挂靠发展和改革办公室,负责推进日常监理和信息化管理工作,承办监理委的日常工作。监理委根据工作需要,抽调3～5名专家组成专项监理组,遵循"找问题、提建议"的原则,进行独立、客观、科学、公正的监理,提出工作意见和建议。

第三条 监理委根据学校"双一流"建设目标和内容制定监理工作计划,经学校批准后开展监理工作。监理工作自各项目立项后开始实施,至项目通过验收终止。监理工作分日常监理和专项监理:日常监理主要通过信息系统监测,跟踪项目建设情况;如有必要,监理委对项目开展专项监理,主要通过听取项目汇报、查阅相关资料、现场调研等方式综合了解项目进展情况。

第四条 "双一流"建设项目实行首席专家负责制,建设项目首席专家和承担单位应自觉接受并积极配合监理工作。各项目首席专家需确定一名本项目组专家作为项目建设助理,负责对接日常监理工作;在召开项目重要节点管理和技术会议时,提前通知监理办公室,由监理委安排监理人员参加;及时将项目实施进展简报、年度工作报告、年度经费使用报告、中期评估和验收评估等材料报送监理办公室。

第五条 监理委根据国家和学校"双一流"建设相关要求,并对照各项目立项任务书进行监理,重点对项目阶段性建设目标和任务完成情况、项目管理情况、资金使用管理情况、建设绩效等方面进行监理。监理人员不得直接干涉项目技术路线的决策,不得以评审专家的身份参与被监理项目的技术论证会或方案研讨会。

第六条 监理委根据监理计划开展日常监理和专项监理并及时提交监理报告。监理报告以书面形式经监理委主任签署意见后提交学校"双一流"建设领导小组,并向建设项目首席专家和承担单位及时反馈。在监理过程中,若对项目执行工作有异议或发现项目未按计划进度执行、建设内容与计划书不同、人员出现较大变动等情况,应及时向学校"双一流"建设领导小组提交有关情况汇报。

第七条 本条例自印发之日起施行,由学校监理委负责解释。

中国科学技术大学舆情应对处置工作办法

(党宣字〔2018〕46号,2018年7月4日)

第一章 总 则

为进一步增强涉及我校舆情应对处置工作的时效性、针对性和规范性,根据上级有关文件精神,结合学校工作实际,制定本办法。

本办法所称的舆情,是指在新闻媒体中传播、有较大影响、关系我校社会声誉和公众形象的重要舆情事件。

第二章 工作原则

第一条 坚持正确导向。围绕学校中心工作,把握舆论导向、尊重传播规律,客观准确分析热点敏感话题,及时回应社会关切,努力掌握主导权,释放正面信息,引导理性表达,把不良影响降到最低。

第二条　坚持公开透明。尊重受众的知情权、参与权、表达权和监督权,及时、准确、有效发布信息,说明情况、表明态度、提出举措,满足公众信息需求。

第三条　实事求是、依法处置。按照"快报事实、慎报原因、实事求是、依法处置"的要求,有序、妥善、合理开展应对处置工作。认真处理好舆情中反映出来的问题,不回避、不护短、不掩盖。

第四条　分工明确、统筹协调。按照"谁主管谁负责、谁处置谁负责""涉事单位是舆情应对的第一责任主体"的原则,落实工作职责,明确工作程序,加强组织领导,不断提高应对处置能力和水平。

第五条　把握好"时度效"。着力"早预防、早预警",做到"早发现、早处置",快速反应,合理管控,实现对舆情的有效引导。

第三章　组织机构和工作职责

第六条　建立舆情事件应对处置工作领导小组(以下简称"领导小组")。组长由学校主要领导担任,副组长由有关分管校领导担任,党政办公室、党委宣传部、学生工作部、研究生院、教师工作部、国际合作与交流部、保卫与校园管理处、离退休干部工作办公室、团委等有关职能部门负责人参加。领导小组负责掌握学校舆情走势及应对处置工作情况,研究处理工作中的重大问题,提出工作要求,推进工作的协调和督办。领导小组下设办公室,挂靠党政办公室(网络和信息化领导小组办公室),负责落实领导小组部署的各项任务和相关协调工作。

第七条　党委宣传部负责涉及意识形态领域舆情事件应对处置协调工作,并负责涉及学校层面重要舆情信息的收集和研判,会同有关单位和部门做好舆情应对处置工作,以及统一媒体发布出口,做好与上级新闻宣传主管部门和新闻媒体的沟通、协调、反馈。保卫与校园管理处负责瀚海星云BBS舆情监测处置。各单位负责收集研判本单位的舆情信息。

第八条　发生舆情的单位负责事实核查、进展报告、组织整改、情况说明等工作,单位党组织主要负责人是本单位舆情应对处置工作的第一责任人。

第四章　舆情收集和信息报送

第九条　舆情收集的重点为涉及我校的热点敏感问题,重特大突发事件、公共性事件,批评性报道,以及对学校形象产生负面影响的信息。

第十条　舆情收集的范围包括上级机关和领导批示、交办或告知,新闻宣传主管部门转交的有关我校的舆情;中央和地方主要新闻媒体报道的有关我校的舆情;各类社会网站、论坛、主要社交媒体上有关我校工作、可能产生或已经产生较大社会影响的舆情。

第十一条　党政办公室负责将上级机关和领导有关我校舆情的批示、交办件或告知件报送学校主要领导或分管校领导阅示,并分送党委宣传部和有关单位。

第十二条　党委宣传部、学生工作部、保卫与校园管理处、团委等部门应加强舆情监测，及时推送预警信息。对于重特大舆情事件，应建立监测专题，编撰舆情报告，及时报送学校主要领导、分管校领导阅示，并分送党政办公室、党委宣传部和有关单位。

第十三条　各单位党组织要加强本单位的舆情收集研判。发现有关舆情后，立即向党政办公室或党委宣传部报告。

第五章　突发舆情研判、应对与处置

第十四条　舆情发生后，学校立即成立由分管校领导为组长，党政办公室、党委宣传部与涉事单位和有关部门参加的工作小组，启动应急机制。

第十五条　工作小组在事件调查、舆情研判的基础上，制定初步口径和工作方案。工作方案应明确牵头领导、应对单位、处置方式、工作进度、回应口径、具体责任分工等内容，同时综合各方信息，对舆情烈度进行分级。

第十六条　尚未发酵的一般舆情，由党政办公室和党委宣传部会同有关单位和部门及时处理。重大舆情的处置办法，须由分管宣传工作校领导与涉事单位分管校领导及工作小组研究决定。舆情特别重大的，由涉事单位分管校领导向学校主要领导报告后，由领导小组研究决定。

第十七条　舆情事件的信息发布，由涉事单位提供素材，工作小组拟定发布口径、确定信息发布内容与形式，领导小组确认后，由党委宣传部通过新闻通气会、提供新闻通稿、接受媒体采访、网上发布等形式，及时、规范地向公众发布。除学校安排或批准外，各单位不得自行发布有关信息，各单位党组织负责本单位所属人员社交媒体信息管理工作。

第十八条　积极争取新闻宣传主管部门的指导。党委宣传部负责与新闻宣传主管部门沟通，对超出协调范围的事宜，应及时争取支持。积极依靠安徽省、合肥市主流媒体和中央驻皖媒体，及时传递正面声音和工作措施，做到既报道新闻事实，又体现正确导向，推动舆情所涉事项得到有效处置。

第十九条　涉事单位负责调查并处置实体事件，应在事件应急程序启动后24小时内报告事件发生缘由、发展过程、处置举措与目前情况。重特大舆情处置结果，经领导小组审定后，由党政办公室及时上报上级主管部门；涉及意识形态方面的重特大舆情，由党委宣传部负责上报。

第二十条　涉事单位在舆情应对处置完毕、舆情基本平息后，应进行认真总结，吸取教训，查找不足，建章立制。

第六章　附　　则

第二十一条　本办法自印发之日起施行，由党委宣传部负责解释。

附件

中国科学技术大学舆情应对处置流程图

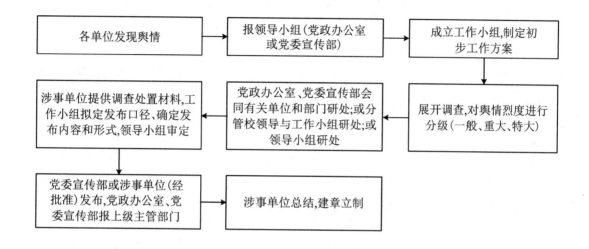

中国科学技术大学关于进一步加强和改进师德师风建设的指导意见

(党教字〔2018〕14号,2018年4月23日)

为全面贯彻党的教育方针,牢牢把握社会主义办学方向,坚持立德树人,努力培养造就一支师德高尚、业务精湛、结构合理、充满活力的高素质专业化教师队伍,根据全国高校思想政治工作会议、教育部《高等学校教师职业道德规范》(教人〔2011〕11号)、《关于加强和改进高校青年教师思想政治工作的若干意见》(教党〔2013〕12号)和《关于建立健全高校师德建设长效机制的意见》(教师〔2014〕10号)等精神,结合学校实际,校党委研究制定了本指导意见。

一、高度重视新时期加强和改进师德师风建设工作

教师是人类灵魂的工程师,承担着神圣使命。高校教师的思想政治素质和道德情操直接影响着青年学生世界观、人生观、价值观的养成,决定着人才培养的质量,关系着国家和民族的未来。加强和改进高校师德师风建设工作,对于全面提高高等教育质量、推进高等教育事业科学发展,培养中国特色社会主义事业的建设者和接班人、实现中华民族伟大复兴的中国梦,具有重大而深远的意义。

当前,我校广大教师忠诚党的教育事业,秉承中国科学技术大学"红专并进、理实交融"的光荣传统,呕心沥血、默默奉献,潜心治学、教书育人,敢于担当、锐意创新,为国家发展和社会进步作出了重大贡献,赢得了社会广泛赞誉和普遍尊重。同时也应看到,个别教师政治信仰迷茫、理想信念模糊、言行失范;少数单位对教师思想政治工作重视不够,工作针对性和实效性不强。我们必须充分认识到进一步加强和改进新形势下师德师风建设工作的重要性和紧迫性,切实把加强教师思想政治工作摆到更加突出的位置,全面提高我校教师思想政治素质和业务能力。

二、进一步加强和改进师德师风建设的主要内容

高校教师要坚持教育者先受教育,努力成为先进思想文化的传播者、党执政的坚定支持者,更好担起学生健康成长指导者和引路人的责任。学校要充分尊重教师主体地位,注重宣传教育、示范引领、实践养成相统一,政策保障、制度规范、法律约束相衔接,建立教育、宣传、考核、监督与奖惩相结合的师德建设工作机制,引导广大教师自尊自律自强,做学生敬仰爱戴的品行之师、学问之师,做社会主义道德的示范者、诚信风尚的引领者、公平正义的维护者。

(一)明确教师任职的首要条件

中国科学技术大学是中国共产党亲手创办的大学,"红专并进、理实交融"是学校的校训。教师任职于中国科学技术大学,首要条件是必须忠诚党的教育事业,热爱祖国,热爱人民,拥护中国共产党领导,拥护中国特色社会主义制度。贯彻党和国家教育方针,遵守国家法律和校规校纪,为人师表,依法履行教师职责,维护校园和谐与社会稳定。坚决杜绝有损

害国家利益和不利于学生健康成长的言行。

（二）切实加强教师队伍的思想政治工作

强化政治理论学习。深入开展马克思列宁主义、毛泽东思想、邓小平理论、"三个代表"重要思想、科学发展观、习近平新时代中国特色社会主义思想理论体系教育。加强理想信念教育，组织教师学习党的基本理论、基本路线、基本纲领、基本经验、基本要求，努力提高教师队伍政治理论素养，进一步增强对习近平新时代中国特色社会主义的理论认同、政治认同、情感认同，坚定道路自信、理论自信、制度自信、文化自信，自觉践行社会主义核心价值体系，坚持正确政治方向。加强中国梦的宣传教育，组织广大教师深入学习领会中国梦的精神实质，凝聚起实现中国梦的强大精神力量。

开展形势政策教育。结合国际国内形势发展变化、党和国家重大政策措施的出台，宣传我国各项事业的新进展新成就，分析经济社会发展面临的机遇和挑战，讲解中央和上级党委的决策部署，帮助广大教师准确了解国情、正确把握形势。努力回答教师关心的热点难点问题，加强正面引导、深度引导，做好解疑释惑、增进共识工作。

丰富政治理论学习方式。明确每周三下午4点后不排课，为全校政治学习专用时间。充分运用我校学科和人才优势，发挥我校马克思主义学院的作用，引进马克思主义学院共建单位中共安徽省委党校的师资力量，健全教师政治理论学习制度，坚持报告会、座谈会、研讨会、培训班、读书班等行之有效的学习方式，建设信息化学习平台，增强政治理论学习的吸引力感染力。准确把握教师（包括退休教师）思想动态和学习需求，不断提高政治理论学习效果。

（三）重点围绕"四个统一"开展师德师风建设

加强师德师风建设，必须坚持"四个统一"：坚持教书和育人相统一，坚持言传和身教相统一，坚持潜心问道和关注社会相统一，坚持学术自由和学术规范相统一，引导广大教师以德立身、以德立学、以德施教。

"四个统一"是我校新时期进一步加强和改进师德师风建设的方向。全校广大教师要以"四个统一"为遵循，充分认识自己所承担的庄严而神圣的使命，发扬主人翁精神，自觉捍卫职业尊严，珍惜教师声誉，提升师德师风境界。要将师德师风修养自觉纳入职业生涯规划，通过自主学习，自我改进，将师德师风规范转化为稳定的内在信念和行为品质，主动融入教育教学、科学研究和服务社会的实践中。要弘扬重内省、重慎独的优良传统，在日常生活中守师德，在细微处见师风，养成师德师风自律习惯，真正成为有理想信念、有道德情操、有扎实知识、有仁爱之心的好老师。

（四）发挥党员和党支部在师德师风建设中的重要作用

重视从优秀青年教师中发展党员，主动帮助和引导青年教师向党组织靠拢，及时把他们中的优秀分子吸收入党。重视在科研骨干、学术带头人、留学归国人员中培养入党积极分子，把各类优秀教师凝聚在党的周围，发挥党员教师在师德师风建设中的先锋模范作用。

选优配强教师党支部班子，注重通过教育培训不断增强教职工党支部书记的工作能力。创新党支部设置和活动方式，丰富活动内容，使党支部工作更加贴近教师思想、工作和生活实际，提升党组织在加强和改进师德师风建设中的感染力、凝聚力和战斗力。

三、建立健全师德师风建设长效机制

加强师德宣传，培育重德养德良好风尚。把握正确舆论导向，坚持师德宣传制度化、常态化,将师德宣传作为高校宣传思想工作的重要组成部分。系统宣讲《中华人民共和国教育法》《中华人民共和国高等教育法》《中华人民共和国教师法》和教育规划纲要等法规文件中有关师德的要求,宣传普及《高校教师职业道德规范》。把培育良好师德师风作为大学校园文化建设的核心内容,挖掘和提炼名家名师为人为学为师的大爱师魂,生动展现当代高校教师的精神风貌。充分利用教师节等重大节庆日、纪念日契机,通过电视、广播、报纸、网站及微博、微信、微电影等新媒体形式,集中宣传高校优秀教师的典型事迹,努力营造崇尚师德、争创师德典型的良好舆论环境和社会氛围。对于高校师德建设中出现的热点难点问题,要及时应对并有效引导。

健全师德考核,促进教师提高自身修养。将师德考核作为高校教师考核的重要内容。师德考核要充分尊重教师主体地位,坚持客观公正、公平公开原则,采取个人自评、学生测评、同事互评、单位考评等多种形式进行。考核结果应通知教师本人,考核优秀的应当予以公示表彰,确定考核不合格者应当向教师说明理由,听取教师本人意见。考核结果存入教师档案。师德考核不合格者年度考核应评定为不合格,并在岗位聘任、专业技术职务聘用、评优奖励等环节实行"一票否决"。

强化师德监督,有效防止师德失范行为。将师德建设作为学校教育质量督导评估重要内容。相关管理部门建立健全师德建设年度评议、师德状况调研、师德重大问题报告和师德舆情快速反应制度,及时研究加强和改进师德建设的政策措施。构建高校、教师、学生、家长和社会多方参与的师德监督体系。健全完善学生评教机制。充分发挥教职工代表大会、工会、学术委员会、教学委员会、教授委员会等在师德建设中的作用。学校主管部门建立师德投诉举报平台,及时掌握师德信息动态,及时纠正不良倾向和问题。对师德问题做到有诉必查,有查必果,有果必复,立行立改。

注重师德激励,引导教师提升精神境界。完善师德表彰奖励制度,将师德表现作为评奖评优的首要条件。在同等条件下,师德表现突出的,在岗位聘任、专业技术职务聘用,研究生导师遴选,骨干教师、学科带头人和学科领军人物选培,各类高层次人才培养计划推荐评选中优先考虑。

发挥制度规范约束作用,建立健全教师违反师德师风行为的惩处机制。本校教师不得有下列情形:损害国家利益,损害学生和学校合法权益的行为;在教育教学活动中有违背党的路线方针政策的言行;在科研工作中弄虚作假、抄袭剽窃、篡改侵吞他人学术成果、违规使用科研经费以及滥用学术资源和学术影响;影响正常教育教学工作的兼职兼薪行为;在招生、考试、学生推优、保研等工作中徇私舞弊;索要或收受学生及家长的礼品、礼金、有价证券、支付凭证等财物;对学生实施性骚扰或与学生发生不正当关系;其他违反高校教师职业道德的行为。有上述情形者,依法依规分别给予警告、记过、降低岗位等级或者开除处分。对严重违法违纪的要及时移交相关部门。建立问责机制,对教师严重违反师德行为监管不力、拒不处分、拖延处分或推诿隐瞒,造成不良影响或严重后果的,要追究主要负责人的责任。

四、努力构建师德师风建设齐抓共管的工作机制

建立和完善党委统一领导、党政齐抓共管,组织、人事、教务、研究生院、工会、团委、学工、科研、宣传、纪检监察、离退休干部管理、学术委员会等部门或机构协同配合,院(系)级单

位党组织具体实施,教师自我约束,学生和社会共同参与的领导体制和工作机制。

学校党政领导要深入教学科研第一线,了解学校师德建设的实际情况;建立和完善师德建设督导评估制度,不断加大督导检查力度,全面提高新形势下学校师德师风建设水平。

中国科学技术大学建立健全师德建设长效机制的实施办法(试行)

(党教字〔2018〕15号,2018年4月23日)

第一章 总 则

第一条 为进一步加强学校师德建设,根据《中华人民共和国教育法》、《中华人民共和国高等教育法》、《中华人民共和国教师法》、《教育部关于建立健全高校师德建设长效机制的意见》(教师〔2014〕10号)、《中国科学院关于加强科研行为规范建设的意见》和《中国科学技术大学章程》等,结合学校实际,制定本实施办法。

第二条 建立健全师德建设长效机制的总体要求:深入贯彻落实党的十九大精神和习近平新时代中国特色社会主义思想,紧紧围绕世界一流大学建设目标,建立教育、宣传、考核、监督与奖惩相结合的师德建设工作机制,积极引导广大教师做党和人民满意的"四有"好老师,做学生敬仰爱戴的品行之师、学问之师,做社会主义道德的示范者、诚信风尚的引领者、公平正义的维护者。

第三条 建立健全师德建设长效机制的原则:

(一)坚持价值引领,以社会主义核心价值观为学校教师崇德修身的基本遵循,促进教师带头培育和践行社会主义核心价值观。

(二)坚持师德为上,以立德树人为出发点和立足点,找准与学校教师思想的共鸣点,增强师德建设的针对性和贴近性,培育教师高尚道德情操。

(三)坚持以人为本,关注教师发展诉求和价值愿望,落实教师主体地位,激发教师的责任感和使命感。

(四)坚持改进创新,不断探索新时期高校师德建设的规律特点,运用科学有效的方式方法,增强师德建设的实际效果。

第四条 本实施办法适用于本校全体教职工。

第二章 组 织 保 障

第五条 成立师德建设委员会。委员会由学校主要领导担任主任、分管校领导担任副主任,各学院、国家(重点)实验室、组织、宣传、纪检监察、人事、教务、科研、工会、学术委员会等相关责任部门和组织协同配合。

第六条　学校师德建设委员会在校党委统一领导下,负责开展师德师风建设的政策研究、现状调研、宣传教育、监督考核以及奖励惩处等工作,日常事务由党委教师工作部负责牵头实施。

第七条　建立和完善党委统一领导、党政齐抓共管、院系具体落实、教师自我约束的领导体制和工作机制,形成师德建设合力,建立一岗双责的责任追究机制。加大师德建设经费投入力度,为师德建设提供坚实保障。

第八条　各学院、国家(重点)实验室配合成立师德师风建设工作小组,负责本单位师德师风建设工作,落实学校师德建设委员会拟定的各项工作任务。各学院、国家(重点)实验室主要领导担任工作小组组长,并指派专人作为联络员。

第三章　师德教育与宣传

第九条　创新师德教育,引导教师树立崇高理想。将师德教育摆在学校教师培养首位,贯穿教师职业生涯全过程。

(一)做好新教师始业教育。在教师始业教育中开设社会主义核心价值观教育、理想信念教育、法制教育和心理健康教育等师德教育课程,并开展入职宣誓活动。

(二)加强教师队伍的理想信念教育和师德教育。建立师德建设专家库,定期面向教师队伍开展国情、党情、校情等内容的专题培训。

(三)加强和谐导学关系建设。强化导师是研究生培养第一责任人的意识,增强研究生导师的育人责任感,构建和谐导学关系,提高研究生导师的育人水平。

(四)加强教学规范教育。加强教学、管理等相关制度和规范的学习,提高教师认真履行教学职责、严格课堂教学纪律的主动性和自觉性。

(五)加强学术道德教育。培养教师求真务实、勇于创新、严谨自律的治学态度和学术精神。

(六)为退休教职工举办退休教师荣休仪式。

(七)组织教师参加调查研究、学习考察、挂职锻炼、志愿服务等实践活动,切实增强师德教育效果,坚定教师奉献教育事业的职业信念。

第十条　加强师德宣传,培育重德养德的良好风尚。把握正确舆论导向,坚持师德宣传制度化、常态化,将师德宣传作为学校宣传思想工作的重要组成部分。

(一)系统宣讲《中华人民共和国教师法》《中华人民共和国高等教育法》《高等学校教师职业道德规范》等,大力营造爱岗敬业、教书育人的浓厚氛围。

(二)把培育良好师德师风作为学校文化建设的核心内容,弘扬学校优良办学传统,激活文化育人资源,挖掘和提炼老一辈名家学者为学为师的大爱师魂,全面展现学校优秀教师的精神风貌。

(三)通过传统媒体和新媒体平台,深入挖掘和报道在教学科研、人才培养、社会服务等领域表现突出的师德典型人物。充分利用教师节、校庆日等重大节庆日契机,集中宣传优秀教师的典型事迹,努力营造崇尚师德、争创师德典型的良好舆论环境和文化氛围。

(四)对于学校师德建设中出现的热点难点问题,做到及时应对并有效引导。

第四章　师德考核、监督与奖惩

第十一条 健全师德考核,促进教师提高自身修养。将师德考核作为学校教师考核的重要内容。

（一）师德考核充分尊重教师主体地位,坚持客观、公正、公平、公开的原则。

（二）采取个人自评、学生测评、同事互评、单位考评等多种形式进行,师德考核结果及时存档。

（三）师德考核结果通知教师本人,对于考核结果优秀的,学校运用多种形式予以表彰。对于考核结果不合格的,学校向教师说明理由,并听取教师本人意见。考核结果不合格的教师,若有正当的理由,可向本单位申请复议。

（四）师德考核结果不合格者年度考核评定为不合格,并在职称评审、岗位聘任、干部选拔、评奖评优等环节实行师德"一票否决"制。

第十二条 强化师德监督,有效防止师德失范行为。将师德建设作为学校教育质量督导评估的重要内容。

（一）学校建立健全师德建设年度评议、师德状况调研、师德重大问题报告和师德舆情快速反应制度,及时研究加强和改进师德建设的政策措施。

（二）构建学校、教师、学生、家长和社会多方参与的师德监督体系。健全完善学生评教机制。充分发挥教职工代表大会、工会、学术委员会、教授委员会等在师德建设中的作用。

（三）学校建立师德投诉举报平台,及时掌握师德信息动态,及时纠正不良倾向和问题。对师德问题做到有诉必查,有查必果,有果必复。

（四）学校依法依规对新进教师的档案进行师德师风方面的审核。

第十三条 注重师德激励,引导教师提升精神境界。完善师德表彰奖励制度,将师德表现作为评奖评优的首要条件,促进教师自我约束。同等条件下,在职称评审、岗位聘任、干部选拔、研究生导师遴选、学科带头人选培、各类高层次人才评选中,优先考虑师德表现突出的教师。

第十四条 严格师德惩处,发挥制度规范约束作用。教师有下列情形之一的,视为违反师德：

（一）损害国家利益,损害学生和学校合法权益的行为。

（二）在教育教学活动中有违背党的路线方针政策的言行。

（三）在科研工作中弄虚作假、抄袭剽窃、篡改侵吞他人学术成果、违规使用科研经费以及滥用学术资源和学术影响。

（四）影响正常教育教学工作的兼职兼薪行为。

（五）在招生、考试、学生推优、保研等工作中徇私舞弊。

（六）索要或收受学生及家长的礼品、礼金、有价证券、支付凭证等财物。

（七）对学生实施性骚扰或与学生发生不正当关系。

其他违反《中华人民共和国教师法》等法律法规和高校教师职业道德的行为。

第十五条 教师若有上述情形,学校将依据《中国科学技术大学教职工处分暂行规定》

等给予警告、记过、降低专业技术职务等级、撤销专业技术职务或者行政职务、解除聘用合同或者开除。对严重违法违纪的移交相关部门。

第十六条 对教师出现严重违反师德行为监管不力、拒不处分、拖延处分或推诿隐瞒,造成不良影响或严重后果的,学校将追究有关单位负责人的责任。

第五章 教师权益保障

第十七条 根据《中华人民共和国教育法》《中华人民共和国高等教育法》《中华人民共和国教师法》等法律法规和《中国科学技术大学章程》,明确并落实教师在办学中的主体地位。

第十八条 完善教师参与治校治学机制,在干部选拔任用、专业技术职务评聘、学术评价和各种评优选拔活动中,充分保障教师的知情权、参与权、表达权和监督权。

第十九条 充分尊重教师的专业自主权,保障教师依法行使学术权利和学业评定权利。健全教师发展制度,构建完整的职业发展体系,鼓励支持教师参加培训、开展学术交流合作。

第二十条 保护教师正当的申辩、申诉权利,依法建立教师权益保护机制,维护教师合法权益。

第六章 附 则

第二十一条 各学院、国家(重点)实验室根据本办法,结合自身实际,建立相应的工作机制。

第二十二条 本办法由学校党委教师工作部负责解释。

第二十三条 本办法自印发之日起施行。

中国科学技术大学关于授予普通高等教育本科毕业生学士学位实施细则

(校学位字〔2018〕11号,2018年1月16日)

第一条 根据《中华人民共和国学位条例》《中华人民共和国学位条例暂行实施办法》和《普通高等学校学生管理规定》,结合我校实际情况,制定本实施细则。

第二条 学校按照上级学位管理部门批准的学科、专业或学位类型授予学士学位。

第三条 申请人应坚持四项基本原则,遵守宪法、法律、法规,遵守公民道德规范,遵守学校管理制度,具有良好的道德品质和行为习惯。

第四条 申请条件。

凡符合以下条件的我校普通高等教育本科毕业生,均可申请授予学士学位。

（一）达到下述学术水平：

1. 较好地掌握本学科、专业的基础理论、专门知识和基本技能。
2. 具有从事科学研究工作或担负专门技术工作的初步能力。

（二）完成并达到本专业本科培养方案要求。

（三）经学校审核准予本科毕业。

第五条 资格审查和学位申请。

（一）本科毕业生学士学位的资格审查和学位申请，由学生所在院（系）负责统一办理。院（系）应组织专人审查本科毕业生的课程学习成绩和毕业鉴定材料，并根据本细则第四条的申请条件要求，提出推荐学士学位申请者名单，经各院（系）分管本科教学的院长或系主任签字后，报校学位委员会办公室（以下简称"校学位办公室"）审查。

（二）对于在校期间受到记过及以上处分者，在处分期限内不得申请学位，解除处分后可以申请学位。

（三）完成双学位培养方案要求，成绩合格，可申请授予双学位相应学科门类的学士学位。

第六条 学位课程考试。

本科毕业生学士学位课程考试，可根据学士学位学术水平要求，结合本科生培养方案和教学计划安排进行，一般不另举行考试。

第七条 学位授予。

校学位办公室将各院（系）推荐的学士学位申请者名单，送交教务处和学生工作部（处）审核。审核合格者，由校学位办公室提交相关学位分委员会审议。审议通过的名单经学位分委员会主任签字后，再由校学位办公室提交校学位委员会审议。校学位委员会原则上于每年四月、六月和十一月召开全体会议，审议授予学士学位者名单，学士学位获得者名单由学校发文公布，并颁发学士学位证书。

第八条 本科毕业生应当在获得本科毕业证书一年内完成学位申请，逾期申请学位学校将不再受理。

第九条 本实施细则在实施过程中如有与上级学位管理部门相关规定不一致的，以上级学位管理部门的规定为准；涉及与国家法律相关的内容以国家法律为准。

第十条 本实施细则经校学位委员会审议通过、校长工作会议批准，自印发之日起施行。本实施细则由校学位委员会负责解释和修改。

中国科学技术大学国家助学金管理实施细则

（校学字〔2018〕109号，2018年6月18日）

为体现党和国家对家庭经济困难全日制普通本科生的关怀，帮助他们顺利完成学业，根据《普通本科高校、高等职业学校国家助学金管理暂行办法》（财教〔2007〕92号）和国家学生资助政策简介有关规定，结合我校实际情况，制定本实施细则。

第一章 总　　则

第一条　国家助学金由中央政府出资设立，用于资助我校全日制普通本科在校生中的家庭经济困难学生。名额由财政部、教育部等有关部门确定。

第二章　资助金额与基本申请条件

第二条　国家助学金主要资助家庭经济困难学生的生活费用开支。我校国家助学金按照国家规定分档，具体标准以当年度下达文件为准。

学校根据财政部、教育部下达给我校的名额和金额把国家助学金金额分配到各学院，各学院根据本单位学生情况对家庭经济困难学生进行资助，档次和资助人数按照学校规定执行，同时总金额不得突破学校分配的额度。

第三条　国家助学金的基本申请条件：
（一）热爱社会主义祖国，拥护中国共产党的领导；
（二）遵守宪法和法律，遵守学校规章制度；
（三）诚实守信，道德品质优良；
（四）勤奋学习，积极上进；
（五）家庭经济困难，生活俭朴。

第三章　申请与评审

第四条　国家助学金按年度申请和评审。学校在接到财政部、教育部下达的名额和预算后，结合本校家庭经济困难学生认定情况，进行等额评审。

第五条　学生向学院提出申请，每学年一次。

第六条　评审程序及填报要求
（一）学生根据本实施细则及相关规定向所在学院提出申请，填写《中国科学技术大学"国家助学金"申请表》；
（二）学院完成初审工作后，报学生工作处审核；
（三）学生工作处组织审核学院申报的名单，确定获助人员名单；
（四）学校将获助人员名单和有关材料报送中国科学院教育主管部门备案，具体截止日期以当年度下达文件为准。

第四章　国家助学金的发放

第七条　上级主管部门将资金拨给学校后，由学生工作处会同财务处将国家助学金分次汇入受助学生所持有的银行卡中。

第五章 评选的监督与检查

第八条 学校审核中如发现学生在申请过程中存在弄虚作假行为的,将取消其本年度国家助学金资格,以及本年度学校其他奖助学金的评选资格。情节严重的,将根据学校相关规定进行纪律处分。

第九条 学校审核中如发现工作人员在评审过程中存在弄虚作假行为的,学校将根据相关规定对其进行处理。

第十条 国家助学金实行专款专用,应及时足额发放给获助学生,不拆分、截留、挪用和挤占,同时接受审计、监察等部门的检查与监督。

第六章 附 则

第十一条 本实施细则由学生工作处负责解释。

第十二条 本实施细则自印发之日起施行。原《中国科学技术大学国家助学金管理实施细则》(校学字〔2007〕38号)同时废止。

中国科学技术大学国家励志奖学金管理实施细则
(校学字〔2018〕110号,2018年6月18日)

为激励家庭经济困难的全日制普通本科生勤奋学习、努力进取,在德智体美等方面得到全面发展,根据《普通本科高校、高等职业学校国家励志奖学金管理暂行办法》(财教〔2007〕91号)和国家学生资助政策有关规定,结合我校实际情况,制定本实施细则。

第一章 总 则

第一条 国家励志奖学金由中央政府出资设立,用于奖励资助我校全日制普通本科学生中品学兼优的家庭经济困难学生。名额由财政部、教育部等有关部门确定。

第二章 奖励标准与基本申请条件

第二条 国家励志奖学金的奖励标准以当年度下达文件为准。

第三条 国家励志奖学金基本申请条件

二年级以上(含二年级)的全日制普通本科在校生,符合以下条件:

(一)热爱社会主义祖国,拥护中国共产党的领导;

(二)遵守宪法和法律,遵守学校规章制度;

（三）诚实守信，道德品质优良；
（四）在校期间学习成绩优秀；
（五）家庭经济困难，生活俭朴。

第三章　申请与评审

第四条　国家励志奖学金按年度申请和评审。学校在接到财政部、教育部下达的名额和预算后，结合本校家庭经济困难学生认定情况，进行等额评审。

第五条　学生向学院提出申请，每学年一次。同一学年内，申请国家励志奖学金的学生可以同时申请并获得国家助学金，但不能同时获得国家奖学金。

第六条　评审程序及填报要求

（一）学生根据本实施细则及相关规定向所在学院提出申请，填写《中国科学技术大学"国家励志奖学金"申请表》；

（二）学院完成初审工作后，报学生工作处审核；

（三）学生工作处组织审核学院申报的名单，并在全校范围予以公示；

（四）学校将获奖人员名单和有关材料报送中国科学院教育主管部门审批、备案，具体截止日期以当年度下达文件为准。

第四章　国家励志奖学金的发放

第七条　上级主管部门将资金拨给学校后，由学生工作处会同财务处将国家励志奖学金直接汇入获奖学生所持有的银行卡中。

第五章　评选的监督与检查

第八条　公示办法

（一）按照公开、公平、公正的原则，将获奖学生名单向全校师生公示，以防不正之风，杜绝弄虚作假行为；

（二）通过网站发布等形式进行公示，公式时间不少于5个工作日；

（三）公示期间有意见者，可向学生工作处反映。

第九条　对于公示期间所反映的问题或整个申请、评审期间所发现的问题，学生工作处将会同相关单位予以审查，并根据实际情况做出相应处理。

（一）发现学生在申请过程中存在弄虚作假行为的，将取消其本年度国家励志奖学金评选资格以及本年度学校其他奖助学金的评选资格。情节严重的，将根据学校相关规定进行纪律处分。

（二）发现工作人员在评审过程中存在弄虚作假行为的，学校将根据相关规定对其进行处理。

第十条　国家励志奖学金实行专款专用，应及时足额发放给获奖学生，不拆分、截留、挪用和挤占,同时接受审计、监察等部门的检查与监督。

第六章 附 则

第十一条 本实施细则由学生工作处负责解释。

第十二条 本实施细则自印发之日起施行。原《中国科学技术大学国家励志奖学金管理实施细则》(校学字〔2007〕37号)同时废止。

中国科学技术大学学生活动经费管理规定

(校财字〔2018〕144号,2018年7月13日)

为进一步加强学生活动经费的管理,规范学生活动经费的开支行为,提高资金使用效益,根据学校的相关规定,制定本规定。

本规定所称的学生活动经费是指学校为组织管理学生事务、开展学生文体活动、社会实践活动、党团活动、学术交流、班集体建设、慰问特殊学生等活动而设立的专项经费,包括全校所有学生班级、团组织、学生会组织、学生社团等开展活动的经费。

第一条 学生活动经费开支原则。

学生活动经费必须专款专用,不得挤占挪用,不得用于与开展学生活动无关的经济活动,应勤俭节约、合理使用。

第二条 学生活动经费管理职责。

由学生工作部(处)、研究生院、校团委、各学院(实验室)等单位负责管理和审核划拨到本单位的学生活动经费;财务处负责学生活动经费的报销核算。

第三条 学生活动经费具体开支范围。

(一)学生活动经费可以用于下列开支:

与学生活动相关的办公费(笔墨、纸张、颜料、电池、笔记本、电子存储设备、电子办公用品等办公耗材)、印刷费(复印、图文设计、海报、印刷制作、电脑刻字、喷绘、证书、奖状、请柬、席卡、胸牌、名片等)、活动费用(场地费、设备租赁购买费用、拍摄与视频制作刻录、装饰用品费、鲜花、矿泉水和少量食品、工作餐、演出或比赛服装费、演出用化妆品与化妆师费用、活动评选名次的奖金奖品奖杯费用、物资设备搬运安装费、聘请的校外评委或裁判员的劳务费、商业保险费、报名费等)、学生培训会议费、交通费(车船机票、租车船费、市内交通费等)、标准内的住宿费、报纸杂志及纸质与电子图书音像资料费、邮寄费、通信费、特殊学生慰问(食品、生活学习用品等)等支出,以及因特别主题活动需要而产生的其他支出。

(二)学生活动经费禁止用于下列开支:

1. 与学生活动无关的开支。

2. 各类罚款、滞纳金、大笔餐费(超过每人次50元)、礼品费等。

第四条 学生活动经费申请、审批、报销程序及要求。

（一）学生活动经费申请、审批程序。

学生活动经费的使用应经过申请、审批和报销三个环节。各单位应本着量入为出的原则，根据全年的工作计划妥善安排经费支出。除比赛奖金、评委裁判劳务费、学生劳务费等可以用领款清单签名领取（附获奖名单及奖励金额、评委会或裁判员、学生名单及劳务费金额）外，其余报销应当以正式发票为据，特殊情况按规定程序办理。

（二）学生活动经费报销具体要求。

1. 不得以白条或冒名签领方式办理报销。发票要有明细品名，不能笼统开办公用品等大项，要有发票专用章，机打发票要有学校纳税人识别号。报销必须有经费负责人、经办人、证明人（或验收人）签字。

2. 特殊情况下，如活动过程中购买简餐、矿泉水，看望慰问生病学生购买水果、鲜花（花篮）、野外非正规商场购买小件物品等，确实无法取得正式发票和凭证的，可由经办人出具书面情况说明，经学生工作负责人（或班主任）对支出的真实性、合规性审核并签字把关后，按规定程序审批后办理报销。

3. 活动结束后应该尽快报销，发票有效期按学校财务规定执行。在报销时应汇总本次活动所发生的全部费用支出，并在报销单上注明该活动项目名称。

4. 学生活动经费购置设备达到固定资产要求的，应按要求办理固定资产登记手续。

5. 同一活动同一收款单位超过1000元的，应使用非现金方式结算。

第五条　学生活动经费监督检查。

各单位主要负责人或指定的负责人负责本单位学生活动经费使用的管理工作，对学生活动经费使用的真实性、合法性负责，并承担相应的领导责任。

财务处在上述经费使用范围内，按照财务制度及相关法规规定，负责审核原始凭证的合法性、合规性和审批手续的完整性。

监察审计处不定期对各单位学生活动经费使用的真实性、合法性及合规性进行监督、检查和审计。

第六条　本规定由学生工作部（处）、校团委、研究生院、财务处负责解释，自印发之日起施行。原《中国科学技术大学学生活动经费管理规定》（校财字〔2017〕300号）同时废止。

中国科学技术大学本科生学籍管理实施细则

（校教字〔2018〕161号，2018年7月30日）

为了坚持社会主义办学方向，坚持马克思主义的指导地位，全面贯彻党的教育方针，坚持立德树人，维护学校正常的教学秩序，规范教学过程管理，促进学生全面发展，培养学生的创新精神和实践能力，培养德、智、体、美等方面全面发展的社会主义建设者和接班人，依据教育部《普通高等学校学生管理规定》（教育部令第41号），结合我校本科教学的实际情况，制定本实施细则。

第一章　入学与注册

第一条　新生持"中国科学技术大学录取通知书"和学校规定的有关证件,按期到校办理入学报到手续。因故不能按期到校者,应凭有关证明向学校请假,假期一般不得超过两周。未请假或者请假逾期的,除因不可抗力等正当事由以外,视为放弃入学资格。

第二条　学校在报到时对新生入学资格进行初步审查,审查合格的办理入学手续,予以注册学籍;审查发现新生的录取通知、考生信息等证明材料,与本人实际情况不符,或者有其他违反国家招生考试规定情形的,取消入学资格。

第三条　学生入学后,学校在三个月内按照国家招生规定进行复查。

复查中发现学生存在弄虚作假、徇私舞弊等情形的,确定为复查不合格,取消其学籍;情节严重的,移交有关部门调查处理。

复查中发现学生身心状况不适宜在校学习,经学校指定的二级甲等以上(含二级甲等)医院诊断,证明其在一年内可治愈并达到入学体检标准的,可由本人申请,学生工作处批准,保留其入学资格一年。保留入学资格的新生应在规定期限内办理离校手续,回家治疗。保留入学资格者不具有学籍,不享受在校生和休学生待遇,治疗期间的医疗费用自理。保留入学资格未按期离校者,不再保留入学资格。保留入学资格期满者,经二级甲等以上(含二级甲等)医院诊断证明病愈,必须在下学年开学前向学生工作处提交入学申请,凭学生工作处通知,按时到学校指定医院进行审查,审查合格,即可以当年新生身份办理入学手续。审查不合格的,取消入学资格;逾期不办理入学手续且未有因不可抗力延迟等正当理由的,视为放弃入学资格。

第四条　学校实行三学期制,每学年分秋、春、夏三个学期。学生须在春、秋季学期开学办理注册手续。学生在秋季学期开学时须缴齐本学年费用,缴费后方予以注册。家庭经济困难的学生可以申请助学贷款或者其他形式资助,办理有关手续后注册。学校按照国家有关规定为家庭经济困难学生提供教育救助,为申请助学贷款的学生办理有关手续。

因故不能按期注册者,必须履行请假手续,否则按违反学习纪律处理。未请假或请假逾期者,均按旷课处理。未经请假逾期两周不注册的,视为放弃学籍,按自动退学处理。

第二章　学制、学习年限与学费

第五条　我校本科生标准学制为4年,弹性学习年限为3～6年。学生可以申请提前一年毕业或延长学习年限,但在校最长学习年限不得超过6年。

(一)学生休学、个性化学习时间均计入在校学习年限。

(二)新生和在校学生应征参加中国人民解放军(含中国人民武装警察部队)的,学校保留其入学资格或者学籍至退役后2年,其服役时间不计入在校学习年限。

第六条　学生应按规定及时缴纳学费及相关费用。学生在学制年限内,按入学时确定的标准缴纳学费;在学制年限外,按延长年的标准缴纳学费。具体收费政策与标准见相关文件。

第三章 请假与考勤

第七条 学生应自觉遵守学习纪律,按要求参加教学计划规定和学校统一安排的活动。上课不迟到、不早退。学生上课或参加实验、实习、设计(论文)与规定参加的会议等,都应实行考勤。

第八条 因病或其他原因不能上课或参加教学活动者,应事先办理请假手续。凡未经请假或超过假期者,以旷课论处。对旷课学生,根据旷课时间多少、情节轻重及其检查态度,给予批评教育,直至纪律处分。

第九条 对于学校按教学计划规定的军事训练、实习等,学生无故不参加者,每天按旷课五学时计。

第十条 学生请假三日以内,由班主任签署意见后报所在学院学生管理负责人审批;超过三日由教学院长审批。事假一般不得超过两周,病假一般不得超过一学期的三分之一。因病请假应提交学校指定医院开具的、经校医院审核批准的病假单。

第十一条 学生请假期满应及时办理销假手续。如请假期满仍不能回校学习,应按照上述规定办理续假手续并附有关证明,否则按违反学习纪律处理。

第十二条 未办理请假手续或请假未获批准而擅自离校两周以上者,按自动退学处理,取消其学籍。

第四章 课 程 修 读

第十三条 个性化学习。

(一)一般情况下,学生应根据所修专业的培养目标与毕业要求,参照所修专业指导性学习计划修读课程。学生也可在院系及学业指导中心专家指导下根据自己的个人潜力和学术兴趣制定个性化学习方案,提前修读或"缓修"部分课程。

(二)学生修读课程应遵从知识积累的科学规律,有预修课程的应先修读预修课程,未修读预修课程或虽修读但成绩未合格者,不能选修后续课程。

(三)学生应根据中国科学技术大学本科生个性化学习管理的相关规定安排每学期的课程总量。

第十四条 学生必须按规定参加选课。未经注册选修的课程,不得参加课程考核,不给学分、不计成绩。选课后未在规定时间内正式办理退课手续而不参加课程学习或考核者,该课程成绩按"旷考"记载。学生可依据中国科学技术大学本科生课程修读管理的相关规定进行选、退课操作。

第十五条 学生可以根据个人情况,依据中国科学技术大学本科生课程修读管理的相关规定申请免修、免听部分课程。

第十六条 学生在修读主修专业课程的同时,可根据中国科学技术大学本科生双学位及辅修专业修读管理的相关规定,申请跨学科修读双学位或跨专业修读辅修专业课程。

第十七条 课程重修。

学生可以根据中国科学技术大学本科生补考和重修管理的相关规定,申请重新修读课程。

第五章 课 程 考 核

第十八条 考核分为考试和考查两种。考核可采用笔试(闭卷、开卷或半开卷)、口试或做论文等方式进行,由主讲教师自主确定。

第十九条 主讲教师可根据课程性质确定考勤方式。凡实行考勤的课程,无故缺课累计超过三次以上(含三次)者,该课程的平时成绩计为 0 分。

第二十条 缓考。

(一)申请办法:

1. 学生因病不能参加考试,须于考前书面请假,提交学校指定医院开具的、经校医院审核批准的病假单,经班主任签字,送院教学办公室报教学院长批准后,可以缓考。

2. 学生因参加学校组织的交流学习活动不能参加考试,须于交流离校前提交相关证明材料,送院教学办公室报教学院长批准后,可以缓考。

3. 学生因其他原因申请缓考,须提交相关证明材料,经班主任、院学生工作负责人及教学院长签署意见,报教务处审批。

(二)缓考学生可以根据中国科学技术大学补考和重修管理的相关规定申请"补考"或"重修"。

第二十一条 补考。

学生所修课程考核不合格的,可根据中国科学技术大学补考和重修管理的相关规定申请"补考"或"重修"。

第六章 成 绩 记 载

第二十二条 考试课程成绩由平时成绩(含期中考试、课堂讨论、测验、作业、论文、听课等)和期末考试成绩综合评定。考试成绩(包括期中考试成绩)一般占总成绩的 50%～70%,其余按平时成绩(包括听课、完成作业以及课堂讨论情况和平时测验成绩)计算,具体比例由任课教师根据课程性质决定。

第二十三条 考查课程成绩根据学生平时听课、完成实验、实习、课外作业、课堂讨论情况以及平时测验和期中考试成绩综合评定。

第二十四条 各门课程最后确定的所有成绩中,优秀率(85 分及以上)不宜超过 40%。对于全校性通修课程,并采用统考方式考核的,以全校总体分布统计。

第二十五条 学生的成绩记载采用百分制与等级制(五等级制和二等级制)。

(一)需要严格考核的通修课程、学科基础课程和专业课程采用百分制记载。百分制成绩,60 分以上(含 60 分)为及格,85 分以上(含 85 分)为优秀。

(二)不宜精确考核的课程,如综合素质选修课程、实践类课程、部分人文社科类及部分专业选修课程等可采用五等级制记载。五等级制成绩记载为：A、B、C、D、F，其中 F 为不及格，A^- 以上（含 A^-）为优秀。

（三）讲座类课程、部分实践类教学活动及其他不便用百分制和五等级制考核的课程，以及重在鼓励学生参与的教学活动可采用二等级制记载。二等级制成绩记载为"通过""不通过"。

（四）百分制与五等级制成绩记载方式对应如下：

百分制	五等级制	学分绩点
100～95	A^+	4.3
94～90	A	4
89～85	A^-	3.7
84～82	B^+	3.3
81～78	B	3
77～75	B^-	2.7
74～72	C^+	2.3
71～68	C	2
67～65	C^-	1.7
64	D^+	1.5
63～61	D	1.3
60	D^-	1
＜60	F	0

第二十六条　采用平均学分绩点（GPA）衡量学生的学习质量，GPA 的计算方法为

$$GPA = \frac{\sum 课程学分 \times 课程学分绩点}{\sum 课程学分}$$

（采用二等级制记载的课程成绩不参与 GPA 计算。）

第二十七条　学生按学校规定选修课程并参加所选课程所有教学环节的考核，考核无论及格或通过与否，成绩均计入成绩管理系统。

第二十八条　学生可以根据校际间协议跨校修读课程，参加学校认可的开放式网络课程学习。学生修读的课程成绩（学分），学校审核同意后，予以转换和认定。

第二十九条　学生参加创新创业、社会实践等活动以及发表论文、获得专利授权等与专业学习、学业要求相关的经历、成果，学校审核同意后，可以折算为学分，计入学业成绩。

第三十条　学生在发生缓修、缓考、补考、重修、旷考、作弊等情况时，依据中国科学技术大学本科生成绩管理的相关规定进行成绩记载。

第三十一条　学生因退学等情况中止学业，其在校学习期间所修课程及已获得学分，

予以记录。学生重新参加入学考试、符合录取条件,再次入学的,其已获得学分,经学校认定,可以予以承认。

第三十二条 学校开展学生诚信教育,记录学生学业、学术、品行等方面的诚信信息,建立对失信行为的约束和惩戒机制;对有严重失信行为的,给予相应的纪律处分,对违背学术诚信的,对其获得学位及学术称号、荣誉等作出限制。

第七章 转专业与转学

第三十三条 学生在学习期间对其他专业有兴趣和专长的,可以申请转专业;以特殊招生形式录取的学生,国家有相关规定或者录取前与学校有明确约定的,不得转专业。

第三十四条 学科专业确认。

按学科大类招生的学院进行学科内的专业确认,由相关学院组织进行,结果报送教务处进行学籍异动处理。

第三十五条 全校性专业选择。

学生在入学第一学年结束时可在全校范围内重新选择专业。学校在春季学期公布各专业的接收计划(遴选标准和具体要求由接收院系制订)。学生按个人兴趣进行申请,接收院系根据学生学习兴趣、参照入学一年的成绩综合考虑,遴选录取。

第三十六条 中期分流。

学生在二年级可以参加由学校统一组织的部分学科专业的中期分流。春季学期,适合中期分流培养的学科专业申报中期分流计划,由教务处向学生统一公布,学生可以根据个人兴趣进行申请,由中期分流接收院系遴选录取。

第三十七条 转专业。

二年级学生可以在全校范围内申请转院系或修读专业,三年级学生可以在其修读学院内申请转修读专业,四年级学生可以申请调整专业方向。春季学期转院系(专业)的申请时间为第 14~16 教学周,秋季学期的申请时间为第 16~18 教学周。获准转专业的学生于下一学期进入新专业学习。

第三十八条 学生申请转院系未被录取时,可以在学业指导中心专家指导下,申请在学籍单位不变的情况下将修读专业调整为拟转专业,并且按照该专业的培养要求修读课程。毕业资格审核时若达到拟转专业的毕业标准,即可获得该专业的毕业证书。

第三十九条 调整专业的学生在进行毕业资格审定时,按学生最终所修专业的培养计划要求执行。经批准缓修的课程,在调整专业后不再要求的,可以不再修读。

第四十条 转学。

(一)学生因患病或者有特殊困难、特别需要,无法继续在本校学习或者不适应本校学习要求的,可以申请转学。其中患病学生需提供正规医院检查证明。"特殊困难、特别需要"一般指因家庭有特殊情况,确需学生本人就近照顾的,以及符合学校规定的其他情形。

(二)学生有下列情形之一者,不得转学:

1. 入学未满一学期或者毕业前一年的；
2. 高考成绩低于拟转入学校相关专业同一生源地相应年份录取成绩的；
3. 由低学历层次转为高学历层次的；
4. 以定向就业招生录取的；
5. 无正当转学理由的。

（三）学生因学校培养条件改变等非本人原因需要转学的，学校应当出具证明，由安徽省教育厅协调转学到同层次学校。

（四）学生转学由学生本人提出申请，填写《学生转学处理审批表》说明理由，学校审核并提出意见。经学校和拟转入学校初步同意，由转入学校负责审核条件及相关证明，认为符合本校培养要求且学校有培养能力的，经校长工作会研究决定是否转入。

（五）符合转学条件的学生，须根据安徽省教育厅相关规定和要求，办理相应手续。

转入省内院校的，填写《普通高等学校转学（省内）学生备案表》一式四份，我校和拟转入学校签署同意意见后，两校分别留存一份，转入学校在规定时间内向安徽省教育厅备案一份，另有一份供学生迁转户口备用。

跨省转学的，填写《普通高等学校转学（省外）学生备案表》一式五份，我校和拟转入学校签署同意意见后，报安徽省教育厅，由安徽省教育厅商转入地省级教育行政部门，按转学条件确认后办理转学手续。两校分别留存一份，安徽省教育厅、转入地省级教育行政部门各留一份备案，另有一份供学生迁转户口备用。

（六）外校本科生申请转入我校学习，应严格依照本条第二款的规定。转学由学生本人提出申请，说明理由，经所在学校和我校同意，并审核转学条件及相关证明，认为符合我校培养要求，公示五个工作日无异议后，经分管校领导报校长工作会研究决定，可以转入。外校学生拟转入我校学习的转学程序和手续比照转出办理，在办完转学手续3个月内我校须向安徽省教育厅备案。

第八章　休学与复学

第四十一条　学生有下列情况之一者，经学校批准，应予休学：

（一）因病经学校指定医院诊断需停课治疗或休养，时间超过一学期三分之一的；

（二）因某种特殊原因不能正常学习，学生本人申请或学校认为必须休学的。

第四十二条　学生因创业、自费短期出国留学、家庭特殊困难等，可申请保留学籍休学。保留学籍休学与因病休学时间总计不得超过两年。

第四十三条　申请休学者，须提交休学申请和相关证明材料（因病休学者须提交学校指定医院开具的、经校医院审核批准的诊断证明材料），经所在学院、教务处审核批准，发给休学证明后方可休学。学校认为必须休学者，由学生所在学院发给学生休学通知，并报教务处、学生工作处备案。

第四十四条　学生可以在春季学期第1～15教学周、秋季学期第1～17教学周申请休学，夏季学期及毕业年级春季学期第8周开始不受理休学申请。

学生创业休学的申请时间为春、秋季学期第1～2教学周。

第四十五条 学生休学以一学期为期,春季学期第14～15教学周、秋季学期第16～17教学周申请休学的学生,应办理一学年(含当学期)休学手续。因病经学校批准可以延长,但累计不得超过两年。

第四十六条 每学期第1～4教学周内办理休学手续者,不收取当学期学费;第5～10教学周内办理休学手续者退还当学期三分之二学费;第11～15教学周内办理休学手续者退还当学期三分之一学费;第16教学周以后办理休学手续者,不退还当学期学费。

第四十七条 休学学生应在规定期限内办理相关手续后离校,不得参加学校的教学活动,否则按违纪处理,直至取消学籍。

第四十八条 学生休学期间,学校保留其学籍,学生不享受在校学习学生的待遇,学校不对其活动负责或承担责任。在休学期间如有严重违法乱纪行为,则取消学籍。学生因病休学回家疗养期间的医疗费用,按有关规定办理。

第四十九条 学生办理休学手续后,当学期所选修且未考核的课程记为"缓修"。复学后跟随下一年级学习。

第五十条 学生休学期满,应于学期开学前持有关证明按下列规定办理复学手续:

(一)因病休学者需填写《复学申请表》,同时提交学校指定医院开具的、经校医院审核批准的"病已痊愈可以正常学习"的证明,由学校指定医院进行复查,复查合格者经所在学院、教务处审核批准后方可复学。伪造诊断证明或复查不合格者不得复学。

(二)因其他原因休学者需填写《复学申请表》,同时提交相关证明,附家长签字的个人复学申请,并提供休学期间所在地街道(乡)政府或接收单位开具的行为表现证明,经所在学院、教务处审核批准后方可复学。

第五十一条 休学期满后两周之内不办理复学手续的学生,视为自动退学。

第五十二条 学生在保留入学资格或休学期间,不得报考其他学校。

第九章 学习警示与退学

第五十三条 学校于每年春、秋季开学补考后,对学生的学习状况进行清理。

第五十四条 学生有下列情况之一者,予以学习警示处理:

(一)当前所有课程不及格学分累计达到10学分以上(含10学分)的;

(二)已获有效总学分未达到所修专业培养进度要求、且上学期获得有效总学分低于15学分的。

第五十五条 学生有下列情况之一者,予以解除学习警示处理:

(一)当前所有课程不及格学分累计低于6学分,且上学期获得有效总学分不低于15学分的警示期学生;

(二)当前所有课程不及格学分累计低于6学分,且已获有效总学分达到所修专业培养进度要求的警示期学生。

第五十六条 学生有下列情况之一者,可予学业退学处理:
(一) 当前所有课程不及格学分累计达到20学分以上(含20学分)的;
(二) 已获有效总学分未达到所修专业培养进度要求,且上学期获得有效总学分低于15学分的警示期学生。

第五十七条 除学业原因之外,学生有下列情况之一者,可予退学处理:
(一) 在学校规定的学习年限内未完成学业的;
(二) 休学、保留学籍期满,在学校规定期限内未提出复学申请或者申请复学经复查不合格的;
(三) 根据学校指定医院诊断,患有疾病或者意外伤残不能继续在校学习的;
(四) 未经批准连续两周未参加学校规定的教学活动的;
(五) 超过学校规定期限未注册而又未履行暂缓注册手续的;
(六) 学校规定的不能完成学业、应予退学的其他情形。
学生本人申请退学的,经学校审核同意后,办理退学手续。

第五十八条 对于达到学习警示的学生,学院向学生发放《学习警示通知书》,由学院教学负责人或学业指导中心专家指导学生以重修不及格课程为主制定切实可行的个性化学习方案。

第五十九条 对于达到退学标准的学生,由学生所在学院向学生发放告知书。发放时,学院应当告知学生达到退学标准的相关事实、理由及依据,并告知学生享有陈述和申辩的权利,听取学生的陈述和申辩。

第六十条 学籍管理委员会对达到退学标准的学生进行合法性检查,相关审议结果提交校长工作会议或者校长授权的专门会议研究。维持退学结论的,由学籍管理委员会向学生发放《退学通知书》。

第六十一条 学生对学校的处理决定有异议的,可以在接到《退学通知书》起10日内,按照学校学生申诉管理的规定,向学校学生申诉处理委员会提出书面申诉。

第六十二条 学生申诉处理委员会对学生提出的申诉进行复查,并在接到书面申诉之日起15日内作出复查结论并向上诉人发放《复查结果通知书》。情况复杂不能在规定限期内作出结论的,经学校负责人批准,可延长15日。学生申诉处理委员会认为必要的,可以建议学校暂缓执行有关决定。

第六十三条 学生对复查决定有异议的,可以在接到学校《复查结果通知书》之日起15日内,向学校所在地省级教育行政部门提出书面申诉。

第六十四条 相关书面文件应当直接送达学生本人,学生拒绝签收的,以留置方式送达;已离校的,采取邮寄方式送达;难以联系的,利用学校网站、新闻媒体等以公告方式送达。自相关书面文件送达之日起,学生在申诉期内未提出申诉的视为放弃申诉,学校及相关部门不再受理其提出的申诉。

第六十五条 学生接到相关书面文件后,应在规定时间内办理相关手续,逾期不办理者,作自动退学处理,同时注销其学籍。

第六十六条 退学学生的档案由学校退回其家庭所在地,户口按照国家相关规定迁回原户籍地或者家庭户籍所在地。

第十章 奖励与处分

第六十七条 对德、智、体全面发展或在某一方面成绩突出的学生,可授予优秀学生或其他荣誉称号,也可采取颁发奖学金、减免学费等方式给予鼓励和奖励。

第六十八条 对违反校纪校规的学生,学校将依据学生违纪处分条例,根据情节严重程度分别给予相应处分。

第十一章 毕业、结业与肄业

第六十九条 毕业资格预审核。

(一)学校对四年级学生在秋季学期第 4~5 教学周进行毕业资格预审核,完成所修专业指导性学习计划前三学年学习任务者,自动进入毕业年级。

(二)若学生所获培养方案内有效学分与所修专业指导性学习计划前三学年学习要求相差大于 15 学分,原则上不能进入毕业年级,跟随下一年级安排学习计划。

第七十条 提前毕业。

申请提前毕业的学生,应在三年级秋季学期开学两周内提出申请,由学院根据专业指导性学习计划进行审核,提前毕业的学生应至少完成培养计划要求课程的 85% 以上,GPA 不低于 3.0,且其余课程和毕业论文可在一年内修读完成,由所在学院核准后,准予提前毕业,列入毕业年级,并缴纳相应学费。

第七十一条 学生在学校规定年限内,修满规定的学分,并达到修读专业培养方案的要求,准予毕业,发给毕业证书。符合学位授予条件者,授予学士学位。

第七十二条 修读双学位的学生,满足主修专业学位授予条件且完成双学位专业培养方案要求者,授予双学位相应学科门类学士学位证书;选修辅修专业的学生,完成培养方案要求者,授予辅修专业证书。

第七十三条 学校对四年级学生在春季学期第 4~5 教学周进行毕业资格审核,未达到毕业要求的按下列办法处理:

(一)学生所获专业培养计划内的课程学分与专业培养计划规定的总学分(含毕业论文)相差小于等于 20 学分者,做结业处理。

(二)学生所获专业培养计划内的课程学分与专业培养计划规定的总学分(含毕业论文)相差大于 20 学分者,可以根据春季学期课程修读情况申请延长学习年限或留在毕业年级。申请留在毕业年级的学生,若在春季学期结束时未达到结业要求,做退学处理。

第七十四条 结业学生在离校后至入校后 7 年内可申请回校以旁听方式重修课程(或补做毕业论文),修满学分,成绩合格,达到毕业要求者,可申请换发毕业证书,毕业时间按发证日期填写。逾期未修满课程学分或毕业论文答辩未通过者,发放结业证书。逾期不符合毕业要求或不申请换发毕业证书者,学校不再受理。

第七十五条 对于修满一年以上,所修培养计划内课程获得30学分以上(含30学分)的退学学生,发给肄业证书。对于自动退学、取消学籍和受纪律处分开除学籍的学生,发给学习证明。

第七十六条 学生对学校所颁发的毕业(学位)证书、结业证书、肄业证书等应妥善保存,如有遗失,不予补发。需证明学历的,经本人申请、所在单位和校档案馆证明,可发给相应的学历证明书。

第十二章 附 则

第七十七条 本实施细则与上级教育主管部门有关规定不一致的,以上级教育主管部门有关规定为准;涉及与国家法律相关的内容以国家法律为准。

第七十八条 本实施细则自2018年9月1日起施行,适用于所有在籍全日制本科学生。原《中国科学技术大学本科生学籍管理实施细则》(校教字〔2017〕170号)同时废止。其他有关文件与本规定不一致的,以本规定为准。

第七十九条 本实施细则由教务处负责解释。

中国科学技术大学学生"文明宿舍"评选办法

(校保字〔2018〕185号,2018年9月15日)

学生宿舍是学生学习、生活的重要场所,创建学生"文明宿舍"是校园文明建设的重要组成部分,对学生品德修养和行为规范的养成能够起到良好的促进作用。为创建文明校园,给在校学生提供一个文明、和谐、安全、卫生、舒适的住宿环境,制定本办法。

第一条 评选组织。

学生"文明宿舍"评选工作由保卫与校园管理处统一组织实施,各院系会同学生社区服务中心共同参与,每年开展一次,具体时间安排根据实际工作而定。

第二条 评选流程。

(一)各院系组织各班级自查与申报,相关院系学生工作负责人、辅导员、班主任会同学生社区服务中心各公寓楼的楼管老师对本院系所申报宿舍进行现场初查(占此次评比20%成绩);初查成绩由公寓楼管老师统一记录并登记在申请表上。

(二)学生社区服务中心在BBS"学生社区服务中心"版对申报宿舍予以公示。

(三)邀请班主任代表及学生代表抽查,并公布学生"文明宿舍"最终评选结果。

第三条 评选标准。

（一）整齐清洁：认真实行宿舍的卫生值日制度；保持物品摆放整齐、室内卫生清洁、布置雅观，垃圾袋装化；本学年度宿舍卫生检查成绩良好以上。

（二）团结友爱：互助互谅、关心集体、关心他人、和睦相处，有积极向上的精神风貌。

（三）学风优良：认真学习、刻苦钻研、互帮互学，宿舍成员的学习成绩都在及格以上。

（四）行为文明：注重品德修养、服饰整洁、举止文明、礼貌用语，勇于抵制不良行为。

（五）遵守纪律：自觉遵守学校的各项规章制度和住宿管理、安全管理规定，按时作息、不影响他人的学习和休息，保持楼内公共场所的清洁，配合学生社区管理和服务人员的工作，宿舍成员无人有严重违纪行为或受到校纪处分。

（六）爱护公物：保管和维护好宿舍家具和设施，不浪费水电和粮食，不违章用电，有防火、防盗意识，安全无严重事故。

（七）身心健康：积极参加体育锻炼和健康的文化活动，不上不健康的网站，同学间经常互相沟通、互相理解，保持身心健康。

（八）爱心公益：拥有爱心奉献精神，热心参与各类公益活动。

第四条 评选要求。

（一）申报学生"文明宿舍"时应附简明文字材料，由各院系统一报学生社区服务中心。"文明宿舍"申请表在上报学生社区服务中心之前，应由各院系会同公寓楼管老师对所申请宿舍进行初查并给出初查成绩。

（二）各院系申报学生"文明宿舍"数不得超过各系学生宿舍总数的10%。

（三）学生社区服务中心各学生公寓楼日常检查结果是评定学生"文明宿舍"的主要依据。年度内每月宿舍卫生检查的平均成绩占每年学生"文明宿舍"评比成绩的80%。学生社区服务中心组织学生代表和相关院系老师代表（必须有学生社区服务中心楼管老师参加）抽查成绩占此次评比的20%。

第五条 其他。

评选结果自公布之日至学期结束，若有已受表彰宿舍发生有违"文明宿舍"标准的情况，经调查核实后，撤销其"文明宿舍"称号并予以通报批评。

本办法由保卫与校园管理处负责解释，自印发之日起施行。

中国科学技术大学工程类博士专业学位研究生申请学位的研究成果要求

（校学位字〔2018〕142号，2018年7月11日）

为进一步完善工程技术人才培养体系，培养工程技术领军人才，满足创新型国家建设对高层次应用型工程技术创新人才的需求，根据《关于深化研究生教育改革的意见》和《工程类博士专业学位研究生培养模式改革方案》（学位办〔2018〕15号）有关规定，制定本要求。

第一条 工程类博士专业学位研究生在学期间应参与相关工程领域的重大、重点工程项目,并以第一作者、中国科学技术大学为第一署名单位发表 SCI 或 EI 收录论文 1 篇,且取得的研究成果必须满足下列条件之一方可申请学位:

(一)获得国家级、省部级或者相当于省部级的全国性行业学(协)会科研成果二等奖及以上奖励,且省部级二等奖排名在前 3 名或前 1/2;

(二)参与制定国际、国家、省部级或者相当于省部级行业标准;

(三)研究成果已通过省部级及以上单位组织的专家鉴定或验收,且排名在前 3 名;

(四)主持或作为主要技术骨干设计的方案已被采纳实施或关键技术指标达到设计要求,且产生重大经济或社会效益;

(五)以第一作者身份出版工程专著 1 部;

(六)以第一发明人身份获得国内外已公开或授权发明专利 1 项;

(七)以第一作者、中国科学技术大学为第一署名单位发表由各学科认定的高水平论文 1 篇。

第二条 本要求中的研究成果应与申请者的学位论文工作密切相关,第一作者或第一发明人中,导师署名不计在内。

第三条 本要求由校学位评定委员会负责解释。

第四条 本要求自印发之日起施行。原《中国科学技术大学工程博士研究生申请学位的研究成果要求》(校研字〔2016〕11 号)同时废止。

中国科学技术大学博士硕士学位授权审核实施办法

(校研字〔2018〕171 号,2018 年 8 月 28 日)

为做好我校博士硕士学位授权审核工作,保证学位授予和研究生培养质量,根据国务院学位委员会《博士硕士学位授权审核办法》(学位〔2017〕9 号)、《国务院学位委员会关于高等学校开展学位授权自主审核工作的意见》(学位〔2018〕17 号)等精神,结合我校实际,特制定本实施办法。

第一条 学位授权审核包括新增学位授权点审核和学位授权点动态调整两种方式。

新增学位授权点审核工作是指新增《学位授予和人才培养学科目录》(以下简称《学科目录》)内的博士硕士一级学科与专业学位类别,新增学科目录外的交叉学科。

学位授权点动态调整是指学校根据需求,自主撤销已有博士硕士学位点,新增不超过撤销数量的其他博士硕士学位点的学位授权点调整行为。动态调整具体实施办法按国家及我校有关规定执行。

第二条 我校学位授权审核工作每年进行一次。授权审核应全面贯彻国家教育方针,围绕国家发展战略和区域经济社会发展需要,以"服务需求、提高质量、优化结构、规范稳妥"为原则,依法依规进行,其中新增硕士学位点以专业学位点为主。

第三条 申请新增博士硕士学位点基本条件为:

申报一级学科博士学位授权点(或专业学位类别),需具有本学科硕士学位授权资格,且在学科方向与特色、学科队伍、人才培养、培养环境与条件等方面高于国家规定的本学科博士学位授权点申请基本条件。

申报一级学科硕士学位授权点（或专业学位类别），一般应具有本学科学士学位授权资格，且在学科方向与特色、学科队伍、人才培养、培养环境与条件等方面高于国家规定的本学科硕士学位授权点申请基本条件。

申请新增的交叉学科应已形成一定数量、相对稳定的研究方向，覆盖面与体量应与现行一级学科相当，且有可能形成新的学科增长点。

第四条 申请新增博士硕士学位点基本程序为：

（一）拟新增学位点的校内研究生培养单位，应按照我校《申请新增学位授权点论证报告》模版的要求撰写论证报告，于当年4月底前报送至研究生院。

（二）研究生院审核同意后，组织国内外同行专家进行论证（专家不少于7人，其中校外专家不少于1/2，国务院学位委员会学科评议组成员或专业学位教指委委员不少于2人）。

（三）经专家论证通过的拟新增学位授权点，须经校学位评定委员会审议通过，并在学校内进行不少于7个工作日的公示。

（四）经公示无异议的新增学位授权点，须经校长工作会议审议、党委常委会讨论通过后上报国务院学位办批准。

第五条 对批准新增的学位授权点，学校在队伍建设、科研创新、人才培养、基地建设等方面予以支持，同时严格对其进行质量管理。新增学位点应加强自身建设，保证学科水平5年内达到全国同类学科的前30%。同时须按照国务院学位委员会《学位授权点合格评估办法》的规定接受专项评估和合格评估。

第六条 本办法自印发之日起施行。

第七条 本办法由研究生院负责解释。

中国科学技术大学关于优秀博士生提前答辩申请学位的规定

（校学位字〔2018〕277号，2018年12月26日）

为规范研究生培养的过程管理，维护正常的教学秩序，一般要求攻读博士学位的研究生在学习阶段内接受严格系统的学习训练。对少数特别优秀的博士生，符合下列条件者可提前答辩申请学位。

第一条 申请条件。

（一）申请人应是品学兼优的学生。

（二）基础课和导师指定的专业课程成绩加权平均85分以上。

（三）申请人需要在学校接受规定时间的学习和训练。普通博士生至少学习两学年以上，硕博连读生和直博生至少学习四学年以上。

（四）申请提前答辩的博士生在满足本学科博士学位标准的基础上，还应另有一项以第一完成人(导师署名不计在内)、我校为第一署名单位、由相应学位分委员会认定的标志性研究成果。

第二条 审批程序。

申请提前答辩需由导师写出书面报告,申请人填写提前答辩申请表,附学习成绩单和发表论文,经学院审核同意后报校学位办公室。校学位委员会办公室每年四月受理提前答辩的申请。

第三条 本规定自2019年1月1日起施行,原《中国科学技术大学关于优秀博士生提前答辩申请学位的规定》(校学位字〔2017〕188号)同时废止。

中国科学技术大学关于授予来华留学生学位实施办法

(校学位字〔2018〕278号,2018年12月31日)

第一章 总 则

为促进我校的国际交流与合作,保证我校授予来华留学生学士、硕士和博士学位的质量,根据国务院学位委员会《关于普通高等学校授予来华留学生我国学位试行办法》,特制定本办法。

第一条 我校授予来华留学生学位的学科、专业,应是国务院学位委员会批准有权授予学士、硕士和博士学位的学科、专业。

第二条 来华留学生在学期间必须遵守我国的法律、法规及学校纪律。

第二章 学士学位

第三条 我校培养的来华留学本科生,符合本实施办法的规定,经审核准予毕业,达到《中国科学技术大学关于授予普通高等教育本科毕业生学士学位实施细则》(以下简称《学士学位实施细则》)第三条规定的学术水平者,授予学士学位。具体要求如下:

1. 通过本专业规定的基础理论课程、专业主干课程的考试和选修课程的考查。
2. 初步掌握汉语。要求通过汉语水平考试(HSK)四级,具有使用生活用语和阅读本专业汉语资料的初步能力。《中国概况》应作为来华留学本科生的必修课来安排和要求。
3. 完成有一定工作量的本科毕业论文(毕业设计或其他毕业实践环节)。

第四条 授予来华留学本科毕业生学士学位,按以下程序进行:

1. 校学位委员会办公室(以下简称"校学位办")按照《学士学位实施细则》第四条的规定,对来华留学本科毕业生进行审核。
2. 校学位办将审查合格的学士学位申请者名单报学位委员会。经校学位委员会审议通过,授予相应学科门类的学士学位。

第三章 硕 士 学 位

第五条 我校培养的来华留学硕士生,通过硕士学位的课程考试和论文答辩,成绩合格,达到《中国科学技术大学硕士、博士学位授予实施细则》(以下简称《硕士、博士学位授予实施细则》)第四条规定的学术水平者,授予硕士学位。

第六条 来华留学硕士生申请硕士学位,应在学习期间通过本专业规定的学位课程考试以及其他必修和选修课程的考试或考查。具体要求如下:

1. 基础理论课和专业课,一般为三至四门,这些课程应作为学位课程来安排和要求。

2. 汉语课。对于在我国获得学士学位,再次申请来华攻读硕士学位者,要求具有使用生活用语和阅读本专业汉语资料的能力;对于在他国(含派遣国,下同)获得相当于我国学士学位学术水平的学历证书者,要求具有使用生活用语的初步能力。《中国概况》应作为来华留学硕士生的必修课来安排和要求。

3. 选修课。各学科、专业可以根据来华留学硕士生攻读硕士学位的需要,开设一些选修课。

对于在他国已经修学相应学科、专业硕士学位课程的来华留学生申请攻读我国硕士学位者,我校及其学科、专业应根据申请人提供的在他国修学的课程名称、成绩单以及两名专家(相当于副教授及其以上人员)的推荐信等材料,组织同行专家组(副教授及其以上人员)三至五人对其已经修学的硕士学位课程进行审查、审核、考试或考核。凡经专家组认可的课程,可以免修;否则应按本条规定重新修学有关课程。

凡未达到上述要求者,可以在一年时间内补修或重修有关课程,如仍未达到上述要求,不能参加论文答辩。

第七条 来华留学硕士生申请硕士学位,必须撰写论文(含专题报告)。根据来华留学硕士生不同的培养规格,论文可以是学术研究或科学技术报告,也可以是专题调研、工程设计、案例分析等报告。其报告应能反映学位申请者从事科学研究工作或综合运用基础理论和专门知识解决实际问题的能力。

第八条 对于来华留学硕士生申请硕士学位,应按照本实施办法进行认真的资格审查。审查合格者,参加论文答辩;审查不合格者,不能参加论文答辩。

第九条 我校培养来华留学硕士生,原则上应采取脱产培养的方式,即整个培养过程均在我校完成。提倡来华留学硕士生撰写论文与其所在国实际相结合;确因需要并经指导教师同意,来华留学硕士生可以利用部分时间回国撰写论文,但在我校进行论文工作的时间不得少于半年;来华留学硕士生的论文答辩工作必须在我校进行。

第十条 来华留学硕士生硕士学位论文的评阅和答辩,应按我校《硕士、博士学位授予实施细则》第八条、第九条的规定进行。

第十一条 授予来华留学硕士生硕士学位,按以下程序进行:

1. 来华留学硕士生学位论文答辩通过后,由所在系向校学位办提出申请。申请时需按要求提供有关材料,以供学位分委员会和校学位委员会审议。

2. 校学位办将硕士学位申请者的材料汇总后,分送各学位分委员会进行审查。学位分委员会应按照硕士学位授予标准,坚持原则,严格把关,对学位申请者的情况进行全面审查,综合评价。会议应当有全体成员的三分之二及以上出席方为有效,以无记名投票方式表决,获参加投票人数三分之二及以上同意,方可做出建议授予硕士学位的决议。

学位分委员会的决议和投票结果必须由学位分委员会秘书填写在《研究生学位论文答辩情况表》中,由分委员会主席签署意见后,报校学位委员会审议。

校学位委员会原则上于每年四月、六月和十一月召开会议,审议学位申请者的学位授予工作。会议应当有全体成员的三分之二及以上出席方为有效,以无记名投票方式表决,获参加投票人数三分之二及以上同意,方可做出授予学位的决议。硕士学位获得者名单由学校发文公布,并颁发硕士学位证书。

第四章 博 士 学 位

第十二条 我校培养的来华留学博士生,通过博士学位的课程考试和论文答辩,成绩合格,达到我校《硕士、博士学位授予实施细则》第十二条规定的学术水平者,授予博士学位。

第十三条 来华留学博士生申请博士学位,应在学习期间通过本专业规定的课程考试及必修环节,具体要求如下:

1. 基础理论课、专业课和必修环节按相应学科、专业博士生培养方案的要求进行。

2. 汉语课。对于在我国获得硕士或学士学位,再次申请来华攻读博士学位者,要求具有使用生活用语和阅读本专业汉语资料的能力;对于在他国获得相当于我国硕士学位学术水平的学历证书者,要求具有使用生活用语和阅读本专业汉语资料的初步能力。《中国概况》应作为来华留学博士生的必修课来安排和要求。

3. 一门外国语(除派遣国母语、汉语以外)。要求具有阅读本专业资料的初步能力。可作为选修课来安排和要求。

凡未达到上述要求者,不能参加论文答辩。

第十四条 对来华留学博士生申请博士学位,应按照本实施办法进行严格的资格审查。审查合格者,参加论文答辩;审查不合格者,不能参加论文答辩。

第十五条 来华留学博士生博士学位论文的评阅和答辩,应按我校《硕士、博士学位授予实施细则》第十六条、第十七条的规定进行。

第十六条 授予来华留学博士生博士学位,按以下程序进行:

1. 来华留学博士生学位论文答辩通过后,由所在系向校学位办提出申请,申请时需按要求提供有关材料,以供学位分委员会和校学位委员会审议。

2. 校学位办将博士学位申请者的材料汇总后,分送各学位分委员会进行审查。学位分委员会应按照博士学位授予标准,坚持原则,严格把关,对学位申请者的情况进行全面审查,综合评价。会议应当有全体成员的三分之二及以上出席方为有效,以无记名投票方式表决。获参加投票人数三分之二及以上同意,方可做出建议授予博士学位的决议。

学位分委员会的决议和投票结果必须由学位分委员会秘书填写在《研究生学位论文答

辩情况表》中,由分委员会主席签署意见后,报校学位委员会。

校学位委员会原则上每年四月、六月和十一月召开全体会议,讨论学位申请者的学位授予工作。会议应当有全体成员的三分之二及以上出席方为有效,以无记名投票方式表决,获参加投票人数三分之二及以上同意,方可做出授予博士学位的决定。

博士学位获得者名单由校学位办发文公布,以征求意见,接受监督。

第十七条　来华留学生在申请博士学位时,必须以第一作者(导师署名不计在内)、中国科学技术大学为第一署名单位完成(或被接收发表)至少一项与学位论文相关的代表性研究成果。各学科可根据本学科特点制定更高的学位标准。

第五章　附　　则

第十八条　攻读哲学、经济学、法学、教育学、文学、历史学以及艺术、中医和临床医学等专业学士、硕士和博士学位的来华留学生,应用汉语撰写和答辩论文。

攻读其他学科专业学士、硕士和博士学位的来华留学生,其本科毕业论文、硕士学位论文和博士学位论文可以用汉语、英语或法语撰写和答辩。

第十九条　我校授予他国具有研究生毕业同等学力的有关人员硕士、博士学位,可参照国务院学位委员会《关于授予具有研究生毕业同等学力人员硕士、博士学位的规定》及我校有关规定办理。

第二十条　本办法自2019年1月1日起施行,原《中国科学技术大学关于授予来华留学生学位实施办法》(校学位字〔2017〕142号)同时废止。

第二十一条　本办法的解释权和修改权属校学位委员会。

中国科学技术大学马克思主义学院建设方案

(校办字〔2018〕141号,2018年7月17日)

中国科学技术大学与中共安徽省委党校合作共建马克思主义学院,既是贯彻中央精神、进一步加强和改进新形势下高校思想政治工作、持续提高思想政治理论课有效性的重要举措,也是创新办学思路,实现优质教育资源共享、两校合作共赢的务实之举。为深入贯彻落实习近平总书记在全国高校思想政治工作会议、纪念马克思200周年诞辰大会上的重要讲话精神,根据中共中央、国务院《关于加强和改进新形势下高校思想政治工作的意见》和教育部《关于印发〈高等学校马克思主义学院建设标准(2017年本)〉的通知》等精神,结合学校实际,制定本建设方案。

一、建设目标

马克思主义学院认真贯彻落实习近平新时代中国特色社会主义思想和全国高校思想政治工作会议精神,以共建教学为抓手,深化合作,协同创新,打造集学习教育、研究宣传、人才培养于一体的高校马克思主义学院的特色品牌,努力将马克思主义学院真正建成全国一流的马克思主义理论教学基地、研究高地和思想阵地。

二、机构设置

马克思主义学院由中国科学技术大学与中共安徽省委党校合作共建。学院领导班子由中共安徽省委党校和中国科大共同派员组成。院长由中共安徽省委党校教育长担任,常务副院长由中国科学技术大学教务处处长担任。

马克思主义学院是学校直属二级机构,其领导班子、岗位设置、薪酬安排以及职称晋升按照二级机构实施。

马克思主义学院共建双方定期召开工作联席会和业务研讨会,协商确定教学、科研等各项工作。任课教师实行双聘机制,共建课程教学任务由双方教师合作开展,校内外教育教学基地实现双方共享,并合作开展教学研究与学术研究。

三、教学改革

(一)总体要求:遵循思想政治理论课在改进中加强、在创新中提高的总体要求,深化教学改革,推进马克思主义中国化最新成果进教材、进课堂、进头脑,充分发挥思想政治理论课的主渠道作用,培养"有理想、有追求、有担当、有作为、有品质、有修养"的大学生。

(二)具体措施:

1. 推进共建教学,提高教学质量。在"毛泽东思想和中国特色社会主义理论体系概论"课和"马克思主义基本原理"课共建教学试点的基础上,实现本科生和研究生思想政治理论课共建教学全覆盖。进一步优化共建教学流程,完善专题设计,整合优质教学资源,实现教学效用的最大化。

2. 改进教学方法,增强思想政治理论教学的吸引力、说服力和感染力。以课堂教学和网络教学为重点,培育推广形式新颖、效果良好、受学生欢迎的教学方法。充分发挥学生的主体性,提高学生对教学的参与度,积极推行"中班授课、小班研讨"教学方式。充分利用现代教育技术,建设适合我校的思想政治理论课"慕课",探索线上线下有效互动的混合式教学模式。改进考试评价方式,注重考查学生运用马克思主义立场、观点、方法分析问题和解决问题的能力。

3. 完善实践教学,拓展教学资源。在巩固既有常态化实践教学渠道和有效形式的同时,结合我校与安徽省委党校共享教育教学实践基地资源的落实情况,建设相对稳定的校外教学实践基地。丰富拓展思想政治理论课实践教学的内容和形式,增强实践教学的效果。

四、学科建设

(一)坚持学科导向与教学导向相结合,从整体上研究马克思主义基本理论和科学体系,深入研究习近平新时代中国特色社会主义思想,深入研究新的历史条件下坚持和发展中国特色社会主义的重大理论和实践问题。及时将研究成果融入教学中,发挥学科建设对思想政治理论课教学的促进和支撑作用。

(二)根据马克思主义理论学科的方向性要求,组建团队、协同攻关,开展理论与实践相结合的项目式研究,培育和形成由高水平的学术论文、有影响的课程教材、有深度的专题报告组成的成果体系。加强国家级、省部级课题申报的组织策划,提升高级别科研项目的立项比例。在现有二级学科建设的基础上,努力争取马克思主义理论一级学科硕士学位授权点的突破。

加强学位点建设,提高研究生人才培养质量。积极探索共建马克思主义学院下的研究生培养模式,利用共建单位师资力量、学科资源较为齐全的有利条件,实行硕士研究生的双导师培养制,提高研究生的专业素养和科研能力。

五、队伍建设

(一)按照《高等学校马克思主义学院建设标准(2017年本)》的要求设置专职教师岗位,尽快配齐专职教师队伍。坚持引育结合,实施马克思主义理论学科拔尖人才培育和高水平人才引进策略。培育具有较强创新能力的学术骨干和教学能手。拓宽人才引进渠道,招聘一流高校的学科带头人和优秀博士毕业生,探索国内知名学者的柔性引进办法,逐步打造较高水平的学术梯队。

(二)加强思想政治理论课专职教师的培养与培训。定期选派教师参加中宣部、教育部组织的示范培训、课程培训或骨干研修。鼓励和支持教师开展学术交流、出国访学、挂职锻炼、实践研修和学习考察活动。

拓展利用优质社会资源和高校资源充实思想政治理论课师资力量的有效途径。选聘高水平专家担任特聘教授,统筹好地方党政领导干部、企事业单位负责人、社科理论界专家、各行业先进模范以及高校党委书记、校长、院(系)党政负责人、名师大家和专业课骨干教师、日常思想政治教育骨干等上思想政治理论课讲台。

六、社会服务

积极组织教师围绕重大现实问题、重大理论问题和重大实践经验总结开展调研,服务地方经济社会发展,提交政策研究咨询报告。支持教师参加各级宣讲团,进行马克思主义理论和党的路线方针政策宣讲。支持教师在主流媒体刊发有影响的理论文章,创作通俗理论读物、音像作品,弘扬主旋律,传播正能量,抵制和批判各种错误思潮。为学校意识形态建设、基层党建和师生思想政治工作提供理论支撑和智力支持,努力发挥马克思主义学院资政育人的智库作用。

七、保障措施

(一)不断改善马克思主义学院的教学、科研、办公等基础条件,配备满足教学科研需要的硬件设备和图书资料室,图书期刊、音像资料齐全,更新及时。

在保障马克思主义学院正常办公经费的基础上,按在校生总数每生每年不低于20元的标准提取专项经费,用于思想政治理论课教师学术交流、实践研修等,并随着学校经费的增长逐年增加。专项经费安排使用明确,专款专用。

(二)制定实施符合思想政治理论课教师职业特点的职务职称评聘标准,提高教学和教学研究占比。思想政治理论课教师专业技术职务高级岗位比例,不低于学校其他学科高级岗位设置的平均水平。

中国科学技术大学马克思主义理论研究专项管理办法(试行)

(校科字〔2018〕236号,2018年12月1日)

第一章 总 则

为深刻领会习近平新时代中国特色社会主义思想,促进我校马克思主义理论研究人才的成长,培养优秀学术带头人,提升我校马克思主义理论研究水平,学校设立中国科学技术大学马克思主义理论研究专项(以下简称"马克思主义专项")。为规范和加强马克思主义专项的管理,特制定本办法。

第一条 马克思主义专项按照"公开公正、职责明确、简明高效"的原则组织实施。

第二章 项目立项

第二条 马克思主义专项分为重点项目和一般项目。重点项目主要指围绕马克思主义研究前沿领域的重大理论和现实问题以及习近平新时代中国特色社会主义思想开展研究,项目申请人应具有高级专业技术职务(职称),或者具有博士学位。一般项目主要指以马克思主义为指导,针对高校马克思主义理论教育、宣传和思想政治工作的实际问题开展研究,一般项目申请人原则上不超过45周岁。鼓励开展马克思主义理论的多学科、综合性研究。

第三条 马克思主义专项指南由马克思主义学院组织编写,经党委宣传部审核后由科研部面向全校公开发布。

第四条 马克思主义专项申请者按照年度指南进行申报,同年申请(含负责和参与)上述项目仅限一项。项目负责人同期只能牵头负责一个项目,负责和参与合计不得超过两项。一般项目原则上不重复支持。

第五条 科研部代表学校受理项目申报,并组织专家对申报项目进行评议(其中校外专家比例不少于三分之一),通过专家评议的项目经学校分管领导审批后予以立项。

第三章 项目管理

第六条 马克思主义专项实行项目负责人责任制。项目负责人的基本职责是:
(一)负责项目计划的实施、管理和相关资源的统筹安排;
(二)严格按照预算执行,合理使用项目经费;
(三)如实报告项目年度进展情况、经费年度决算和下年度计划,接受有关部门对项目执行情况的检查和评估；

（四）严格执行项目任务书，保证项目目标与任务的完成。

第七条　马克思主义专项项目完成时限一般为2～3年。研究期间，项目负责人不得更换或代理。

第八条　项目负责人若出现下列情况之一，学校将立即中止其项目执行：

（一）有违背"四项基本原则"和中央政策方针言行的；

（二）与学校解除或终止聘用合同的；

（三）不能继续开展研究工作的；

（四）有剽窃他人科学研究成果或弄虚作假等行为的。

第九条　各项目承担单位负责监督、检查项目实施情况，并于每年12月15日前将项目年度进展报告提交至科研部。科研部审查后拨付下一年经费。

第十条　项目完成后按照项目计划任务书由科研部组织验收。

第十一条　专项基金项目实施期间发表的有关论文、专著、成果评议鉴定资料等，均应按规定注明"中央高校基本科研业务费专项资金资助"（英文为：supported by "the Fundamental Research Funds for the Central Universities"）。

第四章　项目经费管理

第十二条　项目资助经费根据批准额度逐年进行预算、审核与拨付，经费使用须严格按照相关规定执行。不得开支有工资性收入的人员工资、奖金、津贴补贴和福利支出。

第十三条　项目结题或中止的结余经费由学校收回，纳入下一年度的马克思主义专项经费预算。

第十四条　使用项目经费形成的固定资产、无形资产等按照国家有关规定纳入学校资产统一管理。

第五章　附　　则

第十五条　本办法由科研部、财务处和党委宣传部负责解释。

第十六条　本办法自印发之日起施行。

中国科学技术大学关于具有副教授（副研究员）专业技术职务教师申请博士生导师岗位的暂行规定

（校学位字〔2018〕84号，2018年5月22日）

为进一步加强博士生导师队伍建设，优化导师队伍结构，建立有利于年轻优秀教师脱颖而出和拔尖创新人才培养的博士生导师遴选机制,提高博士生培养质量,学校研究制定了本规定。

第一条 具有副教授(副研究员)专业技术职务的教师符合下列条件之一,即可申请博导岗位指导博士研究生:

(一)中组部千人计划中的青年千人计划;

(二)中组部万人计划中的青年拔尖人才;

(三)教育部长江学者奖励计划中的青年长江学者;

(四)国家自然科学基金委员会设立的优秀青年科学基金项目;

(五)中国科学院青年创新促进会优秀会员;

(六)特别优秀的副教授,有同一学科三名在岗博士生导师且为教授的专家推荐。

第二条 申请程序按照《中国科学技术大学博士生导师上岗审定工作实施办法》(校学位字〔2005〕12号)的相关规定执行。

第三条 本规定自印发之日起施行,由校学位委员会负责解释。

中国科学技术大学关于建立学术荣誉体系教师队伍的意见

(校人字〔2018〕204号,2018年10月19日)

为加快学校世界一流大学和一流学科建设,深入实施人才强校主战略,凝聚和培养一批世界一流人才,学校经研究,决定建立学术荣誉体系教师队伍。

一、指导思想

以习近平新时代中国特色社会主义思想和党的十九大精神为指导,贯彻落实中央深化人才发展体制机制改革和中国科学院"率先行动"计划精神,围绕建设世界一流大学和一流学科发展目标,通过建立学术荣誉体系教师队伍,建设一支世界一流的教师队伍。

二、基本原则

1. 坚持立德树人原则。立德树人是学校的立身之本,是对人才培养的根本要求。坚持把立德树人作为中心环节,进一步增强立德树人的紧迫感、责任感和使命感。坚持立德树人的核心地位不动摇,全面提升人才培养质量。

2. 坚持尊崇学术原则。大学之大,首先在于大学者、大学术。尊重学者、崇尚学术,应为学校生存和发展的精神根基和不懈的价值追求。学术荣誉体系作为学校最高学术水平和学术影响力的标志,要成为激励教师不懈努力、不断进步、追求卓越的动力,以此带动教师队伍整体实力不断提升。

三、主要措施

1. 建立学术荣誉体系。学术荣誉体系由讲席教授、杰出讲席教授、资深讲席教授、荣誉讲席教授组成。

2. 制定严格规范的学术荣誉体系管理制度。通过制定科学、严谨、权威的遴选标准和管理办法,确保入选教师具有良好的学术道德、高深的学术造诣和重要的学术影响力。

3. 完善收入分配制度。统筹规划薪酬体系,以所在岗位和贡献为主要因素,以优劳优酬为基本原则,完善激励保障机制。

四、组织实施

1. 加强组织领导。学院、国家(重点)实验室学术委员会负责学术荣誉体系教师的资格审查和推荐;学校人力资源部负责对申请材料和资格条件进行复核;学校成立学术荣誉体系专家评议组负责学术荣誉体系教师的评审或认定。

2. 认真制定实施办法。按照建立学术荣誉体系的总体框架,深入调查研究,广泛凝聚共识,科学制订方案,积极稳妥组织、实施。

3. 充分调动广大教师的积极性、主动性和创造性。充分听取广大教师的意见和建议,充分发挥广大教师在学术荣誉体系构建和推进过程中的作用。同时,积极做好宣传工作,为学术荣誉体系的建立和实施营造良好的校园氛围。

中国科学技术大学资深讲席教授和荣誉讲席教授聘用实施办法

(校人字〔2018〕205号,2018年10月19日)

第一章 总 则

根据《中国科学技术大学关于建立学术荣誉体系教师队伍的意见》,为设立和实施该体系中资深讲席教授和荣誉讲席教授岗位,制定本办法。

第一条 资深讲席教授和荣誉讲席教授授予对象为学术造诣高深、长期以来在人才培养和科学研究等方面作出卓越贡献、享有崇高学术声誉的资深学者。

第二章 聘用条件

第二条 遵守中华人民共和国宪法和法律;遵守《中国科学院章程》和《中国科学技术大学章程》;学风端正,科学态度严谨。同时,应具备以下条件之一:

(一)在科学技术研究方面作出过创造性贡献的杰出学者,包括国家最高科技奖获得者,国家自然科学一等奖、国家技术发明特等奖和一等奖、国家科技进步特等奖和一等奖的第一完成人,或国际重大科技奖项获得者。

(二)在国家科技进步、文化建设、政府决策和社会发展中发挥了重大作用,产生了重大社会影响,有一级教授或一级研究员专业技术职务,享有广泛的学术声望和重要的学术影响。

第三章 聘用期限

第三条 符合上述聘用条件的杰出讲席教授，在达到退休年龄并办理退休手续后，可以根据工作需要和双方意愿，由学校返聘为资深讲席教授；个别确因国家重大项目特殊需要，在达到国家规定的退休年龄后，可适当延长退休年龄，之后由学校返聘为资深讲席教授。

资深讲席教授年龄满80周岁，可以根据工作需要和双方意愿，聘为荣誉讲席教授。

第四章 岗位职责

第四条 资深讲席教授和荣誉讲席教授岗位职责包括人才培养、科学研究、服务社会、文化传承创新等方面。

第五章 聘用程序

第五条 资深讲席教授和荣誉讲席教授通过以下程序聘用：
（一）符合上述聘用条件的学者由学院、国家（重点）实验室学术委员会进行推荐，并提交推荐材料。
（二）学校人力资源部对推荐材料和资格条件进行复核。
（三）学校学术荣誉体系专家评议组对资深讲席教授和荣誉讲席教授进行认定。
（四）校长工作会议审议，批准聘用。
（五）颁发聘书。

第六章 聘用待遇

第六条 资深讲席教授的收入与学校一级教授（研究员）的平均收入相当；荣誉讲席教授的收入除按国家和安徽省规定发放的退休养老金和相关津贴外，学校提供荣誉讲席教授津贴。

第七章 附则

第七条 本办法由人力资源部负责解释。
第八条 本办法自印发之日起施行。

中国科学技术大学杰出讲席教授岗位聘用实施办法(试行)

(校人字〔2018〕206号,2018年10月19日)

第一章 总 则

根据《中国科学技术大学关于建立学术荣誉体系教师队伍的意见》,为设立和实施该体系中杰出讲席教授岗位,制定本办法。

第一条 坚持择优遴选、协议聘用、柔性评估、动态激励原则。

第二章 聘用条件

第二条 申请人应具备以下基本条件:

(一) 遵守中华人民共和国宪法和法律;遵守《中国科学院章程》和《中国科学技术大学章程》;学风端正,科学态度严谨;身体状况良好。

(二) 在学术领域前沿取得国际同行公认的高水平原创性研究成果,或在国家战略需求研究领域作出重大贡献;研究工作水平在国际上居于领先地位。

(三) 对学科发展具有国际视野和战略性构想,在引领学科赶超国际先进水平中发挥关键性的领军人才作用,对学科建设作出不可替代的卓越贡献。

(四) 申请人应满足下列条件之一:

1. 自然科学类申请人应为中国科学院、中国工程院院士,或具有成为"两院"院士的实力,教学与科研工作成绩突出,满足附件1所列的学术必要条件。

2. 人文社科类申请人应为中国社会科学院学部委员,或在所在研究领域作出过具有开创性的重要工作,在学界享有崇高的声誉,教学与科研工作成绩突出,满足附件2所列的学术必要条件。

(五) 全职在校工作。

第三章 聘用程序

第三条 杰出讲席教授岗位通过以下程序聘用:

(一) 申请人向学院、国家(重点)实验室提出申请,并提交申请材料;学院、国家(重点)实验室学术委员会对申请材料和资格条件进行审查、评审。

如系"两院"院士或中国社会科学院学部委员,则不需申请,由学院、国家(重点)实验室学术委员会进行推荐,并提交推荐材料。

(二) 学校人力资源部对申请材料或推荐材料、资格条件进行复核。

（三）学校学术荣誉体系专家评议组进行评审。对"两院"院士或中国社会科学院学部委员，将不进行评审，直接予以认定。

（四）校长工作会议审议，批准聘用。

（五）颁发聘书。

第四章 岗位职责

第四条 杰出讲席教授的基本岗位职责如下：

（一）制定具有战略性、前瞻性和创造性的学科建设目标、规划和实施方案。

（二）致力于高水平人才培养，讲授本学科主干课程，培养和指导研究生。

（三）带领学院、国家（重点）实验室教师从事高水平科学研究，提升学科的创新能力和竞争力。

（四）致力于引进和培养优秀人才，建设高水平教师队伍。

（五）促进与国际知名大学、著名研究机构的国际合作。

（六）与学校、学院或国家（重点）实验室商定的其他岗位职责。

第五章 聘用管理

第五条 学校、学院或国家（重点）实验室、本人签订杰出讲席教授岗位协议。

学院或国家（重点）实验室根据总体发展规划、学科实际和岗位要求拟定个性化、可考核的岗位职责，作为岗位协议的工作任务条款。

第六条 学校将适时对杰出讲席教授进行柔性评估。评估优秀者，将提高杰出讲席教授岗位津贴。

第七条 杰出讲席教授薪酬由基础薪酬、杰出讲席教授岗位津贴和绩效奖励三部分构成。

第六章 附则

第八条 本办法由人力资源部负责解释。

第九条 本办法自印发之日起施行。

附件 1

中国科学技术大学杰出讲席教授学术必要条件
（自然科学类）

申请杰出讲席教授岗位，除应具备《中国科学技术大学杰出讲席教授岗位聘用实施办法（试行）》中第二章第二条所列基本条件外，须满足以下条件之一：

1. 中国科学院院士或中国工程院院士。
2. 入选"国家高层次人才特殊支持计划"杰出人才。
3. 国家自然科学奖一等奖排名第一者，或国家技术发明奖一等奖排名第一者，或国家科技进步奖一等奖排名第一者。
4. 具备以下条件中至少三条（以下各条中所包含的内容视为单个条件，不重复计算）：

（1）以排名第一的身份获得国家自然科学奖二等奖，或国家技术发明奖二等奖，或国家科技进步奖二等奖；

（2）入选教育部"长江学者奖励计划"特聘教授，或"国家杰出青年科学基金"获得者，或入选"国家高层次人才特殊支持计划"领军人才（不含科技创业领军人才），或国家自然科学基金创新研究群体带头人；

（3）国家科技重大专项、国家重点研发计划项目（含原 973、863、科技支撑计划、重大科学研究计划、ITER 计划）（青年类项目除外）、国家基金委重大项目、国家重大科研仪器研制项目（部门推荐类）、中科院战略性先导科技专项等重大项目负责人或首席科学家；

（4）以第一作者或通信作者在国际顶级期刊《Science》《Nature》《Cell》上发表 2 篇（含）以上的学术论文，或在本领域国际顶级学术刊物上发表系列文章；

（5）担任国家一级学会会长，或国际著名学术组织主席或会长；

（6）国家级教学名师，或"国家高层次人才特殊支持计划"教学名师，或国家级教学成果一等奖（含）以上排名第一。

5. 在学术前沿获得重大突破，或在技术上取得根本性创新，产生深远、积极影响的国际顶尖学者；或在科技创新、成果转化和产业化中创造巨大经济效益或者社会效益的学者。

附件 2

中国科学技术大学杰出讲席教授学术必要条件
（人文社科类）

申请杰出讲席教授岗位，除应具备《中国科学技术大学杰出讲席教授岗位聘用实施办法（试行）》中第二章第二条所列基本条件外，须满足以下条件之一：

1. 中国科学院院士或中国工程院院士，或中国社会科学院学部委员。
2. 入选"国家特殊人才支持计划"杰出人才。
3. 国家自然科学奖一等奖排名第一者，或国家技术发明奖一等奖排名第一者，或国家科技进步奖一等奖排名第一者。
4. 具备以下条件中至少三条（以下各条中所包含的内容视为单个条件，不重复计算）：

（1）以排名第一的身份获得国家自然科学奖二等奖，或国家技术发明奖二等奖，或国家科技进步奖二等奖，或中国高校人文社会科学研究优秀成果奖一等奖，或国家社科基金成果文库入选者，或教育部认定的与中国高校人文社会科学研究成果一等奖具有同等水平的部级专项奖（如孙冶方经济科学奖、司法部优秀科研成果奖一等奖等）；

（2）入选教育部"长江学者奖励计划"特聘教授，或"国家杰出青年科学基金"获得者，或入选"国家高层次人才特殊支持计划"领军人才（不含科技创业领军人才），或国家自然科学基金创新研究群体带头人；

（3）国家科技重大专项、国家重点研发计划项目（含原973、863、科技支撑计划、重大科学研究计划、ITER计划）（青年类项目除外）、国家基金委重大项目、国家重大科研仪器研制项目（部门推荐类）、中科院战略性先导科技专项等重大项目负责人或首席科学家，或国家社科基金重大项目首席专家，或国家"马工程"首席专家；

（4）以第一作者或通信作者在国际顶级期刊《Science》《Nature》《Cell》上发表2篇（含）以上的学术论文，或以第一作者或通信作者在《中国社会科学》上发表3篇（含）以上的学术论文，或在本领域国际顶级学术刊物上发表系列文章；

（5）教育部社科委学部委员；

（6）担任国家一级学会会长，或国际著名学术组织主席或会长；

（7）国家级教学名师，或"国家特殊人才支持计划"教学名师，或国家级教学成果一等奖（含）以上排名第一。

中国科学技术大学讲席教授岗位聘用实施办法（试行）

（校人字〔2018〕207号，2018年10月19日）

第一章 总 则

根据《中国科学技术大学关于建立学术荣誉体系教师队伍的意见》，为设立和实施该体系中讲席教授岗位，制定本办法。

第一条 坚持择优遴选、协议聘用、柔性评估、动态激励原则。

第二章 聘用条件

第二条 申请人应具备以下基本条件：

（一）遵守中华人民共和国宪法和法律；遵守《中国科学院章程》和《中国科学技术大学章程》；学风端正，科学态度严谨；身体状况良好。

（二）具备带领本学科在前沿领域赶超或保持国际先进水平的能力；在本学科领域开展原创性研究和关键性技术研究，取得重要标志性成果，或者在服务国家战略和经济社会发展中取得重要成果,作出不可替代的贡献。
(三) 教学与科研工作成绩显著,满足附件1或附件2所列的学术必要条件。
(四) 全职在校工作。

第三章 聘 用 程 序

第三条 讲席教授岗位通过以下程序聘用:
(一) 申请人向学院、国家(重点)实验室提出申请,并提交申请材料。
(二) 学院、国家(重点)实验室学术委员会对申请材料和资格条件进行审查、评审。
(三) 学校人力资源部对申请材料和资格条件进行复核。
(四) 学校学术荣誉体系专家评议组进行评审。
(五) 校长工作会议审议,批准聘用。
(六) 颁发聘书。

第四章 岗 位 职 责

第四条 讲席教授的基本岗位职责如下:
(一) 准确把握本学科发展方向,提出具有战略性、前瞻性、创造性构想,带领本学科赶超或保持国际先进水平。
(二) 致力于创新人才培养,讲授本学科主干课程,培养和指导研究生。
(三) 面向世界科技前沿或者国家重大战略需求,积极争取并主持国家重大、重点科研项目;在本学科领域开展原创性研究和关键技术攻关,力争取得重大标志性成果。
(四) 促进与国际知名大学、著名研究机构的国际合作。
(五) 与学校、学院或国家(重点)实验室商定的其他岗位职责。

第五章 聘 用 管 理

第五条 学校、学院或国家(重点)实验室、本人签订讲席教授岗位协议。
学院或国家(重点)实验室根据总体发展规划、学科实际和岗位要求拟定个性化、可考核的岗位职责,作为岗位协议的工作任务条款。
第六条 学校将适时对讲席教授进行柔性评估。评估优秀者,将提高讲席教授岗位津贴。
第七条 讲席教授薪酬由基础薪酬、讲席教授岗位津贴和绩效奖励三部分构成。

第六章 附 则

第八条 本办法由人力资源部负责解释。
第九条 本办法自印发之日起施行。

附件1

中国科学技术大学讲席教授学术必要条件
（自然科学类）

申请讲席教授岗位，除应具备《中国科学技术大学讲席教授岗位聘用实施办法（试行）》中第二章第二条所列基本条件外，须满足以下条件之一：

1. 入选教育部"长江学者奖励计划"特聘教授，或"国家杰出青年科学基金"获得者，或入选"国家高层次人才特殊支持计划"领军人才（不含科技创业领军人才），或国家自然科学基金创新研究群体带头人，或入选中国科学院特聘核心骨干人才。

2. 国家科技重大专项、国家重点研发计划项目（含原973、863、科技支撑计划、重大科学研究计划、ITER计划）（青年类项目除外）、国家基金委重大项目、国家重大科研仪器研制项目（部门推荐类）、中科院战略性先导科技专项等重大项目负责人或首席科学家。

3. 以排名第一的身份获得国家自然科学奖二等奖（含）以上，或国家技术发明奖二等奖（含）以上，或国家科技进步奖二等奖（含）以上。

4. 以第一作者或通信作者在国际顶级期刊《Science》《Nature》《Cell》上发表2篇（含）以上的学术论文，或在本领域国际顶级学术刊物上发表系列文章。

5. 国家级教学名师，或"国家高层次人才特殊支持计划"教学名师。

6. 正高岗位满六年，并且具备以下条件中至少三条（以下各条中所包含的内容视为单个条件，不重复计算）：

（1）省部级自然科学一等奖（含）以上排名第一，或省部级技术发明一等奖（含）以上排名第一，或省部级科技进步一等奖（含）以上排名第一；

（2）百千万人才工程国家级人选；

（3）担任国家（重点）实验室主任；

（4）担任国务院学位委员会学科评议组成员；

（5）国家级教学成果二等奖（含）以上排名第一，或省部级教学成果一等奖（含）以上排名第一。

附件2

中国科学技术大学讲席教授学术必要条件
（人文社科类）

申请讲席教授岗位，除应具备《中国科学技术大学讲席教授岗位聘用实施办法（试行）》中第二章第二条所列基本条件外，须满足以下条件之一：

1. 入选教育部"长江学者奖励计划"特聘教授，或"国家杰出青年科学基金"获得者，或入选"国家高层次人才特殊支持计划"领军人才（不含科技创业领军人才），或国家自然科学基金创新研究群体带头人，或入选中国科学院特聘核心骨干人才。

2. 国家科技重大专项、国家重点研发计划项目（含原973、863、科技支撑计划、重大科学研究计划、ITER 计划)(青年类项目除外)、国家基金委重大项目、国家重大科研仪器研制项目(部门推荐类)、中科院战略性先导科技专项等重大项目负责人或首席科学家,或国家社科基金重大项目首席专家并且结项等级为优秀,或国家"马工程"首席专家。

3. 以排名第一的身份获得国家自然科学奖二等奖(含)以上,或国家技术发明奖二等奖(含)以上,或国家科技进步奖二等奖(含)以上,或中国高校人文社会科学研究优秀成果奖一等奖,或国家哲学社会科学成果文库入选者,或教育部认定的与中国高校人文社会科学研究成果一等奖具有同等水平的部级专项奖(如孙冶方经济科学奖、司法部优秀科研成果奖一等奖等)。

4. 以第一作者或通信作者在国际顶级期刊《Science》《Nature》《Cell》上发表 2 篇(含)以上的学术论文,或以第一作者或通信作者在《中国社会科学》上发表 3 篇(含)以上的学术论文,或在本领域国际顶级学术刊物上发表系列文章。

5. 国家级教学名师,或"国家高层次人才特殊支持计划"教学名师。

6. 教育部社科委学部委员。

7. 担任教育部人文社科基地首席专家。

8. 正高职务满六年,并且符合以下条件中的至少三条(以下各条中所包含的内容视为单个条件,不重复计算):

(1) 省部级自然科学一等奖(含)以上排名第一,或省部级技术发明一等奖(含)以上排名第一,或省部级科技进步一等奖(含)以上排名第一;

(2) 中国高校人文社会科学研究优秀成果奖二等奖排名第一,或教育部认定的省部级科研成果一等奖排名第一;

(3) 担任国家社科基金重大项目首席专家,或教育部哲学社会科学重大攻关项目首席专家,或省部级社科基金重大项目首席专家,并且结项等级为优秀;

(4) 担任省部级社会科学创新研究基地首席专家,或百千万人才工程国家级人选,或国家社科基金决策咨询点首席专家;

(5) 担任国务院学位委员会学科评议组成员;

(6) 国家级教学成果二等奖(含)以上排名第一,或省部级教学成果一等奖(含)以上排名第一。

中国科学技术大学科研岗设置与管理办法(试行)

(校人字〔2018〕245 号,2018 年 12 月 19 日)

第一章 总 则

建设一支面向世界科技前沿、面向国家战略需求,引领科技创新的高水平科研队伍,是创建世界一流大学人才队伍建设的重要组成部分。为促进科研队伍建设,加强各学科研究力量,提升科研实力,创新用人机制,并建立健全与之相适应的岗位设置与管理模式,制定本办法。

第一条 科研岗是学校教师岗位中的一个类别,主要承担基础研究、应用基础研究和重大工程关键技术研究。

第二条 岗位设置坚持"任务和需求"导向;岗位聘用坚持"学术优异、结构合理"要求;岗位管理坚持"合同聘用、合理流动"原则。

第二章 岗位设置

第三条 科研岗主要依托重点科研机构,设置在学校重点建设或急需发展的学科、承担国家和地方重大科研任务的团队。需要有持续的科研项目和经费,科研项目经费能够支撑科研所需的直接费用和间接费用。

第四条 科研岗分为聘期制岗位和固定岗位。

聘期制岗位设置博士后、特任副研究员、特任研究员岗位。

固定岗位设置副研究员、研究员和从研究员中遴选产生的特聘研究员岗位。特聘研究员的选聘办法将另行制定。

第三章 岗位职责

第五条 承担学科建设和科研工作,具体职责由重点科研机构制定。其中,科研项目、经费和成果(论文、专著、获奖、专利和成果转化)等方面要求,应作为岗位职责的主要内容。

第四章 岗位招聘

第六条 招聘条件。

具有良好的思想政治素质和职业道德,学风端正,科学态度严谨,爱岗敬业,身体健康。

(一) 聘期制岗位。

博士后:年龄一般不超过35周岁,具有博士学位。

特任副研究员:年龄一般不超过45周岁,国内著名高校或研究机构中级及以上专业技术职务者,或优秀博士后;国外著名高校优秀博士毕业生,科研业绩突出。

特任研究员:年龄一般不超过45周岁,国内著名高校或研究机构副高及以上专业技术职务者;国外著名高校或研究机构优秀博士后,科研业绩突出。

(二) 固定岗位。

副研究员:年龄一般不超过38周岁(女性和人文社科类申请者年龄一般不超过40周岁),国内著名高校或研究机构副高及以上专业技术职务者,或优秀博士后;国外著名高校或研究机构优秀博士毕业生或博士后,科研业绩突出,展示出独立研究能力和创新能力。

研究员:年龄一般不超过45周岁,国内著名高校或研究机构副高及以上专业技术职务者;国外著名高校或研究机构助理教授及以上职位者,或优秀博士后,科研业绩突出,展示出优秀的项目申请与组织能力和团队领导力。

第七条 招聘程序。

(一)重点科研机构根据学科建设和科研项目、任务需要制定设岗计划;人力资源部会同科研部进行审核,确定设岗计划;面向国内外公开发布招聘信息。

(二)聘期制岗位。

博士后、特任副研究员岗位,由专业负责人或重点科研机构负责人初选;学院、国家(重点)实验室人才引进学术委员会评审;将评审通过者报人力资源部备案。

特任研究员岗位,按照学校优秀人才引进学术委员会程序进行推荐、评审。

(三)固定岗位。

按照学校优秀人才引进学术委员会程序进行推荐、评审。

第五章 岗 位 管 理

第八条 人员管理。

(一)聘期制岗位。

实行有限期聘用,聘用合同由学校统一签订和管理,合同期限最长为三年。如工作需要,根据双方意愿可以续聘一次。续聘期满,聘用合同自动终止。

聘期内人事关系和档案由学校人才交流中心管理。

(二)固定岗位。

按照学校事业编制进行管理。

聘期制岗位和固定岗位科研人员的日常管理由学院、国家(重点)实验室负责。

第九条 考核。

(一)聘期制岗位。

实行年度专项考核和聘期考核。考核结果作为续聘、解聘、奖惩等的依据。

连续两个年度考核不合格者,将解除聘用合同。

聘期考核合格的博士后、特任副研究员,可续签聘用合同;聘期考核合格的特任研究员,经学校优秀人才引进学术委员会评审通过,可续签聘用合同。聘期考核不合格或未在规定时限内申请续聘者,聘期期满后聘用合同自动终止。

解除或终止聘用合同的人员,须按照学校规定的程序办理有关离校手续。

(二)固定岗位。

实行年度考核和聘期考核。考核结果作为续聘、解聘、薪酬调整等的依据。

第十条 转聘和晋升。

(一)聘期制岗位人员转聘固定岗位。

特任副研究员、特任研究员若取得突出业绩,可申请转聘固定岗位。其中,对申请转聘副教授、教授岗位者,需在教学需要且教学科研岗编制规模和结构允许条件下,经研究,确定是否同意申请。

1. 特任副研究员转聘副研究员、副教授,程序如下:

（1）个人提出转聘申请。

（2）学院、国家（重点）实验室、中科院重点实验室进行资格审查，学校进行资格复核。

（3）学院、国家（重点）实验室对申请转聘副教授人员进行教学能力考核。

（4）学院、国家（重点）实验室、中科院重点实验室召开正高人员会议，到会正高人员不得少于本单位正高人员总数的2/3。对申请转聘副教授、副研究员人员进行评议、表决，同意票数达到出席会议的正高人员总数2/3（含）以上者为通过，产生副教授推荐人选和副研究员候选人。

科学技术研究学科组召开会议，对国家（重点）实验室、中科院重点实验室报送的副研究员候选人进行评议、表决，同意票数达到出席会议的学科组专家总数2/3（含）以上者为通过，产生副研究员推荐人选。

（5）学校召开优秀人才引进学术委员会会议，对学院、国家（重点）实验室和科学技术研究学科组报送的副教授、副研究员推荐人选进行评议、表决，同意票数达到出席会议的委员会专家总数2/3（含）以上者为通过，产生拟聘人选。

（6）对拟聘人选进行公示。

（7）校长工作会议研究批准。

2. 特任研究员转聘研究员、教授，按照学校专业技术职务聘用的有关程序执行。

3. 聘期内，有下列情况之一者，在教学需要的情况下，可转聘为固定岗位，不受单位教学科研岗编制限制。

（1）中组部"万人计划"青年拔尖人才入选者、教育部"长江学者奖励计划"青年长江学者入选者、国家自然科学基金委"优秀青年科学基金"获得者，可转聘为特任教授岗位；

（2）教育部"长江学者奖励计划"特聘教授入选者、国家自然科学基金委"国家杰出青年科学基金"获得者，可转聘为教授岗位。

转聘为固定岗位人员的到校工作时间，从其与学校签订的有限期聘用合同的起始日期算起。

（二）聘期制岗位和固定岗位晋升。

1. 特任副研究员晋升特任研究员，按照学校优秀人才引进学术委员会程序执行。

2. 副研究员晋升研究员以及研究员等级晋升，按照学校专业技术职务（等级）聘用的有关规定执行。学校成立科学技术研究学科组，负责研究制定相应的聘用条件，以及评议与推荐工作。

3. 副研究员、研究员原则上不能申请教学科研岗专业技术职务。如教学需要且教学科研岗编制规模和结构允许，则按照学校教师岗位专业技术职务聘用工作程序进行申报、评审、聘用。

（三）学校鼓励成果突出的科研岗人员申报国家各级各类人才计划项目。入选后，按照相应政策进行管理。

第十一条　教学科研岗人员可申请转为科研岗，在科研岗聘期中，其原职务职级保留，薪酬按照科研岗规定执行。

教学科研岗人员可申请科研岗专业技术职务，获聘后，按照科研岗进行管理。

第十二条　对因科研项目结束等原因而没有科研经费支撑相关费用的重点科研机构，

其所聘聘期制岗位科研人员,在聘用合同到期后,聘用关系自动解除;其所聘固定岗位科研人员,可在校内申请转至其他岗位。

第六章 岗位待遇

第十三条 科研启动经费。

重点科研机构可为博士后、特任副研究员、特任研究员提供适宜的科研启动经费。

学校为副研究员、研究员提供较为充足的科研启动经费。

学校鼓励并协助科研岗人员申请承担国家、学校各类科研项目。

第十四条 办公和实验用房。

重点科研机构根据实际情况为科研岗人员提供适宜的办公和实验用房。

第十五条 薪酬。

（一）聘期制岗位。

实行协议年薪制,由学校制定协议年薪指导标准,具体年薪额度由重点科研机构确定。其中按岗位职务分解出的基础薪酬由学校承担,其余部分由重点科研机构承担。

学校设立"墨子杰出青年特资津贴"。对经申报、评审入选"墨子杰出青年"者,聘期内给予特别薪酬资助。其中,一等资助,每年20万元人民币;二等资助,每年10万元人民币。具体实施细则另行制定。

学校设立聘期制科研人员奖励薪酬,对年度专项考核优秀的博士后、特任副研究员发放奖励年薪;对年度专项考核特别优秀的,在奖励年薪的基础上,再给予一次性奖励。

（二）固定岗位。

实行三元结构薪酬制度,其中基础薪酬由学校承担,其余部分由重点科研机构承担。

第十六条 社会保险及福利待遇。

（一）聘期制岗位。

社会保险（包括基本养老保险、失业保险、医疗保险、工伤保险）和住房公积金由学校统一办理。其中需要单位缴纳部分,由学校统一支付;需要个人缴纳部分,由学校从个人薪酬中按规定比例代扣代缴。

合同期内,学校提供租房补贴,享受子女在学校附属幼儿园和附中入托入学待遇。在学校资源许可的条件下,可申请周转公寓。

（二）固定岗位。

社会保险、住房公积金及福利待遇按照学校事业编制人员有关规定执行。

第七章 聘用经费筹集与管理

第十七条 科研人员聘用经费来源于各类项目经费和重点科研机构其他经费。经费的审批和使用按学校有关规定执行。

（一）申报国家重大科研项目时,应结合科研项目的实际需要,做好科研岗位设置计划,测算相应经费需求,并纳入预算申请,立项后按核批预算据实列支。

(二)在研科研项目在立项时未列支科研岗位设置计划,研究过程中要求设置科研岗位并需调整预算的,可按照相应科研项目的管理规定和程序进行预算调整申请。

(三)鼓励多渠道筹集科研人员聘用经费。

第十八条 学校设立科研人员聘用经费专户,需聘用科研人员的重点科研机构,在签订聘用合同时应将聘用经费划入专户。财务处负责对专户经费的使用进行管理。

第八章 附 则

第十九条 本办法由人力资源部负责解释。

第二十条 本办法自印发之日起施行,原《中国科学技术大学聘期制科研人员聘用与管理暂行办法》(校人字〔2012〕15号)同时废止。

中国科学技术大学教师岗位专业技术职务聘用实施办法(试行)

(校人字〔2018〕246号,2018年12月20日)

第一章 总 则

为建设一支规模适度、结构优化、学术优异、富有自主创新能力和国际竞争力的一流教师队伍,进一步完善和规范教师岗位的聘用与管理,根据《中国科学院岗位管理实施办法》(科发人字〔2017〕8号)和《〈中国科学院岗位管理实施办法〉文件说明》(人字〔2017〕10号)精神,结合我校实际,制定本办法。

第一条 教师岗位是指承担学校教学、科研任务,具有相应专业技术水平和能力要求的工作岗位。教师岗位专业技术职务包括高校教师系列、科学技术研究系列。

第二条 教师岗位聘用遵循"科学设岗、公开公正、平等竞争、择优聘用"原则。坚持教师为本、尊崇学术,倡导优良学风,激发创新精神,营造有利于教师队伍建设与发展的制度环境。

第二章 岗位设置

第三条 在中国科学院核定的编制、岗位职数和结构比例控制下,依据学校教师队伍建设总体规划,在综合分析各学院、重点科研机构教学科研任务、学科建设和教师队伍结构等情况的基础上,研究制定岗位设置方案,确定聘用岗位职数,经学校研究批准执行。

第四条 教师岗位高校教师系列设教授、副教授、讲师和助教专业技术职务。

科学技术研究系列包括固定岗位和聘期制岗位。固定岗位设研究员和副研究员专业技术职务,其中研究员按照本办法进行聘用,副研究员按照学校优秀人才引进学术委员会的程序进行聘用。聘期制岗位设特任研究员、特任副研究员和博士后,其聘用与管理按照《中国科学技术大学科研岗设置与管理办法(试行)》(校人字〔2018〕245号)中的聘期制岗位管理有关规定执行。

第三章 聘 用 范 围

第五条 本办法是进行教师岗位专业技术职务的聘用。在教师岗位工作已聘相应系列的专业技术职务,且符合相应专业技术职务聘用条件的人员,可申报聘用。

第四章 聘 用 条 件

第六条 应聘者必须具备的基本条件:热爱祖国,热爱人民,拥护中国共产党领导,拥护中国特色社会主义制度;遵守中华人民共和国宪法和法律;遵守中国科学院章程;遵守中国科学技术大学章程;具有良好的公民意识和职业道德;学风端正,科学态度严谨,爱岗敬业;岗位所需的专业或技能条件;适应岗位要求的身体条件。

第七条 相应专业技术职务的基本聘用条件:

(一)学历学位和任职年限要求。

教授:大学本科及以上学历,并获得学士及以上学位,任副教授岗位满5年,年度考核合格及以上;1991年及以后参加工作的,应具有博士学位。

研究员:大学本科及以上学历,并获得学士及以上学位,任副高岗位(如已转特任正高,可从任副高岗位起计算)满5年,或任特任正高岗位满3年,年度考核或年度专项考核合格及以上;1991年及以后参加工作的,应具有博士学位。

副教授:大学本科及以上学历,并获得学士及以上学位,任讲师岗位满5年,或博士研究生毕业任讲师岗位满2年,或优秀博士后出站人员;年度考核合格及以上;1991年及以后参加工作的,应具有硕士及以上学位。

讲师:大学本科及以上学历,并获得学士及以上学位,任助教岗位满4年,或硕士研究生毕业任助教岗位满2年;年度考核合格及以上;1991年及以后参加工作的,应具有硕士及以上学位。博士研究生毕业。

助教:硕士研究生毕业。

(二)外语水平要求。

具备岗位所需的外语能力,能够熟练运用外语开展学术活动,进行国际交流。

(三)教学、科研、人才培养等方面要求,由各学科组研究制定,并公布执行。

对教学水平高,在人才培养方面贡献突出,但科研成果偏少的教师,学科组可制定差异化标准。

第五章 组 织 机 构

第八条 学校成立教师岗位专业技术职务聘用工作委员会(以下简称"校聘委会"),负责教师岗位的评议和聘用等工作。

校聘委会下设自然科学、工程与信息、管理与人文、科学技术研究4个学科组，分别负责研究制定本学科组所属系列岗位聘用在教学、科研、人才培养等方面的要求和评价标准，以及评议与推荐工作。

第九条 学院、国家（重点）实验室成立聘用推荐工作小组，组长由学院、国家（重点）实验室领导担任，原则上由9名及以上成员组成。其职责：

（一）进行本学院、国家（重点）实验室应聘人员申报材料和申报资格审查工作；

（二）负责本学院、国家（重点）实验室应聘正、副高级专业技术职务人员的评议、推荐工作；

（三）组织开展本学院、国家（重点）实验室中级及以下专业技术职务的聘用工作。

中科院重点实验室成立聘用推荐工作小组，组长由实验室主任担任，原则上由9名及以上成员组成。其职责：进行本实验室应聘科学技术研究系列研究员人员申报材料和申报资格审查，以及评议、推荐工作。

第十条 学校成立资格复核小组，成员由相关部门负责人和工作人员组成。负责对应聘人员申报材料和申报资格作进一步复核，汇总有关信息和问题，提请校聘委会研究。

第六章 工作程序

第十一条 聘用工作程序：

（一）传达布置聘用工作，建立健全聘用组织。

（二）各学科组研究制定所属系列岗位聘用在教学、科研、人才培养等方面的要求和评价标准，并公布执行。

（三）各学院、国家（重点）实验室、中科院重点实验室研究制定聘用推荐工作细则（组织成员名单及工作细则报人力资源部备案）。

（四）应聘人员网上申报，并提交申报材料（单位推荐破格者提交破格推荐材料）。

（五）学院、国家（重点）实验室、中科院重点实验室聘用推荐工作小组对应聘人员申报材料的真实性和申报资格的有效性进行审查。学院、国家（重点）实验室党组织，经集体研究后，对应聘人员思想政治素质和师德师风进行评价。采取适当形式在单位范围内公开应聘人员材料，接受广大教职工监督。

（六）学校资格复核小组对应聘人员申报材料和申报资格进行复核，并将复核结果反馈给各单位。

（七）聘用推荐工作小组根据聘用推荐工作细则，组织完成以下工作：

1. 学院、国家（重点）实验室聘用推荐工作小组对应聘中级及以下专业技术职务的人员进行评议、投票表决，同意票数达到出席会议的聘用推荐工作小组成员总数2/3（含）以上者为通过，产生拟聘人选。在单位范围内对拟聘人选进行公示。公示后，将拟聘人选及有关材料报送人力资源部。

2. 学院、国家（重点）实验室组织召开教授大会，进行正、副高级专业技术职务聘用的推荐工作，到会教授不得少于本单位教授总数的2/3。教授大会对应聘正、副高级专业技术职务的人员进行评议、投票表决,同意票数达到出席会议的教授总数2/3(含)以上者为通过,并进行排序。

中科院重点实验室组织召开正高人员大会,进行研究员专业技术职务聘用的推荐工作,到会正高人员不得少于本单位正高人员总数的2/3。正高人员大会对应聘研究员专业技术职务的人员进行评议、投票表决,同意票数达到出席会议的正高人员总数2/3(含)以上者为通过,并进行排序。

(八)学科组受理、审核申报材料;召开学科组会议,对学院、国家(重点)实验室报送的正、副高级专业技术职务人选以及中科院重点实验室报送的研究员专业技术职务人选进行评议、投票表决,同意票数达到出席会议的学科组专家总数2/3(含)以上者为通过,并进行排序,产生推荐人选。

(九)学校召开校聘委会会议,对学科组报送的正、副高级专业技术职务推荐人选进行评议、投票表决,同意票数达到出席会议的校聘委会专家总数2/3(含)以上者为通过,确定报送校长工作会议的拟聘人选。

(十)对拟聘人选进行公示,公示期不少于7天。

(十一)将拟聘人选提交校长工作会议研究批准,校长聘用。

第七章 其他规定

第十二条 应聘者被公认有重大创新性研究成果,或发表有重要影响力的高水平论文,可不受学历学位和任职年限的限制,由学院、国家(重点)实验室、中科院重点实验室推荐破格申报。推荐破格需提交《破格推荐表》及有关证明材料,报学校研究批准后,方可进入后续聘用工作程序。

第十三条 对基础课教学工作表现特别突出者,建立健全教学委员会评议推荐机制。学校教学委员会负责研究制定有关要求和评价标准,以及评议与推荐工作。程序如下:

(一)学院教学委员会召开会议,对基础课教学工作表现特别突出的应聘正、副高级专业技术职务的人员进行评议、投票表决,同意票数达到出席会议的学院教学委员会专家总数2/3(含)以上者为通过,并进行排序。

(二)学校教学委员会受理、审核申报材料;召开校教学委员会会议,对学院教学委员会报送的正、副高级专业技术职务人选进行评议、投票表决,同意票数达到出席会议的校教学委员会专家总数2/3(含)以上者为通过,并进行排序,产生推荐人选。

第十四条 鼓励与支持本校教师合理流动、跨单位申请及聘用。由本人申请,经现所在单位同意后,可直接向设岗单位申请,设岗单位应予以受理,并严格按程序组织评议。若应聘得以通过,必须进入设岗单位工作。

第十五条 工作量仅计算任现职以来所完成的教学、科研等工作。

第十六条 聘用工作开始之日,已达到规定的退休年龄、应办理退休手续的人员,不得参加应聘。符合条件且申请已被受理,但在评议过程中达到规定退休年龄者不受此限制,若应聘得以通过,聘期至其退休之日止。

第十七条 申请调出人员,学校不接受其应聘申请。

第十八条 应聘者应如实提交申报材料，在申报和评议过程中，如发现有弄虚作假、违反师德师风和学术道德等行为，实行"一票否决制"，取消本次和下一次申报资格，情节严重者，将按有关规定给予处分。

第十九条 应聘者须严格遵守保密制度，务必对含有涉密内容的申报信息进行脱密处理。

第二十条 评议与聘用过程中，各级聘用工作人员应严格遵守聘用纪律、保密制度和亲属回避制度，如有徇私舞弊行为，一经查实，当严肃处理。

第八章 附 则

第二十一条 青年教师担任辅导员或班主任工作、教师给本科生上课按照国家有关规定执行。

第二十二条 此前有关规定与本实施办法不一致的，以本实施办法为准。

第二十三条 本实施办法由人力资源部负责解释。

第二十四条 本实施办法自印发之日起施行。

中国科学技术大学支撑岗位专业技术职务聘用实施办法（试行）

（校人字〔2018〕265号，2018年12月20日）

第一章 总 则

为进一步完善我校的岗位管理制度，规范支撑岗位专业技术职务聘用工作，根据《中国科学院岗位管理实施办法》（科发人字〔2017〕8号）和《〈中国科学院岗位管理实施办法〉文件说明》（人字〔2017〕10号）精神，结合我校实际，制定本办法。

第一条 支撑岗位是指为教学、科研及人才培养提供高水平技术支撑、为学校各项事业开展提供综合保障和服务的岗位。

第二条 支撑岗位分系列设置。主要设置工程技术系列、实验技术系列，以及综合支撑系列岗位。

第三条 支撑岗位分系列建立评价指标体系。充分体现不同系列岗位的特点及其评价的差异性，理顺、明晰不同系列岗位人员的晋升通道和发展方向。

第四条 支撑岗位分系列聘用。工程技术系列、实验技术系列，由学校按照"科学设岗、公开公正、平等竞争、择优聘用"的原则进行聘用；综合支撑系列，按照国家、中国科学院及业务主管部门的有关规定，由相关单位结合实际，制订实施方案，组织推荐、聘用工作。

第二章 岗 位 设 置

第五条 在中国科学院核定的编制、岗位职数和结构比例控制下,依据学校支撑队伍建设总体规划,在综合分析工作目标、任务和队伍结构等情况的基础上,针对各技术系列的不同特点,分系列研究制定岗位设置方案,确定聘用岗位职数,经学校研究批准执行。

第六条 工程技术系列岗位设高级工程师(教授级)、高级工程师、工程师和助理工程师专业技术职务。

根据大型设备(仪器)的研制、维护和运行,以及重大科研项目的技术需要,具体分析工程技术系列队伍结构等情况进行岗位设置。

第七条 实验技术系列岗位设正高级实验师、高级实验师、实验师、助理实验师和实验员专业技术职务。

根据教学和科研实验任务需要,具体分析实验技术系列队伍结构进行岗位设置。

第八条 综合支撑系列按照按需设岗、规范聘用的原则,实行学校宏观指导、结构比例控制、职业和任职资格准入、分系列组织推荐聘用。有关系列须严格按照国家、中国科学院及业务主管部门专业技术岗位聘用管理的有关规定,制定本系列聘用实施办法,报学校批准后施行。

副高级及以下专业技术岗位,由学校按照合理的结构比例,分系列下达推荐职数;正高级专业技术岗位职数,由学校统一控制使用。

根据学校对有关单位的功能定位,结合人员构成、专业特点等情况,系列划分如下:

图书馆、档案馆、博物馆所属系列(图书、档案、文博);

出版社及其他单位所属系列(出版、编辑、校对);

医院所属系列(医、药、护、技);

附属中学、幼儿园所属系列(中、小学教师)。

第三章 聘 用 范 围

第九条 本办法是进行支撑岗位专业技术职务的聘用。在支撑岗位工作已聘相应系列的专业技术职务,且符合相应专业技术职务聘用条件的人员,可申报聘用。

第四章 聘 用 条 件

第十条 应聘者必须具备的基本条件:热爱祖国,热爱人民,拥护中国共产党领导,拥护中国特色社会主义制度;遵守中华人民共和国宪法和法律;遵守中国科学院章程;遵守中国科学技术大学章程;具有良好的公民意识和职业道德;学风端正,科学态度严谨,爱岗敬业;岗位所需的专业或技能条件;适应岗位要求的身体条件。

第十一条 工程、实验技术系列相应专业技术职务的基本聘用条件:

（一）学历学位和任职年限要求。

高级工程师（教授级）、正高级实验师：大学本科及以上学历，并获得学士及以上学位，任高级工程师（高级实验师）岗位满5年，年度考核合格及以上；1991年及以后参加工作的，应具有硕士及以上学位。

高级工程师（高级实验师）：大学本科及以上学历，并获得学士及以上学位，任工程师（实验师）岗位满5年，或博士研究生毕业任工程师（实验师）岗位满2年，或博士后出站人员工作满1年；年度考核合格及以上；1991年及以后参加工作的人员，应具有硕士及以上学位。

工程师（实验师）：大学本科毕业，并获得学士学位，任助理工程师（助理实验师）岗位满4年，或硕士研究生毕业任助理工程师（助理实验师）岗位满2年；年度考核合格及以上。博士研究生毕业。

助理工程师：大专毕业任技术员岗位满2年，年度考核合格及以上。大学本科毕业，并获得学士学位，试用期满且考核合格。硕士研究生毕业。

助理实验师：中专毕业任实验员岗位满4年，或大专毕业任实验员岗位满2年，年度考核合格及以上。大学本科毕业，并获得学士学位，试用期满且考核合格。硕士研究生毕业。

实验员：大、中专毕业，试用期满且考核合格。

（二）外语水平要求。

具备岗位所需的外语能力，能够使用外语开展有关岗位工作；高级工程师（教授级）、正高级实验师、高级工程师应能够运用外语开展国际交流。

（三）工程技术能力和项目、成果、科技成果转移转化，实验技术能力和工作量、成果，以及其他方面的要求，由各学科组研究制定，并公布执行。

第十二条 综合支撑系列的基本聘用条件，按前述第二章第八条的系列划分，由相关系列在制定岗位聘用实施办法时予以规定。聘用条件制定应遵循的原则：充分体现所属系列的特点，有利于队伍素质的提高，有利于队伍结构的优化，兼顾与学校其他系列聘用标准的平衡。

第五章　组织机构

第十三条 学校成立支撑岗位专业技术职务聘用工作委员会（以下简称"校聘委会"），负责支撑岗位的评议和聘用等工作。

校聘委会下设工程技术和实验技术2个学科组，分别负责研究制定本学科组所属系列岗位聘用在工程、实验技术方面的要求和评价标准，以及评议与推荐工作。

第十四条 学院（单位）成立聘用推荐工作小组，组长由学院（单位）领导担任，原则上由9名及以上成员组成。其职责：

（一）进行本单位应聘人员申报材料和申报资格审查工作；

（二）负责本单位应聘正、副高级专业技术职务人员的评议、推荐工作；

（三）组织开展本单位中级及以下专业技术职务的聘用。

第十五条 学校成立资格复核小组，成员由相关部门负责人和工作人员组成。负责对应聘人员申报材料和申报资格作进一步复核，汇总有关信息和问题，提请校聘委会研究。

第十六条 综合支撑系列由各系列分别建立聘用组织机构,并在其实施办法中予以明确,负责相关系列专业技术职务的评议、推荐和聘用等工作。

第六章 工 作 程 序

第十七条 聘用工作程序(综合支撑系列,由各系列分别在其实施办法中予以明确):

(一)传达布置聘用工作,建立健全聘用组织。

(二)各学科组研究制定所属系列岗位聘用在工程、实验技术方面的要求和评价标准,并公布执行。

(三)各学院(单位)研究制定聘用推荐工作细则(组织成员名单及工作细则报人力资源部备案)。

(四)应聘人员网上申报,并提交申报材料(单位推荐破格者提交破格推荐材料)。

(五)学院(单位)聘用推荐工作小组对应聘人员申报材料的真实性和申报资格的有效性进行审查。学院(单位)党组织,经集体研究后,对应聘人员思想政治素质和师德师风进行评价。采取适当形式在学院(单位)范围内公开应聘人员材料,接受广大教职工监督。

(六)学校资格复核小组对应聘人员申报材料及其申报资格进行复核,并将复核结果反馈给各学院(单位)。

(七)学院(单位)聘用推荐工作小组根据聘用推荐工作细则,组织完成以下工作:

1. 对应聘中级及以下专业技术职务的人员进行评议、投票表决,同意票数达到出席会议的聘用推荐工作小组成员总数2/3(含)以上者为通过,产生拟聘人选。在学院(单位)范围内对拟聘人选进行公示。公示后,将拟聘人选及有关材料报送人力资源部。

2. 组织召开教授大会,进行正、副高级专业技术职务聘用的推荐工作,到会教授不得少于本单位教授总数的2/3。教授大会对申报正、副高级专业技术职务的人员进行评议、投票表决,同意票数达到出席会议的教授总数2/3(含)以上者为通过,并进行排序。

(八)学科组受理、审核申报材料;召开学科组会议,对学院(单位)报送的正、副高级专业技术职务人选进行评议、投票表决,同意票数达到出席会议的学科组专家总数2/3(含)以上者为通过,并进行排序,产生推荐人选。

(九)学校召开校聘委会会议,对学科组(含综合支撑系列)报送的正、副高级专业技术职务推荐人选进行评议、投票表决,同意票数达到出席会议的校聘委会专家总数2/3(含)以上者为通过,确定报送校长工作会议的拟聘人选。

(十)对拟聘人选进行公示,公示期不少于7天。

(十一)将拟聘人选提交校长工作会议研究批准,校长聘用。

第七章 其 他 规 定

第十八条 应聘者在本专业领域有特别突出表现,取得重大成果,可不受任职年限、学历学位的限制,由学院(单位)推荐破格应聘。推荐破格需提交《破格推荐表》及有关证明材料,报学校研究批准后,方可进入后续聘用工作程序。

第十九条 岗位类别未发生事实上的变动,未经人事部门批准、备案,所执行的系列不得变更;岗位类别发生事实上的变动,且经人事部门批准、备案,可根据岗位要求执行相应的系列。

第二十条 工作量仅计算任现职以来所完成的技术支撑、综合保障和服务等工作。

第二十一条 聘用工作开始之日,已达到规定的退休年龄、应办理退休手续的人员,不得参加应聘。符合条件且申请已被受理,但在评议过程中达到规定退休年龄者不受此限制,若应聘得以通过,聘期至其退休之日止。

第二十二条 申请调出人员,学校不接受其应聘申请。

第二十三条 应聘者应如实提交申报材料,在申报和评议过程中,如发现有弄虚作假、违反师德师风和学术道德等行为,实行"一票否决制",取消本次和下一次申报资格,情节严重者,将按有关规定给予处分。

第二十四条 应聘者须严格遵守保密制度,务必对含有涉密内容的申报信息进行脱密处理。

第二十五条 评议与聘用过程中,各级聘用工作人员应严格遵守聘用纪律、保密制度和亲属回避制度,如有徇私舞弊行为,一经查实,当严肃处理。

第八章 附 则

第二十六条 此前有关规定与本实施办法不一致的,以本实施办法为准。

第二十七条 本实施办法由人力资源部负责解释。

第二十八条 本实施办法自印发之日起施行。

中国科学技术大学收入管理办法

(校财字〔2018〕70号,2018年5月3日)

第一章 总 则

第一条 为加强和规范学校各项收入管理,增强经济资源的筹措能力,保障和促进学校的事业发展,根据《高等学校财务制度》《高等学校会计制度》《行政事业单位内部控制规范(试行)》等精神,结合学校实际,制定本办法。

第二条 收入是指学校为开展教学、科研及其他事业活动依法多渠道取得的非偿还性资金,包括财政补助收入、事业收入、上级补助收入、附属单位上缴收入、经营收入和其他收入。

第三条 收入管理坚持"依法取得、应收尽收、规范管理、责任明确"的原则。学校财务处是学校各项收入的业务管理部门,负责依法对全校的收入进行统一管理和集中核算。

第二章　收入的分类

第四条　财政补助收入。

是指学校从中央财政部门和上级主管部门取得的各类财政拨款。主要包括：

（一）财政教育拨款，即学校从中央财政部门和上级主管部门取得的各类财政性教育拨款。

（二）财政科研拨款，即学校从中央财政部门和上级主管部门取得的各类财政性科研拨款。

（三）财政其他拨款，即学校从各级财政部门和业务主管部门取得的本条上述拨款范围以外的财政性拨款。

第五条　上级补助收入。

是指学校从主管部门和上级单位取得的非财政补助收入。

第六条　事业收入。

（一）教育事业收入。

是指学校开展教育教学及其辅助活动所取得的各项收入，即各项行政事业性收费，主要包括：

1. 学费收入。通过学历和非学历教育向个人或单位收取的学费、委托培养费、培训费收入。主要包括全日制普通本科生学费、研究生学费、中外合作办学学生学费、留学生学费、短期进修培训学生学费、附属中学学费、幼儿园保育教育费等。

2. 住宿费收入。包括普通本科学生住宿费、研究生住宿费、留学生住宿费、短期进修培训学生住宿费等。

3. 培训费收入。指举办的各类培训班的收入。

4. 其他。主要包括会议费、考试考务费、招生报名费、测试费等。

（二）科研事业收入（含实验室运行费）。

是指学校开展科学研究及其辅助活动所取得的收入，主要包括国家纵向科研经费、地方科研经费、横向课题经费、科技协作经费、科技成果转让及科技咨询等所取得的收入。

第七条　附属单位上缴收入，即学校附属独立核算单位按照有关规定上缴的收入。

第八条　经营收入，即高等学校在教学、科研及其辅助活动之外，开展非独立核算经营活动取得的收入。

第九条　其他收入，即上述规定范围以外的各项收入，包括投资收益、国有资产有偿使用收入、捐赠收入、利息收入、租金收入、现金盘盈收入、存货盘盈收入、收回已核销应收及预付款项、无法偿付的应付及预收款项、知识产权收入、拨入专款、非同级财政拨款（其他经费拨款）等。

（一）投资收益是指学校通过参股、入股等对外投资方式取得的投资收入。

（二）国有资产有偿使用收入是指将学校占有使用的固定资产、流动资产、无形资产，通过出租、出借、对外合作、对外服务形式取得的收入，主要包括经营性用房租赁收入；利用学校的会议室、教室、实验室、公共场所(地)、仪器设备、非教学用房等收取的租赁费、有偿使用和有偿服务费等。

（三）捐赠收入是指企事业单位、个人等社会各界支持我校发展，为学校捐赠的流动性资产。

（四）利息收入。

（五）其他。

第十条　国有资产处置收入是指学校处置的固定资产、无形资产及其他资产等取得的净收入。国有资产处置收入应当按照国家有关规定实行"收支两条线"管理。

第三章　收入的组织管理

第十一条　根据"收支两条线"的管理要求，各部门、各单位所有取得的收入必须全部纳入学校综合财务预算，实行统一管理，任何单位不得截留、挪用或设立"小金库"。

第十二条　学校财务部门和相关单位是学校所有收入落实的责任单位，校内各责任单位应与财务部门通力配合，采取有效措施保障学校各项收入及时落实到账，使各项收入应收尽收，共同做好收入的组织管理工作。

第十三条　财务处具体负责校内各项收入的审核、确认、核算和票据的管理等工作，并对收入的合法性、合规性实施监督检查。

第十四条　财政补助收入的责任单位为财务处、人力资源部、教务处、研究生院、科研部、基本建设处、资产与后勤保障处等相关单位，各责任单位应各司其职，相互配合，共同做好收入预算申报相关基础数据的编制统计工作，保证上报材料完整、准确和及时。

第十五条　上级补助收入责任单位为财务处及相关单位。

第十六条　教育事业收入的组织责任单位。

（一）普通本科生学费、住宿费、双学位学生学费的责任单位为教务处、保卫与校园管理处及各相关学院。

（二）研究生学费、住宿费的责任单位为研究生院、保卫与校园管理处及各相关学院。

（三）留学生学费、住宿费的责任单位为国际合作与交流部。

（四）短期培训费（非学历教育）的责任单位为各学院、各培训承担单位。

（五）附中学费收入、幼儿保育教育费收入的责任单位分别为附中和幼儿园。

（六）会议费、考试教务费、招生报名费、测试费、版面费等其他教育收入的责任单位为相关业务管理单位。

第十七条　为保证学校教育事业性收费的足额收取，教务处、研究生院等学籍管理的业务部门，应根据核定的收费标准，负责学生学费、住宿费应收数的初始化确定工作。如应收数发生变动或确定的应收数与核定的标准不符，必须提供相关的政策或审批依据。实收数的确认由财务处负责。

第十八条　科研事业收入的责任单位为科研部、各学院、实验室和各重点科研机构。

第十九条　其他收入的组织责任单位。

（一）非同级财政拨款收入（含地方级经费拨款）的责任单位为财务处及学校各相关

单位,各相关单位应紧跟国家、上级单位和地方政府出台的有关政策,多渠道筹措办学经费。

(二)国有资产(资源)有偿使用收入的责任单位为资产与后勤保障处和相应业务单位。

(三)学校捐赠收入及中央财政捐赠配比收入的责任单位为教育基金会、财务处等相关单位。

(四)利息收入的责任单位为财务处。

第二十条 学校严格按照批准的收费项目范围组织收入。各种收费项目立项、收费标准的制定和调整,应当由收费业务管理责任单位提出申请,财务处提出审核意见报学校收费工作领导小组审核同意后,提请校长工作会议审议。经批准并履行政府和主管部门审批或备案程序后,由财务处通知相关收费业务管理责任单位执行。各单位不得自行确定或调整收费项目和收费标准。学校不允许未经批准立项、擅自进行收费的行为发生。

第二十一条 学校按规定可以分成的收入,根据学校相关文件规定的分成比例进行分配。分配给相关业务单位的经费,按学校相关文件规定使用。

第二十二条 各业务单位利用学校现有的资源和条件,通过合法、合规和合理的途径和方式,开展对外有偿使用和有偿服务等所取得的收入,为鼓励业务单位组织收入的积极性,原则上可实行收入分成和激励管理。具体分成和激励办法由财务处会同人力资源部等相关单位研究拟定,经校长工作会议讨论后,报校党委常委会批准后执行。

第二十三条 收费减免与退费。本科生、研究生学费减免和退费,其他经批准的收费项目收入的减免,必须按照规范程序办理。收费减免与退费的相关管理办法由相关业务部门会同财务处另行制定。

第二十四条 各类收入均应使用上级财政部门统一印制的收费票据以及按有关规定应使用的税务发票。

第四章 监督检查

第二十五条 学校纪检、监察审计和财务部门应定期或不定期对收入实现情况开展监督和检查,落实收入方面的审计检查整改意见。

第二十六条 学校所属各单位、各部门不得擅自收费,不得应收不收或不按标准收费,不得自收自支,不得私设小金库等。对违反规定的单位和个人,将根据国家法律法规及学校相关规定给予严肃处理。

第五章 附　则

第二十七条 本办法自印发之日起施行。原《中国科学技术大学收入管理办法》(校财字〔2017〕133号)同时废止。其他相关规定与本办法不符的,以本办法规定为准。

第二十八条 本办法由财务处负责解释。

中国科学技术大学院级统筹增量经费(绩效预算)分配暂行办法

(校财字〔2018〕156号,2018年7月26日)

第一条 为突出院级单位在学校综合改革和全面推进"双一流"建设中的主导作用,增强院级单位经费统筹调控能力,提高资金使用效益,学校制定了院级统筹增量经费(绩效预算)分配指标评价办法,旨在以绩效管理为目标,以关键绩效指标为载体,按照综合绩效评价结果分配资源。

第二条 预算额度。

院级统筹增量经费预算以学校批复的年度预算为准。

第三条 分配对象。

纳入院级统筹增量经费分配的院级单位包括学院和重点科研机构。

第四条 评价指标。

院级统筹增量经费分配评价指标分为规模指标和绩效指标两大类。

(一)规模指标包括教职工规模指标和学生规模指标。

1. 教职工规模按上年6月底单位实际职工总数计算,含专业教师及其他人员。具体数据由人力资源部核定提供。

2. 学生规模按上年6月底实际学生总数计算,包括本科生及全日制研究生。

(二)绩效指标包括学科排名、招生与就业质量、年度综合考核结果3项指标。

第五条 绩效指标评价。

(一)学科排名。

研究生院负责学科排名指标的评价工作,负责制定学校院级单位学科排名指标评价办法,并按年度提供院级单位学科排名考评结果。

(二)招生与就业质量。

招生就业处负责本科生招生与就业质量指标的考核评价工作,负责制定学校院级单位本科生招生与就业质量指标评价办法,并按年度提供院级单位本科生招生与就业质量指标考评结果。

(三)年度综合考核。

党委组织部负责院级单位年度综合考核情况指标的评价工作,按年度提供院级单位综合考核考评结果。

第六条 分配方法。

院级统筹增量经费额度以学校当年批复的年度预算为依据。分配权重为规模指标和绩效指标各占50%。

(一)规模指标经费(50%)。

教职工规模指标和学生规模指标分别按规模指标经费总量的25%、25%比重计算经费分配额度。院级单位规模指标经费按下列公式计算：

$$单位规模指标经费 = \frac{经费总量 \times 25\%}{教工规模总数} \times 单位教工数 + \frac{经费总量 \times 25\%}{学生规模总数} \times 单位学生数$$

（二）绩效指标经费(50%)。

分别按院级单位学科排名20%、招生与就业质量10%、年度综合考核20%的比重进行分配。每项指标均采取从优到劣依次排序的方式进行。如为定性评价，考核等次最高的排在首位，以序号1为基数，每向下一个级别基数加1来确定排序。

经费分配办法：以每项指标排序的中位数为基础，应分配经费数为平均数（即总经费额度/参与分配的单位个数）。以中位数为基础，排序每向前一名经费增加5%，向后一名减少5%。

第七条 经费使用与管理。

院级统筹增量经费的使用，统筹用于学院人才培养、学科建设、学术交流、基础设施条件改善、师资队伍和文化传承等运行和建设。不得用于教职员工薪酬发放。

学校在预算年度初期对院级统筹增量经费按规模指标进行预分配。

学校对院级统筹增量经费纳入预算绩效评价范围，按学校预算绩效管理暂行办法进行管理。经费结余定期清理，原则上不超过两年，逾期学校收回。

第八条 本办法自印发之日起施行。原《中国科学技术大学院级统筹增量经费（绩效预算）分配方案（试行）》（校财字〔2017〕272号）同时废止。

本办法由财务处、研究生院、招生就业处、党委组织部在各自职能范围内负责解释。

中国科学技术大学资金存放管理暂行办法

（校财字〔2018〕157号，2018年7月26日）

为建立健全科学规范、公正透明的资金存放管理机制，防范资金存放安全风险和廉政风险，充分发挥暂时闲置资金的经济效益，根据财政部《关于进一步加强财政部门和预算单位资金存放管理的指导意见》（财库〔2017〕76号）、《中央预算单位资金存放管理实施办法》（财库〔2017〕176号）和中国科学院条件保障与财务局《关于转发〈财政部关于印发《中央预算单位资金存放管理实施办法》的通知〉的通知》（科发条财函〔2017〕277号）的相关规定和要求，结合学校实际，制定本办法。

第一章 总　　则

第一条 学校资金存放遵循以下原则：

（一）依法合规、公开、公平、公正，防范廉政风险。

（二）坚持安全优先、科学评估、收益合理、权责统一的原则。在科学测算现金流量，确保单位资金安全和日常支付流动性需求的前提下,实现资金保值增值。

第二条 本办法所称资金存放银行,包括本单位银行结算账户开户银行和资金转出开户银行进行定期存款的银行。根据财政部文件要求,预算单位对资金存放银行的选择,可采取公开竞争方式或集体决策方式。

第二章 结算账户开户银行的选择

第三条 对于学校新开立银行结算账户和变更银行结算账户开户银行,原则上采取集体决策方式选择资金存放银行。

第四条 评选备选银行。学校授权财务处邀请不少于3家本地区的备选银行,对备选银行进行综合评价,备选开户银行的评分过程和结果提交校长工作会议和党委常委会议集体讨论,确定开户银行。结算账户银行选择的具体操作方法见附件1。

第五条 综合评价备选银行。学校通过考察备选银行的经营状况、服务水平、利率水平等指标,综合评价备选银行。经营状况指标主要反映资金存放银行的资产质量、偿付能力、运营能力等。服务水平指标主要反映结算账户银行提供支付结算、对账、分账核算的能力和水平等。利率水平指标主要指承诺的存款利率等,同时兼顾备选银行与学校的业务合作情况,以及对学校事业发展的支持力度和贡献情况。具体评分指标体系与评分方法见附件2。

第六条 结算账户开户银行的变更。学校结算账户一经确定后,要保持基本稳定。学校发现结算账户开户银行存在以下行为的,可以重新选择开户银行:
(一)未按照要求提供真实、准确的评分材料,或者未履行承诺利率和服务事项的;
(二)拒绝与学校按照规定签订银行结算账户管理协议的;
(三)未遵守廉政承诺或者存在其他与本单位资金存放相关的利益输送行为的;
(四)服务意识和服务能力较弱,师生反映强烈,经校长工作会议、党委常委会议研究确定必须更换结算户银行的;
(五)出现重大安全风险事件或者经营状况恶化影响资金存放安全的。

第三章 资金转出开户银行定期存款的银行选择

第七条 学校将银行结算账户资金转为定期存款、协定存款、通知存款等,一般在单位的开户银行办理。经测算学校银行结算账户内的资金,在扣除日常资金支付需要后有较大规模余额的,可以按规定转出开户银行进行定期存款。学校在本单位现有的银行结算账户之间按照规定的账户用途划转资金,并在转入资金的开户银行转存定期存款,不属于本办法规定的资金转出开户银行进行定期存款。

第八条 学校资金转出开户银行进行定期存款,超过规定限额的,采取竞争性方式选择定期存款银行。鉴于学校现有基本户开户银行和零余额账户开户银行长期为学校日常资金结算所提供的服务保障,学校在现有银行结算账户、国库账户两家银行存放的定期存款资金总量原则上维持2017年底的水平(利率相差较大的除外),对后期新增资金需要转存定期存款超过1亿元的,将采取竞争性方式选择定期存款银行。单次操作金额不少于10000万元,原则上一年不超过2次。

第九条　学校资金转出开户银行进行定期存款,定期存款期限一般控制在1年以内(含1年)。定期存款到期后不需要收回使用的,在利率相当的前提下,可以在原定期存款银行续存,累计存期不超过2年。到期后不再续存以及累计存期已达到2年的,存款本息返回原开户银行,仍需转出开户银行进行定期存款的,重新采取竞争性方式选择定期存款银行。

第十条　学校资金转出开户银行进行定期存款,按照中央预算单位银行账户管理制度规定将开立的定期存款账户报财政部门备案,不得在定期存款银行新开立银行结算账户,不得将资金转到异地银行分支机构进行定期存款。

第十一条　办理定期存款的审批权限和手续:

(一)在现开户银行办理定期存款。1000万元(含)以下的定期存款,由财务处负责人审批后办理。1000万元(不含)以上的,由财务处报请总会计师审批后办理。

(二)转出开户银行办理定期存款。1000万元(含)以下的零星定期存款,由财务处负责人报总会计师备案后审批办理。1000万元以上、5000万元(含)以下的定期存款,由财务处报请总会计师审批后办理。5000万元以上、1亿元(含)以下的定期存款,由学校主要领导批准后办理。1亿元以上的定期存款必须采取竞争方式选择存放银行。

第四章　加强资金存放风险防控

第十二条　以集体决策方式选择资金存放银行,相关业务部门负责人实行利益回避制度,不得将学校资金存放在相关业务负责人的配偶、子女以及其他直接利益相关人员工作的银行。

第十三条　学校要求资金存放银行出具廉政承诺书,承诺不得向资金存放主体相关负责人员输送任何利益,承诺不得将资金存放与学校相关负责人在本行亲属的业绩、收入挂钩。

第十四条　学校严格控制定期存款的银行数量,参与竞争的银行必须是同城的开户银行,且每次不超过5家。学校与定期存款银行签订协议,全面、清晰地界定双方权利和义务。资金存放银行出现重大安全风险事件或者经营状况恶化影响资金存放安全的,学校及时收回资金。

第五章　附　　则

第十五条　本办法自印发之日起施行。
第十六条　本办法由财务处负责解释。

附件1

资金存放银行选择的具体操作方法

一、集体决策方式选择开户银行

（一）选取备选开户银行。

学校授权财务处在遵循公平、公正的原则下，从经营状况和服务水平较好，并在同城设立分支机构的银行中，选取不少于3家不同银行所属分支机构作为备选开户银行。选择备选银行应当实行利益回避，学校主要领导干部、分管资金存放业务的领导干部以及财务负责人的配偶、子女及其配偶和其他直接利益相关人员在银行工作的，该银行所属分支机构不得作为备选开户银行。

（二）对备选开户银行综合评分。

确定综合评分法的评分指标和评分标准，收集备选开户银行相关指标，并对备选开户银行分别评分。

（三）集体决策。

将备选开户银行的评分过程和结果提交校长办公会议审议后，报学校党委常委会议集体讨论选定开户银行。

（四）内部公示。

将备选开户银行的评分情况、集体决策结果在单位内部显著位置予以公告。公告5个工作日无异议的，按照会议决定确定开户银行。公告期间，如单位相关人员对结果提出异议，应对有关情况进行复核确认。

（五）集体决策选择转出开户银行办理定期存款存放银行适用本操作流程。

二、竞争方式选择转出开户银行办理定期存款银行

（一）发布竞争性选择公告。

在学校的门户网站上发布定期存款银行竞争性选择公告，载明本期计划存放资金规模和定期存款期限、参与银行基本资格要求、拟选择存放银行数量和在每个银行的存款金额、报名方式及需要提供材料、报名截止时间等事项。参与竞争的银行数量应大于拟选择存放银行数量2家以上。报名截止后参与银行数量不足的，可公告延长报名截止时间并扩大竞争性选择公告刊登范围，直至参与银行数量达到要求。

（二）组建评选委员会。

学校授权财务处按照《中央预算单位资金存放管理实施办法》（财库〔2017〕176号）第七条规定的标准组建评选委员会。评委会由校内成员和外部专家3~5人组成。

（三）对参与银行综合评分。

评选委员会采用综合评分法对符合基本资格要求的参与银行进行评分，将评分结果提交学校组织单位。

（四）择优确定定期存款银行。

根据评选委员会评分结果择优确定定期存款银行，经学校财务领导组同意后，向入选定期存款银行发出确认通知书，同时将评选结果在原发布竞争性选择公告的公开媒体上公告。

附件 2

评分指标体系与评分方法

一、评分指标体系

（一）评选开户银行。评分指标包括 3 个方面：经营状况、服务水平、支持力度，权重分别为 30％、50％、20％（详见表 1）。

表 1　开户银行评分指标

类别	分项指标	权重	权重合计
经营状况	净资产总额	6％	30％
	资本充足率	6％	
	不良贷款率	6％	
	资产利润率	6％	
	流动性比例	6％	
服务水平	由中央预算单位根据实际情况和管理要求设置分项指标和权重	50％	50％
支持力度	对学校事业发展、校园建设提供的支持情况	20％	20％

以上市公司公开的近期经营信息为依据。

（二）评选定期存款银行。评分指标包括 4 个方面：经营状况、服务水平、利率水平、支持力度，权重分别为 40％、10％、30％、20％（详见表 2）。

表 2　定期存款银行评分指标

类别	分项指标	权重	权重合计
经营状况	净资产总额	8％	40％
	资本充足率	8％	
	不良贷款率	8％	
	资产利润率	8％	
	流动性比例	8％	
服务水平	由学校根据实际情况和管理要求设置分项指标和权重	10％	10％
利率水平	承诺定期存款利率	35％	30％
支持力度	对学校事业发展、校园建设提供的支持情况	15％	20％

以上市公司公开的近期经营信息为依据。

二、评分方法

（一）经营状况和利率水平指标计分方法。

经营状况类各项指标根据银行全行数据计算得出，银行已上市的，数据一般来源于已披露的最近一年的年度报告；银行未上市的，数据一般来源于最近一年经审计的年度报告。利率水平指标由参与竞争的银行分支机构在总行授权范围内提供。

净资产总额、资本充足率、资产利润率、流动性比例、利率水平得分的计算方法为

$$单项指标得分 = \frac{本机构单项指标数值}{所有参评银行在本指标中的最大值} \times 100$$

不良贷款率得分计算方法为

$$不良贷款率得分 = \frac{所有参评银行在本指标中的最小值}{本机构单项指标数值} \times 100$$

（二）服务水平指标计分方法。

服务水平的分项指标由中央预算单位根据实际情况和管理要求设置，可以为银行分支机构指标或全行指标，由评选人员根据具体分项指标情况采取计算方法或评审方法，采用百分制打分。

（三）总分计算方法。

$$单个评选人员对某个银行评分 = \sum 经营状况中单项指标得分 \times 分项指标权重 + \sum 服务水平中单项指标得分 \times 分项指标权重 + 利率水平指标得分 \times 本项指标权重$$

参评银行最终得分为评选委员会中全体评选人员评分的算术平均数。评选委员会人数在5人以上的，参评银行最终得分为去掉全体评选人员评分中最高分和最低分后的算术平均数。

中国科学技术大学电子支付账户管理暂行办法

（校财字〔2018〕241号，2018年12月5日）

第一章 总 则

为加强新形势下学校电子支付账户管理工作，营造便捷高效、安全有序的电子支付环境，推进电子支付行为健康规范，依据《财政部行政事业单位经济活动内部控制规范》《中国科学院所属单位经济活动内部控制规范》，以及《中国科学技术大学内部控制手册》、《中国科学技术大学资金存放管理暂行办法》（校财字〔2018〕157号）、《中国科学技术大学大额资金支付审批管理暂行办法》（校财字〔2015〕177号）等相关规定和管理要求，学校研究制定了本办法。

第一条 电子支付账户管理的对象，主要指以中国科学技术大学名义或者学校所属各

单位的名义开办并经过学校认证的,包括但不限于:支付宝商户号、微信商户号、银联商户号、其他第三方支付商户号等电子支付账户;其应用方式主要包括:网上支付、移动支付、终端支付、电话支付和其他电子支付等。

  第二条 电子支付账户管理的内容,主要包括上述各类电子支付账户的开户、运营、收款、付款、资金管理、资金归集、安全审查、备案存档以及销户等工作;其应用范围主要包括:校内考试报名费、学费、住宿费、会务会议费、水电费、网络费、食堂及其他有关费用的收缴等。

  第三条 电子支付账户管理工作要从有利于教育科研事业发展,有利于高校财务内涵建设与跨越提升,有利于便捷师生校园工作学习出发,成为密切联系师生、提升工作效能、建设智慧校园的重要措施。

第二章 电子支付账户的设立

  第四条 电子支付账户的设立应当符合国家及学校相关规范。电子支付账户的名称原则上应为学校名全称或规范简称,或者根据主要服务对象和工作特性命名账户。

  第五条 电子支付账户的设立由学校统一管理。禁止任何单位(部门)或个人未经学校批准,擅自以学校及学校所属单位的名义开通各类电子支付账户。

  严禁任何人利用学校资源私自开设电子支付账户获取利益。

  电子支付账户的设立应当以规范性、安全性为目标,原则上优先选择银联、支付宝、腾讯等具有较强实力的第三方平台作为服务提供商;电子支付账户的设立应当积极维护学校整体利益,原则上不得开通需缴纳服务费或其他手续费的账户。

  第六条 电子支付账户的设立实行审批备案制度,应按以下流程进行:

  (一)需要开户的校内单位(部门)作为业务运营主要责任主体(以下简称"运营主体"),提出开户申请并填写《电子支付账户开户申请表》,申请表需经部门主要负责人签字并加盖部门公章;

  (二)财务处作为业务监管主体,负责《电子支付账户开户申请表》的业务审批及备案工作,涉及影响范围或资金流水较大的账户审批报分管校领导同意后方可审批备案;

  (三)网络信息中心、党政办公室(网信办)作为综合监管主体,负责《电子支付账户开户申请表》的综合审批及监管工作,如开户所需相关材料的提供及核验等。

第三章 电子支付账户的管理

  第七条 电子支付账户按照"谁设立谁负责"的原则进行管理。运营主体作为主体责任人,负责账户的日常管理。具体包括:

  (一)严格遵守国家法律法规,恪守公序良俗,遵守学校各项规章制度,自觉维护学校利益,并对所有相关工作的合理性、真实性、准确性、安全性负主要责任;

  (二)负责账户日常运营的业务管理,严格按照本办法第四章的规定开展业务活动;

  (三)制定相关管理规章制度,加强日常业务的内控管理。

第八条 财务处作为业务监管主体，负责电子支付账户日常管理中的业务监管及指导。具体包括：

（一）电子支付账户的关联业务范围核定，如收费范围及收费项目的核定；

（二）电子支付账户的资金归集方式及归集银行账户的核定；

（三）电子支付账户的资金归集周期及对账方式的核定；

（四）根据各账户管理部门提供的数据定期整理并编制相关报表；

（五）有关材料、档案的备案存档工作。

第九条 党政办公室（网信办）作为综合监管主体，负责电子支付账户日常管理中的综合监管及指导。具体包括：

（一）电子支付账户的校级统筹规划及战略类协议签订；

（二）电子支付账户日常管理过程中的用证用章及其他材料核验；

（三）其他相关工作。

第十条 网络信息中心作为网络安全监管主体，负责电子支付账户日常管理中的安全监管及指导。具体包括：

（一）电子支付账户的安全保证措施监管及备案；

（二）电子支付账户配套软硬件设施的安全保证措施监管及备案；

（三）其他相关工作。

第四章 电子支付账户的运营

第十一条 日常运营。运营主体应当指定专人负责相关账户的日常运营管理工作，其中账户资金流动全过程应当至少有两名及以上运营管理人员参与。

第十二条 收款。运营主体应当在核定收费范围、收费项目内进行账户收款操作，不得超出核定收费范围或项目内容收款，严禁使用校内账户进行非校内业务收款或使用非校内账户进行校内业务收款；如需调整账户收费范围或收费项目，运营主体应当填写《电子支付账户变更申请表》，经学校财务部门审批备案后实施。

第十三条 付款。为保证学校资金安全，电子支付账户付款功能由财务处统一核定，不公开开放。如有特殊情况，校内各部门可向财务处提出申请。

第十四条 资金管理与归集。运营主体应当制定相关账户的内部资金管理制度，并严格按照《电子支付账户开户申请表》中约定的归集时间、银行账户进行资金归集；原则上存放于电子支付账户上的资金应于T+1日之内归集入学校指定的银行账户；财务处需针对电子支付账户资金明细与银行归集明细进行定期对账。

第十五条 安全检查。运营主体应当定期检查相关账户以及配套软硬件设施的安全保证措施，定期向学校网络信息中心报告，学校网络信息中心需定期进行安全审查。

第十六条 数据报表。运营主体应当就相关账户的资金流动进行每日电子台账登记，按月整理相关数据并制作报表后报送财务处，财务处定期汇总整理编制校级报表。

第十七条 备案存档。各相关部门负责涉及本部门的各类材料及数据的备案存档工作。

第五章 电子支付账户的销户

第十八条 电子支付账户实行年度检查制度。各日常运营主体每年应检查所管理的电子支付账户，对于不符合规范或不再使用的相关账户，应及时清理或注销关闭并报送财务处备案。

第六章 附 则

第十九条 本规定自印发之日起施行，由学校财务处、党政办公室、网络信息中心在各自职责范围内负责解释。

第二十条 此前已经以中国科学技术大学及所属单位名义开通的电子支付账户的运营主体，应当按照本办法的规定，在本通知下发后一个月内补办报批备案手续。未在规定时间内履行补办备案手续的，视为未经学校批准设立的账户，相关账户产生的一切行为及后果由账户使用部门自行承担。

中国科学技术大学校内预算绩效评价暂行办法
（校财字〔2018〕242号，2018年12月7日）

第一章 总 则

为提升预算资金使用效率，增强单位"花钱问效"责任意识，促进绩效目标管理，根据《中国科学技术大学预算管理暂行办法》（校财字〔2017〕294号）和预算绩效管理工作要求，制定本办法。

第一条 校内预算绩效评价（以下简称"绩效评价"）是指学校预算管理与咨询机构根据设定的绩效目标，运用科学、合理的绩效评价指标、评价标准和评价方法，对校内预算的经济性、效率性和效益性进行客观、公正的评价。

第二条 学校预算管理与咨询机构是绩效评价的主体，包括财务处、监察审计处、预算专家委员会和社会中介机构及社会专家。预算年度内通过校内预算安排的项目适用本办法。

第二章 绩效评价原则和内容

第三条 绩效评价应当遵循以下基本原则：

（一）实现绩效评价全覆盖。根据《中国科学技术大学预算管理暂行办法》和预算绩效管理工作要求，对年度内全部校内预算项目开展绩效评价，确保绩效评价自评覆盖率达到100%。

（二）确保评价结果真实客观。相关评价人员对照年初预算设定的绩效目标及指标值，进行打分测评，秉承实事求是的原则，确保数据准确、分值合理、结果客观。

第四条 绩效评价的指标体系是衡量绩效目标实现程度的考核工具。主要包括投入、过程、产出、效果四个一级指标。绩效评价指标的确定应当遵循以下原则：

（一）相关性原则。应当与绩效目标有直接的联系，能够恰当反映目标的实现程度。

（二）重要性原则。应当优先使用最具评价对象代表性、最能反映评价要求的核心指标。

（三）可比性原则。对同类评价对象要设定共性的绩效评价指标，以便于评价结果可以相互比较。

（四）系统性原则。应当将定量指标与定性指标相结合，系统反映财政支出所产生的社会效益、经济效益、环境效益和可持续影响等。

（五）经济性原则。应当通俗易懂、简便易行，数据的获得应当考虑现实条件和可操作性，符合成本效益原则。

第五条 绩效评价的内容主要是绩效目标的设定与完成程度、项目组织实施管理状况、项目资金管理情况、项目实施效益。

第六条 绩效评价一般以预算年度为周期，次年适时安排绩效评价工作。

第三章 绩效评价方法

第七条 绩效评价方法主要采用成本效益分析法、比较法、因素分析法、最低成本法、公众评判法等。

（一）成本效益分析法。是指将一定时期内的支出与效益进行对比分析，以评价绩效目标实现程度。

（二）比较法。是指通过对绩效目标与实施效果、历史与当期情况、不同部门和地区同类支出的比较，综合分析绩效目标实现程度。

（三）因素分析法。是指通过综合分析影响绩效目标实现、实施效果的内外因素，评价绩效目标实现程度。

（四）最低成本法。是指对效益确定却不易计量的多个同类对象的实施成本进行比较，评价绩效目标实现程度。

（五）公众评判法。是指通过专家评估、公众问卷及抽样调查等对财政支出效果进行评判，评价绩效目标实现程度。

（六）其他评价方法。

第八条 绩效评价方法的选用应当坚持简便有效的原则。根据评价对象的具体情况，可采用一种或多种方法进行绩效评价。

第四章 绩效评价工作程序

第九条 学校成立绩效评价工作小组，成员由分管财务校领导、预算专家委员会成员、外请绩效测评专家、财务处相关人员、审计处相关人员组成。绩效评价工作由财务处牵头负责。

第十条 绩效评价工作一般按照以下程序进行：

（一）单位自评：每年年初，各单位对上年所有项目开展绩效自评并填写《校内预算绩效自评表》。在绩效自评工作中，要实事求是，保证数据准确、分值合理、结果客观，各单位要对绩效自评结果的真实性负责。

（二）抽选项目：校领导、预算专家委员会专家在年度内全部校内预算项目中随机进行抽选，选取20个左右项目进行测评。

（三）资料核查：绩效测评专家对被抽查项目的相关资料进行核查，包括单位绩效自评表、账务资料、相关规章制度、招投标文件、合同、协议等。

（四）现场调研：绩效评价工作小组对项目实施现场进行实地查看、走访用户单位，了解项目实施状况、实施效果。

（五）综合评价：绩效测评专家根据绩效评价资料，结合实地查看专家结论，对被抽查项目进行综合绩效评价打分、评定绩效等级提交评价工作小组审议。

（六）评价报告：由绩效测评专家根据被抽查项目绩效评价审议结果出具绩效评价报告。财务处将绩效评价结果及时反馈给项目单位并向学校预算工作小组和校长工作会议报告。

第五章 绩效评价结果及报告

第十一条 绩效评价结果应当采取评分与评级相结合的方式，具体分值和等级可根据不同评价内容设定。绩效评价分为优、良、中、差四个等级，其中：85分及以上为优，75~85分（含75分）为良，60~75分（含60分）为中，60分以下为不合格。

第十二条 撰写绩效评价报告，绩效评价报告应当包括以下主要内容：

（一）基本概况；

（二）绩效评价的组织实施情况；

（三）绩效评价指标体系、评价标准和评价方法；

（四）绩效目标的实现程度；

（五）存在问题及原因分析；

（六）评价结论及建议；

（七）其他需要说明的问题。

第十三条 绩效评价报告应当依据充分、真实完整、数据准确、分析透彻、逻辑清晰、客观公正。

第十四条 财务处应当及时整理、归纳、分析、反馈绩效评价结果。学校将其作为改进预算管理和安排以后年度预算的重要参考依据。

第十五条 中央财政项目预算绩效评价按上级部门要求开展。

第十六条 本办法由财务处负责解释，自印发之日起施行。原《中国科学技术大学校内预算绩效评价暂行办法》（校财字〔2017〕38号）同时废止。

附件

校内预算绩效评价表

项目单位名称：　　　　　　　　　　　　　　　　　　　　　　　　　　　项目类别：　　　　　　　　　　　　　　　　　　　　审核人员：

一级指标	二级指标	三级指标	具体指标	分值	评价标准	评分依据	单位自评分	审核意见分	扣分原因分析	备注
投入	项目立项	决策程序和依据	项目申报、批复程序是否符合学校预算审批程序，符合学校支持方向和重点	2	项目申报、批复程序符合预算管理办法计1分，符合学校项目支持方向和重点计1分					
		目标内容	项目目标是否明确、量化、合理可行	3	目标明确1分，量化1分，合理可行1分					
		资金来源合规性	项目总金额及使用财政资金、是否整合其他资金，用以反映资金来源的可靠性	2	资金来源是否可靠计1分，整合资金是否合规计1分					
	资金落实	资金到位率	资金到位率＝(实际到位资金/计划投入资金)×100%；实际到位资金：一定时期(本年度或项目期)内实际落实到具体项目的资金；计划投入资金：一定时期(本年度或项目期)内计划投入到具体项目的资金	2	到位率100%计2分，其他计1分					
		资金及时率	到位及时率＝(及时到位资金/应到位资金)×100%；及时到位资金：截至规定时点实际落实到具体资金或按照合同或项目进度应到位资金；应到位资金：截至规定时点应落实到具体项目的资金	1	资金计划下达3月内到位计1分，否则0分					

续表

一级指标	二级指标	三级指标	具体指标	分值	评价标准	评分依据	单位自评分	审核意见分	扣分原因分析	备注
过程	业务管理	管理制度健全性	项目实施部门的业务管理制度是否健全	5	建立健全完善的项目管理制度，并按规定执行，5分。无制度0分；有制度，未完全执行，得2分					
		制度执行有效性	项目实施是否符合相关业务管理规定	5	是否遵守相关法律法规和业务管理规定，是计1分；项目调整及支出调整手续是否完备，是计2分；项目合同书、验收报告、技术鉴定等资料是否齐并及时归档，是计2分					
		项目质量可控性	项目实施部门是否为达到项目质量要求而采取了必需的措施	10	项目实施有完整的日常监管制度计2分，项目按制度履行计3分，严格标程序，签订合同，积极配合上级部门对项目进行检查、监控，验收等计2分					
	财务管理	管理制度健全性	是否根据国家和学校的规章制度本部门项目相应的财务管理制度，是否严格执行，会计核算是否规范，项目是否单独设账核算	3	是否已制定或具有相应的项目资金管理办法，是计1分；项目资金管理办法是否符合相关财务制度的规定，是计2分					

续表

一级指标	二级指标	三级指标	具体指标	分值	评价标准	评分依据	单位自评分	审核意见分	扣分原因分析	备注
过程	财务管理	资金使用合规性	是否严格按照国家财经法规和学校、本单位财务管理制度规定以及有关专项资金管理办法的规定收支，资金拨付有完整的审批程序和手续，资金使用无截留、挤占、挪用、虚列支出等情况	7	是否严格按照财务制度规定，是计 2 分；资金拨付是否有完整的审批，是计 2 分；无挤占截留挪用计 1 分；无资金虚列开支计 2 分					
		财务监控有效性	是否制定或具有相应的监控机制，经费支出是否按规定履行审核、签批手续；报销票据真实合法，未发现使用假票据现象	10	经费支出经过各级人员和各个环节审核，经费报销按规定权限履行审批手续，计 5 分；报销票据真实合法，未发现使用假票据现象计 5 分					
产出	项目产出	实际完成率	预算完成率＝（上年结转＋年初预算＋本年追加预算－年末结余/上年结转＋年初预算＋本年追加预算）×100%	10	100%计满分，每低 5% 扣 2 分，扣完为止					
		完成及时率	完成及时率＝[（计划完成时间－实际完成时间）/计划完成时间]×100%	10	100%计满分，每低 5% 扣 2 分，扣完为止					
		质量达标率	项目实际效果达到预期目标，项目竣工是否按规定进行验收或总结，相关资料保存齐全，对提供服务的质量进行评价	10	95%（含）以上得 5 分，80%（含）～95% 得 3 分，50%～80%得 1 分，其余 0 分；项目竣工按规定进行验收计 3 分，验收资料保存齐全计 2 分					

续表

一级指标	二级指标	三级指标	具体指标	分值	评价标准	评分依据	单位自评分	审核意见分	扣分原因分析	备注
产出	项目产出	目标完成情况及投运情况	项目完成后是否达到原计划的目标	10	项目达到目标计8分,部分达到目标视具体情况打分。正常运行,计2分					
		社会效益	项目实施对学校发展所带来的直接或间接影响情况	2	具备功能的计1分;功能提升的计1分;未具备的扣减相应分值					
		可持续影响	项目后续运行及成效发挥的可持续影响情况	2	结合社会效益综合评价,资产得到利用得2分;未得到利用得0分					
效果	项目效益	师生满意度	学生满意度	3	计3分(根据网上舆情及专项调查打分)					
			教职工满意度	3	计3分(根据网上舆情及专项调查打分)					

中国科学技术大学国内学术会议管理暂行办法

(校科字〔2018〕67号,2018年5月3日)

第一条 为进一步加强和规范我校国内学术会议的管理,丰富校园文化,活跃学术氛围,提高学术交流水平,根据我校实际情况,制定本办法。

第二条 本办法所称国内学术会议是指由校内各单位(包括各院系、科研机构、职能部门等)面向国内或全校举办的、非涉密的、以学术性交流和研讨为主题的会议、报告和讲座等活动(以下简称"学术会议")。

组织举办形势报告会和哲学社会科学报告会、研讨会、讲座等活动按《中国科学技术大学形势报告会和哲学社会科学报告会、研讨会、讲座管理办法》(党宣字〔2017〕45号)的规定执行。

组织举办国际学术会议按《中国科学技术大学国际会议经费管理办法》执行。

第三条 学术会议按照"谁主办、谁负责,谁审批、谁监督"的原则进行审批和管理。

科研部负责审批管理由相关学院或重点科研机构承办的全国性学术会议。

教务处负责审批管理以本科生交流为主题的学术会议。

研究生院负责审批管理以研究生交流为主题的学术会议。

学院或重点科研机构负责审批管理以课题交流研讨为目的的学术会议。

第四条 对学术会议的审查审批,主办单位要从讲政治、讲大局的高度,切实负起领导责任。主办单位和职能管理部门要加强管理,严格程序,严格把关。

第五条 学术会议的主办单位须在举办前填报学校OA系统中的《中国科学技术大学学术会议备案表》,履行报批手续后方可举行。

特大型学术会议需事先向保卫与校园管理处通报。

第六条 学术报告和学术讲座的主讲人应是本学科领域的知名专家或具有影响力的学者。学术讲座内容应健康、严谨、科学,不得与国家法律法规和学校规章制度相违背。学术讲座应服务于教学和科研,有助于提高学校教学、科研水平。

学术会议中如出现政治谣言、政治性错误观点等情况,主办单位要在第一时间采取有效措施,及时消除不良影响,同时向审批部门和党委宣传部如实反映情况。

第七条 会议费用严格按照《中国科学技术大学会议费管理办法(试行)》执行。

第八条 凡违反上述管理规定举办学术会议,或因组织不当、审查不严、制止不力等而造成不良影响与后果,学校将追究主办单位的责任;对有关责任人员,依据有关规定,视情节轻重,给予批评教育、组织处理或党纪、政纪处分。

第九条 本办法自印发之日起施行,由科研部、教务处、研究生院、党委宣传部和财务处负责解释。

中国科学技术大学科研经费管理办法

(校科字〔2018〕120号,2018年6月25日)

第一条 为进一步规范和加强科研经费管理,明确经济责任,提高科研经费使用效益,促进学校科研事业发展,根据国家相关法规和财务管理制度,结合学校实际情况,特制定本办法。

第二条 凡以中国科学技术大学名义承担的各类科研项目(含课题,以下统称为"项目"),其研究经费均应转入学校账户实行统一管理和核算。科研项目经费包括纵向科研经费和横向科研经费。纵向科研经费是指上级科技主管部门或机构批准立项的各类计划(规划)、基金项目。横向科研经费是指学校对外开展科技服务活动从相关部门和企事业单位取得的按合同约定进行管理的项目经费。

第三条 学校建立健全科研经费管理责任制,实行"统一领导,分级管理,集中核算,项目控制"科研经费管理体制,明确学校相关部门及项目负责人在科研经费管理、使用中的职责和权限。

(一)科研部是学校主管科研工作的职能部门,负责科研项目和科研合同管理,并协助财务处做好科研经费管理的有关工作,承担相应的科研管理责任。

(二)财务处负责科研经费的财务管理和会计核算,协助项目负责人编制项目经费预算,审核项目经费决算,监督、指导项目负责人按照批复的项目立项通知书(任务书)或合同约定以及有关财经法规制度,在其权限范围内规范、合理使用科研项目经费,协助科研部做好科研项目的跟踪管理工作,承担相应的财务管理责任。

(三)资产与后勤保障处负责学院/重点科研机构的水、电、气、暖等消耗性支出及公用房使用费的核算、通知、催缴工作,负责对科研经费形成的资产实施管理。

(四)人力资源部负责科研绩效的管理与发放。

(五)监察审计处负责组织科研项目经费的审计工作,按项目管理要求对科研项目经费使用和管理进行监督。

(六)学院、重点科研机构对本单位科研项目的实施负有管理和监督责任。合理计算和分配各科研项目的公共资源使用费,负责本单位公共资源使用费的分解核算和上缴工作。按照学校要求,负责科研人员绩效的评定与分配方案的制订。

(七)项目负责人负责编制科研项目经费预算和决算,规范、合理使用经费,及时办理科研项目结题及结账手续,接受学校财务处、科研部、资产与后勤保障处、监察审计处以及国家有关部门和资助单位的监督与检查,对科研经费使用的合法性、真实性、有效性承担直接责任。

(八)科研部、财务处、资产与后勤保障处、人力资源部、监察审计处、学院、重点科研机构及项目负责人应各尽其责,协调配合,积极做好科研项目经费的管理工作。

第四条 科研项目经费的开支范围,主要包括:直接费用和间接费用。

直接费用是指在项目实施过程中发生的与之直接相关的费用，主要包括设备费、材料费、测试化验加工费、燃料动力费、差旅费、会议费、国际合作与交流费、出版/文献/信息传播/知识产权事务费、劳务费、专家咨询费和其他支出等。

间接费用是指在项目研究开发过程中，单位发生的无法在项目直接费用中列支的相关费用。

第五条　直接费用按国家规定，在项目预算范围内据实列支。与科研项目直接相关的各项税费由项目承担。

第六条　间接费用核定。

（一）间接费用以直接费用扣除设备购置费为计提基数，按照分段超额累退比例法核定并实行总额控制。项目管理办法中对间接费用核定有明确规定或主管部门正式批复预算或合同明确约定预算的，按规定或预算执行。核定比例如下：

1. 500万元及以下的部分为20％；
2. 超过500万元至1000万元的部分为15％；
3. 超过1000万元的部分为13％。

（二）学校基本科研业务费和其他预算经费安排的校级科研项目不核定间接费用。

（三）批复的项目任务书（合同）中明确规定应转拨给外单位的经费不核定间接费用。

（四）各类科研机构和重大科技基础设施运行经费、各类科技成果的奖励或配套经费等从其专项经费管理办法规定，一般不核定间接费用。

第七条　间接费用主要用于管理成本补偿、资源成本补偿和科研绩效支出。

（一）管理成本补偿：纵向科研经费收取间接经费的15％，横向科研经费收取间接经费的25％，用于学校有关科研管理费用的补助支出等。需保密、质量等管理的项目另收取间接经费的5％，用于相关资质建设、维护和管理。

（二）资源成本补偿和科研绩效：扣除管理成本补偿的间接费用由学院或重点科研机构统筹，用于科研用房、水、电、气、暖以及网络、图书等综合资源成本补偿和科研人员的绩效支出。

第八条　预算调整。

国家在相关科研项目经费管理办法中，对预算调整事项有明确规定的，按规定执行。无明确规定的比照相关管理办法执行。

（一）在项目总预算不变的前提下，直接费用中的材料费、测试化验加工费、燃料动力费、出版/文献/信息传播/知识产权事务费及其他支出项目的预算调整，由项目负责人根据科研活动的实际需要提出申请，经财务处、科研部审核确认后办理。

（二）在项目总预算不变的前提下，设备费、劳务费、专家咨询费等项目预算，只允许调减，不予调增。办理程序同上。

（三）在预算总额度不变的前提下，直接费用中的差旅费、会议费、国际合作与交流费可调剂使用。

（四）项目总预算调整、课题承担单位变更、课题合作单位之间以及增减课题合作单位需要调整预算，在履行学校申报程序后，上报财政部、科技部等经费主管部门批准。

（五）项目总预算不变的前提下，间接费用不得调整。

第九条 支出须经经办人、验收人和审批人(不能相同)签字确认。项目负责人必须作为经办人、验收人或审批人之一签字确认;经办人和验收人应为项目科研财务助理或在职教职工;审批人应为项目负责人或学院、重点科研机构负责人。

(一)科研经费转拨。科研部、财务处依据课题组提供的科研项目批复书、项目合同和协作单位有效财务凭证等进行审核,按照《中国科学技术大学科研项目经费外拨管理办法》办理。

(二)科研经费的其他支出,执行中国科学技术大学关于经费使用管理的相关规定。

第十条 科研项目结余经费管理。

(一)纵向科研项目按规定要求完成结题验收工作,经科研部确认后,应在1个月内到财务处办理项目结账手续,最长不超过3个月。对逾期未办理结账手续的项目,财务处根据通知冻结项目结余经费的使用,待手续办妥后方可继续使用。

(二)纵向科研项目结余经费由学校统筹安排预研基金项目。预研基金项目用于项目组自行开展预研项目的直接经费支出,不核定间接经费。预研基金项目期为2年,未使用完的经费按规定收回。

(三)横向科研项目结余经费管理办法另行规定。

第十一条 项目负责人调离学校时,未结题的项目经费按规定应办理科研经费的转拨、更换负责人或终止手续。项目负责人退休时原则上可比照执行。

第十二条 风险金的处置。

项目合同中资助单位有风险保证金要求的,项目负责人在合同签订前,应向学校提供等额风险保证金的资金来源。对提供风险保证金资金来源确有困难的,学校在项目经费到账后等额预扣,学校风险解除后予以退还。

第十三条 本办法自印发之日起施行。原《中国科学技术大学科研经费管理办法(试行)》(校科字〔2016〕243号)同时废止。

第十四条 本办法中如有与国家规定相抵触的,按国家规定执行。

第十五条 本办法由科研部、财务处、人力资源部和资产与后勤保障处负责解释。

中国科学技术大学科研项目经费外拨管理办法

(校科字〔2018〕121号,2018年6月25日)

为进一步规范和加强我校各类科研项目经费外拨管理,根据《国务院关于改进加强中央财政科研项目和资金管理的若干意见》(国发〔2014〕11号)、《关于进一步完善中央财政科研项目资金管理等政策的若干意见》(中办发〔2016〕50号)等有关规定,结合学校实际情况,特制定本管理办法。

第一条 本管理办法适用于我校承担的各类各级科研项目(含课题,以下统称为"项目")的外拨、外协经费管理。

第二条 由我校承担,其他单位参与合作的国家、地方政府财政拨款的科研项目(以下简称"纵向科研项目"),项目计划(任务)书和预算书中须写明合作单位名称、负责人、承担的工作内容、经费预算以及外拨经费的比例或金额等。

第三条 我校承担的纵向科研项目需要委托外单位开展研究或提供服务的,必须在项目计划(任务)书和预算书中明确相应的研究内容及预算,并签订技术合同(涉及科学技术研究的技术开发、技术服务和技术咨询合同)。

第四条 我校与中华人民共和国境内外自然人、法人和其他组织通过签订技术合同所确立的横向项目,因科学研究需要委托其他单位协助开展科学研究或提供技术服务的,原则上应在合同中予以明确。

第五条 我校承担的纵向科研项目需要进行物资设备加工、采购、租赁以及劳务采购的,在批复的预算书中要有相应的支出预算,并按学校采购管理相关制度规定签订合同。

第六条 合同归口部门应当及时与申请单位及项目负责人对对方当事人进行资质、履约能力和委托代理权限以及是否有关联关系进行核实,如有关联关系的应按规定履行公示等程序。如有保密、质量相关要求的须遵守学校保密、质量管理办法和规定。

第七条 经批复的项目计划(任务)书、技术合同、采购合同等是办理经费外拨的主要依据,项目预算未经批复前,或未签订相关合同,原则上不得办理项目经费外拨。

第八条 项目经费到账后,方可办理经费外拨手续。办理经费外拨时,必须持批复的项目总预算、合作单位分解预算以及相关合同,并填写《中国科学技术大学科研项目经费外拨审批表》。

第九条 《中国科学技术大学科研项目经费外拨审批表》须经经办人、项目负责人和审批人签字确认。经办人应为项目科研财务助理或在职教职工,审批人为项目依托学院、重点科研机构负责人。

第十条 项目负责人对项目经费外拨的真实性、相关性负有直接责任,合同双方不得有任何违法违规的利益关联。

第十一条 科研部、资产与后勤保障处根据《中国科学技术大学合同管理办法(试行)》规定负责对技术合同、采购合同的相应条款进行审核把关并签署意见。

第十二条 科研部负责对《中国科学技术大学科研项目经费外拨审批表》所填内容与研究任务的相关性和合理性进行审核把关并签署意见。

第十三条 财务处依据批复的项目预算书或有关合同,对外拨经费的合规性和准确性进行审核并办理付款手续。

第十四条 外拨经费应按项目任务书和技术合同的约定分期拨付。

第十五条 纵向科研项目的合作单位如有违反项目经费使用管理规定或计划进度、任务完成情况等不符合任务书约定的,科研部有权按照有关项目管理规定缓拨或停拨后续经费。情节严重的将上报项目主管部门并按相关规定处理。

技术合同被委托方如有计划进度、完成情况等不符合合同约定的,科研部有权缓拨或停拨后续经费。情节严重的将终止合同,并追回已拨付的经费。

第十六条 凡弄虚作假,违规办理项目经费外拨业务的,一经查出,将按有关规定严肃处理,情节严重或触犯法律的将移送司法机关处理。

第十七条 本办法由校科研部、财务处、资产与后勤保障处负责解释。

第十八条 本办法自印发之日起施行。原《中国科学技术大学科研项目经费外拨管理办法(试行)》(校科字〔2015〕24号)同时废止。

中国科学技术大学重大科研项目档案管理实施细则(试行)

(校科字〔2018〕256号,2018年12月19日)

第一章 总 则

为保障我校重大科研项目的组织实施,规范和加强重大科研项目档案管理工作,充分发挥项目档案在科研管理、科学研究和科技成果转移转化等各项工作中的作用,依据《科学技术档案工作条例》和《国家科技重大专项(民口)档案管理规定》(国科发专〔2017〕348号),以及国家和中国科学院有关档案工作制度与规范,结合我校重大科研项目管理特点,制定本实施细则。

第一条 重大科研项目包括由我校牵头承担的各类重大科研项目,以及我校作为参与单位所承担的各类重大科研项目中单独立项的课题与子课题。

第二条 重大科研项目档案是指在我校重大科研项目管理和科研活动中直接形成的,具有保存价值的图纸、图表、文字材料、科学数据、照片、音视频、电子等各种形式和载体的原始记录。

第三条 重大科研项目档案是重大科研项目管理的重要组成部分,应纳入重大科研项目管理相关规章制度和工作流程,实行"四同步"管理:

(一)下达计划任务与提出科研文件材料的归档要求同步;

(二)检查计划进度与检查科研文件材料形成情况同步;

(三)验收、鉴定科研成果与验收、鉴定科研档案同步;

(四)上报登记和评审奖励科技成果及科技人员职务评聘、岗位考核与档案部门出具科研项目(课题)归档情况证明同步。

第四条 重大科研项目档案作为科学研究活动的原始记录,应全面真实地反映项目管理和科研活动的全过程,充分呈现科技成果,必须按照"集中统一管理"的基本原则,确保其完整、准确、系统、安全,以利于查询和开发利用。

第二章 管理职责

第五条 学校是重大科研项目实施的责任主体。科研部负责确定学校重大科研项目范围,协调重大科研项目档案工作,建立信息沟通和部门联动机制,布置文件材料的收集工作,明确科研项目档案归档要求,协助上级主管部门,和档案馆共同组织完成项目档案的验收工作。

第六条　学校档案馆负责重大科研项目档案工作的标准制定、业务指导、监督检查和组织验收。主要职责包括:
(一)制定重大科研项目档案工作规章制度和业务规范;
(二)建立重大科研项目档案工作体系,明确相关部门和人员的档案工作职责;
(三)负责对重大科研项目档案工作进行业务指导、培训和监督检查;
(四)协助上级档案管理部门和学校科研管理部门做好项目档案的验收工作;
(五)负责档案的接收进馆工作,建设档案信息资源库;
(六)为重大科研项目档案工作提供必要的条件保障。

第七条　我校作为重大科研项目牵头(依托)单位的,项目负责人是重大科研项目实施的第一责任人,应设立项目办公室,明确专人负责项目档案工作,将项目档案工作同步纳入项目管理工作中,并协调解决档案工作中的重大问题。

项目办公室负责重大科研项目档案工作的具体实施,主要职责包括:在档案馆的指导下制定并落实项目档案工作业务规范,协同科研部、档案馆建立项目档案工作体系网络,负责项目档案的收集和整理,落实项目建档工作,检查督促所属课题的档案工作,会同学校档案馆对所属课题项目档案进行验收,并完成档案移交工作。

第八条　我校作为重大科研项目所属课题承担单位的,课题负责人是课题档案归档的第一责任人,主要职责包括:
(一)执行重大科研项目档案工作制度、规范,负责所承担任务文件材料的收集、整理和归档;
(二)与各参与单位签订合同、协议时,应明确归档内容、质量要求、归档时间和违约责任;
(三)接受档案工作业务指导和监督检查;
(四)配合项目办和档案馆完成所承担任务的档案验收工作,移交档案材料。

第三章　立卷原则

第九条　重大科研项目档案实行项目(课题)负责制,由项目(课题)负责人主持立卷归档。在项目科研活动开始时,建立科研部统筹、以项目负责人(项目办)和档案馆为核心、各课题承担单位及其参与单位相关人员共同组成的档案工作体系,从在职人员中指定专(兼)职档案员,负责科研文件材料的形成、积累和整理工作,以保证项目(课题)材料的齐全完整。

第十条　由多个单位合作完成的重大科研项目,按下列原则立卷归档:
(一)我校作为项目依托单位的,项目办公室在学校档案馆的指导下制定项目档案管理细则和归档范围,各课题承担单位遵照执行,开展建档工作,档案实体经验收后向学校档案馆移交保管;
(二)我校作为项目参与单位的,建档工作按照项目依托单位的工作规范执行,接受学

校档案馆的业务指导和监督,档案实体经验收后向学校档案馆移交保管;

(三)如项目(课题)科研文件材料涉及合作单位权益的,则应在科研工作展开前以协议、合同或委托书的形式,明确项目(课题)科研文件材料的归属,协作单位应将所承担工作的档案目录提供给依托单位。

第十一条 获得与项目(课题)预期目标不相符的结果,或因故中断、终止、撤销的项目(课题),也应将所形成的全部技术文件材料归档。

第四章 归档范围和要求

第十二条 重大科研项目文件材料归档范围参照《中国科学技术大学重大科研项目档案归档范围和保管期限参考表》(附件1)执行。如项目主管部门已制定归档范围和整理要求,则遵照其规定执行。

第十三条 归档重点是科技成果文件、科研管理文件、研究过程文件(设计文件、技术配方、工艺参数、实验数据、测试记录等)以及照片、音视频、电子文件(数据)等特殊载体档案的收集。要重视获得国家和省部级奖励的科研成果的获奖材料整理归档工作。

第十四条 重大科研项目文件材料的归档质量要求:

项目(课题)档案必须齐全完整、真实有效、整理系统、安全可用,符合国家相关规定和标准要求。档案应字迹清楚、图表整洁,图样、声音、影像清晰,电子文件应同纸质文件同步归档,做到真实有效。

具体要求详见《中国科学技术大学重大科研项目档案归档质量要求》(附件2)。

第十五条 项目(课题)负责人应严格执行文件材料的审签制度,明确职责,把好文件材料形成的质量关,对所承担任务形成档案的完整性、真实性负责。

第十六条 重大科研项目文件材料的整理应遵循其形成规律,坚持"简化整理、深化检索"的原则,保持卷内文件的有机联系,便于档案保管和利用。案卷质量应符合《科学技术档案案卷构成的一般要求》(GB/T 11822—2009)。

第十七条 涉密重大科研项目的档案工作,应严格按照《中华人民共和国保守国家秘密法》《科学技术保密规定》《实施科技重大专项的保密规定》等相关法规执行。

第五章 档案验收与移交

第十八条 重大科研项目结题验收前,科研部应会同档案馆对项目的立卷归档情况进行预验收,档案材料不完整的项目,不能参加正式验收。中国科学院实施的各类项目(课题)材料归档时,项目(课题)需填写《中国科学院科研课题档案归档说明书》(从档案馆主页下载),科研课题归档说明书的内容和签字手续必须完备。

第十九条 档案验收结果分为通过与不通过。通过验收的,验收组出具验收意见;未通过验收的,验收组出具整改备忘录,被验收单位限期进行整改,并向验收组织单位提交书面整改报告。项目档案整改后仍不符合验收要求的,不得通过项目总体验收。

第二十条 验收通过的项目(课题)档案,由项目办(课题组)在项目完成后两个月内,统一向档案馆移交。移交时填写重大科研项目档案移交目录,一式两份,连同案卷经档案馆清点无误后,交接双方在移交目录上签字盖章,各执一份备查。

第六章　开放利用

第二十一条　充分发挥重大科研项目档案的凭证作用和信息功能,做好跟踪服务,建立档案资源共享机制,切实加强重大科研项目档案的开发利用。

第二十二条　利用馆藏重大科研项目档案,重大科研项目参与者持相关证件(证明)进行利用,非重大科研项目参与者借阅,需经项目(课题)负责人或学校科研部负责人同意后进行。

第二十三条　档案利用者须履行登记手续,填写姓名、单位、利用档案的目的和内容等。归还时须由经办人员当面验收、注销。必要时需填写利用效果登记表。

第二十四条　重大科研项目档案一般要求在档案馆内查阅和复制,特殊情况下借出档案馆使用必须由借档单位出具申请,负责人签字并签署承诺书方可办理,借出时间一般不超过三天。重要的、珍贵的重大科研项目档案,如需借出使用,必须同时经项目(课题)负责人或学校科研部负责人批准。利用者借出档案后应按期归还;档案人员如发现档案有损坏或丢失的,应及时写出书面报告,报学校按规定严肃处理。

第二十五条　开发利用重大科研项目档案,不得违反国家有关知识产权保护和保密的法律规定。

第七章　附　　则

第二十六条　本办法自印发之日起施行。

第二十七条　本办法由科研部、档案馆负责解释。

附件 1

中国科学技术大学重大科研项目档案归档范围和保管期限参考表

序号	文件内容	保管期限	整理要求
一、项目综合管理文件(本类仅在作为项目依托单位时产生)			
(一)策划论证和立项文件			
1	策划研讨文件(专家或相关部门的意见或建议及相关会议文件)	永久	必存
2	实施方案及论证文件(专家论证意见、专家个人评议表及相关会议文件)	永久	必存
3	组织管理方案	永久	必存
4	概算预算方案	永久	必存
5	立项通知,与立项相关的请示及批复文件	永久	必存
6	申报书、任务书或实施责任书	永久	必存
(二)组织管理文件			
1	针对项目管理的规章制度文件	永久	必存
2	项目机构设置与人员配备文件		
(1)	项目领导小组、总体组(部)或相关的领导机构成立的文件	永久	必存
(2)	科技(学术)委员会等学术咨询机构成立的文件	长期	有则必存
(3)	项目办公室成立的文件	长期	有则必存
(4)	项目负责人(领衔科学家、首席科学家)聘任文件;项目核心成员(总指挥、总设计师、总工程师,科技(学术)委员会主任、委员等)聘任文件	永久	必存
3	项目人力资源规划,绩效、津贴分配政策文件,人员管理实施方案	长期	有则必存
4	项目年度工作计划、总结报告及相关会议文件	长期	必存
5	中期检查文件		
(1)	中期检查工作计划、检查方案	长期	有则必存
(2)	项目中期工作进展报告、中期评估资料、中期检查申请	长期	必存
(3)	现场考察及会议评审材料,中期检查报告,项目主管部门审议文件	永久	必存
6	年度绩效评价文件	永久	必存
7	调整和变更的请示及批复文件(研究目标、考核指标、实施方案、技术路线、任务设置、任务负责人、承担单位等)	永久	有则必存

续表

序号	文件内容	保管期限	整理要求
8	协调解决相关实施过程中重大问题的文件材料	永久	有则必存
9	项目管理的会议纪要、会议记录、备忘录等	永久	必存
10	情况简报、年报、大事记、出版刊物等	长期	有则必存
11	国际合作文件,重要往来函件	长期	有则必存
12	举办或参加国际国内会议文件	长期	有则必存
13	领导检查、视察文件	长期	有则必存
14	媒体报道与科普宣传材料	长期	有则必存
(三) 财务管理文件			
1	经费概算,年度经费预算及其批复文件	永久	必存
2	年度经费使用报告	永久	必存
3	经费调整方案及批复文件	永久	必存
4	经费总决算报告、财务审计报告	永久	必存
5	经费收支情况报告	永久	必存
(四) 监理文件			
1	监理工作方案	永久	有则必存
2	监理小组成立,监理人员聘任文件	永久	有则必存
3	监理会议纪要、监理工作报告、监理意见或建议等	永久	必存
4	整改反馈文件	永久	有则必存
(五) 成果与知识产权文件			
1	成果统计分析文件(论文、专著、专利等发表情况、获奖情况等)	永久	有则必存
2	成果推广应用报告	永久	有则必存
3	科技报告	永久	必存
4	知识产权分析报告、知识产权总结报告	永久	有则必存
(六) 结题验收与后评估文件			
1	整体验收工作方案	永久	有则必存
2	自验收(科研、财务、档案)文件		
(1)	自查表或自查意见	永久	必存
(2)	自验收意见、自验收专家组签字表	永久	必存
3	分项验收(科研、财务、档案)文件		
(1)	评估大纲、评估报告	永久	必存

续表

序号	文件内容	保管期限	整理要求
(2)	分项验收会文件(会议通知、日程、签到表、会议材料、汇报材料等)	永久	必存
(3)	分项验收意见、专家个人评议表、国际评估文件、验收专家签字表、备忘录	永久	必存
(4)	分项验收整改报告	永久	有则必存
4	总体验收文件		
(1)	结题验收申请、结题报告	永久	必存
(2)	总体验收会文件(会议通知、日程、签到表、会议材料、汇报材料等)	永久	必存
(3)	总体验收意见、总体验收专家组签字表	永久	必存
5	项目绩效评价文件	永久	必存
6	项目后评估文件	永久	有则必存
二、科研文件			
(一) 科研课题文件			
1	研究准备阶段		
(1)	任务书或实施责任书、协议书、技术合同	永久	必存
(2)	研究计划、年度预算文件	长期	必存
(3)	会议纪要和重要往来函件	长期	有则必存
2	研究实验阶段		
(1)	设计、实验、调查、考察方案	长期	有则必存
(2)	实验任务书、实验大纲	永久	必存
(3)	实验、测试、调查、考察等原始记录、整理记录和综合分析报告	永久	必存
(4)	计算文件、数据处理文件	永久	必存
(5)	设计文件、图纸	永久	必存
(6)	样品、标本、样机等实物的目录	永久	有则必存
(7)	工作计划执行情况,计划调整、中断、终止或撤销文件	长期	有则必存
(8)	年度、阶段研究工作总结	永久	必存
3	总结鉴定验收阶段文件		
(1)	研究报告、研制报告、工艺技术报告	永久	必存
(2)	论文、专著	永久	必存
(3)	科研投资情况和经费决算文件	永久	必存

续表

序号	文件内容	保管期限	整理要求
(4)	验收文件、对专家意见的反馈文件	永久	必存
(5)	科技成果鉴定、评审意见,鉴定会文件	永久	有则必存
(6)	鉴定证书或视同鉴定证书的文件	永久	有则必存
(7)	结题报告	永久	必存
4	成果申报奖励阶段文件		
(1)	科技成果登记表	永久	有则必存
(2)	科技成果申报表及附件	永久	有则必存
(3)	科技成果奖励申报表和审批文件	永久	有则必存
(4)	获奖凭证(奖章、奖状、证书)的原件或影印件	永久	必存
(5)	专利报审、授权维权、转让等文件,专利证书的原件或影印件	永久	必存
(6)	计算机软件著作权申请表、权利保证书、受理批复文件,软件说明书、源程序、申请者身份证明	永久	必存
(7)	人才称号与奖励、荣誉与其他	永久	有则必存
5	推广应用阶段文件		
(1)	成果被引用情况材料	永久	有则必存
(2)	市场调查、分析报告,开发和推广应用方案	永久	有则必存
(3)	产品定型鉴定文件(产品说明书、质量检验证、合格证、装箱单)	永久	有则必存
(4)	技术转让合同、协议书	永久	有则必存
(5)	国内外学术交流评价意见、国内外同行评议评价意见、用户反馈意见	长期	有则必存
(6)	成果宣传媒体报道文件	长期	有则必存
(二)	工艺设备文件(科研任务中为实现研究目标或完成研究任务所自行研制的仪器设备(含软件))		
1	方案论证及设计文件		
(1)	调研报告、方案论证及评估文件	长期	有则必存
(2)	招投标全过程文件(含落标通知书及未中标单位投标文件)	永久	有则必存
(3)	设计(实施)方案及评审、设计任务书、设计图样	永久	必存
(4)	软件研制任务书(软件需求规格说明、概要设计说明、详细设计说明)、研制开发计划	长期	必存
(5)	合同、技术协议	永久	必存
(6)	工艺评审文件、计算文件	长期	有则必存

续表

序号	文件内容	保管期限	整理要求
(7)	设计技术总结	永久	有则必存
2	制造加工文件		
(1)	关键部件工艺规程、工艺说明书	长期	必存
(2)	外购件相关文件:报批文件、招投标文件、合同、随机文件、测试、验收报告	长期	有则必存
(3)	重要工艺装备图纸及说明书	长期	必存
(4)	测试、检测记录及报告;工艺总结	长期	必存
(5)	程序代码清单、源程序与目标程序、阶段评审文件	长期	必存
(6)	软件测试计划、软件测试细则、软件测试工具、软件测试记录、软件测试分析报告、测试评审文件	长期	必存
(7)	软件用户手册、操作手册、程序维护手册	长期	必存
3	鉴定验收文件		
(1)	研制总结报告	永久	必存
(2)	验收标准和方法,测试大纲、测试报告	永久	必存
(3)	鉴定、验收会议文件、验收评审意见、验收报告	永久	必存
(4)	产品合格证、质量保证书;设备装箱单、使用说明书等	永久	必存
(5)	技术鉴定及审批文件	永久	有则必存
4	安装调试文件		
(1)	安装调试计划、方案	长期	有则必存
(2)	安装基础图、地基示意图、电气接线图、安装工艺规程、安装竣工图、安装环境条件要求文件	永久	必存
(3)	安装调试记录、试验记录、调试试验报告、鉴定报告或校准报告、精度检查记录、安装验收单及试切件记录	长期	必存
(4)	系统调试记录及测试报告;整机联调记录及联调报告	长期	必存
(5)	安装调试技术总结报告、设备验收报告及评审文件	长期	必存
(6)	计算机和测量机的软、硬件文件材料	长期	必存
(7)	使用维护说明书、操作规程	永久	必存
(8)	技术培训文件	长期	有则必存
5	运行维护文件		
(1)	试运行记录、试运行环境条件记录、试运行总结报告	长期	必存
(2)	固定资产转固的请示及批复;固定资产移交单、出入库单	永久	有则必存

续表

序号	文件内容	保管期限	整理要求
(3)	设备使用管理规定、使用记录	长期	有则必存
(4)	维护保养和安全技术操作规程	长期	有则必存
(5)	维修、更新、定期检查记录,维修验收单	长期	有则必存
(6)	软件与平台系统文件	长期	有则必存
6	改造文件		
(1)	合理化建议及处理结果	短期	有则必存
(2)	改造的报告、技术方案与批复	长期	有则必存
(3)	改造过程中形成的图样、技术文件	永久	有则必存
(4)	改造后的验收文件	长期	有则必存
(5)	仪器设备报废的请示、方案及批复	长期	有则必存
(6)	技术鉴定及成果申报奖励文件	长期	有则必存
三、仪器设备(含软件)文件(采购的单台(套)金额在50万元以上的仪器设备)			
1	计划采购文件		
(1)	选型、选厂调研报告、技术考察报告或经济技术可行性分析文件材料	长期	有则必存
(2)	购买仪器设备(含软件)的报告、请示及批复文件	长期	必存
(3)	采购调研文件、供应商资质证明文件	长期	有则必存
(4)	采购、招投标全过程文件(含落标通知书及未中标单位投标文件)	长期	必存
(5)	政府采购项目委托代理协议、采购合同、技术协议	长期	必存
(6)	计算机管理系统软件、硬件授权书、软件许可协议、原产地证明	长期	必存
(7)	进口委托代理协议、外贸合同、付款通知书;进口货物报关单、免税证明、进口许可证;机电产品进出口审批文件	长期	必存
(8)	谈判备忘录、附录、附件	长期	有则必存
(9)	重要来往函件	长期	有则必存
2	开箱验收文件		
(1)	开箱验收单、装箱单	永久	必存
(2)	仪器设备(含软件)的随机文件,包括设备使用说明、安装手册、操作手册、质保书、合格证、随机技术资料等;软件源程序、软件使用许可协议、程序维护手册等	永久	必存
(3)	商检及索赔文件	长期	有则必存
3	安装调试文件		

续表

序号	文件内容	保管期限	整理要求
(1)	安装调试计划、方案	长期	有则必存
(2)	安装基础图、地基示意图、电气接线图、地下管线图、安装工艺规程、安装竣工图、安装环境条件要求文件	永久	必存
(3)	安装调试记录、设备试车记录、安装环境条件测试记录、试验设备试验记录、精度检测记录、安装质量技术证明、安装验收单	长期	必存
(4)	计算机及管理系统软件安装测试记录、验收鉴定报告	长期	必存
(5)	培训材料	长期	有则必存
(6)	安装调试技术总结报告	长期	有则必存
(7)	安装调试期间存在的问题及处理意见	长期	有则必存
4	运行维护文件		
(1)	试运行记录、试运行环境条件记录、试运行总结报告	长期	必存
(2)	试运行期间存在的问题及处理意见	长期	有则必存
5	验收文件		
(1)	单台设备的计量检定、测试报告	永久	必存
(2)	成套或系统设备测试、验收大纲和测试、验收报告(含成套设备所包括的仪器设备(含软件)明细表)	永久	必存
6	运行维护文件		
(1)	固定资产转固的请示及批复;固定资产移交单、出入库单	永久	有则必存
(2)	设备使用管理规定、使用记录	长期	有则必存
(3)	维护保养和安全技术操作规程	长期	有则必存
(4)	维修、更新、定期检查记录,维修验收单	长期	有则必存
四、声像文件(照片、音频、视频)			
1	重要会议和主要活动形成的声像文件	永久	必存
2	党和国家领导人以及上级机关视察、检查形成的声像文件	永久	有则必存
3	重要外事活动形成的声像文件	永久	有则必存
4	科研业务活动形成的声像文件		
(1)	介绍、宣传科研活动、科研成果的声像文件	永久	有则必存
(2)	科学考察、实验、测试等科研过程中形成的声像文件	长期	必存
(3)	样品、标本、样机等实物的声像文件	长期	必存
(4)	工艺设备(含软件)制造加工、鉴定验收、安装调试、运行维护等过程中形成的声像文件	长期	必存

续表

序号	文件内容	保管期限	整理要求
(5)	购置仪器设备(含软件)开箱验收、安装调试、运行维护等过程中形成的声像文件	长期	必存
5	院士、著名科学家等名人的宣传材料及其在重要活动中形成的声像文件	永久	有则必存
6	集体或个人获得的奖牌、奖杯、奖状等实物的声像文件	永久	必存
7	其他具有长久保存价值的声像文件	永久	有则必存
五、电子文件			
1	项目在策划立项、组织实施、中期检查、结题验收与后评估等全过程中形成的具有利用价值、应当归档保存的文本文件、图像文件、图形文件、超媒体文件、程序文件、数据文件等形式的电子文件。 ＊电子文件归档范围和保管期限参照纸质文件的归档范围和保管期限。		

附件 2

中国科学技术大学重大科研项目档案归档质量要求

1. 文件材料必须齐全完整，反映项目(课题)实施的全过程。

2. 文件材料应为原始件，保持历史真迹，不得擅自修改、剪贴、伪造或事后补制，没有原件的归档复制件必须注明原件归属。

3. 文字材料、图纸等必须与实物、实况相一致。

4. 文件材料要注明作者与文件形成日期，内容明确，履行规定的签章手续。

5. 文件材料应采用耐久性强的书写材料，不得用铅笔、圆珠笔或复写纸书写，要求纸质优良、字迹工整、线条清晰、图面整洁，利于长远保存。

6. 归档声像文件的质量要求：

(1) 声音、影像应清晰，主题突出，具有代表性和典型性，能够客观、完整地反映活动的主要内容、人物和场景等。

(2) 照片以 JPG、TIF 等格式归档，音频以 WAV、MP3 等格式归档，视频以 MPG、MP4、FLV、AVI 等格式归档。

(3) 应选用一次写光盘、磁带、硬磁盘等作为载体存储，并保证载体的有效性。

7. 归档电子文件真实性、可靠性、完整性、可用性的鉴定合格率应为 100%。其格式和载体应符合《电子文件归档与电子档案管理规范》(GB/T 18894—2016)相关规定要求。

中国科学技术大学科研绩效管理办法(试行)

(校科字〔2018〕257号,2018年12月19日)

第一章 总 则

为完善有利于创新的评价激励制度,进一步激发科技工作者的积极性、主动性和创造性,根据《关于实行以增加知识价值为导向分配政策的若干意见》和《关于优化科研管理提升科研绩效若干措施的通知》(国发〔2018〕25号)等有关文件精神,结合学校实际情况,制定本办法。

第一条 学校科研绩效以科技创新质量、贡献和影响为导向,综合考虑科技工作者的年度科技创新成果、主持科研任务、获得知识产权、实施成果转化、获得科技奖励、担任学术职务以及科技咨询服务等情况,建立科学合理的评价标准。

第二条 学校科研绩效激励对象为我校教职员工和科教融合研究所科研人员。

第二章 标 准

第三条 学校科研绩效由重点科研绩效、一般科研绩效和科技服务绩效组成。

第四条 重点科研绩效主要考虑科研人员的代表性创新成果、主持重大科研任务和重要学术影响等情况,根据不同类型的科研活动计算绩效权重因子。

科研活动		类 别	权重因子	备注
科技创新力	学术论文	《Science》《Nature》《Cell》正刊	5.0	我校为第一完成单位
		《Nature Index》期刊	1.0	
		汤森路透JCR分区Q1期刊、CCF推荐A类会议	0.5	
		SSCI收录	0.2	
		中文社会科学引文索引CSSCI	0.1	
	知识产权	国际PCT发明专利申请/发明专利授权	1.0	
		中国发明专利授权	0.5	
		中国实用新型专利授权、软件著作权	0.1	
		新药证书	5.0	
		新药临床试验批文	2.0	
	成果转化	实施金额大于(含)500万元/项	2.0	
		实施金额大于(含)100万元/项小于500万元/项	1.0	

续表

科研活动	类别		权重因子	备注
科技竞争力	主持重大任务	国家重大科研项目负责人(包括领衔/首席科学家、技术总师、总指挥等)	10.0	项目执行期每年核算(不足一年部分按比例折算)
		国家重大科研项目副总师、副总指挥,下属系统负责人(包括总师、指挥等)	5.0	
		我校主持的国家重要科研项目(包括国家科技创新2030重大项目、国家重点研发计划项目、基金委重大项目/创新群体项目/重大科研仪器研制项目、中科院先导专项项目、国家社科基金重大项目等)项目负责人	5.0	
科技影响力	科技奖励	国家最高科学技术奖获得者、国家科学技术奖特等奖	100.0	我校为第一完成单位乘系数1,第二乘系数0.5,第三及以后乘系数0.1
		国家科学技术奖一等奖	60.0	
		国家科学技术奖二等奖、高等学校科学研究优秀成果奖(人文社会科学)一等奖	20.0	
		省科学技术奖一等奖、高等学校科学研究优秀成果奖(人文社会科学)二等奖	5.0	
	科技进展	国际重要学会、《Science》《Nature》评选的年度科技进展	5.0	同一成果入选多项进展按最高权重因子核算一次
		"两院"院士评选的世界/国内十大科技进展新闻、中国科学十大进展(科技部基础研究管理中心)、中国高等学校十大科技进展、国际/国内十大科技新闻(科技日报社)	2.0	
	国际学术影响	重要国际学会主席/副主席、重要影响国际期刊主编/副主编、国内一级学会理事长/副理事长、国家重要咨询评议专家、国际重要学术会议大会主席/副主席、国际重要学术会议大会特邀报告	另行制定标准后执行	

重点科研绩效为年度绩效基数乘以绩效权重因子之和。年度绩效基数由学校根据年度科研绩效权重因子总和与绩效经费来源情况确定。

第五条 一般科研绩效由学院或重点科研机构根据不同学科特点,按科研人员在科研项目中承担的任务情况和作出的实际贡献核定。每人每年最高不超过40万元。

第六条 科研人员有责任承担学校科技咨询服务工作,并纳入个人的社会服务工作量统计。学校根据教职员工对学校做出的社会服务工作量与质量,统一制定绩效办法。

第三章 发 放

第七条 重点科研绩效由学校承担。一般科研绩效由学院或重点科研机构承担。

第八条 科研绩效经费中学校承担部分的来源为学校预算,学院和重点科研机构承担部分的来源为科研项目间接经费中学院和重点科研机构统筹的部分、横向项目结余经费中的人员费用、协同创新机构专项人员费用及"中国科学院特聘研究员"专项人员经费等。

第九条 科研部负责在每年第一季度统计核算上一年度重点科研绩效,学院和重点科研机构负责核算一般科研绩效。

科研人员对年度科研绩效进行确认。科技成果、奖励和进展的第一完成人可将相关绩效按照实际贡献分配给相关人员。学院和重点科研机构汇总形成各单位科研绩效分配方案,报送科研部。

第十条 科研部、人力资源部审核形成年度科研绩效发放方案。财务处负责按月发放,并代缴个人所得税。

第四章 附 则

第十一条 科研人员如发生泄密、质量问题或科研安全等事故,查实后按照学校有关规定予以严肃处理,根据情节轻重核减当年科研绩效。

第十二条 获得科研绩效的科研人员如存在学术不端行为,查实后按照学校有关规定予以严肃处理,追回发生学术不端行为以来的相关科研绩效并停发处分期间的全部绩效。

第十三条 本办法自印发之日起施行。原《中国科学技术大学科学技术奖励办法》(校科字〔2008〕64号)同时废止。

第十四条 本办法由科研部、人力资源部和财务处负责解释。

中国科学技术大学国有股权管理办法(试行)

(校企字〔2018〕68号,2018年4月24日)

第一章 总 则

第一条 为规范学校科技成果转化,加强国有股权管理,保护学校权益,防范经营风险,依据《中华人民共和国促进科技成果转化法》《中央级事业单位国有资产管理暂行办法》《企业国有资产监督管理暂行条例》等法律法规和《中国科学院对外投资管理办法》、《中国科学技术大学促进科技成果转化管理办法(试行)》(下称《科技成果转化办法》)等有关精神,制定本办法。

第二条 本办法所称国有股权专指学校以科技成果作价对外投资所形成的国有股权,不包括已按有关政策奖励给技术发明人(或团队)的股权。

第二章 组 织 管 理

第三条 学校党委常委会是国有股权管理与处置的领导和决策机构。

第四条 学校经营性资产监督管理委员会负责协调相关工作,推动有关决定的实施。

第五条 相关职能部门和单位按照分工协同原则负责国有股权管理工作:

(一)资产与后勤保障处负责股权形成、管理、处置过程中的国有资产产权登记、资产评估、行为报批;

(二)财务处负责股权形成、管理、处置相关的财务管理和会计核算;

(三)监察审计处负责相关行为的审计监督;

(四)中科大资产经营有限责任公司(下称"资产公司")负责股权运营管理、股权处置行为的实施,代表学校行使下列股东权利:选派和更换股权代表(董事、监事、股东代表)以及其他不涉及学校股权或出资金额变动的决策事宜。

第三章 股 权 形 成

第六条 学校国有股权形成的主要方式为:

(一)以科技成果作价出资与他人共同投资新设企业,获得相应股权;

(二)以科技成果作价出资对已设立的企业增资,获得相应股权。

第七条 学校以科技成果作价对外投资应选择信誉良好、实力雄厚、尊重科技成果转化规律、具有经营管理经验的合作伙伴,不得与有不良行为记录的法人或自然人合作。

第八条 学校国有股权形成过程中所涉及的协议、合同等文书的拟定与签署必须符合国家有关法律法规,可委托专业机构进行可行性论证和提供咨询服务。

第四章 股 权 管 理

第九条 学校以科技成果作价对外投资行为完成后,应及时进行相应的账务处理及向上级主管部门申请办理国有资产产权登记手续。

第十条 资产公司应妥善经营、有效管理,保障国有利益不受侵害,切实履行以下职责:

(一)向持股企业审慎选派股权代表(董事、监事、股权代表),规范股权代表履职行为;

(二)及时、主动了解持股企业经营和财务状况,定期或不定期聘请中介机构或委派内部审计人员对持股企业进行审计;

(三)将持股企业重大事项及时上报学校决策。

第十一条 学校应在条件许可时将持有的股权以划转或增资等方式投入资产公司。

第五章 股 权 处 置

第十二条 股权处置包括但不限于股权转让、股权划转、从持股企业撤资,以及持股企业股份制改造、公积金转增资本金、注销解散等。

第十三条 股权处置应按照国有资产管理相关政策和上级主管部门有关规定履行决策、审批程序。

第十四条 学校以科技成果作价对外投资的主要目的是促进科技成果的转化和实施应用,原则上不应长期持有股权。除非学校认为确有必要继续持股,否则当持股企业出现以下情形之一时,原则上应及时退出：

（一）已上市或科技成果作价出资已满5年；

（二）经营期满且股东会决定不再延期；

（三）无法正常持续经营且无扭转的可能性,或连续3年严重亏损；

（四）连续3年盈利且具备分红条件,但未分红；

（五）学校或资产公司认为必要的其他情形。

第十五条 处置所持非上市企业股权,处置价格应以处置时的资产评估结果为依据。转让所持股权的,应通过依法设立的产权交易机构公开交易。

第十六条 减持所持上市公司股份应按《国有股东转让所持上市公司股份管理暂行办法》及证监会、交易所有关规定执行。

第六章 附 则

第十七条 学校投入资产公司的股权和资产公司以学校科技成果作价对外投资所形成的股权的管理,参照本办法执行。

第十八条 本办法自印发之日起施行。本办法如与国家、省、相关部委政策不符,以相关政策为准。

第十九条 本办法由学校经营性资产监督管理委员会负责解释。

七、机构与干部

学校党政领导

党委书记	舒歌群
校　　长	包信和
常务副校长	潘建伟
党委副书记、纪委书记	叶向东
副 校 长	陈初升
党委常委、副校长	陈晓剑
党委常委、副校长	朱长飞
党委副书记	蒋　一
副校长（兼）	江海河
党委常委、副校长	王晓平
副 校 长	杨金龙
党委常委、副校长	杜江峰
总会计师	黄素芳

注：2018年5月，许武因任职期满，不再担任党委书记；舒歌群任党委书记；周先意因年龄原因，不再担任党委常委、副校长；杨金龙任副校长；杜江峰任党委常委、副校长。

中共中国科学技术大学第十一届委员会常务委员会委员名单

舒歌群　叶向东　陈晓剑　朱长飞　蒋　一　王晓平　杜江峰

中共中国科学技术大学第十一届委员会委员名单
（按姓氏笔画排序）

王晓平　尹　民　叶邦角　叶向东　朱长飞　刘　斌　杜江峰　何淳宽　陆夕云
陈华平　陈晓剑　罗喜胜　龚流柱　屠　兢　葛学武　蒋　一　傅　尧　舒歌群
褚家如

中共中国科学技术大学纪律检查委员会委员名单
（按姓氏笔画排序）

丁望斌　叶向东　田扬超　刘天卓　赵　峰　洪　军　黄超群

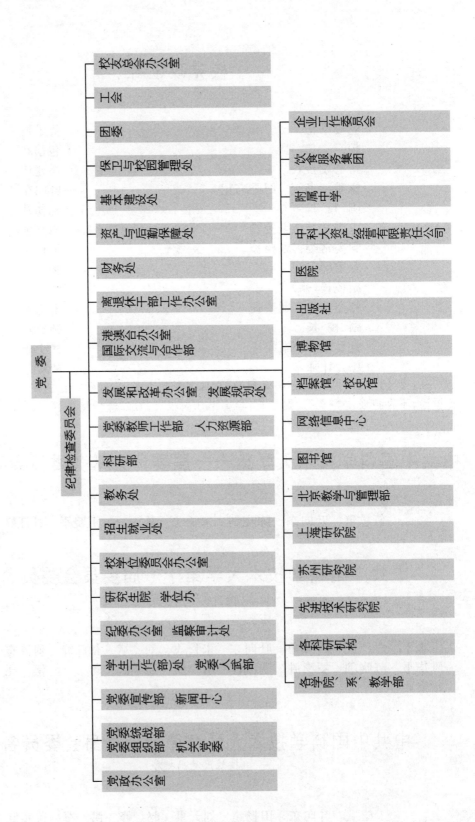

学院、系和教学部设置

学　　院	系、教学部
少年班学院	少年班、教改试点班
数学科学学院	数学系
	计算与应用数学系
	概率统计系
物理学院	物理系
	近代物理系
	天文学系
	光学与光学工程系
	工程与应用物理系
化学与材料科学学院	化学物理系
	应用化学系
	材料科学与工程系
	化学系
	高分子科学与工程系
生命科学与医学部 — 生命科学学院	分子生物学与细胞生物学系
	神经生物学与生物物理学系
	系统生物学系
	医药生物技术系
生命科学与医学部 — 基础医学院	
生命科学与医学部 — 临床医学院	
生命科学与医学部 — 生命科学工程学院	
工程科学学院	近代力学系
	精密机械与精密仪器系
	热科学和能源工程系
	安全科学与工程系
信息科学技术学院	电子工程与信息科学系
	自动化系
	电子科学与技术系
计算机科学与技术学院	计算机科学技术系

续表

学　　院	系、教学部	
地球和空间科学学院	地球物理与行星科学技术系	
	地球化学与环境科学系	
管理学院	工商管理系	
	管理科学系	
	统计与金融系	
	专业学位教育中心	
人文与社会科学学院	人文社科基础教学中心	外语系
		科技哲学教学研究部
		人文素质教学研究部
		马克思主义理论教学研究部
		体育教学部
	科技史与科技考古系	
	科技传播与科技政策系	
公共事务学院	法律硕士教育中心	
	MPA 中心	
软件学院		
大数据学院		
网络空间安全学院		
核科学技术学院		
环境科学与光电技术学院		
材料科学与工程学院（中科院金属研究所）		
天文与空间科学学院（中科院紫金山天文台）		
纳米技术与纳米仿生学院（中科院苏州纳米所）		
应用化学与工程学院（中科院长春应化所）		
马克思主义学院（中共安徽省委党校共建）		
微电子学院(中科院长春光机所共建)		

校部机关党政机构负责人名单

党　校
  校　长　　　　　　　舒歌群(兼)
  常务副校长　　　　　赵永飞

党政办公室
  主　任　　　　　　　王　伟
  副主任　　　　　　　周　宇　叶　征　马　壮　彭　慧(挂职)

党委组织部
  部　长　　　　　　　何淳宽
  副部长　　　　　　　赵　峰　郑红群

党委统战部
  部　长　　　　　　　张　玲
  副部长　　　　　　　谭　勇(挂职)

机关党委
  书　记　　　　　　　叶向东(兼)
  常务副书记　　　　　何淳宽(兼)
  副书记　　　　　　　郑红群

党委宣传部
  部　长　　　　　　　陈晓剑(兼)
  副部长　　　　　　　杨保国　杨　凡　汪银生

新闻中心
  主任、新闻发言人　　杨保国
  副主任　　　　　　　杨　凡　汪银生

党委学生工作部
  部　长　　　　　　　李　峰
  副部长　　　　　　　赵　钢

学生工作处
  处　长　　　　　　　李　峰

副处长　　　　　　　　聂　磊　赵　钢

党委人民武装部
　　部　长　　　　　　　　李　峰
　　副部长　　　　　　　　聂　磊

纪律检查委员会
　　书　记　　　　　　　　叶向东(兼)
　　副书记　　　　　　　　黄超群

纪委办公室
　　主　任　　　　　　　　黄超群(兼)
　　副主任　　　　　　　　瞿启发

监察审计处
　　处　长　　　　　　　　丁望斌
　　副处长　　　　　　　　杨自浣

发展和改革办公室、发展规划处
　　主任、处长　　　　　　罗喜胜
　　副处长　　　　　　　　申成龙(挂职)

研究生院
　　院　长　　　　　　　　潘建伟(兼)
　　常务副院长　　　　　　杨金龙(兼)
　　副院长　　　　　　　　古继宝　倪　瑞　吴恒安(挂职)　李思敏(挂职)
　　综合办公室
　　　　主　任　　　　　　裴　旭
　　教学与学籍办公室
　　　　主　任　　　　　　万洪英
　　学科管理与评估(211/985工程管理)办公室
　　　　副主任　　　　　　熊　文
　　研究生招生办公室
　　　　副主任　　　　　　杜　进

学位办公室
　　主　任　　　　　　　　陈　伟
　　副主任　　　　　　　　李兴权

招生就业处
　　处　长　　　　　　　　杨　锋

副处长　　　　　　　魏　英　韦巍巍　胡　芃（挂职）
教务处
　　　处　长　　　　　　　周丛照
　　　副处长　　　　　　　马运生　秦　进　韦巍巍（兼）　曾长淦（挂职）
科研部
　　　部　长　　　　　　　傅　尧
　　　副部长　　　　　　　朱霁平　王　峰　王敬宇　李　俊
党委教师工作部
　　　部　长　　　　　　　褚家如（兼）
　　　副部长　　　　　　　曾　杰
人力资源部
　　　部　长　　　　　　　褚家如
　　　副部长　　　　　　　黄　方　梁宏飞　李方元
国际合作与交流部
　　　部　长　　　　　　　侯中怀
　　　副部长　　　　　　　蒋家杰
离退休干部工作办公室
　　　主任兼党总支书记　　刘　艳
　　　党总支副书记　　　　厉　洪
　　　副主任　　　　　　　张　静
财务处
　　　处　长　　　　　　　章　晨
　　　副处长　　　　　　　俞向群　皇甫越　高维孝
资产与后勤保障处
　　　处　长　　　　　　　张鹏飞
　　　副处长　　　　　　　詹月红　赵永进
基本建设处
　　　处　长　　　　　　　姚子龙
保卫与校园管理处
　　　处　长　　　　　　　洪　军
　　　副处长　　　　　　　曹学含　张宪锋

团委

书　记	杨晓果
副书记	赵　林　朱书（兼）

工会

主　席	蒋　一（兼）
常务副主席	史明瑛
副主席	孙洪庆

校友总会

会　长	包信和（兼）
副会长	鹿　明　郭胜利
副秘书长兼办公室主任	朱洪超

教育基金会

副理事长兼财务总监	尹登泽
副理事长兼秘书长	郭胜利

企业工作委员会

书　记	苏　俊
副书记	李　静

学院、系、教学部党政负责人名单

少年班学院

院　长	陈　旸
副院长	尹　民　李震宇
党总支书记	尹　民
党总支副书记	兰　荣

数学科学学院

院　长	马志明（兼）
执行院长	李嘉禹
副院长	邓建松　李思敏　麻希南
党委书记	邓建松
党委副书记	王　莉

物理学院

院　　长	欧阳钟灿（兼）
执行院长	杜江峰
副院长	叶邦角　王冠中　陈向军　徐　宁
党委书记	叶邦角
党委副书记	张增明

化学与材料科学学院

院　　长	李　灿（兼）
执行院长	杨金龙
副院长	葛学武　刘世勇　徐铜文　胡水明
党委书记	葛学武
党委副书记	闫立峰

工程科学学院

院　　长	杜善义（兼）
执行院长	陆夕云
副院长	刘明侯　吴恒安　倪　勇
党委书记	刘明侯
党委副书记	赵　钢

信息科学技术学院

院　　长	吴一戎（兼）
执行院长	吴　枫
副院长	陈卫东　张勇东　王　永　李厚强
党委书记	陈卫东
党委副书记	王　童（挂职）

地球和空间科学学院

院　　长	陈　颙（兼）
执行院长	汪毓明
副院长	刘　斌　陈福坤　姚华建
党委书记	刘　斌
党委副书记	熊　成

生命科学与医学部

党委书记	刘同柱（兼）
执行部长	薛　天
党委常务副书记	魏海明

副部长	魏海明　刘连新

生命科学学院

院　　长	许瑞明（兼）
执行院长	薛　天
副院长	魏海明　臧建业　胡　兵
党委书记	魏海明
党委副书记	丁丽俐

基础医学院

院　　长	田志刚
执行院长	周荣斌

临床医学院

院　　长	卞修武（兼）
执行院长	翁建平
副院长	刘新峰

生物医学工程学院

院　　长	赵宇亮（兼）

计算机科学与技术学院

执行院长	李向阳
副院长	陈恩红　许胤龙　张燕咏
党委书记	钱　海

管理学院

名誉院长	周小川（兼）
执行院长	余玉刚
副院长	刘天卓　胡太忠　陆　晔
党委书记	刘天卓
党委副书记	芮　锋

公共事务学院

院　　长	宋　伟
副院长	李晓纲　褚建勋
党委书记	李晓纲
党委副书记	陈晓伶（挂职）

人文与社会科学学院

院　　长	刘　钝（兼）

党委书记	屠 兢
党委副书记	王国燕

软件学院

院　长	陈华平
常务副院长	李　曦
副院长	汪　炀
党委书记	尹　红

大数据学院

院　长	鄂维南（兼）
常务副院长	陈恩红（兼）
副院长	杨周旺（兼）

网络空间安全学院

院　长	吴曼青（兼）
常务副院长	谢海永
副院长	俞能海　苑震生　张卫明

核科学技术学院（与中科院合肥物质科学研究院共建）

院　长	万宝年（兼）
常务副院长	宋云涛（兼）
副院长	傅　鹏（兼）　张国斌（兼）　庄　革（兼）

环境科学与光电技术学院（与中科院合肥物质科学研究院共建）

院　长	魏复盛（兼）
执行院长	刘文清（兼）
副院长	谢品华（兼）　翁宁泉（兼）

材料科学与工程学院（与中科院沈阳金属所共建）

院　长	左　良（兼）
常务副院长	张哲峰（兼）
副院长	刘世勇（兼）　刘　敏（兼）

纳米技术与纳米仿生学院（与中科院苏州纳米技术与纳米仿生研究所共建）

院　长	杨　辉（兼）
常务副院长	刘佩华（兼）
副院长	徐铜文（兼）　王强斌（兼）

天文与空间科学学院（与中科院紫金山天文台共建）

院　长	杨　戟（兼）

常务副院长　　　　　　　　　　常　进（兼）
　　副院长　　　　　　　　　　　　孔　旭（兼）　吴雪峰（兼）

应用化学与工程学院（与中科院长春应用化学研究所共建）
　　院　长　　　　　　　　　　　　杨小牛（兼）
　　副院长　　　　　　　　　　　　熊宇杰（兼）　刘靖宇（兼）

国家示范性微电子学院（与中科院长春光学精密机械与物理研究所共建）
　　院　长　　　　　　　　　　　　刘　明
　　常务副院长　　　　　　　　　　龙世兵
　　副院长　　　　　　　　　　　　曹一雄　郭国平　傅忠谦
　　党委书记　　　　　　　　　　　陈　香

马克思主义学院（与中共安徽省委党校共建）
　　院　长　　　　　　　　　　　　胡忠明（兼）
　　常务副院长　　　　　　　　　　周丛照（兼）
　　副院长　　　　　　　　　　　　杨志梅（兼）　汤俪瑾（兼）

苏州研究院
　　副院长　　　　　　　　　　　　李　彬　俞书宏

上海研究院
　　常务副院长兼党总支书记　　　　陈良高
　　副院长　　　　　　　　　　　　吕冰涛

北京教学与管理部
　　主　任　　　　　　　　　　　　胡岳东

北京研究院
　　院长、法定代表人　　　　　　　张勇东（兼）

先进技术研究院
　　副院长　　　　　　　　　　　　汤家骏　李　俊（兼）　吕延文（挂职）
　　常务副院长　　　　　　　　　　陆守香
　　党委副书记　　　　　　　　　　朱东杰
　　总会计师　　　　　　　　　　　倪晋鹏

国际金融研究院（与合肥市人民政府共建）
　　院　长　　　　　　　　　　　　余玉刚（兼）
　　常务副院长　　　　　　　　　　陆　晔

数学系
  主　任　　　　　　　　　　　黄　文
  常务副主任　　　　　　　　　王　毅

计算与应用数学系
  主　任　　　　　　　　　　　刘利刚

概率统计系
  主　任　　　　　　　　　　　张土生

物理系
  主　任　　　　　　　　　　　沈保根（兼）
  执行主任　　　　　　　　　　林子敬
  党总支书记　　　　　　　　　崔宏滨

近代物理系
  主　任　　　　　　　　　　　韩　良
  党总支书记　　　　　　　　　朱林繁

光学与光学工程系
  系主任　　　　　　　　　　　许祖彦（兼）
  执行主任　　　　　　　　　　周正威
  党总支书记　　　　　　　　　崔宏滨

天文学系
  主　任　　　　　　　　　　　严　俊
  执行主任　　　　　　　　　　孔　旭（兼）
  党总支书记　　　　　　　　　袁业飞

工程与应用物理系
  执行主任　　　　　　　　　　庄　革
  党总支书记　　　　　　　　　丁翠平

化学物理系
  主　任　　　　　　　　　　　张东辉（兼）
  执行主任　　　　　　　　　　黄伟新
  党总支书记　　　　　　　　　李群祥

应用化学系
  主　任　　　　　　　　　　　崔　屹（兼）

执行主任兼党总支书记	熊宇杰
党总支常务副书记	周小东

材料科学与工程系
  主　任   吴以成（兼）
  执行主任   杨上峰
  党总支书记   刘伟丰

化学系
  主　任   洪茂椿（兼）
  执行主任   邓兆祥
  党总支书记   虞正亮

高分子科学与工程系
  主　任   王利祥（兼）
  执行主任   陈昶乐
  党总支书记   何卫东

近代力学系
  主　任   丁　航
  党总支书记   赵　凯

精密机械与精密仪器系
  主　任   徐晓嵘
  党总支书记   吴　强（挂职）

热科学和能源工程系
  主　任   裴　刚
  党总支书记   牟　玲（挂职）

安全科学与工程系
  主　任   胡　源

电子工程与信息科学系
  主　任   吴一戎（兼）
  执行主任   俞能海
  党总支书记   谭　勇

自动化系
  主　任   徐　波（兼）
  执行主任   康　宁

  党总支书记   郑　烃

电子科学与技术系
  主　任   叶甜春（兼）
  执行主任   邱本胜
  党总支书记   陈　香

信息安全专业
  执行主任   胡红钢

地球物理与行星科学技术系
  主　任   陆全明

地球化学与环境科学系
  主　任   周根陶

分子生物学与细胞生物学系
  主　任   田长麟

神经生物学与生物物理学系
  主　任   毕国强

系统生物学系
  主　任   吴家睿（兼）
  执行主任   刘海燕

医药生物技术系
  主　任   裴端卿（兼）
  执行主任   肖卫华

工商管理系
  主　任   洪　进

管理科学系
  主　任   吴　杰

统计与金融系
  主　任   张伟平

EMBA 中心
  主　任   罗　彪

MBA 中心
    主　任   张圣亮
EDP 中心
    主　任   吴　林
人文社科基础教学中心
    主　任   孙　蓝
科技史与科技考古系
    主　任   刘　钝(兼)
    执行主任   石云里
科技传播与科技政策系
    主　任   周荣庭
外语系
    系主任兼党总支书记   徐守平
    副主任   张曼君　邢鸿飞
马克思主义理论教学研究部
    常务副主任兼社科党总支书记   汤俪瑾
人文素质教学研究部
    主　任   孔　燕
科技哲学教研部
    主　任   徐　飞
体育教学部
    主　任   曾　文

重点科研机构负责人名单

国家同步辐射实验室
    主　任   陆亚林
    副主任   田扬超　张国斌　王　琳
    党委书记   田扬超

合肥微尺度物质科学国家研究中心
  主　任　　　　　　　　　罗　毅
  副主任　　　　　　　　　王　兵　鲁　非　陈　旸（兼）
  党委书记　　　　　　　　王　兵

火灾科学国家重点实验室
  主　任　　　　　　　　　张和平
  副主任　　　　　　　　　孙金华　刘乃安
  党委书记　　　　　　　　宋卫国

核探测与核技术国家重点实验室（联合）
  主　任　　　　　　　　　安　琪

语音及语言信息处理国家工程实验室（联合）
  副主任　　　　　　　　　戴礼荣　陈恩红

类脑智能技术及应用国家工程实验室
  主　任　　　　　　　　　吴　枫
  副主任　　　　　　　　　查正军

热安全技术国家地方联合工程研究中心
  主　任　　　　　　　　　张和平
  副主任　　　　　　　　　姚　斌　纪　杰

量子信息与量子科技前沿协同创新中心
  主　任　　　　　　　　　潘建伟

大尺度火灾国际联合研究中心
  主　任　　　　　　　　　刘乃安

国家高性能计算中心（合肥）
  副主任　　　　　　　　　许胤龙

安徽蒙城地球物理国家野外科学观测研究站
  副站长　　　　　　　　　薛向辉

中科院量子信息与量子科技创新研究院
  主　任　　　　　　　　　潘建伟

中国科学院合肥大科学中心
  联络人　　　　　　　　　陆亚林

中科院材料力学行为和设计重点实验室
  主　任　　　　　　　　　　吴恒安

中科院壳幔物质与环境重点实验室
  主　任　　　　　　　　　　郑永飞

中科院近地空间环境重点实验室
  主　任　　　　　　　　　　窦贤康
  常务副主任　　　　　　　　汪毓明

中科院能量转换材料重点实验室（联合）
  主　任　　　　　　　　　　陈初升

中科院星系宇宙学重点实验室（联合）
  主　任　　　　　　　　　　王挺贵

中科院量子信息重点实验室
  主　任　　　　　　　　　　郭光灿
  常务副主任　　　　　　　　李传峰

中科院软物质化学重点实验室
  主　任　　　　　　　　　　刘世勇

中科院脑功能与脑疾病重点实验室
  主　任　　　　　　　　　　周江宁

中科院吴文俊数学重点实验室
  常务副主任　　　　　　　　胡　森

中科院电磁空间信息重点实验室
  主　任　　　　　　　　　　王东进

中科院空间信息处理与应用系统技术重点实验室
  主　任　　　　　　　　　　李厚强

中科院无线光电通信重点实验室
  主　任　　　　　　　　　　徐正元

中科院强耦合量子材料物理重点实验室
  主　任　　　　　　　　　　陈仙辉

中科院天然免疫与慢性疾病重点实验室
  主　任　　　　　　　　　　田志刚

中科院城市污染物转化重点实验室(联合)
　　主　任　　　　　　　　　俞汉青
中科院微观磁共振重点实验室
　　主　任　　　　　　　　　杜江峰

直属单位负责人名单

公共实验中心
　　主　任　　　　　　　　　鲁　非
　　副主任　　　　　　　　　陈　伟　朱霁平
图书馆
　　常务副馆长　　　　　　　田乐胜
　　副馆长　　　　　　　　　汪忠诚　宁　劲
　　图书网络档案联合党总支书记　汪忠诚
网络信息中心
　　主　任　　　　　　　　　李　京
　　副主任　　　　　　　　　张焕杰　徐　兵
档案馆
　　馆　长　　　　　　　　　刘　明
　　副馆长　　　　　　　　　方黑虎
博物馆
　　馆　长　　　　　　　　　张志辉
出版社
　　社　长　　　　　　　　　伍传平
　　党支部书记　　　　　　　张春瑾
　　常务副总编辑　　　　　　李攀峰
　　副社长　　　　　　　　　李芳宇
　　副总编辑　　　　　　　　孔庆勇
医　院
　　副院长　　　　　　　　　王建强　周　鹏
　　党支部书记　　　　　　　夏炳乐

中科大资产经营有限责任公司
  董事长　　　　　　　　　　王　兵
  总经理　　　　　　　　　　应　勇
  党总支书记　　　　　　　　杨定武

附属中学
  校长兼党总支书记　　　　　李　蓓
  副校长　　　　　　　　　　蔡婉若　张峻菡

饮食服务集团
  总经理　　　　　　　　　　顾　韬
  副总经理　　　　　　　　　徐　燕
  后勤党总支书记　　　　　　顾　韬

担任各级人大代表、政协委员以及各民主党派重要职务等人员名单

第十三届全国人大代表
  包信和（常委）

安徽省第十三届人大代表
  杨金龙（常委）　陈乾旺（常委）

合肥市第十六届人大代表　　吴恒安

包河区第四届人大代表　　朱平平　黄金水
蜀山区第四届人大代表　　安　虹　于　舒（学生）

第十三届全国政协委员　　郑永飞（常委）　牛立文　潘建伟

安徽省第十二届政协委员
  叶向东　杜江峰　王　兵　张　玲　郭国平　郑永飞（副主席、常委）　王挺贵
  徐铜文　何陵辉　牛立文（副主席、常委）　俞书宏　潘建伟（常委）　王　永
  陆朝阳　陈初升（常委）　韦世强（常委）

包河区第四届政协委员	陈家富（副主席、常委） 吴 强
蜀山区第四届政协委员	李 毅（常委） 王 群
安徽省人民政府参事	赵政国
安徽省文史研究馆馆员	史玉民
中国民主同盟第十二届中央常委、安徽省第十三届委员会主任委员	郑永飞
中国农工民主党第十六届中央委员会常委、安徽省第十一届委员会主任委员	牛立文
九三学社第十四届中央副主席、安徽省第十一届委员会主任委员	潘建伟
中国农工民主党第十六届中央委员会委员、安徽省第十一届委员会副主任委员	杨金龙
九三学社第十四届中央委员会委员、安徽省第十一届委员会副主任委员	陈乾旺
中国国民党革命委员会安徽省第十三届委员会委员	郭国平 蔡 俊
中国民主同盟安徽省第十三届委员会委员	王挺贵
中国民主建国会第九届安徽省委常委	徐铜文
中国民主促进会安徽省第八届委员会委员	何陵辉
中国致公党安徽省第六届委员会委员	俞书宏
九三学社安徽省第十一届委员会委员	王 永 陆朝阳
安徽省无党派知识分子联谊会第二届理事会副会长	陈初升
中国国民党革命委员会科大支部主委	汤家骏
中国民主同盟科大总支主委	王挺贵
中国民主建国会科大支部主委	徐铜文
中国民主促进会科大支部主委	何陵辉
中国农工民主党科大支部主委	董振超
中国致公党科大支部主委	俞书宏
九三学社科大基层委员会主委	王 永
校无党派知识分子联谊会会长	陈初升
安徽省侨联副主席	叶向东
校侨联主席	汪 箭
中科院留学人员联谊会（中科院欧美同学会）第一届理事会副会长	杜江峰
安徽欧美同学会（安徽留学人员联谊会）第一届理事会	潘建伟（会长） 陈初升（副会长）

各类委员会(非常设机构)及其成员名单

学位评定委员会

(校学位字〔2014〕224号,校学位字〔2016〕15号,校学位字〔2016〕75号,
校学位字〔2017〕104号,校学位字〔2017〕284号,校学位字〔2017〕302号)

主 任 委 员：包信和
副主任委员：潘建伟

秘　书　长：杨金龙
委　　　员（按姓氏笔画排序）：
万元熙　万宝年　王　水　王强斌　古继宝　石云里　田志刚
匡光力　朱清时　伍小平　刘文清　齐　飞　安立佳　杜江峰
李向阳　李依依　李嘉禹　李曙光　杨　辉　杨小牛　吴　枫
何多慧　余玉刚　汪毓明　宋　伟　张文逸　张和平　张哲峰
张淑林　张裕恒　陆夕云　陆亚林　陈仙辉　陈发来　陈华平
陈国良　陈昶乐　陈晓非　范维澄　罗　毅　周又元　周丛照
郑永飞　赵政国　施蕴渝　姚华建　秦　宏　袁军华　钱逸泰
徐　宁　郭光灿　黄刘生　龚知本　谢　毅　窦贤康　薛　天

第八届学位评定分委员会
(校学位字〔2015〕39号，校学位字〔2016〕14号，
校学位字〔2017〕285号，校学位字〔2017〕301号)

数学学科学位分委员会
主　　任：李嘉禹
副主任：胡太忠
委　　员：邓建松　叶向东　任广斌　李思敏　杨亚宁　吴耀华　陈　卿　陈发来
　　　　欧阳毅　胡　森　郭文彬　麻希南

物理与天文学科学位分委员会
主　　任：杜江峰
副主任：徐　宁
委　　员：孔　旭　邓友金　叶邦角　陈向军　林子敬　金　革　周又元　周正威
　　　　周先意　郑　坚　赵政国　袁军华　郭光灿　韩　良　韩正甫

化学与材料学科学位分委员会
主　　任：杨金龙
副主任：刘世勇　俞汉青
委　　员：刘扬中　张兴元　陈春华　武晓君　胡水明　龚流柱　梁高林　葛学武
　　　　谢　毅　熊宇杰

地学与环境学科学位分委员会
主　　任：郑永飞
副主任：汪毓明
委　　员：王　水　刘　斌　刘桂建　李　锐　肖益林　吴小平　陆全明　陈晓非
　　　　陈福坤　姚华建　傅云飞　谢周清　窦贤康

生命科学学科学位分委员会

主　　任：施蕴渝

副主任：薛　天

委　　员：史庆华　光寿红　刘海燕　吴　缅　张华凤　陈　林　周荣斌　赵　忠
　　　　　胡　兵　臧建业　魏海明

力学与工程学科学位分委员会

主　　任：伍小平

副主任：陆夕云

委　　员：丁　航　刘乃安　刘明侯　吴恒安　张和平　竺长安　倪　勇　徐晓嵘
　　　　　褚家如　裴　刚

电子信息与计算机学科学位分委员会

主　　任：吴　枫

委　　员：卫　国　王　永　刘发林　许胤龙　李厚强　邱本胜　汪增福　陈华平
　　　　　陈恩红　林福江　周学海　洪佩琳　殷保群　黄刘生

核科学与技术学科学位分委员会

主　　任：万元熙

副主任：韦世强

委　　员：万宝年　叶民友　田扬超　刘功发　齐　飞　李为民　何多慧　张国斌
　　　　　陆亚林　陈红丽　秦　宏　盛六四　傅　鹏

管理科学与工程学科学位分委员会

主　　任：余玉刚

副主任：杨　锋

委　　员：丁栋虹　王荣森　古继宝　刘志迎　杨亚宁　吴　杰　吴　强　吴耀华
　　　　　张曙光　赵定涛　胡太忠　曹威麟

公共管理与人文学科学位分委员会

主　　任：宋　伟

副主任：石云里

委　　员：古继宝　史玉民　刘桂建　杨海滨　汪明生　张淑林　陈晓剑　金正耀
　　　　　周荣庭　崔海建　屠　兢　曾建雄　褚建勋　潘正祥

微尺度国家实验室学位分委员会

主　　任：罗　毅

副主任：王　兵　毕国强

委　　员：石　磊　杨金龙　陆朝阳　陈　旸　林子敬　俞书宏

科学岛分院学位分委员会

主　　任：匡光力

副主任：万宝年

委　　员：万元熙　王英俭　王俊峰　王儒敬　傅　鹏　刘文清　孙玉平　吴李君
　　　　　吴宜灿　吴海信　宋云涛　张忠平　张裕恒　孟国文　龚知本　曾　雉
　　　　　谢品华

管理人文类专业学位分委员会

主　　任：古继宝

副主任：余玉刚　宋　伟

委　　员：石云里　刘　庭　孙　蓝　杨　辉　吴耀华　张圣亮　罗　彪　周荣庭
　　　　　周朝生　赵定涛　黄攸立　曹威麟　臧武芳

工程类专业学位分委员会

主　　任：黄刘生

副主任：陈华平

委　　员：王文楼　叶民友　许立新　邱本胜　何陵辉　张和平　陈恩红　季　杰
　　　　　季海波　竺长安　俞能海　黄建华　屠　兢　滕脉坤

金属所学位分委员会

主　　任：李依依

副主任：张哲峰

委　　员：马秀亮　王京阳　王俭秋　王福会　卢　柯　叶恒强　成会明　戎利建
　　　　　孙　超　严川伟　苏党生　李美栓　李殿中　杨　柯　杨　锐　杨院生
　　　　　张劲松　张志东　张　健　柯　伟　胡壮麟　韩恩厚

苏州纳米所学位评定分委员会

主　　任：杨　辉

副主任：王强斌

委　　员：邓宗武　朱毅敏　张智军　陈　韦　陈立桅　周小春　姜　江　秦　华
　　　　　徐　科　董建荣　谢永林　靳　健　裴仁军

长春应化所学位评定分委员会

主　　任：安立佳

副主任：杨小牛

委　　员：门永锋　王立民　王利祥　王献红　邢　巍　曲晓刚　刘志强　杨向光
　　　　　杨秀荣　汪尔康　张所波　张学全　张洪杰　孟　健　姜　伟　徐国宝
　　　　　唐　涛　逯乐慧　韩艳春　薛冬峰

学术委员会
(校科字〔2015〕8号)

主 任 委 员：何多慧
副主任委员（按姓氏笔画排序）：
　　　　　万元熙　赵政国
秘 书 长：朱长飞
委　　　员（按姓氏笔画排序）：
　　　　　丁　航　卫　国　王　水　王　兵　王官武　王挺贵　叶向东
　　　　　田志刚　毕国强　朱清时　伍小平　刘万东　刘文清　齐　飞
　　　　　孙金华　严以京　李厚强　李曙光　吴　杰　吴　缅　张振宇
　　　　　张裕恒　陆亚林　陈仙辉　陈发来　陈宇翱　陈国良　陈晓非
　　　　　陈恩红　罗　毅　季　杰　周又元　郑永飞　俞汉青　施蕴渝
　　　　　钱逸泰　徐　飞　徐正元　郭光灿　黄刘生　麻希南　谢　毅
　　　　　廉哲雄　窦贤康　潘建伟

教学委员会
(校教字〔2014〕230号、校教字〔2015〕162号、校教字〔2017〕106号、校教字〔2017〕106号)

主　　任：包信和
副 主 任：陈初升　程　艺
秘 书 长：周丛照
委　　　员（按姓氏笔画排序）：
　　　　　丁泽军　古继宝　石云里　卢建新　刘　斌　刘发林　刘明侯
　　　　　刘海燕　毕国强　李卫平　杨亚宁　杨基明　汪志勇　陈　卿
　　　　　陈发来　陈春华　林铭章　周正威　周学海　胡水明　赵政国
　　　　　顾乃杰　高　琛　崔海建　黄　文　龚兴龙　蒋　一　谢周清
顾问委员（按姓氏笔画排序）：
　　　　　朱近康　朱栋培　孙立广　吴清松　何天敬　宋光天　施蕴渝
　　　　　程福臻　缪柏其

中国共产党中国科学技术大学第十二次代表大会筹备工作领导小组
(党字〔2018〕70号)

组　　长：舒歌群
成　　员：叶向东　陈晓剑　朱长飞　蒋　一　王晓平　杜江峰　黄素芳

中国共产党中国科学技术大学第十二次代表大会代表资格审查小组
(党字〔2018〕81号)

组　　长：叶向东
副组长：陈晓剑　蒋　一　何淳宽
成　　员（按姓氏笔画排序）：
　　　　王　伟　王　兵　尹　民　尹　红　邓建松　古继宝　叶邦角　田扬超
　　　　刘　艳　刘　斌　刘天卓　刘明侯　李　峰　李晓纲　杨保国　宋卫国
　　　　张　玲　陈卫东　郑红群　赵　峰　洪　军　钱　海　黄超群　屠　兢
　　　　葛学武　褚家如　魏海明

学校国家安全人民防线建设小组
(党办字〔2018〕27号)

组　　长：叶向东
副组长：朱长飞　王晓平
成　　员（按姓氏笔画排序）：
　　　　王　伟　古继宝　李　京　李　峰　杨保国　何淳宽　陈良高　周丛照
　　　　侯中怀　洪　军　屠　兢　傅　尧　褚家如
联络员：洪　军

学校网络安全和信息化领导小组
(党办字〔2018〕31号)

组　　长：舒歌群　包信和
副组长：陈晓剑　蒋　一　王晓平　杜江峰
成　　员（按姓氏笔画排序）：
　　　　王　伟　古继宝　刘　艳　李　京　李　峰　杨保国　杨晓果　何淳宽
　　　　罗喜胜　周　宇　周丛照　侯中怀　洪　军　黄超群　章　晨　傅　尧
　　　　褚家如
领导小组办公室设在党政办公室。
主　　任：周　宇
副主任：张焕杰　何　婧

学校党建工作领导小组暨"两学一做"学习教育常态化制度化领导小组
(党办字〔2018〕32号)

组　　长：舒歌群

副组长：叶向东
成　员：陈晓剑　朱长飞　蒋　一　王晓平　杜江峰　黄素芳

学校计划生育协会
(党办字〔2018〕35号)

会　　　长：舒歌群
常务副会长：王晓平
副 会　长：褚家如　史明瑛　夏炳乐
会　　　员（按姓氏笔画排序）：
　　　　　王　兵　尹　民　尹　红　邓建松　叶邦角　田扬超　朱东杰
　　　　　刘　艳　刘　斌　刘天卓　刘明侯　李　蓓　李晓纲　杨定武
　　　　　何淳宽　汪忠诚　宋卫国　陈卫东　洪　军　顾　韬　钱　海
　　　　　屠　兢　葛学武　魏海明

学校党风廉政建设领导小组
(党办字〔2018〕42号)

组　长：舒歌群
副组长：叶向东
成　员：陈晓剑　朱长飞　蒋　一　王晓平　杜江峰　黄素芳　黄超群　丁望斌

学校廉洁从业风险防控工作领导小组
(党办字〔2018〕44号)

组　长：舒歌群　包信和
成　员：潘建伟　叶向东　陈初升　陈晓剑　朱长飞　蒋　一　王晓平　杨金龙
　　　　杜江峰　黄素芳
领导小组下设办公室。
主　任：叶向东
副主任：黄素芳　丁望斌
成　员（按姓氏笔画排序）：
　　　　王　伟　王　兵　古继宝　杨　锋　杨保国　何淳宽　张　玲　张鹏飞
　　　　罗喜胜　周丛照　侯中怀　洪　军　姚子龙　章　晨　傅　尧　褚家如

学校统一战线工作领导小组
(党办字〔2018〕45号)

组　长：舒歌群

成　　员：叶向东　陈晓剑　朱长飞　蒋　一　王晓平　杜江峰　黄素芳

领导小组下设办公室。

主　　任：叶向东

成　　员（按姓氏笔画排序）：
　　　　　　王　伟　王　兵　尹　民　尹　红　邓建松　古继宝　叶邦角　田扬超
　　　　　　朱东杰　刘　艳　刘　斌　刘天卓　刘明侯　苏　俊　李　峰　李　蓓
　　　　　　李晓纲　杨定武　杨保国　何淳宽　汪忠诚　宋卫国　张　玲　陈卫东
　　　　　　陈良高　周丛照　侯中怀　洪　军　夏炳乐　顾　韬　钱　海　屠　兢
　　　　　　葛学武　傅　尧　褚家如　魏海明

学校民族宗教工作领导小组

(党办字〔2018〕71号)

组　　长：舒歌群

副组长：叶向东　陈晓剑　朱长飞　蒋　一　王晓平　杜江峰　黄素芳

成　　员（按姓氏笔画排序）：
　　　　　　王　伟　王　兵　尹　民　尹　红　邓建松　古继宝　叶邦角　田扬超
　　　　　　史明瑛　朱东杰　刘　艳　刘　斌　刘天卓　刘明侯　苏　俊　李　峰
　　　　　　李　蓓　李晓纲　杨定武　杨保国　杨晓果　何淳宽　汪忠诚　宋卫国
　　　　　　张　玲　陈卫东　陈良高　周丛照　侯中怀　洪　军　夏炳乐　顾　韬
　　　　　　钱　海　屠　兢　葛学武　傅　尧　褚家如　魏海明

领导小组下设办公室，办公室设在党委统战部。

主　　任：叶向东

副主任：张　玲

学校意识形态工作领导小组

(党宣字〔2018〕34号)

组　　长：舒歌群

副组长：叶向东　蒋　一　陈晓剑

成　　员（按姓氏笔画排序）：
　　　　　　王　伟　古继宝　刘　艳　李　峰　杨保国　杨晓果　何淳宽　汪银生
　　　　　　张　玲　周丛照　侯中怀　洪　军　黄超群　傅　尧　褚家如

领导小组下设办公室，挂靠党委宣传部。

主　　任：杨保国

副主任：汪银生

学校师德建设委员会
(党教字〔2018〕43号)

主　　任：舒歌群　包信和
副 主 任：潘建伟　叶向东　陈初升　陈晓剑　朱长飞　蒋　一　杨金龙
秘 书 长：蒋　一
副秘书长：褚家如　曾　杰
委　　员（按姓氏笔画排序）：
　　　　　王　伟　古继宝　史明瑛　刘　艳　李　峰　杨保国　杨晓果
　　　　　何淳宽　陈发来　周丛照　郭国平　黄超群　傅　尧

学校学生工作指导委员会
(党办字〔2018〕71号)

主　　任：舒歌群
副主任：陈初升　蒋　一　王晓平　杨金龙　黄素芳
委　　员（按姓氏笔画排序）：
　　　　　叶邦角　李　京　李　峰　李　彬　李思敏　杨　锋　杨晓果　汪忠诚
　　　　　张鹏飞　陈　旸　周丛照　周建新　胡岳东　侯中怀　俞能海　洪　军
　　　　　聂　磊　顾　韬　章　晨　褚家如
委员会下设办公室，挂靠党委学生工作部。
主　　任：李　峰
副主任：杨晓果　聂　磊
成　　员（按姓氏笔画排序）：
　　　　　万洪英　马运生　王建强　韦巍巍　吕冰涛　朱东杰　张宪锋　张焕杰
　　　　　赵　林　姚子龙　徐　燕　高维孝　蒋家杰　詹月红　魏　英

学校经营性资产监督管理委员会
(校办字〔2018〕101号)

主　　任：朱长飞
副主任：叶向东　王晓平　黄素芳
成　　员（按姓氏笔画排序）：
　　　　　丁望斌　王　伟　何淳宽　张鹏飞　周丛照　黄超群　章　晨　傅　尧
　　　　　褚家如

学校综合改革领导小组
(校办字〔2018〕103号)

组　　长：舒歌群　包信和
成　　员：潘建伟　叶向东　陈初升　陈晓剑　朱长飞　蒋　一　王晓平　杨金龙
　　　　　杜江峰　黄素芳

学校扶贫开发领导小组
(校办字〔2018〕105号)

组　　长：舒歌群
副组长：朱长飞　蒋　一
成　　员（按姓氏笔画排序）：
　　　　　王　伟　王　兵　古继宝　史明瑛　朱洪超　李　俊　李晓纲　杨定武
　　　　　杨晓果　何淳宽　张鹏飞　顾　韬　郭胜利　章　晨　傅　尧　褚家如
领导小组下设办公室，挂靠科研部科技合作与交流处。
主　　任：李　俊
副主任：何昊华

学校"减轻教师负担，提高工作效率"领导小组、工作小组
(校办字〔2018〕124号)

领导小组

组　　长：舒歌群　包信和
副组长：叶向东
成　　员：潘建伟　陈初升　陈晓剑　朱长飞　蒋　一　王晓平　杨金龙　杜江峰
　　　　　黄素芳

工作小组

组　　长：叶向东
成　　员（按姓氏笔画排序）：
　　　　　王　伟　古继宝　李　峰　李　蓓　何淳宽　张鹏飞　罗喜胜　周丛照
　　　　　侯中怀　洪　军　黄超群　章　晨　傅　尧　褚家如

学校统筹推进世界一流大学与一流学科建设领导小组、工作小组
(校办字〔2018〕126号)

领导小组
组　　长：舒歌群　包信和
副组长：潘建伟
成　　员：叶向东　陈初升　陈晓剑　朱长飞　蒋　一　王晓平　杨金龙　杜江峰
　　　　　黄素芳

工作小组
组　　长：潘建伟
副组长：杨金龙
成　　员（按姓氏笔画排序）：
　　　　　丁望斌　王　伟　古继宝　田乐胜　李　京　张鹏飞　陈　伟　罗喜胜
　　　　　周丛照　侯中怀　姚子龙　章　晨　傅　尧　鲁　非　褚家如

信息与智能学部筹建领导小组、工作小组
(校办字〔2018〕128号)

领导小组
组　　长：舒歌群　包信和
成　　员：潘建伟　叶向东　陈初升　陈晓剑　朱长飞　蒋　一　王晓平　杨金龙
　　　　　杜江峰　黄素芳

工作小组
组　　长：潘建伟
副组长：刘庆峰　吴　枫　李向阳
成　　员（按姓氏笔画排序）：
　　　　　尹　红　龙世兵　刘　明　吴曼青　张勇东　陈卫东　陈华平　陈恩红
　　　　　俞能海　钱　海　鄂维南

学校优秀人才引进学术委员会
(校人字〔2018〕125号)

主　　任：包信和
委　　员（按姓氏笔画排序）：
　　　　　万元熙　王　水　田志刚　朱清时　伍小平　杜江峰　李向阳　李嘉禹
　　　　　李曙光　杨金龙　吴　枫　何多慧　余玉刚　汪毓明　张和平　张裕恒

陈旸　陈仙辉　陈初升　陈国良　陆夕云　陆亚林　范维澄　罗毅
周又元　郑永飞　赵政国　施蕴渝　秦宏　钱逸泰　徐正元　郭光灿
蒋一　舒歌群　谢毅　褚家如　潘建伟　薛天

学校养老保险制度改革领导小组
(校人字〔2018〕127号)

组　　长：舒歌群　包信和
副组长：潘建伟　蒋　一
成　　员：叶向东　黄素芳　何淳宽　褚家如

校学生军训领导小组
(校学字〔2018〕41号)

组　　长：蒋　一
副组长：陈初升
成　　员（按姓氏笔画排序）：
　　王　伟　王建强　李　峰　杨　锋　杨保国　杨晓果　张鹏飞　周丛照
　　周建新　洪　军　聂　磊　顾　韬　章　晨

"科大新医学"联合基金领导小组
(校科字〔2018〕28号)

组　　长：朱长飞　许戈良
成　　员（按姓氏笔画排序）：
　　徐晓玲　章　晨　傅　尧　操礼庆

学校财务工作领导小组
(校财字〔2018〕116号)

组　　长：包信和
成　　员：舒歌群　包信和　黄素芳

学校预算工作领导小组
(校财字〔2018〕117号)

组　　长：包信和
副组长（常务）：黄素芳
成　　员（按姓氏笔画排序）：

丁望斌　王　伟　古继宝　杜江峰　杨金龙　张鹏飞　陆夕云　陆守香
陈华平　罗喜胜　周丛照　俞向群　姚子龙　章　晨　屠　兢　傅　尧
鲁　非　褚家如

学校预算执行督导检查工作小组
(校财字〔2018〕118号)

组　　长：包信和
副组长：黄素芳
成　　员（按姓氏笔画排序）：
　　尹登泽　古继宝　张鹏飞　罗喜胜　周丛照　侯中怀　俞向群　洪　军
　　姚子龙　章　晨　傅　尧　鲁　非　褚家如

学校经济活动内部控制建设领导小组
(校财字〔2018〕119号)

组　　长：舒歌群　包信和
成　　员：潘建伟　叶向东　陈初升　陈晓剑　朱长飞　蒋　一　王晓平　杨金龙
　　　　　杜江峰　黄素芳

学校政府会计制度实施工作领导小组
(校财字〔2018〕218号)

组　　长：包信和
副组长：王晓平　黄素芳
成　　员：党政办公室、人力资源部、科研部、财务处、资产与后勤保障处、监察审计处、网络信息中心、资产经营有限责任公司等单位主要负责人。
下设"财务清理"与"资产清查"两个工作小组，分别由财务处和资产与后勤保障处主要负责人担任。

学校工程项目管理小组
(校建字〔2018〕91号)

组　　长：王晓平
副组长：黄素芳
成　　员（按姓氏笔画排序）：
　　丁望斌　田扬超　李　峰　张鹏飞　周丛照　洪　军　姚子龙　章　晨
　　傅　尧　鲁　非

学校"十三五"科教基础设施建设项目领导小组、工作小组
(校建字〔2018〕200号)

领导小组

组　　长：舒歌群　包信和

副组长：王晓平　朱长飞　黄素芳

成　　员（按姓氏笔画排序）：
　　　　刘乃乐　汪毓明　陈良高　罗　毅　姚子龙　傅　尧　鲁　非　薛　天

工作小组

组　　长：王晓平

成　　员（按姓氏笔画排序）：
　　　　马若军　吕冰涛　朱霁平　刘乃乐　汪毓明　宋　策　陈代还　陈良高
　　　　罗　毅　姚子龙　耿　雷　章　晨　鲁　非　潘文宇　薛　天　霍永恒

学校维护安全稳定领导小组
(校保字〔2018〕102号)

组　　长：舒歌群　包信和

成　　员：潘建伟　叶向东　陈初升　陈晓剑　朱长飞　蒋　一　王晓平　杨金龙
　　　　杜江峰　黄素芳

第九届教代会第五次会议有关机构

主席团

舒歌群　包信和　潘建伟　叶向东　陈初升　陈晓剑　朱长飞　蒋　一
王晓平　杨金龙　杜江峰　黄素芳　史明瑛　李群祥　褚家如　王　永
刘万东　李　平　闫立峰　李震宇　杨基明　孙金华　张世武　王　刚
安　虹　魏海明　朱仁斌　刘天卓　柴　松　陆亚林　汪忠诚　张焕杰
顾　韬　李　蓓　夏炳乐　朱霁平　蒋家杰

常务主席

蒋　一

常务副主席

舒歌群　包信和　潘建伟　叶向东　陈初升　陈晓剑　朱长飞　王晓平

　　　　杨金龙　杜江峰　黄素芳　史明瑛　李群祥　褚家如　王　永

秘书长

　　史明瑛

大会执行主席

　　舒歌群　包信和　潘建伟　叶向东　陈初升　陈晓剑　朱长飞　蒋　一
　　王晓平　杨金龙　杜江峰　黄素芳　史明瑛　褚家如　李群祥　王　永

提案工作委员会

　　主 任 委 员：李群祥
　　副主任委员：张鹏飞　孙洪庆
　　委　　　员（按姓氏笔画排序）：
　　　　丁翠平　安　虹　孙洪庆　李群祥　张鹏飞　周　鹏　胡水明
　　　　宣本金　柴　松　徐庶民　黄丽华

劳动保障与福利工作委员会

　　主 任 委 员：褚家如
　　副主任委员：黄素芳　史明瑛
　　委　　　员（按姓氏笔画排序）
　　　　史明瑛　兰　荣　宋　策　倪向贵　徐　燕　黄素芳　崔宏滨
　　　　斯　俊　褚家如　臧武芳

发展与规划工作委员会

　　主 任 委 员：王　永
　　副主任委员：罗喜胜　王　伟
　　委　　　员（按姓氏笔画排序）：
　　　　丁兆君　王　永　王　伟　朱仁斌　伍传平　刘志迎　张增明
　　　　罗喜胜　胡　源　熊宇杰

第九届教职工代表大会代表资格审查委员会

　　主　　任：蒋　一
　　副 主 任：黄超群
　　成　　员（按姓氏笔画排序）：
　　　　王晓平　叶民友　叶邦角　刘天卓　陈卫东　何淳宽　黄素芳　龚流柱
　　　　葛学武　褚家如

八、学科专业

一级学科博士、硕士学位授权点

序号	学科门类代码名称	一级学科代码	一级学科名称	授权类型
1	01 哲学	0101	哲学	博士
2	02 经济学	0202	应用经济学	硕士
3	03 法学	0301	法学	硕士
4	05 文学	0503	新闻传播学	硕士
5	06 历史学	0601	考古学	硕士
6	07 理学	0701	数学	博士
7		0702	物理学	博士
8		0703	化学	博士
9		0704	天文学	博士
10		0706	大气科学	硕士
11		0708	地球物理学	博士
12		0709	地质学	博士
13		0710	生物学	博士
14		0712	科学技术史	博士
15		0713	生态学	博士
16		0714	统计学	博士
17	08 工学	0801	力学	博士
18		0802	机械工程	硕士
19		0803	光学工程	博士
20		0804	仪器科学与技术	博士
21		0805	材料科学与工程	博士
22		0807	动力工程及工程热物理	博士
23		0809	电子科学与技术	博士
24		0810	信息与通信工程	博士
25		0811	控制科学与工程	博士
26		0812	计算机科学与技术	博士

续表

序号	学科门类代码名称	一级学科代码	一级学科名称	授权类型
27	08 工学	0827	核科学与技术	博士
28		0830	环境科学与工程	博士
29		0831	生物医学工程	博士
30		0835	软件工程	硕士
31		0837	安全科学与工程	博士
32		0839	网络空间安全	博士
33	12 管理学	1201	管理科学与工程	博士
34		1202	工商管理	博士
35		1204	公共管理	硕士

专业学位授权点

序号	类别	专业代码（工程领域代码）	专业名称（工程领域名称）
1	0251	025100	金融
2	0252	025200	应用统计
3	0351	035100	法律
4	0254	025400	国际商务
5	0551	055100	翻译
6	0552	055200	新闻与传播
7	0651	065100	文物与博物馆
8	0852（工程）	085201	机械工程
		085202	光学工程
		085203	仪器仪表工程
		085204	材料工程
		085206	动力工程
		085208	电子与通信工程
		085209	集成电路工程
		085210	控制工程

续表

序号	类别	专业代码(工程领域代码)	专业名称(工程领域名称)
8	0852（工程）	085211	计算机技术
		085212	软件工程
		085216	化学工程
		085217	地质工程
		085224	安全工程
		085226	核能与核技术工程
		085229	环境工程
		085230	生物医学工程
		085238	生物工程
		085239	项目管理
		085240	物流工程
		0852b01	工程博士(电子与信息)
		0852b04	工程博士(能源与环保)
9	1251	125100	工商管理
			高级管理人员工商管理硕士(EMBA)
10	1252	125200	公共管理
11	1256	125600	工程管理

注：另有高等学校教师在职攻读硕士学位(发科学学位证书)。

博士后科研流动站学科

学　　科	专　　业
数学	基础数学、计算数学、概率论与数理统计、应用数学、运筹学与控制论
物理学	凝聚态物理、光学、理论物理、粒子物理与原子核物理、等离子体物理、声学、原子与分子物理
化学	无机化学、分析化学、物理化学(含化学物理)、有机化学、高分子化学与物理
天文学	天体物理
地球物理学	固体地球物理学、空间物理学、空间环境科学

续表

学　科	专　业
地质学	地球化学
生物学	神经生物学、遗传学、细胞生物学、生物化学与分子生物学、生物物理学
科学技术史	科学技术史
力学	固体力学、流体力学、工程力学、工程安全与防护技术、材料力学与设计
材料科学与工程	材料物理与化学、材料学、材料加工工程
动力工程及工程热物理	工程热物理、热能工程、动力机械及工程、流体机械及工程、制冷机低温工程、化工过程机械
电子科学与技术	物理电子学、电路与系统、微电子学与固体电子学、电磁场与微波技术
信息与通信工程	通信与信息系统、信号与信息处理
控制科学与工程	模式识别与智能系统、控制理论与控制工程
计算机科学与技术	计算机系统结构、计算机软件与理论、计算机应用技术、信息安全
核科学与技术	核技术及应用、同步辐射及应用、核能科学与工程
管理科学与工程	商务智能、评估系统工程、金融工程、传媒管理
环境科学与工程	环境科学、环境工程
矿业工程	安全技术及工程
仪器科学与技术	精密仪器及机械

中国科大进入 ESI 前 1% 学科名单

序号	学　科
1	数学
2	物理学
3	化学
4	地球科学
5	生物学与生物化学
6	材料科学
7	工程科学
8	计算机科学

续表

序号	学科
9	临床医学
10	环境科学与生态学
11	社会科学
12	植物学与动物学
13	分子生物学与遗传学

国家级重点学科

一级学科国家重点学科

序号	学科代码	学科名称
1	0701	数学
2	0702	物理学
3	0703	化学
4	0708	地球物理学
5	0710	生物学
6	0712	科学技术史
7	0801	力学
8	0827	核科学与技术

二级学科国家重点学科

序号	学科代码	学科名称
1	070401	天体物理
2	070902	地球化学
3	081001	通信与信息系统
4	081202	计算机软件与理论

国家重点培育学科

序 号	学 科 代 码	学 科 名 称
1	081903	安全技术及工程
2	120100	管理科学与工程

安徽省重点学科

序 号	学 科 代 码	学 科 名 称
1	0101	哲学
2	0704	天文学
3	0709	地质学
4	0713	生态学
5	0714	统计学
6	0803	光学工程
7	0804	仪器科学与技术
8	0805	材料科学与工程
9	0807	动力工程及工程热物理
10	0809	电子科学与技术
11	0810	信息与通信工程
12	0811	控制科学与控制工程
13	0812	计算机科学与技术
14	0830	环境科学与工程
15	0831	生物医学工程
16	0835	软件工程
17	1202	工商管理
18	1204	公共管理

2018年国家级"新工科"研究与实践项目

序号	项目名称	主持人	批准年度	所属单位
1	量子信息新工科建设	潘建伟	2018	物理学院
2	面向复杂系统的综合性工程科学人才培养	吴恒安	2018	工程学院
3	人工智能新工科建设及传统工科智能化改造升级	吴枫	2018	信息学院
4	大数据科学与技术专业建设探索与实践	陈恩红	2018	计算机学院
5	技术医学专业建设探索与实践	臧建业	2018	生命学院

九、教学与人才培养

本科学生人数

(2018 年 12 月 30 日)

单位：人

类别 \ 项目	毕业生数	招生数	在校生数
总计	1801	1859	7360
经济学	51		148
文学	6		33
管理学	30	73	85
理学	903	1228	3716
工学	811	558	3378

在校研究生人数

(2018 年 12 月 30 日)

序号	类别	在校生数
1	全日制博士生	6010
2	非全日制博士生	476
3	全日制硕士生	11660
4	非全日制硕士生	2408
	合计	20554

接收外国留学生情况

单位：人(人次)

	毕(结)业生数	授予学位数	招生数	在校学生数					
				合计	第一年	第二年	第三年	第四年	第五年
总计	147	124	205	743	197	220	189	122	15
其中:女	26	20	60	182	56	55	52	17	2
分层次									
博士	89	91	110	510	110	141	128	117	14
硕士	31	33	68	203	61	78	59	5	
本科			5	7	4		2		1
专科									
培训	27		22	23	22	1			
分大洲									
亚洲	97	91	130	529	128	159	134	97	11
非洲	29	26	51	168	46	52	48	20	2
欧洲	10	3	14	25	14	4	5	1	1
北美洲	7	2	7	15	6	3	1	4	1
南美洲	1	1	1	3		2	1		
大洋洲	3	1	2	3	3				
分经费来源									
国际组织资助									
中国政府资助	130	124	192	713	183	219	189	118	4
本国政府资助									
学校间交换									
自费	17		13	30	14	1		4	11

中国科学院优秀博士学位论文奖名单

序号	姓名	性别	出生年月	获学位时间	学位论文题目	一级学科代码	一级学科名称	导师姓名	导师职称
1	张川静	女	1988.5	2017.6	自反层上的典则度量及相关热流的研究	0701	数学	李嘉禹	教授
2	张琪	男	1989.8	2017.6	基于金刚石氮-空位色心探针的室温单分子磁共振	0702	物理学	杜江峰	教授
3	王劳彬	男	1989.10	2016.6	细菌鞭毛马达在不同负载下的转向改变动力学过程	0702	物理学	袁军华	教授
4	骆阳	男	1991.3	2017.6	分子间能量转移的空间高分辨研究	0702	物理学	董振超	教授
5	张伟	男	1990.2	2017.6	基于原子系综的多自由度纠缠存储的实验研究	0702	物理学	史保森	教授
6	柏嵩	男	1987.12	2015.6	二维材料负载型纳米复合催化剂的表界面设计及其机理研究	0703	化学	熊宇杰	教授
7	王辉	男	1988.11	2017.6	低维固体中的激子过程调控及其光催化应用	0703	化学	谢毅	教授
8	茅瓅波	男	1987.12	2016.11	基于生物矿化和自组装技术的仿生轻质高强结构材料的制备	0703	化学	俞书宏	教授
9	杨欢	男	1989.10	2017.6	利用豌豆星系研究莱曼阿尔法逃逸	0704	天文学	王俊贤	教授

续表

序号	姓名	性别	出生年月	获学位时间	学位论文题目	一级学科代码	一级学科名称	导师姓名	导师职称
10	张全浩	男	1988.8	2017.6	日冕磁绳的灾变及相关现象研究	0708	地球物理学	汪毓明	教授
11	周旭飞	男	1988.7	2017.3	线虫体内的反义核糖体小干扰RNA通过细胞核RNAi通路抑制pre-rRNA表达	0710	生物学	光寿红	教授
12	朱银波	男	1991.3	2017.6	石墨烯纳米通道内二维受限水的相态与相变	0801	力学	吴恒安	教授
13	林扬明	男	1987.5	2016.6	纳米金刚石及其衍生物的改性与催化应用的研究	0805	材料科学与工程	苏党生	研究员
14	陈斌斌	男	1989.8	2017.3	$La_{2/3}Ca_{1/3}MnO_3/CaRu_{1-x}Ti_xO_3$多层膜界面及层分辨的反铁磁层间耦合的发现	0805	材料科学与工程	吴文彬	教授
15	胡名科	男	1990.11	2017.6	太阳能集热和辐射制冷综合利用的理论和实验研究	0807	动力工程及工程热物理	裴刚	教授
16	陈伟	男	1988.10	2016.11	环境中典型化学活性有机物及其相关环境行为的分子光谱研究	0830	环境科学与工程	俞汉青	教授
17	姬翔	男	1988.7	2017.6	不同渠道结构下产品线设计与产品退货策略研究	1201	管理科学与工程	吴杰	教授

中国科学技术大学优秀博士学位论文提名奖名单

序号	姓 名	学位论文题目	指导教师
1	李 超	关于复 Monge-Ampère 方程的若干研究	张 希
2	王轶韬	基于线性光学系统的量子信息实验研究	李传锋
3	王茹雪	布洛赫表面波光场调控及其应用研究	明 海 张斗国
4	王楚亚	新型铋基纳米材料可见光催化降解有机污染物	俞汉青
5	田攀攀	钯、铑催化烯烃官能团化反应的研究	罗德平 徐允河
6	王旭东	电子贴附解离动力学及高分辨成像谱仪研制	田善喜
7	吴礼彬	南海西沙群岛生态环境演化过程的碳氮同位素地球化学研究	刘晓东
8	余 斌	秀丽线虫 D 型运动神经元转录调控的研究	单 革
9	许晓莹	寨卡病毒非结构蛋白 NS1 结构及其相关功能研究	高 福
10	许 兵	功能化微流控芯片的飞秒激光高效集成技术研究	褚家如
11	胡中停	百叶型太阳能 Trombe 墙系统的性能分析与优化	季 杰 何 伟
12	黄沛丰	锂离子电池火灾危险性及热失控临界条件研究	孙金华 王青松
13	任 威	非线性随机脉冲和切换系统稳定性分析	熊军林
14	夏应策	对偶学习的理论和实验研究	刘铁岩 俞能海
15	王小亮	颗粒物质有效物性及动力学行为的理论和数值计算研究	秦 宏
16	张 朋	学术期刊评价方法综合比较研究——以 ESI 经济与商学领域期刊为例	吴 强
17	吴晓桐	龙山时期黄河流域的人群迁移与资源流通	金正耀
18	赵 旭	金属基纳米材料的原子尺度设计及其电催化性能研究	曾 杰
19	张之荣	ITER PF6 线圈关键部件 TAIL 结构优化设计与性能研究	宋云涛
20	韩苗苗	铜基薄膜太阳能电池材料缺陷和光电性质的理论研究	曾 雉
21	肖瑞春	高压和载流子调控过渡金属二硫族化合物的超导及拓扑性质的理论研究	孙玉平 鲁文建

中国科学技术大学优秀博士学位论文奖名单

序号	姓名	学位论文题目	指导教师
1	张磊	非紧正线性算子的主特征值理论及应用	梁兴
2	沈镇	腔光力学的实验研究	董春华
3	马文超	基于自旋体系的不确定关系的实验研究	杜江峰 石发展
4	姚昌园	中微子质量与味混合的起源	丁桂军
5	史晶晶	暗晕吸积和环境研究	王慧元
6	葛婧捷	贵金属原子精度的可控合成及其催化应用	李亚栋 洪勋
7	陈鹏作	表界面化学调控低维钴基材料电催化活性	吴长征 谢毅
8	袁道福	以交叉分子束-时间切片离子成像技术研究 $H+HD \rightarrow H_2+D$ 反应散射及 N_2O 真空紫外光解动力学	杨学明 王兴安
9	金松	用于电化学能量存储的三维碳电极材料	季恒星
10	党童	热层电离层耦合过程的模拟研究	万卫星 雷久侯
11	何鸿宾	冬凌草甲素抑制 NLRP3 炎症小体并缓解相关疾病的作用及机制探究	周荣斌
12	周永刚	NK 细胞产生生长促进因子的功能及机制研究	魏海明
13	曹静宇	可控型分离式热管及其在蓄冷冰箱中的应用研究	裴刚
14	汪国睿	石墨烯界面力学行为的表征与调控研究	伍小平
15	万华仙	不同受限条件下双方形对称火源相互作用燃烧行为研究	纪杰 张永明
16	徐奇	三维集成电路布图规划及可容错硅通孔规划算法研究	吴枫 陈松
17	潘滢炜	基于高层语义的跨模态应用研究	李厚强
18	王昕	因特网接入与传输服务的定价策略研究	许胤龙
19	陈彬	基于 BOUT++的托卡马克边界等离子体湍流热流集成数值模拟	叶民友
20	李峰	决策单元不同交互模式下的固定成本与资源分配方法研究	梁樑

续表

序号	姓 名	学位论文题目	指导教师
21	纪娇娇	基于语义网络分析的转基因议题框架量化研究	宋 伟 褚建勋
22	张 翩	基于"双语对校"的晚清译著《植物学》研究	石云里
23	孔 飞	基于金刚石固态自旋体系的量子模拟实验研究	杜江峰 石发展
24	郑 昕	氦原子 2^3S-2^3P 跃迁精密光谱研究	胡水明
25	杨 猛	基于金基纳米复合材料对地下水中砷(Ⅲ)的电化学分析研究	黄行九
26	胡广骁	空间外差拉曼光谱探测技术研究	熊 伟
27	张 磊	稳态磁场抑制肿瘤细胞增殖及其机制研究	张 欣
28	张雅洁	新型碳基复合催化剂的设计及其在脱氢反应中的应用研究	苏党生 刘洪阳

2018年"大学生研究计划"数据统计表

单位：人

学　　院	校外大研	校内大研	机器人竞赛	创新创业计划	合　计
少年班学院	9	73	10	33	125
数学科学学院		27		18	45
物理学院	5	60	14	59	138
化学与材料科学学院	1	17		27	45
工程科学学院		14	25	16	55
信息科学技术学院	4	40	114	44	202
地球和空间科学学院	11	6	5	29	51
生命科学学院		3		21	24
计算机科学与技术学院		16	25	29	70
管理学院		12		5	17
人文与社会科学学院		2		3	5
合　　计	30	270	193	284	777

实验教学示范中心

国家级实验教学示范中心

序　号	学　院	名　称
1	物理学院	物理实验教学中心
2	生命科学学院	生命科学实验教学中心
3	化学与材料科学学院	化学实验教学中心
4	信息科学技术学院 计算机科学与技术学院	信息与计算机实验教学中心

省级实验教学示范中心

序　号	学　院	名　称
1	地球和空间科学学院	地球和空间科学实验教学中心
2	工程科学学院	工程科学实验中心

虚拟仿真实验教学中心

国家级虚拟仿真实验教学中心

序　号	学　院	名　称
1	物理学院	物理虚拟仿真实验教学中心
2	化学与材料科学学院	化学虚拟仿真实验教学中心

省级虚拟仿真实验教学中心

序　号	学　院	名　称
1	生命科学学院	生命科学虚拟仿真实验教学中心
2	地球和空间科学学院	地球和空间科学虚拟仿真实验教学中心
3	工程科学学院	工程科学虚拟仿真实验教学中心
4	信息科学技术学院	电磁场与微波虚拟仿真实验教学中心

2018年国家精品在线开放课程一览表

序号	课程名称	主持人	批准年度	所属单位
1	基础微积分Ⅰ	宣本金	2018	数学科学学院
2	化学实验安全知识	冯红艳	2018	化学与材料科学学院
3	工程化编程实战	孟宁	2018	软件学院

2018年国家级教学成果奖二等奖一览表

序号	成果名称	主持人	批准年度	所属单位
1	生物科学类本科生科研创新能力培养机制的构建与实践	臧建业 洪洞 沈显生 白永胜 刘海燕 周丛照 赵忠 邸智勇 滕脉坤	2018	生命科学学院
2	中科大本科力学拔尖人才培养传承创新与实践	吴恒安 伍小平 朱雨建 倪向贵 赵凯 何陵辉 何世平 尹协振 李永池 陈海波 杨基明 陆夕云	2018	工程科学学院
3	化学实验教学示范中心的建设与成效	朱平平 查正根 金谷 冯红艳 刘光明 黄微 盛翔 兰泉 邵伟 郑媛 李婉 高明丽 刘卫 姚奇志 刘红瑜 魏伟 侯中怀	2018	化学与材料科学学院

各类奖教金获得者

2017～2018学年度校优秀学生工作干部、优秀辅导员和优秀班主任
（党学字〔2018〕96号）

校优秀学生工作干部

少年班学院：兰 荣
物理学院：崔宏滨
化学与材料科学学院：刘伟丰
工程科学学院：胡 芃
合肥微尺度物质科学国家研究中心：石 磊
校团委：郑 杰
学生工作处：沈克祥

校优秀辅导员

数学科学学院：郑 芳

物理学院：汤　茜
信息科学技术学院：张　璠
软件学院：杨俊朋
合肥微尺度物质科学国家研究中心：宋　策

校优秀班主任

少年班学院：赵　茹　王　莉　黄松筠　许　毓　宋　彦　范　姝　郭民生
　　　　　张　轶　严　韧　梅　玫
数学科学学院：张明波　左达峰　侯新民　李　新　万宏艳
物理学院：刘国柱　陶小平　郭　赟　李远杰　汪　海　邵　明　王声波
　　　　　李　佳　廖　源　周海洋　彭常宏
化学与材料科学学院：黄　微　姚奇志　刘安雯　郑　媛　周　婷　吴强华
　　　　　汪谟贞　黄汉民
工程科学学院：祝玉泉　翟志刚　李家文　李木军　刘志峰
信息科学技术学院：王百宗　周　燚　吴善珍　白雪飞　周凌云
地球和空间科学学院：仲　雷　胡银玉　陈伊翔
生命科学学院：安　科　刘振邦
计算机科学与技术学院：李春生　王行甫　徐建烽　田　野
管理学院：莫鸿芳　刘　璐　陈　昱　董新美　冯群强　曹崇延　李艳梅
　　　　　刘少辰　夏红卫
公共事务学院：葛章志
人文与社会科学学院：张燕翔
软件学院：陶晓东　丁　箐
国家同步辐射实验室：邱友凤　范　乐　张　凤
合肥微尺度物质科学国家研究中心：高关胤　李秋花　朱永春　孙　梅
火灾科学国家重点实验室：谢小冬　曾文茹
后备军官选培办公室：朱国权
研究生院科学岛分院：常昱红　张艳丽　夏文彬　罗跃光　邢　芬　叶海燕

2017年普通本科招生工作先进集体

(校招就字〔2018〕5号)

杰出贡献奖——团队奖

　　湖南招生组、山东招生组

特等奖

　　安徽招生组

团队进步奖

　　河北招生组

一等奖

　　辽宁招生组、宁夏招生组、浙江招生组、湖北招生组、少年班学院

二等奖

　　广西招生组、贵州招生组、黑龙江招生组、陕西招生组、上海招生组

三等奖

　　北京招生组、福建招生组、甘肃招生组、广东招生组、海南招生组、江苏招生组、青海招生组、山西招生组、四川招生组、天津招生组、新疆招生组、云南招生组、重庆招生组、吉林招生组

2017年普通本科招生工作先进个人

(校招就字〔2018〕6号)

杰出贡献奖——个人奖

　　张润东　张联华　芮　蕾　关树柱　张顺铃　徐　平　龚　明　周建军

先进个人：

方　毅	胡胜友	经　纶	刘绍义	汪文栋	徐雄杰	郑　虹	季恒星	戴　玮
蔡　俊	唐莎莎	王洪武	周可青	朱　峰	高雯凤	苟小菊	刘　卫	盛　翔
王细胜	许　毓	丁卫平	朱　旗	李承祥	蔡　伟	陈　松	张　璠	袁小平
张海峰	卜英浩	段元应	丁延伟	吴燕峰	赵　凯	贺剑峰	骆念武	唐　建
宋　策	汪启昕	汪　海	朱林繁					

第十三届杨亚基金——爱岗敬业奖

(校人字〔2018〕81号)

黄稚新	李晶晶	唐　宁	刘晓华	朱　玲	曾　晖	刘济红	刘艳芝	李　珺
陈代还	金　熠	文　莉	叶回春	蔡　伟	王百宗	苗付友	任开新	陈廷娣
康　辉	董新美	万艳艳	秦美婷	叶　政	张　旭	杜学维	江　芳	林　岳
凌婷婷	周德闯	陈晓宇	蒋文娟	范　琼	瞿启发	岳兴林	胡　芳	李金龙
李　晶	许　旻	朱　晨	郭丽娟	唐丽萍	俞向群	黄　聘	孙晓辉	程　凯
马若军	徐　颖	丁宏翔	曾丽霞	袁　陈	胡忠辉	史明瑛	褚建勋	赵俐俐
沈　瑜	丁菁梅	吴静四	马小艳	黄　海	杜红林	利承霞	尹　静	王惠敏
卜　媛	李海英	梁　燕	刘少民	刘东甫	唐大云	钟　诚	刘宜清	姚　春

李　全　　鲍京怀　　邹多利　　杨爱群　　杨　萍　　吕常春　　胡忠召　　宣　虎　　金长江
杨志伟

第三届杨亚基金——人文精神教育奖
(校人字〔2018〕82号)

徐　飞　　曾　文

第三届中国科大-兴业证券优秀管理服务奖
(校人字〔2018〕83号)

中国科大-兴业证券优秀管理服务奖

马　壮　　叶　征　　赵　峰　　杨保国　　丁望斌　　聂　磊　　陈　伟　　朱玉春　　马运生
李　俊　　王敬宇　　李方元　　李金山　　李维维　　朱　琳　　郝心远　　蒋家杰　　李　红
张　文　　张　静　　赵　林　　朱洪超　　杜　进　　李震宇　　李业龙　　倪　东　　潘文宇
钱思纯　　谭　勇　　熊　成　　李晓纲　　汪忠诚　　范恒梅　　夏炳乐　　徐　斌

中国科大-兴业证券管理服务特等奖

周丛照　　张鹏飞　　洪　军　　陈初升　　叶向东　　朱长飞

第二届最美科大后勤人
(校后字〔2018〕114号)

最美科大后勤人

唐大云　　卫晓春　　孙家锁　　胡家鑫　　李仲杰　　卫功海　　解玉霞　　李公全　　曾丽霞
汪丽娟

"最美科大后勤人"入围奖

金东权　　费祥勇　　高成保　　杨　俊　　陶　霞　　刘建军　　张文金　　贺　芹

2018年度中国科大-兴业证券教育奖
(校人字〔2018〕129号)

陈发来　　任广斌　　郭文彬　　张　杨　　石名俊　　孙金华　　刘　卫　　田仕凯　　冯红艳
洪　泂　　朱　峰　　林其钊　　俞　斐　　卫　国　　付忠谦　　方　毅　　罗文坚　　张俊霞
龚　冰　　夏海云　　吴　强　　刘志迎　　李萌涛　　范安川　　司友志　　王　琳　　王秋平
孙永福　　余华明　　陆　松

2018年度王宽诚育才奖
(校人字〔2018〕130号)

杨周旺　邵　松　陈　巍　陈永虎　王春成　汪　海　尤业字　查正根　吴长征
丁　勇　张家海　何陵辉　赵　旸　张文逸　田新梅　万寿红　吕　敏　高晓英
冷　伟　张瑞稳　王占锋　周朝生　于全夫　李　萍　孙葆根　刘　刚　丁延伟
温晓镭　宋　磊　雷　佼

2018年度张宗植青年教师奖
(校人字〔2018〕131号)

刘党政　赵　伟　汪谟贞　周晓国　高永翔　李保庆　徐　斌　陈志波　查显杰
郭晓龙　言小明　付邦红　张　艳　郑旭升　袁岚峰

2018年度惠普信息科学青年教师奖
(校人字〔2018〕132号)

陈　畅　杨　威

第三届西区精神杰出教学奖
(校教字〔2018〕215号)

西区精神教学成就奖

　　龚兴龙

西区精神优秀教学奖

　　马建辉　王晓宏　李卫海　李玉虎　吴恒安　陈宗海　陈聚涛　胡红专　郭　振
　　黄刘生

2018年度海外校友基金会教师奖
(校人字〔2018〕196号)

海外校友基金会"青年教师成就奖"

　　傅　尧

海外校友基金会"优秀教学奖"

　　刘聪文　曾长淦　陈　泉　陈晓辉

海外校友基金会"青年教师事业奖"

龚　明　路军岭　姜洪源　耿　雷　郑泽敏　龙　冉　印　娟

第一届中国科大-唐立新教育发展基金奖

(校人字〔2018〕229号)

中国科大-唐立新优秀学者奖

叶向东　陈恩红　陆亚林　俞书宏　李厚强　刘乃安　曾　杰　姜洪源　周正威
熊　伟

中国科大-唐立新教学名师奖

程　艺　丁泽军　刘　斌　陈春华　沈显生　李　曦　叶　宏　周亚平　褚建勋
张　昱

中国科大-唐立新优秀辅导员奖及行政管理干部奖

朱　芸　袁小平　刘桂英　王海龙　石　磊　夏　晶　黄　方　侯中怀　郭胜利
杨晓果

中国科大-唐立新后勤杰出员工奖

金蒙菲　梅栋杰　方　春　胡传万　张靖宇　余忠文　曾丽霞　宣礼云　程庆革
李成保

第十一届平凡基金教育奖

(校人字〔2018〕230号)

陈东明　凌六一　王　祥　袁平波　孙广中　刘海燕　何陵辉　胡胜生　王安廷
袁业飞　赵爱迪

2018年度宝钢优秀教师奖

(校人字〔2018〕247号)

邓建松　李群祥　吴小平

2018年校毕业生就业工作先进个人

(校招就字〔2018〕248号)

少年班学院：黄松筠　许　毓
数学科学学院：张明波

物理学院：刘国柱　程路华　田宝利

化学与材料科学学院：姚奇志　郑　媛　黄　微

生命科学学院：安　科

工程科学学院：赵　凯　张海峰

信息科学技术学院：刘桂英　张　璠　陈　香

计算机科学与技术学院：李春生

地球和空间科学学院：仲　雷

管理学院：莫鸿芳　刘　璐

公共事务学院：傅　晨

人文与社会科学学院：斯　骏　董军锋

软件学院：任皖英　周东仿　翟建芳

纳米科学技术学院：魏开举　杭臣臣

国家同步辐射实验室：范　乐

合肥微尺度物质科学国家实验室：石　磊

火灾科学国家重点实验室：祝玉泉

环境科学与光电技术学院：刘　萍

合肥物质科学研究院：张艳丽　罗跃光　秦娟娟

招生就业处：郝心远　魏　英

2018年毕业生就业工作先进集体
(校招就字〔2018〕249号)

先进集体奖

信息科学技术学院、物理学院、化学与材料科学学院、计算机科学与技术学院、少年班学院、合肥微尺度物质科学国家研究中心

集体单项奖

1. 进步奖(3)

地球和空间科学学院、软件学院、纳米科学技术学院

2. 特色奖(6)

数学科学学院、工程科学学院、管理学院、公共事务学院、国家同步辐射实验室、环境科学与光电技术学院

3. 引导奖(4)

生命科学学院、人文与社会科学学院、火灾科学国家重点实验室、合肥物质科学研究院

2018年普通本科招生工作先进集体

(校招就字〔2018〕258号)

杰出贡献奖——团队奖：河北招生组

特等奖：山东招生组

团队进步奖：重庆招生组

一等奖：湖南招生组、辽宁招生组、少年班学院

二等奖：北京招生组、广东招生组、湖北招生组、江苏招生组、内蒙古招生组、山西招生组、陕西招生组、四川招生组、云南招生组、浙江招生组

三等奖：安徽招生组、福建招生组、甘肃招生组、广西招生组、贵州招生组、海南招生组、河南招生组、黑龙江招生组、吉林招生组、江西招生组、宁夏招生组、青海招生组、上海招生组、天津招生组、新疆招生组

2018年普通本科招生工作先进个人

(校招就字〔2018〕259号)

杰出贡献奖——个人奖

谢 端　程冰华　王声波　王学祥　邱 林　张绍平　李福生　张 勇　苟小菊

先进个人

郭经纬　李 静　童中华　张永兵　戴志阳　李双庆　蒋 彬　姚宏斌　刘华蓉
雍国平　周晓国　杨 阳　易建新　方智勇　宁吴庆　张国桢　白永胜　陈 曦
汪 铭　张国义　张俊霞　丁 佳　刘 红　武晓君　赵 茹　龚 明　魏衡华
尹 东　袁国富　宋 礼　刘双红　彭 政　徐晶芝　何立群　刘明侯　董新美
芮 锋　赵继印　崔雪峰　潘 楠　周 燚　龚 明　顾 理　李子然　倪 勇
徐晓飞　张寒虹　祝宝友　丁锦文　李二强　郑 媛　王 雨　王雨松　王 宇
张林鹤　金腾川　李 弘　孙 玄

优秀科普报告专家

曾 杰　吴长征　朱 冰　王 永　倪向贵　刘树彬

2018年度杰出研究校长奖

(校办字〔2018〕261号)

郭光灿教授、张强教授、熊伟教授、黄光明教授、"京沪干线"项目团队

校庆工作先进单位和个人
(校办字〔2018〕292号)

六十周年校庆工作先进单位

一、突出贡献奖

校庆办公室、党政办公室、党委宣传部、档案馆、校史馆、基本建设处、校友总会办公室、团委、财务处

二、组织工作奖

人力资源部、招生就业处、资产经营有限责任公司、生命科学与医学部、工程科学学院、党委组织部、统战部、纪委、监察审计处、发展规划处

三、学术活动奖

国际合作与交流部、科研部、数学科学学院、物理学院、化学与材料科学学院、地球和空间科学学院、国家同步辐射实验室、合肥微尺度物质科学国家研究中心

四、宣传工作奖

研究生院、少年班学院、博物馆、出版社、图书馆、公共事务学院、人文与社会科学学院、信息科学技术学院

五、文化活动奖

教务处、工会、离退休干部工作办公室、软件学院、先进技术研究院、企业工委、后备军官选培办公室、附属中学

六、校友工作奖

教育基金会、学生工作部(处)、计算机科学与技术学院、管理学院、火灾科学国家重点实验室、北京教学与管理部、苏州研究院、上海研究院

七、环境保障奖

资产与后勤保障处、保卫与校园管理处、饮食服务集团、网络信息中心、车队、医院

六十周年校庆工作先进个人

一、组织工作奖(按姓氏笔画排序)

马 壮	王 伟	王 兵	王 莉	王建强	王敬宇	方黑虎	尹 民	叶 征
叶邦角	史明瑛	兰 荣	宁 劲	朱玉春	朱洪超	朱霁平	伍传平	刘 明
刘 艳	刘天卓	刘明侯	牟 玲	苏 俊	杜 进	李 俊	李 峰	李 静
李芳宇	李嘉禹	杨 凡	杨 拓	杨 锋	杨保国	杨晓果	吴恒安	何淳宽
汪银生	宋卫国	张志辉	张居中	张宪锋	张焕杰	张鹏飞	陆亚林	陆守香
陈 旸	陈卫东	陈华平	周 宇	周正凯	周丛照	赵 林	胡 兵	侯中怀
洪 军	姚子龙	秦 进	夏炳乐	顾 韬	钱 海	倪 瑞	徐 燕	高维孝
郭胜利	黄 方	黄超群	曹学含	章 晨	屠 兢	彭 慧	葛学武	傅 尧

鲁 非　詹月红　褚建勋　裴 旭　熊 成　瞿启发

二、优秀个人奖（按姓氏笔画排序）

丁兆君	丁菁梅	于秀梅	马 震	王 昱	王 勇	王 超	王秀喜	王晓燕
王海龙	王筱萌	方 春	方 圆	方桂芹	邓志华	代应山	兰 宇	邢 军
吕春伟	朱文婧	刘 珣	刘 培	刘 静	刘少辰	刘东阳	刘采一	刘治国
刘俊霞	刘艳民	闫咏梅	许 玲	许实爱	孙婵娟	李 旭	李 远	李业龙
李军安	李金龙	李保连	李娜颖	李家斌	李雅清	杨玉梅	杨俊朋	杨振宇
杨晓萍	杨梅生	邱友凤	何卫东	何昊华	何晶晶	余 芹	余忠文	余海波
冷 伟	汪 喆	沈龙春	沈连馆	宋 策	宋中华	张 文	张 轶	张 海
张 皓	张 静	张久兵	张文金	张文真	张武斌	陈 丹	邵 达	林高华
金蒙菲	周 勇	周 超	周 婷	周小东	郑 杰	郑 烇	胡 玥	胡传万
胡忠辉	宫晓梅	祝云飞	祝玉泉	姚 琼	秦 红	秦 洁	袁国富	夏清泉
顾昌明	柴幼林	钱悦菡	钱 翔	徐 颖	徐建烽	徐晶芝	徐耀龙	殷 骞
凌 辉	凌 锋	高 伟	高 波	郭 浩	郭 磊	郭民生	谈世鑫	陶晓东
黄 聘	黄 雯	黄力研	黄稚新	梅栋杰	葛章志	董 阳	程 凯	温庆华
谢 劲	詹路生	蔡立英	熊 宇	樊桂敏	戴 玮			

2017～2018学年度校优秀学生工作干部、优秀辅导员和优秀班主任

优秀学生工作干部

少年班学院：兰 荣
物理学院：崔宏滨
化学与材料科学学院：刘伟丰
工程科学学院：胡 芃
合肥微尺度物质科学国家研究中心：石 磊
校团委：郑 杰
学生工作处：沈克祥

优秀辅导员

数学科学学院：郑 芳
物理学院：汤 茜
信息科学技术学院：张 璠

软件学院：杨俊朋

合肥微尺度物质科学国家研究中心：宋　策

优秀班主任

少年班学院：

赵　茹　王　莉　黄松筠　许　毓　宋　彦　范　姝　郭民生　张　轶　严　韧　梅　玫

数学科学学院：

张明波　左达峰　侯新民　李　新　万宏艳

物理学院：

刘国柱　陶小平　郭　赟　李远杰　汪　海　邵　明　王声波　李　佳　廖　源　周海洋　彭常宏

化学与材料科学学院：

黄　微　姚奇志　刘安雯　郑　媛　周　婷　吴强华　汪谟贞　黄汉民

工程科学学院：

祝玉泉　翟志刚　李家文　李木军　刘志峰

信息科学技术学院：

王百宗　周　燚　吴善珍　白雪飞　周凌云

地球和空间科学学院：

仲　雷　胡银玉　陈伊翔

生命科学学院：

安　科　刘振邦

计算机科学与技术学院：

李春生　王行甫　徐建烽　田　野

管理学院：

莫鸿芳　刘　璐　陈　昱　董新美　冯群强　曹崇延　李艳梅　刘少辰　夏红卫

公共事务学院：

葛章志

人文与社会科学学院：

张燕翔

软件学院：

陶晓东　丁　箐

国家同步辐射实验室：

邱友凤　范　乐　张　凤

合肥微尺度物质科学国家研究中心：

高关胤　李秋花　朱永春　孙　梅

火灾科学国家重点实验室：

谢小冬　曾文茹

后备军官选培办公室：

朱国权

研究生院科学岛分院：

常昱红　张艳丽　夏文彬　罗跃光　邢　芬　叶海燕

2018年度奖学金一览表

奖学金名称	设奖单位(个人)	设立时间	奖励范围	额度(元/年)
郭沫若奖学金	首任校长郭沫若先生	1980	各学院GPA前5%的学生或在科技创新等方面有特别突出表现的学生有资格参评，经院、校两级评审后确定获奖者	10000
张宗植科技奖学金	旅日爱国华侨张宗植先生	1988	优秀本科生、研究生，不限专业	1500
中科院院长奖学金	中国科学院	1989	优秀研究生	5000/10000
宝钢奖学金	宝钢教育基金会	1993	高年级优秀本科生、研究生	10000/20000
光华奖学金	光华教育基金会	1993	优秀本科生、研究生，同等条件少数民族学生优先	1200/1500
优秀学生奖学金	中国科学技术大学	1995	优秀本科生	1000/2000/4000
优秀新生奖学金	中国科学技术大学	1995	优秀本科新生	500/1000/2000

续表

奖学金名称	设奖单位(个人)	设立时间	奖励范围	额度(元/年)
地奥奖学金	成都地奥制药公司	1995	优秀本科生、研究生,不限专业	1000
海外校友基金会优秀新生奖学金	中国科大海外校友基金会	1996	高考成绩特别优异的本科新生	2000/5000
华为奖学金	深圳华为技术有限公司	1997	相关学院优秀本科生、研究生	5000/8000/10000
何多慧院士奖学金	中国工程院院士何多慧先生	1998	优秀本科生,同等条件贫困生优先	1000
求是研究生奖学金	香港求是科技基金会	2000	物理、化学、生物、数学类优秀博士研究生	5000
三星奖学金	三星集团中国总部	2002	相关学院优秀本科生、研究生	5000/7000/10000
唐仲英德育奖学金	美国唐仲英基金会	2003	积极参加公益活动的本科生	4000
CASC奖学金	中国航天科技集团公司	2006	大三、大四本科生及研二以上研究生	3000/5000/10000
黄鸣龙奖学金	中国科学院上海有机化学研究所	2006	化学与材料科学学院优秀本科生	5000
上海微系统所奖学金	中科院微系统与信息技术研究所	2007	信息科学技术学院优秀本科生	2000
国家奖学金	财政部、教育部	2007	品学特别优秀的本科学生	8000
合志奖学金	刘合教授	2007	工程科学学院优秀本科生	2000
吴学周奖学金	中科院长春应用化学研究所	2008	化学与材料科学学院优秀本科生	5000
中广核奖助学金	中国广东核电集团有限公司	2009	工程与应用物理系在读本科生及研究生	2000/5000
钱军校友奖学金	钱军校友	2009	热科学和能源工程系品学兼优学生	3000/4000/5000
中国电科十四所国睿奖学金	中国电子科技集团第十四研究所	2010	相关学院优秀研究生	8000
大连化学物理研究所优秀学生奖学金	中国科学院大连化学物理研究所	2010	化学与材料科学学院优秀本科生	10000
陈国良院士奖学金	陈国良院士	2011	优秀本科生	2000

续表

奖学金名称	设奖单位(个人)	设立时间	奖励范围	额度(元/年)
化学所英才奖学金	中国科学院化学研究所	2011	化学与材料科学学院优秀本科生	5000
中科院广州能源所奖学金	中国科学院广州能源研究所	2011	化学与材料科学学院优秀本科生	2000
中科院电子所奖学金	中国科学院电子学研究所	2011	信息科学技术学院、物理学院、少年班学院二年级以上(含二年级)的优秀本科生	4000
"智造顺德"奖学金	顺德区人民政府	2014	优秀的全日制本科生	3000
8814奖学金	8814全体校友	2014	化学与材料科学学院优秀的毕业班学生	8814
苏州育才奖学金	苏州市人才工作领导小组办公室	2017	理工科本科生、研究生	10000
蓝风奖学金	江苏蓝风国际投资发展有限公司	2018	生命科学学院、信息科学技术学院的优秀本科生、研究生	5000/10000
中科院苏州纳米所奖学金	中国科学院苏州纳米技术与纳米仿生研究所	2018	物理学院(天文学、核工程专业同学除外)和化学与材料科学学院的三年级和四年级的本科生	5000
深交所奖学金	深圳证券交易所	2018	计算机科学与技术学院、信息科学技术学院、软件学院的全日制本科生、研究生	5000/8000/12000
唐立新奖学金	新尚集团	2018	优秀本科生、研究生,不限专业	10000

助学金一览表

助学金名称	设奖单位(个人)	设立时间	助学(奖学)范围	额度(元/年)
曾宪梓奖助学金	曾宪梓教育基金会通过教育部港澳台办设立	2000	本科贫困生(连续三年)	5000
海外校友爱心奖学金	海外校友基金会	2001	本科贫困生(连续四年)	3000
新长城助学金	中国扶贫基金会	2002	本科贫困生	3000

续表

助学金名称	设奖单位(个人)	设立时间	助学(奖学)范围	额　度(元/年)
精进助学金	香港精进基金有限公司	2005	本科优秀贫困生(连续四年)	5000
国家助学金	财政部、教育部	2005	本科贫困生	2000/3000/4000
香港思源奖助学金	香港思源基金会	2006	本科优秀贫困生(连续四年)	4000
村田奖助学金	村田(中国)投资有限公司	2006	信息科学技术学院本科优秀贫困生(连续四年)	4000
丰田助学金	中国宋庆龄基金会	2006	本科贫困生(连续四年)	4000/6000
国家励志奖学金	财政部、教育部	2007	二年级以上(含二年级)本科优秀贫困生	5000
新创校友爱心奖学金	新创校友基金会	2007	本科贫困生(连续四年)	3000
886新生助学金	中国科大886全体校友	2013	信息科学技术学院本科贫困新生	4000
阳光助学金	上海紫瑞投资有限公司	2014	本科贫困生(连续四年)	4000
孙大光张刚助学金	孙大光先生及夫人	2016	安徽籍本科优秀贫困生	4000
天凤助学金	个人捐赠	2017	本科贫困新生	5000
华普天健奖助学金	华普天健会计师事务所	2018	数学科学学院和管理学院本科贫困新生	5000

2017～2018学年度国家奖学金、中国科学院院长奖、郭沫若奖学金获奖者名单

国家奖学金获奖名单

本科生(共101人)

韩　振　龚道政　田　野　张舒博　朱乐宜　刘逸飞　李浩宇　张远航　厉晋铭
赵新锐　胡文韬　孟　博　李子航　柯思佳　袁　铭　沈周瑜　鲁亦敏　桂　昱
陈　力　马铖迪　林不渝　陈焕宇　谭茂儒　范毅敏　杜文昕　王志宇　胡哲源
邵文杰　唐毅萌　郝中楷　张铭哲　方艺珺　唐博睿　闫沁欣　许哲豪　黄新盟
曹鸿艺　姚钧夫　陈　翰　谢　禹　钟　健　权毓捷　徐靖彦　曹旭晨　徐九赐

李子晗　曾彦杰　许文辉　林　锐　朱科航　石万卓　张云韬　杨少桢　刘柏君
王　浩　詹舒明　谭璇衡　邱昀泽　李春雨　刘雨生　刘兆辉　陈诗文　安永燕
张伯囡　陈勇超　张德鑫　李嘉麟　董世贺　朱邦国　方如玥　刘　驰　许　志
范家旗　刘　林　沈三景　张　洋　马凌峰　祝金华　朱　滨　周毅明　许嘉祺
岳　锴　耿子钢　陈昶金　赵有朋　石文焘　李　睿　李　强　戴　路　张劲暾
魏剑宇　刘程畅　苏　雪　孙文逸　刘鸿伟　周俊伟　曾正浩　冯　旭　李文娟
陶　琰　王　改

硕士生(共 223 人)

虞　菲　周振宇　来庆波　邵康佳　杜沁园　吴庆科　张　鹏　阚成涛　关玉婷
潘梦泽　付衍哲　石晶晶　王　芳　夏秀鑫　张开元　胡显刚　连　赞　王　志
赵志坡　满　萍　张黎可　杨雪勤　唐　晓　王家喻　彭书峰　宁效龙　龚仕鹏
沈璐颖　潘雅婷　刘　帅　张　安　张佳慧　王洪辉　田雨露　韩　凯　蒋志猛
李　栋　刘思祺　彭　欣　孙燕实　谢校康　单传强　国健男　梁礼培　王　宁
杨青友　李昌恒　刘彦兵　李　曼　万艳妮　王　帅　许　伟　赵艳婷　李　佳
田佳强　徐崔超　赵宇澄　汤纬地　郭佳佳　王艳明　李　莉　黄锦阳　严　炜
朱　文　解　春　翟翌童　任志梁　余　昊　吴开金　王　启　陈　涵　周国安
常力戈　饶生龙　汪连坡　陈怀安　陈宇璇　舒　健　杨成飞　李奉誉　杨洪伦
窦晓萌　任　晓　陈嘉璐　郑　焘　高靖宇　刘凡凡　杨　益　张苗苗　姚纪松
陈　晨　张子竞　晁婷婷　赵　悦　邹　陈　谭佳佳　殷蓉蓉　王潇乾　刘佳伟
陈江军　汪钰恒　李诗昂　鲁　健　吴敏松　侯梦青　祝　渊　李　刚　耿　悦
张伟伟　王　懂　王叶竹　郑　斌　黄　桥　贺崧智　王　默　康卫敏　邹　帆
佘昱阳　袁聪聪　陈华岳　任德馨　张兴超　罗　毅　禹　靓　甄文瑶　梁晰童
康　雨　向明玥　樊东蕾　朱思远　王　超　杨旭炜　罗人千　卞　超　贺云天
胡亚敏　盘博文　彭国柱　朱洪渊　刘慧琦　肖　宁　阴　钰　王　灿　李　徵
彭　悦　王晓飞　吴潜溢　夏　熙　杨天驰　王　宁　周崇阳　王　晶　王梦蕾
冯海军　刘　华　龚　磊　曹淑平　刘　洋　汤小凡　沈　磊　刘　暄　崔明明
吴敏莲　林成月　李　阳　李炽坤　王　晗　赵亚青　郑圣男　杨磊青　郭晴艳
张　玥　赵　贵　范亚楠　林婷婷　刘　欢　张文迪　张宛莹　龙振宇　郭　聪
柳　丹　罗墨轩　李文怡　黄露露　李　洁　权　聪　郑显明　陈晓伟　郭红博
肖建敏　陈　斌　李　博　陈石华　高　淳　冯　爽　黄　炜　马玉龙　仝　玮
傅云鹏　马筱一　陈　静　姜丽华　刘龙祥　罗　杰　李　欣　马迷娜　师晓东
周　健　陈昊磊　焦　曼　宋政奇　马　超　楼碧波　张华洋　王琴琴　郭　钰
余盼盼　马凤华　陈广文　龚少博　祝家银　石生宇　张仲恺

博士生(共 141 人)

魏　鑫　阳成强　程　钊　邓　平　刘航航　汪炳伟　陈　肯　刘承泽　卢正冠
王昀立　周　鑫　李江旭　张慎祥　杨　洁　焦　龙　郑婷婷　江　鹏　陈思铭

陈　超	蔡文龙	李思成	蒋　为	黄春炯	陆地群	陈　卓	侯冬冬	陈冬冬
姜斅达	魏婧雯	陈玉全	王　雁	潘东方	张　通	卫晨希	陈宇粮	王　涛
孙晓昊	刘力黎	刘　爽	王鲁庆	汪超炜	张亚超	毛宇昕	王其梁	余本东
叶江林	陈书森	潘重庆	杨　健	李　斌	焦星辰	孙兆威	张泰铭	吴佳静
蔡国瑞	王　磊	姚　雨	王　欣	高　昭	马严富	王晓丽	崔胜胜	马鹏雄
汪　慎	于　戈	刘　燊	崔育宝	郭　浩	王文忠	滕尚纯	刘倪纲	刘非凡
张弈祺	张　力	高月嵩	丁典识	方华攀	王文靓	赵亚丽	李　健	王德文
周徐达	江兵兵	许　杨	郭　帆	刘　勇	宋艳枝	曹陈辰	杨倩倩	张　驰
朱庆缘	陈侠飞	李　阳	王瑞冰	龚　民	郑　撼	赵志斌	曹利勉	田圣亚
许天琦	李定丰	陈为龙	罗英丽	吴慧慧	黄　亿	赵开亮	张　涛	林高庭
李治艳	唐七星	童　彬	张强领	王冬芳	李珊珊	郑海英	成　龙	胡文慧
许吉禅	韩厚祥	孟凡渝	潘月磊	汪俊岭	任　飞	牧小卫	沈镇捷	李昌樵
江　敏	赵鹏露	李明翰	江鲅怡	赵　路	林志勇	张丽丽	杨天书	刘翌地
俞　上	向益峰	王　博	余鹏程	刘佳明	孙瑞瑞			

中国科学院院长奖获奖名单

特别奖

刘彦麟	胡晓敏	陈鹏作	王　宁	杨月华	董广忠	郑　昕

优秀奖

乔艺晓	孙庆峰	陈　彬	张　逍	姚昌园	张拙之	王轶韬	雷　彬	张　星
吴　骋	储军飞	何　嵘	袁道福	杨　阳	金　松	海子娟	李晓港	贺玉彬
杨　佳	苏艳华	田　甜	曾　健	何鸿宾	田冬冬	党　童	陈逸伦	滕　浩
吴　强	曹静宇	任　威	洪佳楠	潘滢炜	夏应策	王　少	赵洪科	王鹏展
王绍蔚	崔育宝	阳成强	穆克军	曹元杰	万华仙	金震宇	顾　超	孔　飞
赵　旭								

郭沫若奖学金获奖名单

杨雅翀	汪亦桐	夏立乔	邱哲儒	魏　嵩	张俊升	刘浩浩	张思翀	路哲宇	
邵彦杰	邹　凡	朱　源	刘丁匀	刘　洋	万佳为	席大为	梁嘉韵	吴娅维	
李晨阳	李一恒	秦一功	张　翔	李一航	贺一纯	刘　泽	唐新宇	刘梓轩	
鲁吴越	张益博	杨　鑫	张晟星	徐群智	刘　玥				

2018年本科招生分省录取情况

省（市、自治区）	录取总人数	当地重点控制线	录取最高分	录取最低分	平均分
北京	27	532	681	673	676
天津	29	407（本科控制线）	688	681	683
河北	58	511	701	693	696
山西	34	516	674	657	662
内蒙古	24	478	675	670	672
辽宁	43	368（本科控制线）	685	675	678
吉林	42	533	688	671	676
黑龙江	30	472	675	667	670
上海	13	401（本科控制线）	588	574	578
江苏	87	336	408	397	400
浙江	178	588（普通类分段线）	694	679	684
安徽	273	505	687	675	679
福建	36	490	680	662	667
江西	94	527	678	669	672
山东	72	435（本科控制线）	687	676	679
河南	144	499	680	671	673
湖北	103	512	685	676	678
湖南	74	513	686	677	679
广东	112	376（本科控制线）	679	661	666
广西	35	513	679	668	672
海南	8	539	848	829	837
重庆	34	524	684	676	678
四川	87	546	683	675	678
贵州	29	484	678	669	672
云南	23	530	694	682	685

续表

省(市、自治区)	录取总人数	当地重点控制线	录取最高分	录取最低分	平均分
陕西	44	474	690	680	683
甘肃	43	483	669	655	659
青海	9	403	625	617	620
宁夏	10	463	660	649	652
新疆	11	467	669	668	669

注：2018年，我校面向全国招收本科生1869人（含计划外招生12人），实际报到1859人，其中少年班49人、少年班"创新试点班"234人、自主招生126人、高校专项71人，在浙江开展三位一体综合评价录取100人、国家专项151人、内地新疆班24人、内地西藏班8人。

国家任务毕业生去向

2018届本科毕业生去向

单位：人

项目 类别	合计	出国留学	国内深造	部队	科研、高校等事业单位就业	国有、"三资"等企业就业	地方待就业
本科毕业生	1802	501	832	11	37	296	125

2018届毕业研究生去向

单位：人

项目 类别	合计	出国留学	国内深造	部队	科研、高校等事业单位就业	国有、"三资"等企业就业	地方待就业
毕业派遣博士生	902	62	243	11	340	222	24
毕业派遣硕士生	3094	105	1074	25	252	1593	45

注：以上数据统计截至2018年10月底，含结业生。

毕业生中的中国科学院院士
（共48人）

姓 名	工 作 单 位	毕业时间	当选时间	毕业系别
白以龙	中科院力学研究所	1963	1991	近代力学系
朱清时	中国科学技术大学	1968	1991	近代物理系
赵忠贤	中科院物理研究所	1964	1991	物理系
陈 颙	国家地震局	1965	1993	物理系
马志明	中科院数学与系统科学研究院	1981(硕)	1995	研究生院
朱作言	中科院水生生物研究所	1980(硕)	1995	研究生院
徐建中	中科院工程热物理研究所	1963	1995	近代力学系
施蕴渝	中国科学技术大学	1965	1997	物理系
严加安	中科院数学与系统科学研究院	1964	1999	数学系
佟振合	中科院理化技术研究所	1963	1999	近代化学系
王志珍	中科院生物物理研究所	1964	2001	物理系
石耀霖	中科院研究生院	1966	2001	物理系
李邦河	中科院数学与系统科学研究院	1965	2001	数学系
李崇银	中科院大气物理研究所	1963	2001	物理系
刘嘉麒	中科院地质与地球物理研究所	1986(博)	2003	研究生院
李曙光	中国科学技术大学	1965	2003	近代化学系
吴 奇	中国科学技术大学、香港中文大学	1982	2003	近代化学系
陈 霖	中科院研究生院、生物物理研究所	1970	2003	物理系
林尊琪	中科院上海光机所	1964	2003	无线电电子学系
侯建国	中国科学技术大学	1983	2003	物理系
饶子和	南开大学	1977	2003	物理系
郭光灿	中国科学技术大学	1965	2003	无线电电子学系
王大成	中科院生物物理研究所	1963	2005	生物物理系
李洪钟	中科院过程工程研究所	1981(硕)	2005	研究生院
黄民强	总参第五十八研究所	1989(博)	2005	无线电电子学系

续表

姓 名	工 作 单 位	毕业时间	当选时间	毕业系别
魏奉思	中科院空间科学与应用研究中心	1963	2005	地球物理系
陈润生	中科院生物物理所	1964	2007	生物物理系
俞昌旋	中国科学技术大学	1965	2007	近代物理系
王自强	中科院力学研究所	1963	2009	近代立学系
庄文颖	中科院微生物研究所	1981(硕)	2009	研究生院
李亚栋	清华大学	1998(博)	2011	化学系
沈宝根	中科院物理研究所	1976	2011	物理系
张肇西	中科院理论物理研究所	1963	2011	近代物理系
郑建华	中国人民解放军保密委员会技术安全研究所	1987(硕)	2011	研究生院
袁亚湘	中科院数学与系统科学研究院	1982(硕)	2011	研究生院
鄂维南	北京大学	1982	2011	数学系
潘建伟	中国科学技术大学	1992	2011	近代物理系
杨秀荣	中国科学院长春应用化学研究所	1968	2013	近代化学系
张培震	中国地震局地质研究所	1982(硕)	2013	研究生院
赵政国	中国科学技术大学	1982	2013	近代物理系
谢 毅	中国科学技术大学	1996(博)	2013	应用化学系
庄小威	哈佛大学	1991	2015	少年班/物理系
杜江峰	中国科学技术大学	1990	2015	少年班/近代物理系
陈仙辉	中国科学技术大学	1995(博)	2015	物理系
陈晓非	中国科学技术大学	1982	2015	地球与空间科学系
景益鹏	上海交通大学	1989(硕)	2015	基础物理教学中心
谢心澄	北京大学	1982	2015	近代物理系
窦贤康	中国科学技术大学	1987	2017	地球与空间科学系

注：以当选院士年度为序,同年当选的以姓氏笔画为序。

毕业生中的中国工程院院士

(共 23 人)

姓 名	工 作 单 位	毕业时间	当选时间	毕业系别
吴有生	无锡中国船舶总公司702所	1964	1994	近代力学系
王震西	中科院三环公司	1964	1995	物理系
杨秀敏	工程兵国防工程研究设计所	1965	1995	近代力学系
李国杰	国家智能计算机研究开发中心	1981(硕)	1995	研究生院
何多慧	中国科学技术大学	1964	1995	近代物理系
龚惠兴	中科院上海技术物理研究所	1963	1995	无线电电子学系
魏复盛	中国环境监测总站	1964	1997	近代化学系
杜善义	哈尔滨工业大学	1964	1999	近代力学系
宋湛谦	中国林科院南京林化所	1964	1999	近代化学系
蒋洪德	清华大学	1981(硕)	1999	研究生院
许祖彦	中科院物理研究所	1963	2001	物理系
陈立泉	中科院物理研究所	1964	2001	物理系
范维澄	中国科学技术大学	1965	2001	近代力学系
周寿桓	中国电子科技集团公司	1962	2003	技术物理系
吴以成	中科院理化技术研究所	1969	2005	近代化学系
邓中翰	中星微电子有限公司	1992	2009	地球和空间科学系
董春鹏	中国船舶重工集团公司	1966	2009	无线电电子学系
刘连元	中国航天科技集团公司第一研究院	1965	2011	近代力学系
刘文清	中科院合肥物质科学研究院	1978	2013	物理系
任辉启	总参工程兵科研三所	1992(硕)	2015	近代力学系
吴伟仁	国防科工委	1978	2015	无线电系
李 凯	美国普林斯顿大学	1981(硕)	2017	研究生院
陆 军	中国电子科技集团	1988(硕)	2017	无线电系

注：以当选院士年度为序，同年当选的以姓氏笔画为序。

毕业生中的国际著名学术机构院士

(共 34 人次)

姓　名	学术机构名称	毕业时间	当选时间	毕业院系
庄小威	美国科学院	1992	2012	少年班、物理系
骆利群	美国科学院	1986	2012	少年班、生物系
杨培东	美国科学院	1993	2016	应用化学系
文小刚	美国科学院	1982	2018	物理系
周　郁	美国工程院	1978	2007	物理系
李　凯	美国工程院	1981(硕)	2012	研究生院
陈向力	美国工程院	1985	2017	物理系
杨培东	美国人文与科学院	1993	2012	应用化学系
骆利群	美国人文与科学院	1986	2012	少年班、生物系
庄小威	美国人文与科学院	1992	2013	少年班、物理系
卓　敏	加拿大皇家科学院	1985	2009	生物系
顾建军	加拿大国家工程院	1992	2016	少年班
陶大程	澳大利亚科学院	2002	2018	电子工程与信息科学系
张亚勤	澳大利亚国家工程院	1983	2017	少年班、无线电系
赵忠贤	发展中国家科学院	1964	1987	物理系
白志东	发展中国家科学院	1982(博)	1990	数学系
马志明	发展中国家科学院	1981(硕)	1998	研究生院
朱作言	发展中国家科学院	1980(硕)	1998	研究生院
陈　颙	发展中国家科学院	1965	2000	物理系
朱清时	发展中国家科学院	1968	2001	近代物理系
李国杰	发展中国家科学院	1981(硕)	2002	研究生院
侯建国	发展中国家科学院	1983	2004	物理系
饶子和	发展中国家科学院	1977	2004	物理系
王志珍	发展中国家科学院	1964	2005	物理系
石耀霖	发展中国家科学院	1966	2005	物理系

续表

姓　名	学术机构名称	毕业时间	当选时间	毕业院系
施蕴渝	发展中国家科学院	1965	2009	物理系
郭光灿	发展中国家科学院	1965	2009	无线电电子学系
庄文颖	发展中国家科学院	1981(硕)	2010	研究生院
潘建伟	发展中国家科学院	1992	2012	近代物理系
沈宝根	发展中国家科学院	1976	2013	物理系
李亚栋	发展中国家科学院	1998(博)	2014	化学系
谢　毅	发展中国家科学院	1996(博)	2015	应用化学系
袁亚湘	发展中国家科学院	1982(硕)	2015	研究生院
谢心澄	发展中国家科学院	1982	2018	近代物理系

十、科学研究与科技产业

国家级科研机构

类　别	机　构　名　称	校内负责人	成立时间	批准部门
国家研究中心	合肥微尺度物质科学国家研究中心	罗毅	2017.11	科学技术部
国家级实验室	国家同步辐射实验室	陆亚林	1991.12	国家计委
国家重点实验室	火灾科学国家重点实验室	张和平	1989.6	国家发改委
国家重点实验室	核探测与核电子学国家重点实验室(联合)	安琪	2011.10	科学技术部
国家工程实验室	语音及语言信息处理国家工程实验室(联合)	戴礼荣	2011.6	国家发改委
国家工程实验室	类脑智能技术及应用国家工程实验室	吴枫	2017.1	国家发改委
国家地方联合工程研究中心	热安全技术国家地方联合工程研究中心	张和平	2015.12	国家发改委
国家国际科技合作基地(联合研究中心)	大尺度火灾国际联合研究中心	刘乃安	2014.11	科学技术部
2011协同创新中心	量子信息与量子科技前沿协同创新中心	潘建伟	2013.4	教育部
其他	国家高性能计算中心(合肥)	陈国良	1995.9	科学技术部
其他	安徽蒙城地球物理国家野外科学观测研究站	薛向辉	2007.4	科学技术部

国家重大科技基础设施

类别	机构名称	校内负责人	成立时间	批准部门
国家重大科技基础设施	合肥同步辐射光源	陆亚林	1991.12	国家计委
国家重大科技基础设施	稳态强磁场实验装置(联合)	俞书宏	2008.5	国家发改委
国家重大科技基础设施	未来网络试验设施(联合)	张勇东	2015.4	国家发改委
国家重大科技基础设施	高精度地基授时系统(联合)	潘建伟	2016.12	国家发改委

中科院级科研机构

类　别	名　　称	校内负责人	成立时间	批准部门
率先行动机构	中国科学院量子信息与量子科技创新研究院	潘建伟	2014.1	中国科学院
	中国科学院合肥大科学研究中心	陆亚林	2014.11	中国科学院
	中国科学院比较行星学卓越创新中心	汪毓明	2018.12	中国科学院
中科院重点实验室	中国科学院材料力学行为和设计重点实验室	吴恒安	2001.12	中国科学院
	中国科学院量子信息重点实验室	郭光灿	2001.12	中国科学院
	中国科学院壳幔物质与环境重点实验室	郑永飞	2005.3	中国科学院
	中国科学院近地空间环境重点实验室	窦贤康	2005.3	中国科学院
	中国科学院能量转换材料重点实验室（联合）	陈初升	2008.12	中国科学院
	中国科学院星系宇宙学重点实验室（联合）	王挺贵	2008.12	中国科学院
	中国科学院软物质化学重点实验室	刘世勇	2009.12	中国科学院
	中国科学院脑功能与脑疾病重点实验室	周江宁	2009.12	中国科学院
	中国科学院吴文俊数学重点实验室	胡　森	2010.12	中国科学院
	中国科学院电磁空间信息重点实验室	王东进	2013.4	中国科学院
	中国科学院空间信息处理与应用系统技术重点实验室（联合）	吴　枫	2013.4	中国科学院
	中国科学院无线光电通信重点实验室	徐正元	2014.8	中国科学院
	中国科学院强耦合量子材料物理重点实验室	陈仙辉	2014.8	中国科学院
	中国科学院天然免疫与慢性疾病重点实验室	田志刚	2014.8	中国科学院
	中国科学院城市污染物转化重点实验室（联合）	俞汉青	2014.8	中国科学院
	中国科学院微观磁共振重点实验室	杜江峰	2016.8	中国科学院

续表

类别	名称	校内负责人	成立时间	批准部门
其他	中国科学院热安全工程技术研究中心	张和平	1998.7	中国科学院
	中国科学院强磁场科学中心（联合）	俞书宏	2008.4	中国科学院
	中国科学院太阳能光热综合利用研究示范中心	季杰	2009.7	中国科学院
	中国科学院国家数学与交叉科学中心——合肥分中心	李嘉禹	2010.11	中国科学院
	中国科学院量子技术与应用研究中心	潘建伟	2011.5	中国科学院

省部级科研机构

序号	名称	负责人	成立时间	批准部门
1	多媒体计算与通信教育部——微软重点实验室	李卫平	2004.11	教育部
2	量子信息科学安徽省实验室	潘建伟	2018.2	安徽省
3	先进光子科学技术安徽省实验室	陆亚林	2018.2	安徽省
4	微尺度物质科学安徽省实验室	罗毅	2018.2	安徽省
5	高性能计算安徽省重点实验室	陈国良	1999.12	安徽省科技厅
6	分子医学安徽省重点实验室	田志刚	2002.12	安徽省科技厅
7	光电子科学与技术安徽省重点实验室	刘文	2002.12	安徽省科技厅
8	计算与通讯软件安徽省重点实验室	王煦法	2005.2	安徽省科技厅
9	生物质洁净能源安徽省重点实验室	傅尧	2006.12	安徽省科技厅
10	细胞动力学与化学生物学安徽省重点实验室	姚雪彪	2008.11	安徽省科技厅
11	大数据分析与应用安徽省重点实验室	陈恩红	2017.3	安徽省科技厅
12	极地环境与全球变化安徽省重点实验室	谢周清	2017.3	安徽省科技厅
13	未来网络安徽省重点实验室	张勇东	2018.6	安徽省科技厅
14	太阳能光热综合利用安徽省重点实验室	季杰	2018.6	安徽省科技厅
15	安徽省生物质能源工程技术研究中心	傅尧	2007.6	安徽省科技厅
16	安徽省污水处理工程技术研究中心	俞汉青	2009.9	安徽省科技厅
17	安徽省量子信息工程技术研究中心	陈增兵	2011.3	安徽省科技厅

续表

序号	名称	负责人	成立时间	批准部门
18	安徽省高校人文社科重点研究基地——科学传播研究与发展中心	汤书昆	2003.1	安徽省教育厅
19	先进功能材料安徽省重点实验室	陈初升	2004.8	安徽省教育厅
20	物理电子学安徽省重点实验室	安琪	2004.11	安徽省教育厅
21	网络传播系统与控制安徽省重点实验室	朱明	2007.8	安徽省教育厅
22	生物技术药物安徽省工程技术研究中心	田志刚	2007.8	安徽省教育厅
23	无线网络通信安徽省重点实验室	卫国	2008.1	安徽省教育厅
24	安徽省高校人文社科重点研究基地——工商管理创新研究中心	刘志迎	2013.1	安徽省教育厅
25	安徽省高校人文社科重点研究基地——科技史与文物研究中心	石云里	2013.1	安徽省教育厅
26	城市公共安全协同创新中心	张和平	2013.11	安徽省教育厅
27	先进技术与产业协同创新中心	李卫平	2013.11	安徽省教育厅
28	微电子与光电子技术研究院	刘文	2013.11	安徽省教育厅
29	安徽省医药生物研究院	肖卫华	2013.11	安徽省教育厅
30	先进核聚变能和等离子体科学协同创新中心	李建刚	2014.8	安徽省教育厅
31	安徽大数据应用协同创新中心	陈恩红	2014.8	安徽省教育厅
32	安徽省语音及语言技术工程实验室	刘庆峰	2009.8	安徽省发改委
33	安徽省先进功能高分子薄膜工程实验室	李良彬	2017.8	安徽省发改委
34	安徽省废水资源化利用工程实验室	俞汉青	2017.8	安徽省发改委
35	机器人安徽省技术标准创新基地	陈小平	2018.3	安徽省质监局、安徽省发改委等

校级科研机构

所系联合实验室			
序号	实验室名称	成立时间	联合共建单位
1	星系和宇宙学联合实验室	2005.1	中国科学院上海天文台
2	核探测技术与核电子学联合实验室	2005.4	中国科学院高能物理研究所

续表

所系联合实验室			
序号	实验室名称	成立时间	联合共建单位
3	化学物理联合实验室	2005.6	中国科学院大连化学物理研究所
4	智能科学与技术联合实验室	2005.7	中国科学院沈阳自动化研究所
5	蛋白质科学联合实验室	2005.7	中国科学院生物物理研究所
6	网络与通信联合实验室	2005.9	中国科学院沈阳计算技术研究所
7	绿色合成化学联合实验室	2005.11	中国科学院上海有机化学研究所
8	数学物理联合实验室	2005.12	中国科学院武汉物理与数学研究所
9	科技传播研究所	2006.2	中国科学院科学时报社
10	强子物理研究中心	2006.3	兰州重离子国家实验室
11	网络传播系统与控制联合实验室	2006.11	中国科学院声学研究所
12	新能源材料联合实验室	2007.4	中国科学院上海硅酸盐研究所
13	无机固体联合实验室	2007.5	中国科学院福建物质结构研究所
14	高分子薄膜与溶液联合实验室	2007.9	中国科学院长春应用化学研究所
15	分析化学研究伙伴小组	2008.1	中国科学院长春应用化学研究所
16	超精密控制与系统联合实验室	2010.5	中国科学院长春光机所
17	微纳电子系统集成研究中心	2010.9	中国科学院微电子所
18	环境污染控制联合实验室	2012.1	中国科学院城市环境研究所
19	生物质催化转化联合实验室	2013.12	中国科学院广州能源研究所
20	量子生物物理联合实验室	2014.10	中国科学院生物物理研究所
21	天然活性多肽联合实验室	2015.3	中国科学院昆明动物研究所
22	超导量子器件与量子信息联合实验室	2015.10	中科院上海微系统与信息技术研究所
校企联合实验室			
序号	实验室名称	成立时间	联合共建单位
1	科大华为信息技术研究所	1997.5	深圳华为技术有限公司
2	中国科学技术大学-SHINCRON先进薄膜工艺与材料联合实验室	2003.12	日本SHINCRON公司
3	中国科大-黄山永佳膜技术与膜材料联合研发中心	2012.5	黄山永佳(集团)有限公司
4	未来网络联合实验室	2017.4	光载无限(北京)科技有限公司
5	中国科大-瑞达生命科技联合研究中心	2017.6	安徽瑞达投资集团有限公司

续表

校企联合实验室			
序号	实验室名称	成立时间	联合共建单位
6	环境资源与健康研究中心	2017.7	安徽中烟工业有限责任公司
7	中国科大-延长石油新能源联合实验室	2018.6	陕西延长石油(集团)有限责任公司
8	中国科大-京东AI联合实验室	2018.9	北京京东尚科信息技术有限公司
学校设立科研机构			
序号	名称	成立时间	挂靠单位
1	数学研究所	1978.1	数学科学学院
2	自然科学史研究室	1980.12	人文与社会科学学院
3	天体物理研究中心	1984.1	物理学院
4	信息处理中心	1988.9	信息科学技术学院
5	非线性科学中心	1992.4	物理学院
6	超精密技术研究所	1992.4	工程科学学院
7	工业自动化研究所	1992.4	信息科学技术学院
8	生物医学工程研究所	1992.11	信息科学技术学院
9	智能信息技术研究所	1992.11	信息科学技术学院
10	科技法学研究室	1992.11	管理学院
11	儿童弱视和斜视研究治疗中心	1993.6	校医院
12	信号统计处理中心	1993.9	信息科学技术学院
13	统计研究所	1993.9	管理学院
14	理论物理研究所	1994.4	物理学院
15	材料化学与膜技术研究所	1994.12	化学与材料科学学院
16	石油天然气研究中心	1994.12	地球和空间科学学院
17	微波毫米波工程研究中心	1996.10	信息科学技术学院
18	科技考古实验室	1996.10	人文与社会科学学院
19	国际经济研究所	1996.11	管理学院
20	极地环境研究室	1999.5	地球和空间科学学院
21	辐化技术研究所	1999.10	化学与材料科学学院
22	免疫学研究所	2001.10	生命科学学院
23	烟草与健康研究中心	2002.2	化学与材料科学学院

续表

	学校设立科研机构		
序号	名　　称	成立时间	挂靠单位
24	交叉学科理论研究中心	2002.5	物理学院
25	知识管理研究所	2002.9	人文与社会科学学院
26	科学传播研究与发展中心	2006.11	人文与社会科学学院
27	粒子科学与技术研究中心	2009.7	物理学院
28	高速流动与推进研究中心	2009.7	工程科学学院
29	CFC金融信息研究中心	2009.7	管理学院
30	可持续发展与创新研究中心	2010.2	管理学院
31	燃烧研究中心	2010.2	国家同步辐射实验室
32	磁约束聚变堆总体设计研究中心	2011.3	核科学技术学院
33	地震与地球内部物理实验室	2012.9	地球和空间科学学院
34	中国科学技术大学医学中心	2012.12	独立机构
35	量子材料物理实验室	2013.5	物理学院
36	生物医学工程中心	2013.5	中国科学技术大学医学中心
37	未来网络实验室	2013.5	中国科学技术大学先进技术研究院
38	无线光通信与网络研究中心	2013.12	信息科学技术学院
39	服务科学与技术实验室	2013.12	管理学院

2018年获批百万元及以上民口纵向科研项目(课题)一览表

项目类别	项 目 名 称	负责人	获批经费（万元）
科技部 国家重点 研发计划	金刚石色心量子相干控制及应用研究	杜江峰	7163
	聚变等离子体三维物理及边界磁场主动控制技术研究	刘万东	4795
	物联网与智慧城市安全保障关键技术研究	李向阳	2180
	高性能量子密钥分发关键技术研究	韩正甫	1838
	免疫对配子发生和胚胎发育的影响	魏海明	1795
	极限灵敏度超分辨全天时空间量子成像	张　强	1662

续表

项目类别	项目名称	负责人	获批经费（万元）
科技部国家重点研发计划	再生水优控污染物与衍生污染物协同控制技术	俞汉青	1225
	成像型强子量能器技术验证	刘建北	971
	超冷锂-镝混合简并气体的多体效应研究	姚星灿	885
	超冷钠钾玻色费米混合气体的多体性质的研究	赵博	858
	标准模型测量和其他超出标准模型的新物理寻找	刘衍文	600
	雷暴云起放电过程的立体协同精细化观测	祝宝友	487
	关联量子态相干精密测试与量子计算演示	陆朝阳	442
	肠道病原微生物免疫识别的分子机制和结构基础	朱书	440
	高性能网络智能分析与安全检测关键技术研发	杨坚	410
	装配式结构建筑防火保温装饰一体化技术	胡隆华	402
	对流云不同生命期中气溶胶影响云和降水的机理及反馈研究	李锐	399
	表界面性质表征及其对光电转换与光催化性能影响	叶树集	387
	氟化工过程巨灾情景构建及应急能力评估技术研究	邢伟义	380
	近海大气污染物立体遥感定量表征技术	刘诚	370
	面向移动终端的高效率多通道信息输入和内容编辑	陈勋	369
	智能算法的共性范式	孙广中	349
	全海深3D重建与超高清视频处理技术研究	熊志伟	344
	纳米催化材料理论设计和数据库建设	李微雪	311
	环形磁约束等离子体中电磁湍流特性及其对输运过程影响的研究	周楚	293
	大型飞机库智能定向高速抑爆灭火技术及应用示范	汪箭	269
	网络与数据传输优化技术与应用	李京	200
	大数据的副本一致性理论及编码理论	许胤龙	198
	自旋信息谱学测量中关键技术和部件研究	王鹏飞	182
	全新世企鹅生态环境演变及其对气候变化的响应	康辉	180
	基于脑科学的机器人知识和技能获取和增长的理论方法研究	查正军	147
基金委国家重大科研仪器研制项目	用于研究瞬态分子指纹区红外光谱的高灵敏高分辨谱仪	陈旸	685

续表

项目类别	项目名称	负责人	获批经费（万元）
基金委重大项目	面向低碳能源转化关键反应的二维催化剂设计与应用	谢 毅	2000
	减数分裂重组调控的分子机制	史庆华	1985
	补偿膜精密单拉、双拉和斜拉加工原理与技术	李良彬	691
	星系及其中央黑洞在宇宙网络中的成长历史	薛永泉	555
	二维催化材料的功能化设计与宏量可控制备	吴长征	500
	先进材料力学性能的高分辨率观测方法和应用	胡小方	438
	寒武纪大爆发时期生物地球化学循环研究	沈延安	436
基金委联合基金	自旋阻挫材料的强磁场物性研究	孙学峰	256
	高性能合金激光3D打印内部组织演化关键调控机制的同步辐射原位实验研究	许 峰	254
	地震、重力与大地电磁联合反演算法研究及在川滇地区岩石圈结构高分辨率成像的应用	张海江	231
基金委重大研究计划	基于高品质单光子和多光子纠缠的超越标准量子极限精密测量技术	陆朝阳	430
	青藏高原云降水物理及其对能量收支和水分循环的影响	傅云飞	399
	ACAP4调控管状囊泡-细胞质膜动态互作的新机制	姚雪彪	288
	器官衰老研究相关的新策略及新技术的战略调查	申 勇	200
	脑衰老及退行性病变的多尺度全脑胆固醇图谱研究	熊 伟	200
	碳基能源转化利用的催化科学战略研究	包信和	100
	基于高灵敏超极化13C MRI的肝细胞癌的动态演化研究	邱本胜	100
基金委重点项目	有机小分子和金属联合不对称催化	龚流柱	327
	潮汐撕裂恒星事件及其他超大质量黑洞的暂现吸积过程研究	王挺贵	320
	化学活性系统非平衡统计动力学的理论研究	侯中怀	315
	基于星载双频测雨雷达反演中国雨季降水潜热垂直结构	李 锐	299
	高压化学反应制备介稳相材料	钱逸泰	298
	中低纬电离层中尺度结构研究	雷久侯	297
	复杂环境下的机器博弈算法与应用	李厚强	286
基金委国际（地区）合作与交流项目	氪-81定年在阿根廷潘帕平原深地热地下水系统的应用	卢征天	195

续表

项目类别	项 目 名 称	负责人	获批经费（万元）
基金委海外及港澳学者合作研究基金	阿蒂亚-辛格指标理论中的有关问题	李嘉禹	180
中科院战略性先导科技专项 A	中高轨量子卫星背景型号研究	潘建伟	15000
	量子科学实验卫星运行费	彭承志	250
中科院战略性先导科技专项 B	病原体的免疫识别活化与免疫记忆	田志刚	5300
	脑联接图谱绘制新技术	毕国强	4795
	高温超导应用的基础理论与前沿科学问题	陈仙辉	3000
	衰老的生物学基础和干预策略	申 勇	1200
	集成光量子计算与量子模拟	郭国平	850
	氧化还原和逆境信号调控植物干细胞维持与分化的分子机制	赵 忠	565
	重大精神疾病发病机理	周江宁	395
	月球早期演化历史重建	秦礼萍	280
	组蛋白修饰整合环境温度调节生长发育的机制	丁 勇	254
	存算一体单元电路及互联	吴 枫	100
中科院 STS 项目	CMOS 存算一体神经网络芯片研制及应用	吴 枫	900
中科院其他	高安全、长寿命、低成本固态钠离子电池	余 彦	200
	数学物理学领域中国强势学科及优势研究方向的识别与提升对策研究	吴 强	180
	甲烷低温高效转化与反应过程研究	朱俊发	100
其他部委	天地空一体化大气环境跨学科综合观测实验	刘 诚	180
	川滇地区三维公共速度模型构建与评价	姚华建	150
	北半球大气污染物传播路径调查	谢周清	120
	子午工程 2018 年度运行合同	薛向辉	117
安徽省科技重大专项	类脑智能语音关键技术与系统研发	杜 俊	300
	高亮度激光放映机及关键技术研究	许立新	200
	基于 AR/VR 的可穿戴下肢步态训练康复机器人系统研制及产业化	李智军	200

续表

项目类别	项 目 名 称	负责人	获批经费（万元）
安徽省科技重大专项	多自由度床边持镜机器人辅助下单孔微创心脏手术的临床应用	葛建军	200
	农林生物质绿色转化制备呋喃基酯类香料关键技术	傅 尧	150
	质子放疗磁共振图像引导系统	邱本胜	150
	乳腺超声断层扫描仪	田 超	150
	智能家居人机交互关键技术及终端控制平台、产品研发	戴礼荣	150
	"无溶剂法"规模化制备均相离子膜及其电渗析盐浓缩示范应用	吴 亮	150
	新型光学成像手术导航定位系统	徐晓嵘	120
	一/二价离子选择性分离膜规模化制备及示范应用	徐铜文	120
	NK免疫细胞制品产业开发及临床新技术应用实验研究	肖卫华	100
	双靶点CAR-T细胞治疗复发难治性B细胞来源的血液系统恶性肿瘤的临床应用研究	王兴兵	100
安徽省国际合作	金属矿山场地重金属污染修复与示范	刘桂建	100

2018年职务专利授权一览表

序号	专利(申请)名称	类型	申请日	申请号	授权日	发明人
1	一种波形发生装置及方法	发明专利	20150811	201510490662.6	20180130	秦熙 石致富 荣星 贾文飞 王淞 谢一进 耿建培 杜江峰
2	一种对准光栅组及其光栅的制作方法	发明专利	20151118	201510799756.1	20180102	王亮 秦金 丁立
3	一种哒嗪类化合物的制备方法	发明专利	20150914	201510582626.2	20180105	李文志 徐志平 杜志杰 吴昊 马巧智 张昕伟
4	p53R175H特异性核酸适配体及其筛选方法和用途	发明专利	20150727	201510454876.8	20180105	单革 陈亮
5	一种湿纺用氧化石墨烯溶液及其制备方法以及一种石墨烯纤维及其制备方法	发明专利	20150615	201510330999.0	20180105	俞书宏 马涛 从怀萍 杨颖
6	一种爆炸法快速堵孔装置	发明专利	20150625	201510357335.3	20180109	马宏昊 王飞 沈兆武 李战军 崔晓荣 林谋金 洪泳 崔宇
7	一种利用形状记忆合金驱动的液压泵及其使用方法	发明专利	20160429	201610291078.2	20180130	张科 唐志平
8	一种热电偶支架装置	发明专利	20150707	201510398613.X	20180130	吴振坤 陈钦佩 周天念 汪箭
9	一种特定光纤模式耦合器的制作方法	发明专利	20150731	201510464774.4	20180130	周勇 王安廷 顾春 许立新 明海

续表

序号	专利(申请)名称	类型	申请日	申请号	授权日	发明人
10	一种壁画图像采集装置及方法	发明专利	20141102	201410610527.6	20180130	张永明 贾 阳 王进军 林高华 方 俊
11	一种基于时频域单源点稀疏成分分析的工作模态辨识方法	发明专利	20140820	201410412356.6	20180130	金 一 竺长安
12	一种城市路网机动车尾气实时遥感监测基址选取方法	发明专利	20150429	201510214145.6	20180130	康 宇 李泽瑞 吕文君 崔凌云 王小虎
13	一种低开销目无差错的冷热数据识别方法	发明专利	20150706	201510395697.1	20180130	许胤龙 沈标标 李永坤 王 能
14	一种仿珍珠母结构高机械强度薄膜及其制备方法	发明专利	20151021	201510692807.0	20180130	俞书宏 胡 玮
15	一种基于单频连续光 EOM 调制的双频相干测风测激光雷达	发明专利	20160307	201610127963.7	20180130	夏海云 上官明佳 王 璐 薛向辉 窦贤康
16	一种大气气溶胶质量垂直输送通量的测量方法及系统	发明专利	20150831	201510547913.X	20180130	袁仁民 傅云飞
17	一种基于时分复用的非扫描连续光相干测速激光雷达	发明专利	20150824	201510528695.5	20180130	夏海云 上官明佳 王 冲 窦贤康
18	一种室温、极低温两用的宽频带低噪声放大器	发明专利	20150623	201510350930.4	20180130	郭国平 郑智雄 李海鸥 肖 明 郭光灿 曹 刚
19	一种平面分布的多摄像头全景图拍摄系统及其实现方法	发明专利	20150130	201510052107.5	20180130	王克逸 范功书 卢 钰
20	一种高效的图像检索结果质量评价方法	发明专利	20141124	201410685879.8	20180130	田新梅 贾强魂

续表

序号	专利(申请)名称	类型	申请日	申请号	授权日	发明人
21	一种基于计算机数据处理技术的基础经济数据拟合方法	发明专利	20150724	201510450481.0	20180130	马冰 董雨
22	一种微流控芯片及其制备方法	发明专利	20160205	201610084339.3	20180130	刘刚 雄鹏辉 陈翔宇 熊瑛
23	一种Au纳米颗粒复合纳米片及其制备方法	发明专利	20160125	201610052266.X	20180130	俞书宏 胡增文 徐亮
24	一种回收高粘度浮油的装置及方法	发明专利	20151225	201510998773.8	20180130	俞书宏 施露安 葛进
25	硫系正极材料及其制备方法以及一种电池	发明专利	20151105	201510759906.6	20180130	钱逸泰 朱永春
26	一种丁二酸的制备方法	发明专利	20150924	201510618176.8	20180130	李文志 李明灏 徐志平 吴昊 马巧智
27	一种多孔材料及其制备方法和应用	发明专利	20160920	201610836406.2	20180130	向斌 孙琪 李静
28	辐射式无线电能传输系统中接收端与发射端的交互方法	发明专利	20150929	201510634162.5	20180302	杨坚 谢启源 邓理深 蔡委哲 吴晓民
29	一种消除环境光干扰的壁面火焰蔓延特性诊断装置	发明专利	20150519	201510257624.6	20180302	谢启源 罗圣峰 赵劲飞 姜羲 秦
30	一种自动优化输出功率的高功率固体激光器谐振腔系统	发明专利	20141214	201410773210.4	20180302	褚家如 陈俊杰 李保庆 刘莹 毛宇昕 马剑强
31	一种距离分辨率可调的相干测风激光雷达系统	发明专利	20151010	201510661310.2	20180306	王冲 夏海云 裴家伟 上官明佳 窦贤康

续表

序号	专利(申请)名称	类型	申请日	申请号	授权日	发 明 人
32	一种基于可编程逻辑器件的多光子符合计数器	发明专利	20161028	201610961414.X	20180306	江 晓 明 李 蔚 胡 意 潘建伟
33	基于参考片的视频帧间预测编码方法	发明专利	20161108	201610979281.9	20180306	吴 枫 王婷婷 马常月 刘 东 彭秀莲
34	一种2D/3D可切换的集成成像立体显示装置	发明专利	20150820	201510519781.X	20180306	王梓海 王安廷 邓征标
35	一种用于面阵CCD的非真空热电制冷装置	发明专利	20151217	201510969058.1	20180306	王 坚 陈 杰 张鸿飞 杨东旭 冯 泽
36	一种锑化铟纳米线的溶液相合成方法	发明专利	20160429	201610291285.8	20180306	杨 晴 钱银银
37	一种城市街谷道路机动车污染物排放与扩散研究的实验装置	发明专利	20160108	201610019590.1	20180306	王 强 胡隆华
38	一种双向无起爆药环向能量输出雷管	发明专利	20160118	201610031015.3	20180306	马宏昊 崔 宇 沈兆武 杨 明 洪 泳
39	一种基于深度摄像头的多特征人体识别方法	发明专利	20150407	201510160961.3	20180306	唐可可 陈小平
40	一种双自由度倾斜平台行走体验装置及其控制方法	发明专利	20160513	201610318893.3	20180306	陆守香 孙锦路 黎昌海
41	一种电喷雾离子源装置	发明专利	20160920	201610836363.8	20180306	张寒辉 邱素林 周晓国 刘世林
42	一种仿贝壳珍珠层层状结构的复合材料及其制备方法,应用	发明专利	20160324	201610184035.4	20180306	俞书宏 陈思铭 高怀岭

续表

序号	专利(申请)名称	类型	申请日	申请号	授权日	发 明 人
43	一种氧化锡基复合材料及其制备方法	发明专利	20151202	201510890224.9	20180306	葛学武 陈乐辰 汪谋贞
44	一种多功能地质锤	实用新型	20170605	201720638517.2	20180102	张 喜 杨晓勇 舒生远 胡 青
45	一种双光路成像的紧凑型高分辨率光场相机	实用新型	20170419	201720421165.5	20180130	马晓辉 王 梓 马凤华 王安廷
46	一种纵向风作用下坡度可调式隧道火灾模拟实验装置	实用新型	20170307	201720215043.0	20180130	高子鹤 纪 杰 原向勇 万华仙 李 曼 王浩波
47	一种气体微压差发生器	实用新型	20170424	201720436062.6	20180130	秦 俊 陶骏骏 姚奉奇
48	一种与X射线散射联用进行原位结构检测的吹塑薄膜装置	实用新型	20170307	201720215641.8	20180130	李良彬 张 瑞 纪又新 鞠见竹 张前磊 李立夫 萨玛德·阿里 赵浩远
49	一种可伸缩磁探针	实用新型	20170626	201720746654.8	20180130	林木楠 孙 玄
50	一种基于激光诱导等离子体光谱技术的高效探测装置	实用新型	20170714	201720853235.4	20180130	曾 强 潘从元 费 腾 丁小康 王秋平 王声波
51	一种电机驱动式多路高压电容器充放电开关	实用新型	20170626	201720746589.9	20180130	孙 玄 林木楠
52	一种基于非对称环形腔的量子环形器	实用新型	20170622	201720733426.7	20180130	郭国平 杨鑫鑫 孔伟成 贾志龙 段 鹏 薛光明
53	一种用于CVD固态源的挥发装置	实用新型	20170424	201720434437.5	20180130	郭国平 杨 晖 李海欧 肖 明 郭光灿 曹 刚

续表

序号	专利(申请)名称	类型	申请日	申请号	授权日	发明人
54	基于液体驱动聚焦射流扰动的微液滴主动制备装置	实用新型	20170523	201720579371.9	20180130	司廷 杨超宇 黄芳胜 吴强 朱志强
55	一种与X射线散射联用的超快速拉伸装置	实用新型	20170209	201720119207.X	20180302	李良彬 鞠见竹 王震 叶克 孟令浦
56	一种自约束高能量利用率的爆炸焊接装置	实用新型	20170323	201720289126.4	20180302	马宏昊 杨明 沈兆武 王奕鑫 周国安
57	一种基于多面聚能射流的爆炸开关	实用新型	20170323	201720289125.X	20180302	马宏昊 杨明 沈兆武 张莉 陈艳
58	一种固体材料燃烧行为测量装置	实用新型	20170731	201720940498.9	20180302	张和平 郑荣 刘长城 陆松
59	多基色双DMD激光投影显示装置	实用新型	20170808	201720981864.5	20180302	董天浩 顾春 许立新 李根 颜珂 王贯
60	一种金属板材的槽型热熔界面爆炸复合的爆炸装置	实用新型	20170420	201720416934.2	20180302	马宏昊 孙玉玲 马瑞杰 沈兆武 杨明 邓永兴
61	一种显微镜内样品温控加热装置和显微镜	实用新型	20161128	201621289391.4	20180102	李迪 钱置 李银娥 呼新尧
62	一种泵浦激光器	实用新型	20170413	201720390505.2	20180130	沈奇 崔星洋 江晓 彭承志 陈宇翱 潘建伟
63	便携式电子产品及其微颗粒物传感装置	实用新型	20170615	201720699934.8	20180130	张青川 薛伟伟
64	一种SR-CT力学试验系统	实用新型	20170525	201720593374.8	20180130	许峰 王洋 胡小方 董博

续表

序号	专利(申请)名称	类型	申请日	申请号	授权日	发明人
65	一种气动消防机器人	实用新型	20170721	201720895573.4	20180302	宋卫国 宋京涛 黄中意 夏龙
66	一种双极性电流源	实用新型	20170704	201720804143.7	20180302	江晓 杨雨萌 潘建伟
67	一种真空装置	实用新型	20170517	201720547925.7	20180302	祝明 魏勇 赵伟 张增明 浦其荣霞
68	一种用于冷原子实验的671 nm激光系统	实用新型	20170412	201720390253.3	20180302	沈奇 陈宇翱 崔星洋 潘建伟 江晓 彭承志
69	小型化便携式质谱仪及用于产生水团簇离子的离子源装置	实用新型	20170804	201720973321.9	20180302	黄伟 彭秀球 黄腾 洪雨
70	一种用于电池系散热及防止热失控传播的复合板	发明专利	20160408	201610220747.7	20180410	王青松 严佳佳 黎可 孙金华
71	一种评估锂离子电池安全性能的绝缘刺针	实用新型	20170816	201721022915.8	20180410	王青松 崔志仙 陈昊东 孙金华
72	用于激光诱导击穿光谱系统的耐高温浸入式探头	发明专利	20160510	201610309397.1	20180410	李永新 王秋平 戴海波 储从州 潘从元 斌
73	一种柔性制作曲面结构的方法	发明专利	20160907	201610808686.6	20180410	李木军 黄胜洲 沈连婠 潮
74	一种基于重构深度学习的道边空气污染浓度预测方法	发明专利	20161231	201611267909.9	20180410	康宇 陈绍冯 李泽瑞 崔艺 王雪峰
75	一种基于片光源的二维烟雾浓度场测量装置	发明专利	20160323	201610179983.9	20180410	张永明 林高华 贾阳 王进军 王锋

续表

序号	专利(申请)名称	类型	申请日	申请号	授权日	发明人
76	一种基于磁流变的可控变刚度腿	发明专利	20151010	201510657908.4	20180410	张世武 蒋楠
77	一种基于3D点云图像的室内人体检测方法	发明专利	20150413	201510172846.8	20180410	陈凯 陈小平
78	一种利用木屑合成航空煤油环烷烃和芳香组分的方法	发明专利	20141028	201410592388.9	20180410	李全新 毕培燕 张雅静 姜沛汶 吴小平 薛鹤
79	一种基于颜色、位置聚类和角点检测的栅格状雷达的检测方法	发明专利	20140812	201410395226.6	20180410	凌强 赵敏达 李峰
80	一种采用正反馈技术和有源跨导增强技术的低功耗低噪声放大器	发明专利	20140828	201410431380.4	20180327	陈岑 孙景业 刁盛锡 林福江
81	一种青铜文物修复可识别荧光颜料及其制备方法以及一种青铜文物的修复方法	发明专利	20151229	201511022311.9	20180313	龚德才 余子骅
82	一种掺杂F的氧化铁大面积电容材料、高能量密度和功率密度电容器及其制备方法和应用	发明专利	20130929	201310455100.9	20180410	俞书宏 陈立锋 马晓
83	一种改性银纳米管、Ag-Ag2Se复合纳米管及其制备方法	发明专利	20150727	201510454424.X	20180410	俞书宏 胡增文 徐亮 王智华
84	一种钻头受力计时装置	发明专利	20150713	201510413330.8	20180410	李静 何旺
85	一种涂胶装置及具有该涂胶装置的纳米压印设备	发明专利	20160225	201610105073.6	20180410	王亮 谈浩森 汪仲儒 许凯 张博健 李晨晖
86	一种针灸针	发明专利	20160215	201610086590.3	20180410	黄晓燕 邱本胜

续表

序号	专利(申请)名称	类型	申请日	申请号	授权日	发明人
87	一种电磁辐射源	发明专利	20170125	201710060856.1	20180410	刘维浩 陆亚林 王琳 贾启卡
88	一种获得地层中聚合物溶液剪切变稀特性的方法及系统	发明专利	20140808	201410390061.3	20180410	李道伦 贾志淳 卢德唐
89	一种银纳米线组装体及其制备方法和柔性导体	发明专利	20151228	201511005681.1	20180410	俞书宏 王智华 刘建伟 王金龙
90	阴离子聚电解质、尼龙织物的后整理阻燃方法	发明专利	20151029	201510731947.4	20180410	胡源 葛晔 潘颖 宋磊
91	抗菌星型聚多肽的制备方法	发明专利	20150805	201510474387.9	20180410	贺晨 李军配 王攀 张国庆
92	一种扩散渗析膜及其制备方法	发明专利	20150820	201510519338.2	20180410	徐铜文 葛亮 刘小浒 刘娇
93	金属有机骨架材料包覆石墨烯包囊海绵及其制备方法	发明专利	20150730	201510467999.5	20180130	江海龙 俞书宏 蒋桌睿
94	一种火旋风式燃烧器	发明专利	20160527	201610381721.0	20180410	杨立中 吴志博 赵坤
95	一种Mo-N-C加氢脱氧催化剂及其制备方法	发明专利	20150605	201510309274.3	20180410	张颖 韩铎 徐禄江
96	一种无机纳米复合阴离子交换膜及其制备方法	发明专利	20140928	201410508112.8	20180410	徐铜文 冉瑾
97	基于内容寻址存储的触发匹配装置和方法	发明专利	20150825	201510534804.4	20180130	曹平 范欢欢 安琪 刘树彬

续表

序号	专利(申请)名称	类型	申请日	申请号	授权日	发明人
98	基于金属纳米光栅的微偏振片阵列的制备方法	发明专利	20130125	201610301633.5	20180302	张青川 张志刚 赵昀 程腾 伍小平
99	一种激光溅射团簇离子源	发明专利	20170228	201710114780.6	20180410	张寒辉 邱秉林 汪蕾 周晓国 刘世林
100	单光子光电器件的光强标定装置	实用新型	20170720	201720898155.0	20180410	江晓 丁迅 潘建伟
101	空穴型半导体异质结霍尔棒	实用新型	20170626	201720754071.X	20180410	李海欧 袁龙 王柯 曹刚 郭光灿
102	空穴型半导体电控量子点器件和包含其的空穴型半导体电控量子点装置	实用新型	20170626	201720754015.6	20180302	李海欧 袁龙 王柯 张鑫 郭光灿
103	一种单光子光电器件的测试装置	实用新型	20170720	201720897938.7	20180302	江晓 丁迅 潘建伟
104	一种导向带磨损量的电容式检测装置	实用新型	20170607	201720657844.2	20180302	关胜晓
105	CVD生长多层异质结的装置	实用新型	20170612	201720679431.4	20180130	郭国平 杨晖 李海欧 曹刚 肖明 郭光灿
106	一种半导体量子器件及其制备方法	实用新型	20170614	201720693828.9	20180410	李海欧 王柯 袁龙 曹刚 郭光灿 郭国平
107	量子芯片、量子数据总线及微波传输线谐振腔	实用新型	20170609	201720672342.7	20180410	郭国平 杨鑫鑫 孔伟成 段鹏 薛光明 贾志龙
108	一种阴极微波电子枪	实用新型	20170822	201721051648.7	20180410	汤振兴 裴元吉 王琳

续表

序号	专利(申请)名称	类型	申请日	申请号	授权日	发明人
109	一种光阴极微波电子枪	实用新型	20170822	201721051783.1	20180410	汤振兴 裴元吉 王 琳
110	一种光阴极微波电子枪	实用新型	20170822	201721052488.8	20180410	汤振兴 裴元吉 王 琳
111	一种波分复用的多波长倍频光纤激光装置	实用新型	20170815	201721014355.1	20180410	顾春董天浩 李根王贯 许立新颜 珂
112	一种控制喷笔工作状态的驱动装置	实用新型	20170728	201720927576.1	20180410	张和平 郑 荣 刘长城 陆 松
113	一种应用于氢氟流管的高压纳秒脉冲触发器	实用新型	20170717	201720861755.X	20180410	孙 玄 林木楠
114	一种真空高压大电流电极	实用新型	20170626	201720746641.0	20180410	孙 玄 林木楠
115	基于形状记忆合金柔体智能数字复合结构的仿人灵巧手	实用新型	20170510	201720511971.1	20180410	董二宝 金 虎 杨 杰
116	一种镜头透过率测量装置	实用新型	20170427	201720455026.4	20180302	陈 泽 李颖颖 叶民友
117	一种具有不同放热模式的太阳能叠朗肯循环发电系统	实用新型	20170724	201720901389.6	20180410	李 晶 裴 刚 高广涛 毛世峰
118	一种在线程序评测系统中用户排名的方法及系统	发明专利	20140910	201410458798.4	20180410	孙广中 史腾飞 任 晓
119	一种针对疏密不均的号码图像识别的方法及系统	发明专利	20140919	201410484260.0	20180410	朱 明 邱 瑞

续表

序号	专利(申请)名称	类型	申请日	申请号	授权日	发 明 人
120	一种高频窄脉冲能量的测量装置及方法	发明专利	20141209	201410752484.5	20180410	王 坚 张鸿飞 杨东旭 冯 泽 唐骐杰
121	一种基于网内缓存和逐跳确认的可靠组播方法	发明专利	20150323	201510130232.3	20180410	冉泳屹 杨 坚 林远龙 孙 龙 杨博文 奚宏生 岳 阳
122	一种确定种子激光成功注入的自动检测和筛选电路	发明专利	20160106	201610016842.5	20180501	高 健 孙东松 陈廷嫄 赵若灿 郑 俊 窦贤康
123	一种视频编码中比特分配的方法及系统	发明专利	20130403	201410466152.0	20180501	李厚强 李 礼
124	半双工时分RGB LED模组双向可见光通信的方法及系统	发明专利	20160330	201610200828.0	20180501	李上吴 徐正元
125	一种基于温度的电力负荷数据长期预测方法	发明专利	20150511	201510236483.X	20180410	董 雨 肖永红 赵永红 李春生 徐 刚 陈 驰 李家丽 麦鸿坤 张泽宇
126	一种基于ARTMA模型的电力负荷预测及预测结果评价的方法	发明专利	20150511	201510237990.5	20180410	麦鸿坤 李惊涛 董 雨 肖坚红 李春生 周永真 孙广中 刘惠民
127	一种可自动点火及采烟的通电导线燃烧实验装置及方法	发明专利	20150728	201510460890.9	20180410	张永明 赵路遥 王晓伟 何 豪 方 俊 王进军
128	相干光路的分子散射多普勒激光雷达	发明专利	20150917	201510595092.7	20180410	张楠楠 孙东松 窦贤康 陈廷嫄 郑 俊 赵若灿 李建阅 周颖捷
129	一种激光雷达后继光路斩光盘输出频率的稳定方法	发明专利	20160118	201610032776.0	20180410	方 欣 李 陶 葛冰洁 王贤宇
130	一种近红外单光子雪崩光电二极管的参数优化方法及平台	发明专利	20160815	201610670222.3	20180410	张 军 马 健 白 冰 李 力 刘乃乐 潘建伟

续表

序号	专利(申请)名称	类型	申请日	申请号	授权日	发明人
131	一种用于康复训练的手部外骨骼装置	发明专利	20160527	201610383110.X	20180410	王 峰 张 旭 陈 香
132	适用于可见光通信的光信号接收器件	发明专利	20160511	201610316023.2	20180410	李上宾 徐正元 黄博扬
133	任意比例双入口的光束分束合束器	发明专利	20160329	201610195451.4	20180410	胡晓敏 柳必恒 李传锋 郭光灿
134	一种结合方向预测和块复制预测的视频帧内编码方法	发明专利	20160831	201610795564.8	20180410	刘 东 李 跃 吴 枫
135	一种基于可见光的水下LED长距离通信系统	发明专利	20160226	201610109605.3	20180410	王沛霖 李 超 徐正元 李厚强
136	一种带电粒子激发和调控表面等离子体波的方法	发明专利	20160128	201610070874.3	20180410	刘维浩
137	一种碳化钼颗粒嵌入的氮掺杂碳纳米纤维气凝胶的制备方法	发明专利	20151109	201510760166.8	20180501	俞书宏 吴振禹 胡必成
138	一种外延生长MoSe2-XnSem异质纳米结构的液相方法	发明专利	20151125	201510835789.7	20180410	杨 晴 周晓丽
139	一种基于动态条带构造的分布式编码方法	发明专利	20151124	201510835167.4	20180410	许胤龙 魏舒展 李永坤 陈友旭 吴 思
140	一种核酸适配体的快速筛选方法	发明专利	20140429	201410178946.7	20180501	周宏敏 左明艳 王延梅 罗昭锋
141	一种蜂窝状轻质高强隔热防火材料及其制备方法	发明专利	20160526	201610375051.1	20180501	俞书宏 杨 宁 于志龙

续表

序号	专利(申请)名称	类型	申请日	申请号	授权日	发明人
142	一种聚磷酸铵阻燃剂及其制备方法	发明专利	20150901	201510552172.4	20180501	胡 源 施永乾 桂 宙 汪碧波
143	一种中高能电子枪	实用新型	20170405	201720347579.8	20180410	朱林繁 陈 昕
144	基于压电圆管扰动的微液滴主动制备装置	实用新型	20170523	201720579358.3	20180410	司廷 黄芳胜 徐卫青 杨超宇 吴强 朱志强
145	基于立体视觉摄像头同侧目标位置标定装置	实用新型	20170525	201720593244.4	20180410	张义飞 李 斌 张 伟
146	一种基于单谐振腔的束团长度测量装置及方法	实用新型	20170531	201720620182.1	20180410	罗 箐 王 岍 孙葆根
147	一种可主动调节落地前姿态的弹跳机器人	实用新型	20170824	201721066636.1	20180410	李智军 皮 明 康 宇 黄俊亮
148	一种基于量子弱测量的极小相位测量系统	实用新型	20170629	201720779291.8	20180504	胡孟军 张永生 胡晓敏 柳必恒
149	便携式电子产品及其微颗粒物传感装置	实用新型	20170615	201720699963.4	20180504	张青川 薛伟伟
150	一种由聚对苯二甲酸酯制备对苯二甲腈的方法	发明专利	20160921	201610839599.7	20180501	张 颖 徐禄江 姚 倩 傅 尧
151	一种手写表格的智能识别方法及系统	发明专利	20141027	201410586463.0	20180529	董兰芳 谢永祥
152	基于层次化灵活块顺序的视频帧内编码方法	发明专利	20161017	201610902441.X	20180529	刘 东 郭 磊 吴 枫

续表

序号	专利(申请)名称	类型	申请日	申请号	授权日	发 明 人
153	不对称二亚胺钯催化剂及其配体、制备方法和用途	发明专利	20160613	201610424926.2	20180501	陈昶乐 隋学林 代胜瑜
154	高精度时钟分发和相位自动补偿系统及其相位调节方法	发明专利	20150630	201510390265.1	20180501	赵雷琪 褚少平 江鳡怡 刘树彬
155	挠曲电压电复合材料	发明专利	20150608	201510313590.8	20180306	初宝进 周万丰 潘祺 章小同
156	一种高光谱光场的快照式成像系统以及重建算法	发明专利	20170616	201710457226.8	20180529	熊志伟 李惠群 刘东 吴枫
157	一种碳结构集流体、电池负极、电池正极和锂电池	发明专利	20160329	201610195413.9	20180529	季恒星 金松 杜真真
158	一种氢解用催化剂以及2,5-二甲基呋喃的制备方法	发明专利	20160301	201610115400.6	20180529	傅尧 陈蒙远 巴哈特 闫鹏飞 严龙
159	一种厌氧生物膜-膜生物反应器和污水处理方法	发明专利	20160128	201610069755.6	20180529	盛国平 李娜 何磊
160	一种α,β-不饱和羧酸类化合物的制备方法	发明专利	20151230	201511028943.6	20180529	傅尧 付明臣 尚睿 贺超
161	一种荧光成像探针及其制备方法、用途	发明专利	20151130	201510890535.5	20180529	陈乾旺 陈健
162	一种仿生材料及其制备方法和应用	发明专利	20150618	201510342017.X	20180529	俞书宏 高怀岭 陈思铭
163	一种基于CFD及多数据源的城市实时全局环境估计方法	发明专利	20161231	201611267869.8	20180529	康宇 王雪峰 李泽瑞 陈绍冯

续表

序号	专利(申请)名称	类型	申请日	申请号	授权日	发明人
164	一种基于雾天图像的PM2.5估计方法	发明专利	20161231	201611270437.2	20180529	康宇 赵振怡 李泽瑞 曹洋 朱蓉蓉
165	一种高强度钛基纤维炸药	发明专利	20160810	201610652553.4	20180529	马宏昊 陈海军 沈兆武 王鲁庆 王波
166	一种基于二维数字图像相关补偿算法的实时引伸计测量方法	发明专利	20160510	201610307901.4	20180529	张青川 徐小海 苏勇 吕泽乾
167	一种基于暗原色先验的交通视频实时去雾的方法	发明专利	20150724	201510447336.7	20180529	凌强 朱学俊 邓思斌 李博伦
168	一种微观共振探测装置及方法	发明专利	20160418	201610244835.0	20180529	秦熙 谢一进 秦星 石致富
169	一种光阴极微波电子枪	实用新型	20170822	201721052383.2	20180504	汤振兴 裴元吉 王琳
170	载药胶囊制备喷头和载药胶囊制备装置	实用新型	20170424	201720436217.6	20180629	司廷 杨超宇 吴强 朱志强
171	一种实验室用于高压制备的小型自动化机械开关装置	实用新型	20171019	201721348043.4	20180529	霍昆 孙玄 林木楠 应嘉成
172	一种用于强激光系统中具有亚波长光栅减反结构的光束采样光栅	实用新型	20170519	201720561886.6	20180529	陈火耀 刘正坤 付绍军 刘颖 邱克强 徐向东 梁举曦 洪义麟 王宁
173	一种苯胺苯磺酰类化合物的合成及其作为HIV病毒抑制剂的应用	发明专利	20150430	201510220783.9	20180529	汪志勇 鲍亚捷 徐坤 王琦 李丽君
174	一种快速去除干扰的蛋白含量测定方法	发明专利	20150721	201510434175.8	20180529	田志刚 郑晓东 程永凤 刘玉玲 孙汭 魏海明

续表

序号	专利（申请）名称	类型	申请日	申请号	授权日	发明人
175	多功能防护复合材料及其制备	发明专利	20150625	201510355852.9	20180529	龚兴龙 江万权 宣守虎 王胜
176	化学气相沉积设备	实用新型	20171024	201721380853.8	20180529	郭国平 杨晖 李海欧 曹刚 肖明 郭光灿
177	纳米银联合自噬抑制剂杀伤肿瘤	发明专利	20140928	201410509906.6	20180529	温龙平 林俊 顾宁 张云娇 周伟 金佩佩
178	用于X射线相位衬度成像的积分水桶相位测量的方法	发明专利	20141230	201410841493.1	20180703	王圣浩 吴自玉 王志立 高昆 韩华杰 张灿 胡仁芳
179	一种膏密度的测量方法及装置	发明专利	20151217	201510969007.9	20180703	韩华杰 胡仁芳 朱烨 彭冬 路祥 顾永刚 高昆
180	一种基于1 μm～2 μm气体分子吸收谱线的全光纤测风激光雷达	发明专利	20150826	201510535632.2	20180706	夏海云 上官明佳 窦贤康 薛向辉
181	一种轴流导旋型喷雾装置	发明专利	20160405	201610210880.4	20180706	王喜世 孔祥晓 朱培
182	基于SIFT嵌入的紧凑深度CNN特征索引方法	发明专利	20150814	201510501763.9	20180703	周文罡 王云峰 李厚强 田奇
183	多核平台上的路网近似最短路径计算方法	发明专利	20150616	201510334047.6	20180703	孙广中 詹石岩 孙经纬 刘惠民
184	一种高分辨率光纤应变传感器及测量方法	发明专利	20150603	201510300715.3	20180703	陈林勋 朱冰 杨利
185	一种基于往复丝杠机构的多鱼鳍推进装置	发明专利	20161124	201611044658.8	20180803	张世武 廖攀

续表

序号	专利(申请)名称	类型	申请日	申请号	授权日	发明人
186	基于全光纤扫描F-P干涉仪的大动态风场探测激光雷达	发明专利	20160519	201610346026.0	20180803	上官明佳 夏海云 薛向辉 窦贤康
187	基于块搜索和正交匹配追踪的视频变换编码方法	发明专利	20160516	201610321516.5	20180803	吴枫 宋锐 李厚强 兰翠玲 刘东
188	一种轴上电耦合驻波加速管的能量开关	发明专利	20160119	201610035248.0	20180803	金凯 何志刚 裴香涛 黄贵荣 王琳
189	一种高分辨红外标准光谱测量装置及测量方法	发明专利	20150807	201510482902.8	20180803	刘建国 刘诚
190	一种帮助用户解决选择困难的平台	发明专利	20150511	201510236989.0	20180803	陈恩红 刘淇 秦川 林弘杰 章利夫
191	一种广域网TCP单边加速的方法及系统	发明专利	20140829	201410437208.X	20180803	陆世亮 朱明
192	一种中高能电子枪	发明专利	20170405	201710217541.3	20180821	朱林繁 陈昕 徐卫青
193	一种柔性管状波动的仿生推进器	发明专利	20170125	201710060658.5	20180821	高东奇 秦丰华 张世武 刘寸宇 王彤
194	温度和应力同时探测的高光谱瑞利-布里渊光时域反射计	发明专利	20160519	201610346029.4	20180821	夏海云 上官明佳 薛向辉 窦贤康
195	一种可伸缩编码视频在异构蜂窝网中的传输方法及系统	发明专利	20150309	201510102457.8	20180824	吴亮 钟祥 张文逸
196	一种两阶段协作的媒体边缘云调度方法及装置	发明专利	20150126	201510039231.8	20180824	王子磊 姜同全 奚宏生

续表

序号	专利(申请)名称	类型	申请日	申请号	授权日	发明人
197	一种基于门限秘密共享的组认证方法	发明专利	20150714	201510416888.1	20180821	苗付友 何晓婷 季洋洋 顾为玉
198	一种静态背景帧内编码方法和装置	发明专利	20170420	201710261328.2	20180703	吴枫 陈方栋 刘东 李厚强
199	一种高速声速进气道自起动能力检测装置	发明专利	20170117	201710031306.7	20180703	李祝飞 詹东文 黄蓉 杨基明
200	一种管道探测方法及系统	发明专利	20151022	201510689916.7	20180703	陈欢欢 杨继伟 周熙人 胡云斌
201	一种利用二氧化碳处理含盐有机胺废水的双极膜电渗析系统及其工艺	发明专利	20160705	201610527830.9	20180703	徐铜文 王秋月 蒋晨啸 汪耀明
202	一种纳米压印设备	发明专利	20160225	201610105094.8	20180703	王亮 谈浩森 李晨晖 汪仲儒 许凯
203	一种无机空心微粒及其制备方法	发明专利	20160203	201610083020.9	20180703	俞书宏 高怀岭 常芙嘉 杨思瑶
204	一种全景视频编码方法和装置	发明专利	20170428	201710294859.1	20180706	刘东 王叶斐 吴枫 李厚强
205	一种污水处理装置以及一种污水处理方法	发明专利	20160120	201610038397.2	20180706	俞汉青 黄宝成
206	一种光栅掩模与硅片{111}晶面的对准方法	发明专利	20151117	201510793828.1	20180803	王宇颖 刘正坤 邱克强 郑衍杨 洪义麟
207	一种导线探测方法及系统	发明专利	20151027	201510716421.9	20180803	陈欢欢 胡云斌 周熙人 杨继伟

续表

序号	专利(申请)名称	类型	申请日	申请号	授权日	发明人
208	抗菌星型聚多肽、其制备方法及用途	发明专利	20150805	201510474696.6	20180803	贺晨 李军配 王攀 张国庆
209	一种类钙钛矿层状结构固溶体系材料及其制备方法	发明专利	20160511	201610313241.0	20180803	陆亚林 王建林 陈泽志 彭冉冉 傅正平 黄浩亮 刘宁 邹维
210	一种固体锂离子电解质及其制备方法	发明专利	20160111	201610021559.1	20180803	陈春华 于冉 邹邦坤
211	一种乙酰丙酸乙酯制备 γ-戊内酯的方法	发明专利	20160104	201610005797.3	20180803	傅尧 巴哈特 陈蒙远 陈楚白
212	一种成型生物碳及其制备方法	发明专利	20151218	201510972027.1	20180803	江鸿 李德昌
213	一种锂电池微孔隔膜及其制备方法	发明专利	20151216	201510953612.7	20180803	李良彬 王向东 荆正军 李凤丽
214	一种回收生物油中酚类物质的方法	发明专利	20151214	201510941016.7	20180803	朱锡锋 赵欣
215	一种125 I 放射微球、其制备方法及微流体装置	发明专利	20150703	201510390790.3	20180821	常振旗 张淼
216	一种介电材料及其制备方法	发明专利	20150526	201510275559.X	20180821	初宝进 陈攀
217	Cu2MoS4 纳米材料及其制备方法	发明专利	20161213	201611146934.1	20180824	林运祥 张科 宋礼
218	一种可见光漫射通信中环境表面反射率谱的测量方法	发明专利	20160315	201610150902.2	20180821	丁举鹏 黄博扬 徐正元 孟令浦

续表

序号	专利(申请)名称	类型	申请日	申请号	授权日	发 明 人
219	室内多摄像头同步高精度定位方法	发明专利	20150723	201510444286.7	20180821	刘 斌 俞能海 李卫海 庄连生 汤周易 胡校成 殷国君 储 琪
220	一种大面积电容材料、高能量密度和功率密度电容器及其制备方法和应用	发明专利	20130929	201310454661.7	20180803	俞书宏 陈立锋 马 骁
221	一种基于时变奇异值分解的周期性暂态信号的检测方法	发明专利	20160701	201610520811.3	20180821	张尚斌 何清波
222	一种基于麦克风阵列的多普勒畸变声学信号的校正方法	发明专利	20160701	201610522049.2	20180821	张尚斌 何清波
223	一种验证动态负压射孔孔道清理程度的实验装置	发明专利	20160704	201610523169.4	20180821	咸玉席 卢德唐 温杰雄 刘建武
224	一种注液加压二次动态负压射孔方法	发明专利	20160802	201610625726.3	20180821	咸玉席 卢德唐 温杰雄
225	一种基于多光谱图像的机动车尾气HC浓度分布检测方法及系统	发明专利	20161231	201611267905.0	20180821	康 宇 袁 璟 李泽瑞 宋卫国 魏 梦
226	木糖醇和乙醇同时高温高产工程菌株的构建及应用	发明专利	20150727	201510455949.5	20180706	洪 洞 张 标 张 佳
227	扫描式保偏全光纤布里-珀罗干涉仪装置及系统	发明专利	20160929	201610867358.3	20180703	夏海云 周艳宗 上官明佳 王 冲 窦贤康
228	基于瓶口形状回音壁模式微腔的稳定调谐Add-drop滤波器	发明专利	20160311	201610141921.9	20180803	王克逸 金雪莹 董永超 柳 勇
229	一种包裹型爆炸带及其制备工艺	发明专利	20160812	201610662647.X	20180803	马宏昊 王鲁庆 沈兆武 陈海军 杨 明 王奕鑫

续表

序号	专利(申请)名称	类型	申请日	申请号	授权日	发明人
230	一种基于LSTM-RNN模型的空气污染物浓度预报方法	发明专利	20161231	201611267916.9	20180803	康宇 崔艺 李泽瑞 王雪峰 陈绍冯
231	一种基于深度卷积神经网络的车流密度估计方法	发明专利	20161231	201611267917.3	20180803	康宇 魏梦 宋卫国 袁璟 曹洋
232	核壳结构的量子点、其制备方法和用途	发明专利	20160509	201610305476.5	20180731	宋江鲁奇 朱立新 许小亮
233	一种人源NKp80-Fc融合蛋白及其制备方法和在肿瘤治疗中的应用	发明专利	20150721	201510434709.7	20180803	田志刚 邓刚 孙汭 郑晓东 周静 魏海明
234	一种基于FPGA的真随机数发生器	发明专利	20160330	201610186652.8	20180803	王永纲 惠聪
235	一种基于谐振腔的束团长度测量装置及方法	发明专利	20151119	201510801495.2	20180803	罗箐 孙葆根 周泽然 郭江
236	一种基于多面聚能射流的爆炸开关	发明专利	20170323	201710177926.1	20180703	马宏昊 杨明 沈兆武 陈艳 张莉
237	一种刚度可控的水下仿生推进装置	发明专利	20160926	201610851210.0	20180703	张世武 杨懿琨 王二龙 李卫华 孙帅帅
238	一种宝石的开采方法	发明专利	20160115	201610029751.5	20180703	马宏昊 洪泳 沈兆武 任丽杰 杨明 郑航 赵凯
239	一种微型快速升降温退火炉	发明专利	20160822	201610704094.X	20180706	李强 崔金明 许金时 李传锋
240	一种基于深度残差学习网络的柴油车尾气烟度检测方法	发明专利	20161231	201611270457.X	20180706	康宇 朱蓉蓉 李泽瑞 崔艺 陈绍冯

续表

序号	专利(申请)名称	类型	申请日	申请号	授权日	发明人
241	一种读取多路温度传感器的系统	实用新型	20171122	201721573373.3	20180629	陈宗海 王丽 董广忠 孙韩 于晓玮
242	串列翼潮流能捕获装置	实用新型	20180105	201820017717.0	20180814	庞顺翔 秦丰华
243	一种燃油加热器及横向射流雾化实验系统	实用新型	20171220	201721796892.6	20180724	林其钊 李奉譽 付炜 宋澜波 易波伦 刘涛 王新华 雷言言 王成鑫
244	电子元器件低温电学性能测试装置	实用新型	20171019	201721350534.2	20180724	郭国平 路腾腾 李臻
245	基于磁流变弹性体的刚度可调火车轴箱定位弹性节点	实用新型	20171229	201721894076.9	20180814	杨健 张世武 孙帅帅 龚兴龙
246	一种精密移动且侧面引线的介入式诊断装置	实用新型	20171010	201721297122.7	20180814	孙玄 霍昆 林木楠 张帅祥
247	一种提高排烟效率的竖井结构	实用新型	20170106	201720013109.8	20180814	纪杰 高子鹤 原向勇 王浩波 万华仙 李曼
248	用于临近催化化学气相沉积的装置	实用新型	20171208	201721700524.7	20180814	郭国平 杨晖 李海欧 曹刚
249	用于确定临近催化化学气相沉积中催化剂的热形变的装置	实用新型	20171208	201721701409.1	20180814	郭国平 杨晖 李海欧 曹刚
250	软体机械臂	实用新型	20170609	201720668851.2	20180828	张世武 许旻 杨浩
251	基于自动菊花链的单环JTAG背板测试总线电路	实用新型	20171115	201721529489.7	20180814	江晓 胡意 李蔚 潘建伟

续表

序号	专利（申请）名称	类型	申请日	申请号	授权日	发明人
252	一种可有效提升池式铅冷快堆安全性的冷池流道	实用新型	20171012	201721312549.X	20180724	陈红丽 张喜林 方海涛
253	用于高真空室和高气压转接的高电压电极法兰	实用新型	20171013	201721315976.3	20180724	孙玄 霍昆 王彦鹏 林木楠
254	一种朝向及形状可调用来模拟竖向火源的燃烧器装置	实用新型	20171214	201721749897.3	20180724	纪杰 李曼 高子鹤 王浩波 周德闯
255	一种用于监测大型锂离子电池热失控发生发展过程中内部温度与压力变化值的装置	实用新型	20170801	201720947750.9	20180629	王青松 黄沛丰 彭文 毛斌斌 陈昊东 孙金华
256	一种电子飞片雷管	实用新型	20170930	201721283680.8	20180629	马宏昊 沈兆武 杨明 周国安
257	一种高效全光纤柱矢量光束激光器	实用新型	20171212	201721719797.6	20180629	陈瑞山 王安廷 王敏好 孙方陵 明海
258	重金属同位素测量的膜去溶装置及其气体排放组件	实用新型	20180131	201820171323.0	20180904	于慧敏 张英男 黄方
259	一种信号接收系统及臭氧探测激光雷达	实用新型	20180131	201820171133.9	20180904	方欣 李陶
260	一种聚吡咯纳米粒子的制备方法	发明专利	20160808	201610643778.3	20180907	汪谟贞 汪杰 葛学武
261	一种聚二甲基丙烯酸乙二醇酯微球的制备方法	发明专利	20151013	201510672638.4	20180907	汪谟贞 陈金星 葛学武
262	介孔硅及其制备方法、光解水产氢的方法	发明专利	20160419	201610249177.4	20180907	徐航勋 宋宏光 熊宇杰

续表

序号	专利(申请)名称	类型	申请日	申请号	授权日	发明人
263	一种基于FPGA的频率计及频率测量方法	发明专利	20160318	201610160981.5	20180907	秦熙 王淇 杜江峰 谢一进 于会尧
264	一种氧化纳米纤维素吸附材料及其制备方法	发明专利	20160205	201610084367.5	20180907	盛国平 张楠
265	一种多孔碳负载金属复合材料及其制备方法和应用	发明专利	20160128	201610069843.6	20180907	俞书宏 余自友 段王
266	一种改性超高分子量聚乙烯纤维、其制备方法及应用	发明专利	20160115	201610029809.6	20180907	李良彬 万彩霞 曹田 张文华 刘红利 李静 吕飞
267	一种磁共振谱仪及基于FPGA的磁共振谱仪控制装置	发明专利	20160505	201610301908.5	20180907	荣星 石致富 秦熙 谢一进 王淇 蒋振 杜江峰
268	多普勒测风激光雷达径向风速实时校准系统	发明专利	20160428	201610291206.3	20180907	舒志峰 夏海云 薛向辉 谷升阳
269	个性机器人号导游自主解说方法	发明专利	20151104	201510757602.6	20180907	王宁扬 陈小平 程敏 靳国强 谢炯坤
270	一种非稀疏图像压缩感知和盲重建的方法	发明专利	20150429	201510214491.4	20180907	倪林
271	基于Fabry-Perot标准具的太阳辐射背景噪声抑制系统	发明专利	20160428	201610291209.7	20180907	舒志峰 夏海云 窦贤康 薛向辉
272	一种反演上对流层与下平流层风场的方法及装置	发明专利	20160527	201610383107.8	20180907	傅云飞 冼桃
273	一种同时探测大气风速和退偏振比的相干激光雷达	发明专利	20160630	201610515441.4	20180907	夏海云 王冲 窦贤康 上官明佳 裴家伟

续表

序号	专利(申请)名称	类型	申请日	申请号	授权日	发明人
274	基于偏振双边缘探测测风像素的单激光雷达	发明专利	20160805	201610637866.2	20180907	上官明佳 薛向辉 夏海云 窦贤康
275	基于差分受激布里渊增益效应的直接测风激光雷达	发明专利	20160923	201610846712.4	20180907	夏海云 窦贤康 赵力杰 上官明佳
276	一种用于锥形量热仪的低氧浓度环境辐射加热实验装置	发明专利	20150325	201510134083.8	20180504	张和平 杨晖 侯亚楠 李开源 柳爱静 程旭东
277	用于纸质文物修复可识别荧光涂料、可识别荧光用纸及其制备方法	发明专利	20160724	201610588970.7	20180821	龚德才 何鑫
278	一种甲醇泄漏处置剂	发明专利	20151202	201510871261.5	20180821	倪小敏 王喜世 姜童辉 丛海勇 孔祥晓 黄妍清 王志刚
279	基于带宽比较的磁盘阵列扩容时校验更新方式选择方法	发明专利	20151204	201510898473.2	20180529	许胤龙 孙东东 李永坤 吴思
280	一种基于磁盘I/O队列的磁盘阵列写方式选择方法	发明专利	20151015	201510681425.8	20180706	许胤龙 梁杰 陈友旭 李永坤 魏舒展
281	一种发射室温磷光的水性聚丙烯酸酯的制备方法	发明专利	20160301	201610115185.X	20180703	张兴元 徐栋 李军配 戎佳萌 周操 孙伟
282	一种基于网络体验质量的移动通信网异常检测和定位方法	发明专利	20160422	201610262009.9	20180703	缪丹丹 杨渡佳 秦晓卫
283	基于水溶性染色固化剂的双组分水性有色涂料及其制备方法	发明专利	20160602	201610404294.3	20180629	张兴元 徐栋 戎佳萌 黄晓雯 李发萍 周操
284	一种可检测和去除甲基乙二醛的超分水凝胶及其制备方法	发明专利	20151015	201510681423.9	20180824	梁高林 刘爽 罗宇峰

续表

序号	专利(申请)名称	类型	申请日	申请号	授权日	发 明 人
285	一种利用三维荧光光谱反映城市污水厂运行状态的监测方法	发明专利	20150320	201510125404.8	20180803	俞汉青 王 伟 盛国平 胡真虎
286	液相回流一步法可控制备正交相银镓硒及银镓铟硒单晶纳米颗粒的方法	发明专利	20160713	201610551532.3	20180907	杨 晴 张 莉
287	一种多孔核壳双金属有机框架纳米载药体的制备方法和应用	发明专利	20160426	201610268561.9	20180907	陈乾旺 汪冬冬 时若鸿 陈汝惠
288	一种无线网络中的小包数据传输方法及系统	发明专利	20160616	201610443863.5	20180907	谢榕贵 尹华锐 陈晓辉 卫 国
289	一种基于A*算法的电池均衡控制方法和系统	发明专利	20160719	201610571644.5	20180907	张陈斌 沈 镇 董广忠 解 双 陈宗海 魏婧雯
290	贝尔态的转换方法、转换系统及应用	发明专利	20160204	201610084015.X	20180907	王 周 陈 政 华 魏 韩正甫 银振强 郭光灿
291	基于FPGA的温度计码到二进制码的编码转换装置和方法	发明专利	20150212	201510080550.3	20180907	王永纲 刘 冲
292	一种多岐管流场的流量分配均匀度优化设计方法	发明专利	20160810	201610652485.1	20181023	李 昂 林子敬
293	一种基于深度学习的危险驾驶行为实时检测方法	发明专利	20161231	201611267904.6	20181023	康 宇 陈绍冯 李泽瑞 王雪峰 崔 艺
294	一种基于转臂转盘式精密定位平台的加工装置	发明专利	20160810	201610652541.1	20181023	王克逸 葛 鑫 范加书 贺 亮 陈黎明 李 飞
295	一种免调柱矢量光纤激光器	实用新型	20171215	201721754828.1	20181016	张一民 姚培军 许立新 顾 春

续表

序号	专利(申请)名称	类型	申请日	申请号	授权日	发明人
296	一种用于高速流场等离子体参数诊断的平装探针装置	实用新型	20171207	201721688777.7	20180904	余鹏程 徐 亮 刘仲凯 张 道 曹金祥 刘 宇
297	一种基于双边带调制器和倍频器非线性效应的频率可调多频率输出微波源	实用新型	20171225	201721834857.9	20180904	王明远 刘阿娣
298	一种基于幅相检测原理的电动汽车动力电池绝缘电阻监测装置	实用新型	20171031	201721431590.9	20180904	陈宗海 田桂强 张 旭 于晓玮 李锡云
299	一种高效稳定的电弧等离子体源	实用新型	20171227	201721855171.8	20180904	孙 玄 易洪深 刘 明
300	基于磁流变液的火车用变刚度橡胶节点	实用新型	20171229	201721888492.8	20180904	杨 健 张世武 孙帅帅 李卫华 龚兴龙
301	自封闭螺旋形聚能切缝器	实用新型	20171108	201721481810.9	20180904	马宏昊 邓永兴 沈兆武 王奕鑫
302	基于LED光源的色彩设计实验仪	实用新型	20170829	201721086904.6	20180831	代如成 张 权 杨 明 张增明 孙腊珍
303	一种紫外光感器	发明专利	20151130	201510884083.X	20181023	李捷妮 李 明 王中平
304	一种核脉冲信号的产生方法及装置	发明专利	20160120	201610040847.1	20181023	殷伟刚 金 革 梁福田 陈 炼 姚 远 王海千
305	一种改性聚偏氟乙烯膜及其制备方法和应用	发明专利	20160308	201610130430.4	20181023	俞汉青 关艳芳 王正路 张智磊 李 锋 王信淦 刘升全
306	一种四硼乙烷类化合物及其制备方法	发明专利	20160825	201610726662.6	20181023	张祯琦 傅 尧 黄宝成 肖 斌

续表

序号	专利（申请）名称	类型	申请日	申请号	授权日	发明人
307	一种由木材制备碳纳米纤维气凝胶的方法	发明专利	20161115	201611010665.6	20181023	俞书宏 李思成 梁海伟
308	一种密集烤房挂竿装烟持续升温烤香烤柔烘烤方法	发明专利	20170109	201710013867.4	20181023	徐增汉 刘大双 解昌盛 冯永欣 解彩君 陆惠光 董廷鑫 邓道茂 卢卫东 帅红 王昊 曹安全 李正
309	一种防水型高压单芯插接装置	实用新型	20171204	201721660519.8	20181016	孙玄 霍昆 廖晖 张帅祥
310	光纤法布里珀罗传感器及测试装置	实用新型	20180228	201820285833.0	20181016	周坤 崔金明 黄运锋 李传峰
311	光纤法布里珀罗传感器及测试装置	实用新型	20180228	201820285841.5	20181016	周坤 崔金明 黄运锋 李传峰
312	一种多功能器件	实用新型	20180305	201820302674.0	20181016	陆亚林 刘宁 王建林 傅正平 殷小丰 李晓宁 杨萌萌
313	一种调控太赫兹波振幅的调制器	实用新型	20180319	201820373937.7	20181016	陆亚林 蔡宏磊 黄秋萍
314	一种脉冲染料放大器的染料循环系统	实用新型	20180409	201820497025.0	20181016	方欣 李陶
315	一种脂肪酸、酯加氢制备长链烷烃的方法及用于所述方法的催化剂	发明专利	20160819	201610694967.3	20181023	张颖 许光月 郭建华
316	一种法拉第隔离器装置	实用新型	20180315	201820356380.6	20181026	沈奇 颜美晨 崔星洋 彭承志 陈宇翱 潘建伟

续表

序号	专利(申请)名称	类型	申请日	申请号	授权日	发明人
317	一种原子布居数探测系统	实用新型	20180125	201820133804.2	20181026	谢宏泰 杨胜军 陈帅 潘建伟
318	高时间分辨的取向检测光路	实用新型	20180404	201820476730.2	20181026	李良彬 叶克 吕艳坤 陈晓伟
319	多尺度结构检测单元与薄膜双向拉伸装置联用的在线研究系统	实用新型	20180402	201820452700.8	20181026	李良彬 叶克 张文文 赵浩远 陈晓伟
320	双腔室无污染化学气相沉积二维材料异质结结构的装置	实用新型	20180314	201820347329.9	20181026	郭国平 杨晖 郭光灿 李海欧 曹刚
321	一种黄钾铁矾渣的处理与资源化方法	发明专利	20170825	201710748623.0	20181113	曾建雄 杨远坤
322	一种基于FPGA的时间数字变换器	发明专利	20160518	201610333624.4	20181113	王永纲 刘冲
323	应用于远场扫描光刻的高精度被动对准的柔性台	发明专利	20170626	201710495565.5	20181113	王亮 张凯 许亮 秦金 谭浩淼
324	一种计步及运动状态评估装置	发明专利	20151229	201511017130.7	20181113	陈思同 陈香
325	一种基于可见光通信的智能交通系统中最优输入分布获取方法	发明专利	20160719	201610571652.X	20181113	徐正元 郑光涛 高谦 胡淑萍
326	一种用于红外天光背景测量的装置和方法	发明专利	20170607	201710424027.7	20181113	王坚 陈杰 董书成 姜逢欣 张鸿飞 朱青峰 唐骐杰
327	一种多脉冲激光诱导击穿光谱测量方法及系统	发明专利	20150528	201510282144.5	20181102	高辉 潘从元 曾强 王声波 王秋平

续表

序号	专利(申请)名称	类型	申请日	申请号	授权日	发明人
328	一种页岩介孔孔径分布的检测方法	发明专利	20161031	201610941737.2	20181127	卢德唐 刘建武 咸玉席
329	一种延迟内插型时间数字转换器	发明专利	20160310	201610137924.5	20181127	杨迪 封常青 曹喆 刘树彬 安琪
330	一种压电马达	发明专利	20151201	201510895564.0	20181127	冯志华 潘巧生 巴学康 黄芳胜 任艺军
331	一种改善铋铁钛类氧化物纳米粉体团聚的方法	发明专利	20170525	201710379793.6	20181127	陆亚林 傅正平 顾文 李晓宁 敖小丰
332	一种金属氢氧化物中空纳米管及其制备方法和应用	发明专利	20170519	201710355886.5	20181113	俞书宏 余自友
333	一种光纤端面的加工装置和加工方法	发明专利	20170419	201710257301.6	20181113	周坤 崔金明 黄运锋 郭光灿
334	紫精修饰的聚二炔微米管的制备方法与光波导器件及其制备方法	发明专利	20160222	201610097351.8	20181113	邹纲 杨光 张焱 李传锋
335	一种分离反硝化厌氧甲烷氧化菌群中古菌的方法	发明专利	20151119	201510811695.6	20181113	曾建雄 丁静 付亮 陆勇泽
336	一种聚合物微球及其制备方法	发明专利	20150618	201510341064.2	20181113	俞书宏 高怀岭 邹多宏
337	一种可编程皮秒级延时脉冲产生装置及方法	发明专利	20160418	201610244047.1	20181102	王照琪 姚远 金革 陈咏 周
338	一种可控热氛围燃烧器	发明专利	20161104	201610961634.2	20181113	张海涛 林其钊

续表

序号	专利(申请)名称	类型	申请日	申请号	授权日	发明人
339	一种基于指令级并行 ILP 和数据级并行 DLP 的 FFT 浮点优化方法	发明专利	20160623	201610473373.X	20181023	顾乃杰 任开新 叶 鸿 周文博
340	一种基于带内自回传的干扰抑制方法	发明专利	20150731	201510470746.3	20181127	张静雷 邱 玲
341	一种能效高精度正交二分频器	发明专利	20160630	201610518127.1	20181102	黄 森 林福江
342	一种基于甲基丙烯酸缩水甘油酯的水性聚氨酯制备方法	发明专利	20150625	201510357293.3	20181023	张兴元 李军配 杨 树 张国庆
343	一种均相阴离子交换膜及其制备方法	发明专利	20160427	201610285196.2	20181102	徐铜文 吴 亮 潘 麒
344	磁场强度测量装置	实用新型	20180425	201820603543.6	20181130	丁冬生 李恩泽 史保森 郭光灿
345	金刚石纳米全光学磁场传感器、探针及原子力显微镜	实用新型	20171219	201721787892.X	20181120	孙方稳 陈向东 李 樑 郭光灿 赵博文
346	一种基于磁流变技术的高稳定性零刚度微振动隔振装置	实用新型	20180328	201820430590.5	20181106	张世武 陆鸿达 杨 健 李卫华 孙帅帅
347	微通道核离子探测电路	实用新型	20180306	201820307028.3	20181106	孙瑞瑞 黄 培 陈 军 单晓斌 刘付铁
348	一种用于原子干涉仪探头的磁场系统	实用新型	20180209	201820236129.6	20181106	杨胜军 谢宏泰 陈 帅 潘建伟
349	一种膜进样质子转移反应质谱	实用新型	20180416	201820537220.1	20181106	孙瑞瑞 李照辉 黄 培 林 煜 盛六四 余业鹏

续表

序号	专利(申请)名称	类型	申请日	申请号	授权日	发 明 人
350	一种质子转移反应质谱仪	实用新型	20180515	201820731337.3	20181130	孙瑞瑞 黄 培 王欢欢 李淹博 孟庆慧 张 航 盛六四
351	机器人及其关节驱动装置	实用新型	20180507	201820673030.2	20181130	李智军 王 浩 徐崔超
352	一种离子交换柱支架	实用新型	20180117	201820086932.6	20181116	于慧敏 张英男
353	喷枪及其枪头、空气喷涂装置	实用新型	20180122	201820105162.5	20181106	司 廷 杨超宇
354	低温伸展流变仪	实用新型	20180119	201820097340.4	20181106	李良彬 陈品章 张前磊 林元菲 孟令浦
355	一种射频消融针	实用新型	20171130	201721645712.4	20181106	江河峻 鲁 卓 祁甫浪 黄晓燕 周玉福 张 晴 葛梦柯 邱本胜
356	一种基于大功率运算放大器的快响应磁铁电源	实用新型	20180515	201820716390.6	20181130	邵琢瑕 高 辉 张海燕 刘 鹏 王 琳
357	一种可同时嬗变次锕系核素和长寿命裂变产物的快热混合能谱临界堆芯	实用新型	20180502	201820649837.2	20181130	陈红丽 方海涛 张喜林
358	一种灭火系统管网流动特性实验设备	实用新型	20180202	201820184811.5	20181030	陆 松 曹承阳 赵建华 张和平 刘 鑫 张立尧
359	一种地质勘查取样装置	实用新型	20180412	201820515672.X	20181106	舒生远 杨晓勇 汪 海
360	一种自硬化填充式中空结构爆炸复合板	实用新型	20180209	201820232733.1	20181106	马宏昊 孙玉玲 马瑞杰 沈兆武 杨 明 王奕鑫 陈 艳 陈海军

续表

序号	专利(申请)名称	类型	申请日	申请号	授权日	发明人
361	一种飞机发动机舱火灾实验设备	实用新型	20171229	201721896995.X	20181207	陆 松 刘长城 张和平 陈 龙 杨维华 赵军超
362	一种获得球面汇聚冲击波的方法	发明专利	20160919	201610831341.2	20181214	黄生洪 郑智风
363	一种改进的快速去雾方法	发明专利	20151210	201510923653.1	20181214	凌 强 朱学俊 陈春霖 李 峰
364	一种用于交直流高压的高速机械开关	实用新型	20171207	201721689934.6	20181218	孙 玄 霍 昆 王 彬
365	一种耐高温冲击换热器	实用新型	20180209	201820232771.7	20181218	马宏昊 孙玉玲 马瑞杰 杨 明 王奕鑫 沈兆武
366	一种车用快速安全逃生窗装置	实用新型	20180515	201820716389.3	20181218	黎昌海 陆宁香
367	一种带观察窗的固体推进剂高压燃烧特性参数测量设备	实用新型	20180608	201820882226.3	20181218	张和平 曹承阳 陆 松 张 丹
368	异构网中基于干扰协调的最大最小公平性资源分配方法	发明专利	20151230	201511025987.3	20181214	赵 明 贾玉琳 周武旸 卫海超
369	一种泡沫灭火训练装置及控制方法	实用新型	20160418	201610246760.X	20181214	王宝伟 陆宁香 何其泽
370	一种电动汽车动力电池安全监控装置	实用新型	20180507	201820673345.7	20181218	张陈斌 于晓玮 田佳强 王 丽 陈宗海 董广忠
371	微波功率稳定装置	实用新型	20180522	201820764780.0	20181218	胡长康 崔金明 黄运锋 李传锋 郭光灿

续表

序号	专利(申请)名称	类型	申请日	申请号	授权日	发明人
372	一种连续变量量子密钥分发系统	实用新型	20180408	201820485873.X	20181130	邹 密 陈腾云 潘建伟
373	一种维持动态压力的电负性气体喷射装置	实用新型	20180517	201820735889.1	20181130	刘 宇 雷久侯 曹金祥 李敏迟 余鹏程
374	用于测试电池电极材料的同步辐射X射线吸收谱的原位装置	实用新型	20180504	201820659661.9	20181130	储旺盛 黄伟峰 齐家新 万 萍 余 素
375	工业机器人抓取过程中的物体6自由度定位方法及系统	发明专利	20161125	201611054309.4	20181127	尚伟伟 刘 坤 丛 爽 张 驰
376	VLC-WiFi融合网络并行传输和负载均衡的方法	发明专利	20161108	201610979536.1	20181127	武启尧 陈 力 陈晓辉 王卫东
377	一种基于FPGA的方波发生器及方法	发明专利	20160118	201610032859.X	20181214	秦 熙 谢一进 石致富 杜江峰 贺 羽
378	一种基于共面波导的电磁辐射结构	发明专利	20150911	201510579561.6	20181214	宋 星 蒋 振 耿建培 代映秋 秦 熙 杜江峰 石致富
379	一种质子转移反应离子源和质谱仪	实用新型	20180515	201820731210.1	20181218	孙瑞瑞 黄 培 张 航 李渔博 孟庆慧 盛六四 王效欢
380	一种柔性二氧化钒薄膜的制备方法、产物及应用	发明专利	20160524	201610355319.5	20180410	邹崇文 陈宇粮 陈 实 樊乐乐
381	太阳能双系统冰箱	发明专利	20160701	201610507853.3	20180821	裴 刚 曹静宇 胡名科 高广涛
382	一种新型太阳能冰箱	发明专利	20160701	201610508063.7	20180821	裴 刚 曹静宇 胡名科 王其梁

续表

序号	专利(申请)名称	类型	申请日	申请号	授权日	发 明 人
383	一种用于复杂基质中有效成分的快速在线大气压光电离质谱装置	发明专利	20160302	201610116956.7	20180907	潘 洋 刘成园 杨玖重 朱亚楠 齐 飞
384	一种多模式同时相干激发的太赫兹辐射源	发明专利	20160524	201610349717.6	20181113	何志刚 陆亚林 李伟伟 贾启卡 王 琳
385	一种量子密钥分发系统及方法	发明专利	20150728	201510459394.1	20181127	李 杨 曹 蕾 刘蔚悦 彭承志 潘建伟
386	一种合成1-甲基色氨酸的方法	发明专利	20140811	201410391864.0	20181127	汪志勇 张 胜 郑小琦
387	一种OAM光子态分离器	发明专利	20160826	201610737256.X	20181127	陈 魏 王纺翔 银振强 王 双 周 政 何德勇 韩正甫 郭光灿
388	真空分步加热—元素—同位素富集分析装置	发明专利	20151023	201510695842.8	20181214	龚 冰 郑永飞 余海棠
389	一种利用无线信道互易性对多用户传输信号的方法	发明专利	20160321	201610167659.5	20181214	张文逸 沈 聪 梁 宁
390	具有高衍射效率的大口径薄膜衍射元件的制作方法	发明专利	20160818	201610688679.7	20181214	张 健 刘正坤 邱克强 徐向东 付绍军
391	一种具有散热功能的VR眼镜	实用新型	20170613	201720683291.8	20180410	程文龙 黄一桓 霍延凯
392	具有有机朗肯循环的烧结冷却废气余热发电系统	实用新型	20171206	201721678861.0	20180814	冯军胜 裴 刚 高广涛

续表

序号	专利（申请）名称	类型	申请日	申请号	授权日	发 明 人
393	一种槽式直接蒸汽与熔融盐联合热发电系统	实用新型	20180320	201820375829.3	20181120	裴 刚 杨洪伦 王其梁 黄小娜 胡明名科 曹静宇 高广涛
394	一种全自动化的肠道寄生虫虫卵诊断成像系统	实用新型	20180518	201820749650.X	20181218	扎 克 储开芹 孙明斋 李娅宁
395	光纤荧光全光学磁场传感器及系统	实用新型	20171219	201721787159.8	20181218	李 嫩 陈向东 赵博文 孙方稳
396	图像调整装置	实用新型	20180425	201820603333.7	20181218	丁冬生 史保森 郭光灿
397	一种偏振控制编码器	国外专利	20040819	2874343（欧洲）	20180307	韩正甫 朱 冰 莫小范 郭光灿
398	由有机材料催化热解制备含氮芳香性化合物的方法	国外专利	20130801	US9975859（美国）	20180522	张 颖 徐禄江 姚 倩
399	密集烤房网式烟框装烟持续升温烤香烤柔烘烤方法	发明专利	20161008	201610875703.8	20180403	徐增汉 李章海 宋泽民 罗红香 龙庆祥 叶江平 周为华 王茂贤 苏祥云 朱英华 李红卫 陈飞 王定强 苟 军 梁正航 刘大双 张 翔

2018年获科技奖励情况一览表

奖励类别	项目名称	获奖等级	获奖人	备注
国家自然科学奖	动力系统的结构及其复杂性研究	二等奖	叶向东 黄文 邵松	
国家自然科学奖	发动机燃烧反应网络调控理论及方法	二等奖	齐飞 李玉阳 杨斌 张李东	
国家技术发明奖	均相离子膜制备关键技术及应用	二等奖	徐铜文 刘兆明 金可勇 吴亮 汪耀明 高从堦	
高等学校自然科学奖	固态单自旋量子相干控制与精密测量实验研究	一等奖	杜江峰 石发展 荣星 王鹏飞 段昌奎	
高等学校自然科学奖	日冕物质抛射的传播演化和地磁效应	一等奖	汪毓明 申成龙 王水	
高等学校自然科学奖	情境大数据融合表示与分析挖掘研究及应用	一等奖	陈恩红 刘淇 袁晶 连德富 祝恒书	
高等学校青年科学家奖			盛茂	
高等学校科技进步奖	移动网络服务质量优化技术与应用	一等奖	秦晓卫(2) 唐爽(18)	我校为第2完成单位
安徽省科技进步奖	城域量子通信组网技术	一等奖	潘建伟 陈腾云 梁昊 王坚 刘尉悦 江晓 彭承志 赵勇 周雷 陈凯	
安徽省科技进步奖	面向语音语言新一代人工智能关键技术及开放创新平台	一等奖	杜俊(10)	我校为第2完成单位
安徽省科技进步奖	工业园区有害气体光学监测关键技术与产业化	一等奖	刘诚(2)	我校为第2完成单位
安徽省自然科学奖	半导体栅型量子点的相干调控研究	一等奖	郭国平 曹刚 李海欧 肖明 郭光灿	
安徽省自然科学奖	催化剂表界面配位结构的静态调控和动态演化	一等奖	曾杰	
安徽省自然科学奖	太阳能光电转换界面关键材料设计、修饰及性能调控	二等奖	杨上峰 陆亚林 杜平武 傅正平	
安徽省自然科学奖	动力电池系统行为表达、状态估计的理论与方法	二等奖	陈宗海 汪玉洁 张陈斌 何耀 刘兴涛	

续表

奖励类别	项目名称	获奖等级	获奖人	备注
安徽省社会科学奖	基于随机产出与随机需求的农产品供应链风险共担合同	二等奖	凌六一 郭晓龙等	
安徽省社会科学奖	Nash讨价还价公平参考下的供应链优化决策	三等奖	杜少甫 朱贾昂等	
安徽省社会科学奖	从《宣德十年月五星凌犯》看回回历法在明朝的使用	三等奖	石云里等	

2004～2018年入选国际重大进展成果一览表

年份	项目名称	完成人	类别
2004	Five-Photon Entanglement	潘建伟 等	国际物理学重大进展（美国物理学会）
2004	Entanglement breaks new record	潘建伟 等	国际物理学重大进展（欧洲物理学会）
2006	Attack of the Teleclones	潘建伟 等	国际物理学重大进展（美国物理学会）
2008	Slow but sure progress towards quantum computing	潘建伟 等	国际物理学重大进展（欧洲物理学会）
2008	New High-Temperature Superconductors	陈仙辉 等	年度十大科学进展（SCIENCE）
2012	Data teleportation: The quantum space race	潘建伟 等	Features of the Year（NATURE）
2012	Quantum hops	潘建伟 等	2012 Science News Top 25（SCIENCE NEWS）
2013	Foiling Quantum Hackers	潘建伟 等	国际物理学重大进展（美国物理学会）
2015	Double quantum-teleportation milestone	潘建伟 等	国际物理学十大突破
2017	A quantum communications satellite proved its potential in 2017	潘建伟 等	Top ten science stories of 2017（SCIENCE NEWS）
2017	Particle-free quantum communication is achieved in the lab	潘建伟 等	国际物理学十大突破
2017	世界首台超越早期经典计算机的光量子计算机	潘建伟 等	年度世界互联网领先科技成果
2018	Quantum Cryptography via Satellite	潘建伟 等	国际物理学重大进展（美国物理学会）

2001～2018年入选中国、世界十大科技进展新闻一览表

年份	项目名称	完成人	类别
2001	科学家成功直接观察分子内部结构	侯建国 等	中国十大科技进展新闻
2003	中国科技大学在量子通信实验领域取得重大进展	潘建伟 等	中国十大科技进展新闻
2004	我国量子信息实验领域取得重大突破	潘建伟 等	中国十大科技进展新闻
2005	我国科学家成功实现首次单分子自旋态控制	侯建国 等	中国十大科技进展新闻
2006	实现两粒子复合系统量子态的隐形传输	潘建伟 等	中国十大科技进展新闻
2007	实现六光子薛定谔猫态	潘建伟 等	中国十大科技进展新闻
2008	量子中继器实验被完美实现	潘建伟 等	中国十大科技进展新闻
2008	铁基超导材料研究获重大进展	陈仙辉 等	世界十大科技进展新闻
2009	量子计算研究获重大突破	杜江峰 等	中国十大科技进展新闻
2009	成功实现太阳能冶炼高纯硅	陈应天 等	中国十大科技进展新闻
2010	实现16公里自由空间量子态隐形传输	潘建伟 等	中国十大科技进展新闻
2012	可扩展量子信息处理获重大突破	潘建伟 等	中国十大科技进展新闻
2013	实现最高分辨率单分子拉曼成像	董振超 等	中国十大科技进展新闻
2014	量子通信安全传输创世界纪录	潘建伟 等	中国十大科技进展新闻
2015	首次实现多自由度量子隐形传态	潘建伟 等	中国十大科技进展新闻
2016	成功发射世界首颗量子科学实验卫星"墨子号"	潘建伟 等	中国十大科技进展新闻
2017	世界首台超越早期经典计算机的光量子计算机诞生	潘建伟 等	中国十大科技进展新闻
2017	量子通信"从理想王国走到现实王国"	潘建伟 等	中国十大科技进展新闻
2017	"悟空"发现疑似暗物质踪迹(我校参与)	安琪 等	中国十大科技进展新闻

1998～2018年入选中国科学十大进展*一览表

年份	项目名称	完成人	类别
1998	我国科学家关于夸克质量比的研究国际领先	闫沐霖 等	中国基础科学研究十大新闻

续表

年份	项 目 名 称	完成人	类 别
1999	我国科学家确定碳60单分子在硅表面的取向状态	侯建国 等	中国基础科学研究十大新闻
2001	中国科技大学C_{60}纳米材料与纳米结构研究获重要进展	侯建国 等	中国基础科学研究十大新闻
2006	在光纤通信中成功实现一种抗干扰的量子密码分配方案	潘建伟 等	中国基础科学研究十大新闻
2006	发现一种可有效通过皮肤传送大分子药物的透皮短肽	温龙平 等	中国基础科学研究十大新闻
2007	在多光子纠缠和光学量子计算的实验方面取得新进展	潘建伟 等	中国基础科学研究十大新闻
2008	铁基高温超导研究取得系列重要进展	陈仙辉 等	中国基础科学研究十大新闻
2010	实验实现最远距离自由空间量子隐形传态	潘建伟 等	中国科学十大进展
2012	可扩展量子信息处理取得系列重要进展	潘建伟 等	中国科学十大进展
2013	基于等离激元增强拉曼散射实现单分子化学成像	董振超 等	中国科学十大进展
2015	实现单光子多自由度量子隐形传态	潘建伟 等	中国科学十大进展
2015	实现对单个蛋白质分子的磁共振探测	杜江峰 等	中国科学十大进展
2016	研制出将二氧化碳高效清洁转化为液体燃料的新型钴基电催化剂	谢 毅 等	中国科学十大进展
2017	实现星地千公里级量子纠缠和密钥分发及隐形传态	潘建伟 等	中国科学十大进展
2018	首次直接探测到电子宇宙射线能谱在1 TeV附近的拐折(我校参与)	安 琪 等	中国科学十大进展

* 原"中国基础科学研究十大新闻"于2010年更名为"中国科学十大进展"。

1998～2018年入选中国高等学校十大科技进展一览表

年份	项 目 名 称	完成人	类 别
1998	从四氯化碳催化热解制金刚石	钱逸泰 等	中国高校十大科技进展
2000	过去3000年企鹅数量的变化与环境演变研究	孙立广 等	中国高校十大科技进展
2001	C_{60}单分子的高分辨表征和新型二维取向畴	侯建国 等	中国高校十大科技进展

续表

年份	项目名称	完成人	类别
2003	多光子量子纠缠态的操纵与鉴别	潘建伟 等	中国高校十大科技进展
2004	五光子纠缠和终端未定量子隐形传态的实验实现	潘建伟 等	中国高校十大科技进展
2007	光量子计算机的物理实现和算法应用	潘建伟 等	中国高校十大科技进展
2008	新型铁基高温超导材料的发现及相图研究	陈仙辉 等	中国高校十大科技进展
2009	基于自旋的量子调控实验研究	杜江峰 等	中国高校十大科技进展
2009	双功能单分子器件的设计与实现	侯建国 等	中国高校十大科技进展
2015	纳米尺度量子精密测量	杜江峰 等	中国高校十大科技进展

2005～2018年入选国内十大科技进展新闻一览表

年份	项目名称	完成人	类别
2005	中国科大在单分子选键化学研究领域获重大进展	侯建国 等	国内十大科技新闻
2005	我国实现国际最长距离实用光纤量子密码系统	郭光灿 等	国内十大科技新闻
2008	我科学家发现铁基高温超导材料	陈仙辉 等	国内十大科技新闻
2008	我科学家实现世界首个量子中继器	潘建伟 等	国内十大科技新闻
2010	我科学家首次实现远距离自由空间量子态隐形传输	潘建伟 等	国内十大科技新闻
2011	中科大制备出八光子纠缠态,刷新世界纪录	李传锋 等	国内十大科技新闻
2015	中科大首次成功实现"单光子多自由度量子隐形传态"	潘建伟 等	国际/国内十大科技新闻
2017	量子系统研发创纪录,中国实现星地量子通信	潘建伟 等	国际十大科技新闻
2017	"墨子号"实现星地量子通信	潘建伟 等	国内十大科技新闻

2018年发表在《Science》《Nature》《Cell》及其子刊上的论文一览表

论 文 名 称	期刊名	卷页年	作 者
我校为第一署名单位			
Observation of the geometric phase effect in the H plus HD-> H-2 + D reaction	Science	Vol362,1289 (2018)	王兴安 等
Device-independent quantum random-number generation	Nature	Vol562,548 (2018)	潘建伟 等
Moderate UV Exposure Enhances Learning and Memory by Promoting a Novel Glutamate Biosynthetic Pathway in the Brain	Cell	Vol173,1716 (2018)	熊 伟 等
我校为合作单位			
An electron transfer path connects subunits of a mycobacterial respiratory supercomplex	Science	Vol362,1020 (2018)	田长麟 等（科大为第八单位）
Structural insight into precursor tRNA processing by yeast ribonuclease P	Science	Vol362,657 (2018)	蔡 刚 等（科大为第六单位）
Late inception of a resiliently oxygenated upper ocean	Science	Vol361,174 (2018)	沈延安 等（科大为第六十三单位）
Enhanced thermal stability of nanograined metals below a critical grain size	Science	Vol360,526 (2018)	（科大为第二单位）
Cryo-EM structure of a herpesvirus capsid at 3.1 angstrom	Science	Vol360,48 (2018)	（科大为第六单位）
Elasticity of lower-mantle bridgmanite	Nature	Vol564,E18 (2018)	（科大为第二单位）
VCAM-1(+) macrophages guide the homing of HSPCs to a vascular niche	Nature	Vol564,119 (2018)	姚雪彪 等（科大为第十一单位）
Gate-tunable room-temperature ferromagnetism in two-dimensional Fe_3GeTe_2	Nature	Vol563,94 (2018)	陈仙辉 等（科大为第六单位）
Three-dimensional collective charge excitations in electron-doped copper oxide superconductors	Nature	Vol563,374 (2018)	（科大为第十三单位）
Does the galaxy NGC1052-DF2 falsify Milgromian dynamics?	Nature	Vol561,E4 (2018)	吴许芬 等（科大为第七单位）
Challenging local realism with human choices	Nature	Vol557,212 (2018)	潘建伟 等（科大为第十九单位）

续表

论 文 名 称	期刊名	卷页年	作 者
Ballistic molecular transport through two-dimensional channels	Nature	Vol558,420 (2018)	王奉超 等 （科大为第五单位）
Monolayer atomic crystal molecular superlattices	Nature	Vol555,231 (2018)	陈仙辉 等 （科大为第五单位）

2001～2017年发表论文情况*

年　度	SCI论文	EI论文	ISTP论文	国内论文
2001	880	391	167	1499
2002	903	382	161	1395
2003	1087	629	186	1479
2004	1141	647	201	1430
2005	1499	1048	317	1544
2006	1558	1264	357	1750
2007	1509	1101	453	1668
2008	1544	1135	586	1480
2009	1568	1145	461	1329
2010	1510	1246	647	1237
2011	1663	1213	224	889
2012	1819	1199	196	929
2013	2107	1617	317	906
2014	2460	1702	313	905
2015	2624	2018	211	882
2016	2784	2195	614	759
2017	2867	2045	573	821

*统计数据来自中国科学技术信息研究所。

2001~2017年发表论文在全国高校排名情况*

年 度	SCI 排名	EI 排名	ISTP 排名
2001	4	6	9
2002	5	7	14
2003	5	7	18
2004	5	7	18
2005	5	8	26
2006	6	7	25
2007	5	14	22
2008	8	18	23
2009	11	20	27
2010	13	24	28
2011	14	25	53
2012	16	27	65
2013	15	21	31
2014	15	21	29
2015	18	22	30
2016	18	22	19
2017	21	24	24

*统计数据来自中国科学技术信息研究所。

2011~2018年国际论文10年段被引篇次和排名一览表*

统计年度	累计被引用篇数	累计被引用次数	累计篇均被引次数	在C9高校排名（累计篇均被引次数）
2011	10275	111421	10.84	1

续表

统计年度	累计被引用篇数	累计被引用次数	累计篇均被引次数	在C9高校排名（累计篇均被引次数）
2012	10562	137105	12.98	1
2013	13540	150241	11.10	1
2014	13141	190591	14.50	1
2015	17493	227909	13.03	1
2016	18638	256343	13.75	1
2017	19766	298069	15.08	1
2018	21084	360758	17.11	1

* 统计数据来自中国科学技术信息研究所（以2015年为例，统计2005~2014年学校发表的国际论文截至2015年9月被引用情况）。

2016~2018年自然指数(NI)一览表

年份	FC指数	论文数	国内高校排名	亚太高校排名	全球高校排名
2016	262.33	688	4	6	27
2017	276.91	742	4	5	21
2018	299.53	801	4	6	18

2009~2018年中国卓越国际论文情况 *

统计年度	SCI论文总数	表现不俗论文数	表现不俗论文比例	表现不俗论文比例在C9高校排名
2009	1554	263	16.9%	1
2010	1568	345	22.0%	1
2011	1501	401	26.6%	1
2012	1663	696	42%	1

续表

统计年度	SCI 论文总数	表现不俗论文数	表现不俗论文比例	表现不俗论文比例在 C9 高校排名
2013	1819	692	38%	1
2014	2107	890	42.2%	4
2015	2460	1148	46.7%	4
2016	2586	1144	44.2%	4
2017	2784	1529	54.9%	3
2018	2867	1337	46.6%	7

* 统计数据来自中国科学技术信息研究所，2016 年"表现不俗论文"改为"中国卓越国际论文"，统计年度数据为上一年作者为第一单位发表的论文。

主办(承办)的学术刊物

中文名称	英文名称	刊号	主编	创刊年度	备注
中国科学技术大学学报	Journal of University of Science and Technology of China	CN34-1054/N	何多慧	1965	月刊
低温物理学报	Chinese Journal of Low Temperature Physics	CN34-1053/04	赵忠贤	1979	双月刊
实验力学	Journal of Experimental Mechanics	CN34-1057/03	于起峰	1986	双月刊
化学物理学报*	Chinese Journal of Chemical Physics	CN34-1295/06	杨学明	1988	双月刊
火灾科学	Fire Safety Science	CN34-1115/X	张和平	1992	季刊
中国免疫学杂志(英文版)	Cellular & Molecular Immunology	CN11-4987/R	曹雪涛/田志刚	2004	月刊
研究生教育研究	Journal of Graduate Education	CN34-1319/G4	包信和	1996	双月刊
数学与统计学通讯	Communications in Mathematics and Statistics	ISSN 2194-6871	马志明	2013	季刊

注：《化学物理学报》由中国物理学会主办，我校承办；其余均为我校主办。

国家自然科学基金委员会创新研究群体

序号	年度	团 队 名 称	负责人
1	2001	纳米结构的制备、组装与表征	侯建国
2	2001	量子信息	郭光灿
3	2001	重要细胞活动和生物分子识别的结构生物学基础	施蕴渝
4	2003	纳米材料和纳米结构的化学制备与性质	谢 毅
5	2004	新型类钙钛矿氧化物功能材料的合成、微结构与性能研究	李晓光
6	2007	天然免疫系统与重大疾病的发生发展	田志刚
7	2008	分布系统的协调优化与风险管理	梁 樑
8	2009	大陆俯冲化学地球动力学	郑永飞
9	2011	地球空间环境及其对太阳活动的响应	窦贤康
10	2011	表面单分子量子行为的表征与调控	杨金龙
11	2012	基于光子与冷原子的量子信息物理和技术	潘建伟
12	2013	基于同步辐射装置的新方法与能源材料研究	吴自玉
13	2014	星系和类星体	王俊贤
14	2015	纳米材料制备与能源转换性能研究	俞书宏
15	2016	具有旋涡和界面的复杂流动	陆夕云
16	2016	着丝粒动态组装与调控	姚雪彪
17	2017	TeV 强子对撞机上电弱精确测量与新物理新现象寻找	韩 良
18	2017	稳定同位素生物地球化学	沈延安
19	2017	几何分析	李嘉禹
20	2018	量子光学与量子信息	李传锋
21	2018	废水污染控制与资源转化	俞汉青
22	2018	固有免疫识别和调控	周荣斌

持股企业情况表

	上市企业				
序号	企业名称	总股本（万股）	持股数量（万股）	持股比例（%）	经营范围
1	科大讯飞股份有限公司	209253.0492	8349.78	3.99	人工智能及其行业应用
2	科大智能科技股份有限公司	72982.0456	1385.1	1.9	智能配电网、工业机器人
3	时代出版传媒股份有限公司	50582.5296	2689.91	5.32	出版传媒、印刷复制
4	科大国创软件股份有限公司	23923.3684	710.31	3	软件开发、系统集成
5	北京辰安科技股份有限公司	15100.1925	151.13	1	公共安全应急平台软件、应急平台装备
	未上市企业				
序号	企业名称	注册资本（万元）	持股比例（%）	经营范围	备注
6	科大国盾量子技术股份有限公司	6000	18	量子通信技术及其设备的研制、开发	
7	国科量子通信网络有限公司	7678	19.536	量子通信技术、网络科技领域内的技术开发	
8	安徽问天量子科技股份有限公司	5500	21.82	量子器件和设备	
9	吉世尔(合肥)能源科技有限公司	3260	35	燃料电池技术研发和相关产品销售	
10	安徽广行通信科技股份有限公司	3000	5	三网融合	
11	深圳市创新天地通信股份有限公司	2681.3	7.46	通信技术	

续表

| \multicolumn{6}{c}{未上市企业} |
序号	企业名称	注册资本（万元）	持股比例（%）	经营范围	备注
12	国仪量子（合肥）技术有限公司	2180.42	23.58	量子精密测量仪器设备研发及销售	
13	合肥科佳高分子材料科技有限公司	2020	15	膜及膜材料的研发、生产	
14	安徽中科国创高可信软件有限公司	1003.3	8	高可信软件研发、服务	
15	合肥国家大学科技园发展有限责任公司	1800	5.56	科技企业孵化器建设及管理	
16	安徽科大擎天科技有限公司	4000	14.355	安防设备、计算机软硬件产品和系统集成	
17	安徽中科新研陶瓷科技有限公司	600	17	陶瓷、金属和复合材料粉体	
18	合肥中科大爱克科技有限公司	300	56.33	加速器及相关技术的设计、研制	
19	合肥兰德自动化有限公司	300	28	自动化设备	
20	安徽中科大建成科技有限公司	300	28	高新技术产品研发,软件开发	
21	合肥华西科技开发有限公司	210	35	汽车检测设备、控制系统	
22	合肥科创教育服务有限公司	10	100	教育咨询、教育服务	
23	合肥本源量子计算科技有限责任公司	464.7235	20.2033	量子计算	
24	安徽中科国金量子科技有限公司	1008.34	17.5	量子技术推广	
25	国耀量子雷达科技有限公司	10000.8333	26.4	量子传感探测、量子雷达研发生产	

科技产业孵化基地一览表

基地名称	所在地	成立日期	代表机构	注册资本(万元)
合肥国家大学科技园	合肥高新技术产业开发区	2000.12	合肥国家大学科技园发展有限责任公司	1800
中国科技大学深圳研究院	深圳虚拟大学园	2000.8	中国科技大学深圳研究院	50
中国科学技术大学先进技术研究院	合肥高新技术产业开发区	2012.7	中国科学技术大学先进技术研究院(2013.6注册)	1000

十一、教职工队伍

教职工人员结构情况

(2018年9月)

单位：人

	教职工								其他人员		
	合计	校本部教职工				科研机构人员	校办企业职工	其他附设机构人员	聘请校外教师	离退休人员	附属中小学、幼儿园教职工
		总计	专任教师	行政人员	教辅人员	工勤人员						
总　　计	3431	2775	1715	472	350	238	576	26	54	1725	2224	134
其中：女	910	729	281	265	169	14	142	6	33	224	967	87
正高级	745	740	716	12	12			4	1	1215	355	
副高级	956	943	845	34	64			6	7	454	576	35
中　级	1033	421	147	65	209		559	16	37	20	*	*
初　级	77	57	3	6	48		11		9	0	*	*
无职称	620	614	4	355	17	238	6			36	*	*
其中聘任制：小　计	416	352	2	136	122	92	33	3	28	*	*	*
其中：女	210	179		94	77	8	12	2	17	*	*	*
正高级	0	0								*		
副高级	2	2	1		1					*	*	*
中　级	150	101	1	20	80		22	3	24	*	*	*
初　级	40	31		5	26		5		4	*	*	*
无职称	224	218		111	15	92	6			*	*	*

专任教师年龄、学历情况

(2018年9月)

单位：人

职称 \ 年龄		合计	29岁及以下	30～34岁	35～39岁	40～44岁	45～49岁	50～54岁	55～59岁	60～64岁	65岁及以上
总　计		1715	45	293	357	311	228	238	182	47	14
其中：女		281	9	46	54	56	54	37	22	1	2
按专业技术职务分	正高级	716	2	61	153	119	88	123	109	47	14
	副高级	845	39	227	189	146	86	92	66		
	中　级	147	1	1	15	46	54	23	7		
	初　级	3	3								
	未定职级	4		4							
按学历分	博士学位	1470	41	291	350	278	180	180	118	31	1
	硕士学位	152	4	2	6	26	33	39	33	8	1
	本　科	93	0	0	1	7	15	19	31	8	12

分学科专任教师情况

(2018年9月)

单位：人

	合计	正高	副高	中级	初级	未定职称
总　计	1715	716	845	147	3	4
其中：女	281	50	179	47	2	3
哲　学	28	7	12	8		1
经济学	26	7	16	3		
法　学	2	1		1		
教育学	26		14	11	1	
文　学	58	7	17	29	2	3
理　学	1069	521	515	33		

续表

	合 计	正 高	副 高	中 级	初 级	未定职称
工 学	400	157	197	46		
管理学	101	16	72	13		
艺术学	5		2	3		

中国科学院院士、中国工程院院士一览表

（共53人）

姓 名	性别	出生年月	学 术 领 域	当选时间	所 属 学 部
朱清时	男	1946.2	分子高振动态实验和理论	1991	中国科学院化学部
王 水	男	1942.4	地球物理、空间科学	1993	中国科学院地学部
陈 颙	男	1942.12	地球物理	1993	中国科学院地学部
李国杰	男	1943.5	计算机	1995	中国工程院信息与电子工程学部
何多慧	男	1939.2	加速器物理和技术、自由电子激光	1995	中国工程院能源与矿业工程学部
马志明	男	1948.1	数学	1995	中国科学院数学物理学部
伍小平	女	1938.2	实验力学	1997	中国科学院技术科学部
施蕴渝	女	1942.4	结构生物学	1997	中国科学院生命科学和医学学部
钱逸泰	男	1941.1	无机固体化学	1997	中国科学院化学学部
童秉纲	男	1927.9	流体力学	1997	中国科学院数学物理学部
欧阳钟灿	男	1944.1	理论生物物理	1997	中国科学院数学物理学部
魏复盛	男	1938.11	环境化学、环境污染与健康、环境监测分析技术与方法	1997	中国工程院环境与轻纺工程学部
杨国桢	男	1938.3	光物理	1999	中国科学院数学物理学部
杜善义	男	1938.8	飞行器结构力学和复合材料	1999	中国工程院机械与运载工程学部
石耀霖	男	1944.8	地球动力学、地球内部物理和化学	2001	中国科学院地学部
范维澄	男	1943.1	交叉边缘学科火灾安全科学与工程	2001	中国工程院能源与矿业工程学部
周又元	男	1938.7	类星体和活动星系核研究	2001	中国科学院数学物理学部
许祖彦	男	1940.2	激光技术	2001	中国工程院信息与电子工程学部

续表

姓 名	性别	出生年月	学　术　领　域	当选时间	所　属　学　部
李曙光	男	1941.2	地球化学	2003	中国科学院地学部
吴　奇	男	1955.3	高分子科学	2003	中国科学院化学部
陈国良	男	1938.6	计算机	2003	中国科学院技术科学部
侯建国	男	1959.10	物理化学	2003	中国科学院化学部
洪茂椿	男	1953.9	无机化学	2003	中国科学院化学部
郭光灿	男	1942.12	光学	2003	中国科学院技术科学部
李　灿	男	1960.1	化学	2003	中国科学院化学部
张裕恒	男	1938.3	凝聚态物理	2005	中国科学院数学物理学部
吴以成	男	1946.11	非线性光学材料	2005	中国工程院化工、冶金与材料工程学部
吴一戎	男	1963.7	合成孔径雷达(SAR)系统以及遥感卫星地面处理和应用	2007	中国科学院信息技术科学部
郑永飞	男	1959.10	地球化学	2009	中国科学院地学部
万元熙	男	1939.12	等离子体物理	2009	中国工程院能源与矿业工程学部
包信和	男	1958.8	物理化学	2009	中国科学院化学部
万立骏	男	1957.7	物理化学,纳米科技	2009	中国科学院化学部
潘建伟	男	1970.1	量子物理和量子信息	2011	中国科学院数学物理学部
杨学明	男	1962.10	物理化学	2011	中国科学院化学部
李亚栋	男	1964.11	无机化学	2011	中国科学院化学部
万卫星	男	1958.7	空间物理	2011	中国科学院地学部
沈保根	男	1952.9	磁性物理学	2011	中国科学院技术科学部
张明杰	男	1966.9	结构生物学	2011	中国科学院生命科学和医学学部
赵政国	男	1956.12	粒子物理	2013	中国科学院数学物理学部
谢　毅	女	1967.7	无机固体化学	2013	中国科学院化学部
谭铁牛	男	1964.1	模式识别与计算机视觉	2013	中国科学院信息技术科学部
刘文清	男	1954.1	环境监测技术研究和应用	2013	中国工程院环境与轻纺工程学部
尹　浩	男	1959.8	通信网络与信息系统	2013	中国科学院信息技术科学部
陈仙辉	男	1963.3	凝聚态物理	2015	中国科学院数学物理学部
陈晓非	男	1958.2	固体地球物理学	2015	中国科学院地学部

续表

姓　名	性别	出生年月	学　术　领　域	当选时间	所　属　学　部
杜江峰	男	1969.6	粒子物理与原子核物理	2015	中国科学院数学物理学部
李建刚	男	1961.11	核科学技术应用	2015	中国工程院能源与矿业工程学部
窦贤康	男	1966.1	中高层大气理论、观测与实验综合研究	2017	中国科学院地学部
田志刚	男	1956.10	天然免疫学,特别是肝脏NK细胞的相关研究	2017	中国工程院医疗卫生学部
葛俊波	男	1962.11	心血管疾病	2011	中国科学院
卞修武	男	1963.11	人体病理诊断和研究工作	2017	中国科学院
蒋华良	男	1965.1	药物靶标发现和药物设计	2017	中国科学院
赵宇亮	男	1963.2	纳米生物效应与安全性研究	2017	中国科学院

发展中国家科学院院士一览表

（共17人）

姓　名	性别	出生年月	学　术　领　域	当选时间
马志明	男	1948.1	数学	1998
陈颙	男	1942.12	地球物理	2000
朱清时	男	1946.2	分子高振动态实验和理论	2001
李国杰	男	1943.5	计算机	2001
欧阳钟灿	男	1944.1	理论生物物理	2003
侯建国	男	1959.10	物理化学	2004
石耀霖	男	1944.8	地球动力学、地球内部物理和化学	2005
洪茂椿	男	1953.9	无机化学	2005
李灿	男	1960.1	化学	2005
施蕴渝	女	1942.4	结构生物学	2009
郭光灿	男	1942.12	光学	2009
万立骏	男	1957.7	物理化学、纳米科技	2010
郑永飞	男	1959.10	地球化学	2011

续表

姓 名	性别	出生年月	学 术 领 域	当选时间
包信和	男	1958.8	物理化学	2011
潘建伟	男	1970.1	量子物理和量子信息	2012
李亚栋	男	1964.11	无机化学	2014
谭铁牛	男	1964.1	模式识别与计算机视觉	2014

国家级教学名师一览表

（共7人）

年 度	国家级教学名师
2003	陈国良　李尚志
2006	程福臻
2007	霍剑青　施蕴渝
2009	史济怀
2011	向守平

国家万人计划入选者

（共70人）

年 度	万人计划领军人才	万人计划教学名师	万人计划青年拔尖
2012	陈仙辉　杜江峰　谢毅		傅尧　梁兴　王俊贤 武晓君
2014		程福臻	郭国平　胡隆华　黄运锋 纪杰　康宇　盛国平 吴长征　吴杰　周荣斌
2016	毕国强　陈增兵　窦贤康　龚流柱 韩良　李传锋　李厚强　李微雪 刘乃安　刘世勇　王兵　王均	陈发来	

续表

年　度	万人计划领军人才	万人计划教学名师	万人计划青年拔尖
2017	陈恩红　单　革　傅　尧　胡隆华 黄汉民　黄伟新　黄　文　汪毓明 吴恒安　徐　宁　俞汉青　俞书宏 张勇东　周荣斌		石发展　吴宇恩
2018	江　维　蔡　刚　熊　伟　胡水明 江海龙　曾　杰　吴忠庆　黄　方 黄　伟　余玉刚　陆朝阳　康　宇 秦礼萍　纪　杰　熊宇杰　王俊贤 郭国平　彭海平　彭新华		夏海云　朱祖勋　荣　星 季恒星　杜少甫

优秀人才名单

国家自然科学基金委员会
"国家杰出青年科学基金"获得者名单

(共131人)

年　度	"国家杰出青年科学基金"获得者
1994	郑永飞　李晓光
1995	郭其鹏　李　定　侯建国
1996	叶向东　毛志强　吴　奇　陈晓非
1997	程　艺
1998	谢　毅　陈仙辉　赵政国
1999	王挺贵　姚雪彪　李嘉禹
2000	杨金龙　丁泽军　刘海燕　牛立文　张其锦　李　淼
2001	陆夕云　陈乾旺　王官武　高　琛　田志刚　徐天乐　张俊颖　吴自玉
2002	陈初升　陈发来　龚为民
2003	邵学广　吴文彬　俞书宏　龚流柱
2004	倪四道　杜江峰　刘世勇　王少杰
2005	梁　樑　汪毓明　梁好均　卢建新　陈福坤
2006	何陵辉　崔　华　俞汉青　郑　坚　杨　涛

续表

年 度	"国家杰出青年科学基金"获得者
2007	吴明卫　韦世强　张广照　史庆华　毕国强　陆全明　华中生
2008	王　兵　王俊贤　苏育才
2009	潘建伟　罗　毅　齐　飞
2010	何力新　韩　良　徐铜文　窦贤康　谢周清　沈延安
2011	孙　斐　陈增兵　麻希南　王　群　侯中怀　龚兴龙　赵子福　王　均
2012	黄　文　余玉刚　黄运锋　孔　旭　罗开富　胡水明　夏群科　李　陶
2013	李传锋　徐　宁　傅　尧　黄　方　雷久侯　李良彬　李厚强　陈恩红
2014	丁　航　陈宇翱　彭新华　邓兆祥　吴　枫
2015	洪春雁　黄伟新　陆朝阳　史保森　吴恒安　张华凤　周荣斌
2016	秦礼萍　罗喜胜　邓友金　张　希　彭海平　郭国平　李向阳　刘乃安 田善喜　尤业字　彭承志　李智军
2017	单　革　康　宇　黄　伟　梁高林　熊宇杰　江海龙　袁业飞　许金时
2018	李震宇　倪怀玮　盛国平　田长麟　王　毅

国家自然科学基金委员会
"国家优秀青年科学基金"获得者名单

(共110人)

年 度	"国家优秀青年科学基金"获得者
2012	蔡　刚　郭国平　黄汉民　李震宇　刘利刚　刘　睿　刘树彬　陆朝阳 穆　杨　倪　勇　吴长征　吴　杰　项国勇　姚华建　张国庆　张少兵 周荣斌
2013	柳素玲　龙世兵　倪怀玮　彭海平　盛国平　许金时　薛　天　薛向辉 杨　锋　赵　瑾　赵　文　郑　晓　朱彦武
2014	陈仁旭　高　鹏　胡隆华　姜　锐　康　宇　冷　伟　李明哲　刘　强 梅一德　苏振鹏　孙永福　翁清雄　姚　涛
2015	陈昶乐　陈小伍　丁桂军　胡红钢　金　帆　李文卫　毛　竹　孙方稳 王慧元　王细胜　魏玖长　吴　亮　吴　涛　吴宇恩　易　为　仲　雷
2016	曹利明　查正军　陈伊翔　顾振华　姜洪源　刘光明　刘和福　刘衍文 马　杰　盛　茂　王　双　肖　翀　殷月伟　余　彦　张　杨

续表

年 度	"国家优秀青年科学基金"获得者
2017	蔡一夫　仓春蕾　崔　萍　丁冬生　董春华　高晓英　胡进明　纪　杰　江　维　蒋　彬　刘　诚　刘贤伟　马明明　石发展　司　廷　孙道远　徐　岩　许　峰　张文逸　赵　雷
2018	蔡辉山　戴立群　耿　雷　龙　冬　申成龙　唐建顺　王　杰　夏琼霞　徐宏力　宣守虎　银振强　印　娟　张　兰　周文罡　周　鑫　朱　书

正高级专业技术职务人员名单

(2018年12月,共754人)

单　位	正高级专业技术职务人员
校领导	舒歌群　包信和　潘建伟　叶向东　陈初升　陈晓剑　朱长飞　蒋　一　王晓平　杨金龙　杜江峰
少年班学院	陈旸
数学科学学院	薄立军　陈发来　陈洪佳　陈　卿　陈世炳　陈小伍　陈秀雄　程　艺　邓建松　邰　云　郭经纬　郭文彬　胡　森　黄　文　蒋　琰　库　伦　李嘉禹　李　平　李思敏　梁　兴　梁永祺　刘利刚　刘世平　刘　勇　麻希南　马　杰　欧阳毅　任广斌　邵　松　盛　茂　王　兵　王　毅　王作勤　徐　宽　徐　岩　杨　迪　杨周旺　叶　郁　殷　峥　张　磊　张梦萍　张瑞斌　张土生　张　希　张先得　左达峰
物理学院	安　琪　蔡辉山　蔡一夫　曹　刚　曹利明　曾长淦　陈红丽　陈　凯　陈　帅　陈仙辉　陈向军　程光磊　邓友金　丁冬生　丁桂军　丁泽军　董春华　段昌奎　樊逢佳　方文娟　高道能　龚　明　郭光灿　郭国平　韩　良　韩永建　韩正甫　何俊峰　何力新　黄光顺　黄　坤　黄民信　黄运锋　蒋　蔚　金　革　孔　旭　李　澄　李传锋　李海欧　李明哲　李晓光　林铭章　林毅恒　林子敬　刘桂琳　刘建北　刘树彬　刘万东　刘　文　刘衍文　卢建新　马锦秀　玛利亚　潘必才　彭常宏　彭海平　彭新华　浦　实　乔振华　秦　宏　秦胜勇　任新国　荣　星　邵　明　石发展　史保森　宋克柱　苏吉虎　孙方稳　孙　玄　唐建顺　完绍龙　王安民　王冠中　王慧元　王俊贤　王　亮　王　沛　王　群　王少杰　王　双　王挺贵　王文阁　王晓方　王　亚　王永纲　吴明卫　吴雨生　吴征威　项国勇　肖　明　肖正国　徐　宁　徐　榭　许金时　许小亮　薛永泉　杨　涛　杨维纮　叶邦角　叶民友　易　波　易　为　阴泽杰　殷月伟　银振强　尹春明　尹　民　应剑俊　郁司夏　袁军华　袁业飞　苑震生　张红欣　张宏俊　张榕京　张　杨

续表

单 位	正高级专业技术职务人员							
物理学院	张增明	赵 瑾	赵 雷	赵 文	赵政国	甄军锋	郑 坚	周双勇	周先意
	周幸祥	周正威	朱大鸣	朱 弘	朱 磊	朱林繁	朱 平	朱文光	朱晓东
	庄 革	邹旭波							
化学与材料科学学院	曹瑞国	陈昶乐	陈春华	陈东明	陈 涛	陈艳霞	初宝进	崔 华	邓兆祥
	杜平武	葛学武	龚流柱	顾振华	郝绿原	洪春雁	胡进明	胡水明	黄光明
	黄汉民	黄伟新	季恒星	江海龙	江 俊	蒋 彬	康彦彪	李连伟	李全新
	李群祥	李 涛	李微雪	李文卫	李震宇	梁高林	梁海伟	梁好均	廖结楼
	刘 波	刘光明	刘和文	刘世林	刘世勇	刘 卫	刘贤伟	刘扬中	路军岭
	罗德平	马 骋	马明明	闵元增	穆 杨	钱逸泰	尚 睿	邵 翔	盛国平
	宋钦华	唐凯斌	田善喜	田仕凯	汪 峰	汪义丰	汪志勇	王 川	王功名
	王官武	王细胜	王兴安	王延梅	王志刚	王中夏	吴 亮	吴 奇	吴 思
	吴宇恩	吴长征	武晓君	夏长荣	向 斌	谢 毅	熊宇杰	徐航勋	徐瑞雪
	徐铜文	徐 鑫	闫立峰	严以京	杨 晴	杨上峰	姚宏斌	尤业字	余 彦
	俞汉青	俞书宏	张其锦	张清伟	张 群	张兴元	章根强	郑 晓	朱平平
	朱清时	朱彦武	邹 纲						
生命科学学院（含生医部）	白 丽	毕国强	蔡 刚	仓春蕾	陈 林	陈宇星	单 革	丁 勇	符传孩
	高 平	光寿红	洪靖君	胡 兵	黄成栋	江 维	金腾川	刘北明	刘 丹
	刘海燕	刘 强	龙 冬	马世嵩	梅一德	牛立文	潘 文	瞿 昆	申 勇
	施蕴渝	史庆华	宋晓元	孙宝林	孙林峰	孙 汭	唐爱辉	陶余勇	滕脉坤
	田长麟	田志刚	汪香婷	王 朝	王雪娟	王育才	魏海明	温龙平	温 泉
	吴季辉	吴 缅	吴清发	向成斌	肖卫华	熊 伟	许 超	薛 天	杨昱鹏
	杨振业	姚雪彪	臧建业	张华凤	张效初	张志勇	张 智	赵 忠	郑基深
	周江宁	周荣斌	周逸峰	朱 书	朱 涛	鲍坚强	刘连新		
工程科学学院	陈海波	程文龙	程晓舫	储开芹	丁 航	冯志华	高 鹏	龚 明	龚兴龙
	何陵辉	胡小方	黄海波	季 杰	姜洪源	李二强	梁海弋	林其钊	刘明侯
	刘难生	卢德唐	陆夕云	骆天治	毛 磊	缪 泓	倪 勇	裴 刚	彭良明
	盛 东	司 廷	孙德军	孙明斋	谈 鹏	田 超	汪 洋	王海龙	王建华
	王克逸	王晓宏	文鹤鸣	吴 东	吴恒安	夏维东	徐晓嵘	许 峰	宣守虎
	闫 锐	杨基明	叶 宏	扎 克	翟 超	张青川	赵 旸	郑津津	朱锡锋
	竺长安								
信息科学技术学院	陈卫东	陈 勋	陈志波	陈宗海	程 林	丛 爽	戴礼荣	戴旭初	龚 晨
	洪佩琳	胡访宇	胡红钢	黄 伟	季海波	金显庆	康 宇	李 斌	李厚强
	李 荐	李卫平	李智军	林福江	林宪正	刘发林	龙世兵	秦家虎	邱本胜
	邱 玲	沈 聪	孙海定	孙利国	王东进	王 刚	王 杰	王培康	王卫东
	王 永	卫 国	吴 枫	吴 刚	谢洪涛	熊军林	熊志伟	徐云生	徐正元

续表

单 位	正高级专业技术职务人员								
信息科学技术学院	许 磊	杨 坚	叶中付	殷保群	俞能海	查正军	张卫明	张文逸	张勇东
	赵 刚	周文罡	周武旸	朱 冰	朱 明	朱 旗	朱祖勋	左成杰	
地球与空间科学学院	陈出新	陈福坤	陈仁旭	陈晓非	陈伊翔	戴立群	丁卫星	傅云飞	高晓英
	耿 雷	胡 岩	黄金水	姜 哲	雷久侯	冷 伟	李俊伦	李 锐	李曙光
	李 陶	李 毅	刘 斌	刘 诚	刘桂建	刘国胜	刘 睿	刘 尚	刘晓东
	刘贻灿	陆全明	栾晓莉	毛 竹	倪怀玮	倪四道	秦礼萍	任保华	申成龙
	沈延安	苏振鹏	孙道远	孙东松	唐 俊	陶 鑫	汪毓明	王传兵	王 水
	魏春生	温联星	吴小平	吴忠庆	肖益林	谢周清	薛向辉	杨晓勇	杨永太
	姚华建	张海江	张 捷	张少兵	张铁龙	赵 纯	赵子福	郑惠南	郑永飞
	仲 雷	周根陶	周 鑫	朱仁斌					
计算机科学与技术学院	安 虹	陈恩红	陈欢欢	陈小平	程敬原	丁 虎	龚 伟	顾乃杰	韩 恺
	华 蓓	黄刘生	蒋 凡	李 诚	李向阳	连德富	谢希科	熊 焰	徐宏力
	徐 云	许胤龙	薛吟兴	杨盘隆	张 兰	张信明	张燕咏	周学海	
管理学院	毕功兵	曹威麟	陈华平	崔志坚	丁栋虹	杜少甫	冯 锋	胡太忠	梁 樑
	刘和福	刘志迎	陆 晔	王荣森	王 潇	魏玖长	翁清雄	吴 杰	吴 强
	吴耀华	杨亚宁	余玉刚	张 洪	张曙光	赵定涛	郑泽敏		
人文与社会科学学院	陈纪梁	崔海建	龚德才	关瑜桢	胡化凯	金正耀	孔 燕	李萌涛	石云里
	史玉民	孙 蓝	汤书昆	屠 兢	夏文彧	熊卫民	徐 飞	张志辉	周荣庭
公共事务学院	宋 伟	张 姝							
软件学院	吴 敏								
苏州研究院	李 彬								
国家同步辐射实验室	鲍 骏	高 琛	高 辉	韩聚广	何多慧	何晓业	洪义麟	贾启卡	李良彬
	李为民	廖昭亮	刘 刚	刘功发	陆亚林	尚 雷	盛六四	宋 礼	孙葆根
	孙 喆	田扬超	王 琳	王秋平	王 勇	王占东	韦世强	徐法强	徐宏亮
	闫文盛	姚 涛	张国斌	朱俊发					
微尺度物质科学国家实验室	包小辉	曾华凌	陈家富	陈乾旺	陈宇翱	崔 萍	戴汉宁	董振超	封东来
	高敏锐	龚为民	郭 昌	胡 伟	霍永恒	金 帆	刘乃乐	卢征天	鲁 非
	陆朝阳	陆轻铀	罗 毅	彭承志	石 磊	石勤伟	松尾豊	孙学峰	孙永福
	谭世倞	汪喜林	王 兵	王德亮	王海千	王征飞	吴 涛	吴文彬	肖 翀
	徐安武	徐春叶	徐飞虎	姚星灿	叶树集	印 娟	张国庆	张 汇	张 军
	张 强	张 杨	张 尧	张振宇	赵 博	赵东锋	朱晓波	左 健	

续表

单 位	正高级专业技术职务人员
火灾科学国家重点实验室	范维澄　胡隆华　胡　源　纪　杰　蒋　勇　刘乃安　陆守香　宋　磊　宋卫国　孙金华　汪　箭　王海晖　王青松　肖华华　杨立中　张和平　张　俊　张永明
党政办公室	许　武
党委组织部、党委统战部、机关党委	张　玲　赵永飞
党委教师工作部、人力资源部	褚家如　黄　方　曾　杰
发展和改革办公室、发展规划处	罗喜胜
研究生院	古继宝　张淑林
招生就业处	杨　锋
教务处	汤家骏　周丛照
科研部	傅　尧　朱霁平
国际合作与交流部	侯中怀
工会	史明瑛
网络信息中心	李　京　张焕杰
档案馆	丁毅信
出版社	高哲峰　伍传平　张春瑾
医院	邱　肃
资产经营有限责任公司	赵　卫
附中	李　蓓
北京教学部	胡岳东
企业工作委员会	苏　俊
烟草中心	刘少民

近年来博士后人数变动情况

年　度	当年在站人数	当年进站人数	当年出站人数
2007	201	85	62
2008	232	108	77
2009	289	133	76
2010	337	152	104
2011	415	160	82
2012	469	193	139
2013	478	128	119
2014	473	151	156
2015	390	155	238
2016	455	200	135
2017	478	161	138
2018	584	263	157

"大师讲席"设置及聘任情况

讲席名称	所属学科	设立时间	已聘人数	聘任人员简况				
				姓　名	工作单位	研究领域	职称	聘任时间
华罗庚讲席	数学	2000.5	6	石钟慈	中科院计算数学与科学工程计算研究所	计算数学	教授（院士）	2000.7
				李　骏	美国斯坦福大学	代数几何与微分几何	教授	2000.11
				范剑青	香港中文大学	统计学	教授	2002.11
				龚　昇	已退休	数学	教授	2004.4
				鄂维南	美国普林斯顿	数学	教授	2005
				张景中	中科院成都分院		院士	2007

续表

讲席名称	所属学科	设立时间	已聘人数	姓名	工作单位	研究领域	职称	聘任时间
吴文俊讲席	数学	2001.3	2	王东明	法国科学院理论符号研究所	计算数学	教授	2001.7
				陈秀雄	美国威斯康星-麦迪逊大学	几何	教授	2001.12
赵九章讲席	地学	2000.5	3	吴京生	美国马里兰大学	空间等离子体物理	教授	2000.11
				陈颙	国家地震局	地震学和实验岩石物理学	教授（院士）	2000.7
				魏奉思				2006.9
严济慈讲席	物理	2000.5	3	解思深	中国科学院物理研究所	纳米科学	教授（院士）	2004.2
				文小刚	美国麻省理工学院	凝聚态物理	教授	2004.8
				Peter Zoller	奥地利Innsbruck大学	量子信息和量子光学	奥地利科学院院士	2004.9
钱学森讲席	力学	2000.5						
赵忠尧讲席	近代物理	2002.11	2	吴咏时	美国犹他大学	理论物理	教授	2002.11
				赵政国	美国密西根大学	物理	高级研究员	2006.10
贝时璋讲席	生物	2002.11	1	朱建康	美国Arizona大学	植物学	教授	2002.9
大师讲席Ⅰ	数学	2001.10	21	刘克峰	美国加州大学洛杉矶分校	数学	教授	2004.9
	数学	2001.10		蔡伟	美国北卡罗来纳大学	数学	教授	2010.6
	物理	2001.10		Robert B. Griffiths	卡耐基-梅隆大学	物理	资深教授	2006.9
	物理	2001.10		丁洪	中科院物理所	物理	研究员	2009.1
	物理	2001.10		陈骝	美国加州大学尔湾分校	物理	教授	2010.5

续表

讲席名称	所属学科	设立时间	已聘人数	聘任人员简况			
				姓名	工作单位	研究领域	职称	聘任时间
大师讲席Ⅰ	物理	2001.10	21	Prokofiev, Nikolay Victorovich	美国麻省大学Amherst分校	物理	教授	2012.3
	物理	2001.10		周 冰	美国密歇根大学	物理	教授	2012.3
	物理	2001.10		卢征天	美国芝加哥大学、阿贡国家实验室	原子物理	教授	2014.3
	化学	2001.10		M. S. Child	英国牛津大学	分子动力学	教授（院士）	2001.10
	化学	2001.10		庄小威	美国哈佛大学	化学	教授	2011.5
	化学	2001.10		杨培东	美国加州大学伯克利分校	化学	教授	2017.9
	信息	2001.10		高家红	美国芝加哥大学	信息	教授	2010.8
	信息	2001.10		Bill Dally	美国英伟达公司	信息	首席科学家/资深副总裁	2013.4
	计算机	2001.10		姚 新	英国伯明翰大学	计算机科学	美国工程院院士	2003.9
	计算机	2001.10		陈长汶	美国佛罗里达工学院	计算机科学	讲座教授/主任	2006.12
	计算机	2001.10		乔春明	美国纽约州立大学布法罗分校	计算机科学	讲座讲授	2012.3
	计算机	2001.10		熊 辉	美国罗格斯商学院	数据挖掘	教授	2016.10
	地空	2001.10		朱日祥	中国科学院地质与地球物理研究所	地球物理	教授/所长（院士）	2012.12
	地空	2001.10		Mark H. Thiemens	University of California, San Diego	地学	美国科学院院士	2015.4
	地空	2001.10		赵 丰	台湾中央大学；中研院地科所	地球物理	教授,院长,所长	2016.5
	地空	2001.10		吴国雄	中国科学院大气物理研究所	大气科学	教授（院士）	2012.3

续表

讲席名称	所属学科	设立时间	已聘人数	聘任人员简况					
				姓名	工作单位	研究领域	职称	聘任时间
大师讲席Ⅱ	数学	2009.6	14	陈秀雄	美国威斯康星大学麦迪孙分校	数学	教授	2009.5
	数学	2009.6		左 康	德国美因兹大学	代数几何	教授	2012.3
	物理	2009.6		段路明	美国密歇根大学	物理	教授	2010.3
	物理	2009.6		莫厚俊	美国马萨诸塞大学	天文物理	教授	2011.4
	物理	2009.6		丁卫星	美国加州大学洛杉矶分校	物理	研究员	2011.10
	化学	2009.6		张劲松	美国加州大学河边分校	物理化学环境化学	教授	2012.9
	生命	2009.6		管俊林	密西根大学医学院	分子医学及癌症研究	教授	2012.12
	生命	2009.6		周正洪	美国加州大学洛杉矶分校	结构生物学生物物理	教授	2012.9
	机械工程	2009.6		徐先凡	美国普度大学	机械工程	教授	2010.3
	信息	2009.6		陈长汶	美国纽约州立大学布法罗分校	信息	教授	2009.10
	信息	2009.6		高大勇	美国华盛顿大学	生物医学工程	教授	2010.7
	计算机	2009.6		姚 新	英国伯明翰大学	计算机	教授	2010.3
	地空	2009.6		温联星	美国纽约州立大学石溪分校	地球物理	教授	2010.7
	微尺度	2017.11		Barry.C.Sanders	卡尔加里大学	量子信息	教授	2018.10

我校专家当选国务院学位委员会第七届学科评议组成员名单

姓 名	学 科	备 注
万立骏	化学	学科召集人

续表

姓　名	学　科	备　注
陈晓非	地球物理学	学科召集人
侯建国	化学	学科召集人
潘建伟	物理学	
陈发来	数学	
杨金龙	化学	
田志刚	生物学	
郑永飞	地质学	
刘文清	环境科学与工程	
齐　飞	核科学与技术	
谢　毅	材料科学与工程	
张和平	安全科学与工程	

我校教师担任第四届安徽省学位委员会委员名单

万立骏　潘建伟　谢　毅　田志刚　陈发来　徐　飞

我校2018～2022年教育部高等学校教学指导委员会委员名单

序号	姓名	所在学院	教育部高等学校教指委名称	在教指委中的职务
1	石云里	人文学院	历史学类专业教学指导委员会	委员
2	陈发来	数学院	数学类专业教学指导委员会	委员
3	徐　宁	物理学院	物理学类专业教学指导委员会	委员
4	侯中怀	化学院	化学类专业教学指导委员会	委员
5	王挺贵	物理学院	天文学类专业教学指导委员会	副主任委员
6	李　锐	地空学院	大气科学类教学指导委员会	委员

续表

序号	姓名	所在学院	教育部高等学校教指委名称	在教指委中的职务
7	姚华建	地空学院	地球物理学类教学指导委员会	委员
8	周根陶	地空学院	地质学类专业教学指导委员会	委员
9	臧建业	生命学院	生物科学类专业教学指导委员会	委员
10	吴恒安	工程学院	力学类专业教学指导委员会	委员
11	舒歌群	党委书记	能源动力类专业教学指导委员会	副主任委员
12	吴 刚	信息科学技术学院	自动化类专业教学指导委员会	委员
13	陈恩红	计算机学院	计算机类专业教学指导委员会	委员
14	许胤龙	计算机学院	软件工程专业教学指导委员会	委员
15	俞能海	信息科学技术学院	网络空间安全专业教学指导委员会	副主任委员
16	邱本胜	信息科学技术学院	生物医学工程类专业教学指导委员会	委员
17	薛 天	生命学院	生物技术、生物工程类专业教学指导委员会	委员
18	张增明	物理学院	大学物理课程教学指导委员会	委员
19	赵 忠	生命学院	大学生物学课程教学指导委员会	委员
20	吴 敏	软件学院	教育技术专业教学指导分委员会	副主任委员

2018年博士生导师名单

一级学科代码/名称	学科代码	二级学科	指导教师（校内）		指导教师（校外）	
0101 哲学	010108	科学技术哲学	古继宝 孔 燕 周荣庭	张效初	房汉廷	
0701 数学	070101	基础数学	陈洪佳 陈 卿 胡 森 黄 文 梁 兴 松 刘世平 邵 郁 盛 茂 叶 磊	陈秀雄 李 平 欧阳毅 王作勤 张 希	崔贵珍 苏育才 叶如钢	麻小南 王友德	苗长兴 席南华	沈维孝 徐 飞
	070102	计算数学	陈发来 邓建松 徐 岩 张梦萍	刘利刚	崔俊芝	袁亚湘	周爱辉
	070103	概率论与数理统计	薄立军 张土生		王启华		
	070104	应用数学	程 艺 库 伦 马 杰 杨周旺 张先得	欧阳毅 王 毅	冯登国 尚在久	葛根年	胡 磊 李 宝
	070105	运筹学与控制论			郭宝珠		
	070120	生物数学	梁 兴 王 毅			洪奕光	张汉勤
	070121	数学物理	陈 卿 程艺 左达峰	邵 云 胡 森	殷 峰		

续表

一级学科代码/名称	学科代码	二级学科	指导教师（校内）			指导教师（校外）
0702 物理学	070201	理论物理	曹利明 黄民信 王文阁	陈增兵 李明哲 周双勇	邓友金 卢建新	丁桂军 完绍龙	高道能 王安民	
	070202	粒子物理与原子核物理	韩 良 卢征天 叶邦角	黄光顺 彭海平 张宏俊	蒋 一 邵 明 赵政国	刘建北 王 群 周先意	刘衍文 吴雨生 朱 磊	
	070203	原子与分子物理	陈 凯 卢征天 杨 涛 朱林繁	陈朝阳 姚星灿 Matthias Weidmüller	陈向军 罗 毅 苑震生	戴汉宁 潘建伟 张 强	胡水明 石发展 赵 博	
	070204	等离子体物理	丁卫星 孙 玄 郑 坚	刘万东 王少杰 朱 平	陆全明 王晓方 朱晓东	马锦秀 吴征威 庄 革	秦 宏 叶民友	
	070205	凝聚态物理	陈仙辉 段昌奎 李震宇 乔振华 孙学峰 王晓平 肖正国 尹 民 张 汇 张振宇 朱文光	程光磊 樊逢佳 林子敬 秦胜勇 王 兵 王征飞 徐 宁 袁军华 张裕恒 赵爱迪 朱晓波	董 萍 高 琛 陆轻铀 石 磊 王德亮 许小亮 曾长淦 张 杨 赵 瑾	丁泽军 侯建国 陆亚林 石勤伟 王冠中 吴 涛 杨金龙 曾华凌 张华凌 郑 晓	董振超 李晓光 潘必才 宋 礼 王海千 吴文彬 殷月伟 曾增明 张裕恒 朱 弘	沈保根

续表

一级学科代码/名称	学科代码	二级学科	指导教师（校内）	指导教师（校外）
0702 物理学	070207	光学	曹 刚　董春华　龚 明　郭光灿　郭国平 韩永建　韩正甫　何力新　黄运锋　李传锋 李海欧　陆亚林　任新国　史保森　孙方稳 王 沛　王 双　项国勇　肖 明　许金时 易 为　周幸祥　周正威　邹旭波	杨国桢
0702 物理学	070220	量子信息物理学	包小辉　曹 刚　陈 凯　陈 帅　陈宇翱 陈增兵　邓友金　丁冬生　董春华　杜江峰 龚 明　郭光灿　郭 刚　韩永建　韩正甫 何力新　黄运锋　霍永恒　李传锋　林毅恒 刘乃乐　陆朝阳　潘建伟　彭承志　彭新华 任新国　史保森　苏吉虎　孙方稳　汪喜林 王 双　王 亚　肖 明　项国勇　徐飞虎 许金时　杨 涛　易 为　尹春明　郁司夏 苑震生　张 军　张 强　赵 博　周幸祥 周正威　朱晓波　邹旭波　Barry Sanders Matthias Weidmüller	
0703 化学	070301	无机化学	陈乾旺　杜平武　龚兴龙　江海龙　李亚栋 梁海伟　刘 波　刘扬中　钱逸泰　唐凯斌 王功名　吴长征　吴宇恩　谢 毅　熊宇杰 徐安武　杨 晴　姚宏斌　俞书宏	曹 荣
0703 化学	070302	分析化学	崔 华　邓兆祥　黄光明　李 涛	洪茂椿
0703 化学	070303	有机化学	傅 尧　龚流柱　顾振华　郭 昌　黄汉民 康彦彪　罗德平　马明明　松尾豊　宋钦华 田仕凯　汪义丰　汪志勇　王 川　王官武 王细胜　王中夏　肖 斌　张国庆　张清伟	丁奎岭　李超忠　马大为 俞　飚　赵　刚　唐　勇

续表

一级学科代码/名称	学科代码	二级学科	指导教师（校内）			指导教师（校外）	
0703 化学	070304	物理化学（含：化学物理）	包信和 侯中怀 李灿 廖结楼 邵翔 武晓君 叶树集 张杨 朱清时	陈东明 胡水明 李全新 刘世林 谭世倞 徐瑞雪 曾杰 赵爱迪	陈艳霞 黄伟新 李群祥 路军岭 田善喜 闫立峰 张东辉 赵东锋	陈旸 江俊 李微雪 罗毅 王兴安 杨金龙 张国庆 郑晓	侯建国 蒋彬 李震宇 秦胜勇 吴奇 杨学明 张群 朱俊发	黄学杰 孙志刚	金盛烨 肖春雷	梁万珍 张广照	任泽峰 张涛
	070305	高分子化学与物理	陈昶乐 洪春雁 刘光明 吴思 尤业字	陈家富 胡进明 刘和文 徐春叶 邹纲	初宝进 金帆 刘世勇 徐航勋	葛学武 李连伟 江淮 徐铜文	葛治伸 梁好均 王延梅 闫立峰	张广照			
	070320	可再生洁净能源	傅尧	李全新	闫立峰	朱锡锋					
	070321	应用化学	陈家富 吴亮	李文卫 徐铜文	刘贤伟 俞汉青	穆杨	盛国平				
	070322	纳米化学	高敏锐 肖翀 杨上峰	江海龙 谢毅 俞书宏	钱逸泰 熊宇杰 曾杰	孙永福 徐安武	唐凯斌 杨晴				
	070323	单分子科学	陈艳霞 王兵	陈艳霞 董振超	李群祥	刘世林					

续表

一级学科代码/名称	学科代码	二级学科	指导教师（校内）	指导教师（校外）
0704 天文学	070401	天体物理	蔡一夫 方文娟 孔 旭 刘桂琳 王慧元 王俊贤 王挺贵 薛永泉 袁业飞 张红欣 张 杨 赵 文 甄军锋 周宏岩 周又元 Maria Messineo	樊军辉 廖新浩 王建民 严 俊 杨小虎 袁 峰
0708 地球物理学	070801	固体地球物理学	陈晓非 陈 颙 胡 岩 黄金水 冷 伟 李俊伦 刘 斌 毛 竹 倪四道 孙道远 温联星 吴小平 吴忠庆 姚华建 张海江 张 捷	陈棋福 高 原 雷建设
	070802	空间物理学	陈出新 丁卫星 窦贤康 傅云飞 姜 哲 雷久侯 李 锐 李晓莉 李 毅 刘 睿 刘 尚 陆全明 陶 鑫 任保华 申成龙 苏振鹏 孙东松 陶 然 汪毓明 王传兵 王 水 薛向辉 张铁龙 赵 纯 郑惠南 郑 坚 仲 雷	龚建村 黄荣辉 方 穆 穆 万卫星 魏春生 曾庆存 周秀骥 赵子福
0709 地质学	070902	地球化学	陈福坤 陈伊翔 高晓英 黄 方 刘贻灿 倪怀玮 秦礼萍 唐 俊 魏春生 肖益林 杨晓勇 杨永太 张少兵 赵子福 郑永飞 周根陶	
0710 生物学	071005	微生物学	马筱玲 孙宝林	李 黄 刘宏伟 娄春波 杨克迁 张立新
	071006	神经生物学	毕国强 仓春蕾 胡 兵 刘北明 刘 强 牛朝诗 申 勇 宋晓元 孙敏武 汤其强 汪香婷 温 泉 熊 伟 薛 天 杨昱鹏 张 智 周逸峰	胡新天 李家立 王晋辉 徐 林 岩 朱 岩

续表

一级学科代码/名称	学科代码	二级学科	指导教师(校内)			指导教师(校外)		
0710 生物学	071007	遗传学	光寿红 白丽 刘丹 陶龙平 温龙平 张开光 Bjoern Nashan	史庆华 符传孩 梅一德 汪香婷 杨振业 朱书	高平 史庆华 王兴兵 姚雪彪 朱涛 江维 孙泂 魏海明 张华凤 祝怀平	陈大华 刘长梅 滕兆乾 姚永刚 陈策实 管俊林 潘光锦 唐铁山 杨鹏远 郑萍	陈江华 刘杏忠 王皓毅 余迪求 陈畅 赖良学 裴端卿 王金勇 姚红杰 郑永唐	李磊 舒晓东 曲静 温廷益 徐增富 张亚平 赵建国 陈勇彬 孟颂东 孙鹏 徐涛 叶昕 郑辉
	071009	细胞生物学	蔡刚 金腾川 潘跃银 陶余勇 王育才 张志勇	陈宇星 刘海燕 施蕴渝 田长麟 向成斌 赵忠	丁勇 马世嵩 孙林峰 王保龙 臧建业 周丛照	陈毅凌 黄京飞 李李雄 刘兴国 吴东海 张云	董宇辉 赖仞 李志远 秦宝明 尹文兵 周光飚	杜文斌 李斌 梁燕 曾令文 Ralf Jaun
	071010	生物化学与分子生物学	毕国强 徐维平	陈林 张效初	胡兵 周逸峰	娄继忠 周正洪	徐平勇	章新政
	071011	生物物理学	蔡刚 田长麟	陈宇星 臧建业	金腾川 周丛照	刘劲松		
	071020	结构生物学	瞿昆	刘海燕	马世嵩	吴清发	张志勇	
	071021	生物信息学	牛立文	王育才	温龙平	余跃		
	071022	生物材料						

续表

一级学科代码/名称	学科代码	二级学科	指导教师（校内）			指导教师（校外）
0712 科学技术史	071200	科学技术史	龚德才 张志辉	关瑜桢 朱清时	石云里 宋 伟	熊卫民
0713 生态学	071300	生态学	仓春蕾 刘贤伟 谢周清 朱仁斌	丁 勇 穆 杨 俞汉青	胡 兵 盛国平 曾建雄	李文卫 孙宝林 赵 忠 刘桂建 向成斌 周丛照	曹 垒 杜卫国
0714 统计学	071401	概率论与数理统计	胡太忠	吴耀华	杨亚宁	张曙光	巴曙松 陈 敏 周 勇 王启华 于 丹
0801 力学	080102	固体力学	陈海波 梁海七 王海龙	龚兴龙 骆天治 吴恒安	何陵辉 缪 泓 伍小平	胡小方 倪 勇 许 峰 姜洪源 汪 洋 张青川	陈学东 刘 合
	080103	流体力学	丁 航 卢德唐 童秉纲	高 鹏 陆夕云 闫 锐	黄海波 罗喜胜 杨基明	李二强 司 廷	刘难生 孙德军
	080104	工程力学	汪 洋	文鹤鸣			顾金才 周丰峻 任辉启 沈 俊 孙承纬
	080120	生物工程力学	丁 航	陆夕云	杨基明	张青川	
	080121	材料力学与设计	何陵辉	倪 勇	彭良明		刘 涛
	080122	微系统力学	褚家如	伍小平			
	080124	工程安全与防护技术	汪 洋	文鹤鸣			顾金才 周丰峻 任辉启 沈 俊 孙承纬

续表

一级学科代码/名称	学科代码	二级学科	指导教师(校内)		指导教师(校外)
0803 光学工程	080300	光学工程	董春华 孙方稳 肖 明	韩正甫 王 亮 欧阳钟灿	史保森 项国勇	许祖彦
0804 仪器科学与技术	080401	精密仪器及机械	储开芹 孙明斋 夏维东 Zachary Smith(储扎克)	冯志华 王克逸 田 超 徐晓嵘(储扎克)	盛 东 吴 东 郑津津	路敏舟 孙 东 相里斌
	080402	测试计量技术及仪器	褚家如	冯志华 王克逸	翟 超	徐先凡
0805 材料科学与工程	080501	材料物理与化学	曹瑞国 季恒星 石 磊 吴文彬 章根强	陈乾旺 陆轻铀 李晓光 孙学峰 武晓君 朱长飞	黄伟新 马 骋 王征飞 张振宇	
	080502	材料学	陈初升 夏长荣	陈春华 徐春叶	杜平武 杨上峰 松尾豊 余 彦	
	080503	材料加工工程	葛学武	胡 源	刘和文 王志刚	
0807 动力工程及工程热物理	080701	工程热物理	程文龙 叶 宏	林其钊 赵 刚	舒歌群 王晓宏	姜 锐 徐建中	金红光 徐先凡	吴创之 马隆龙
	080702	热能工程	季 杰 朱锡锋	裴 刚	舒歌群 夏维东 赵 昀	冯自平 徐 刚	李小森 徐建中	吴创之 马隆龙 赵黛青 张 琦
	080705	制冷及低温工程	程文龙	季 杰	裴 刚	

续表

一级学科代码/名称	学科代码	二级学科	指导教师（校内）			指导教师（校外）	
0809 电子科学与技术	080901	物理电子学	金 革 王永纲	彭承志 赵 雷	宋克柱		
	080902	电路与系统	李 斌 吴 枫	林福江 许 磊	刘发林	王 永	黑 勇 龙世兵 王建宇 姚立斌	黎大兵 宁永强 王欣洋 叶甜春	刘 明 宋 航 薛 宁 俞 捷
	080903	微电子学与固体电子学	杜江峰 彭承志	郭国平 荣 星	金 革 王 亮	刘 文 曾长淦	陈弘达 刘 昶 谢晓明 俞跃辉	陈云霁 曹立强 鲁华祥 同 江 赵 超	李树深 吕杭炳 杨富华 邹旭东
	080904	电磁场与微波技术	陈卫东 徐云生	孙利国 朱 冰	王 旗	王卫东	阴和俊 方广有		
0810 信息与通信工程	081001	通信与信息系统	陈卫东 李厚强 王卫东 张文逸	戴旭初 林宪正 卫国 周武肠	龚 晨 邱 玲 吴 枫 朱 冰	金显庆 王 刚 徐正元	罗 翀 邓云凯	吴曼青	许利群
	081002	信号与信息处理	陈志波 凌震华 谢洪涛 张勇东	戴礼荣 邱本胜 熊志伟	李 斌 沈 聪 徐正元	李 荐 吴 杰 俞能海	陈长汶 洪 文 李学龙 吴一戎 袁 璐	丁赤飚 胡 郁 刘庆峰 徐常胜 曾文军	付 琨 霍 强 罗杰波 许继征 周 明
0811 控制科学与工程	081101	控制理论与控制工程	丛 爽 秦家虎 段保群	季海波 王 永	康 宇 吴 刚	李智军 熊军林	凌 强 杨 坚	卜智勇 乔 红	龚惠兴 王飞跃	高 文 李晓东 田 静 颜永红	洪奕光 吴宏鑫	吕金虎 于海斌

续表

一级学科代码/名称	学科代码	二级学科	指导教师（校内）		指导教师（校外）
0811 控制科学与工程	081102	检测技术与自动化装置	黄 伟 康 宇		封锡盛 史泽林 王洪光
	081103	系统工程	陈宗海 丛 爽		
	081104	模式识别与智能系统	查正军	李智军 殷保群	陈长汶 郭百宁 洪小文 胡卫明 刘成林 梅 涛 孙晓艳 谭铁牛 陶建华 王井东 徐 波 曾大军
	081105	导航、制导与控制	季海波	王 永	冯建立 贾 平 王 浩 王建立 周建亮
	081120	网络传播系统与控制	吴 刚		
	081121	信息获取与控制	陈宗海	朱 明	王劲林
0812 计算机科学与技术	081201	计算机系统结构	安 虹 李 京	顾乃杰 华 蓓 周学海 李 诚	杜晓黎 贺志强 洪 一 胡伟武 李锦涛 李忠诚 孙凝晖 许峰雄
	081202	计算机软件与理论	陈国良 许胤龙	顾乃杰 徐 京 陈欢欢 云 张信明	黄 涛 吕自成 乔春明 邵 中 张 健 赵 峰 李明树 姚 新
	081203	计算机应用技术	陈恩红 谢希科	韩 佶 李向阳 杨盘隆 张 兰 陈发来 卢德唐 熊 焰	陈熙霖 程学旗 郭锐锋 鲁加国 秦 涛 沈向洋 谭 焜 童于 谢 辉 熊 辉 姚 欣 东 张永光
	081220	信息安全（11系）	陈恩红	李向阳 熊 焰	冯登国

续表

一级学科代码/名称	学科代码	二级学科	指导教师（校内）		指导教师（校外）	
0827 核科学与技术	082701	核能科学与工程	陈红丽	彭常宏 叶民友 庄 革	段旭如 杨青巍	李 强 刘 永 欧阳晓平 徐湖珊
	082702	核燃料循环与材料	林铭章			
	082703	核技术及应用	何多慧 刘功发 王 勇	何晓业 蒋 蔚 刘树彬 尚 雷 徐宏亮 徐 树	金 革 李为民 孙葆根 王 琳	
	082704	辐射防护及环境保护	何多慧	王 群 徐 树		
	082720	同步辐射及应用	鲍 骏 宋 礼 韦世强 朱俊发	高 琛 韩聚广 孙 喆 田扬超 徐法强 同文盛	李良彬 刘 刚 王秋平 王占东 姚 涛 张国斌	
0830 环境科学与工程	083001	环境科学	耿 雷 谢周清	刘 诚 周根陶	刘晓东	沈延安
	083002	环境工程	李文卫	刘贤伟 穆 杨	盛国平	俞汉青
0831 生物医学工程	083100	生物医学工程	毕国强 龚卫东 马礼坤 徐 健 张效初	陈 林 丁 航 李 鹜 李 庆 钱立庭 邱本胜 徐晓嵘 叶中付 赵 刚 周逸峰	葛建军 黄 伟 龙 冬 吕维富 沈佐君 汪香婷 叶山东 张青川	吴丰昌 杨 敏 高家红 蒋华良 田 捷

续表

一级学科代码/名称	学科代码	二级学科	指导教师（校内）			指导教师（校外）	
0837 安全科学与工程	083700	安全科学与工程	胡隆华 陆守香 王海晖 朱霁平	胡 源 宋 磊 杨立中	纪 杰 宋卫国 张和平	蒋 勇 孙金华 张 俊	刘乃安 汪 箭 张永明
0839 网络空间安全	083900	网络空间安全	包小辉 陈小伍 戴旭初 洪佩琳 李 斌 凌震华 潘建伟 史保森 徐正元 张 军 张勇东	查正军 陈宇翱 杜江钢 胡红钢 李传锋 刘乃乐 彭承志 卫 坚 杨 强 赵 博	陈恩红 陈增兵 郭光灿 华 蓓 陆朝阳 彭新华 吴 郁 叶卫明 朱 明	陈洪佳 陈志波 郭国平 霍永恒 李向阳 马 杰 沈 聪 俞能海 张文逸	陈 凯 戴礼荣 韩正甫 库 伦 林宪正 欧阳毅 盛震伟 熊志伟 苑志伟 张先得	陈小明 冯登国 林东岱 谢海永	
1201 管理科学与工程	120100	管理科学与工程	毕功兵 刘和福 余玉刚	陈华平 魏玖长	杜少甫 吴 杰	古继宝 吴 强	梁 樑 杨 锋		
	120120	金融工程	张曙光						
1202 工商管理	120200	工商管理	丁栋虹 翁清雄	冯 锋 吴 杰	古继宝 杨 锋	梁 樑 余玉刚	刘志迎 郑泽敏		
合肥物质科学研究院									
0702 物理学	070201	理论物理	陈一平	项 农					
	070202	粒子物理与原子核物理	沈水法						

续表

一级学科代码/名称	学科代码	二级学科	指导教师（校内）	指导教师（校外）
0702 物理学	070204	等离子体物理	陈俊凌 单家芳 丁伯江 高 翔 龚先祖 郭后杨 胡纯栋 胡建生 高立群 黄 娟 季振山 揭银先 匡光力 李国强 李建刚 李亚东 梁云峰 刘甫坤 刘海庆 吕 波 罗广南 毛玉周 孟月东 倪国华 沈 飙 孙有文 万宝年 万元熙 王 亮 王守国 吴 斌 吴振伟 肖炳甲 徐国盛 臧 庆 张晓东 张新军 赵君煜 赵燕平 周 登	
	070205	凝聚态物理	蔡伟平 杜海峰 段国韬 方前锋 费广涛 郝 宁 李广海 刘长松 鲁文建 孟文海 孙 伟 秦晓英 屈 哲 盛志高 宋文海 孙玉平 田明亮 童 鹏 王贤龙 王钊胜 吴学邦 熊奕敏 徐 文 薛 飞 杨 杰 杨昭荣 曾 雉 张昌锦 张发培 张 蕾 张永胜 赵邦传 郑小宏 朱雪斌 邹良剑 Eugene Gregoryanz	
	070207	光学	储焰南 董凤忠 范承玉 方 黎 方晓东 方勇华 高闽光 高晓本 龚知本 何亚柏 洪 津 胡顺星 黄印博 江海河 阚瑞峰 李 昂 李庆和 刘 东 刘建国 刘文清 刘 勇 毛延和 乔延利 秦 敏 饶瑞中 司福祺 孙敦陆 孙晓兵 汪建业 王 安 王先华 王英俭 魏复盛 魏合理 魏庆农 吴海信 吴 毅 谢晨波 谢品华 熊 伟 徐亮 杨世植 游利兵 张黎明 张天舒 张为俊 张玉钧 赵利兵 赵卫雄 郑小兵 朱锟鹏 朱文越	

续表

一级学科代码/名称	学科代码	二级学科	指导教师（校内）	指导教师（校外）
0703 化学	070301	无机化学	赵爱武	
	070302	分析化学	王进	
0706 大气科学	070602	大气物理学与大气环境	侯再红　翁宁泉　徐青山	
	071007	遗传学	林文楚	
0710 生物学	071010	生物化学与分子生物学	刘青松　吴丽芳　杨武林	
	071011	生物物理学	卞坡　戴海明　方志友　韩伟　黄青 林文楚　刘方邻　刘静　刘青松　马祖长 王宏志　王军　王俊峰　王文超　吴李君 吴丽芳　吴跃进　吴正岩　许安　杨李林 张钠　张欣　赵国平　郑之明　钟凯	
0713 生态学	071300	生态学	刘方邻	
0801 力学	080121	材料力学与设计	王晓杰	
0803 光学工程	080300	光学工程	方晓东　毛庆和　乔延利　饶瑞中　王英俭 张庆礼　郑小兵	
0804 仪器科学与技术	080401	精密仪器及机械	王晓杰　吴杰峰　徐林森　尤晖	

续表

一级学科代码/名称	学科代码	二级学科	指导教师(校内)	指导教师(校外)
0805 材料科学与工程	080501	材料物理与化学	蔡冬清 戴建明 胡林华 蒋长龙 李 越 梁长浩 刘锦淮 罗 涛 毛小东 孟凡利 孟 钢 田兴友 汪国忠 王 化 王命泰 王振洋 伍志鲲 徐伟宏 杨良保 张海民 张庆礼 张 涛 张云霞 朱 俊 陈 健(John Jian Chen)	
	080502	材料学	陈 健(John Jian Chen)	
0807 动力工程及工程热物理	080705	制冷及低温工程	欧阳峥嵘	
0808 电气工程	080804	电力电子与电力传动	汪良斌	
	081101	控制理论与控制工程	庄 明	
0811 控制科学与工程	081102	检测技术与自动化装置	陈池来 孔德义 梁华为 牛润新 双 丰 宋 博 宋全军 汪增福 王焕钦 赵江海 朱锟鹏	
	081104	模式识别与智能系统	高理富 孔 斌 李 海 宋良图 汪增福 王红强 王儒敬 孙丙宇	
0812 计算机科学与技术	081203	计算机应用技术	梁华为 宋良图 孙怡宁 王儒敬 吴仲城	

续表

一级学科代码/名称	学科代码	二级学科	指导教师(校内)	指导教师(校外)
0827 核科学与技术	082701	核能科学与工程	柏云清 陈俊凌 陈文革 傅鹏 高格 郭后扬 胡立群 黄群英 黄懿赟 蒋洁琼 李格 李建刚 李桃生 刘华军 刘松林 刘小宁 刘智民 龙鹏程 罗广南 潘皖江 秦经刚 沈水法 宋勇 宋云涛 谭运飞 万宝年 万元熙 王石生 吴洁 吴宜灿 武松涛 武玉 肖炳甲 姚达毛 姚建铭 郁杰 张晓东 张启勇 赵柱民 郑明杰	
	082703	核技术及应用	匡光力	
0830 环境科学与工程	083001	环境科学	桂华侨 刘文清 吴李君 谢品华	
中国工程物理研究院				
0701 数学	070101	基础数学		谌稳固 郭柏灵
	070102	计算数学		成娟 杜强 蔚喜军 袁光伟
	070104	应用数学		江松
0702 物理学	070201	理论物理		段素青 刘杰 张信威
	070204	等离子体物理		丁永坤 谷渝秋
	070205	凝聚态物理		黄辉 林海青 吴强 张林
	070207	光学		景峰 李泽仁 张卫
	070208	无线电物理		苏伟

续表

一级学科代码/名称	学科代码	二级学科	指导教师(校内)	指导教师(校外)
0801 力学	080102	固体力学	陈小伟	尹益辉
	080103	流体力学	洪滔	李平 刘仓理
	080104	工程力学	陈小伟 赵剑衡	刘仓理 尹益辉 赵峰
	080124	工程安全与防护技术	刘仓理	
0803 光学工程	080300	光学工程	景峰	朱启华
0827 核科学与技术	082701	核能科学与工程	李正宏	汪小琳
	082702	核燃料循环与材料	赖新春 帅茂兵	罗德礼 汪小琳 彭述明 桑革
	082703	核技术及应用	陈波	龚建 谢卫平 章林文
0703 化学			中国科学院长春应用化学研究所	
	070301	无机化学	陈继凯 程子泳 李成宇 廖伍平 林君 刘连茂林 刘琼 刘孝娟 倪嘉缵 潘道成 唐金魁 曲晓刚 薛冬峰 任劲松 宋术岩 孙忠明 张吉林 张新波 尤洪鹏 张海元 张洪杰	
	070302	分析化学	陈卫 董绍俊 杜衍 段太成 韩冬雪 郑建波 姜秀娥 金永东 李冰凌 李劲 逯乐慧 牛利 唐纪琳 汪尔康 汪壮 王宏达 王振新 徐国宝 杨卫 杨秀荣 于聪 张柏林 张齐贤 张强	

续表

一级学科代码/名称	学科代码	二级学科	指导教师（校内）	指导教师（校外）
0703 化学	070303	有机化学	董德文 高　翔 韩福社 张所波	王　博
	070304	物理化学（含：化学物理）	崔　勍 葛君杰 李晓晶 李云琦 刘长鹏 刘志强 彭章泉 宋凤瑞 王宏宇 王晓辉 武志坚 邢　巍 徐维林 赵凤玉	
	070305	高分子化学与物理	安立佳 白晨曦 陈继忠 陈学思 程建华 程延祥 崔冬梅 丁军桥 郭凌杰 韩艳春 贺超良 胡雁鸣 黄维扬 黄宇彬 姬相玲 季生象 简忠保 姜　伟 李　果 李　茂 刘　俊 来世方 罗传富 门永锋 冉祥海 石　强 石彤非 苏朝晖 孙昭艳 汤朝晖 唐　涛 陶友华 田华雨 董　辉 王大鹏 王佛松 王利祥 王　倩 王献红 王振纲 王植源 谢志刚 谢志元 阎东航 杨小牛 杨宁全 姚占海 于喜飞 张会良 张吉东 邓鹏飏 周光远 庄秀丽	
	070321	应用化学	白晨曦 董献堆 聂　伟 逄茂林 邱雪鹏 王立民 王丕新 杨向光 章培标	
			中国科学院金属研究所	
0805 材料科学与工程	080501	材料物理与化学	陈春林 陈星秋 杜　奎 韩　拯 贺连龙 胡青苗 李　达 李　琦 刘　伟 刘志权 卢　磊 马秀良 苏党生 苏党青 王振华 徐东生 叶恒强 张广平 张哲峰 郑士建 朱银莲	张志东

续表

一级学科代码/名称	学科代码	二级学科	指导教师（校内）	指导教师（校外）
0805 材料科学与工程	080502	材料学	白朔厚 陈荣石 成会明 段德莉 韩恩琳 郝玉琳 姜辛 金涛 雷家峰 李峰 李阁平 李美栓 李毅 刘畅 刘岗 楼琅洪 卢柯 任文才 隋东明 孙晓峰 邵凯平 汤素芳 陶乃镕 王建强 王京阳 王清江 王爱民 杨坚 袁超 曾尤 徐坚 张锐 周兰章 周亦胄 张海峰 杨兴	
	080503	材料加工工程	陈德敏 宫骏 李殿中 李依依 刘实 陆善平 马宗义 戎利建 刘奎 孙明月 孙儒 肖伯律 熊天英 孙超 杨院生 张劲松 张士宏 赵九洲 杨柯	
	080520	腐蚀科学与防护	董俊华 韩恩厚 李瑛 刘福春 牛焱 王俭秋 王振尧 吴欣强 辛丽 严川伟 杨怀玉 曾潮流 郑玉贵 朱圣龙	
中国科学院南京分院				
0703 化学	070302	分析化学	王强斌	
	070304	物理化学（含：化学物理）	陈立桩 崔义 邓宗武 邱江涛 高雪峰 姜江 靳健 李炯 李立强 李清文 蔺洪振 刘立伟 卢威 吕卫帮 吕昌期 马宏伟 宁吉强 潘革波 裴仁军 马王宏 王强斌 吴晓东 谢永林 张凯 张斑 张学同 张智军 赵志刚 周小春	

续表

一级学科代码/名称	学科代码	二级学科	指导教师（校内）	指导教师（校外）
0704 天文学	070401	天体物理	常进 甘为群 江治波 刘庆忠 任远 王力帆 熊大闰 张文 / 陈学鹏 高煜 康熙 刘四明 史生才 韦大明 徐伟彪 郑宪忠 / 杜福君 郭建华 黎辉 马黄哲 苏杨 吴德金 徐烨 / 范一中 纪丽 李国亮 毛瑞青 宿英娜 吴雪峰 杨戟 / 封莉 季海生 李宗军 王红池 伍健 袁强	
	070402	天体测量与天体力学	傅燕宁 王歆 徐劲 / 季江徽 吴昀昭 张晓祥 / 雷成明 伍歆 赵长印 / 马静远 熊建宁 赵海斌 / 马月华 熊永清	
	070420	天文技术与方法	蔡明生 / 姚骑均 / 左营喜	
0710 生物学	071009	细胞生物学	程国胜 马宏伟 朱毅敏 / 戴建武 裴仁军 / 费浩 索广力 / 姜江 王强斌 / 李炯 张智军	
0803 光学工程	080300	光学工程	巩岩 / 唐玉国 / 武晓东 / 熊大曦	
0804 仪器科学与技术	080401	精密仪器及机械	唐玉国	

续表

一级学科代码/名称	学科代码	二级学科	指导教师（校内）	指导教师（校外）
0809 电子科学与技术	080903	微电子学与固体电子学	边历峰 蔡 勇 陈立桅 丁孙安 董建荣 董 军 黄春萍 李立强 李清文 刘建平 刘立伟 宁吉强 秦 华 沈文江 陆书龙 王旭光 吴东岷 谢永林 孙 钱 王荣新 曾中明 张宝顺 徐 凯 杨雄辉 曾雄辉 张 珽 张耀辉 张泽洪 张瑞英 张书明 张子旸 赵志刚	
0831 生物医学工程	083100	生物医学工程	陈晓禾 崔崤峣 戴亚康 董建飞 董文飞 高 静 高 山 高 欣 巩 岩 胡 军 贾宏博 李 辉 马 勇 彭义杰 史国华 孙敏轩 孙明山 唐玉国 王瑚陕 王 成 武晓东 熊大曦 杨洪波 王晓冬 杨晓冬 于 涌 余 爽 张 春 张京钟 张运海 赵 建 赵凌霄 郑岷雪 周连群	

2018~2019 学年度在聘外籍语言教师情况

MURRAY WAYNE SHERK	加拿大	2018.9~2019.6
JAMES FRANCIS MURPHY	英国	2018.9~2019.6
GANDY JOHN DAVID	英国	2018.9~2019.6
BEATA KATARZYNA DREWNOWSKA	波兰	2018.9~2019.6
FAEZEH BEHRAD ZAREEY	美国	2018.9~2019.6
JAMIE HENRY GEORGE	英国	2018.9~2019.6
KEITH DAVID LITTLEBURY	英国	2018.9~2019.6
DAVIDCARCIA	美国	2018.9~2019.6
TERRENCE ANTHONY DENMAN	英国	2018.9~2019.6
KYLE WILLIAM NATOLI	美国	2018.9~2019.6
HAYDEE AVELLANEDA	菲律宾	2018.9~2019.6
HEIKO HANSJUGENS	德国	2018.9~2019.6
TIMOTHY DAVID DIXON	英国	2018.9~2019.6
SEAN OG MC KIERNAN	爱尔兰	2018.9~2019.6
STEFFAN GINDY THORN	英国	2018.9~2019.6
FREDRICK ARTHUR FIRSTBROOK	美国	2018.9~2019.6

十二、国内外学术交流与合作

公派出访人员出国(境)情况

单位：人

总数	学科类别		人员类别								出国(境)类别			
			教职工					学生						
	自然科学	社会科学	教授	副教授	讲师	助教	其他	博士研究生	硕士研究生	本科生	考察访问	合作科研	学术会议	其他
1809	1586	223	1609	98	38	15		44		5	174	341	1107	187

近年来接待外宾情况

按国别统计

单位：人

国别 人数 年度	合计	美国	日本	德国	英国	加拿大	澳大利亚	法国	俄罗斯	其他
2010	615	203	30	13	19	17	20	39	16	258
2011	521	251	31	26	27	13	14	27	18	114
2012	752	287	30	38	36	25	22	36	24	254
2013	775	280	28	47	32	29	25	2	14	318
2014	1083	453	58	58	50	32	49	38	30	315
2015	1350	523	56	69	72	35	41	47	32	475
2016	1385	641	59	112	78	57	49	36	11	342
2017	1575	776	45	75	68	40	76	47	22	426
2018	1836	825	138	98	69	66	84	53	23	480

按来访性质分类

单位：人

年度\人数\性质	合 计	主 请	接待来访
2010	615	432	183
2011	521	463	58
2012	752	592	160
2013	775	590	185
2014	1083	1007	76
2015	1350	1163	187
2016	1385	1222	163
2017	1535	1379	156
2018	1836	1614	222

与国(境)外机构签订交流协议情况

序号	协 议 名 称	签订日期	有效期限	合作单位
1	中科大-旁遮普大学合作备忘录	2018.1.1	5年	旁遮普大学
2	中科大-巴计算机与新兴科学国立大学合作备忘录	2018.1.2	5年	计算机与新兴科学国立大学
3	中科大-以色列希伯来大学合作备忘录	2018.1.22	5年	希伯来大学
4	中科大-帕多瓦大学合作备忘录	2018.1.25	5年	帕多瓦大学
5	中科大-日本理化学研究所合作备忘录	2018.2.28	3年	日本理化学研究所
6	中科大-加州大学默塞德分校合作备忘录	2018.3.26	5年	加州大学默塞德分校
7	中科大-东京工业大学续签协议	2018.3.27	5年	东京工业大学
8	中科大-台湾交通大学学术交流合约书	2018.5.26	5年	台湾交通大学
9	中科大-台湾交通大学交换学生合约书	2018.5.26	5年	台湾交通大学

续表

序号	协议名称	签订日期	有效期限	合作单位
10	上海交通大学-中科大-西安交通大学-哈尔滨工业大学-浙江大学-台湾清华大学吴大猷学者交流计划备忘录	2018.7.5		上海交通大学, 西安交通大学, 哈尔滨工业大学, 浙江大学, 台湾清华大学
11	中科大-荷兰特文特大学合作备忘录	2018.9.21	5年	特文特大学
12	中科大-荷兰特文特大学交换学生合约书	2018.9.21	5年	特文特大学
13	中科大-哥伦比亚大学学位授予合作协议	2018.10.24	5年	哥伦比亚大学
14	中科大-加州伯克利大学"3+1"合作协议	2018.11.15	5年	加州伯克利大学
15	中科大-耶鲁大学暑期班合作协议	2018.11.30	3年	耶鲁大学
16	中科大-马里兰大学帕克分校合作备忘录	2018.12.7	5年	马里兰大学帕克分校
17	中科大-马里兰大学帕克分校学术交流合约书	2018.12.7	5年	马里兰大学帕克分校

与国(境)外机构合作科研项目情况

序号	项目名称	我校参与合作人员	合作方
1	能源催化反应的原位中子散射研究	黄伟新	美国能源部 橡树岭国家实验室
2	中风及疼痛治疗方法研究	田长麟	昆士兰大学

主办、承办国际大型学术会议情况

会议名称	起止时间	代表数	
		国内	国外
大气长期变化和趋势研讨会	2018.5.14~2018.5.18	50	30
2018第三届"惰性气体放射性核素示踪应用国际研讨会"	2018.9.5~2018.9.7	100	50

续表

会 议 名 称	起 止 时 间	代表数 国内	代表数 国外
2018年粒子物理唯象学计算机模拟国际会议	2018.11.12~2018.11.16	45	25
能源材料的同步辐射谱学和显微表征国际会议	2018.9.28~2018.9.30	50	50
第五届量子物理基础与技术国际会议	2018.11.12~2017.11.17	300	200
二维材料双边研讨会	2018.1.4~2018.1.6	54	6
2018火安全材料前沿国际论坛	2018.6.12~2018.6.13	80	20
2018年国际量子密码大会	2018.8.27~2018.8.31	400	100
2018年国际律师联盟生物技术法委员会年会	2018.6.1~2018.6.3	60	20
2018年粒子物理唯象学计算机模拟国际会议	2018.11.12~2018.11.16	45	25
地空学院杰出校友报告会	2018.7.1~2018.7.3	50	50
第二届国际植物分生组织研讨会	2018.6.8~2018.6.11	770	30
第二届中国2~7 GeV高亮度加速器国际研讨会	2018.3.19~2018.3.21	90	60
第四届中日几何会议	2018.9.6~2018.9.12	50	30
欧洲通信标准化协会(ETSI)量子安全研讨会	2018.9.6~2018.9.12	250	200
太赫兹自由电子激光研讨会	2018.3.1~2018.3.2	34	6
"器官衰老与器官退行性变化的机制"启动会	2018.4.1~2017.4.2	200	100
阿尔茨海默病关键蛋白BACE1(beta-分泌酶)国际研讨会	2018.5.1~2018.5.2	200	100
国际阿尔茨海默病高峰论坛	2018.7.1~2018.7.2	200	100
未来聚变堆遥操作技术国际研讨会	2018.1.22~2018.1.24	20	10
衰老及衰老相关的退行性病变国际研讨会	2018.4.14~2018.4.16	135	15
第六届细胞动力学与化学生物学国际会议	2018.10.21~2018.10.25	150	50
第三届里德堡原子和分子国际研讨会	2018.8.11~2018.8.14	130	20

"大师论坛"举办情况

序号	时　间	报告人	职　　务	报　告　题　目
1	3月25日	Bruce E. Logan	美国工程院院士	Scaling up Microbial Fuel Cells and Practical Limits in Power Production" "Converting Salinity Gradient or Waste Heat Energy into Electricity"
2	4月8日	Edvard Moser	2014年诺贝尔生理学或医学奖得主	The Brain's Navigation System
3	4月14日	Pulickel Ajayan	美国科学促进会和英国皇家化学学会 fellow	Nanoengineered Materials
4	5月3日	Seiichi Matsuo	名古屋大学校长	名古屋大学改革、自主创新2020计划
5	5月23日	Virginia Man-Yee Leeh	美国医学科学院院士	Transmission of Misfolded Proteins in Neurodegenerative Disorders: A Common Mechanism of Disease Progression
6	5月23日	John Q. Trojanowski	美国医学科学院院士	Human Tauopathy Brain Derived Pathological Tau Transmits Tauopathy in Wild-Type Mice and Interacts with Aβ in Transgenic and Knock in Mice
7	5月24日	Derek Elsworth	美国工程院院士	Induced Seismicity and Permeability Evolution in Gas Shales, CO_2 Storage and Deep Geothermal Energy
8	5月29日	Daivd Milstein	以色列科学院院士	Design and Applications of Catalytic Reactions for Sustainable Synthesis and Energy
9	6月14日	姚大卫	美国国家工程院院士	Data, Risk and Analytics——Rethinking Supply Chain Management
10	6月25日	Susan S. Golden	美国科学院院士	How Cyanobacteria Tell Time
11	7月2日	Wayne M. Yokoyama, MD	美国科学院院士	AAI President's Address: 50 Years in Immunology
12	7月4日	Arieh Warshel	2013年诺贝尔化学奖得主	用计算机模拟来研究健康问题的分子基础

续表

序号	时间	报告人	职务	报告题目
13	7月12日	Amos Nur	美国工程院院士	Rock Physics for Earthquake Prediction: Seismic Properties Around Active Faults and Their Changes with Time
14	7月16日	Steven G. Louie	美国国家科学院院士	Topological and Interaction Effects in Atomically Thin 1D & 2D Materials
15	7月18日	John A. Rogers	美国国家科学院院士	Soft Electronic and Microfluidic Systems for the Skin
16	9月7日	Leslie Valiant	2010年图灵奖得主	What Needs to be Added to Machine Learning?
17	9月20日	Naoto Sekimura	东京大学校长、日本科学委员会委员	Nuclear Safety and Nuclear Materials
18	10月10日	Matthias Scheffler	德国科学院院士	Making The Data Revolution Happen-Turning Data and Information from Computational Materials Science into Knowledge by Artificial Intelligence
19	10月14日	Michael Stryker	美国科学院院士	Gateways to Plasticity in Mouse Visual Cortex
20	10月14日	Karel Svoboda	美国科学院院士	Mechanisms of Motor Planning and Short-term Memory
21	10月14日	Arthur Konnerth	德国科学院院士	A Memory Circuit for Place Navigation
22	10月14日	David Kleinfeld	美国艺术与科学院院士	Volitional Control of Cortical Neuromodulation
23	10月20日	Kostya Novoselov	2010年诺贝尔物理学奖得主	Materials in the Flatland（二维材料的广袤平原）
24	11月26日	Klaus Blaum	德国海德堡马普所所长	Physics with Ion Traps Towards the Precision Limit
25	12月4日	Mark H. Thiemens	美国科学院院士	Origins: Solar Systems, Earth, Mars, and Life
26	12月5日	Michael Young	2017年诺贝尔生理学或医学奖得主	Genes that Control Sleep and Circadian Rhythms
27	12月14日	Efim Zelmanov	1994年菲尔兹奖获得者	Mathematics: Science or Art/Inspiration of a Mathematician

十三、全院办校、所系结合

与中国科学院研究院所签署合作共建协议一览表

序号	与科大签署协议的研究院所	协议签署时间
1	中国科学院数学与系统科学研究院	2003.11
2	中国科学院上海生命科学研究院	2003.11
3	中国科学院合肥物质科学研究院	2004.4
4	中国科学院长春光学精密机械与物理研究所	2004.4
5	中国科学院长春应用化学研究所	2004.4
6	中国科学院南京分院	2004.5
7	中国科学院上海分院	2004.5
8	中国科学院武汉分院	2004.6
9	中国科学院长春分院	2004.8
10	中国科学院成都分院	2004.9
11	中国科学院兰州分院	2004.9
12	中国科学院广州分院	2004.9
13	中国科学院沈阳分院	2004.10
14	中国科学院西安分院	2004.12
15	中国科学院昆明分院	2004.12
16	中国科学院高能物理研究所	2005.5
17	中国科学院生物物理研究所	2005.7
18	中国科学院西双版纳植物园	2005.7
19	中国科学院新疆分院	2005.8
20	中国科学院广州能源研究所	2005.5
21	中国科学院上海应用物理研究所	2005.9
22	中国科学院沈阳计算技术研究所	2005.9
23	中国科学院北京分院	2007.3
24	中国科学院苏州纳米技术与纳米仿生研究所	2007.5
25	中国科学院工程热物理研究所	2007.5
26	中国科学院动物研究所	2008.9

续表

序号	与科大签署协议的研究院所	协议签署时间
27	中国科学院沈阳金属研究所	2009.6
28	中国科学院力学研究所	2009.7
29	中国科学院物理研究所	2009.7
30	中国科学院深圳先进技术研究院	2010.3
31	中国科学院国家天文台、中国科学院紫金山天文台、中国科学院上海天文台	2010.6
32	中国科学院光电技术研究院	2010.11
33	中国科学院上海微系统研究所	2012.3
34	中国科学院近代物理研究所	2012.4

聘请中科院研究院所领导和专家兼任学校院系领导一览表

序号	姓名	所属单位和职务	我校聘任职务	聘任时间
1	洪茂椿	院士	化学系主任	2003.11.27
2	王利祥	中国科学院长春分院院长	高分子科学与工程系主任	2004.9.30
3	刘钝	中国科学院自然科学史研究所原所长	人文与社会科学学院院长 科技史与科技考古系主任	2005.10.13
4	万元熙	中国科学院等离子体物理研究所原所长、院士	核科学技术学院院长	2008.12.22
5	欧阳钟灿	中国科学院理论物理研究所原所长、院士	物理学院院长	2009.4.26
6	李灿	中国科学院大连化学物理所学位委员会主任、院士	化学与材料科学学院院长	2009.4.26
7	陈颙	国家地震局原副局长、院士	地球和空间科学学院院长	2009.4.26
8	裴端卿	中国科学院广州生物医药与健康研究院院长	医药生物技术系主任	2009.12.8
9	马志明	中国科学院数学与系统科学研究院、院士	数学科学学院院长	2009.12.8
10	许祖彦	中国科学院理化技术研究所、院士	光学与光学工程系主任	2009.12.8
11	严俊	中国科学院国家天文台台长	天文学系主任	2010.1.14

续表

序号	姓名	所属单位和职务	我校聘任职务	聘任时间
12	杜善义	哈尔滨工业大学复合材料研究所所长、院士	工程科学学院院长	2010.6.11
13	叶甜春	中国科学院微电子研究所所长	电子科学与技术系主任	2010.9.18
14	沈保根	中国科学院物理研究所研究员、院士	物理系主任	2012.4.28
15	吴以成	中国科学院理化技术研究所、院士	材料科学与工程系主任	2012.12.21
16	魏复盛	中国科学院生态环境研究中心博士生导师、中国环境监测总站研究员、中国工程院院士	环境科学与光电技术学院院长	2013.4.19
17	刘文清	中国科学院安徽光学精密机械研究所所长、中国工程院院士	环境科学与光电技术学院执行院长	2014.1.24
18	杨锐	中国科学院金属研究所所长	材料科学与工程学院院长	2015.9.2
19	杨辉	中国科学院苏州纳米技术与纳米仿生研究所所长	纳米技术与纳米仿生学院院长	2016.6.17
20	刘佩华	中国科学院苏州纳米技术与纳米仿生研究所党委书记	纳米技术与纳米仿生学院常务副院长	2016.6.17
21	杨戟	中国科学院紫金山天文台台长	天文与空间科学学院院长	2016.6.17
22	常进	中国科学院紫金山天文台副台长	天文与空间科学学院常务副院长	2016.6.17
23	吴一戎	中国科学院电子学研究所所长、院士	信息科学技术学院院长	2016.6.19
24	刘明	中国科学院微电子研究所、院士	微电子学院院长	2018.1.25
25	张东辉	中国科学院大连化学物理研究所、院士	化学物理系主任	2018.5.7
26	许瑞明	中国科学院生物物理研究所所长	生命科学学院院长	2018.10.15

与中国科学院研究院所联合创办"科技英才班"

校级"科技英才班"一览表

序号	科技英才班名称	合作单位	签署协议时间
1	华罗庚数学科技英才班	中国科学院数学与系统科学研究院	2009.3.18
2	师昌绪材料科学科技英才班	中国科学院金属研究所	2009.6.11

续表

序号	科技英才班名称	合作单位	签署协议时间
3	贝时璋生命科技英才班	中国科学院生物物理研究所 中国科学院上海生命科学研究院	2009.7.9
4	严济慈物理科技英才班	中国科学院物理研究所	2009.7.9
5	王大珩光机电科技英才班	中国科学院长春光学精密机械与物理研究所	2009.7.9
6	赵忠尧应用物理科技英才班	中国科学院上海应用物理所	2009.7.9
7	钱学森力学科技英才班	中国科学院力学研究所	2009.7.9
8	卢嘉锡化学科技英才班	中国科学院化学研究所、中国科学院上海有机化学研究所	2010.6.9
9	王绶琯天文科技英才班	中国科学院国家天文台、中国科学院紫金山天文台、中国科学院上海天文台	2010.6.9
10	赵九章现代地球和空间科技英才班	中国科学院地质与地球物理研究所	2010.6.9
11	华夏计算机科技英才班	中国科学院计算技术研究所	2010.6.9
12	信息科技英才班	中国科学院电子学研究所	2010.6.9
13	新能源英才班	中国科学院广州能源研究所	2016.8.26
14	精密光机电与环境英才班	中国科学院合肥物质科学研究院	2016.12.15

院级"科技英才班"一览表

序号	科技英才班名称	合作单位	签署协议时间
1	钱三强英才班	中国科学院高能物理研究所	2013.6.3
2	黄昆英才班	中国科学院半导体研究所	2013.6.4
3	技术物理英才班	中国科学院上海技术物理研究所	2013.7.3
4	尚光英才班	中国科学院上海光学精密机械研究所	2013.9.1
5	王淦昌英才班	中国科学院等离子体物理研究所	2013.9.29
6	杨澄中英才班	中国科学院近代物理研究所	2013.10.16
7	天眷英才班	中国科学院武汉物理与数学研究所	2013.11.12
8	吴仲华英才班	中国科学院工程热物理研究所	2016.10.16

近年来接收中国科学院研究院所代培研究生情况一览表

年　度	人　数
1999	302
2000	379
2001	522
2002	750
2003	835
2004	859
2005	896
2006	995
2007	961
2008	996
2009	1074
2010	1065
2011	1075
2012	1106
2013	1050
2014	822
2015	841
2016	774
2017	784
2018	815
合　计	16901

近年来向中国科学院研究院所推荐免试研究生情况一览表

年　度	人　数
1999	52
2000	52
2001	85
2002	167
2003	201
2004	150
2005	180
2006	221
2007	198
2008	191
2009	188
2010	194
2011	177
2012	153
2013	145
2014	124
2015	112
2016	84
2017	82
2018	62
合　计	2818

近年来本科生在中国科学院研究院所开展实践教学情况一览表

年　度	大学生研究计划	专业实习	毕业论文	合　计
2004	223	397	157	777
2005	238	350	101	689
2006	301	368	94	763
2007	487	554	107	1148
2008	284	303	112	699
2009	329	309	108	746
2010	292	335	185	812
2011	228	358	174	760
2012	162	423	172	757
2013	131	690	198	1019
2014	73	469	164	706
2015	104	561	146	811
2016	47	602	139	788
2017	48	547	110	705
2018	30	587	113	730

中国科学院研究院所在学校设立奖学金一览表

序号	奖学金名称	设　立　单　位	设立年度
1	力学攀登奖	中国科学院力学研究所	1994
2	祖同奖学金	中国科学院西安光学精密机械研究所	2003
3	李薰奖学金	中国科学院沈阳金属研究所	2005
4	长光奖学金	中国科学院长春光学精密机械与物理研究所	2006
5	黄鸣龙奖学金	中国科学院上海有机化学研究所	2006

续表

序号	奖学金名称	设 立 单 位	设立年度
6	成都光电奖学金	中国科学院光电技术研究所	2006
7	赵九章奖学金	中国科学院空间科学与应用研究中心	2007
8	地学攀登奖学金	中国科学院地质与地球物理研究所	2007
9	吴学周奖学金	中国科学院长春应用化学研究所	2007
10	微系统所奖学金	中国科学院上海微系统与信息技术研究所	2007
11	国家天文台奖学金	中国科学院国家天文台	2009
12	大连化学物理研究所优秀学生奖学金	中国科学院大连化学物理研究所	2010
13	化学所英才奖学金	中国科学院化学研究所	2011
14	广州能源所奖学金	中国科学院广州能源研究所	2011
15	电子所奖学金	中国科学院电子学研究所	2011
16	近代物理所奖学金	中国科学院近代物理研究所	2012
17	林兰英奖学金	中国科学院半导体研究所	2012
18	卢嘉锡奖学金	中国科学院福建物质结构研究所	2013

近年来与中国科学院研究院所共建科教结合平台一览表

序号	机构名称	共建单位	成立时间
1	核科学技术学院	中国科学院合肥物质科学研究院	2009.1
2	计算机科学与技术学院	中国科学院计算技术研究所、中国科学院软件研究所、中国科学院沈阳计算技术研究所	2009.5
3	光学与光学工程系	中国科学院上海光学精密机械研究所、中国科学院光电技术研究所、中国科学院西安光学精密机械研究所、中国科学院长春光学精密机械与物理研究所、中国科学院安徽光学精密机械研究所	2009.12
4	数学科学学院	中国科学院数学与系统科学研究院	2011.5
5	中国科学院国家数学与交叉科学中心——合肥分中心	中国科学院数学与系统科学研究院	2011.5

续表

序号	机构名称	共建单位	成立时间
6	合肥物质科学技术中心	中国科学院合肥物质科学研究院	2011.9
7	环境科学与光电技术学院	中国科学院合肥物质科学研究院	2011.9
8	中国科学院核能安全技术研究所	中国科学院合肥物质科学研究院	2011.9
9	量子信息与量子科技前沿协同创新中心	中国科学院上海技术物理研究所、中国科学院半导体研究所、南京大学、国防科技大学	2012.7（组建）2014.1（揭牌）
10	国家示范性微电子学院	中国科学院长春光学精密机械与物理研究所	2015.12
11	合肥能源研究院	中国科学院广州能源研究所、合肥市人民政府	2016.11

近年来与中国科学院研究院所共建实验室一览表

序号	实验室名称	共建（合作）单位	成立时间
1	核探测与核电子学国家重点实验室（核探测技术与核电子学联合实验室）	中国科学院高能物理研究所	2008.12（2005.4）
2	中国科学院星系宇宙学重点实验室（星系和宇宙学联合实验室）	中国科学院上海天文台	2008.12（2005.1）
3	中国科学院网络传播系统与控制重点实验室（培育建设）（网络传播系统与控制联合实验室）	中国科学院声学研究所	2008.12（2006.11）
4	中国科学院能量转换材料重点实验室（新能源材料联合实验室）	中国科学院上海硅酸盐研究所	2008.12（2007.4）
5	中国科学院城市污染物转化重点实验室（环境污染控制联合实验室）	中国科学院城市环境研究所	2014.8（2012.1）
6	中国科学院空间信息处理与应用系统技术重点实验室	中国科学院电子学研究所	2013.4
7	中国科学院微观磁共振重点实验室（量子生物物理联合实验室）	中国科学院生物物理研究所、中国科学院物理研究所、中国科学院化学研究所	2016.8（2014.10）

续表

序号	实验室名称	共建(合作)单位	成立时间
8	化学物理联合实验室	中国科学院大连化学物理研究所	2005.6
9	智能科学与技术联合实验室	中国科学院自动化研究所	2005.7
10	蛋白质科学联合实验室	中国科学院生物物理研究所	2005.7
11	网络与通信联合实验室	中国科学院沈阳计算技术研究所	2005.9
12	绿色合成化学联合实验室	中国科学院上海有机化学研究所	2005.11
13	数学物理联合实验室	中国科学院武汉物理与数学研究所	2005.12
14	科技传播研究所	中国科学院科学时报社	2006.2
15	强子物理研究中心	兰州重离子国家实验室	2006.3
16	无机固体联合实验室	中国科学院福建物质结构研究所	2007.5
17	高分子薄膜与溶液联合实验室	中国科学院长春应用化学研究所	2007.9
18	分析化学研究伙伴小组	中国科学院长春应用化学研究所	2008.1
19	超精密控制与系统联合实验室	中国科学院长春光学精密机械与物理研究所	2010.5
20	微纳电子系统集成研究中心	中国科学院微电子研究所	2010.9
21	生物质催化转化联合实验室	中国科学院广州能源研究所	2013.12
22	天然活性多肽联合实验室	中国科学院昆明动物研究所	2015.3
23	超导量子器件与量子信息联合实验室	中国科学院上海微系统与信息技术研究所	2015.10

注：学校与中国科学院研究院所共建的上述联合实验室中，已有部分实验室升格为国家或省部级重点实验室。

近年来与中国科学院研究院所共建科教融合学院一览表

学科领域	研究所	共建学院	成立时间或进展情况
化学化工与材料学科领域	中国科学院金属研究所	材料科学与工程学院	2015年9月2日
	中国科学院苏州纳米技术与纳米仿生研究所	纳米技术与纳米仿生学院	2016年6月17日
	中国科学院长春应用化学研究所	应用化学与工程学院	2017年8月26日

续表

学科领域	研究所	共建学院	成立时间或进展情况
物理天文学科领域	中国科学院合肥物质科学研究院	核科学技术学院	2008年12月18日
	中国科学院紫金山天文台	天文与空间科学学院	2016年6月17日
工程科学和机械控制	中国科学院苏州生物医学工程技术研究所	生物医学工程学院	研究生教育已归口

十四、办学支撑条件

图书馆馆藏情况

项目		纸质文献总计	电子文献总计	图书							期刊			报纸	视听资料
				合计	小计	中文		外文			合计	中文	外文		
						小计	社科	科技	小计	社科	科技				
总藏书量		240.0595万册		182.4658万册	158.9851万册	70.7203万册	88.2648万册	23.4807万册	2.2697万册	21.211万册	56.1733万册	26.4802万册	29.6931万册	6312册	7765盘
2010年购置	种	19851	4559000	17388	17300	9500	7200	88		88	2398	2216	182	65	0
	册	61729	4559000	59096	59008	30000	29008	88		88	2454	2272	182	179	0
2011年购置	种	16559	5027000	14942	14738	8300	6500	204		204	1550	1381	169	67	0
	册	53798	5027000	51371	51157	26000	25157	214		214	2248	2079	169	179	0
2012年购置	种	19735	5310000	18164	16802	11241	5561	1362		1362	1509	1346	163	62	0
	册	61932	5310000	59579	58147	33725	24422	1432		1432	2189	2026	163	164	0
2013年购置	种	15793	5610000	14274	13630	7600	6030	644		644	1454	1282	172	65	0
	册	42671	5610000	40857	40180	22800	17380	677		677	1677	1505	172	137	0

续表

项目		纸质文献总计	电子文献总计	图书						期刊			报纸	视听资料
				合计	小计	中文		外文		合计	中文	外文		
						社科	科技	小计	社科	科技				
2014年购置	种	22690	5840000	21717	20952	11524	9428	765		765	943	798	145	30	0
	册	55806	6110000	54495	53712	29542	24170	783		783	1271	1125	146	40	0
2015年购置	种	20375	6090000	19534	18878	12428	6450	656	172	484	795	684	111	46	0
	册	43351	6630000	42164	41493	24548	16945	671	173	498	1097	985	112	90	0
2016年购置	种	22121	6350000	21280	20410	13458	6952	870	51	819	795	684	111	46	0
	册	46175	7180000	44988	44095	26328	17767	893	56	837	1097	985	112	90	0
2017年购置	种	26290	6650000	25726	24281	13356	10925	1445	68	1377	519	480	39	45	0
	册	48265	7780000	47413	45841	24060	21781	1572	68	1504	764	725	39	88	0
2018年购置	种	15346	6950000	14829	13665	8178	5815	1164	100	1064	473	445	28	44	0
	册	32097	8380000	31293	29901	15206	14697	1392	163	1229	712	684	28	92	0

档案馆馆藏情况

年度 类别	2015	2016	2017	2018
教学类档案	9772 件	22413 件	31418 件	39997 件
科研类档案	671 卷	2073 卷	763 卷	1211 卷、1698 件
党群类档案	324 件	334 件	366 件	761 件
行政类档案	1020 件	1492 件	4167 件	1348 件
外事类档案	1220 件	1803 件	1522 件	1476 件
财会类档案	11124 卷、50 件	5567 卷、52 件	11067 卷、56 件	8039 卷、79 件
基建类档案	382 卷	781 卷	309 卷	421 卷
设备类档案	103 卷	67 卷	12 卷	261 卷
出版物类档案	102 件	205 件	45 件	89 件
声像类档案	507 件	308 件	291 件	260 件
寄存类档案		2 件		
其他档案	6 件	196 件		1 卷、454 件
年度进馆总数	12288 卷、13001 件	8488 卷、26805 件	12219 卷、38185 件	9933 卷、45715 件
馆藏总数	110914 卷、257549 件	119402 卷、284354 件		141554 卷、418986 件

注：1. 党群、行政、教学类档案根据国家有关规定自 2001 年起由案卷级改为文件级；

2. 寄存类档案 2018 年移出 43 件；

3. 截至 2016 年底，科研类档案 2011～2013 年度件改卷，仍有部分未录入数据库，数据有待更新。

近年来图书出版情况

年 度	品 种		总印数（万册）	总印张（千印张）	新出图书版面字数(万字)	定价总金额（万元）
	总 量	新 版				
2016	454	222	216	24067	8039	8562
2017	496	244	169	27242	11195	8016
2018	530	233	195	30180	8265	9532

近年来校园网络建设情况

年份	联网计算机数（台）	用户数（人）	带宽（Mbps）	光缆长度（km）*	网络设备数（台）*	经费投入（万元）*
1996	280	350	0.064	7.3	38	201
1997	1400	1800	0.128	11.5	45	226
1998	2900	5400	0.256	19.8	94	276
1999	4500	8800	0.512	28.1	115	531
2000	6800	13000	155	39.6	347	807
2001	7820	14589	410	48.2	766	1407
2002	8500	16800	665	52.8	886	1857
2003	9820	19990	665	55.1	993	1984
2004	13500	22393	2800	56.1	1123	2284
2005	16000	23500	6000	57.1	1173	2584
2006	18000	24330	8750	62.1	1379	2915
2007	20000	29246	8850	66.1	1627	3250
2008	21000	33620	8850	69.7	1782	3765
2009	22000	39370	11200	71.2	1897	4990
2010	23000	45120	11355	72.2	2022	6343
2011	24000	50870	11855	75.2	2047	7668
2012	35000	50259	11855	78.5	2358	9141
2013	44000	61528	13500	79.4	2473	10214
2014	46000	62925	13600	81.9	2990	11482
2015	46000	65657	14500	85.3	3552	12239
2016	46000	74891	17100	87.5	4641	13553
2017	46000	74669	23200	90.6	5708	15353
2018	46000	82841	23200	94.9	9008	17281

注：带 * 为逐年累计数。

年度教学科研仪器设备统计

单位：万元

单位名称	仪器设备拥有量				其中：10万元以上			
	年初数		年末数		年初数		年末数	
	合件	金额	合件	金额	合件	金额	合件	金额
合　　计	83387	323159.47	91748	376643.12	5880	228025.68	6925	269721.22
少年班学院（少年班、教改试点班）	218	126.66	218	126.66	0	0.00	0	0.00
数学科学学院	642	883.28	699	1407.42	10	331.62	17	629.62
地球和空间科学学院	4499	24634.79	4967	27890.43	476	18266.20	545	20789.09
生命科学学院	7	3.86	7	3.86	0	0.00	0	0.00
工程科学学院	4	0.84	4	0.84	0	0.00	0	0.00
核科学技术学院	1097	4636.97	1217	5442.27	123	2937.45	138	3341.38
计算机科学与技术学院	2604	4588.86	2419	5616.20	60	2078.20	88	2825.92
软件学院	1704	967.25	1812	1265.87	7	128.74	13	319.99
公共事务学院	297	212.98	347	252.57	1	20.09	1	20.09
继续教育学院	409	316.89	307	231.55	2	49.26	2	49.26
国家同步辐射实验室	3718	25306.37	4488	31646.53	404	18566.59	533	23193.70
火灾科学国家重点实验室	2166	7526.02	2181	9005.02	136	4640.71	156	6078.78

续表

单位名称	仪器设备拥有量				其中：10万元以上			
	年初数		年末数		年初数		年末数	
	合件	金额	合件	金额	合件	金额	合件	金额
合肥微尺度物质科学国家实验室	7565	75510.19	8440	85795.69	1213	64880.94	1382	73782.18
核探测与核电子学国家重点实验室	82	223.97	151	623.72	4	100.91	16	383.50
中国科学院量子信息重点实验室	1832	16199.07	2067	19920.93	320	13073.10	413	16294.79
非线性中心	227	798.80	227	798.80	13	544.77	13	544.77
烟草与健康研究中心	202	408.07	152	273.75	8	239.96	5	149.03
档案馆	65	30.19	62	28.19	0	0.00	0	0.00
图书馆	499	860.03	488	1115.00	19	362.02	26	543.96
网络信息中心	1181	2564.02	4132	3710.47	24	717.22	27	832.98
博物馆	10	4.77	10	4.77	0	0.00	0	0.00
汽车队	45	747.60	36	745.23	20	738.67	20	738.67
理化科学实验中心	158	602.85	158	602.85	2	535.27	2	535.27
工程科学实验中心	402	5403.17	418	6146.42	74	5056.70	79	5775.06
信息科学实验中心	413	2796.29	414	4126.37	54	2135.29	69	3422.90
生命科学实验中心	167	2077.77	171	2720.32	33	1941.85	36	2575.94
物理学院院属	170	241.77	157	249.62	3	116.12	3	116.12
物理系	2072	7366.40	2128	8971.24	132	4815.92	164	6364.75

续表

单位名称	仪器设备拥有量				其中：10万元以上			
	年初数		年末数		年初数		年末数	
	合件	金额	合件	金额	合件	金额	合件	金额
近代物理系	5616	19782.19	5955	23490.41	410	11704.10	442	14465.55
天文与应用物理系	2799	4027.69	2847	4405.40	76	2120.30	87	2376.33
光学与光学工程系	508	1802.08	629	2370.14	40	1094.10	49	1410.88
物理实验教学中心	2281	5514.84	2560	5945.53	136	4073.09	148	4324.96
管理学院院属	1164	1199.28	1170	1269.27	22	411.18	24	445.78
信息管理与决策科学系	73	51.61	168	129.02	0	0.00	0	0.00
管理科学系	195	134.18	315	233.43	0	0.00	0	0.00
统计与金融系	224	181.10	246	224.94	1	10.97	1	10.97
工商管理培训部	10	2.63	11	3.07	0	0.00	0	0.00
MBA中心	370	337.83	457	397.30	5	111.82	5	111.82
化学院院属	610	1400.98	756	1516.76	27	868.81	28	912.42
化学物理系	1943	9709.96	2025	10304.66	197	6854.10	213	7286.27
材料科学与工程系	1972	6167.99	2113	6649.38	146	4103.83	157	4526.20
化学系	5005	13034.97	5269	14494.11	293	8495.07	322	9415.86
高分子科学与工程系	1303	3430.10	1394	3603.32	82	2382.44	87	2462.51
化学实验教学中心	2417	3846.71	2429	4629.60	62	1952.63	73	2594.72
生命学院院属	5136	25410.98	5221	26759.41	450	18546.26	470	19516.74
分子生物学与细胞生物学系	1838	7122.50	1828	7881.47	155	4411.29	169	5058.04

续表

单位名称	仪器设备拥有量				其中：10万元以上			
	年初数		年末数		年初数		年末数	
	合件	金额	合件	金额	合件	金额	合件	金额
神经生物学与生物物理学系	332	1361.83	464	1938.97	31	820.14	42	1162.14
系统生物学系	75	264.34	80	339.30	5	145.27	6	206.61
医药生物技术系	48	394.37	45	381.82	10	337.47	10	337.47
工程学院院属	1145	2749.17	1186	2991.54	55	1846.13	64	2032.21
近代力学系	2002	7035.19	2093	8608.58	142	4255.20	185	5555.54
精密机械与精密仪器系	1885	4104.99	1999	4732.49	68	2215.36	82	2662.00
热科学和能源工程系	1614	2997.06	1294	2801.78	55	1398.52	50	1360.64
安全科学与工程系	1	0.54	1	0.54	0	0.00	0	0.00
信息学院院属	1841	1706.28	1801	1661.72	21	628.51	20	618.33
电子工程与信息科学系	2693	6603.60	2668	7212.44	145	3743.25	158	4103.12
自动化系	1657	2137.09	1820	2569.02	20	609.67	29	915.38
电子科学与技术系	1941	1822.67	1985	1999.99	21	679.07	25	808.44
信息安全专业	135	299.13	202	491.48	7	142.22	13	255.81
信息中心	309	307.34	771	790.05	4	135.57	10	285.54
军事与空间研究基地	38	147.53	38	147.53	5	115.01	5	115.01
教育部微软重点实验室	334	1134.12	465	2510.71	25	644.37	72	1795.29
未来网络实验室	87	58.73	153	168.23	0	0.00	4	57.29

续表

单位名称	仪器设备拥有量						其中：10万元以上					
	年初数		年末数				年初数			年末数		
	合件	金额	合件	金额			合件	金额		合件	金额	
人文学院院属	275	269.00	233	276.51		1				2	34.46	
外语系	309	170.14	277	135.84		0		0.00		0	0.00	
科技史与科技考古系	305	983.62	330	1076.28		23		756.08		25	817.29	
科技传播与科技政策系	126	146.42	141	152.50		0		0.00		0	0.00	
科技哲学教学研究部	17	7.62	21	9.90		0		0.00		0	0.00	
人文素质教学研究部	14	6.95	14	6.95		0		0.00		0	0.00	
马克思主义理论教学研究部	12	5.13	13	5.65		0		0.00		0	0.00	
体育教学部	199	209.61	180	202.00		2		119.57		2	119.57	
现代艺术中心	1	0.54	1	0.54		0		0.00		0	0.00	
陶瓷艺术中心	14	13.50	15	14.28		0		0.00		0	0.00	
经济学院院属	3	2.17	3	2.17		0		0.00		0	0.00	
烟草科学系	23	12.29	18	8.38		0		0.00		0	0.00	
食品科学与工程系	19	6.40	18	6.03		0		0.00		0	0.00	
机电工程系	14	4.69	14	4.69		0		0.00		0	0.00	
工程与应用物理系	0	0.00	14	33.97		0		0.00		1	21.51	
类脑智能技术及应用国家工程实验室	0	0.00	121	2331.44		0		0.00		97	2230.78	

年度办学经费收入情况统计

单位：万元

项　　目	本　年　收　入
一、教育经费拨款	166670.79
二、科研经费拨款	106511.47
三、基本建设拨款	2000.00
四、其他经费拨款	3722.85
五、上级补助收入	5016.00
六、教育事业收入	42287.39
七、科研事业收入	155697.24
八、经营收入(所属单位对外收入)	22257.72
九、附属单位缴款	881.37
十、其他收入	38903.47
十一、拨入专款	161.38
合　　计	544109.68

年度经费支出情况统计

单位：万元

项　　目	本　年　支　出
一、教育事业支出	204644.61
二、科研事业支出	153908.72
三、院拨科研经费支出	101049.85
四、经营支出(所属单位对外支出)	18315.61
五、专款支出	161.38
六、基本建设支出	15587.50
合　　计	493667.67

年度固定资产情况表

单位：万元

项　　目	金　　额
固定资产原值	693035.44
其中：1. 房屋建筑物原值	208600.62
2. 专用设备原值	299818.74
3. 通用设备原值	148145.29
4. 图书原值	30292.37
5. 其他固定资产	6178.42

年度科研经费到款情况

单位：万元

类　　别	金　　额
一、科研事业费	4719.34
二、主管部门专项费	101917.13
三、国家发改委、科技部专项费	45600.72
四、国家自然科学基金项目费	53999.00
五、国务院其他部门专项费	22240.75
六、省、市、自治区专项费	23888.50
七、企、事业单位委托经费	9968.27
八、其他	5177.38
合　　计	267511.09

年度竣工和在建校舍情况

单位：万元、m²

项　目　类　别	投资资金来源			房屋建筑面积		
	完成投资合计	其　中		施工面积	其　中	
		国家预算内投资	自筹资金		竣工面积	在建面积
一、教学科研	33282	56000	30874	174878	6219	168659
物质科学教研楼	20525	31700	3300	91366		91366
综合体育中心	4988	24300	2474	31605		31605
生命科学楼扩建	4283		5800	14500		14500
西区特种实验楼	1046		14800	31188		31188
中校区动力保障站房	2440		4500	6219	6219	
二、生活用房	26295		41255	109161	109161	
学生生活服务中心	2387		3787	10267	10267	
学生宿舍楼	23908		37468	98894	98894	
合　　计	59577	56000	72129	284039	115380	168659
校园总面积	1626132			校园总建筑面积	1080086	

十五、2018年大事记

1月

3日 全国卫生计生系统思想政治工作会议在北京召开。会上,中国科大附属第一医院(安徽省立医院)首次获得全国精神文明建设领域最高荣誉——第五届"全国文明单位"光荣称号。

4日 学校召开2017年度中科院信息化评估工作协调会。

4日 附属第一医院举办首批校院融合学科发展规划研讨会,生命科学学院施蕴渝院士、田志刚院士、执行院长薛天、党委书记魏海明带领生命科学学院20余位老师到医院,与首批融合学科展开对话交流。

5日 国家重大科研仪器设备研制专项"基于可调谐红外激光的能源化学研究大型实验装置"(FELiChEM)2017年度研讨交流会在国家同步辐射实验室召开。

5日 国际合作与交流部举办2018年外籍专家新年晚会。

5日 校庆办、校工会、校团委、教工合唱团、学生合唱团联合举办"2018'序曲'新年音乐会"。

5~6日 我校中科院天然免疫与慢性疾病重点实验室召开第一届学术委员会第四次会议。

5日、8日 学校召开2017年度院级党组织书记抓基层党建述职评议考核会议。

6日 中国科大百人会与我校签署战略合作框架协议,向我校生命科学与医学学科、人工智能科学学科、新能源科学学科捐赠共计5000万元作为学科启动资金。

6日 学校召开学科建设研讨与工作推进会,结合第四轮学科评估结果,深入分析并研讨我校学科建设和"双一流"建设现状及发展趋势,并就2018年度"双一流"工作重点进行部署。

6日 我校信息与计算机国家级实验教学示范中心举行教学指导委员会第一次会议暨专家授聘仪式。清华大学教授杨士强、北京大学教授级高级工程师郝永胜、北京交通大学教授陈后金、西安电子科技大学教授石光明、安徽大学教授高清维、中国科大教授吴枫和许胤龙教授被正式聘为国家级信息与计算机实验教学示范中心(中国科学技术大学)教学指导委员会委员,聘期五年,杨士强教授担任委员会主任。

8日 国家科学技术奖励大会在北京隆重举行。党和国家领导人习近平、李克强、张高丽、王沪宁出席大会并为获奖代表颁奖。我校胡源研究员课题组完成的"聚合物/层状无机物纳米复合材料的火灾安全设计与阻燃机理",郭庆祥、傅尧教授和我校兼职教授刘磊合作完成的"若干有机化合物结构性质关系及反应规律性",李嘉禹教授与中国科学院数学与系统科学研究院合作完成的"微分几何中的几个分析问题研究"获国家自然科学二等奖。中国科学院院长、党组书记白春礼发来贺信。

8日 校党委常委、副校长周先意,在饮食服务集团会议室为资产后勤与基建党支部、后勤党总支记专题宣讲党的十九大精神。

8日 英国《自然》杂志子刊《自然·通讯》发表我校中科院量子信息重点实验室在量子精密测量方向取得的重要进展。该实验室李传锋、陈耕等人设计并实现了一种全新的量子弱测量方法,实验上实现了海森堡极限精度的单光子克尔效应测量。这是国际上首个在实际测量任务中达到海森堡极限精度的工作,可利用的光子数达到十万个。

8日　纳米技术与纳米仿生学院(苏州纳米所)召开2018年研究生导师培训暨工作研讨会。

8日　现代艺术中心举办"迎校庆——2018中国科大学生艺术作品展"。

9日　学校召开校内各级人大代表、政协委员、政府参事等党外代表人士新年茶话会。

9日　美国《先进材料》杂志发表我校合肥微尺度物质科学国家研究中心和化学与材料科学学院曾杰教授课题组研究成果。该组利用组分可调的硫硒化镉合金纳米棒作为催化剂,高效电还原二氧化碳为合成气。这种硫硒化镉合金纳米棒的催化剂,在二氧化碳电还原反应中表现出高活性和高稳定性,并且能够在很宽的范围内调控合成气的组成比例。

10日　在美国犹他州盐湖城举行的第48届量子电子物理学大会上,我校潘建伟教授被授予兰姆奖(Willis E. Lamb Award),以表彰他在光量子信息前沿研究领域的开创性实验贡献。

11日　我校与复旦大学联合举办钟扬同志先进事迹报告会。

11日　校党委副书记蒋一出席团委、工会2017年度领导班子民主生活会。

12日　美国《先进材料》杂志发表我校合肥微尺度物质科学国家研究中心和化学与材料科学学院材料系陈乾旺教授课题组研究成果。该组研究人员以贵金属铱掺杂的金属有机框架材料作为前驱体,一步煅烧制备了氮掺杂的类石墨烯层包裹铱钴合金核壳结构材料,在酸性电解质析氢反应中表现出高活性和高稳定性。

12~13日　学校召开第九届教职工代表大会第四次会议。校长包信和作题为《新时代新征程新作为——加快推进世界一流大学建设》的报告,总结了学校一年来的主要工作,并提出下一步工作思路、任务和要求。校党委书记许武发表题为《高举习近平新时代中国特色社会主义思想伟大旗帜,全面推进党的建设新的伟大工程》的讲话,从八个方面回顾了一年来党委的主要工作,并对下一步的工作提出三点思考,用"报国""奋斗""改革""坚守"四个关键词阐述了他对科大精神的理解。其间举行了2017年度杰出研究校长奖、第十届平凡基金——教育奖、九届三次教代会优秀提案颁奖仪式,许武书记、包信和校长分别向获奖者颁发了获奖证书。

14~16日　生命科学学院举办第十三届科研战略研讨会。

15日　爱思唯尔《古地理古气候古生态》杂志发表国家海洋局-中国科学技术大学极地生态地质联合实验室暨极地环境与全球变化安徽省重点实验室孙立广-谢周清小组在企鹅古生态研究领域取得的重要进展。他们报道了东南极地区距今1.46万年就有企鹅存在的证据,并重建了当地企鹅登陆以来连续的种群数量变化。这是东南极目前已知最早的企鹅存在记录,比早先的纪录提前了约六千年。

15日　英国《自然》杂志子刊《自然·通讯》发表我校合肥微尺度物质科学国家研究中心和生命科学学院周丛照教授、陈宇星教授课题组研究成果。他们解析了肺炎链球菌中一种新型ABC转运蛋白的原子分辨率结构,揭示了革兰氏阳性菌抗药的一种新机制。

15日　美国电气和电子工程师协会固态电路协会中国科大学生分会(IEEE SSCS-USTC学生分会)成立仪式暨微纳电子前沿学术论坛在我校举行。

15日、10月4日　美国《天体物理学杂志增刊》连续发表我校物理学院近代物理系朱林繁教授课题组与上海应用物理研究所、日本SPring-8同步辐射等国内外同行的合作文章。该课题组系列成果在乙炔和氧分子的动力学参数研究方面取得重要进展。

16日　我校研究生支教团召开支教二十年新春座谈会。

17日　校党委书记许武出席物理学院召开的领导班子民主生活会。

17日　校党委副书记叶向东出席工程科学学院召开的领导班子民主生活会。

17日　校党委常委、副校长朱长飞出席先研院召开的领导班子民主生活会。

19日　美国《物理评论快报》杂志以封面论文的形式发表我校潘建伟院士及其同事彭承志等组成的研究团队联合中国科学院上海技术物理研究所王建宇研究组、微小卫星创新研究院、光电技术研究所、国家天文台、国家空间科学中心等与奥地利科学院Anton Zeilinger研究组合作研究成果。他们利用"墨子号"量子科学实验卫星,在中国和奥地利之间首次实现距离达7600公里的洲际量子密钥分发,并利用共享密钥实现加密数据传输和视频通信。该成果标志着"墨子号"已具备实现洲际量子保密通信的能力,为未来构建全球化量子通信网络奠定了坚实基础。

19日　美国《化学评论》杂志以封面论文的形式发表我校国家同步辐射实验室李良彬教授软物质智能制造团队长篇综述评论文章。在过去十多年间,李良彬团队致力于发展基于同步辐射散射和谱学等先进研究方法,原位跟踪软物质材料在加工外场下从分子到毫米多尺度的结构演化过程,建立高分子材料"加工-结构-性能"三者之间的相互关系,用于指导高性能化和功能化材料的加工,引起了国际学术界的广泛关注。

19日　校党委常委、副校长陈晓剑出席信息科学技术学院召开的领导班子民主生活会。

21日　中央电视台举办"2017科技盛典"颁奖典礼,我校潘建伟院士领衔的"天地一体化广域量子通信技术研究团队"入选年度科技创新团队。中国科学院院长白春礼院士为该团队颁奖。我校另有多名校友同时入选年度科技创新人物:暗物质粒子探测卫星"悟空号"首席科学家、我校84级校友常进(844)、寒武纪创始人陈天石(01少)、陈云霁(97少)兄弟。李国杰院士(78硕)、邓中翰院士(877)等多位校友担任颁奖嘉宾。

22日　学校召开2017年度领导班子民主生活会,按照中央要求做好六个"聚焦",坚决维护以习近平同志为核心的党中央权威和集中统一领导,牢固树立"四个意识",坚定"四个自信",深入贯彻落实党的十九大精神,对照党章,对照初心和使命,坚持理论联系实际,坚持问题导向,强化问题意识,开展深刻批评与自我批评。

24日　国家同步辐射实验室召开2017年度领导班子民主生活会。校党委常委、副校长朱长飞出席会议。

24~26日　由我校管理学院承办的国家自然科学基金委员会管理科学部优秀青年科学基金项目结题评估暨学术报告会在合肥召开。

25日　学校举行国家示范性微电子学院授聘仪式,中科院微电子所刘明院士受聘为我校国家示范性微电子学院院长。

25日　图书馆、档案馆、网络信息中心召开2017年度领导班子民主生活会,校党委常委、副校长王晓平出席会议。

26日　校长包信和,副校长周先意、王晓平,总会计师黄素芳在资产与后勤保障处、保卫与校园管理处、基本建设处、饮食服务集团等单位负责人的陪同下,看望慰问寒假期间仍坚守在一线岗位上的后勤职工。

26日　英国《自然》杂志子刊《自然·通讯》发表我校中科院量子信息重点实验室在纳米机电系统方面取得的新进展。该实验室郭国平、邓光伟等人与美国加州大学默塞德分校田琳合作,在研究两个石墨烯纳米谐振器的模式耦合过程中,创新性地引入第三个谐振器作为声子腔模,成功地实现了非近邻的模式耦合,通过简单调节腔模频率实现非近邻耦合强度从弱耦合到强耦合的连续变化。

28日　学校与芜湖市政府签订框架协议,共同建设智慧城市实验室,开展大数据和智慧城市创新研究,推进智慧产业发展和芜湖市智慧城市建设。校长包信和,芜湖市委书记潘朝晖、市长贺懋燮出席会议。

28日　《美国化学会志》发表我校杨上峰教授课题组研究成果。该组通过对内嵌富勒烯进行化学修饰,成功实现了分子构型的调控,为调控内嵌富勒烯的结构提供了新的思路。

28日　人文与社会科学学院与生命科学学院联合举办生命科学与医学伦理论坛。

29日　《美国科学院院报》发表我校吴缅教授和澳大利亚纽卡斯尔大学张旭东教授合作研究成果。他们通过实验研究表明,IDH1-AS1能够抑制细胞的增殖和裸鼠成瘤能力,这意味着IDH1-AS1具有潜在的抑癌效应,可能会成为一个有潜力的肿瘤代谢治疗靶点。

30日　党委常委、副校长周先意出席管理学院召开的领导班子民主生活会。

31日　英国《自然》杂志子刊《自然·通讯》发表我校中科院量子信息重点实验室在环回差分相位量子密钥分配研究方面取得的重要进展。该实验室的银振强、王双、陈巍、韩正甫等在理论上完善了该协议的安全性证明,以此为基础在国际上首次实现了分组脉冲数最小、安全距离最长的RRDPS协议,解决了该协议在实际信道条件下分组脉冲数过多、效率偏低的问题。

本月　英国《自然》出版集团更新自然指数。在统计时间段2016年10月1日至2017年9月30日期间。我校在68种自然科学杂志上共发表682篇论文,自然指数236.29,位列全球高校第18名,较去年上升1位,在中国大陆高校排名第4。

本月　科睿唯安(Clarivate Analytics)发布最新一期ESI(基本科学指标)数据。在学科排名中,中国科学技术大学的"植物学与动物学"首次进入世界前1%。截至目前,我校进入ESI学科排名的学科增至12个。

本月　在安徽省政协第十二届一次会议和安徽省人大第十三届一次会议上,我校牛立文、郑永飞当选省政协副主席,潘建伟、陈初升、韦世强等当选省政协常委,杨金龙、陈乾旺当选安徽省人大常委。

2月

1~2日　国家同步辐射实验室召开2017年度实验室全面考核暨年度工作总结大会。

2日　全国政协副主席、科技部部长万钢调研我校上海研究院。科技部高新司司长秦勇、基础研究司司长叶玉江,上海市常务副市长周波、科委主任寿子琪,中科院上海分院院长王建宇等参加调研。

2日　美国《纳米快报》杂志发表我校合肥微尺度物质科学国家研究中心赵瑾教授研究小组研究成果。该组以掺杂 TiO_2 为原型材料，利用自己发展的 Hefei-NAMD 程序研究了掺杂半导体中的电子-空穴复合动力学及其物理机制。他们发现，掺杂离子引入的杂质声子的局域程度是决定电子-空穴复合的关键因素。

3日　美国《物理化学快报》发表我校微尺度物质科学国家研究中心罗毅教授领导的研究小组成果。该组江俊教授利用第一性原理计算，提出了首个自适应开关的有机分子太阳能电池设计，该方案具有低成本、高效、自适应的优点。

5日　国家同步辐射实验室举行以校内优秀青年人才为代表的合肥光源用户座谈会。

7日　美国《神经科学杂志》以封面形式报道我校合肥微尺度物质科学国家研究中心与生命科学学院毕国强、刘北明与周正洪教授课题组的合作研究成果。他们利用冷冻电子断层三维重构技术，结合自主研发的冷冻光电关联显微成像技术，实现了对中枢神经系统中两类最主要突触——兴奋性/抑制性突触的精确区分以及结构特征的定量化分析。这是当前国际上首次利用冷冻电镜技术对完整突触进行系统性定量分析。

8日　美国《物理评论快报》杂志发表我校中科院量子信息重点实验室在开放量子系统的实验研究中取得重要进展。该实验室李传锋、唐建顺等人首次实验实现动力学演化过程的特征谱测量，并用来探测演化的非马尔科夫性。

9日　附属第一医院(安徽省立医院)召开第五届职工代表暨工会会员代表大会。

10日　党委常委、副校长、扶贫开发工作领导小组副组长朱长飞，党委常委、副校长王晓平带队赴金寨县推动落实我校食堂定向采购工作。

13日　爱思唯尔《免疫学动态》杂志发表我校生命科学学院、中科院天然免疫与慢性疾病重点实验室和合肥微尺度物质科学国家研究中心周荣斌、江维教授文章。他们系统总结和讨论了胞内离子变化在 NLRP3 炎症小体活化中的作用和机制。

14日　党政办公室、学生工作部(处)、研究生院、国际合作与交流部、保卫与校园管理处、校团委、网络信息中心和饮食服务集团联合举办新春联欢会，给寒假不回家的同学送上新年的祝福。校党委副书记蒋一等参加了联欢会。

15日　美国《应用物理评论》杂志发表我校中科院量子信息重点实验室在半导体量子比特扩展方面的新进展。该室半导体量子芯片研究组郭国平教授与其同事肖明、李海欧和曹刚等人创新性地设计并制备了半导体六量子点芯片，并在实验上实现了三量子比特的 Toffoli 门操控。这是国际上首个在半导体量子点体系中实现的三量子比特逻辑门，为未来集成化半导体量子芯片的研制奠定了坚实基础。

19日　英国《自然》杂志子刊《自然·通讯》发表我校田长麟教授研究组与德国莱布尼茨分子药物所 Adam Lange 及孙涵课题组合作研究成果。他们应用固体核磁共振、单通道电生理及分子动力学模拟等方法揭示了 NaK 离子通道的离子选择性新机制。

21日　英国《自然》杂志子刊《自然·通讯》发表我校杜江峰院士领导的中科院微观磁共振重点实验室研究成果。他们提出并实现了用于搜寻类轴子的单电子自旋量子传感器，将搜寻的力程拓展到亚微米尺度。

22日　中国科学院院长、党组书记白春礼一行来我校调研，考察中国科大附属第一医院,并召开座谈会,听取学校及生命科学与医学部建设工作汇报,与代表座谈交流。安徽省委常委、常务副省长邓向阳,中国科学院副院长相里斌等陪同调研。

22日 中科院量子信息与量子科技创新研究院理事会会议暨2018年度工作会议在合肥召开。中国科学院院长白春礼,安徽省委书记李锦斌、省长李国英,中国科学院副院长相里斌,安徽省委常委、常务副省长邓向阳,省委常委、省委秘书长陶明伦,省委常委、合肥市委书记宋国权,中国科学技术大学校长包信和,武汉大学校长窦贤康,以及中科院、安徽省、合肥市有关部门负责同志出席会议。

22日 爱思唯尔《化学》杂志发表我校合肥微尺度物质科学国家研究中心和化学与材料科学学院曾杰教授课题组研究成果。该组研究人员以碳化硅体系为研究对象,发现亲疏水性在催化反应过程中起到至关重要的作用,并从原子尺度上解释了这种作用的"来源":亲水性的碳化硅量子点表面富含羟基结构,可以有效促进二氧化碳分子的活化。

23日 安徽省科学技术奖励大会在合肥隆重召开,会议颁发了2016年度、2017年度安徽省科学技术奖。我校陈仙辉院士获2016年度安徽省重大科技成就奖,谢毅院士获2017年度安徽省重大科技成就奖。此外,我校作为第一完成单位的"中高层大气与低层大气、电离层耦合研究""NK细胞新亚群发现与相关疾病机制研究"2项成果获2016年度安徽省自然科学奖一等奖,"分布式决策环境下的数据包络分析理论与方法"获2017年度安徽省自然科学奖一等奖,"暗物质粒子探测卫星核心探测器——BGO量能器"获2017年度安徽省科技进步奖一等奖。同时,"安徽沿江地区中生代岩浆作用与多金属成矿"等8项成果荣获安徽省科学技术奖二等奖、三等奖。

25日 我校大纽约地区校友会在美国泽西市举办新春聚会,共贺母校六十华诞,校长、校友总会会长包信和院士通过网络视频连线与会校友共贺新春佳节。

25日 校党委常委、副校长朱长飞出席科研部召开的领导班子民主生活会。

2月25日～3月7日 学校召开系列会议,全面推进校庆工作。

26日 英国《自然》杂志子刊《自然·通讯》发表我校国家同步辐射实验室邹崇文研究组与微尺度物质科学国家研究中心江俊研究成果。他们突破高温贵金属催化加氢来调控VO_2相变的传统方法,实现了利用金属吸附驱动酸溶液的质子掺杂进入VO_2材料实现温和条件下极低成本的材料加氢,发明了堪称"化腐蚀为神奇的点铁成氢"技术。

27日 由科技部基础研究管理中心组织评选的2017年度中国科学十大进展在京揭晓。我校主导完成的"实现星地千公里级量子纠缠和密钥分发及隐形传态"入选并名列首位。

27日 学校召开新学期学位与研究生教育工作会议。

本月 中共中央组织部办公厅发布了《关于印发第三批国家"万人计划"入选名单的通知》,我校共16名教师入选。其中俞书宏、傅尧、汪毓明、俞汉青、黄文、黄汉民、吴恒安、胡隆华、徐宁、黄伟新、周荣斌、单革、张勇东、陈恩红入选"万人计划"科技创新领军人才;石发展、吴宇恩入选"万人计划"青年拔尖人才。

本月 美国《IEEE医学影像汇刊》杂志发表我校杜江峰院士领导的中科院微观磁共振重点实验室在医学电阻抗成像方向取得的重要进展。该室研究人员利用参数化水平集方法实现了高分辨率的电阻抗图像重建。

本月 国际燃烧学会公布首届会士名单,我校火灾科学国家重点实验室刘乃安研究员因针对森林与城市极端火行为燃烧问题的创新性基础研究当选。

本月 英国《芯片实验室》杂志发表我校工程科学学院微纳米工程实验室吴东教授等在单颗粒/细胞捕获研究领域取得重要进展。他们提出使用实时飞秒激光双光子光刻技术,成功实现了单颗粒或细胞的捕获,该技术还可以实现可控多颗粒或细胞团簇的实时捕获,用于细胞通信或颗粒之间的相互作用研究,有望极大地推动细胞捕获研究领域的发展。

3月

1日 我校与中国科学院紫金山天文台合作建设的大视场巡天望远镜(WFST)项目启动会在我校召开。预计于2021年建成的WFST将成为北半球具备最高巡天能力的光学时域巡测设备。

2日 学校举行校院融合研讨会,围绕大学与附属第一医院的文化融合、科研融合、资源融合,建立校院融合推进机制展开讨论。

2日 校党委常委、副校长王晓平参加校医院召开的领导班子民主生活会。

5日 校党委常委、副校长周先意参加地空学院召开的领导班子民主生活会。

5日 《美国科学院院报》发表我校陆亚林教授量子功能材料和先进光子技术研究团队在量子功能材料研究方面取得的重要进展。该团队与美国劳伦兹伯克利国家实验室等单位合作,在研究新型高温、高对称性铁磁绝缘体过程中,通过把高质量氧化物薄膜制备与同步辐射先进光电学探测、第一性原理计算等相结合,成功地发现了高于液氮温度(77K)的高对称性铁磁绝缘体,并解释了产生高温铁磁转变现象的新机制。

5日 英国《自然》杂志连续刊登麻省理工学院Pablo Jarillo-Herrero和曹原的两篇文章。曹原是我校2000级少年班校友,其所在团队在魔角扭曲的双层石墨烯中发现新的电子态,可以简单实现绝缘体到超导体的转变,打开了非常规超导体研究的大门。这项研究成果为超导研究带来了新思路,也为全新电学性能的探索和工程化提供了良好的研究平台。

5日 我校2006级法学专业研究生刘斌被评为安徽省"省直机关十大女杰"。

6日 根据《安徽省教育厅安徽省扶贫办安徽省农业委员会关于实施高校食堂面向贫困县(市、区)采购农产品的通知》,我校与金寨县签署"面向采购"协议。

7日 美国物理学会三月会议期间,我校物理学院与北京大学物理学院、复旦大学物理系、南京大学物理学院、清华大学物理系联合在美国洛杉矶举行举办2018海外人才引进宣讲会。

7日 学校召开就业工作专题会。

7日 中国科学院体育协会第七届理事会在广州召开,我校荣获中国科学院第六届"全民健身日"活动先进单位荣誉称号。

8日 美国《化学评论》杂志发表我校俞书宏课题组受邀撰写的评述论文,全面总结了国际上关于纳米材料稳定性和反应性研究领域取得的研究进展,阐述了作者对纳米材料稳定性和反应性研究的认识和理解,提出了今后有关纳米材料稳定性和反应性研究的建议和今后值得关注的科学问题。

8日 《德国应用化学》杂志发表我校合肥微尺度物质科学国家研究中心罗毅教授团队张群教授研究组在凝聚相超快光谱与动力学机理研究方面取得的新进展。他们的研究揭示出甲醇分子吸附于模型半导体材料表面所发生的光激发反向空穴转移动力学行为机制。

8日 机关党委召开会议,集体学习十九届三中全会和全国"两会"精神,讨论2018年机关党委主要工作,通报2017年度基层党建述职评议考核结果。

8日 学校开展庆祝"三八"国际劳动妇女节系列活动。

9日 教育部基础学科拔尖学生培养计划战略研讨会在我校举行。

9日 校党委常委、副校长王晓平参加软件学院召开的领导班子民主生活会。

9～10日 离退办举办"庆祝建校六十周年"离退休干部迎新春健身走活动。

12日 《欧洲分子生物学学会分子医学》杂志发表我校生命科学学院、中科院天然免疫与慢性疾病重点实验室和合肥微尺度物质科学国家研究中心周荣斌、江维、张华凤和梁高林研究组与厦门大学邓贤明、中国科大附属第一医院陶金辉研究组合作研究成果。他们发现老药"曲尼斯特"(Tranilast)可通过抑制NLRP3炎症小体改善其驱动的相关炎症性疾病。

12日 《德国应用化学》杂志发表我校化学与材料科学学院俞书宏教授课题组研究成果。该组以壳聚糖作三维软模板,发展了一种酚醛树脂(PFR)与SiO_2共聚和纳米尺度相分离的合成新策略,成功研制了具有双网络结构的PFR/SiO_2复合气凝胶材料。

12～14日 国家同步辐射实验室举办"基于超短电子束团的相干同步辐射与自由电子激光国际研讨会"。

14日 全国政协十三届一次会议在北京举行第四次全体会议,安徽省政协副主席、民盟安徽省委主委、我校郑永飞院士当选政协第十三届全国委员会常务委员。

14日 美国《物理评论快报》杂志发表我校中国科学院微观磁共振重点实验室在氧化物界面物理研究方面取得的重要进展。该室量子电子学小组程光磊教授与合作者提出了二维氧化物界面量子振荡的一维起源,并完成了实验验证。

15日 我校北京校友座谈会在京召开。刘乃泉、余翔林、郭传杰、万立骏、史济怀、李定等在京部分原校领导,原全国政协副主席王志珍、国家最高科技奖得主赵忠贤与严加安、陈润生、沈保根、张肇西、石耀霖、魏奉思、刘嘉麒、佟振合、李洪钟、陆军等在中科院系统工作的部分院士校友,校领导许武、包信和、潘建伟、陈晓剑、蒋一等参加了座谈会。

15日 学校召开离退休干部支部书记、片长联席会议。

15～16日 国家同步辐射实验室圆满完成中科院条件保障与财务局组织的合肥光源2017年度重大科学工程运行维护专项绩效评价工作。

18日 十三届全国人大一次会议在北京人民大会堂举行第六次全体会议,选举产生159名第十三届全国人民代表大会常务委员会委员,我校校长包信和院士当选。

18～21日 由我校和中国科学院大学联合主办的第二届2～7GeV高亮度正负电子对撞机国际研讨会(HIEPA2018)在国科大雁栖湖校区召开。

19日 由中国科学院人事局主办、我校承办的中科院副所级领导人员学习贯彻党的十九大精神集中轮训班在我校开班。

19日 美国《物理评论快报》杂志发表我校杜江峰院士领导的中科院微观磁共振重点实验室与新加坡国立大学龚江滨教授的理论研究组的合作研究成果。他们利用金刚石中的单自旋量子模拟器,首次实现了广义索利斯泵的实验观测。

19日　英国《自然》杂志子刊《自然·纳米技术》发表我校合肥微尺度物质科学国家研究中心和化学与材料科学学院曾杰教授研究团队成果。他们通过构筑高铂负载量的铂-硫化钼原子级分散催化剂,揭示出单中心近邻原子协同催化作用机制,且该协同作用是通过近邻金属原子之间的配位硫原子体现出来的。

19日　教务处、人文与社会科学学院在现代艺术中心举办"迎校庆——色彩班习作展览"。

20日　学校与中国建设银行安徽省分行签署合作协议。

20日　英国《自然》杂志子刊《自然·通讯》发表我校合肥微尺度物质科学国家研究中心蔡刚课题组与加拿大拉瓦尔大学癌症研究中心Jacques Côté教授课题组的合作研究论文。蔡刚课题组解析了来源酿酒酵母的乙酰转移酶NuA4/Tip60复合体的4.7埃分辨率的冷冻电镜结构,清晰描绘了亚基间的相互作用界面,揭示了NuA4/Tip60组装和调控的机制。

21日　美国《物理评论快报》杂志发表我校合肥微尺度物质科学国家研究中心赵瑾教授研究组与匹兹堡大学Hrvoje Petek教授合作研究成果。他们通过发展多维相干时间分辨光电子能谱技术与第一性原理计算的结合,证实了Ag/Graphite界面超快电荷转移过程的相干性。

22日　安徽省定向招录选调生宣讲会在我校举行。

23日　常务副校长潘建伟主持召开新学期六十周年校庆工作领导小组会议。

23日　科技部基础研究司在合肥组织召开合肥微尺度物质科学国家研究中心建设运行实施方案专家论证会。

24日　学校举行第37届郭沫若奖学金暨2017年度国家奖学金颁奖典礼。33名同学获得郭沫若奖学金,110名同学获得本科生国家奖学金。

24日　学校举办2018届毕业生就业春季供需洽谈会,220余家单位应邀来我校选聘人才。

24日　一校友匿名捐赠1000万元人民币,用于修缮中国科学技术大学水上报告厅。

25日　生命科学与医学部和附属第一医院联合举办首期"国际交流学术沙龙活动"。美国哈佛大学医学院附属布莱根和妇女医院麻醉科Staff physician、助理教授周捷作题为《学科团队合作与高风险产科麻醉》的专题报告。

25日　由中国数学会主办、西安交通大学承办的"第九届全国大学生数学竞赛"决赛在陕西西安结束。我校参赛同学荣获数学专业决赛一等奖2名、二等奖3名,非数学专业决赛一等奖2名、二等奖1名的优异成绩。

25日　学校举办第四届"节能减排创新大赛"开幕式暨经验交流会。

26日　学校召开全校教授干部大会,传达2018年全国"两会"精神,部署本年度党政主要工作及从严治党工作。

26日　包信和校长调研工程科学学院,并与教师代表进行座谈交流。

26日　我校青促会小组和物理所青促会小组联合举办"物理所-中国科大青年学者交流会"。

27日　学校召开"双一流"工作监理推进会。

27日　加州大学河滨分校校长 Kim Wilcox 一行访问我校,双方就进一步合作及相关议题展开了讨论。

27日　在附属第一医院团委组织、生命科学学院团委配合下,附一院麻醉科举行健康伴你行"心手相连、点亮生命"CPR急救复苏培训。

27~28日　国家自然科学基金委员会工程与材料科学部重大项目"钙钛矿材料多功能原理及其耦合新效应"启动会在我校举行。

28日　校党委理论学习中心组召开专题学习会,深入学习贯彻党的十九届二中、三中全会精神和《中共中央关于深化党和国家机构改革的决定》《中华人民共和国宪法修正案》,交流学习体会。

28日　英国《自然》杂志子刊《自然·通讯》发表我校免疫学研究所田志刚教授课题组与山东大学张彩教授课题组的合作研究论文。该研究成果揭示了乙肝病毒感染导致机体T淋巴细胞免疫耗竭的新机制。

28日　英国《自然》杂志子刊《自然·细胞生物学》发表我校生命科学学院吴缅教授研究组和澳大利亚纽卡斯尔大学张旭东教授合作研究成果。他们发现,受p53基因调控的长非编码RNA GUARDIN,不管是在生理稳态还是在遭遇毒性应激的条件下,都能参与维护基因组的稳定。GUARDIN同时通过两种机制发挥这种维护作用。

28日　首届国际名校学霸龙舟赛在杭州落幕,我校学生龙舟代表队取得200米直道竞速赛冠军、2000米绕标赛亚军的成绩。

29日　美国《物理评论快报》杂志发表我校中科院量子信息重点实验室周正威教授研究组与美国莱斯大学、加州大学圣迭戈分校、中科院物理所合作研究成果。他们提出了一种在冷原子系统中模拟磁单极场的新方案,从而为在冷原子系统中研究曲面上的量子霍尔效应及寻找新的奇异量子态提供了理论指导。

29日　第九届教代会提案工作委员会召开工作会议,研究讨论征集提案的立案落实问题。

30日　美国《生产经营管理》杂志发表我校沈晓蓓副教授与浙江大学包丽娜博士后、香港城市大学虞益敏教授合作研究成果。该文关注动态定价和库存联合策略问题,通过对需求函数与随机扰动量之间的单调性分析,提出了一个全新的函数性质概念,并由此分析了哪些情况下最优的库存及定价联合策略可以刻画为一个简单且在业界广泛使用的BSLP策略。

30日　校基本建设处、资产与后勤保障处和团委共同组织召开"青年之声·西区施工专场"畅谈会。

31日　学校举行60周年校庆志愿服务团成立大会并开展培训。

3月31日~4月1日　金属所-中国科大科教融合材料/力学首届学术研讨会在沈阳召开。研讨会旨在为金属所、我校材料和力学研究领域提供学术交流与人才培养合作平台,促进研究所与高校优质科研和教育资源的融合。

本月　科睿唯安发布最新一期ESI(基本科学指标)数据。在学科排名中,中国科学技术大学的"分子生物学与遗传学"首次进入世界前1%。截至目前,我校进入ESI学科排名的学科增至13个。

本月 在第十届上海市巾帼创新奖评选活动中,我校上海研究院推荐的印娟副研究员获上海市巾帼创新新秀奖,同时被授予上海市三八红旗手荣誉称号。

4月

2日 学校举办首场"科教报国60年"科大精神系列报告会,中科院原党组副书记、我校原党委书记郭传杰应邀作题为《科大文化密码——我对科大精神的学习与认知》的报告。

2日 学校召开第八届学位委员会第十一次工作会议,审议我校2018年春季各学科学位申请情况,审核新增博士生导师申请情况。

2日 安徽省第十四届运动会首场比赛——高校部羽毛球比赛完成预定赛程,我校羽毛球队获得男团冠军、女团亚军的优秀成绩。

2~3日 由热安全技术国家地方联合工程研究中心和我校火灾科学国家重点实验室主办的中国消防协会科普教育工作委员会2018年系列活动启动与研讨会在安徽合肥召开。

3日 生命科学与医学部和教务处联合举办临床医学教学研讨会。

3~10日 校长包信和院士、生命科学与医学部筹建工作组组长饶子和院士、常务副校长潘建伟院士率团访问美国,广泛接触杰出校友和有关高层次人才,通过座谈会、访谈等多种形式吸引海外英才加盟我校。

4日 欧洲人文和自然科学院院士、国际宇航科学院院士Michel Blanc应邀做客我校"赵九章·侯德封大师讲堂",作题为《下一站,木星!卡西尼号的成就与木星探索》的学术报告。

7日 安徽省科技厅发布2017年度省级众创空间备案名单,我校创客中心顺利通过省级众创空间备案,正式纳入省级众创空间管理服务体系。

8日 应安徽省外国专家局和我校邀请,2014年诺贝尔生理学或医学奖获得者Edvard I. Moser教授访问我校,并作题为《The Brain's Navigation System》的报告。

8~15日 安徽省第十四届运动会高校部乒乓球赛在蚌埠举行,我校乒乓球队收获三金两银三铜,取得建队以来的最好战绩。

11日 学校举办第二场"科教报国60年"科大精神系列报告会,中国科学院院士、发展中国家科学院院士、我校生命科学学院首任院长施蕴渝应邀作题为《风雨同行,不忘初心——中国科学技术大学生命科学发展60年》的报告,诠释科大精神与情怀。

11日 全省"青年大学习"之高校特色项目交流分享会在我校召开。

11日 附属第一医院"肿瘤免疫治疗研究中心"正式成立。

11日 数学科学学院举办"华罗庚讲堂"报告会,复旦大学教授、中国科学院院士陈恕行作题为《高速飞行与混合型方程》的报告。

11日 英国《自然》杂志子刊《自然·通讯》发表我校合肥微尺度物质科学国家研究中心金帆教授课题组的一项交叉科学研究成果。他们揭示了绿脓杆菌中合作演化稳定的机制。

12日 英国《自然》杂志子刊《自然·通讯》发表我校中科院量子信息重点实验室在量

子精密测量研究中取得的重要进展。该室李传锋、项国勇研究组与复旦大学、北京理工大学、南京邮电大学的合作者提出基于光子量子行走的确定性集体测量方法，在实验上实现了目前国际上最高效的量子态层析测量。

12~14日　主题为"创新及卓越教学"的C9+1中国研究型高校创新及卓越教学研讨会在香港大学举行，我校校长助理杨金龙教授率师生代表团一行22人参加了交流研讨活动。

13日　学校召开党建工作领导小组暨"两学一做"学习教育常态化制度化领导小组会议，传达中科院党的建设工作会议精神，通报2017年度基层党建述职评议考核结果，布置近期党建重点工作。

13日　学校举办第二届全国研究生教育学学科建设理论与实践高端论坛、研究生教育学专业委员会成立大会暨《研究生教育研究》编委会工作会议。

13日　北京交通大学曹国永书记一行来我校调研。

14日　第二届中国科大"墨子论坛"在合肥开幕，两百多名来自美国、加拿大、澳大利亚、英国、德国、法国、日本、韩国、新加坡、中国等国家知名学者齐聚合肥，共话学术前沿和创新驱动，共商人才引领和世界一流大学建设。

14~16日　由我校脑衰老和脑疾病研究中心承办、附属第一医院协办的国家自然科学基金委员会重大研究计划"器官衰老与器官退行性变化的机制"2017年度交流研讨会暨"衰老及衰老相关的退行性病变国际研讨会"在合肥召开。

14~22日　安徽省第十四届运动会高校部网球比赛在安徽财经大学和蚌埠医学院举行，我校网球队取得男团一等奖（第三名）、女团一等奖（第二名）、个人赛男子双打亚军的成绩。

15日　学校开展全民国家安全教育日宣传活动。

15日　我校第五届美食文化节开幕。

15日　学校举办迎校庆"院系杯"全校战术大赛。

16日　中科院苏州纳米技术与纳米仿生研究所党委书记、副所长陈光一行赴我校研讨"双一流"学科建设相关问题。

18日　包信和校长在工程科学学院会见杜善义院士，并就如何发展新工科和工程科学学院与学院领导进行了座谈交流。

18日　马志明院士、严加安院士做客我校数学科学学院"华罗庚讲堂"，分别作题为《数学及应用》与《数学如诗　境界至上》的报告。

18日　学生工作部（处）、团委、后备军官选培办公室组织国防生代表、中国科大青马工程"六有"大学生骨干培训班成员召开"4.15国家安全教育日"学习座谈会。

18日　党委宣传部、新闻中心召开2018学年全媒体中心座谈暨表彰会。

18日　校工会举行2018年度工会干部学习培训暨工作交流会。

18日　中国科学院吴文俊数学重点实验室召开2018年度学术委员会会议暨学术年会。

19日　尼日利亚联邦共和国驻上海总领事馆总领事Anderson Madubike与经济教育领事Abbas Abdulkadir Malam一行访问我校。

19日 英国《自然》杂志子刊《自然·通讯》发表我校杜江峰院士领导的中国科学院微观磁共振重点实验室研究成果。该室提出并实验实现了一种基于金刚石氮-空位(NV)色心量子传感器的新零场顺磁共振方法,打破了传统顺磁共振信号强度对热极化的依赖,将零场顺磁共振的空间分辨率从厘米量级提升至纳米级,为零场顺磁共振的实用化开辟了一条新途径。

20日 安徽省政协主席张昌尔来我校,围绕加快科技创新成果转化开展专题调研。

20日 学校召开安徽企业家校友座谈会。

20日 《德国应用化学》杂志发表我校俞书宏研究团队的研究成果,该研究团队提出了一种催化热解的方法来改变木质纳米纤维素的热解过程,首次以廉价的木材为原材料制备了高质量的超细碳纳米纤维气凝胶材料。5月16日,该研究团队应邀撰写的评述论文发表在《德国应用化学》杂志上,该论文系统分析和比较了该团队发展的化学转化法和生物法制备碳纳米纤维材料的优缺点,总结了这两种合成路线制备的碳纳米纤维材料的理化性质、功能化的方法和应用等方面取得的系列进展,提出了今后有关碳纳米纤维气凝胶材料研究的建议和值得关注的科学问题。

21日 中校区宿舍集中搬迁工作顺利完成,2017级本科男生及少年班学院2015级、2016级男生首先入住中校区。

23日 英国《自然》杂志子刊《自然·化学》发表我校化学物理系化学反应动力学实验室与中科院大连化物所孙志刚、张东辉研究员团队的合作研究成果,他们首次观测到化学反应中的"日冕环"现象。

23日 德国《大气化学和物理学》杂志发表我校地球和空间科学学院谢周清教授带领的雾霾关键污染物形成的大气化学机制攻关团队取得的进展。他们首次通过^{17}O同位素的非质量分馏($\Delta^{17}O$)定量揭示了北京APEC前后雾霾硫酸盐的形成机制。

23日 《美国科学院院报》发表我校合肥微尺度物质科学国家研究中心、生命科学学院、中科院脑科学与智能技术卓越创新中心温泉教授研究组文章。他们结合实验和理论,提出整合下行通路信号、本体机械感受反馈、中枢模式发生器等神经肌肉动力学的模型来深度解析秀丽隐杆线虫前进运动控制的神经环路机制。

23日 中国科学院院士、第三世界科学院院士、北京师范大学陈木法教授应邀做客我校"华罗庚讲堂",作题为《从对称矩阵谈起》的学术报告。

23日 安徽省教育厅公布2017年高等学校省级质量工程项目名单,我校20项教学成果荣获教学成果奖,3个虚拟仿真实验教学中心入选示范实验实训中心,34个教学研究项目被评为省级教学研究项目,8门课程入选省级大规模在线开放课程(MOOC)示范项目,17本教材入选规划教材。另外,我校还入选校企合作实践教育基地1项、智慧课堂试点项目1项。

23日 学校举办校庆60周年学生书画展。

24~25日 校庆工作领导小组到各学院、国家(重点)实验室开展第二轮校庆工作调研。

25日 化学与材料科学学院举办"郭永怀讲坛"第四讲,中科院上海有机化学研究所副所长唐勇院士作题为《在失败和偶然中发现》的报告。

25日 中国科学院院士、中国科学院地质与地球物理研究所研究员朱日祥做客我校赵九章·侯德封大师讲堂,作题为《大洋钻探——地球科学创新的前沿》的学术报告。

25日 校团委召开贯彻落实习近平总书记考察中国科大重要讲话精神两周年座谈会。

26日 校党委召开党建专项工作会议,传达中共中央组织部、中共教育部党组关于高校党建工作重点任务文件精神,布置我校相关工作。

26日 我校与中国电子科技集团有限公司举行战略合作协议签约仪式暨王小谟网络空间科学英才班揭牌仪式。

26日 第四届全国高校云计算应用创新大赛总决赛在南京开幕,我校计算机学院张兰教授指导的 LINKE-SENSE 团队荣获大赛唯一的全国特等奖。

27日 数学科学学院举办"量子信息中的数学问题"研讨会,特别邀请德国莱比锡马普数学研究所李先清教授、首都师范大学费少明教授分别作题为《Identities of Multipartite Quantum Pure States》《An Introduction to Quantum Correlations and Related Researches》的报告。

4月27日~5月3日 由中国矿物岩石地球化学学会化学地球动力学专业委员会和岩浆岩专业委员会共同主办、我校与中国科学院壳幔物质与环境重点实验室和天柱山世界地质公园管理处联合承办的2018年俯冲带岩浆岩高级研讨会在合肥举行。

28日 我校与合肥工业大学、安徽大学、安徽农业大学四校后勤联演在安徽大学磬苑校区举行。

29日 东亚研究型大学协会第42届理事会在我校举行,来自韩国、日本和中国的6所理事会成员学校校长及相关负责人参加会议,陈初升副校长代表我校出席。

30日 《美国科学院院报》发表我校地球和空间科学学院姜哲教授等在应用卫星观测数据和模式模拟研究大气污染物排放方面取得的重要进展。该国际研究团队发现美国氮氧化物排放下降速度自2011年以来大幅减缓,这与美国国家环保局的氮氧化物排放持续快速下降的结论相矛盾。这一研究还证明了美国的空气质量变化主要由美国本土污染物排放变化所主导,并间接表明中国近年来在污染物排放控制方面取得了显著成效。

30日 英国《自然》杂志子刊《自然·通讯》发表我校生命科学学院刘强研究组论文。他们首次发现并命名了长非编码 RNA LoNA,揭示了 LoNA 通过调控蛋白翻译来影响学习记忆以及阿尔茨海默病的新机制。

本月 英国《新植物学家》杂志和美国《植物生理学》杂志先后发表我校生命科学学院及中科院分子卓越中心丁勇教授课题组与中国水稻研究所钱前研究员、台湾大学吴克强教授合作研究成果。他们发现了组蛋白第4位赖氨酸三甲基化修饰(H3K4me3)调控开花时间和二级枝梗数的新机制。

本月 在由中国田径协会、中央电视台体育频道、江苏省体育局、扬州市人民政府主办的扬州鉴真国际半程马拉松中,我校取得女子第八、男子第十七的成绩。

5月

3日 学校召开师生座谈会,学习贯彻习近平总书记5月2日在北京大学师生座谈会上的重要讲话精神。

3日　日本名古屋大学校长松尾清一一行访问我校,并做客"大师论坛",作题为《名古屋大学改革、自主创新2020计划》的报告。

4日　英国《自然》杂志子刊《自然·通讯》发表我校中科院量子信息重点实验室在非互易光子器件研究方面取得的重要进展。该团队的董春华研究组首次利用回音壁模式微腔中腔光力的非互易特性,实现了全光控制的非互易多功能光子器件,并首次实现集成光学定向放大器。

4日　美国《物理评论快报》杂志发表我校中科院量子信息重点实验室李传锋研究组在量子力学基本问题研究中取得的新进展。该组与西班牙、匈牙利和德国的理论物理学家合作,首次实验证实了量子力学中强于二值关联的存在。

4日　校团委举行升旗仪式,纪念五四运动99周年。

4~8日　由中国矿物岩石地球化学学会矿物包裹体专业委员会主办,我校中科院壳幔物质与环境重点实验室与南京大学内生金属矿床成矿机制研究国家重点实验室联合承办的第十九届全国包裹体与地质流体学术研讨会在我校召开。

5日　美国《物理评论快报》杂志发表我校潘建伟院士及其同事彭承志、印娟、张强、陈宇翱等组成的研究团队文章。他们在国际上首次实验实现了基于人类自由意志和超高损耗下的贝尔不等式检验。

5~6日　由中国计算机学会主办,中国计算机学会计算机辅助设计与图形学专委会、我校数学科学学院、国家数学与交叉科学中心(合肥)几何与图形计算实验室承办的计算机图形学与混合现实前沿研讨会在我校召开。

6日　学校召开第二十二次学生代表大会和第七次研究生代表大会。

7日　学校召开党委常委会议,传达学习习近平总书记5月2日在北京大学师生座谈会上的重要讲话精神。

7日　学校召开全校干部大会,宣布中国科学院党组关于我校校级领导班子成员的任免决定,杨金龙同志任副校长,杜江峰同志任党委常委、副校长,周先意同志因年龄原因不再担任党委常委、副校长。

7日　首届中国高校智能机器人创意大赛决赛在浙江余姚举行,我校荣获大赛一等奖1项、二等奖2项、三等奖1项和入围奖1项,同时荣获本届大赛优秀组织奖。

9日　学校举办机关管理论坛暨校庆志愿者公务礼仪培训。

9日　中国博士后科学基金会官网公布面上资助第六十三批获得资助人员名单,我校孟秋实等41名博士后获得此项资助。本批次申报入选比例达50%。

9日　学校开展本科生安全委员急救技能培训。

10日　学校召开第五届学术交流会暨"青年千人计划"聘期届满考核会议。

10日　中科院离退休干部工作局副局长曹以玉一行来我校督导调研离退休干部工作。

10~11日　中国科大-香港城大第十二届博士生学术论坛暨何稼楠学术会议奖学金颁奖典礼在我校举办。

11日　国际应用科技开发协作网第十届理事会第一次会议暨高校科技创新发展论坛在我校召开。

11~12日　我校青促会小组和紫金山天文台青促会小组在紫台仙林园区联合举办第

二届"中科大-紫台青年学者交流会"。

12~19日 安徽省第十四届运动会高校部足球比赛在安徽蚌埠举行,我校女子足球队获得冠军。

14日 澳大利亚麦考瑞大学副校长Nicole Brigg女士率麦考瑞大学代表团一行4人来我校访问。

14日 美国《神经科学杂志》发表我校微尺度物质科学国家研究中心和生命科学学院刘北明、毕国强教授与中国科学院昆明动物所徐林研究员合作课题组的研究成果。他们揭示了情绪调节自残行为的神经机制。

14日 学校举行2018年征兵宣传咨询活动。

15日 学校召开全校教师干部大会,宣布中共中央关于中国科学技术大学党委书记职务任免的决定:舒歌群同志任中国科学技术大学党委书记(副部长级);许武同志因年龄原因,不再担任中国科学技术大学党委书记职务。中组部干部三局巡视员、副局长刘后盛,中科院院长、党组书记白春礼,安徽省委副书记信长星出席大会并讲话。

15日 中国科学院院长、党组书记白春礼一行到我校调研科技进展情况,实地考察了中科院量子信息重点实验室、中科院微观磁共振重点实验室、中科院量子信息与量子科技创新研究院等科研平台。

15日 附属第一医院(安徽省立医院)、大数据分析与应用安徽省重点实验室共建"智慧医疗大数据研究中心"协议签约暨揭牌仪式在附一院举行。

15日 学校举办"知识产权走进校园"系列讲座。

16日 中国工程物理研究院汪小琳研究员来我校,作题为《国家安全中的核科学与技术》的报告。

17日 学校举行第三场"科教报国60年"科大精神系列报告会,我校杰出校友、著名物理学家、2016年度国家最高科学技术奖获得者、中科院物理研究所赵忠贤院士作题为《在科大读书的美好回忆》的报告。

17日 美国《细胞》杂志发表我校生命科学学院熊伟教授研究组与化学学院黄光明教授研究组合作研究成果。他们通过单细胞质谱、光遗传、分子生物学、电生理及动物行为学等技术方法,揭示了一条脑内谷氨酸合成新通路及其参与日光照射改善学习记忆的分子及神经环路机制。

19日 校工会、教师教学发展中心、教务处、人力资源部联合举办第六届青年教师教学竞赛。

19~20日 学校举办2018年科技活动周公众科普日活动,面向社会公众开放国家同步辐射实验室、微尺度物质科学国家研究中心、火灾科学国家重点实验室、核探测与核电子学国家重点实验室、中科院宇宙星系学重点实验室、语音及语言信息处理国家工程实验室、中科院近地空间环境重点实验室、光电子科学与技术安徽省重点实验室、数学科学学院、物理学院、化学与材料科学学院、地球和空间科学学院、工程科学学院、信息科学技术学院、生命科学学院、计算机科学与技术学院、人文与社会科学学院、核科学技术学院、上海研究院、先进技术研究院、团委、出版社等22个科普开放点,利用科研平台与装置、展板、图片、多媒体演示、现场解说、科普报告、互动游戏、科普教育影片和知识问答等多种形式,为公众奉献内容精彩纷呈、形式生动活泼的科技大餐。

20日　学校举办主题为"邂逅科大·缘定一生"的首届校友集体婚礼。

21日　贵州省六枝特区中青年干部能力提升培训班在我校开班。

22日　学校召开2018年度人口与计划生育工作会议。

22日　美国《细胞报告》杂志发表我校生命科学学院光寿红研究组成果。他们发现了一个新的细胞质中的Argonaute蛋白WAGO-4,参与了RNA干扰的多代遗传。

23日　学校召开2018届本科毕业生工作会议。

23日　学校召开工程类博士专业学位研究生教育工作会议。

23日　生命科学与医学部顾问委员会召开第二次全体会议。第十二届全国政协副主席、中国科大生命科学与医学部顾问委员会主任韩启德院士,生命科学与医学部筹建工作组组长饶子和院士,安徽省卫计委主任于德志,中国科学院前沿科学与教育局副局长张永清等出席会议。

23日　美国医学科学院院士、美国国家发明家科学院院士Virginia Man-Yee Lee教授与美国医学科学院院士、美国艺术与科学院院士John Q. Trojanowski教授夫妇访问我校并做客"合肥大师论坛",分别作题为《错误折叠的病理蛋白在神经退行性疾病中的传播:疾病进展的共同机制》和《Tau在纯Tau蛋白病和阿尔茨海默病中的播种和传播》的报告。

23日　美国泓澧积极心理学学院创始人、全球华人心理健康和幸福发展中心首席顾问陈红利女士来我校,作题为《选择和创造积极人生》的积极心理学主题报告。

24日　新华社安徽分社社长王正忠、副社长兼总编辑陈先发、副总编杨玉华一行来我校调研,就六十周年校庆宣传工作与学校领导和相关职能部门座谈交流。

24~25日　荷兰壳牌国际石油公司全球副总裁Dirk Smit博士、美国工程院院士Derek Elsworth教授一行访问我校。Dirk Smit博士作题为《Towards Continuous Reservoir Monitoring with Ambient Noise》的报告;Derek Elsworth院士做客合肥"大师论坛",作题为《Induced Seismicity and Permeability Evolution in Gas Shales, CO_2 Storage and Deep Geothermal Energy》的报告。

24~25日　学生工作部(处)组织人员向近6000名2018届本科毕业生、毕业研究生(含硕士、博士及代培生)和他们的班主任老师发放毕业纪念册和毕业纪念戒指。

25日　校党委理论学习中心组召开专题学习会,深入学习习近平总书记在纪念马克思200周年诞辰大会和北京大学师生座谈会上的重要讲话精神,学习贯彻习近平总书记有关科技创新重要讲话精神。

25日　学校召开2018届毕业生诚信教育大会。

25日　由共青团宁夏回族自治区海原县委、海原县科技局、海原县科协主办,我校研究生支教团承办的第二届"看见未来"主题科技展在海原县地震博物馆开幕。

26日　全国高校"西普杯"信息安全铁人三项赛(第十三赛区)暨"新工科背景下网络空间安全人才培养论坛"在我校举行。

28日　全国政协副主席,国家民族事务委员会主任、党组书记,中央统战部副部长巴特尔调研中国科大先进技术研究院。

28日　学校召开"双一流"建设项目监理第一次会议。

28日　美国《先进材料》杂志发表我校合肥微尺度物质科学国家研究中心和化学与材料科学学院材料系陈乾旺教授课题组研究成果。该组通过模拟生物酶中 Mn 基辅酶因子的结构和功能,以含有 Mn 金属的 MOFs 作为前驱物,将 O 和 N 原子配位的 Mn 活性位点原子级地分散在三维石墨烯骨架中,利用石墨烯的良好导电性成功地将 Mn 调控成高活性的 ORR 催化活性位点,实现了高活性的催化。

29日　以色列魏兹曼研究院有机化学教授,以色列国家科学学院和人文学院、美国国家科学院和德国国家科学院院士 David Milstein 教授访问我校并做客"合肥大师论坛",介绍了基于 Pincer 型金属配合物的金属-配体协同催化反应的机理与应用。

29日　学校设立 2018 届本科毕业生离校手续集中办理点,为 2018 届本科毕业生集中办理偿还助学贷款、补交学费、归还图书、结算网络费用等手续。

29~31日　国家同步辐射实验室召开合肥先进光源预研工程技术方案系列研讨会。

29~31日　中国科学院监督与审计局在我校举办"中国科学院所属单位基本建设项目审计实施现场研讨培训班"。

30日　2018 年度陈嘉庚科学奖及陈嘉庚青年科学奖颁奖仪式在中国科学院第十九次院士大会上举行。包信和校长荣获本年度陈嘉庚化学科学奖,获奖项目为"纳米限域催化及其在甲烷直接转化中的应用"。

6月

1日　教育部高等学校国家级实验教学示范中心联席会首席技术专家、教育部高等学校仪器设备和优质资源共享系统项目管理中心技术委员会专家、北京大学信息科学技术学院教授、我校 1984 级校友郝永胜来校,作题为《高校虚拟仿真项目建设与新工科创新性人才培养》的报告。

1~3日　2018 年全国大学生物理学术竞赛华东地区比赛在南京大学仙林校区举行,我校代表队以总分第一名荣获本次比赛特等奖,同时我校李子航同学获得本次比赛唯一的最佳选手奖。

2日　学校举行第六届"显微摄影比赛暨优秀作品展"颁奖仪式。

2日　由研究生院、生命科学学院主办,生命科学学院研究生会承办,合肥微尺度物质科学研究中心协办的第十一届中国科学技术大学生命科学研究生学术交流年会落幕。

3~6日　著名数学家、普林斯顿大学数学系教授、美国人文与科学学院院士张寿武访问我校,做客"合肥大师论坛",作题为《Sum of Powers》的报告;并为数学科学学院庆祝建校 60 周年的"华罗庚讲堂"作题为《Heights and L-functions》的报告。

4日　学校召开校庆工作领导小组会议。

4日　ATLAS 和 CMS 合作组在第六届 LHC 物理学术会议上同时宣布独立发现了希格斯粒子与一对顶夸克联合产生的过程。该发现是顶夸克与希格斯粒子汤川耦合的直接证据。我校粒子科学和技术中心、核探测与核电子学国家重点实验室科大 ATLAS 课题组在实验中发挥了重要作用。

5日　学校召开 2018 年度第五次学生工作例会。

5日　由教务处和人文与社会科学学院主办、现代艺术中心承办的"2018迎校庆中国科学技术大学'综合绘画创作'课程优秀作品展"开展。

6日　学校举行捐赠仪式，安徽润丰投资集团（合肥长海医院有限公司）董事长王根九向我校捐赠6000万元人民币。

6日　学校举办第十六届三星奖学金颁奖典礼。

6日　学校举办第四场"科教报国60年"科大精神系列报告会。中国工程院院士、中国科大生命科学学院原院长田志刚应邀作题为《春风化雨，科教报国——中国科学技术大学生命科学发展60年》的报告。

6日　新华社《国家相册》主创团队，包括导演郝方甲，讲述人、图片主编陈小波，后期统筹曹晓丽等一行来我校，举办题为《再现历史深处的记忆——〈国家相册〉从照片到脚本到制作的故事》的专题报告。

6日　美国《物理评论快报》杂志以"编辑推荐文章"形式在线发表我校潘建伟教授及其同事陆朝阳等和中科院上海微系统与信息技术研究所尤立星研究员小组合作研究成果。他们实验研究了一种量子计算模型"玻色采样"对光子损失的鲁棒性，证明容忍一定数目光子损失的玻色采样可以带来采样率的有效提升。

6日　学生工作部（处）举行2015级本科生辅导员班主任座谈会。

7日　学校举行捐赠仪式，科大讯飞股份有限公司董事长刘庆峰校友向学校捐赠2000万元人民币，用以支持科大学生创新创业活动，培养创新创业意识和创业实践能力，发掘优秀创业项目和创业团队并重点扶持。

7日　航天一院长征七号运载火箭总设计师范瑞祥来我校，作题为《中国运载火箭技术的发展和展望》的报告。

8日　校党委举办"学习新思想千万师生同上一堂课"暨2018年东区面授党校，舒歌群书记作开班讲话。

8日　学校举行学生工作系统心理咨询师心理技能进阶培训。

8日　由教育部国际司主办、教育部留学服务中心承办、我校协办的2018"平安留学"出国留学行前培训会在我校举行。

8日　美国《生物化学杂志》发表我校生命科学学院金腾川课题组和加拿大滑铁卢大学Michael Palmer课题组合作研究成果。他们利用X晶体衍射技术首次解析B型链球菌成孔蛋白CAMP因子的晶体结构，并揭示了该毒力因子行使生物学功能的分子机制。

8~11日　由中国细胞生物学会植物器官发生分会主办、我校承办的第二届国际植物分生组织研讨会在我校召开。

8~22日　在美国盐湖城举行的IEEE计算机视觉与模式识别会议上，我校信息学院教授熊志伟率领的团队获得2018年光谱重建挑战赛冠军。

9~10日　2018年中国大荔世界名校龙舟赛在陕西大荔举行，我校龙舟队取得男子组500米直道竞速、男子组200米直道竞速冠军和男子组2000米绕标赛第三名的好成绩。

10日　校工会、教职工足球协会共同举办"中国科大全民健身教职工趣味足球活动"。

10日、9月25日　荷兰《物理快报B》、美国《物理评论快报》杂志先后发表我校查王妹、唐泽波与校友杨帅等组成的研究团队的研究成果。他们首次发现非超擦边高能原子核对撞中极低横动量正负电子对的产额有反常增强,并通过数据和理论模型计算相结合指出该反常增强源自光子-光子对撞,观测到的横动量展宽可能产来自新物质形态——夸克胶子等离子体中的强电磁场在费米尺度的偏转作用。这为极端条件下夸克物质的特性研究打开了一扇新的大门。

11日　英国《自然》杂志子刊《自然·催化》发表我校俞书宏教授课题组与多伦多大学Sargent教授课题组合作研究成果。他们在电催化二氧化碳制备多碳醇燃料方面取得突破性进展。研究者首次提出在CO_2的电还原过程中,通过调控碳-碳偶联"后反应"步骤,抑制烯烃产生实现高效多碳醇转换,为高能量密度液体醇燃料(发动机燃料)的选择性制备提供了设计思路。

12日　学校举行六十周年校庆百日倒计时启动大会,对校庆工作进行再动员、再部署、再推进。

12日　校团委、校史馆组织校庆志愿者代表参观校史馆,党委常委、副校长陈晓剑为志愿者们做校史培训。

12日　学校举办2017~2018学年度先进毕业班集体表彰会,40个学生班级获得表彰。

12日　中国博士后科学基金会官网公布特别资助第十一批获资助人员名单,我校黄腾等16名博士后获得此项特别资助。本批次申报入选比例达39%。

12日　美国《地质学》杂志发表我校地球和空间科学学院沈延安教授团队在全球寒武纪三叶虫灭绝事件方面取得的研究进展。他们系统测定了我国华南典型剖面的有机碳和无机碳同位素组成,揭示了寒武纪海洋与现代海洋化学结构和组成的不同。

13日　学校召开"减轻教师负担、提高工作效率"座谈会,落实习近平总书记在"两院"院士大会上的重要讲话精神。

13日　学校召开扶贫开发领导小组第四次工作会议,学习习近平总书记关于脱贫攻坚工作重要指示精神,进一步推进学校定点扶贫工作。

14日　学校召开2018届毕业生到西部、基层和部分国家重点单位工作表彰会。

14日　美国国家工程院院士、美国哥伦比亚大学Piyasombatkul家族基金会讲席教授David Yao访问我校,并做客"合肥大师论坛",作题为《AI, Risk and Analytics——Rethinking Supply Chain Management》的报告。

14日　学校举办第五场"科教报国60年"科大精神系列报告会,我校杰出校友、地球化学家、中国科学院院士、中国地质大学(北京)教授李曙光作题为《做又红又专的攀登者——科大精神对我人生的影响》的报告。

15日　美国《物理评论快报》杂志发表我校近代物理系韩良团队成果。他们在费米国家加速器实验室的D0实验上,圆满完成利用第一代TeV级强子对撞机Tevatron开展的弱混合角$\sin 2\theta_W$精确测量工作。

15日　美国《科学进展》杂志发表我校中国科学院微观磁共振重点实验室在零磁场核磁共振方面取得的重要进展。该实验室的彭新华教授课题组与德国亥姆霍兹研究所、加拿大滑铁卢大学合作,首次实现了零磁场核自旋体系的普适量子控制,并发展了用于评估量子控制和量子态的方法,这一成果有望推动零磁场核磁共振在生物、医学、化学以及基础物理领域中的应用。

15日　校团委、校友总会、校研究生会、校学生会、管指委共同举办2018 "See You" 毕业纪念系列活动闭幕式暨毕业纪念晚会。

15日　中国博士后科学基金会官网公布2018年度"博士后创新人才支持计划"遴选结果，我校刘源等13名博士后获得此项计划资助。

15日　我校承担的国家重大仪器研制项目（部门推荐）"多波段脉冲单自旋磁共振谱仪研制"结题验收会在合肥召开。

16日　我校2018年上半年大学英语四六级考试顺利完成。我校考点共安排了154个考场，共有4600余名考生参加了英语、日语、德语、法语四个语种的四六级考试。

16~18日　由合肥微尺度物质科学国家研究中心国际功能材料量子设计中心主办的第八届ICQS-ICQD-ICQM（中科院物理研究所国际量子结构中心、中国科大国际功能材料量子设计中心、北大量子材料科学中心）联合年会在我校召开。

17日　西溪湿地第七届中国名校龙舟竞渡在杭州西溪湿地洪园进行。我校龙舟队获得中国名校组一等奖。

18日　英国《自然》杂志子刊《自然·免疫》在线发表我校生命科学与医学部、中科院天然免疫与慢性疾病重点实验室和合肥微尺度物质科学国家研究中心田志刚、孙汭教授课题组研究论文。该研究成果揭示了肿瘤发展过程中抑制性受体TIGIT可导致NK细胞耗竭，并证明抗TIGIT单抗可逆转NK细胞耗竭并用于多种肿瘤的免疫治疗。

19日　学校召开党建工作领导小组暨"两学一做"学习教育常态化制度化领导小组会议，传达教育部党组关于高校教师党支部书记"双带头人"培育工程、高校党组织"对标争先"建设计划两个实施意见精神，对近期党建工作进行了布置。

19~20日　在安徽省教育厅支持下，由我校教务处主办、安徽省高校教师教学发展联盟协办的"安徽省高校实验实践教学研讨会（理工类）"在我校举行。

20日　工程科学学院本科生党支部召开专题研讨会，校党委书记舒歌群参加了会议，与支部党员座谈交流并对学生支部党建工作给予指导。

20日　陆军军官学院中国化马克思主义教研室主任、安徽省委讲师团合作专家汪庆明来我校作题为《新时代国家安全形势及安全战略分析》的报告。

20日　中国国际工程咨询公司受中国科学院条件保障与财务局委托，对合肥先进光源预研工程举行首次监理。党委书记舒歌群、副校长朱长飞出席。

20~21日　我校党委书记、扶贫开发领导小组组长舒歌群，党委副书记、扶贫开发领导小组副组长蒋一带队赴贵州省调研定点扶贫工作。

21日　学校召开第八届校学位委员会第十二次工作会议，审议2018年夏季学位申请情况，评选2018年度校级优秀博士学位论文，审核表决我校学位授权点合格评估自我评估结果、部分学科点动态调整申请以及《中国科学技术大学工程博士研究生申请学位的研究成果要求》。

21日　教育部在四川大学召开新时代全国高等学校本科教育工作会议，我校设视频分会场。副校长陈初升、各学院有关领导、校院两级教学委员会委员、院系骨干教师、机关有关部门负责人以及教学管理人员共150余人参加了视频会议。

22日　化学与材料科学学院聘中国科学院大连化学物理研究所张东辉院士为我校化

学物理系主任。

23 日　学校举行 2018 届本科生毕业典礼暨学位着装授予仪式。

24 日　学校举行 2018 届研究生毕业典礼暨学位着装授予仪式。

25 日　美国科学院院士、美国加州大学圣地亚哥分校教授 Susan S. Golden 和 James W. Golden 访问我校并做客"合肥大师论坛",分别以《How Cyanobacteria Tell Time》和《Cyanobacterial Genetic Engineering》为题作学术报告。

26 日　美国《物理评论快报》杂志发表我校郭光灿院士团队的 2 篇研究论文。该团队李传锋、韩永建、许小冶等人首次在量子行走中直接测量拓扑不变量,提出基于时间复用的新型量子行走方案,建成了 50 步的光学量子行走实验系统,并基于该系统首次直接测量具有手征对称性的量子行走中的体拓扑不变量;该团队史保森、周志远等首次建立了双折射干涉仪的量子理论模型,揭示了光子在双折射干涉仪中的干涉行为,并在实验上得到完美的验证,在包含双折射晶体的干涉理论和实验研究中取得重要进展。

26 日　我校共有 3 名学生入围"第十三届中国大学生年度人物评选",分别是热科学和能源工程系 2017 级博士研究生吕松、合肥微尺度物质科学国家研究中心 2016 级硕士研究生冯超和物理学院 2015 级本科生徐高阳。其中吕松同学获得"第十三届中国大学生年度人物"称号。

28 日　学校召开党委全委扩大会议,听取中央巡视整改"再总结"工作汇报,表决通过"进一步完善学院领导班子议事决策机制"。

28 日　美国《物理评论快报》杂志以"编辑推荐"的形式发表我校潘建伟教授及其同事陆朝阳、刘乃乐、汪喜林等的研究成果。他们通过调控 6 个光子的偏振、路径和轨道角动量三个自由度,在国际上首次实现 18 个光量子比特的纠缠,刷新了所有物理体系中最大纠缠态制备的世界纪录。

28 日　英国《自然》杂志子刊《自然·通讯》发表我校俞书宏研究团队的研究成果。他们通过磷掺杂手段精准调控过渡金属硫族化合物二硒化钴的相变,成功实现其从稳定的立方相到亚稳态正交相的相转变,研制了在碱性介质中具有类铂析氢性能的水还原高效电催化剂。

29 日　学校隆重举行庆祝建党 97 周年纪念大会。

29 日　英国《自然》杂志子刊《自然·通讯》发表我校生命科学与医学部、中科院天然免疫与慢性疾病重点实验室和合肥微尺度物质科学国家研究中心周荣斌、江维研究组与厦门大学邓贤明课题组的合作研究成果。他们发现中草药冬凌草的主要成分冬凌草甲素可共价结合 NLRP3 蛋白从而抑制炎症小体活化,且对 NLRP3 相关的一些疾病,比如 2 型糖尿病、痛风等有较好的预防和治疗效果。

30 日　常务副校长潘建伟,党委常委、副校长陈晓剑、朱长飞、王晓平一行调研量子创新研究院和高新园区建设工作。

---

7 月

1~14 日　第一届"人工智能国际大学生夏令营"在我校成功举办。

1日、15日 爱思唯尔《地球与行星科学通讯》、美国《地球化学与宇宙化学学报》先后发表我校地球和空间科学学院中科院壳幔物质与环境重点实验室黄方教授团队研究成果。他们建立了世界一流的 V、Ba 同位素分析方法，通过对全球代表性样品的高精度同位素分析，确定了洋壳的 V 同位素及大陆上地壳的 Ba 同位素组成。

2日 我校第四届"未来科学家"夏令营正式开营。

2日 中科院北京基因组研究所曾长青一行访问我校，与生命科学学院及附一院多位教学科研人员进行学术交流。

2日 美国科学院院士、全美免疫学会会长 Wayne M. Yokoyama 教授访问我校并做客"合肥大师论坛"，作题为《AAI President's Address:50 years in Immunology》的学术报告。

2日 美国《科学仪器评论》杂志发表我校中科院微观磁共振重点实验室研究成果。该室提出并实现了一种可以突破时钟速度极限的时序发生方法，实现了时间分辨率达 5×10^{-12} 秒的任意序列发生器，将高精度时间序列发生功能的时间精度首次提升至皮秒量级。

2~7日 中国地震局测震分析预报学科技术管理组在我校举办 2018 年"地震学方法与程序"培训班。

3日 南开大学周恩来研究中心主任徐行应邀做客我校"大学生文化素质教育讲座"，作题为《理想、信念、担当——学习周恩来崇高精神风范》的主题报告。

3日 校研究生支教团举行第十九届支教队工作汇报暨第二十届支教队出征仪式。

4日 诺贝尔化学奖得主、美国科学院院士、南加州大学教授阿里耶·瓦舍尔（Arieh Warshel）访问我校，并作题为《用计算机模拟来研究健康问题的分子基础》的学术报告。

4日 校团委在先进技术研究院举办学习团十八大精神暨团干部理想信念教育培训班。

4日 浙江湖州市委常委、组织部长干武东和副市长闵云一行来我校调研。

4~11日 第 39 届高能物理国际学术会议在首尔召开，大会首次公开发布的新成果中，我校 ATLAS 课题组直接参与并作出主要贡献的有 5 项。

5日 《美国化学会志》杂志发表我校熊宇杰教授团队与武晓君教授理论课题组合作的研究成果。该成果基于金属氧化物光催化剂的缺陷工程调控，发现通过掺杂的方式来精修催化剂的缺陷态，可以促进缺陷位点对氮分子的高效活化，有效地提高光催化固氮合成氨的效率。

5日 我校创客中心第十七期创新创业沙龙活动在先研院未来中心开幕。

5~6日、17日 学校分两个阶段召开 2018 年务虚会，会议分别由校党委书记舒歌群、校长包信和、常务副校长潘建伟主持。

6日 美国地质学会会士、"千人计划"特聘专家、南方科技大学讲席教授、我校 837 校友郑焰做客赵九章·侯德封大师讲堂，作题为《撸起袖子来治砷》的报告。

6~7日 由我校中科院无线光电通信重点实验室承办的"第四届无线大数据研讨会"在合肥召开。

7日 墨子量子科技基金协议签署仪式在我校举行，校党委书记舒歌群，校长包信和，常务副校长、中科院量子创新研究院院长潘建伟，党委常委、副校长朱长飞，党委副书记蒋一等出席仪式。

7日　学校隆重举行校友值年返校活动，88个班集体2200余名校友及家属从全球各地重返母校。校党委书记舒歌群，校长、校友总会会长包信和，校友总会副会长鹿明和相关部门负责人出席大会。

7日　英国《柳叶刀》杂志发表我校附属第一医院（安徽省立医院）影像科副主任医师胡晓峰的论文。该文报道了中国科大附一院运用X射线检查明确一位先天性膈疝新生儿并成功救治的案例。

7日　化学与材料科学学院举行庆祝恢复应用化学系暨校友值年返校与捐赠仪式。仪式由副校长、学院执行院长杨金龙主持，校长包信和、常务副校长潘建伟、副校长陈初升、学院党委书记葛学武、钱逸泰院士、清华大学李亚栋院士，以及以美国加州大学伯克利分校杨培东院士、斯坦福大学崔屹教授为代表的8812、9312班近50名返校校友参加了庆祝仪式，参加庆祝仪式的还有部分应用化学系教师和退休教师、8814等年级的部分校友。

7~13日　学校陆续召开校庆工作领导小组会议、学院校庆工作专项会议、教育创新暨中外大学校长论坛筹备工作研讨会、校庆宣传片初审会等校庆工作系列会议，全面推进各项校庆工作。

9~11日　由我校精密机械与精密仪器系、物理学院、信息科学技术学院和中科院微观磁共振重点实验室共同举办的国际医学和工程论坛在附属第一医院南区召开。

10日　第二届"非传统稳定同位素地球化学"暑期学校在我校举行。

10日　英国《芯片实验室》杂志以封面文章发表我校工程科学学院微纳米工程研究室李保庆副教授与美国加州大学戴维斯分校潘挺睿教授合作研究成果。他们提出并实现了一种具有纳升级精度的液体移取技术。

10日　中国计量科学研究院党委书记段宇宁一行来我校调研，校党委书记舒歌群主持调研座谈会，党委常委、副校长朱长飞出席会议，党政办、研究生院、招生就业处、科研部、人力资源部等部门负责人参加座谈交流。

11日　学校举行"唐立新教育发展基金"捐赠设立仪式，新尚董事长唐立新先生出席，校长包信和、党委副书记蒋一，新尚集团投资副总监刘承红、投资经理李华彬，以及学校相关部门负责人参加了捐赠仪式。

11日　学校举行"科教报国60年"科大精神系列报告会，杰出校友、清华大学冯克勤教授作题为《数学大师华罗庚》的报告。

11日　美国《物理评论快报》杂志以"编辑推荐"的形式发表了北京谱仪（BESⅢ）实验研究成果。该研究利用BESⅢ实验高统计量的数据，首次在粲偶素的同位旋破坏的衰变过程中观测到显著性超过了5倍标准偏差的$a_0^0(980)f_0(980)$混合信号，并对$a_0^0(980)$和$f_0(980)$与介子对的耦合常数作出约束，为研究$a_0^0(980)$和$f_0(980)$内部结构和理解它们的性质提供重要的实验依据。科大BESⅢ课题组对此作出了重要贡献。

11日　京东集团-中国科学技术大学数据驱动的物流与供应链管理国际专题研讨会在我校举行。

12~16日　由计算机科学与技术学院承办的龙星计划"大规模的数据并行处理系统"暑期课程在我校举办，主讲教师为美国俄亥俄州立大学张晓东教授。

14~15日　第一届UVCC全国高校排球冠军赛在北京大学邱德拔体育馆举行，我校男子排球队斩获南方赛区季军。

15日 我校与北京协和医学院创新医学人才培养合作协议签约仪式在我校举行。北京协和医学院院校长、中国工程院副院长王辰，党委副书记、纪委书记姚龙山，副院校长张勤、张学，我校校长包信和、副校长陈初升、党委副书记蒋一、副校长杨金龙以及相关学院和部门负责人出席仪式。

16日 2018年青少年高校科学营中国科学技术大学分营开营。

16日 美国加州大学伯克利分校教授、劳伦斯伯克利国家实验室资深科学家Steven G. Louie院士访问我校并做客"合肥大师论坛"，以《Topological and Interaction Effects in Atomically Thin 1D & 2D Materials》为题作学术报告。

16日 中国人民解放军海军参谋部训练局业务长周国平一行赴我校调研舰船消防科研工作，实地考察了火灾科学国家重点实验室、中国科大先进技术研究院及安徽省公安消防总队训练基地。

17日 我校2018年优秀大学生夏令营开营，校党委书记舒歌群、校长包信和，相关学院、国家实验室、机关相关部门负责人以及来自全国百余所知名高校的1800余名优秀学子参加了开营仪式。夏令营于20日圆满落幕。

18日 多语种《习近平谈治国理政》图书捐赠仪式在我校图书馆举行。北京崇学文化发展有限公司负责人余富文代表公司向学校赠送了《习近平谈治国理政》多语种版图书，校党委常委、副校长杜江峰代表我校接收捐赠，校党委书记舒歌群向余富文颁发捐赠证书。

18日 机关党委召开中心组学习暨机关"两优一先"表彰会议，党委副书记、纪委书记、机关党委书记叶向东出席并讲话，机关党委委员，机关部门主要负责人，机关党支部书记，以及获得表彰的党员参加了会议。

18日 美国国家科学院、美国国家工程院、美国艺术与科学学院三院院士，美国西北大学教授John A. Rogers访问我校，并作题为《Soft Electronic and Microfluidic Systems for the Skin》的学术报告。

18日 学校召开2018年全校安全工作大会，总结学校安全工作经验，提出需要改进的问题，并现场签订安全责任书。

7月18日~8月17日 我校五名同学入选第五期"中央和国家机关大学生实习计划"，并顺利完成了各项实习工作。

19日 校党委书记舒歌群、党委副书记蒋一等一行赴中国科学院长春光学精密机械与物理研究所参观调研。

19日 美国《细胞代谢》杂志发表我校生命科学与医学部、中科院天然免疫与慢性疾病重点实验室和合肥微尺度物质科学国家研究中心魏海明、田志刚教授课题组的研究论文。该研究成果展示了肿瘤发生发展过程中自然杀伤细胞（NK细胞）的动态改变，并揭示了一种NK细胞功能紊乱的新机制。

20日 全国人大常委会委员、民盟中央专职副主席徐辉一行来访我校，校党委副书记、纪委书记叶向东会见了徐辉一行。安徽省政协副主席、民盟安徽省委主委郑永飞，安徽省政协副秘书长、民盟安徽省委专职副主委韩卉，校党委统战部部长张玲等陪同会见。

20日 香港大学副校长何立仁（Ian Holliday）一行三人访问我校，副校长陈初升会见了代表团。

20日 美国《科学·进展》杂志发表我校郭光灿院士团队在量子通信研究中取得的新成果。该团队李传锋、柳必恒等人首次利用四维纠缠态实现量子密集编码,达到2.09的信道容量,创造了当前国际最高水平。

20日 国家知识产权局办公室关于公布2017年度国家知识产权培训基地总结考核结果的通知,正式公布对全国23家国家级知识产权培训基地的考核结果,设立在我校的国家知识产权培训(安徽)基地确定为2017年度优秀单位。自2010年10月国家知识产权局在安徽省设立国家级培训基地以来,我校国家知识产权培训(安徽)基地连续七年获评全国优秀。

20日 吉林省与国内著名高校人才合作暨新招录选调生座谈会在长春举行,我校党委书记舒歌群、党委副书记蒋一等参加会议。吉林省与我校等十一所高校签署了《省校人才合作框架协议》,蒋一代表我校签约。

20日 根据中科院与学校排查暑期安全隐患的要求,我校学生工作部(处)联合保卫与校园管理处和各学院对中校区本科生宿舍进行安全检查工作。

20日 我校吉林校友座谈会在长春举行,四十余位校友代表参加会议,我校党委书记舒歌群、党委副书记蒋一和相关部门负责人出席会议。

22日 受教育部高等教育司委托,2018年"拔尖计划"学生学术交流会在我校隆重开幕。

22日 第二届"非传统稳定同位素地球化学"暑期学校在我校落幕。

23日 徽风皖韵进校园——黄梅戏"玉天仙"专场演出应邀在我校举行。

7月23日~8月4日 我校生命科学学院2016级贝时璋班30名同学在上海生命科学研究院和北京生物物理所进行暑期科研实习。

24日 财政部会计司高一斌司长,财政部驻安徽财政专员办党组书记、监察专员江乐森来我校调研指导工作。

24日 保卫与校园管理处联合化学与材料科学学院,以"安全是生命之本,违规是事故之源"为主题,举行环境资源楼安全员培训及消防疏散演练。

25日 国家同步辐射实验室举行"HLS-II启动恒流运行暨HLS-II完成建设"庆典仪式,安徽省发展与改革委员会改革创新处处长朱的娥、合肥市发展与改革委员会高技术产业处处长王敏,我校总会计师黄素芳、科研部部长傅尧等领导出席仪式。

25日 2018年第四届"全国大学生创业家成长计划"开营仪式和启动仪式在我校举行。

25日 我校召开2018年本科生迎新工作筹备会议。

25~26日 校庆工作领导小组常务副组长、党委常委、副校长陈晓剑和原副校长张淑林主持召开学位与研究生教育四十年(1978~2018)特展工作汇报会、少年班教育四十年特展工作汇报会。

7月25日~8月2日 地球和空间科学学院环境科学专业赴甘肃开展为期9天的综合实习。

26日 国家重点研发计划大科学装置前沿研究重点专项——"环境诱发情绪异常"神经机制的多尺度成像方法和研究项目中期总结会在我校召开。

7月26日~8月4日 我校学生工作系统组织的新疆调研团队一行9人远赴新疆,与新疆教育厅内地新疆学生工作办公室和有关单位领导进行交流学习、了解相关政策,开展新疆学生家访和相关调研工作。

27日 美国《科学进展》杂志发表我校俞书宏教授和梁海伟教授团队的研究成果。他们发展了一种过渡金属盐催化有机小分子碳化的合成新途径,实现了在分子层面可控的宏量合成多孔掺杂碳纳米材料。

27日 美国《运筹学》杂志发表我校刘林冬副教授与香港科技大学齐向彤教授、香港理工大学徐宙副教授合作的学术论文。该论文主要对合作博弈中联盟的稳定性进行了研究,首次提出了利用"奖励+惩罚"的联合机制加强大联盟的稳定性,并证明了此机制下最优"奖励"与"惩罚"的数值相关性。

27~31日 工程科学学院党委组织各系党总支书记、教工和学生支部书记、优秀党员代表、团委、学生会骨干等34人赴延安开展坚定理想信念主题教育暨党务工作培训。

7月27日~8月1日 第32届中国大学生手球锦标赛暨首届中国大学生沙滩手球锦标赛在山东日照举行,我校男子手球队获得男子场地赛季军和沙滩赛第六名的成绩。

7月28日~8月2日 第十届全国高等学校物理实验教学研讨会在青岛大学召开,我校参赛的物理学院2013级熊江浩小组获科研类论文评比一等奖,全国高等学校实验教学研究会授予我校霍剑青教授终身成就奖。

29~31日 由我校国家同步辐射实验室主办、福州大学协办的2018年合肥光源用户学术年会在福建省福州市召开。

30日 中国银行安徽省分行捐赠仪式在我校举行。

30日 由我校和百度公司联合举办的第四届全国"大学生创业家成长计划"夏令营在我校举行闭营仪式暨颁奖典礼。

31日 校党委书记舒歌群,党委常委、副校长陈晓剑一行走访滨湖管委会并赴国际金融研究院调研建设进展,听取项目建设情况汇报,并到施工现场慰问一线施工人员。

本月 我校"未来网络"安徽省重点实验室作为主要参建单位的国家重大科技基础设施"未来网络试验设施"项目可行性研究报告获国家发改委批复,并正式启动。

本月 美国《细胞》杂志子刊《生物化学趋势》发表我校生命和医学学部、中科院天然免疫与慢性疾病重点实验室和合肥微尺度物质科学国家研究中心周荣斌和江维合作的综述性文章。该文系统总结和讨论了磷酸化修饰在炎症小体活化和调控中的作用和机制。

8月

1日 我校与合肥市共同保障中国科学技术大学六十周年校庆工作动员会在合肥市政务会议中心举行。

2日 美国《物理评论快报》杂志发表我校郭光灿院士团队在量子资源研究中取得的新成果。该团队李传锋、项国勇研究组与新加坡南洋理工大学、北京大学、清华大学的合作者提出量子相干性与量子关联之间的循环转化方法,并在光子系统中实验验证了该方案。

2日 丹佛斯杯第五届中国制冷学会创新大赛颁奖典礼在山东大学威海分校落幕,我校工程科学学院热科学和能源工程系中科院太阳能光热中心裴刚教授课题组的参赛作品"基于可控型分离式热管技术的新型蓄冷冰箱"荣获研究生组一等奖。

6日 《美国科学院院刊》发表我校地球和空间科学学院沈延安教授团队与美国加州大学圣地亚哥分校林莽博士和我校"大师讲席"教授、美国科学院院士Mark H. Thiemens等合作在研究华南雾霾的物质来源和形成机制上取得的重要成果。研究人员首次将放射性硫同位素（^{35}S）与稳定硫同位素（$^{32}S/^{33}S/^{34}S/^{36}S$）相结合，以国家大气环境背景值武夷山监测站为研究点，探讨华南地区气溶胶物理传输途径和化学形成机制。研究揭示了雾霾硫酸盐组分存在非常显著的^{33}S和^{36}S同位素非质量分馏信号，结果表明^{33}S的异常来源于平流层的光化学反应，而^{36}S的异常组成主要是来源于化石燃料或生物质的燃烧过程。

6日 英国《自然》杂志子刊《自然·方法》发表我校杜江峰院士团队的研究成果。该团队运用量子技术首次在室温水溶液环境中探测到单个DNA分子的磁共振谱，从而向运用单分子磁共振研究生物分子在生理环境中的构象和分子间相互作用迈出了重要一步。

7日 美国《科学》杂志子刊《科学传播》发表我校人文与社会科学学院科技传播与科技政策系教师王国燕的文章。该文揭示了现象级科普图书《十万个为什么》对50年中国公民科学素质的巨大培养作用，为国际上了解中国科普图书出版史、中国公民科学素质以及科学教育状况提供了重要的学术信息来源。

8日 由我校与中国科学院国际合作局、中国农科院国际合作局联合主办，公共事务学院承办的第九期"中科院国际组织任职及后备人员培训班"开班仪式在我校举行。

8日 美国《物理评论快报》发表我校郭光灿院士团队的研究成果。该团队李传锋、陈耕等人与南京大学合作者通过优化量子弱测量方法，把单光子克尔效应测量精度再次提升近一个量级，实验结果首次逼近了最优海森堡极限，再创量子精密测量领域最高测量精度。

9日 校党委常委、副校长、六十周年校庆领导小组常务副组长陈晓剑主持召开校庆工作领导小组会议。

10日 美国《科学进展》杂志发表我校俞书宏教授团队研究论文。该团队发展了一种冰晶诱导自组装和热固化相结合的新技术，以传统的酚醛树脂和密胺树脂为基体材料，成功研制了一系列具有类似天然木材取向孔道结构的新型仿生人工木材。该系列仿生人工木材具有轻质高强、耐腐蚀和隔热防火等优点。美国《科学》杂志科学新闻以《This Synthetic Wood is As Strong As the Real Thing—and Won't Catch Fire》为题对此作了报道。

10日 《国家科学评论》杂志发表我校俞书宏教授领导的仿生研究团队的研究成果。他们在深入理解盾皮鱼鳞微纳结构和强韧化机制的基础上，首次提出单向/多向刷涂与螺旋层积相结合的高效仿生组装策略，实现了宏观尺度上灵活操纵一维微纳米纤维的空间排布。

12~16日 我校国家数学与交叉科学中心（合肥）图形与几何计算实验室刘利刚、傅孝明、张举勇等人的3篇论文被计算机图形学领域顶级会议Siggraph 2018录用，并将其发表于《美国计算机学会图形学汇刊》2018年第4期。

13~24日 生命科学学院29名2017级本科生在6名教师的带领下，前往中科院昆明动物研究所和西双版纳热带植物园，参加一年一度的生物学野外教学实习活动。

15日 《德国应用化学》杂志发表我校合肥微尺度物质科学国家研究中心、化学与材料科学学院曾杰教授课题组的研究成果。该组利用不同镍含量掺杂的二硫化锡纳米片作为催化剂,实现高效电还原二氧化碳到甲酸和一氧化碳。这种镍掺杂的二硫化锡纳米片催化剂,在二氧化碳电还原反应中表现出高活性和高稳定性。

15~20日 第九届全国大学生物理学术竞赛在山西大学举行,我校代表队荣获一等奖。

16日 我校张强教授牵头承担的国家重点研发计划"地球观测与导航"专项"极限灵敏度超分辨全天时空间量子成像技术"项目启动会在合肥召开。

17日 我校2018级本科新生开始入学报到。

17日 生命科学学院、化学与材料科学学院举行2018级本科新生家长会。

17日 江苏蓝风国际投资发展有限公司向我校捐赠200万元,设立"蓝风基金"。捐赠设立仪式在我校举行。

17~19日 第四届全国高校安全科学与工程大学生实践与创新作品大赛决赛在合肥举行。本次会议由公共安全科学技术学会主办,教育部安全科学与工程类专业教学指导委员会、中国职业安全健康协会和我校联合主办,我校火灾科学国家重点实验室、教务处联合承办。

19日 我校学生处心理健康教育与咨询中心开展对2018级本科新生心理健康普查工作。

19~23日 在英国伦敦召开的第24届ACM知识发现与数据挖掘大会上,我校计算机学院陈恩红教授实验室和微软人工智能与研究事业部袁晶博士(0300校友、现任华为云语音语义团队负责人)等合作发表的论文获2018年大会研究序列唯一最佳学生论文奖。

20日 美国《物理评论快报》杂志发表我校潘建伟院士及其同事张强、范靖云、马雄峰等与中科院上海微系统所和日本NTT基础科学实验室合作的研究成果。他们利用遥远星体产生随机数,实现同时关闭探测效率漏洞和定域性漏洞的贝尔不等式检验,向无漏洞的量子非定域性检验迈出重要一步。

20日 英国《自然》杂志子刊《自然·光子学》发表我校吴东教授课题组与南京大学固体微结构国家重点实验室张勇、肖敏课题组以及胡小鹏、祝世宁课题组合作的研究成果。他们利用飞秒激光电畴擦除技术首次成功制备出三维非线性光子晶体,并实现了三维准相位匹配的激光倍频。

20日 我校2018级本科生军训动员大会在东区大礼堂举行。

20~22日 由国家体育总局中国自行车运动协会独轮车委员会和湖南桃源县人民政府联合主办的第15届全国独轮车锦标赛在湖南桃源举行。科大附中26名师生组成的代表队参加了此次大赛,斩获7枚金牌、13枚银牌、15枚铜牌,并获得团体总分第六的好成绩,同时获得组委会颁发的体育道德风尚奖、最佳组织奖,周超老师还获得40周岁以上组全能冠军。

22日 美国《物理评论快报》杂志发表我校杜江峰院士领导的中科院微观磁共振重点实验室的研究成果。该成果利用单自旋量子传感器,对超越标准模型自旋为1的轴矢量玻色子在微米尺度给出新的实验限定,该结果相比针对这种相互作用的原有国际最好水平在力程500微米处提升50倍左右。

23~24日 由我校与北京大学、东京大学、日本理化研究所、大阪大学共同发起的2018年度中日量子技术国际研讨会在中科院量子信息重点实验室召开。

23~24日　第一届全国热安全科学与技术研讨会、全国消防科普理论与技术研讨会暨中国消防协会科普教育工作委员会第七届委员会二次会议在安徽合肥召开。会议由我校热安全技术国家地方联合工程研究中心发起组织，火灾科学国家重点实验室和中国消防协会科普教育工作委员会共同主办。

24日　英国《自然》杂志子刊《自然·通讯》发表我校郭光灿院士团队在量子存储领域取得的研究成果。该团队李传锋、周宗权等人成功研制出多自由度并行复用的固态量子存储器，在国际上首次实现跨越三个自由度的复用量子存储，并展示了时间和频率自由度的任意光子脉冲操作功能。

24~25日　校党委书记舒歌群陆续调研了上海研究院、苏州研究院和中国科学院合肥物质科学研究院。

25日　学校举行2018级新生消防安全知识讲座与应急疏散演习。

25~31日　我校地球和空间科学学院空间物理专业和中国科学院云南天文台合作组织学生赴贵州、云南开展"空间物理——2018年暑期实习"。

26日　2018"智能时代国际服贸产业创新与技术标准"高峰论坛在我校举办。

26~31日　我校地球和空间科学学院固体地球物理专业一行37人赴云南开展"地震与火山"野外实习活动。

27日　英国《自然》杂志子刊《自然·通讯》发表我校郭光灿院士团队的研究成果。该团队李传锋研究组与芬兰图尔库大学的理论研究组合作，成功研制出光子频率和相位均可调控的量子模拟器，通过编程控制即可实现任意的相位消相干过程。

27日　美国《物理评论快报》杂志以封面文章的形式发表我校合肥微尺度物质科学国家研究中心国际功能材料量子设计中心与中科院强耦合量子材料物理重点实验室曾长淦教授研究组及其合作者在kagome晶格新奇物性研究方面取得的重要成果，该成果以层状材料Fe_3Sn_2为平台首次在kagome晶格体系中实验观察到近乎无色散的平带电子结构，并结合理论阐明了其高温铁磁序的机制。

27~31日　第八届国际量子密码会议在我校上海研究院举行。

28日　美国《地球物理研究：生物地球科学》杂志发表我校极地环境研究室孙立广、谢周清课题组在企鹅古生态研究领域取得的重要研究成果。他们研究发现了历史时期发生的由突变性气候异常所引发的企鹅幼鸟大规模死亡的生态灾难及其原因。9月10日英国《自然》杂志以研究亮点报道了这一研究成果。

29日　第十次全国归侨侨眷代表大会在北京人民大会堂开幕，我校常务副校长潘建伟院士荣获"中国侨界杰出人物"荣誉称号，赵政国院士荣获"中国侨界杰出人物提名奖"。

29日　我校举行第八场"科教报国60年"科大精神系列报告会，信息科学技术学院首任常务副院长、曾任国家科技部863高技术计划通信主题专家组专家、个人通信专家组组长朱近康教授应邀作题为《融入科大，创新自我》的专题报告。

30日　美国《天体物理学杂志》发表我校吴许芬副教授与孔旭教授合作的在星系间相互作用对星系结构形成的数值计算研究方面取得的新进展。他们计算了盘状星系与矮星系通过偏心碰撞产生星系外环结构，分析了盘状星系的核球-盘质量比（B/D）对星系外环结构的影响，发现B/D值越小的盘星系，碰撞后形成的外环结构越强。该成果同时被美国天文学会《AAS Nova Journals Digest》栏目推荐介绍。

本月 我校张川静等17名博士、李嘉禹等33位导师分别荣获本年度中科院优秀博士学位论文奖和优秀导师奖。

9月

1日 中国科学院院长、党组书记白春礼一行调研我校。

1日 学校隆重举行2018级本科生开学典礼,名誉校长、中科院院长白春礼院士为2018级新生开启"大学第一课"。

1日 学校举行"科学与社会"研讨课第一场主题报告会,校长包信和院士为全体2018级新生作题为《科学家的责任和义务》的主题报告。

1日 我校高新园区举行奠基仪式。

1日 "我是科大人"新生启航系列活动之新生演讲比赛决赛开幕。

1日 "中国科大学位与研究生教育四十年特展"和"少年班教育四十年特展"开幕式在校博物馆举行。

2日 学校举行志愿服务宣讲暨研究生支教团报告会。

2日 2018级全体本科新生参加艾滋病防治知识讲座。

2日 学校举行"唱想新声"新生合唱比赛。

3日 招商银行股份有限公司捐赠仪式在我校举行。

3日 学校举行2018级新生升旗仪式,隆重纪念中华人民抗日战争暨世界反法西斯战争胜利73周年。

4日 2018级研究生新生入学报到。

4日 英国《自然》杂志子刊《自然·通讯》发表我校马明明课题组的研究成果。该组通过凝胶纺丝的方法成功制备仿蜘蛛丝结构的高性能导电水凝胶纤维。

4日 庆祝建校60周年教职工书画展开幕。

4日 学校召开2018年度第七次学生工作例会。

4日 学校举行六十周年校庆志愿者动员培训会。

5日 校党委理论学习中心组召开集中学习会,重温习近平总书记考察科大重要讲话精神。

5日 5907校友、中科院力学所前副所长王柏懿研究员做客科大精神报告会,为工程科学学院2018级本科生和研究生新生带来了一场题为《蓦然回眸一甲子——5907学子征战花絮采撷》的报告。

6日 20名来自新疆的2018级少数民族预科新生入学报到。

6日 我校与包河区领导共同召开六十周年校庆保障协调会。

6日 美国《ACS Nano》杂志发表合肥微尺度物质科学国家研究中心王晓平教授和罗毅教授研究团队的合作研究成果。他们发展了光刻胶软掩膜蜡纸印刷技术,成功实现了多种形貌三维超结构的可控备,同时实现了非平整和曲面衬底上微纳米结构的自由构建。

6~12日 由我校承办的第四届中日几何会议在合肥召开。

7日　美国《统计学年鉴》发表我校管理学院金百锁副教授与新加坡国立大学栗家量副教授合作的研究成果。他们采用门限变量对加速失效时间模型进行分类,首次提出了多门限加速失效模型,在算法上提出了两步多门限同时估计方法,并在理论上给出了参数估计的大样本性质。

7日　学校召开院系校庆工作专项会议。

7日　计算机学院原党总支书记岳丽华教授做客"科教报国60年"科大精神系列报告会,作题为《科大精神之学习与思考》的报告。

7日　学校举行2018级本科生军训总结大会。

7日　纪念建校60周年《种子天堂》专场话剧在东区大礼堂演出。

7~8日　首届"中国科大-合肥物联网安全与智慧城市"高峰论坛在我校举行。

8日　学校举行2018级研究生开学典礼暨入学教育。

8日　绿科共创联盟捐赠中国科大签约仪式在我校举行。

8日　党委人武部为今年我校前往部队服役的学生举行欢送会。

8~9日　我校社团游园会分别在中区科学大道和西区操场举办。

9日　中国戏剧家协会副主席、著名黄梅戏表演艺术家韩再芬率"再芬黄梅艺术剧院"来我校举办黄梅新剧《邓稼先》专场演出。

10日　学校举行纪念建校六十周年"我是科大人"迎新暨教师节专场联欢晚会。

10日　美国《焦耳》杂志发表我校钱逸泰院士团队和王功名教授课题组的研究成果。该组通过实验和理论结合的方式,研究了金属钴基化合物(Co_3O_4, CoS_2, Co_4N以及CoP)在Li-S化学中的动力学行为,发现钴基化合物中阴离子的价电子的p能带中心相对费米能级的位置是影响Li-S电池界面电子转移反应动力学性质的主要因素。

10日　科大国创软件股份有限公司捐赠仪式在我校举行。

10日　学校启动2019届毕业生校园招聘工作。

11日　学校举行第十场"科教报国60年"科大精神系列报告会,原校党委书记汤洪高教授应邀为全校师生作题为《牢记科教报国使命　再创新时代绚丽篇章》的报告。

11~13日　中国科学院党组副书记、副院长侯建国一行调研我校。

12日　我校"红专并进、科教报国"中科院党员主题教育基地揭牌仪式在校史馆三楼举行。

12日　校长包信和调研科大附中。

14日　我校与山西省人民政府签署战略合作协议。

14日　碧桂园集团捐赠中国科大签约仪式在我校举行。

14日　西班牙马德里弗拉明戈舞团应邀来我校演绎经典舞剧《卡门》。

14日　第三届全国高校学生课外"核+X"创意大赛对话交流活动暨中核集团第四届"核你在一起"科普开放周活动启动仪式在我校举行。

15日　我校极地考察20周年研讨会在合肥举行。

15日　我校建校60周年校庆自行车赛暨R1巡回赛圆满结束。

15日　我校计算机专业创办初期的老教师、老校友欢聚一堂,在中国科学院计算技术研究所召开座谈会,共同庆祝中国科大建校60周年和计算机专业创办60周年。

15~21日　我校党委组织部分优秀人才参加中科院人事局举办的井冈山骨干培训班。

16日　我校首届医学英才班到附一院和生命科学与医学部临床医学院参观交流，并召开第一次班会。

16日　为纪念建校六十周年，学校特邀武汉大学艺术学院来我校举办"珞珈遇见瀚海"主题联欢晚会，演出由武汉大学校长窦贤康院士率团领衔。

16日　学校举办迎校庆校园跑暨"纪念改革开放40周年"2018年"Campus Run全国大学生校园跑步季"线下校园迷你马拉松冠军赛中国科大站比赛。

16日　首届安徽省大学生桥牌锦标赛在合肥工业大学落幕，我校桥牌队共派出两支队伍参加比赛，一队获得了公开团体赛一等奖、公开团体赛亚军奖杯，二队获得了公开团体赛二等奖，我校团体获得了体育道德风尚奖。另外，我校桥牌队在公开双人赛中荣获南北组冠军和东西组第三、四名。贺晟、王与常两位同学获得个人体育道德风尚奖。

17日　《美国国家科学院院刊》发表我校光寿红教授课题组的研究成果。该组研究人员首次揭示了反义核糖体小干扰RNA（risiRNA）参与核糖体RNA代谢调控和稳态维持。

17日　德国《先进材料》杂志发表我校精密机械与精密仪器系张世武副教授研究团队、澳大利亚伍伦贡大学李卫华教授研究团队和苏州大学机器人与微系统中心李相鹏副教授研究团队的合作研究成果。他们设计了基于镓基室温液态金属的新型机器人驱动器，首次实现了液态金属驱动的功能性轮式移动机器人。

17日　在由清华大学和美国伍斯特理工学院共同举办的第二届全球公共安全会议上，我校火灾科学国家重点实验室和清华大学公共安全研究院的创始人范维澄院士被授予埃蒙斯奖，并应邀在会上作2018年度埃蒙斯奖演讲。

17日　北京中科科教发展基金会捐赠仪式在我校举行。

17日　江淮-蔚来捐赠仪式在我校举行。

17~18日　由我校和美国斯坦福大学主办的第四届能源与生物材料国际学术研讨会在我校召开。

18日　学校举行校史文化长廊揭幕仪式。

18日　由中国科学院科学传播局和我校科学传播与发展研究中心共同承办的首届世界公众科学素质促进大会第一分论坛"科学教育与人类未来"在国家会议中心举行。

18日　爱思唯尔《信息计量学杂志》发表我校人文学院助理研究员王国燕和复旦大学唐莉教授的合作成果。他们提出了科学声望的测度方法，基于全球1.26亿本图书文献大数据中科学家全名的词频分析，描绘出物理学家在人类历史上声望的兴衰演变。

18~20日　加州大学河滨分校校长Kim A. Wilcox率代表团来校参加庆典活动，并开展系列访问。

19日　学校举办纪念建校六十周年"永恒的东风"校友师生联欢晚会。

19日　学校举行校友科技论坛和校友创新论坛。

19日　我校计算机学院特任研究员张兰获得阿里巴巴集团宣布设立的"达摩院青橙奖"，为本届获奖人中唯一的女性。

19日　化学与材料科学学院举行"跨越"铜雕落成揭幕仪式，该铜雕由原应用化学系8812、9312校友捐赠。

19 日　化学与材料科学学院召开校友座谈会。

19 日　学校召开首届唐立新奖学金面试评审会。

19 日　中国科大-京东人工智能联合实验室在我校正式签约成立。

19～21 日　荷兰特文特大学校长 Victor van der Chijs 一行访问我校。

20 日　学校举行纪念建校六十周年升旗仪式。

20 日　学校举行邓杨咏曼女士捐赠签约仪式。

20 日　学校举行校友组织代表大会。

20 日　化学物理系举行 833 班级校友捐赠仪式。

20 日　精密机械与精密仪器系举行成立四十周年大会。

20 日　近代力学系以举办"钱学森英才教育研讨会"的方式，庆祝建校 60 周年。

20 日　学校举行热科学和能源工程系学科发展及学生培养研讨会。

20～21 日　学校举办首届"嘉庚论坛"，论坛期间举行国际金融研究院智库揭牌仪式。

21～23 日　由中国力学学会物理力学专业委员会主办、我校中科院材料力学行为和设计重点实验室承办的第十五届全国物理力学学术会议在合肥举行。

23 日　由我校周荣斌教授主持的国家重大科学研究计划青年科学家专题项目"NOD 样受体的免疫生物学及其相关疾病机制研究"课题验收会在合肥召开。

9 月 24 日～10 月 5 日　我校选修"设计创新"课程的 4 位本科生应美国斯坦福大学 ME310 课程组、旧金山州立大学商学院设计思维教学组、SAP 设计项目组的邀请，前往美国硅谷进行关于设计和创新思维的学习交流活动。

25 日　德国《先进材料》杂志在线发表我校化学与材料科学学院梁高林教授课题组与南京医科大学的合作研究成果。文章报道了一种免疫响应释放他克莫司的策略，在克服肝脏移植排斥研究上取得重要进展。

25 日　我校召开 2018 年度第八次学生工作例会。

25～26 日　我校政府奖学金留学生参加在安徽省祁门县和芜湖市举行的"感知中国——进取的安徽"主题社会体验活动。

26 日　原副校长辛厚文教授应化学与材料科学学院邀请，作校庆 60 周年系列报告。

26 日　美国物理学会期刊主编 Michael Thoennessen 教授和 Physical Review Letters/Physical Review Materials 编辑王牧教授到我校物理学院访问座谈。

26～28 日　我校余玉刚教授在芬兰坦佩雷 Tampere、赫尔辛基"国际采购与供应管理联盟 The International Federation of Purchasing and Supply Management 世界峰会"上作报告。

27 日　德国《先进材料》杂志发表我校工程科学学院微纳米工程实验室与新加坡国立大学合作，在飞秒激光诱导材料加工方面取得的新突破成果。相关成果说明利用飞秒激光在形状记忆聚合物表面制备可重构结构，发现了新的"聚合物自生长"效应，并利用该效应制备了多样化的可重构功能微结构。

28 日　学校举办纪念建校六十周年系列活动——"金色年华"离退休干部欢度校庆迎重阳联欢会。

本月　我校和中国学位与研究生教育学会联合主办的学会会刊《研究生教育研究》入编

《中文核心期刊要目总览》(第 8 版)。

本月 为庆祝我校六十周年华诞,《中国科学:物理学力学天文学》特别出版了《中国科学技术大学六十周年校庆力学专辑》。

本月 为庆祝我校建校六十周年、研究生院建院四十周年,由我校《研究生教育研究》编辑部编撰的《勇立潮头扬帆前行——中国科学技术大学学位与研究生教育编年史稿(1978～2018)》由校出版社出版。

本月 我校 0806 校友车迪获选 2018 Marconi Society Paul Baran Young Scholar。这是全球通信领域最著名的奖项,每年仅 4 人获此殊荣。

10 月

1 日 德国《先进材料》杂志发表我校曾杰教授研究团队和中科院上海应用物理研究所司锐教授合作的研究成果,并被选为卷首插图。他们通过构筑原子级分散的钌催化剂实现高效氮气电还原合成氨。这种钌单原子催化剂在电催化还原氮气反应中表现出的产氨速率是现有报道的最高值。

4 日 《美国化学会纳米》杂志在线发表我校化学与材料科学学院梁高林教授课题组和生命科学学院廉哲雄教授课题组的合作研究成果。该文报道了一种串联酶控自组装和缓慢释放地塞米松增强抗肝纤维化效果的新型策略,并在动物模型上显示了比目前临床策略更优异的治疗肝纤维化的效果。

7～9 日 校党委副书记、扶贫开发领导小组副组长蒋一赴贵州省六盘水市六枝特区调研学校扶贫项目。

9 日 英国《自然》杂志子刊《自然·通讯》在线发表我校杨上峰教授课题组在富勒烯的新应用方面的研究成果。该组研究人员通过将富勒烯 C_{60} 选择性地共价连接在黑磷纳米片边缘,利用富勒烯的高稳定性将其用作保护盾牌,显著提高了黑磷纳米片在水中的稳定性。

9 日 国家重大科学研究计划(973 计划)"肿瘤代谢异常的关键蛋白质作用机制及其分子调控网络"课题结题验收会在我校召开。

9 日 校党委学生工作部(处)赴驻皖新疆籍人员教育管理服务工作组,就深入开展我校新疆籍学生的教育服务管理工作进行工作汇报和交流。

10 日 全国人大常委会副委员长、民盟中央主席、中国科学院副院长丁仲礼来我校调研。

10～14 日 在科技部支持下,由澳门特别行政区政府科技委员会主办,澳门科学技术发展基金承办,中国科学院、中国科学技术交流中心等单位协办的"2018 科技周暨中华文明与科技创新展"在澳门金光会展中心隆重举行。我校"色彩斑斓的自然,五颜六色的化学"科普项目首次参展。

11 日 附一院耳鼻咽喉头颈外科主任孙敬武当选"中国好医生"8 月月度人物,并受邀参加现场交流活动。

12 日 学校召开党建工作例会暨学生党员发展工作专题座谈会。

12 日 校长包信和出席在哈尔滨工业大学举行的"一流大学建设系列研讨会——

2018"暨中国大学校长联谊会,并作题为《红专并进,科教结合,努力培养一流创新人才》的大会报告。

12~14日 由公共安全科学技术学会、全国高校安全科学与工程学术年会委员会主办,教育部安全科学与工程类专业教学指导委员会、中国职业安全健康协会和我校联合主办,我校火灾科学国家重点实验室承办的第30届全国高校安全科学与工程学术年会暨第12届全国安全工程领域专业学位研究生教育研讨会系列活动在合肥召开。

14日 我校召开"合肥综合性国家科学中心E级机重大应用研讨暨超算中心建设专家咨询会"。

16日 常务副校长潘建伟院士在2018级新生"科学与社会"研讨课第二场主题报告会上为全体新生作题为《探索的动机》的报告。

16日 我校在中国学位与研究生教育学会2018年会员代表大会暨学术研讨会上获得多项表彰和荣誉。

16日 澳大利亚麦考瑞大学校长S. Bruce Dowton率代表团来我校访问。

16日 第九届教代会提案工作委员会召开年度工作会议。

16~20日 校接待中心首次组织代表队参加由中国教育后勤协会接待服务分会主办的2018年全国教育宾馆客房服务技能大赛,获得大赛最高奖项"特金奖"1项、"金奖"1项和单项奖1项的佳绩,同时还获得"最佳组织奖"。

17日 由国际高性能计算&人工智能咨询委员会主办的中国研讨会在青岛举行,我校超算鸿雁队蝉联大学生RDMA编程挑战赛一等奖。

17日 学校举行第十九期学生骨干培训班开学典礼暨校庆志愿者表彰大会。

17日 学校召开2018~2019学年秋季学期新疆学生班班会。

17日 离退办与附属幼儿园首次合作举行重阳祝寿主题联欢会。

18日 在青岛举行的2018年全国高性能计算学术年会上,我校获第二届国产CPU并行应用挑战赛亚军。

18日 学校召开2018年度专项奖学金评审会,33名同学获得"郭沫若奖学金"。

18~19日 2018年度部分"双一流"建设高校组织部长、人事处长、统战部长联席会议在我校召开。

19日 美国《科学》杂志子刊《科学·进展》在线发表我校郭光灿院士团队在量子模拟研究中取得的重要进展。该团队李传锋、许金时、韩永建等人与合作者利用自主研制的光学量子模拟器研究马约拉纳零模的非阿贝尔交换特性,实现了具有拓扑特性的非阿贝尔几何相位,并演示了拓扑量子计算的普适量子门操作。

19日 英国《自然》杂志子刊《自然·风湿病学综述》发表我校附属第一医院风湿免疫科副主任医师、生命科学与医学部研究生导师陈竹与德国埃尔朗根-纽伦堡大学Georg Schett教授合作的论文综述。

19日 第二届"中国高校生物学一流学科建设联盟"在我校生命科学学院举办。

19日 我校2017级工商管理博士Anastasiia Popelnukha(来自乌克兰,中文名韩琳)荣获首届留学生"学在中国"主题演讲大赛三等奖。

20日 第六届全国并行应用挑战赛总决赛在青岛国际会展中心圆满落幕。我校由计算机科学与技术学院安虹教授指导的超算鸿雁队再次夺得优化组冠军,并获得应用组铜奖和人工智能组并行基金奖。

20日 2010年诺贝尔物理学奖得主Konstantin Novoselov访问我校,并作题为《二维材料的广袤平原》的学术报告。

20日 我校首届医学英才班白衣仪式暨"名医大讲堂"第一课在附属第一医院南院区举行。

20~21日 第14届全国网络编辑年会暨新媒体与数字出版研讨会在我校举办。

20~22日 第22届全国生命科学学院院长论坛在我校生命科学学院举行。

20~23日 我校热科学和能源工程系2016级新能源英才班同学前往青海省德令哈市参观学习。

21日 校团委、资产与后勤保障处和工程科学学院分团委举行第四届中国科大节能减排创新大赛颁奖典礼暨第五届大赛启动仪式。

21日 学校举行第18届RoboGame机器人大赛决赛。

21~25日 第六届细胞动力学和化学生物学国际研讨会暨第三届美国细胞生物学会中国会议在我校生命科学学院召开。

24~30日 斯坦福大学国际设计创新课程联盟全球启动活动在我校成功举行。

25日 学校举办2018年研究生导师培训研讨会。

25日 美国杜克大学讲席教授、中国科学院外籍院士王小凡访问我校生命科学学院。

26日 附一院建院120周年"一路如歌"纪念晚会在东校区大礼堂举行。

26日 中国科学院"盛放40年"科学演讲活动暨纪念"科学的春天"40年获奖作品颁奖仪式在京隆重举办,我校王晓荣老师作为书法一等奖获得者受邀参加颁奖仪式。我校多位教职工在征集作品活动中获奖。

26~27日 学校举办2018年体育运动大会。

26~28日 2018"外研社·国才杯"全国大学生英语挑战赛(安徽赛区)在合肥工业大学翡翠湖校区举行。我校杨光明媚和翟雪同学分别以写作比赛第二和阅读比赛第三的成绩代表安徽省参加12月在北京举办的全国总决赛。

27日 中国科学技术大学硅谷创新家大会暨中国科大建校60周年纪念活动在硅谷举行,校党委书记舒歌群应邀出席。

27日 我校十余名外籍语言教师和学生志愿者开始"合肥一日行"探索之旅,让我校外籍教师领略安徽独特魅力与深厚历史文化。

27~28日 2018长三角医院协同发展战略联盟高峰论坛暨中国科学技术大学附属第一医院(安徽省立医院)建院120周年系列学术活动在合肥举办。

28日 中国科学技术大学超级计算中心苏州分中心暨苏州智能云计算中心成立仪式在苏州研究院举行。

29日 钢琴家周希希领衔"龙猫乐队"来我校演绎"天空之城"动漫视听音乐会。

10月31日~11月1日 附一院在科研部的集中指导和精心组织下,召开两场国家自然科学基金申报与辅导启动会。

10月31日~11月1日 中微半导体设备公司董事长、首席执行官、我校化学物理系

1962级校友尹志尧来校,作题为《半导体设备产业的历史和发展趋势》的报告,并举办了系列交流座谈活动。

本月 我校体育代表团参加安徽省第十四届运动会。

11月

1日 中国科大首次赴伊朗考古出征仪式在人文与社会科学学院举行。

2日 中国《分子细胞生物学报》发表我校蔡刚教授课题组研究成果。该组利用冷冻电镜技术,解析了染色质重塑SWI/SNF与INO80复合体及其不同核小体结合状态复合物的三维结构,揭示了SWI/SNF与INO80复合体共有的肌动蛋白(Actin)和核肌动蛋白相关蛋白(Arps)组成的Actin/Arp模块作为构象调控的分子开关,调控核小体结合及可能调节重塑核小体活性的分子机制。此外,《蛋白质与细胞》杂志也发表了这篇文章。

2日 《美国化学会志》发表我校合肥微尺度物质科学国家研究中心、化学与材料科学学院曾杰教授课题组与湖南大学黄宏文教授的合作研究成果。他们研制了一种兼具优异的催化活性及稳定性的质子交换膜燃料电池阴极催化剂。

2日 学校举办2018年度离退休干部庆校庆趣味运动会暨健身气功展演。

3日 学校举办2018年度新进教职工岗前培训研习营。

3~6日 第七届亚洲重离子碰撞会议在我校召开。

5日 英国《自然》杂志子刊《自然·材料》在线发表我校合肥微尺度物质科学国家研究中心王兵教授和赵爱迪副教授研究团队与清华大学徐勇助理教授、段文晖教授以及美国斯坦福大学张首晟教授的合作研究成果。他们成功制备出具有纯平蜂窝结构的单层锡烯,并结合第一性原理计算证实了其存在拓扑能带反转及拓扑边界态。

6日 我校召开2018年度第九次学生工作例会。

7日 我校党委召开全校教工党支部书记大会。

7日 校党委书记舒歌群为2018年西区面授党校开班式作首场报告。

7日 第二届"留动中国"全国总决赛暨2018年来华留学系列活动颁奖仪式在北京工业大学举办。我校生命科学学院2016级来自巴基斯坦的博士生婷韩(Tasneem Akhtar)、人文与社会科学学院2017级来自印度的博士生李拯(Vithiyapathy Purushothaman)在此次征文比赛中分别获全国一等奖和三等奖。此外我校荣获第二届来华留学生征文大赛"优秀组织奖"。

7日、14日 由信息科学技术学院承办的2018年西校区面授党校举办四场报告会。

9日 德国《德国应用化学》杂志发表我校俞书宏教授团队和高敏锐教授课题组研究成果。他们采用简单的电化学沉积和固相磷化两步反应,设计并成功制备了镍掺杂的磷化钴($Ni_{0.1}Co_{0.9}P$)三元纳米片电催化剂。相比于纯的Ni_2P和CoP,掺杂后的材料在中性条件下同时展现出优异的水还原和氧化电催化活性和稳定性。实验人员将这种三元材料作为中性水全分解电解池的阴极和阳极,发现其性能优于以商业贵金属材料作为电极制备的电解池。

9日 南京艺术学院来我校举行歌舞专场演出。

9~10日 2019年全国硕士研究生招生考试我校报考点开展报名现场确认工作。

12 日　校长包信和、总会计师黄素芳一行赴北京与中国银行总部签署《战略合作协议》。

13 日　校党委书记舒歌群主持召开党委全委会议,审议第十二次党代会有关事项。

14 日　校党委召开第十二次党代会筹备工作动员会。

14 日　校团委召开学生社团指导老师与社团顾问座谈会。

14 日　学校召开"青年之声·校园共享单车"专题畅谈会。

14 日　学校召开信息化评估与信息系统等保工作推进会。

15 日　校离退休干部党委举办党务工作者培训班。

17、24 日　学校举办第五届图书馆真人密室逃脱活动。

18 日　工程科学学院举办首届"家校合作、协同育人"研讨会。

18～20 日　国家同步辐射实验室召开相干光源和科学国际研讨会。

19 日　英国《自然》杂志子刊《自然·通讯》在线发表我校生命科学与医学部、中科院天然免疫与慢性疾病重点实验室和合肥微尺度物质科学国家研究中心田志刚、孙汭教授课题组的研究成果。他们发现固有淋巴细胞 ILC1s 具有免疫记忆功能,并揭示了其记忆形成及维持机制。

19 日　陈秀雄、孙崧校友荣获 2019 年美国数学会奥斯瓦尔德-维布伦(Oswald Veblen)奖。

19 日　学校召开 2018 级新生"科学与社会"研讨课导师讨论会。

19 日　校长包信和一行赴深圳华为公司调研,与华为公司 CEO 任正非等座谈。

19～23 日　2018 年粒子物理唯象学计算机模拟国际会议在我校举行。

20 日　国家同步辐射实验室组织召开"合肥先进光源物理方案国际评审会"。

20 日　中国博士后科学基金会官网公布第六十四批获得面上资助人员名单,我校有 46 名博士后获得此项资助。

21 日　学校举办第十九期学生骨干培训班第三次报告会和结业典礼。

22 日　校离退办组织观看中科院改革创新发展形势报告视频会。

23 日　英国《自然》杂志子刊《自然·通讯》发表我校俞书宏教授课题组与多伦多大学 Sargent 教授课题组的合作成果。他们设计了一种"脉冲式轴向外延生长"方法,成功制备了尺寸、结构可调的一维胶体量子点-纳米线分段异质结,利用 ZnS 纳米线对 CdS 量子点的晶面选择性钝化作用,可同时实现量子点表面的有效钝化和光生载流子的有效转移。

23 日　为纪念改革开放 40 年和我校建校 60 周年,校工会举办"甲子咏初心,奋进新时代"全校教职工合唱展演。

23～25 日　第十七届全国软件与应用学术会议在深圳大学召开。在大会举办的首届"违反编码规范的缺陷检测"命题型软件原型系统竞赛现场决赛中,我校计算机科学与技术学院张昱副教授指导的参赛队伍夺得亚军。

23～25 日　学校举行学生工作系统心理咨询师心理技能进阶第三次培训。

25 日　我校科技传播系与清华大学新闻传播学院共同组织了中国科技新闻学会科技传播理论专业委员会在中国科技会堂举办的 2018 中国科技传播论坛"网络空间时代的科技传播创新"分论坛。会上宣布由我校科技传播系周荣庭教授出任科技传播理论专业委员会主任。

25日　我校临床医学院组织了"热爱生命——《生命的回眸》读书交流活动"。

26日　《美国科学院院刊》在线发表我校生命科学与医学部、中科院天然免疫与慢性疾病重点实验室和合肥微尺度物质科学国家研究中心吴缅教授研究组与澳大利亚纽卡斯尔大学金雷研究员的合作研究成果。他们发现在肿瘤组织中高表达的 lncRNA OVAAL 在肿瘤细胞产生耐药的过程中发挥了重要功能，提示 OVAAL 具有促癌效应，有可能成为克服癌症耐药性的一个潜在靶位。

26日　德国海德堡马普核物理研究所所长 Klaus Blaum 教授访问我校并做客"合肥大师论坛"，作题为《Physics with Ion Traps Towards the Precision Limit》的学术报告。

27日　美国《纳米快报》在线发表了我校化学与材料科学学院梁高林教授课题组研究成果。他们报道了一种碱性磷酸酶控制的近红外纳米粒子的自组装用于光声成像信号放大的策略，并在动物肿瘤模型上显示了光声成像信号明显放大的效果。

27日　中科院计算机网络信息中心主任廖方宇一行赴我校超级计算中心苏州分中心考察调研分中心建设情况。

27日　学校举行网络信息安全培训。

27~28日　校党委书记舒歌群一行参加绵阳校友座谈会，并赴我校对口支援高校西南科技大学调研。

28日　学校召开物资采购政策宣贯会，专题介绍物资采购相关政策。

29日　中华医学会糖尿病学分会(CDS)第二十二次全国学术会议在苏州召开，我校临床医学院执行院长、附属第一医院副院长翁建平教授荣获 2018 年度 CDS 最高学术奖项——"科学贡献奖"。

29日　学校组织开展联合国模拟招聘课堂活动。

30日　由我校陆亚林教授承担的国家自然科学基金委重大科研仪器研制项目"太赫兹近场高通量材料物性测试系统"2018 年度项目管理暨监理工作会议在我校国家同步辐射实验室召开。

30日　中国科学院院士舒德干教授做客我校"赵九章·侯德封大师讲堂"，作题为《三幕式寒武纪大爆发及广义人类由来新假说——试图破解达尔文世纪难题》的报告。

30日　"文化名家进高校"暨"非遗进校园"活动走进我校，当晚举行"传承与梦想"专场文艺演出。

30日　由中国计划生育协会、共青团中央、中国红十字总会及联合国人口基金联合主办的全国青春健康舞台剧大赛在北京举行，由安徽省计划生育协会选送，我校计生协组织拍摄，大学生青春健康自愿者自编、自导、自演的参赛剧目《崇明》获得大赛三等奖。

11月30日~12月2日　学校举办 2018 年度物理学一级重点学科战略发展研讨会。

12月

1日　学校举办首届"基础学科英才班"学生学术交流会。

1日　学校召开选调生经验交流分享会。

1日　饮食服务集团与校团委联合举办 2018 年"透明食堂"系列活动和"青年之声·透

明食堂畅谈会"。

1~2日 由中国科学院壳幔物质与环境重点实验室承办的中国固体地球科学重点实验室联盟 2018 年度联合学术委员会会议在合肥召开。

1~2日 由英才计划全国管理办公室主办、我校协办的"2018 年英才计划化学学科论坛"在我校举办。

2日 学校召开 2018 年青年志愿者表彰大会。

2~8日 生命科学与医学部临床医学院组织医学英才班学生参观附属第一医院南区麻醉手术室并开设"基本生命支持"课程。

3日 中国科学院院士刘丛强做客我校"赵九章·侯德封大师讲堂",作题为《表层地球系统科学与全球变化》的学术报告。

3~5日 2018 年度中科院党建政研会五片区交流研讨会在长春召开。中科院党建研究会领导,五片区组成单位上海分院、国科控股、长春分院与我校的分管领导、秘书长和交流论文作者等 60 余人参加会议。

3~8日 我校粒子科学与技术中心主任赵政国院士一行赴法国参加首届未来超级陶-粲装置国际联合研讨会。

4日 学校召开 2018 年度第十次学生工作例会。

4日 学校召开第八届校学位委员会工作会议,审议我校 2018 年冬季学位申请和博士学位论文抽检情况,听取关于在学位授予中开展清理"四唯"专项工作报告。

4日 美国科学院院士 Mark H. Thiemens 教授访问我校,并做客"合肥大师论坛",作题为《Origins:Solar Systems, Earth, Mars, and Life》的学术报告。

5日 2017 年诺贝尔生理学或医学奖得主 Michael Young 访问我校,并做客"合肥大师论坛",作题为《Genes that Control Sleep and Circadian Rhythms》的学术报告。

5日 学校召开 2016 级本科生辅导员班主任工作会议。

5日 人文与社会科学学院外语系周俊兰老师荣获"我与改革开放共成长"全省高校教师演讲比赛二等奖,我校获得优秀组织奖。

5~6日 校党委书记、扶贫开发领导小组组长舒歌群带队赴六安市金寨县燕子河镇龙马村调研,考察学校开展的扶贫项目,指导下一步脱贫攻坚工作。

6日 我校大数据学院院长、1978 级数学系校友鄂维南院士荣获 2019 年度由 SIAM 和 ETH Zürich 联合授予的 Peter Henrici 奖。

6日 "e博在线杯"第二届诵读经典飞扬青春微阅读主题现场决赛在我校举行,与该活动同时举行的首届"ProQuest 杯"外文文献信息检索大赛也于当日落幕。

7日 中国《科学通报》以封面文章发表我校地球和空间科学学院极地环境与全球变化安徽省重点实验室孙立广、谢周清研究小组对广东省南澳岛的海岸沉积剖面的研究成果。他们揭示了该岛一千年前遭受南海海啸袭击的历史,证实了中国历史上曾发生过海啸冲击大陆海岸带的事件。

7日 学校举行 2018 级新生"科学与社会"研讨课第三场主题报告会,837 校友、武汉大学校长窦贤康院士为全校大一新生带来了《立报国之志,成科大英才》的主题报告。

7~8日 校党委副书记、扶贫开发领导小组副组长蒋一赴贵州参加中科院 2018 年度科技扶贫工作交流会和学校面向六枝特区中小学的图书捐赠仪式。

7~9日 2018"外研社·国才杯"英语写作大赛全国总决赛在北京举行，我校数学科学学院一年级学生杨光明媚同学作为安徽省特等奖选手取得全国总决赛三等奖的好成绩。

8日 学校举行2018年冬季学位着装授予仪式。

8~9日 在安徽省第十三届大学生职业规划设计大赛暨大学生创业大赛决赛中，我校创业组杨爱迪团队荣获"安徽省大学生创客之星（金奖）"，我校职业规划组杜进祥荣获"安徽省大学生职业规划之星（银奖）"。

9日 学校举办纪念"一二·九"校园马拉松长跑活动。

10日 《德国应用化学》杂志在线发表我校杨上峰教授、杨金龙教授、季恒星教授等课题组在少层黑磷的化学功能化及稳定性研究方面的合作研究成果。他们通过叠氮化合物与少层黑磷纳米片反应，成功地实现了五配位共价功能化少层黑磷纳米片，显著地提高了其在水中的稳定性，效果优于文献中报道的其他化学功能化方法。

10~11日 1982级物理系校友、中国科学院物理研究所研究员曹则贤来我校，作题为《相对论——众神的灵光》《创立量子力学——天才们的游戏》的两场学术报告，讲述了相对论和量子力学的创建历程。

11日 美国《天体物理杂志》发表我校天文学系王挺贵小组的相关成果，该小组在近邻宇宙的无核球棒旋星系NGC 3319中心发现中等质量黑洞候选体，为超大质量黑洞的种子的形成机制提供了重要线索。

11日 中国科学院副院长张涛到我校调研。

12日 袁亚湘院士做客我校"华罗庚讲堂"，作题为《大数据与优化》的科普报告。

12日 校离退休干部工作委员会召开2018年度全体委员会议。

12日 校金秋艺术团时装表演队参加在科学岛举办的"纪念改革开放四十周年"安徽老年大学分校协会文艺演出。

12~16日 我校支教回访团前往宁夏回族自治区海原县调研支教工作。

13日 美国《物理评论快报》杂志同时发表我校郭光灿院士团队在量子信息领域的2项研究进展。该团队李传锋、陈耕等人在测量设备不可信条件下实验获知了未知量子纠缠态保真度信息，首次在国际上实现了量子纠缠态的自检验。该团队王双、银振强、陈巍、韩正甫等人针对量子密钥分发系统中单光子探测器实际特性展开研究，提出了包含后脉冲效应的系统优化模型，并利用雪崩过渡区非线性特性实现量子黑客攻击，为量子密钥分发系统的实际安全性分析和测评提供了新思路和技术手段。

14日 美国《科学》杂志在线发表我校王兴安教授与中国科学院大连化学物理研究所孙志刚研究员、张东辉院士和杨学明院士所领导的团队合作研究成果。他们利用自主发展的具有国际上最高角度分辨率的交叉分子束离子成像装置，结合高精度量子分子反应动力学理论分析，对H+HD反应中的"几何相位"效应展开深入研究并取得重大突破。

14日 国际著名数学家、菲尔兹奖得主Efim Zelmanov教授访问我校并做客"合肥大师论坛"，作题为《Mathematics:Science or Art》的学术报告。

14日 2018"中国科大庆峰杯"创新创业系列活动之科技创新大汇堂开幕。

15日 由我校郑永飞院士担任项目首席科学家的国家自然科学基金重大项目"地球内

部水的分布和效应"2018年度研讨会在我校召开。

16日　国家科技部973项目"大陆俯冲带壳幔相互作用"2018年度学术交流会在我校召开。

16日　我校举办首届中校区宿舍文化节。

17日　我校潘建伟教授及其同事彭承志等组成的研究团队，联合中国科学院上海技术物理研究所王建宇研究组、微小卫星创新研究院、光电技术研究所、国家天文台、国家空间科学中心等，与奥地利科学院Anton Zeilinger研究组合作利用"墨子号"量子科学实验卫星完成的洲际量子密钥分发研究成果入选美国物理学会公布的2018年度国际物理学领域十项重大进展。

17日　清华大学科学史系主任、科学博物馆（筹）馆长吴国盛教授来我校，作题为《走向科学博物馆》的报告。

17日　国际科技史与科技哲学联合会主席、我校人文与社会科学学院院长刘钝做客"科技·人文"论坛，作题为《透视〈雅典学园〉》的报告。

17日　学校召开九届五次教代会，全体教代会代表分为九个代表团，认真开展分组讨论。

17日　暗物质粒子探测卫星"悟空"发射三周年暨运行总结会议在中国科学院紫金山天文台召开。我校核探测与核电子学国家重点实验室主任、卫星副总师安琪教授带队参加。

18日　庆祝改革开放40周年大会在北京人民大会堂举行。我校干部师生通过网络、电视等多种途径认真收看大会盛况，聆听习近平总书记重要讲话。会上，王沪宁宣读了《中共中央国务院关于表彰改革开放杰出贡献人员的决定》，我校常务副校长潘建伟院士、校友王永民、张瑞敏三人受到表彰。

18日　由微尺度物质科学国家研究中心国际功能材料量子设计中心主办的能源与信息量子材料研讨会在我校举办。

18日　九届五次教代会举行颁奖仪式，表彰2018年度杰出研究校长奖、第十一届平凡基金——教育奖、第六届青年教师教学竞赛一等奖以及九届四次教代会优秀提案奖的获得者。校党委书记舒歌群、校长包信和为获奖者颁奖。

18日　美国《物理评论快报》在线发表我校潘建伟教授及其同事陈帅、邓友金等与北京大学刘雄军，维也纳工业大学、卡尔加里大学的合作者们，在超冷原子拓扑量子体系的实验研究方面取得的新进展。他们用量子淬火动力学方法在人工合成的二维自旋轨道耦合超冷原子体系中得到了直接判断体系拓扑的动力学判据，并据此精确测定了体系的拓扑相图。该成果开创了用非平衡态动力学来研究拓扑量子体系的新方法。

18日　我校召开校博物馆发展规划研讨会。

18日　我校举办校园学生书画大赛展览开幕式暨颁奖典礼。

18日　我校老年大学举办2018年度汇报演出。

19日　美国《基因与发育》杂志发表我校生命科学学院光寿红课题组与剑桥大学的Eric Miska课题组合作研究成果。他们在线虫中发现了一个参与piRNA转录过程的上游序列转录复合物（USTC复合物）。

19日　校党委理论学习中心组召开集中学习会，学习传达习近平总书记在庆祝改革开放40周年大会上的重要讲话精神,传达中科院、安徽省有关文件精神。

19日 2010级校友、美国麻省理工学院曹原博士来校,与严济慈物理科技英才班同学座谈交流。

20日 2018年部分"双一流"高校来华留学教育研讨会在我校召开。

20日 包信和校长一行赴山东省威海市威高集团调研。

21日 重庆市委常委、常务副市长吴存荣,重庆大学校长张宗益等一行来我校调研。

21日 安徽省2019年面向全国重点高校定向招录选调生宣讲会在我校举行。

22日 我校组织近80名青年教工、学生党员、入党积极分子及优秀学生代表和部分新疆籍学生,前往滨湖国际会展中心参观安徽省庆祝改革开放40周年科技创新成果展。

22~23日 我校考点顺利举行2019年全国硕士研究生招生考试。

23日 中科院青年创新促进会合肥分会2018年学术年会暨会员代表大会在合肥召开。本次会议由我校人力资源部和青促会小组承办,合肥物质科学研究院人事教育处和青促会小组协助承办。

23日 我校举办中华文化大学堂第47期"中华文化与创造教育"专题讲座。

26日 学校召开2019年度国家自然科学基金申请工作部署会。

26日 学生工作部(处)举行2018级辅导员班主任第三次集体备课。

26日 87少校友、美国国家科学院院士、美国艺术与科学学院院士、中国科学院外籍院士、哈佛大学化学与化学生物及物理学双聘教授庄小威做客"中国科大论坛",作题为《Imaging the Molecular and Cellular World of Life at the Genomic Scale》的学术报告。

26日 人文与社会科学学院、化学与材料科学学院联合举办党课,邀请中共安徽省委党校胡珺副教授作题为《坚定不移全面从严治党》的辅导报告。

26日 中科院天然免疫与慢性疾病重点实验室召开第一届学术委员会第五次会议。

26日 学校召开2018届毕业生就业工作总结暨表彰会。

26日 教务处、人文与社会科学学院举办的人文素质教学汇报展演——"放声歌唱"音乐会成功举行。

26~27日 中国科学院天然免疫与慢性疾病重点实验室、合肥微尺度物质科学国家研究中心分子医学研究部召开2018年度学术年会。

27日 学校召开所系结合工作研讨会。

27~28日 郑永飞院士带领"地球内部水的分布和效应"项目组成员赴京参加国家自然科学基金委地球科学领域"重大项目中期评估会议"。

28日 "中国科大-延长石油新能源联合实验室"签约仪式暨2018年项目座谈会在我校举行。

28日 我校网络空间安全学院与北京永信至诚科技股份有限公司在北京签约战略合作协议。

28日 英国《考古学杂志》在线发表我校科技史与科技考古系生物考古实验室和中国社会科学院考古研究所合作的研究成果,他们利用植硅体分析法对安徽蚌埠双墩新石器时代遗址地层沉积物进行研究,证明在距今7000年前后,该地区就出现了北方黄米(黍)和南方水稻共存的现象,这是目前淮河中下游地区发现最早的稻黍共存记录。

28 日　学校举办 2018"科大·温馨家园"联谊活动。

28 日　白俄罗斯国家歌舞团来我校举行专场演出。

29 日　学校举行"新时代背景下的教学研究与教师发展"研讨会。

29 日　中国科学院妇女工作委员会公布《关于中国科学院"巾帼建功"先进集体、先进个人的决定》，我校推荐的生命科学学院张华凤教授科研团队获"巾帼建功"先进集体荣誉称号，化学与材料科学学院洪春雁教授获"巾帼建功"先进个人荣誉称号，化学与材料科学学院退休教师史天义家庭获"五好文明家庭"荣誉称号。

30 日　2018 中国科大"基础学科英才班"短程马拉松在合肥市大圩镇举行。

31 日　学校举行 2019 新年联欢晚会。

本月　我校入选全国首批 10 所党建工作示范高校，化学与材料科学学院化学系无机专业教师党支部入选党建工作样板支部。

本月　我校唐泽波副教授当选 NICA-MPD 合作组副发言人。

本月　教育部高等教育司正式发布国家临床教学培训示范中心认定结果，我校附一院（安徽省立医院）经过严格审核获得认定，成为全国首批 74 家获此殊荣的高校附属医院之一。

本年度　为纪念我校郭永怀教授及其夫人李佩教授对我国科研和教育事业的伟大贡献，在六十周年校庆来临之际，我校和中国科学院紫金山天文台联合向国际天文学联合会提议，将 2007 年 10 月 9 日由紫金山天文台盱眙观测站近地天体望远镜发现的两颗小行星，以中国科大郭永怀伉俪的姓名命名。国际小行星中心正式向国际社会发布公告，国际天文学联合会将 212796 号小行星永久命名为"郭永怀星"，212797 号小行星永久命名为"李佩星"。

本年度　美国《先进光学材料》《光学快讯》杂志先后 3 次发表我校国家同步辐射实验室陆亚林教授量子功能材料和先进光子技术研究团队在太赫兹主动调控器件研究方面取得的系列进展。该团队研究了太赫兹波与超构材料、氧化物超晶格薄膜相互作用机制，并成功制备了超快的太赫兹调制器，率先实现了皮秒级的高调制深度的太赫兹超快开关；同时制备了多功能的太赫兹器件，在单一器件中实现电开关、光存储和超快调制多种功能。

本年度　我校研究生招生考试报考人数超过 1.1 万，达到历史最大值，我校考点考试人数近 3600 人。

十六、各学院、国家实验室介绍

少年班学院

学院概况

1978年3月,在著名物理学家、诺贝尔物理学奖获得者李政道教授等的大力倡导和热心支持下,在邓小平、方毅等党和国家领导人的鼓励和推动下,中国科学技术大学创建了少年班,主要招收尚未完成常规中学教育但成绩优异的青少年接受大学教育。其目的是探索中国优秀人才的培养规律,培育在科学技术等领域出类拔萃的卓越人才,推动中国科技、教育和经济事业的发展。少年班的出现是我国教育史上的一大创新,是一项具有重要意义的教育实践。

1985年,中国科大在总结和吸收少年班办学成功经验的基础上,又针对高考成绩优异的学生,仿照少年班模式创办了不分系科的理科试验班——"教学改革试点班"(简称试点班,又称零零班)。两类学生由少年班管理委员会统一管理、相互补充,成为一个和谐的整体。少年班的办学受到各级领导和国内外教育家、科学家的充分支持与肯定。

2007年,少年班与合肥微尺度物质科学国家实验室(筹)联合,实施教育部的交叉学科人才培养模式创新实验区项目,进一步深化拔尖创新人才培养模式改革。

2008年,中国科大将原少年班管委会(系级建制)升格为少年班学院,以顺应国家对拔尖人才的紧迫需求,推广业已形成的较为成熟的拔尖创新人才培养模式。

2010年,应国家对创新人才的培养需求,中国科大获教育部许可,在少年班学院创建"创新试点班",开始尝试与中学直接对接,计划将少年班英才教育的经验在更大范围内加以推广。创新试点班的人才培养已初见成果,招生规模不断扩大。

2016年6月,学校审议并通过了少年班学院交叉学科英才班培养计划。交叉学科英才班是为了进一步发挥少年班学院宽口径人才培养的优势,给主观能动性强、学有余力的同学提供更加宽松自由的学习环境而设立的一个创新人才培养项目。

2018年,学院共招收389名学生,其中少年班48人,创新试点班233人,理科试验班108人。当年毕业本科生391人,学生毕业去向以升学深造为主,深造率达80.3%,其中出境深造145人,占毕业生总人数的37.1%,国内读研169人,占毕业生总数的43.2%,直接就业37人,占毕业生总数的9.5%。

招生选拔及学业培养

少年班自创立以来,一直秉承中国科学技术大学"精英化教育"的方针,坚持"以生为本""因材施教""教学相长""基础与创新并重",以培养未来10~20年后中国乃至世界学术界、产业界科技创新的领军人物为目标,开展了一系列改革探索和创新实践,一步步构建起科大特色的拔尖创新人才选拔机制与培养体系。

1. 改革完善早慧少年破格选拔体系

在招生选拔上，少年班学院始终坚持"不拘一格降人才"的理念，不拘于初高中教育经历的完整性和高考分数，实行笔试（高考、自主招生考试）与面试相结合的办法，着重考察学生的综合素质和创新潜力。根据国家和社会发展的需求，学院不断调整和优化招生计划，努力拓宽生源渠道，严格规范招生步骤和流程，招收真正适合少年班学院培养模式的学生。

少年班面向年龄不超过16周岁、高二及以下年级、具有优秀高中文化程度兼综合素质突出的学生进行选拔。学生首先在网上预报名，少年班学院对报名材料进行初步筛选，给予符合报名要求的学生参加全国统一高考的资格，再根据高考成绩确定复试名单，最后依据复试成绩确定最终录取名单。

创新试点班从2010年开始招生，面向年龄不超过17周岁、高二及以下年级的学生。先采取中学推荐和个人自荐的方式，由学生在网上预报名，经学校审核后获得参加全国统一高考的资格。考生还要参加学校的自主招生考试和复试，确定相应的档次，再结合高考成绩最后确定录取名单。

2. 创新英才教育模式，推行个性化培养方案

在培养模式上，少年班学院始终以学生为主体，进行贯穿大学全程的、基础与创新并重的自主化学习与研究的培养，形成了基础宽、厚、实和专业精、新、活的"分段式、宽口径"的个性化培养模式。

少部分专业意愿十分明确的学生，可以从入学起直接进入修读专业，按照相关培养计划进行学习；大部分学生实行2+2两段式学科平台培养模式，前两年完成基础课程学习，之后根据自己的学习志趣在全校范围内自主选择专业，或者在学业指导老师指导下进行个性化专业学习。少年班学院的学生100%自由选择专业。

少年班学院注意到学科交叉在创新人才培养中的重要性，以及本学院学生年龄小、能力相对突出的优势，因此创建了交叉学科英才班。交叉学科英才班面向二、三年级主观能动性强、学有余力的同学，实行四到五年的弹性学制，培养方案百分百个性化定制。学生先选定第一专业方向，其毕业要求按学校现行培养计划执行；然后再跨学院跨一级学科选择第二专业，需在此专业选修不低于40学分的专业课程。学位论文实行双导师制，选题方向应是与两个专业都相关的交叉学科方向。达到要求后，授予学生两个相关专业的学位。第三届交叉学科英才班招收学生14名，涉及数学、物理、化学、计算机、生物、科技传播等多个第二专业。这是围绕创新人才培养改革进行的一次有益探索，进一步突出了少年班学院"自由、自主、自信"的人才培养特色，也将为培养优秀的复合型领军人才提供新的重要支撑。

3. 重视科研创新实践教育

少年班学院重视激发学生对科学的兴趣，引导他们尽早进入科研一线，经受实践锻炼，并且鼓励专业交叉和学业自主，使学生形成较为广泛的适应面，同时在符合自己兴趣、特长的方向上得到充分的发展。

少年班学院学生可以利用全校所有院系的实验教学中心进行实验以及创新实践。同时，为了更好地加强实践教学与创新培养，少年班学院还建设了微机与网络开放实验室、动手创新实验室以及图书资料室，主要由学生自己维护和管理。

学院还积极鼓励和指导学生参与各类竞赛，申请大学生研究计划和国家大学生创新创

业训练计划,在紧密联系课堂教学的基础上,培养学生发现和解决问题的能力,以及创新实践、团队合作等综合素质。

1月6日,举行了第二届本科生学术论文竞赛颁奖仪式暨少年班讲坛。这一赛事由校团委和少年班学院共同举办,旨在为同学们提供一个良好的展示平台,以激发本科生的创新精神,鼓励他们踊跃开展科学研究,培育更多优秀本科生论文。

4. 推广国际交流

随着全球化趋势的加剧,国际视野成为高端人才的必备素质。少年班学院充分认识到国际交流对于本科生培养过程的重要性,设立专门的经费支持,配合学校的境外交流资助,鼓励学生积极参与国际游学、科研实习和学术会议,发展与海外高校的交流合作。2018年,有164名本科生参加了世界各地名校的交流项目。这些科研实践为学生将来的发展打下了良好的基础。8月,倪晓玉老师带领学生前往荷兰特文特大学进行暑期实习。

学院也经常邀请包括少年班校友在内的国外著名学者、企业家来校访问讲学,通过座谈、午餐会等形式与学生进行面对面的交流。12月5日,2017年诺贝尔生理学或医学奖得主Michael Young应邀访问我校,并与少年班学院和生命科学与医学部的学生开展了一场非正式圆桌讨论。12月15日,国际著名数学家、菲尔兹奖得主Efim Zelmanov教授访问我校并与少年班学院学生座谈。

学生管理和综合素质培养

1. 加强党建工作,重视学生思想政治教育

少年班学院党总支在2018年顺利完成换届工作,其包括1个教工党支部和2个学生党支部,学生党支部在高年级分年级设立并由年级负责老师兼任支部书记。学院严格遵守党的组织生活制度,坚持开展三会一课、组织生活会和党员民主评议,认真举办时政理论集中学习会,以提高院内党员的思想理论水平,达到学以致用的目标。

学院党总支切实落实中央、省委和学校党委的决策部署和指示精神,除按时保质完成党建工作和信息报送任务外,在保持与流动党员的联系、开展主题党日活动方面工作扎实到位,在网络信息方面做到了正确的舆情引导。支部建设和新党员发展工作也在稳步推进,2018年少年班学院严格按照党员发展程序,新发展教工党员1名,学生党员13名。

学院分团委以主题团日活动为依托,以先进团支部建设及优秀团干团员培养为契机,密切联系时政,深入学习贯彻习近平总书记系列讲话精神,努力培养"六有大学生"。

2018年8月,少年班学院被中共安徽省委、安徽省人们政府正式授牌为"安徽省第五届爱国主义教育示范基地"。

2. 加强管理团队建设,做好学生日常服务引导工作

少年班学院有专职管理团队负责学生工作。在班主任队伍建设上,学院实行专兼职班主任并行,从整体工作层面考虑管理人员的合理分工,各自侧重。院工会也大力组织教职员工参加校运动会、机关工会拔河比赛、健身走跑活动等,增强了集体凝聚力。

学院通过先进班主任评选、院内班主任测评、日常学习交流,来提升学工队伍的专业化和职业化素养;并积极倡导班主任参加业务培训,提高自身素质,从而更好地引导帮助同学

解决问题,成长成才。2018年,学院老师踊跃参加高校辅导员学习十九大精神网络培训示范班,以及学生工作系统心理咨询师心理技能进阶第二次、第三次培训。倪晓玉分别于7月和10月参加了职业生涯规划培训和第一期学习贯彻全国教育大会精神专题研讨会。兰荣获得心理咨询师二级(国家职业资格二级)证书,并于12月参加国家行政学院组织的培训。

3. 打造少年班品牌项目,传承科大精神和学院文化传统

少年班学院的管理和教育对象大部分在入校时仍是未成年学生,学院党总支在日常管理和思政教育过程中注重特色活动的开展,坚持全员全方位育人,以培养学生的公民意识、责任意识、奉献情怀和科研精神。

(1) 5月20日,少年班学院160余名师生赴安徽凤阳小岗村沈浩同志先进事迹陈列馆前举行一年一度的"十八岁学生成人宣誓仪式"。这一活动侧重于培养学生的社会公民意识和成人意识,使同学们意识到自己肩负的责任和义务,实现从少年学生向成年公民的转变,抱感恩之心,秉成才之志,树立远大的目标并为之而努力奋斗。

(2) 朋辈帮扶活动继续展开。毕业班学长义务担任低年级班级助理班主任,2011～2016级郭沫若奖学金和国家奖学金获得者编纂的《筑梦、自强、飞翔》成长手册正式出版成书。这些举措让低年级学生能直观地感受到学院的文化品格和少年班教育的优良传统,也促使学生们养成梳理得失的习惯,增强了学院的集体凝聚力,让"接受、奉献、传承"的优秀传统薪火相传。

(3) 2018年暑期,少年班学院由老师带队,组织学生前往四川成都进行社会实践,调研城乡发展情况,取得了翔实的调研成果,形成调研报告。同学们经过社会锻炼,彰显了青年人的奉献情怀,培养了团队合作精神和处理实际事务的能力。

(4) 积极获取校外资源支持,加强校友互动联系。

2018年,学而思集团在少年班学院设立学而思培优勤勉奖学金,并于6月举行了第一次答辩。这一奖学金旨在促进学生积极参与社会实践,树立生涯规划发展意识,勇于担当社会责任。

7月7日下午,参加2018年值年返校活动的83级少年班校友与学院领导老师在2121教室进行了交流座谈,对母校的发展献言献策。

9月,为支持中国科学技术大学创建世界一流研究型大学,鼓励少年班学生积极进取、勇于创新,在87级少年班零零班校友庄小威、王川、李俊凌等人的倡议组织下,班级全体同学、学校教职员工以及校友通过北京中国科学技术大学新创公益基金会向少年班学院捐赠设立"八七级少年班零零班创新奖学金"。

9月16日,中国科大少年班85级校友、百度董事长特别助理马东敏女士以个人名义向中国科大捐赠一亿元人民币,并成立"蔷薇科大发展基金",重点用于少年班人才培养和母校学科建设、人才发展等。这笔捐款是中国科大创校以来获得的金额最大的个人单笔捐赠。

4. 依托中区宿舍打造书院文化,鼓励学生团体实现自我管理和成长

(1) 4月21日,少年班学院按照学校的统一部署,将男生宿舍集体搬迁到中区2号楼和4号楼仲英书院。这一措施对进一步探索书院制管理、打造通识教育基地、服务于学校大类教育加专业培养的人才培养体系产生了深远的影响。

(2) 学院继续深化学生基层组织建设,将基础工作做实做牢。这主要体现在加强对学

生会的管理、监督和引导,修订完善少年班学院学生会章程,建立完善的评价体系,加强对学生会干部的考核和激励,提升学生会工作的制度化、规范化。4月,少年班学院第十一届学生代表大会暨主席团换届选举成功举行。

(3) 4月14日,少年班学院老师和学生骨干赴上海交通大学参加"致汇英才"——2018长三角高校荣誉学院青年交流峰会,与兄弟院校互相学习学生会工作经验,为进一步的交流合作奠定良好基础,实现优势互补,资源共享。

(4) 12月1日,少年班学院学生会部分学生干部在分团委唐宁和代镭老师的带领下,赴武汉大学与弘毅学堂学生会就学生会工作及今后各项活动的交流合作展开了深入讨论。

5. 及时总结办学经验,深入开展学习交流,探索高等教育改革新篇章

(1) 2018年适逢中国科大建校60年、少年班成立40年之际,少年班学院从多个方面回顾与总结了少年班作为我国高等教育改革先锋而开展的一系列教育实践与成功经验,从一个侧面展示了我国高等教育事业四十年来的历史变革和辉煌成就,以期持续发挥教育改革"试验田"的重要作用,为推动中国特色世界一流大学建设作出新的更大的贡献。

4月23日,少年班学院"少年班超常人才选拔机智与培养体系的构建与实践"项目被评为"安徽省教学成果奖"特等奖。

9月1日,"少年班教育四十年特展"在中国科大博物馆正式开幕,同时还在少年班学院和中区仲英书院设置展厅。特展展示了少年班伴随改革开放大潮,坚持以学生为本,不断探索和完善招生教学管理方式,开创我国高等教育史上多项"第一"的不凡历程。

少年班自1978年创办之日起就得到了新闻界的高度关注。2018年9月,《中国科学技术大学少年班四十年新闻报道选辑》结集出版。这套书从侧面展示了少年班一路而来的辛勤耕耘和丰硕成果,也希望借此梳理,为高等教育改革和发展再建新功。

(2) 学院加强与兄弟院校的交流合作,共同探讨拔尖创新人才培养新范式。

5月27日下午,东南大学吴健雄学院党总支副书记、副院长钟辉带队与少年班学院领导和学生代表座谈,双方就两院学生工作进行了深入交流。

6月,北京师范大学心理学部刘嘉部长来访,希望与少年班学院探讨人才选拔测试方法的合作问题。

11月4~6日,由南京大学匡亚明学院主办的第四届全国高校荣誉教育峰会在匡亚明国生厅召开。少年班学院应邀参加,与各兄弟院校共同研讨新时代高校建设"双一流"背景下荣誉学院在培养拔尖人才中的示范与引领作用。

数学科学学院

学 院 简 介

数学科学学院的前身数学系于1958年由著名数学家华罗庚教授亲自主持创办并任首届系主任,关肇直、吴文俊、冯康、龚昇、王元、万哲先、陆启铿、石钟慈、林群、张景中、陈希孺

等一大批知名专家曾在此任教。2011年5月,数学科学学院正式挂牌成立,首任院长为马志明院士。学院目前设有数学系、计算与应用数学系、概率统计系。

2010年成立了国家数学与交叉科学中心合肥分中心和吴文俊数学重点实验室,主要任务是从事数学理论与应用等方面的研究。其建设目标是:凝聚力量,不断做出原始创新工作,建成有国际影响的研究中心、学术交流中心和培养一流数学人才的平台。

2012年,我院成功创办国际数学期刊《Communications in Mathematics and Statistics (CMS)》。该杂志由院长马志明院士担任主编,内容涵盖基础数学、应用数学、计算数学、概率统计等数学的各个研究方向,计划每年出刊4期,由德国Springer出版社出版,创刊号于2013年3月出版并在全球发行。

多年来,数学科学学院在学校党委和校领导的带领和支持下,认真落实科学发展观,延续近60年来一直保持的求实创新、科学严谨的治学作风,经过全院上下的团结努力、勤奋工作,高质量地完成了各项科研教学工作任务。现将2018年数学科学学院在教学、科研、学科建设、交流与合作等方面的情况作如下汇报:

教学及人才培养工作

在教学团队建设方面,学院引进几位青年人才,充实了基础课程和方向课程的教学团队。我院目前教授授课率及本科生授课率依然大致维持在100%的水平。

2018年学院顺利完成了各项教学工作。本科生教学的老师70人,承担174个课堂共计13000多学时本科课程,超工作量完成教学工作。2018春季学期的教学检查中,课堂问卷调查(问卷数90份以上的大课堂)教学评估值为满分5分的全校有5个课堂,全部被我院包揽;其中评估值大于4.9分的全校有31个课堂,我院有13个课堂位居其中。

英才班管理方面,加强华罗庚数学科技英才班和各高校英才班的多方交流,组织华班学生先后赴大连理工大学、浙江大学、清华大学进行交流学习,和各校师生就数学拔尖人才培养探索与实践进行经验分享。学院专门召开华罗庚英才班师生座谈会,研讨华班的现存问题,推动相应机制改革。2014级15名华班学生顺利毕业,6名学生获得科大荣誉学位(即学校前5%毕业生),1位同学荣获毕业生最高荣誉郭沫若奖学金。

2018年54名同学参加了第九届全国大学生数学竞赛,获全国决赛一等奖1名(高年级专业组全国第二名)、二等奖1名;获安徽赛区一等奖10名、二等奖12名、三等奖6名。在2018年丘成桐大学生数学竞赛中获得团体奖银奖,同时获得单项银奖3个、铜奖4个。

我院研究生培养的特点之一是个性化培养和弹性化学制,根据培养高层次专门人才的要求,研究生课程体系主要采取三种模式:硕士培养模式、硕博一体化模式和普通博士培养模式;特点之二是国际化的培养体系;特点之三是开展形式多样的学术训练,注重研究生综合素质、创新能力和科研能力的培养。

在研究生招生工作方面,我们坚持"走出去"与"请进来"。"走出去"即通过科学家报告团、教授宣讲团等形式开展研究生招生工作;"请进来"即吸收国内一流大学的优秀本科生到学校学习参观,通过交流和面试,录取为我校免试研究生。2018年度共有21名博士生、30名硕士生完成学业毕业;22名研究生获得博士学位,39位研究生获得硕士学位;优秀研究生申请联合培养的积极性有明显提高,共有15名研究生申请CSC项目。

科 研 工 作

我院叶向东教授、黄文教授、邵松教授研究团队完成的"动力系统的结构及其复杂性研究"项目对动力系统的结构、熵理论、复杂性层次等进行了深入系统的研究,获得了2018年度国家自然科学奖二等奖。

2018年我院教师共发表学术SCI论文118篇。本年度获得国家自然科学基金项目15项,其中杰出青年基金项目1项,科研经费到账共1658万元。

人才队伍建设

目前我院拥有固定岗位教师82人,其中教授43人,副教授34人,讲师5人,聘期制科研人员36人。

2018年新引进1位教授、3位特任教授、3位特任研究员、3位特任副研究员和13位博士后研究员。

为了培养更多具有国际视野的后备科研人才,学院大力鼓励青年教师出国进修深造,先后派出4位青年教师前往海外著名大学或科研机构进行中长期学术研究,并且取得了不错的研究成果。

学 术 交 流

2018年,学院期刊《Communications in Mathematics and Statistics》共收到投稿188篇,全年正式出版四期,每期6篇稿件。截止到2018年11月,期刊论文下载量超过一万次。2018年5月,期刊正式申请加入汤森路透的SCI数据库,目前期刊已经被ESCI,Mathematical Reviews,Scopus,Zentralblatt Math等收录。期刊目前的SCI总引用次数为247。

依托国家数学与交叉科学中心合肥分中心以及吴文俊重点实验室,我院一直积极开展各类学术报告、学术研讨会、短期课程和暑期学校等形式的学术交流活动,推动了科大在数学学术交流领域的影响力,为促进与世界其他科研机构和学者开展合作奠定了基础。我院新引进人才也受这一学术氛围的影响,积极组织开办了研究生教育创新计划GAP研讨班,在院内外获得广泛关注与好评。2018年,由分中心组织学术报告共计11场,吴文俊重点实验室学术报告共90场,各类学术会议5次;天元基金几何与随机分析及其应用交叉讲座39场;共举办学术研讨会2次。

本着请进来,也要走出去的方针,为了扩大我院在国际上的影响力,我院青年教师积极参与各类国际有影响力的学术会议。2018年,共有26人次受邀出访海外各大学和研究机构,从事合作研究。到访国家涵盖美国、英国、加拿大、意大利、德国、澳大利亚、日本等美洲、欧洲及亚洲各国。

物理学院

学院概况

物理学院由物理系、近代物理系、光学与光学工程系、天文学系、工程与应用物理系和物理实验教学中心等单位组成。现任院长为欧阳钟灿院士,执行院长为杜江峰院士。

学院现有科研教学岗位人员 280 人,其中教授 114 人,副教授 100 人。教授中有中国科学院与中国工程院院士 14 人,国家级教学名师 3 人,教育部"长江计划特聘教授"7 人,国家杰出青年基金获得者 31 人,中国科学院"百人计划"学者 40 人。物理学院设有"严济慈大师讲席"和"赵忠尧大师讲席",并聘请国内外近百名学者为兼职和客座教授。

学院建有核探测与核电子学国家重点实验室,量子信息、星系与宇宙学、强耦合量子材料物理、微观磁共振、光电子技术、物理电子学等 7 个中国科学院及安徽省重点实验室。同时,物理学院还紧密依托合肥微尺度物质科学国家研究中心、国家同步辐射实验室开展研究工作。物理学院的学科领域涵盖物理学、天文学、电子科学与技术、光学工程、核科学与技术 5 个一级学科,包含光学、凝聚态物理、理论物理、粒子物理与原子核物理、等离子体物理、原子分子物理、天体物理、物理电子学、微电子与固体电子学、光学工程、生物物理、核能科学与技术、核技术应用等 13 个二级学科。物理学、天文学、核科学与技术为国家一级重点学科,天体物理为国家二级重点学科,物理电子学、微电子与固体电子学、光学工程为安徽省重点学科。在教育部第四次全国高校学科评估中,中国科学技术大学物理学、天文学和核科学与技术全部 A$^+$。2017 年,物理学、天文学、核科学与技术入选"一流学科"建设。

学院以培养从事前沿和交叉科学的基础研究、应用研究和研制开发的领军人才为目标,注重对学生的物理素质和创新精神的培养。学院的物理学和天文学均为国家理科基础科学研究和教学人才培养基地,物理实验教学中心为国家首批国家级示范教学中心。

学院每年招收本科生和研究生各约 300 名。2018 年在校学生 2755 人,其中本科生 1320 人,硕士研究生 627 人,博士研究生 640 人,基础课代培研究生 168 人。物理学院本科毕业生约 80% 进入国内外大学或研究院所继续深造,博士毕业生约 3/4 继续从事学术研究工作,已经成为国际知名的物理学人才培养重镇。

教学工作

学院承担着全校物理类基础课教学任务。2018 年,春、夏、秋季三个学期,不含 1~5 级大物实验,物理学院共有 214 名教员(其中退休返聘外聘教员 13 名)承担了本科生基础课程 285 门,其中包含本硕贯通课 13 门,2018 春、秋两学期新生"科学与社会"研讨课 33 个课堂,总授课学时达 17880;120 名教员(其中退休返聘教员 6 名)承担了研究生课程 100 门,总授课学时 5940。2018 年,顺利完成了所系结合英才班 2016 级学生录取工作,成功举办 2018

年物理类推荐免试研究生推介会。23位教师获第十三届"困学守望教学奖";张增明荣获2018年度宝钢优秀教师特等奖;霍剑青在第十届全国高等学校物理实验教学研讨会上被授予终身成就奖;曾长淦荣获2018年度海外校友基金会"优秀教学奖";龚明荣获2018年度海外校友基金会"青年教师事业奖";张杨、孙金华荣获"中国科大-兴业证券教育奖",李业龙荣获"中国科大-兴业证券管理服务奖",陈巍、陈永虎、汪海、王春成荣获"王宽诚育才奖",赵伟荣获"张宗植青年教师奖";刘晓华、曾晖、朱玲、梁燕荣获杨亚校友基金——爱岗敬业奖。在学生获奖方面,我院代表队在第九届全国大学生物理学术竞赛(CUPT)中荣获一等奖,学院博士研究生魏逸丰获全国高能物理第十届"晨光杯"优秀论文一等奖,张琪、王芳彬、张伟、杨欢获得2018年度中国科学院优秀博士论文奖。

科 研 工 作

2018年,学院组织申请国家自然科学基金并获批53项,批准金额4320万元。共申请专利125项,其中PCT 3项、发明专利84项、实用新型专利38项。专利授权60项,其中发明专利24项、实用新型专利36项。分别在《Nature》、《Nature》子刊、《Physical Review Letters》发表高端论文3篇、12篇、38篇。

2018年,潘建伟团队利用"墨子号"量子科学实验卫星,在中国和奥地利之间首次实现距离达7600公里的洲际量子密钥分发,并利用共享密钥实现加密数据传输和视频通信,该成果入选美国物理学会2018年度国际物理学十大进展;"悟空"暗物质卫星团队获得三项联合基金资助,"悟空"暗物质粒子探测卫星稳定运行三周年,达到设计寿命,并将超期服役;学院参与的"天地一体化广域量子通信技术"研究团队当选"2017科技盛典""年度科技创新团队";李传锋团队获批国家基金委"创新团队";郭光灿院士带领团队在量子计算、量子存储、量子模拟、量子密码、量子精密测量领域取得一系列突出研究成果,该团队荣获2018年度杰出研究校长奖。

人才队伍建设

2018年,潘建伟院士获国际激光科学和量子光学兰姆奖、"中国侨界杰出人物"荣誉称号、"改革先锋"称号和奖章,入选"中国改革开放海归40年40人"榜单;赵政国院士获"中国侨界杰出人物提名奖";徐榭教授获美国保健物理学会"杰出科学成就奖";丁泽军教授获匈牙利Roland Eotvos物理学会荣誉会员称号;刘文教授获"世界可持续能源技术协会"(WSSET)本年度创新奖;蔡辉山、唐建顺、银振强获国家优秀青年基金资助;学院引进的"青年千人计划"学者肖正国、何俊峰、樊逢佳、林毅恒博士报到,分别就职于凝聚态物理学科点、粒子物理与原子核物理学科;中科院"百人计划"学者张红欣博士报到,就职于天体物理学科点;郭国平、彭新华、王俊贤入选2017年科技部中青年科技创新领军人才;彭海平入选2018年科技部中青年科技创新领军人才。

2018年,近代物理系等离子体物理和医学物理专业教职工、学生全部纳入工程与应用物理系,与原核科学技术学院师生共同组成工程与应用物理系。

交 流 合 作

2018年,学院成功举办了2018年度中日量子技术国际研讨会、STRA区域会议;BES-II相关的物理和探测器的升级、七届亚洲重离子碰撞会议、"第六届未来物理学家国际夏令营"。学院教师通过中科院电子政务系统上报出国访问申请367人次,有367人次教师申请短期出国交流,出访包括美洲、欧洲、中国香港、中国台湾、日本、韩国等十多个国家和地区。

化学与材料科学学院

基 本 情 况

1958年学校创立之初,成立了化学物理系、放射化学和辐射化学系、地球化学和稀有元素系、高分子化学和高分子物理系等与化学学科有关的系以及公共基础课的化学教研室。1996年学校进行资源整合,组建了化学与材料科学学院。现由化学物理系、应用化学系、化学系、材料科学与工程系、高分子科学与工程系和化学实验教学中心6个单位组成。现任院长为李灿院士,执行院长为杨金龙教授,学院分党委书记、副院长为葛学武教授,副院长为刘世勇教授、徐铜文教授、胡水明教授,副书记为闫立峰教授。

目前,学院现有教职工214人,其中教授103人,副教授46人。教授中有中国科学院院士4人,教育部"长江计划特聘教授"8人,国家杰出青年基金获得者28人,"万人计划"入选者10人,"千人计划"入选者A类4人,B类2人,"青年千人计划"入选者31人,中组部青年拔尖人才5人,科技部创新推进计划12人,国家优秀青年基金获得者16人,教育部"新世纪优秀人才"20人,中国科学院人才引进项目入选者26人。

学院的学科领域涵盖化学和材料科学与工程2个一级学科以及环境工程二级学科,其中,一级学科包含无机化学、分析化学、有机化学、物理化学(含化学物理)、高分子化学与物理、可再生洁净能源、应用化学、化学生物学、能源化学、材料物理与化学、材料学及材料加工工程等12个二级学科。化学学科为国家一级重点学科,根据ESI数据的统计分析,我院化学学科、材料科学学科已进入世界前1%,尤其在单分子化学物理、纳米材料科学等交叉学科前沿领域取得了一系列重大原创性成果,在国际学术界产生了重要影响。

学院拥有中国科学院能量转换材料重点实验室、中国科学院软物质化学重点实验室、中国科学院城市污染物转化重点实验室3个中科院重点实验室,安徽省先进功能材料重点实验室、安徽省生物质洁净能源重点实验室2个省级重点实验室,以及能量转换材料应用研发中心、应用化工技术开发中心2个科技应用平台。同时,学院依托合肥微尺度物质科学国家实验室、国家同步辐射实验室和中国科学院强磁场科学中心等平台开展科学研究。

学院创建了2个院士工作室,分别建立化学物理高等研究中心和纳米催化研究中心。

学院整合研究力量,参与建立了3个协同创新中心,分别是由厦门大学牵头的面向科学前沿的能源材料化学协同创新中心、我校牵头的量子信息与量子科技前沿协同创新中心和由苏州大学牵头的面向区域发展的苏州纳米科技协同创新中心。学院拥有国家自然科学基金委创新团队4个(2003年、2011年、2015年和2018年),教育部创新团队4个(2005年、2007年、2011年和2012年)。

学院承担和参与了国家重点研发计划、973项目、863项目、国家自然科学基金重点和面上项目,教育部"211工程""985工程"和中国科学院战略性先导科技专项等科研项目,每年科研经费逾1亿元。自2010年以来,共获省部级以上科研成果奖21项,其中国家自然科学二等奖6项、国家技术发明二等奖1项、安徽省自然科学一等奖6项、教育部自然科学一等奖2项。学院每年发表SCI论文600余篇,其中高区论文占70%以上,高水平文章数量呈逐年递增趋势。

学院拥有4个省级教学团队和5位省级教学名师。学院是国家理科基础科学研究和教学人才培养基地,化学专业为教育部特色专业,高分子材料与工程专业为安徽省特色专业,化学实验教学中心为国家级实验教学示范中心和国家级虚拟仿真实验教学中心。学院与中科院研究所联合创办了"师昌绪材料科技英才班"和"卢嘉锡化学科技英才班"。在开设的本科课程中,"高聚物结构与性能"为国家级精品资源共享课,"无机化学"等7门课程为安徽省精品课程。获得21项省部级以上教学成果奖,其中"全面提升高分子物理重点课程的教学质量"和"化学实验教学示范中心的建设与成效"先后获2005年和2018年国家教学成果二等奖。学院共获得"全国百篇优秀博士论文"12篇,中国科学院优秀博士论文37篇,安徽省优秀博士论文15篇。

学院现有学生2509人,其中本科生684人,硕士研究生911人,博士研究生616人,留学生62人,代培研究生236人。学院的本科毕业生80%以上进入国内外大学或研究院所攻读研究生学位。多年来,学院已经培养了一大批不同领域的杰出人才,为国家的科学教育事业、国民经济建设和国防科技建设事业作出了重大贡献。

重要发展状况

一、教学与学生培养工作

1. 教学方面

在学校第六届青年教师教学竞赛中,教学实验中心郑媛老师获得二等奖和最佳教学演示奖,化学物理系叶晓东老师获得三等奖,学院获得最佳组织奖。

我院积极推进英文课程建设,鼓励年轻老师,特别是新进青年千人计划获得者开设全英文课程,在原有20门英文课程的基础上,又推荐1门英文课程,获批学校英文授课推进计划课程。

在2018年中科院优博论文奖评选中再获丰收,我院4名学子的博士学位论文入选。第十一届全国大学生化学实验邀请赛中,2015级本科生崔世勇和吴泽宏分获一等奖和二等奖;第12届上海大学生化学实验竞赛中,2015级本科生王明皓和欧阳文柏获二等奖,汤瑾瑶获三等奖;安徽省普通高等学校大学生化学竞赛中,李林格获得特等奖,陈鹏浩、李春雨、安子鹏获得二等奖。全国大学生金相大赛中,我院2017级本科生练斌、张渤炎与2016级本科生朱常嘉3位同学参赛,分别获得大赛一、二、三等奖,江国顺、高海英分别获得"优秀指导教师奖"。

"化学实验教学示范中心的建设与成效"获得2018年高等教育国家级教学成果二等奖,"化学实验安全知识"被认定为2018年国家精品在线开放课程。学院还获得省级教学成果奖特等奖1项、一等奖2项和三等奖1项;获批5项省级教学研究项目,"有机化学(中)"和"奇妙的化学世界"入选省级大规模在线开放课程(MOOC)示范项目。俞汉青、盛国平、穆杨、李文卫、江鸿等五位老师合作完成的"瞄准学科前沿,面向国家需求,培养理实交融的环境工程拔尖人才"成果获得"第三届中国学位与研究生教育学会研究生教育成果奖"二等奖。朱平平老师的"分子水平上的虚拟仿真实验——高分子的构象、形态及尺寸的模拟与计算"获国家虚拟仿真实验教学项目。

2. 加强境内外学术交流活动

49名本科生参加了2018年的境内外交流活动,10项大学生创新训练计划项目顺利完成结题答辩。获批11项2018年大学生创新创业训练(实践)计划项目;2018年共有7项大学生研究计划通过答辩。2名本科生获批学校2018年度优秀学生国际交流资助计划,39人次研究生参加了境外学术交流活动。12名博士生获得2018年国家建设高水平大学公派研究生项目联合培养博士生推荐资格。

学院继续主办"郭永怀讲坛",分别邀请唐勇院士和中微半导体设备公司董事长、首席执行官尹志尧先生做第四讲和第五讲,取得预期效果。

学校教务处、国际合作与交流部、化学与材料科学学院和生命科学学院共同主办了第四届"未来化学家国际夏令营",营员来自加州理工大学、密歇根大学、杜克大学、名古屋大学、特温特大学、莫斯科国立大学等国外知名高校,涵盖美国、荷兰、比利时、澳大利亚、俄罗斯、乌克兰、马来西亚、新加坡等8个国家,29位国外营员和中国科大的20多名学生志愿者一同参加了夏令营。

在研究生创新计划项目支持下,学院邀请了40多位国内外专家为师生们举行了学术前沿讲座。4月份举办了中国科大第七届化学与材料科学学院研究生中文学术年会,11月份举办了第四届中国科大化学与材料科学学院研究生英文学术年会。年会包含开幕式、分会场报告、墙报展示、闭幕式等主要内容和环节,综合评选出每个分会场的优胜报告人,推选出最佳墙报的获得者,并在化学与材料科学学院分团委的微信公众平台上设置了微信投票的环节,评选出最佳人气奖,受到广大同学的热烈关注与支持。

在充分利用校内资源的同时,学院鼓励本科生进行校外实践游学活动,2018年共有240多人次本科生分赴大连化物所、沈阳金属所、长春应化所、上海有机所、上海硅酸盐所、苏州纳米技术与纳米仿生研究所及福建物质结构研究所等中国科学院研究所参观交流。

3. 加大研究生招生宣传和入学教育

为招收全国优秀大学生,加大研究生招生宣传力度,提高研究生生源质量,为科大的人才培养计划做准备,开展了由中国科大研究生院主办,物理学院、化学与材料科学学院、合肥微尺度物质科学国家研究中心联合承办的"中国科大第九届物理与化学暑期夏令营",来自全国数十所著名大学化学与材料学科的430多名大三学生参加了化学分营活动。

学院组织召开了 2018 级研究生入学教育报告会,让新生们更好地了解学院,以及学院对研究生的培养定位,熟悉科大的学习和生活环境,为新生将来的学习和科研奠定了良好的基础。

4. 重视和加强安全教育

为了加强实验室安全管理,进一步提高学生的安全防范意识和实验操作技能,预防和减少实验室安全事故的发生,学院安全与环境委员会针对秋季新入学的 330 余名研究生,采用线上课程学习+线下专家讲座结合的方式开展系统的实验室安全教育。

线上环节要求学生注册登录"中国大学 MOOC"平台,选择课程"化学实验安全知识"进行自主学习并完成相应测验、作业和期末考试。该课程由我院化学实验教学中心开设,课程内容共 36 讲,主要包含化学实验室个人安全防护,常见化学实验室事故应急处理办法,公共实验安全,消防安全知识,化学危险品分类与鉴别,无机/有机的分类与使用,化学实验室废物处置办法,化学实验室用气、用电、用水安全知识,大型仪器管理与使用安全等内容。

我院 6 位教授作了线下专家讲座,经过悉心备课,分别讲授实验室安全形势、消防安全常识、危化品安全管理、气瓶安全使用、操作安全与防护、危险废物处置 6 个方面内容,分 6 次授课,使同学们进一步明白"什么是实验室安全""为什么要开展实验室安全培训""怎样才能做好实验室安全工作"。

二、科研成果与学术活动

1. 今年新增省部级以上科技奖励 1 项,为国家技术发明二等奖(徐铜文、吴亮、汪耀明)。学院以科大为第一单位发表 SCI 论文 761 篇,其中学院教师为通讯作者的论文 740 篇,JCR Q1 论文 550 篇,比例为 74%。今年申请专利 129 项,授权专利 63 项。

2. 今年获批科技部国家重点研发计划课题 2 项,获批课题经费 736 万元;获批国家自然科学基金项目 59 项,其中创新研究群体 1 项、杰出青年基金 2 项、重大科研仪器研制项目 1 项、重大项目牵头 1 项(含课题 2 项)、重点 3 项、重大研究计划战略研究项目 1 项、面上 32 项、联合基金培育项目 3 项、青年 14 项、海外及港澳合作 1 项,获批直接经费 7103 万元。今年各项科研经费到账(除去外拨经费)14808 万元,其中纵向经费到账 14208 万元,横向经费到账 600 万元。

3. 时值我校建校 60 周年,学院邀请国内外知名学者作了百余场学术报告以及组织多场学术交流会议。我院成功举办了第四届能源与生物材料国际学术研讨会、首届能源与催化青年论坛、Go to GO 2018 氧化石墨烯国际论坛、多相催化和表面化学校友学术交流会、校庆高分子论坛、中科大-清华大学分析化学双边研讨会、金属所-中科大科教融合材料/力学首届学术研讨会、9819 学术论坛、墨子论坛化学与材料科学学科分论坛等国际国内会议。举办了"郭永怀讲坛"以及多场学术报告,邀请了陈小明院士、唐勇院士、刘国平院士、江雷院士、杨秀荣院士、董绍俊院士、汪尔康院士、吴奇院士、张东辉院士、Prof. Bruce E. Logan、Prof. Joern Manz、Prof. David Milstein、Prof. John A. Rogers、Prof. Chao-Jun Li、Prof. Frank Caruso、Prof. Virgil Percec、Prof. Peter J. Sadler 等众多海内外专家学者来我院作学术报告或讲学,为大家提供良好的学习和交流机会。

三、人才引进和师资队伍建设

1. 人才引进与教师培养。积极组织配合学校成功举办了墨子论坛化学与材料科学分论坛,邀请海外杰出青年16人参加化学与材料学科分论坛,给予学院相关学科与国际科研前沿对接、沟通、交流的良好机会。2018年学院组织了12人申报"千人计划"青年项目,6人入选,1人申请长期项目;1人在中科院人才引进项目终期评估中获"优秀"。引进3名特任研究员,13名特任副研究员。

2. 国家各项支持计划和学校各类教师奖项。李震宇和盛国平获国家自然科学基金委杰出青年基金资助;俞书宏、傅尧、俞汉青、黄伟新、黄汉民和吴宇恩入选中组部万人计划;李文卫获安徽青年科技奖;傅尧获海外校友基金会青年教师成就奖;路军岭获校友基金会青年教师事业奖;陈东明获平凡基金——教育奖;俞书宏获唐立新教育发展基金奖;陈春华获唐立新教学名师奖,侯中怀获唐立新优秀辅导员奖及行政管理干部奖。

3. 配合学校完成2018年聘期制科研人员专项年度考核。学院共有76位聘期制人员参加考核,经院考核小组评议,向学校推荐23名考核优秀候选人。

四、国际交流与合作

2018年全院教师通过中科院电子政务系统上报出国访问申请143人次,出访包括美国、日本等国家,这中间包括公派留学、参加国际科技项目合作、参加国际会议和合作交流。参加国际会议的大部分教师都有会议报告和论文。

五、学生工作

1. 2018年我院共有182位本科生毕业,其中出国及赴港台读研学生54人,占毕业生总数的29.7%;国内读研学生80人,占学生总数的44%;直接就业43人,占学生总数的23.6%;一次性就业率达97.3%,创近年新高。其中,材料科学与工程系、高分子科学与工程系的本科生就业率达到了100%。

学院今年共有279位硕士研究生、130位博士研究生毕业,一次性就业率分别为98.2%和98.5%,保持稳定增长。高分子科学与工程系硕士、博士就业率均达到了100%,化学物理系硕士、材料科学与工程系博士的就业率也达到了100%。有约60%的硕士生选择继续深造,选择直接就业的学生主要去向为企业;博士生就业更青睐高校、科研设计单位。

学院学生就业工作荣获科大优秀就业工作"先进集体奖"。

2. 2018年学院共有409人次本科生(不含新生)获各类奖学金,共计1041444元;115人次研究生获各类奖学金,共计1226000元。242人次本科生获各类助学金共计834000元。其中席大为、刘洋、万佳为、梁嘉韵4位同学获郭沫若奖学金,李春雨等8位本科生获国家奖学金,今年广州能源所、苏州纳米所首次在我院设立奖学金。叶江林等40位研究生获研究生国家奖学金。同时,我院陈鹏作同学获中科院院长特别奖,袁道福等8位研究生获中科院院长优秀奖。

3. 积极以创建优秀班集体为抓手,营造良好的班风与集体氛围,共有4个本科生班集体和1个研究生班集体获得校优秀班集体称号,相应的班主任获得优秀班主任称号。

4. 我院积极组织开展活动,每月进行全院学生工作例会,除了正常的工作安排外,每次例会都有一个专题,由不同年级的班主任作相关汇报。同时接待多家单位来学院进行专场招聘或宣讲,为学生做好就业服务工作。

5. 积极组织并参与第九届科大学生家长论坛学院分论坛,全面向学生家长介绍学院与学科的发展,并解答家长关心的各种问题,家校联合,共同培育人才。

六、党建工作

深入学习领会习近平总书记系列重要讲话,特别是考察科大重要讲话精神,增加文化自信和教育自信,学习党的十九大会议精神、全国高校思想政治工作会议精神、全国教育大会精神。认真贯彻落实校党委基层党建工作会议精神,加强学院思想政治工作队伍建设。

截至2018年底,学院共有学生党支部60个(含代培生支部),学生党员700人,其中研究生党员687人,占研究生总数的41%;本科生党员13人,占本科生总数的2%。加强学生党支部建设,配齐配强党支部书记,选拔品学兼优的学生党员担任支委会成员。调整学生支部设置,学院党委要求各基层支部严肃党的组织生活,落实"三会一课"基本制度,定期检查(每半年检查一次)。组织多层面的主题党日活动和团日活动,并专门针对新生同学开展团校培训,鼓励优秀学生积极向党组织靠拢,截至2018年11月,2018年度已发展研究生党员46人,本科生党员7人。

以党建促发展,学院各项工作顺利开展,成效显著。

七、机构设置变化

2018年5月7日,学校根据学科发展和人才培养需要,经校长工作会议研究,决定恢复应用化学系。应用化学系涵盖能源化学、环境化学和化学工程。

生命科学学院

学 院 概 况

学院的前身为中国科学技术大学生物物理系,由著名科学家贝时璋先生于1958年创建。1998年成立生命科学学院,施蕴渝院士任首任院长,现下设4个系:分子生物学与细胞生物学系、神经生物学与生物物理系、系统生物学系(与中国科学院上海生命科学研究院联合组建)和医药生物技术系(与中国科学院广州生物医药与健康研究院联合组建);另外,学院设有5个科研技术平台:生命科学公共实验中心、生物安全三级实验室、实验动物中心、GMP中试基地、集成影像中心;5个国家级教学示范或人才培育基地:国家生命科学与生物技术人才培养基地、国家生物学本科实验教学示范中心、国家理科基础科学研究与教学人才培养基地、基础生物学国家级教学团队、生物科学国家级特色专业。

学院现拥有国家生物学一级重点学科和中国科学院生态学一级重点学科,是生物学和生态学一级学科博士学位授权点,并与中国科学院多个研究所联合培养研究生。从建系(院)开始,大力弘扬"红专并进、理实交融"的优良校风,教学工作始终坚持"理论联系实际"和"教学科研相长"的理念。在新时期学校"质量优异、特色鲜明、结构合理、规模适度"办学方针指导下,成立了生命科学本科实验教学中心,统一管理全学院的本科实验教学,集成分散的实验教学资源,大大提高了实验教学设备的有效利用率和教学效果。2000年获得生物学一级学科博士学位点授权,2002年被批准为"国家生物科学与技术人才培养基地",2007年生物学一级学科获批准为生物学国家一级重点学科,生物学实验教学中心获批准成为国家"实验教学示范中心",2008 年成为生物学国家"理科基础科学研究和教学人才培养基地"。同时,在中科院西双版纳热带植物园建有"生物学野外教学实习基地",在国家级安徽升金湖自然保护区建有"湿地生态和生物多样性野外教学实习基地"。

中国科学技术大学生命科学学院建有生物学博士后流动站,研究生按生物化学与分子生物学、细胞生物学、遗传学、神经生物学、生物物理学、微生物学、结构生物学、生物信息学等二级学科招生,学院还拥有工程硕士专业学位授予权。本科教育历来重视基础课程的教学,毕业生具有较为扎实的数理化知识基础。合肥微尺度物质科学国家实验室的生命科学研究平台和中国科学院有关研究院所学科与科研平台,为本科生的实习和毕业论文工作提供了优越的条件。毕业本科生中,每年有 1/3 的同学获得奖学金出国深造,1/3 以上的毕业生攻读本校、中科院和国内其他高校的研究生。

学院师资力量雄厚,有 Principal Investigator(PI)67 人,均为博士生导师,其中教授 66 人,副教授 1 人。教授中包括 3 名院士,1 名中组部"千人计划"入选者,4 名国家"万人计划"入选者,4 名教育部"长江学者计划"特聘教授,10 名"国家杰出青年科学基金"获得者,22 名中组部"青年千人计划"入选者,10 名"国家优秀青年科学基金"获得者,29 名中国科学院"百人计划"入选者,1 名国家七部委"百千万杰出人才"工程入选者,7 名教育部"新世纪优秀人才支持计划"入选者。

教 学 工 作

2018 年,由我院负责组织的中国科大 iGEM 代表队继续参加了国际遗传工程机器竞赛,获得一银一铜。

学院设有研究生基本奖学金(覆盖率 100%)以及十余项研究生专项奖学金;近几年培养了大量的优秀研究生。2018 年,有 1 人获中国科学院优秀博士学位论文,1 人获中国科学院院长特别奖,4 人获中国科学院院长优秀奖,1 人获评为中国科学技术大学优秀毕业生。

科 研 工 作

2018 年,学院到款纵向科研经费 1.39 亿(不含外拨)。获批国家重点研发计划首席项目 1 项,青年科学家首席项目 1 项,国家重点研发计划课题或子课题 6 项,国家基金委创新群体项目 1 项,国家基金杰出青年基金项目 1 项,优秀青年科学基金项目 2 项,重大项目 1 项,重大研究计划重点支持项目 2 项,面上项目 23 项,青年基金项目 6 项,其他国家基金项目 6 项。2018 年学院论文发表情况:熊伟教授在国际一流期刊《Cell》上发表学术论文。学院 2018 年在 SCI 杂志上以科大为第一单位共发表论文 174 篇,其中影响因子 9 分以上论文 28 篇,5 分以上论文 74 篇;以第一单位发表 SCI 一区论文 41 篇,二区论文 79 篇;合作发表论文 184 篇,合计发表论文 358 篇。

人 才 建 设

2018 年学院新引进"杰出人才"3 名,其中"青年千人计划"入选者 2 名(唐爱辉、潘文),

特任研究员 1 人(洪靖君)。

相 关 奖 励

1. 获国家教学成果二等奖 1 项、安徽省教学成果一等奖 2 项。
2. 获安徽省自然科学奖二等奖 1 项。
3. 熊伟教授的"脑内新型谷氨酸合成通路参与学习记忆"入选 2018 年度"中国生命科学十大进展"。
4. 朱书教授获香港求是杰出青年学者奖(生命科学与医学)。
5. 蔡刚教授获 2018 药明康德生命化学研究奖。
6. 田志刚院士获首届安徽省创新争先奖章。

大 事 记

1. 精准对接融合提速——生命科学学院和附属一院开展多项合作,协助学校建立生命科学与医学部基本运行框架。
2. 5 个 ESI 学科进入全球 1%。
3. 举办 60 周年校庆院庆系列活动。
4. 2018 年 10 月 20~22 日,第二十二届全国生命科学学院院长论坛在学院举办。

工程科学学院

学 院 概 况

学院成立于 1998 年,前身是由功勋科学家钱学森先生于 1958 年创建并担任首届系主任的近代力学系。目前学院由 4 个系组成,分别是近代力学系、精密机械与精密仪器系、热科学和能源工程系、安全工程系。2001 年由钱学森先生倡导成立的中国科学院材料力学行为和设计重点实验室也归属于工程科学学院。现任院长为杜善义院士,执行院长为陆夕云教授。

学院设有 5 个本科专业,即理论与应用力学、机械设计制造及其自动化、测控技术与仪器、热能与动力工程、安全科学工程专业,其中理论与应用力学专业为全国仅有的两个理科力学人才培养基地之一。设有一级学科博士点 3 个,二级学科博士点 12 个,其中国家一级重点学科 1 个,国家重点培育学科 1 个,省重点学科 3 个;学院还设有 3 个博士后流动站和 13 个硕士点。

学院拥有一支优秀的师资队伍,目前有教授 57 名,副教授 51 名,其中"两院"院士 4 名,长江学者 1 名,国家杰出青年基金获得者 6 名,国家优秀青年基金获得者 6 名,中科院"百人计划"入选者 14 名,安徽省"百人计划"入选者 2 名,国家级"新世纪百千万人才工程"2 名,大师讲席(Ⅱ类)教授 1 名。

本科教学

1. 2018 年招收本科生 221 人,毕业学生 155 人,目前在校生 623 人;2018 年度春、夏、秋季共为学院内外开设本科生理论课程 150 多个课堂;2018 年度学院本科生境外交流共 40 人,其中学院组织的交流项目共交流学生 14 人。

2. 2018 年 5 月国家大学生创新实验计划结题 10 项,申请新项目 16 项。

3. 组织 150 名学生参加安徽省大学生力学大赛,并获得"安徽省大学生力学竞赛本科一等奖"。

4. 生产实习课程组织:2018 暑期学院共组织毕业班学生近 200 人赴中科院各院所进行生产实习,参观、了解各专业前沿动态,其中力学专业学生去中科院力学所、航天一院、中国工程物理研究院和空气动力研究中心,机械专业学生去中科院科学仪器公司、中科院自动化所和北京第一机床厂以及安光所,热科学专业学生去北京工程热物理所和广州能源所;2018 暑期组织学生在校内、校外进行大学生研究计划,培养学生独立科研和动手实验能力。

5. 2018 春季由"工程科学前沿"和"金工实习"合并的"工程科学前沿及实践"第一次为 2017 级学生开课,伍小平院士邀请国内工程行业专家学者近 10 人为一年级学生进行工程科学科普讲座,金工实习的老师们为学生进行了金工各项实际操作,培养学生工程科学基础知识和基础科学素养。

6. "钱学森力学科技英才班"截至 2018 年 9 月共有 84 人,2017 级英才班暑期去绵阳工程物理研究院参观实习,2015 级英才班去北京力学研究所参观实习。

7. "新能源科技英才班"现有 25 人,2018 年 10 月参观了中广核新能源德令哈光热示范电站、中控太阳能青海德令哈塔式光热电站、中国三峡新能源德令哈发电有限公司、中国华电德令哈太阳能发电有限公司和蝶式聚光发电示范项目。

8. "精密光机电与环境科技英才班"现有学生 33 人。

9. 继续优化调整 2017 级课程体系,在去年初改的基础上,全面贯通全院一年级、二年级课程,且二年级学生仍然不分专业,待三年级再进入各系分专业学习。

10. 承办中国科大第十八届 RoboGame(2018)机器人大赛活动,全校有 200 多名学生参加。

11. 组织学生参加"首届中国高校智能机器人创意大赛"并获大赛一等奖 1 项(本次大赛最高奖)、二等奖 2 项、三等奖 1 项,同时荣获本届大赛优秀组织奖。

12. 在学校科技活动周中积极开展科学普及教育活动,受益的大中小学生和社会公众 10000 条人次。

研究生工作

1. 2018 年学院招收硕士生 213 人,博士生 93 人,工程博士生 13 人,代培生(硕、博)95

人,取得硕士学位96人,博士学位77人。

2. 成功举办中国科大"第六届力学与工程科学优秀大学生夏令营",其中"985"高校生源占60%,"211"高校生源占35%,成绩排名前三位(系或专业)的占85%以上。

3. 研究生招生、录取工作中,采取网络视频面试与现场考核相结合。组织了15场网络面试,面试300余人,面试合格人数近200人。通过网络面试及夏令营,我院接收推免生159人,其中"211"高校生源占55%,"985"高校生源占40%。

4. 工程科学学位与研究生教育中心结合校"研究生教育创新计划"开展了一系列的研究生教育创新工作,包括:研究生论坛、博士生国际学术会议、高水平讲座、博士生学术新人奖、研究生公共课程建设、夏令营等。学院还开展了校庆60周年系列学术活动之"力学和工程学术论坛""第三届热能学术论坛"等学术交流活动,旨在促进和加强各课题组研究生学术交流,拓展研究思路和视野,提高研究生培养质量。

5. 学院以教育部一级学科选优评估为契机,认真总结学科建设成果与发展经验。同时,结合学校一级学科评估设定的指标体系,加强与国内外一流学科方向的对比研究,找准学科建设中的问题与差距,切实加强学科内涵建设。4月30日前,学院完成了3个一级学科、1个二级学科、2个专业学位学科的自我评估。

科 研 工 作

1. 2018年立项纵向项目共33项,合同经费共1753万元;2018年立项横向项目共20项,合同经费共789万元。2018年共到账科研经费4992万元,其中纵向经费4188万元,横向经费804万元。

2. 获批国家自然科学基金资助项目26项,直接经费共1603万元;科技部-国家重点研发计划1项,中科院项目2项,安徽省自然科学基金项目6项。

3. 申请专利75项,授权专利60项。

4. 2018年度共发表SCI论文329篇。

5. 重要科研成果:近代力学系王奉超副教授、吴恒安教授研究成果"利用二维晶体材料组装纳米通道及其物质输运研究进展"入选"2017科学发展报告"年度中国科研代表性成果。精密机械与精密仪器系张世武副教授研究团队参与设计的液态金属驱动机器人被新华社、光明日报、央视新闻、科技日报、中国科学院报、基金在线、中青在线、IEEE Spectrum中文版以及New Scientist, South China Morning Post等中外媒体报道。

6. 获奖情况:国际著名科学文献出版社爱思唯尔(Elsevier)于2018年1月19日发布了"2017年中国高被引学者榜单",热科学和能源工程系季杰教授连续四年入选(能源领域)。热科学和能源工程系裴刚教授课题组的参赛作品"基于可控型分离式热管技术的新型蓄冷冰箱"荣获丹佛斯杯第五届中国制冷学会创新大赛研究生组一等奖。热科学和能源工程系胡名科博士及其导师裴刚教授分别荣获2018年度中科院优秀博士学位论文奖和优秀导师奖。热科学和能源工程系2017级博士研究生吕松同学获得"第十三届中国大学生年度人物"称号。

7. 2018年度邀请国内外专家举行学术交流报告会三十余场,千余人次参加了报告会。

党 建 工 作

1. 学院中心组每月定期开展集中学习,部署近期政治理论学习要点。
2. 热科学和能源工程系(十三系)为全系研究生党支部委员举办了一次党务工作培训;精密机械与精密仪器系召开了全系大会,深入学习"两会"精神;近代力学系全体教职工党员进行了题为《党代会与党章的历史演变》的党课学习;热科学和能源工程系教工党支部、工程科学学院院办党支部的党员赴台儿庄和徐州开展了"铭记历史、缅怀英烈"的主题党日活动。
3. 7月下旬组织全院各系党总支书记、教工和学生支部书记、优秀党员代表、团委、学生会骨干赴革命圣地延安开展了坚定理想信念主题教育暨党务工作培训。
4. 学院党委建立了党委微信群,在院主页建立了党建和思想工作专栏,以强化宣传。

合 作 交 流

2018年4月,中国科学院工程热物理研究所徐建中院士、陈海生副所长为"吴仲华英才班"奖学金获得者颁奖。

2018年6月,在系书记赵钢和安光所副所长谢品华主持下,精密机械与精密仪器系和安光所举行了"精密光机电与环境科技英才班"开班仪式。副校长陈初升、安光所所长饶瑞中、安光所首席科学家刘文清院士以及学院书记刘明侯老师分别致辞,陈初升副校长作最后总结。

信息科学技术学院

学 院 概 况

学院由电子工程与信息科学系、自动化系、电子科学与技术系、微电子学院、网络空间安全学院、信息与计算机实验教学中心、信息科学实验中心等单位组成。学院拥有1个语音及语言信息处理国家工程实验室、1个类脑智能技术及应用国家工程实验室、1个未来网络国家基础设施和7个省部级重点实验室,即多媒体计算与通信教育部-微软重点实验室、中国科学院电磁空间信息重点实验室、中国科学院空间信息处理与应用系统技术重点实验室(与电子学研究所共建)、中国科学院无线光电通信重点实验室、网络传播系统与控制安徽省重点实验室、无线网络通信安徽省重点实验室、未来网络安徽省重点实验室。此外,学院还拥有中国科大-中国通服、教育部-微软重点实验室2个国家级工程实践教育中心。

目前,学院拥有电子信息工程/通信工程、自动化、电子科学与技术、信息安全、生物医学工程、人工智能等6个本科专业,信息与通信工程、电子科学与技术、控制科学与工程、生物医学工程、网络空间安全等 5 个国家一级学科，1 个工程博士点（电子与信息），3 个博士后流动站，13 个二级学科。

师资队伍

学院现有教授 65 名、副教授 78 名，其中中国科学院院士 2 人、欧洲科学院院士 1 人、IEEE FELLOW 6 人、中组部"千人计划"入选者 6 人、国家杰出青年科学基金获得者 6 人、长江学者特聘教授 1 人、青年长江 2 人、中组部"青年千人计划"入选者 9 人、中科院"百人计划"入选者 11 人、国家高层次人才特殊支持计划"万人计划"科技创新领军人才 5 人、"万人计划"青年拔尖人才支持计划入选者 2 人、科技部"创新人才推进计划"入选者 2 人、教育部新世纪优秀人才入选者 12 人、国家自然基金委员会优秀青年科学基金获得者 7 人、中科院卓越青年科学家计划入选者 1 人、安徽省"百人计划"入选者 3 人、中国科学院卢嘉锡青年人才奖 1 人、中国科学院青年科学家奖 1 人。

本科生教学

2018 年本科教学完成学校通修课、专业课、方向课、公选课共计 241 个课堂排课、助教选聘及评优、教师工作量统计等教学管理工作。完成全院约 1205 名学生的注册、成绩单管理、学生咨询及教学事务办理，接收外院转入学院学生 104 人。完成春/秋学期（67/54 位）困难学生的帮扶工作及学籍清理；学院鼓励学生参加学校和学院的国内外各项交流，2018 年学院共有 101 位学生出境学习。2018 年省级校级质量工程立项共 6 项。学院非常重视本科毕业论文的质量的把关，强调重合率要降低，论文内容水平要提高，2014 级 268 位学生毕业论文顺利通过。

在科技实践方面，2018 年有 23 名学生参加大学生研究计划并顺利结题，有 16 组同学获得 2018 年国家大学生创新创业项目。2018 年 5 月 26 日，全国高校"西普杯"信息安全铁人三项赛（第十三赛区）暨"新工科背景下网络空间安全人才培养论坛"在我校成功举办。2018 年 10 月 9～16 日中国科学技术大学第五届信息安全大赛成功举办。

在英才班建设方面，学院于 2018 年成立王小谟网络空间科学英才班，制定自主招生和二次招生方案。信息科技英才班组织 2016 级 33 位学生分赴北京电子所开展暑期见习活动；王大珩光机电科技英才班组织 2015 级 13 位学生参加长春光机所科技实践夏令营活动。学生去所里听取科技前沿报告，参观所各研究室，同时邀请研究所一线科研专家来学校开展了招生宣讲、英才班面试、发放助学金等工作。

研究生教学

1. 2018 年我校首次获得国家急需学科高层次人才培养支持计划专项招生指标，网络空间安全学科和微电子学科均获得硕士、博士招生专项计划，同时教育部扩大工程博士招生规模，学院共招收硕士生 513 人，学术型博士生 126 人，工程博士生 30 人。

2. 完成2019年推荐和接收免试研究生工作。举办规模超大的信息科技夏令营，营员人数达400人。共接收2019级推免生387人，其中本校139人，外校248人，99%来自"985"或"211"工程高校。

3. 完成网络空间安全学科研究生培养方案的制订工作，并从2018级入学的研究生开始实施。完成学院所属4个工程硕士领域、1个工程博士领域的研究生培养方案的修订工作。

4. 为了拓展研究生学术视野，提高研究生的国际化水平，学院充分利用研究生院的"研究生创新论坛"管理信息系统，鼓励教师邀请和举办了60场国内外专家教授的学术报告，听报告学生达2100人次，申请到研究生院20万元资助。

5. 学院积极鼓励研究生参加国际学术交流，本年度参加国际交流达163人次。其中申请参加国际会议资助的人数为41人，资助总额约为56万元。

6. 完成2018届博士、硕士学位申请材料的审核申报工作，经学位委员会评审，学院本年度共有85名学生获博士学位，1名学生获专业博士学位，169名学生获工学硕士学位，87名全日制工程硕士获专业硕士学位，92名在职单证工程硕士获专业硕士学位，5名留学生获博士学位，6名留学生获硕士学位。

7. 按照新制定的《电子信息与计算机学科涉密委托培养博士研究生学习培养过程要求》，对军队委托培养博士研究生组织学位论文答辩和学位评定，共有8名学生获得博士学位。

8. 将申请硕士学位发表论文要求与申请博士学位的成果要求进行整合，修订了《电子信息与计算机学科研究生学习培养过程要求》。

9. 按照教育部《关于开展学位授权点合格评估工作的通知》的要求，组织完成学院所属8个学位授权点的自我评估阶段的工作，并完成了后续的学位点基本状态信息采集工作。

10. 按照国务院学位办《关于对已有的工程硕士、博士专业学位授权点进行对应调整的通知》要求，牵头并协调完成原相关工程领域对应调整到电子信息类专业学位的硕士、博士点的申请工作。

11. 按照学籍管理规定对超期研究生进行学籍清理工作，终止了2003级及以前入学的8名研究生的学籍。

12. 在学校优秀博士学位论文评选中，学院有2名博士获得优秀博士学位论文奖，2名博士获得提名奖。学院首次申报中国电子教育学会优秀博士学位论文奖，1名学生获奖。

科 研 成 果

2018年，学院瞄准国际科技前沿和国家重大需求，充分发挥学校理工结合的优势，积极组织力量争取各类项目，新批准项目数保持稳定增长的态势，科研到款额有大幅增长，在承担国家层面的大项目上取得较大的进步，并获取一批重要科研成果。

2018年，学院新获批国家自然科学基金项目21项，其中李厚强老师获得国家基金重点项目，王杰、周文罡两位老师分别获得优青项目，还有面上项目13项，青年项目2项，重大研究培育项目2项，仪器专项1项（参与）。张勇东、俞能海两位老师分别主持了科技部国家重点研发计划项目，程勋、熊志伟、张驰、张天柱四位老师分别承担了国家重点研发计划课题。

学院 2018 年科研经费到款额为 1.93 亿元,人均经费 138 万元,其中军工到款 5994 万元,占总到款额的 31%,较往年有大幅度增长。

2018 年,学院在中科院分区发表一区论文 43 篇,二区论文 161 篇,按教学科研岗计算人均 1.44 篇,高区论文数量稳定增长。

2018 年,学院申请专利 147 项,专利授权 57 项,学院专利申请数量增长较快。

2018 年,学院获得省部级(含学会)及以上奖 4 项,分别是:

(1) 陈志波,大规模多媒体的资源跨域系统计算理论方法,国家自然科学奖二等奖。

(2) 查正军,视觉媒体的协同分析理论与方法,安徽省科学技术奖一等奖。

(3) 张勇东,谢洪涛,互联网视频的高效流式计算理论与方法,中国电子学会科学技术奖(自然科学类)一等奖。

(4) 陈宗海,基于多时间尺度的动力电池参数与状态联合估计,中国自动化学会自然科学奖一等奖。

招 生 就 业

本科生按电子信息类大类专业招生,两年后进行 6 个专业的选择和培养,研究生按 5 个学科方向招生。2018 年学院共毕业本科生 269 人,硕士研究生 352 人,博士研究生 87 人。根据统计数据,本科生深造率达 75.3%,其中出国留学比例达 19.5%,大部分为全额奖学金;国内深造比例近 55.8%,集中在本校、中科院各研究所以及其他重点高校和研究机构。学院毕业生的就业质量非常高,毕业生大多进入国内外著名的科研机构、高等院校和高新技术企业工作,如微软、IBM、华为、中兴、中电集团、腾讯等,深受用人单位好评。2018 年学院获得校毕业生就业工作先进集体称号。

交 流 合 作

2018 年,学院与许多国内外著名大学、研究机构和企业开展了一系列重要的学术交流与合作活动,包括斯坦福大学全球设计创新课程联盟(SUGAR)系列国际交流活动、IEEE 固态电路协会中国科大学生分会成立仪式、与中国电子科技集团有限公司的战略合作协议、成立中国科大-京东人工智能联合实验室、人工智能国际大学生夏令营、自动化前沿讲座、IC 高水平学术前沿讲座(合肥 IC 咖啡)、国家留学基金委优秀本科生国际交流项目"中国科学技术大学-汉诺威大学毕业设计交流项目"等。本年度学院赴境外开展国际会议、合作研究等各种形式学术交流的教师约 200 人次,邀请境外专家学者来访约 150 人次,该数据比上一年度有较大提升。

学院与境外高校的学生交流活动继续稳健进行,本年度学院招收了 40 余名本科/硕士/博士留学生(含台湾学生),推荐了数十名优秀本科生积极参加教务处组织的各类短期境外交流项目,还有近百人次的硕士/博士研究生在研究生院的支持下出境参加了各类国际会议或交换访学活动。这些都积极推进了我校信息学科领域的学生与境外高校相关领域学生之间的交流互动,也提升了学院教学科研的国际化水平和国际参与度。

计算机科学与技术学院

基 本 情 况

中国科学技术大学于1958年建校时就设置了计算机专业,老一辈计算机科学家夏培肃先生等亲自执教。创办之初,与中国科学院计算技术研究所合作自主设计并研制成功了我国第1台通用计算机——107机,并于1960年安装于中国科大。1982年成立了计算机科学技术系,与中国科学院计算技术研究所联合培养了我国首批18位博士之一的冯玉琳博士。1990年获得计算机软件博士学位点;1995年建成了我国第1个国家高性能计算中心;2000年获得一级学科博士学位授予权;2003年陈国良教授当选为中国科学院院士,并获得首届国家教学名师的称号;2007年计算机软件与理论被评为国家重点学科;2009年成立计算机科学与技术学院;2010年本学科进入ESI排名世界前1‰;2012年在全国高校学科评估中,计算机科学与技术学科取得全国排名第9的成绩;2017年在全国第四轮学科评估中,计算机科学与技术学科获评A^-。

教学和人才培养工作

2018年,学院共招收本科生122人,硕士研究生181人(科学学位115人、专业学位66人),博士研究生35人。学院把培养一流人才放在首位,尽力提高教学质量,同时为学生提供国内外学习交流的机会,丰富学习经历,开阔科研视野。2018年,学院共有44名学生分别赴芝加哥大学、加州大学圣巴巴拉分校、台湾大学、台湾清华大学、香港中文大学、北京大学等进行交流学习;学院安排2015级毕业班40名学生前往中科院计算所、软件所及微软亚洲研究院访问学习,其间还参观了谷歌(中国)、百度、腾讯、爱奇艺等单位;安排2016级英才班26名学生到杭州华为、阿里巴巴公司进行访问学习;安排2017级英才班和部分非英才班62名学生赴中科院计算所、微软亚洲研究院等单位进行为期4天的参观学习。

2018年夏季学期,学院成功开设了2门面向本科生的课程:"程序设计Ⅱ""程序设计语言和系统前沿",其中"程序设计Ⅱ"专门面向2017级刚转入的同学,用来补充他们欠缺的课程;"程序设计语言和系统前沿"主讲教师为美国俄亥俄州立大学计算机科学与工程系张晓东教授,主要讲授大规模数据并行处理系统中的科研和技术问题以及该领域的最新动态。

为了改善学生的教学实验条件,学院全面改造了计算机科学国家级实验教学示范中心,新的实验中心软、硬件条件达到国内高校一流水平,于2018年春季学期投入使用。同时,学院还利用组织学生参加国内外科技竞赛的机会,努力培养学生的实践创新能力,并取得好成绩:2015级本科生袁牧获得全国高校互联网应用创新大赛特等奖;2016级本科生何纪言、邓龙获得安徽省机器人大赛大学生程序设计竞赛一等奖;2016级本科生何纪言,2017级本科生龚平、魏剑宇获得全国并行应用挑战赛一等奖；2017级本科生唐华楹、张德鑫获得第43届ACM竞赛亚洲区域赛银奖；2016级本科生邓龙获得中国大学生程序设计竞赛桂林站金奖；由安虹教授指导的我院研究生和本科生组成的鸿雁超算队获得第六届大学生RDMA编程挑战赛一等奖；由刘淇副教授指导的硕士生朱洪渊获得数据挖掘领域顶级国际会议KDD 2018最佳学生论文奖；由张兰教授指导的LINKE-SENSE团队在第四届全国高校云计算应用创新大赛上荣获大赛唯一的全国特等奖；由刘淇副教授和陈恩红教授指导的学生论文获得第11届国际知识科学工程与管理大会(KSEM 2018)最佳论文奖。

学院2018届本科毕业生106人，硕士毕业生147人，博士毕业生17人。本科生直接就业率为98.1%，继续深造率为58%，留学深造率为15%；硕士博士就业率继续保持100%。学院毕业生就业率和就业质量实现双丰收，连续七年获评"就业工作先进集体"。

科研与学术交流工作

2018年，学院教师队伍得到进一步加强，引进1位"大千人"（张燕咏）、3位"青年千人"（程敬原、丁虎、龚伟）、1位"中科院百人C"（薛吟兴）、1位特任研究员（连德富）、3位特任副研究员（徐童、闫宇博、张聪），这9位人才均已全职到岗工作。2018年"青年千人"申报工作也取得骄人成绩，入选3位"青年千人"（Nikolaos Freris、马云飞、俞鹏），在全国高校计算机学院中领先。张兰、徐宏力获得国家基金委优秀青年科学基金资助，实现计算机学院"优青"人才零的突破。

在科研项目方面，学院获批各类科研项目51项，合同总经费首次突破1亿元。国家级重要科研项目取得可喜成果：李向阳教授牵头承担的科技部重点研发计划项目"物联网与智慧城市安全保障关键技术研究"合同总经费2180万元。

根据2018年11月最新发布的计算机科学学科ESI排名数据，学院学科国际排名68位，比去年同期提升25位。引用论文数量1602，总被引频次12300，篇均引用次数7.68，最高被引论文数33。2018年以学院为第一作者单位正式发表的CCF推荐A、B类期刊和会议论文115篇。学院还新增国家授权发明专利25项，新申请专利43项。学院的ESI学科排名、论文引用数字、高水平论文数量以及专利情况比2017年均有较大提升。

2018年学院获得多项奖励：陈恩红教授的"情境大数据融合表示与分析挖掘研究及应用"获全国高等学校科学研究优秀成果自然奖一等奖；李向阳教授领导的"智能感知通信创新教师团队"入选教育部首批全国高校黄大年式教师团队；陈恩红教授入选中组部第三批国家"万人计划"科技创新领军人才；张兰教授获得首届阿里巴巴集团的"达摩院青橙奖"，是9名获奖青年学者中的唯一一名女性获奖者。

学院学术交流十分活跃，2018年组织76场、140人次各类学术报告会。为加强学院青年教师间的科研合作和交流，学院开展了"青年教师学术沙龙"系列活动，全年共举办12场。学院还承办多个重要学术会议：计算机学院、大数据学院、大数据分析与应用安徽省重点实验室、科大讯飞股份有限公司联合承办的"大数据智能创新研讨会""大数据与人工智能创新论坛"；第二届"墨子论坛"计算机科学与技术分论坛；"第一届量子计算学术研讨会"；与合肥市联合举办了"引智未来　放飞梦想——中国科大智能与大数据峰会"；为迎接校庆60周年，学院与合肥市联合举办了首届"中国科大-合肥物联网安全与智慧城市"高峰论坛，邀请到图灵奖得主 Leslie Valiant 教授、王小云院士等。

地球和空间科学学院

学 院 概 况

地球和空间科学研究领域由地球内部延伸到行星际空间，包括这个广大区域中不同层次的结构和物质组成，以及物质的运动和各种物理化学过程，其目标是以物理或化学为基础，认识我们生活的地球及其周围的宇宙空间，了解地球本身的运动规律和其他星体对她的影响，为更加有效地利用资源，保护环境，防灾减灾，实现可持续发展奠定科学基础。

学院前身为 1958 年中国科大建校时设立的应用地球物理系与地球化学和稀有元素系，经多次系科调整，于 2001 年 12 月成立学院。目前，中国科学院院士、第三世界科学院院士陈颙教授担任院长，汪毓明教授担任执行院长，刘斌教授担任党委书记、副院长，陈福坤教授、姚华建教授担任副院长，熊成担任党委副书记。

学 科 建 设

学院现设 2 个系：地球物理与行星科学技术系、地球化学与环境科学系。地球物理与行星科学技术系有固体地球物理学、空间物理学、大气物理和大气环境 3 个学科方向，陆全明教授担任系主任，李锐教授担任副主任。地球化学与环境科学系有地球化学和环境科学两个学科方向，周根陶教授担任系主任，谢周清教授担任副主任。

学院现有 4 个一级学科，分别是地球物理学（包含固体地球物理学和空间物理学）、大气科学、地质学、环境科学和环境工程。学院拥有地球物理学、地质学和环境科学 3 个博士后科研流动站。

师 资 队 伍

学院师资力量雄厚，现有教授 65 名，特任研究员 2 名，副教授 24 名，其中中国科学院院士 3 名，"大师讲席"教授 4 名，"千人计划"入选者 4 名，"青年千人计划"入选者 16 名，"国家杰出青年基金"获得者 12 名，"国家优秀青年基金"获得者 19 人，中国科学院"百人计划"教授 7 名，教育部"长江学者"特聘教授 2 名，教育部"长江学者"讲座教授 2 名，"新世纪百千万人才工程"国家级人选 4 名，省级教学名师 2 名。

2018 年学院新引进教授 1 人，倪怀玮入选国家杰出青年科学基金，周鑫、夏琼霞、戴立群、申成龙、耿雷入选国家优秀青年科学基金，雷久侯、黄方、吴忠庆入选科技部中青年创新领军人才计划，黄建入选中科院青年创新促进会，姜哲和杨欣颖入选安徽省百人。汪毓明、申成龙、王水等获得教育部科学技术一等奖,毛竹获得 2018 AGU Mineral & Rock Physics Early Career Award,陈仁旭、高晓英、夏琼霞获得侯德封矿物岩石地球化学青年科学家奖,贾晓峰获得刘光鼎地球物理青年科技奖。

2018 年学院继续加强与海外校友的交流,与人才招聘紧密结合。12 月 10～14 日在美国地球物理学会 2018 年会举办地华盛顿设立展台,向校友介绍学院的发展情况和人才引进的相关政策,吸引优秀人才回国发展。

科 研 基 地

学院新建一个中科院比较行星学卓越创新中心,拥有两个中国科学院重点实验室——"壳幔物质与环境重点实验室"和"近地空间环境重点实验室",一个国家级观测研究平台——蒙城"国家野外地球物理观测研究站"。一个安徽省级重点实验室——极地环境与全球变化安徽省重点实验室。

2018 年学院获批新增科研经费总额 10271.33 万元,其中纵向经费 9589.23 万元,横向经费 682.10 万元。获批立项各类纵向科研项目总计 107 项,其中国家自然科学基金委资助项目 49 项,包括重点项目 2 项、优秀青年基金 5 项、面上基金 21 项、青年基金 18 项。获批立项的各类横向课题总计 20 项。

招 生 就 业

2018 年,学院招收本科生 113 人、硕士研究生 124 人、博士研究生 81 人。硕士研究生中通过推免接收 73 人,88.2% 为"985"或"211"高校优秀学生。

截至 2018 年 10 月,我院共有 2018 届毕业生 217 人。本科生 59 人,就业比例 93.2%,其中 80% 本科毕业生进入国内外著名大学、研究机构继续深造。硕士生 100 人,就业比例 96%,其中 60% 继续深造。博士生 58 人,就业比例 94.8%。

人 才 培 养

学院通过优化英才班、学业导师计划、加大野外实习力度、国际大研计划、推进实验教学中心建设、成立教研组进行教学研讨、组织教材建设及教学研究课题、创建地球和空间科学杰出讲座等多种举措,探索教学与学生培养新措施。

学院和中科院地质与地球物理研究所于 2010 年联合创办了赵九章现代地球和空间科学科技英才班,截至 2018 年底,共毕业学生 168 人,其中 2018 秋季学期在籍学员 2015 级 26 人、2016 级 22 人、2017 级 29 人、2018 级 29 人。2014 级 26 名英才班毕业生中,12 名在国内深造,13 名赴国外深造,1 名就业(研发部门),继续深造率达到 96%。

2016 年学院与安徽省气象局、中国科学院云南天文台、中国科学院地质与地球物理研究所共建了教学与研究实习基地,恢复了普通地质学北戴河野外实习和云南省地震局及野外台站实习。2018 年确定 30 位教授为 2018 级本科生学业导师;12 位同学开展大学生研究计划,8位同学组成的4个小组完成大学生创新计划项目,28位同学组成的12个小组成功申请大学生创新计划项目,支持21位同学出国、出境参加了暑期学校和研究实习。

管理学院

基本情况

学院共设有工商管理、管理科学、统计与金融3个系,以及MBA(工商管理硕士)、EMBA(高级工商管理硕士)专业学位教育中心和EDP高层管理者培训与发展项目中心。同时,学院还设有数字化管理研究所、信息与决策研究所、统计咨询中心、电子商务研究实验室、金融信息研究中心等7个研究机构,中国科学技术大学国际金融研究院和长三角科技战略前沿研究中心依托管理学院运行。

学院现有教职工225人,其中专职教师90人,聘期制科研人员63人,管理和支撑人员29人,院聘管理和支撑人员43人;学院教授27人,副教授49人。学院目前拥有国家自然科学基金委"创新研究群体"1个,国家级教学团队1个,国家杰出青年基金获得者2人,优秀青年基金获得者5人,长江学者特聘教授2人,长江学者讲座教授1人,"万人计划"科技创新领军人才1人,"万人计划"青年拔尖人才2人,中组部"青年千人计划"入选者2人,海外及港澳青年基金1人,中国科学院"百人计划"入选者1人,教育部新世纪优秀人才5人,安徽省教学名师3人。

教学与学科建设

(一)科学学位教育

1. 本科学位教育方面

学院3个系4个专业目前在读本科生总计482人,双学位125人。国际认证要求的AOL体系实施过程规范严谨,程序性工作完成良好,材料归档提交及时,本科教学师资总体充足。本年度,学院为本科生(含双学位)开设133门课程,满意课程比都在94%以上,15和16两个系均为100%。本年度本科生获得郭沫若奖学金2人,国家奖学金4人;参与海外交流的学生20人。

2. 在本科生升学方面

统计金融学专业76名同学中,30名在国内升学,29名出国升学,总升学率达到78%;工商管理专业17名同学中,5名在国内升学,4名出国读研,总升学率达到53%;管理科学与工程专业7同学中,3名在国内读研,2名出国深造,总升学率达71%。

3. 研究生教育方面

2018年硕士项目总共招收240人,其中通过第三届管理科学与统计金融夏令营选拔的推免生111人,占46%。博士项目共招收80人,海外生源有所增加。加强研究生教育管理制度建设,确保培养质量。组织制定《管理学院博士生答辩资格管理规定》《管理学院关于科学学位研究生教育服务的规定》《管理学院科学学位研究生导师管理办法》。

(二)专业学位教育

加强品牌宣传,推进招生工作。加大在手机端、网上宣传,在管理学院、专业学位中心、上海研究院、苏州研究院网页上发布提前面试通知、申请和录取流程及招生简章;在合作单位及合肥地区各大 MBA 考试辅导机构等 10 多个网页免费发布招生简章等招生信息;加大现场宣讲和咨询力度。上海苏州地区招生作宣讲近 30 场、合肥地区作现场宣讲和咨询 15 场;编印招生宣传材料 2000 册;全年接收电话咨询和联系考生逾 10000 人次。

组织 MBA、EMBA 入学面试 5 场,录取全日制 MBA 新生 135 人、非全日制 MBA 450 人、非全日制 EMBA 117 人,共计 702 人;组织金融、应用统计、物流工程、项目管理等入学面试 4 场,录取金融硕士 67 人(含推免 29 人)、录取应用统计 10 人、录取国际商务 4 人、录取物流工程 15 人(含推免 1 人)、录取项目管理 21 人,总计录取专业学位研究生 819 人。

严抓教学管理,丰富实践教学。2018 年,中国科大 MBA 中心积极参加大型创业节目《创赢新时代》、第 38 届国际企业管理挑战赛暨第 22 届中国赛区决赛、第七届亚太地区商学院沙漠挑战赛、第十二届中国 MBA 中部联盟峰会、"森宇双童杯"2018 第六届全国管理案例精英赛等多项全国和地区活动并获得了多个奖项。

科研工作及学术活动

(一)科研项目

2018 年,学院全年累计新增各类项目(纵向、横向、校级)46 项,经费总金额达到 1168.4 万元。其中包括 20 项国家自然科学基金项目,2 项教育部人文社科项目。

学院还与各级政府、企业合作,承担了"中国科学院科技成果转化激励分配政策研究""广西武宣白云石深加工产品市场分析与风险评估""滁州市军民深度融合'十三五'发展规划编制项目""量化模型和数据分析在投资和交易中的应用研究""基于客户画像的可自我学习升级的汽车金融智能风控模型构建的可行性分析""健康行为科学中的若干问题研究"和"项目投资价值及相关产业链量化评估系统"等多项横向或委托课题项目。

(二)科研论文

2018 年,学院全年发表 SCI 论文 170 余篇。在学科排名中,中国科学技术大学的"社会科学总论"(Social Sciences, General)首次进入世界前 1‰。我校"社会科学总论"检索论文合计 162 篇,其中我院发表了 121 篇。我校"社会科学总论"Top Paper 总计 6 篇,均为我院发表。

刘林冬副教授、沈晓蓓副教授分别作为第一作者在国际商科顶级刊物《Operations Research》《Production and Operations Management》(UT-Dallas 24 期刊之一)上发表学术论文。金百锁副教授作为通讯作者在数理统计领域国际顶级期刊《Annals of Statistics》上发表学术论文。毛甜甜副教授的论文被优化领域的顶级期刊《Mathematical Programming》接收并在线发表。我院"分布式决策环境下的数据包络分析理论与方法"项目荣获 2017 年度安徽省自然科学一等奖。

管理科学与工程学科姬翔博士获2018年度中国科学院优秀博士学位论文奖,其导师吴杰教授获得中国科学院优秀导师奖。王熹徽副教授在中国系统工程学会第20届学术年会上荣获"系统科学与系统工程青年科技奖"。

(三)学术活动

学院2018年主办或承办了若干项有影响力的学术会议和活动。1月,国家自然科学基金委员会(以下简称基金委)管理科学部优秀青年科学基金项目结题评估暨学术报告会在合肥召开。7月,京东集团-中国科学技术大学数据驱动的物流与供应链管理国际专题研讨会在中国科学技术大学管理学院举行。9月,中国科学技术大学60周年校庆系列活动:2018年USTC-UW专题讨论会在中国科学技术大学管理学院顺利举行。9月,"第三届国际商务数据论坛"在新加坡国立大学成功举办。12月,管理学院承办了主题为"人工智能与未来"的第四届交叉科学与应用论坛。12月,第二届中国科大管理信息系统青年学者国际研讨会在中国科大管理科研楼二楼报告厅成功举办。

2018年,学院共举办来访学术报告93场,来访专家学者包括美国联邦贸易委员会经济局局长金哲,法国SKEMA商学院全球副校长Patrice Houdayer,加拿大多伦多大学量化金融硕士(MMF)项目主任、数学系教授、风险管理实验室主任、Sigma Analysis公司CEO Luis Seco,英国伦敦商学院杨颂教授,美国华盛顿大学福斯特商学院谭勇教授,香港城市大学Robert M. Davison教授等。

国际交流与合作

2018年接待国外院校合作访问10余次,包括美国哥伦比亚大学、美国加州大学河畔分校、美国福德汉姆大学、加拿大多伦多大学等。访问美国西雅图华盛顿大学、美国福德汉姆大学、澳大利亚麦考瑞大学等,与多米尼加PUCMM和UNIBE大学(该国排名第一和第二)洽谈教育和科研方面的合作事宜。与美国加州大学伯克利分校MFE项目、美国福德汉姆大学、美国斯蒂文斯学院、美国肯塔基大学签订了院级合作协议。协助教工办理出国、出境手续近百人次。接待教授来访116人次,开展讲座46次。

2018年共组织和实施MBA、EMBA游学4次,赴美国加州大学欧文分校2次、美国西雅图华盛顿大学1次、法国SKEMA商学院1次。2018年硕士生报考876人次,其中材料审核合格的394人次,录取14+1(Skema换生)人。开展留学生英文授课课程,完善博士和硕士留学生的培养方案。MBA中心开展国际班,完善国际班课程,安排国际班授课教师。

人才引进与人事管理

2018年,学院继续加大人才引进的力度,大力推进海内外高水平人才、高端人才和优秀青年人才的引进工作。组织5批海外人才引进面试工作,共有15位优秀青年人才进行了校园访视,并成功引进入职5位境外优秀青年人才。组织申报中组部千人计划项目、2018年度中青年科技创新领军人才项目、安徽省百人计划项目、国家万人计划青年拔尖人才项目,杜少甫教授荣获"万人计划"青年拔尖人才称号。引进高层次人才张洪教授于6月份到岗,王潇教授于7月份到岗,陆晔教授于9月份到岗。学院协助校人力资源部认真做好60余位聘期制科研人员的考核、聘用、转编和日常管理等工作。

党务党建工作

2018年,学院党委根据中央、中科院等有关文件精神,按照校党委的统一部署,结合管理学院使命、愿景与中心工作,凝聚党内外各方面的力量,激发全体党员的积极性和创造性,学习与工作相结合,继承与创新相统一,齐心协力,认真做好基层党建工作,深入开展"两学一做"学习教育、习近平总书记关于我校发展的重要指示等学习宣传贯彻。

1. 扎实开展学习教育

学院党委以高度的政治责任感和扎实的工作作风,认真开展"两学一做"学习教育,贯彻落实党的十九届二中三中全会精神、"两会"精神、习近平总书记关于我校发展的重要指示等。制定了《管理学院党委2018年度工作计划》《管理学院党委理论学习中心组2018年度学习计划》。学院党委下属各党总支、党支部根据学院的实施方案和工作计划,结合自身实际制定本单位的实施方案和具体学习教育计划。

学院党委三次召开学院理论学习中心组学习会,传达学习党的十九届二中三中全会精神、"两会"精神,尤其是宪法修正案、国家机构改革方案、学校有关意识形态工作精神,学习并传达习近平总书记关于我校发展的重要指示。

学院举办学生党支部书记培训会暨工作汇报交流会,深入学习贯彻习近平总书记在北京大学师生座谈会上重要讲话精神的通知,并做《发展党员工作流程与注意事项》的培训报告。为提高本科生党员的理论知识水平,加深对新党章的学习,对党情党史以及校情校史的深刻理解,本科生党支部联合举办了"学习新党章、重温党史"知识竞赛活动。为深入贯彻中共中央国务院《关于加强和改进新形势下高校思想政治工作的意见》精神,学院党委赴中国科大上海研究院,为MF上海班学生开展党务、团学工作培训。各基层党支部根据院党委要求,开启了支部微信群,及时推送各种学习资料,创新学习教育形式。

2. 夯实基层党建工作

制定并实施了学院党建指导性文件《管理学院关于加强和改进基层党建工作的实施意见》。继续加强党务各项管理规章制度建设,落实基层党建工作责任制,认真贯彻落实民主评议制度、"三会一课"及民主生活会制度、党组织例会制度以及党员教育、新党员入党宣誓、老党员重温誓词仪式等制度。继续执行以往制定的《管理学院党支部工作规程》《管理学院先进基层党组织、优秀党务工作者与优秀共产党员评选办法》等文件。

学院党委高度重视制度性建设,2017年相继制定了《管理学院党政联席会议议事规则》《管理学院党委会议事规则》《管理学院理论中心组规则》,以各支部"三会一课"为抓手,积极推进标准化支部建设。

3. 重视统战,凝聚党外

学院凝聚党外各方面的力量,齐心协力加快学院的发展。民主建国会会员方兆本教授、吴强教授,民主同盟盟员洪进副教授,九三学社社员赵延升副教授等,作为学院教学、科研和管理骨干,围绕学院发展中心工作献计献策、努力拼搏,做出自己的贡献。积极推优加入党组织。由原学院党委书记刘天卓联系的刘和福(优青)、由执行院长余玉刚联系的郑泽敏(青千)已被所在系支部列为入党积极分子,并参与党组织的日常学习工作。

4. 党政协同互动,为学院发展提供动力保障

始终坚持院系党政联席会议制度,确保学院党委的政治核心地位和监督保障作用。建立健全推行实施"三个结合"的工作模式和"三位一体"的工作机制,"三个结合"即基层党组织工作始终与学院科研、教学、行政服务相结合,促进学院中心工作和发展战略的顺利推进;"三位一体"即在教工层面,党支部、院系行政与院系工会三位一体,在学生层面,党总支(党支部)、分团委(团支部)、学研两会(班委会)三位一体,使基层党组织活动具有真正载体和抓手。在"两学一做"常态化制度化建设中,院系党政领导班子深入调研,在认真学习中科院"率先行动"计划的基础上,进一步研究制定学院"十三五"发展规划,并旗帜鲜明地在规划中加入党建工作。"以学科建设发展为龙头,以专业学位发展为支撑"是学院党政领导的一致共识。

5. 党员率先垂范,为学院发展做出积极贡献

全院党员充分发挥先锋模范作用,为创建一流学科奋力拼搏。2018年全院19个项目获国家基金资助,青年教师占比达90%,在研项目主持人党员比例达70%以上,2018年发表SCI论文170篇,连续五年位居C9大学商学院之首,党员作者比例达70%。

行政与学生工作管理

2018年,在学院领导的指导和带领下,学院重新梳理了行政管理和综合服务工作的内容、范围和岗位。日常行政管理逐步规范并持续改进,工作流程不断优化,后勤保障支撑到位。确保每项工作规范、有序并落到实处,努力提高行政管理和综合服务的质量和水平,切实保障学院各项工作的正常运转。2018年,中科大国际金融研究院建筑群全部封顶,预计2019年可以投入使用,它是继中科大先进技术研究院之后,合肥市和学校全面战略合作、协同共建创新平台的又一力作,将为管理学院相关学科的跨越式发展增加新的动力引擎。

实验中心完成了虚拟化计算环境和并行运算平台的总体设计和测试工作,进入了设备采购阶段,已经实现了为院内部分老师提供包括虚拟桌面和虚拟服务器在内的云服务。中心利用技术手段加强了无线网络的管理,提升了无线网络的应用效率。完成了AACSB信息管理系统的软件著作权申报工作,初步实现为国内多家商学院提供国际认证信息系统试用版的远程服务。

学生工作

2017~2018年,在学校、学院党政领导的关心和指导下,学院学生教育与管理工作顺利开展并取得一定成绩。

在学工队伍及班级建设方面,学院2015级管理科学与工程专业本科班、2015级统计与金融专业本科班、2017级经济管理试验班、2017级管理科学与物流工程专业硕士班、2017级工商管理与国际商务专业硕士班荣获2017~2018学年度"先进班集体"。多名班主任老

师冯群强、夏红卫、刘少辰、陈昱、莫鸿芳、曹崇延、李艳梅、董新美等荣获 2017～2018 学年度校"优秀班主任"荣誉称号。在学院团委工作方面,学院分团委连续三年获得优秀分团委标兵的称号,2017～2018 年获得了 2017 年度"中国科学院五四红旗团委"荣誉。在就业工作方面,学院多次评为中国科学技术大学毕业生就业工作先进集体。学院学工队伍 1 人获得国家生涯规划师的资格。心理二级站已经稳步开始建立,学院有 8 人获得国家心理咨询师资格,为后期院级二级心理咨询站的建立保障了人力。

学院经过长期的探索和实践,全程跟踪、引导构建个人的成长计划,逐步创新试点服务学生综合素质的第二课堂育人体系。学院的第二课堂工作是一种以思想教育为内在核心的教育模式,使学生在知识、能力和经验等多个方面进行系统性的学习,逐步有阶段性地训练提高。

校 友 工 作

2018 年,中国科大管院校友办以"服务校友、服务学院、服务母校、服务社会"为工作宗旨,充实校友工作内容,努力提升校友工作的内涵,为学校的声誉及发展凝心聚力。

夯实校友基础数据建设工作,将科大管院的校友数据进行分析,按行业将校友归类。加大校友组织建设,开展校友活动,积极促进校友组织发展,推进校友交流活动开展。中国科大管院校友会成为玄奘之路安徽戈友会的重要发起单位之一,目前共举办 6 期活动。组织中国科大管院校友甲子校友返校,加强校友与母校的联系,拓宽校友工作宣传渠道。建立中国科大管院校友会公众号"中国科大管理大院"。配合校友总会,促进毕业生就业,召开管院校友企业专场招聘会。

国际金融研究院筹建工作

(一) 基础创新平台

与美国西雅图华盛顿大学(US News 全球排名第 10)开展全面合作,成立金融与管理创新研究所;与美国、英国、法国、新加坡、澳大利亚等国家共计 18 所名校合作办学;聘任美国工程院院士 David Yao 等四位知名专家为顾问委员会顾问,聘请了 12 位海外兼职教授,从海外一流大学引进 28 名专业方向人才(其中正教授 3 名,副教授 1 名)。

(二) 教育平台

来自摩根士丹利等的 40 多位专家担任金融硕士业界导师并参与授课指导,10 余位华尔街专家开展共计 21 场讲座。与华盛顿大学福斯特商学院、圣路易斯华盛顿大学 Olin 商学院开展金融硕士双学位合作项目。MBA 开设了 IMBA(国际班)、金融方向 MBA,与美国华盛顿大学福斯特商学院合办 MBA 双学位项目;面向政府、银行、金融机构从业者及企业家举办了 10 余期金融培训班,并联合银监会办班,培养本地金融业领军及管理人才。

(三) 智库建设(今年新启动的工作)

筹建新金融智库和数字经济智库,网罗海内外优秀校友及专家,开展资本市场与上市培育、区块链技术研究、量化金融与大数据、金融安全、数字经济等领域、方向的研究,开办相关培训、论坛、研讨会,并将以行业报告、白皮书、行业排名、专利权等产出不断提升全球范围内的影响力。

(四)峰会论坛

邀请2010年诺贝尔经济学奖获得者、美国工程院士、美国经济局前局长等有国际知名度及影响力的专家作专题报告数十场;与香港交易所联合举办"国际资本市场前沿动态"证书课程,巴曙松领衔授课,约2000名合肥企业家及师生免费参加活动并获得课程证书;承办深交所"理性投资 走进校园"安徽站系列活动;主办四届金融前沿高峰论坛,邀请华尔街"三剑客"之一李斌等为本地金融业人士作专题报告。

(五)创业平台(今年新启动的工作)

在美国成立了国金院硅谷科技金融创新发展中心,在合肥成立了国金院创新创业孵化中心,精准对接全球资源,搭建供需对接平台。先后对接国内外知名经济专家赴高新区管委会、包河区政府、庐阳区政府、滨湖金融后台基地等处座谈,对接优质项目,把脉区域经济。

(六)基建工作

八幢建筑单体已全面封顶,目前进入装修阶段,预计2019年9月可以交付使用。

人文与社会科学学院

学 院 概 况

学院设有科技史与科技考古系、科技传播与科技政策系、人文社科基础教学中心。学院现有教职工133人,其中教授17人。设有2个本科专业,1个国家重点学科,2个博士点,8个科学学位硕士点,3个专业学位硕士点,1个"985"二期国家文科基地,1个省级重点学科,2个安徽省文科科研基地,1个安徽省级本科特色专业,4门教育部中国大学精品视频公开课,1门国家级精品课程、国家级精品资源共享课程。

党 政 管 理

认真学习宣传贯彻党的十九大和十九届二中、三中全会精神,扎实推进"两学一做"学习教育。深化落实中央"八项规定"精神,持之以恒抓好正风肃纪工作。党建和思想政治工作深入开展,基层党组织和党员队伍建设全面加强。落实全面从严治党主体责任和意识形态工作责任制。严格贯彻落实各项规章制度,科学民主决策。配合学校做好60周年校庆工作。

队 伍 建 设

科技哲学教研部通过人才引进渠道引进一名副教授。

外语系招聘一名博士学位教师和一名硕士学位教师。

马克思主义学院招聘一名博士学位教师。

教 学 培 养

（一）人文社科基础教学中心

完成全校本硕博学生的英语课程、人文素质类公选课、思想政治课程、体育课程教学工作，有效保证基础教学工作的正常运行。学生教学满意度达98%以上，全年无教学事故。

加强教学过程管理，规范教学纪律，强化课程组建设，坚持系部主任听课制度，推动教学质量持续提升。

2018年底评选5个优秀课程组。

外聘人员颁发聘书并签署承诺书。

2018年文理英才班第二批录取22人。共有5名英才班学生获学校公派经费资助前往意大利都灵参与国际劳工组织培训。

中心培育设立16项教学研究项目，荣获7项校级教学研究项目、4项省级教学研究项目、1项省级教学成果、1本省级规划教材、2项省高校人文社科重点研究项目、1项校马克思主义理论研究专项重点项目；一般项目1项。

2018年暑期首次开设夏季学期中外教协同混合式英语密集型课程。

（二）科技史与科技考古系

与科技传播与科技政策系联合举办了第二届"科技与文化夏令营"，为录取推免生储备了优秀生源。

（三）科技传播与科技政策系

分流18名本科生，硕士生招收45人、博士生招收9人（含留学生2人）。5名本科生毕业，1人结业，38名硕士生毕业，3名博士生毕业。

张燕翔"三维动画与特效"是我校第一门以慕课形式开设的专业课。

"新闻传播学研究方法"为新开专业学位核心课程之一。

参与文理复合英才班的招生、教学工作。

科 学 研 究

（一）人文社科基础教学中心

2018年申请立项及在研项目国家级3项，省级9项，校级8项，基础教学中心项目16项。发表论文80余篇。

举办2018年全国科学社会学学术年会。

徐飞当选中国自然辩证法研究会科学技术学专业委员会新一届主任委员和安徽省自然辩证法研究会新一届理事长。

外语系编写出版《科技英语综合教程》、《新概念之德语口语初阶入门》、《恢复力》、《新概念德语》（第四版第一册）、《新概念德语》（第四版第二册）、翻译教材《如何写出高水平英文科技论文——策略与步骤》。

《羽毛球教学与训练》已完成文字和图片处理,并通过终审。

（二）科技史与科技考古系

科技史2018年在研项目50项,总经费1720余万元,其中2018年新增省部级以上项目共11项,总经费326.6万元。在国内外期刊上发表一批高水平成果,完成了《中华大典·理化典》编纂出版工作,与希腊和孟加拉的联合科技考古项目稳步推进,举办"丝路考古与波斯文明暑期研修班",与伊朗内沙布尔大学签订联合考古协议,于2018年11月正式开展伊朗北呼罗珊省Borj遗址的联合考古调查,为明年夏天开始的正式发掘奠定基础。2018年4月与中国科学院自然科学史研究所联合成功举办第二届研究生"经实论坛"。配合我校与山西省的战略合作,与山西省考古研究所以及古建筑研究所签订合作协议。

（三）科技传播与科技政策系

科学传播研究与发展中心2018年参与组织"世界公众科学素质促进大会"第一分论坛,主题为"科学教育与人类未来",是我国第一次举办的科学传播领域的世界级大会。

举办第六次"中国公益组织互联网使用与传播能力调研"并发布报告。

科学艺术、科学成果可视化核心团队已经初步形成,并取得了具有一定显示度的成果。

王国燕入选国际科技传播学会PCST全球学术委员会,成为中国高校首位在国际组织PCST中的任职者。王国燕在科技传播类国际顶级期刊《Science Communication》上发文揭示了现象级科普图书《十万个为什么》50年来对中国公民科学素质的巨大培养作用。这是目前为止该期刊上中国大陆作为第一署名单位的首篇文章。王国燕和复旦大学教授唐莉等合作,提出了科学声望测度方法,论文发表于国际顶级期刊《Journal of Informetrics》。

科学可视化创作团队协助前沿科学成果3次登上CNS封面。

在上海交通大学举办的ICA新媒体国际论坛中,王国燕、沈佳斐、冯波教授合作的论文《Culturomics Study of the History of Communication Over a Hundred Years》获得"Outstanding Paper Award",本次会议一共有3篇教师论文获此奖励。

数字文化中心张燕翔老师团队,关注科技与文化的融合,在虚拟现实与增强现实领域发表EI收录论文10篇,中文核心2篇,负责国家出版基金项目及国家"十三五"重点出版物出版规划项目《坐着时间去飞行——互动探索自然奥秘的科学之旅》的研发(同时得到中科院科普项目支持),已交稿即将出版。出版科普著作《优美的科学》丛书。与黄雯老师合作的2017年省级质量工程项目"面向创新能力培养的新媒体教学体系"获省教学成果三等奖。

梁琰老师主持网络热点科普项目"重现化学"正式发布,该项目获评"典赞·2017科普中国"十大网络科普作品(中国科学技术学会,人民日报),并获得美国化学会会刊C&En专访,该作品被人民日报、人民网、央视新闻、新华社、China Daily等国内主流媒体报道,被New Yorker、Chemistry World、Quartz、National Geographic等国外主流媒体报道。

交流合作

徐飞、史玉民、孔燕教授应邀参加中国科学院学部组织的有关应对重大学术不端的专题研讨会。

徐飞教授应邀参加中国科学院科学传播局主办的科学文化建设研讨会暨第三届复旦生命伦理论坛和第八届全国生命伦理学术会议。

知识管理研究所与麻省理工大学新媒体行动实验室(MIT NMAL)的合作进一步深化拓展,继续开展 NGO 2.0 项目。

2018 年 11 月,周荣庭教授和谢栋老师受邀参加首届 MIT China Summit,同时双方合作的 NGO 2.0 项目作为 MIT in China 的主要落地项目在峰会现场进行展示。

中国科大-皖新传媒新媒体研究院继续在科学传播和科学教育领域开展相关工作:火花学院覆盖 9 省市,已有几千名教师在课堂上使用,惠及十余万名学生,并在数十项国家级和省级教学比赛中获奖;研究开发的青辅协慕课"科学影像制作"正式上线;与电子工业出版社合作出版《未来机械世界》AR 绘本一套,广受业界好评;与学校出版社合作出版了增强现实的新媒体可视化教学丛书十册;打造全国知名的虚拟现实产业人才培养基地,建设创新教育数字实验室平台。

校 庆 工 作

科技哲学教研部与生命科学学院:生命科学与医学伦理——生命科学时代的人文科学论坛成功举办。

体育教学部:中国科学技术大学 60 周年校庆自行车赛暨 R1 巡回赛成功举办。

科技史与科技考古系:第二届研究生"经实论坛"、丝路考古与波斯文明暑期研修班、科技史校友校庆 60 周年学科发展论坛成功举办。

科技传播与科技政策系:AR 体感互动、AR/VR 成果展、第十四届全国网络编辑年会暨 2018 年数字出版与新媒体研讨会成功举办。

姜岩作科大精神报告:《科大精神与媒体变革》。

获 得 荣 誉

陈馥梅老师荣获安徽省第六届青年教师教学竞赛三等奖。

研究生英语教研室获得安徽省教学成果二等奖一项。

2018 年安徽省大学生英语挑战赛中科大学生获得三个一等奖、两个二等奖、一个三等奖。

2018 年"外研社·国才杯"英语写作大赛全国总决赛中,由外语系教师指导的我校数学科学学院一年级学生杨光明媚同学作为安徽省特等奖选手进入国赛并取得全国总决赛三等奖。

2018 年第十四届安徽省运动会各项比赛:女子足球队获冠军,羽毛球队获四金两银,乒乓球队获得三金两银三铜,网球队获得两银一铜,男女篮球队、男子手球队均获得二等奖,男女排球队和男子足球队获得三等奖,田径共有 3 人 3 次打破和 1 次平了我校保持多年的校级纪录,在 2018 年 C9 高校龙舟赛上斩获两金一铜,校学生男子手球队斩获 2018 年全国学生手球锦标赛第三名。

在 2018 年暑期实践征文中,学院获得校级优秀组织二等奖。

学生工作

学院拥有一支15人的学生工作管理队伍,其中具有国家职业指导师、国家心理咨询师资质认证的有12人次。

以先进班集体评选的工作推动班级班风文化建设,以奖学金评选机制带动学生培养的全过程育人,以优秀班主任的评选推进班主任辅导员核心能力建设机制。

2018年共申办主题团日活动20项。

学院2018届毕业生总体上初次就业率达到94.5%,本科生与博士生就业率连续两年达到100%。

软件学院

学院概况

学院是2001年国家教育部和发改委首批批准设立的35所示范性软件学院之一。学院秉承我校"红专并进、理实交融"的校训和"我创新故我在"的教育理念,坚持"质量优异、规模适度、夯实基础、注重实践",依托学校计算机、信息等学科基础、师资力量办学。积极探索产学研合作教育和国际合作教育模式,聘请海内外著名企业和大学专家、教授授课,课程设置与国际接轨,课程内容面向软件市场和企业,注重实践教学。强调专业基础理论和工程实践能力培养,强化实践和外语能力,提高系统开发和管理能力,培养"技管兼备"的复合型软件工程领军人才。

软件学院在合肥、苏州两地培养学生,至2018年底,累计毕业生5300余名。学院与科大讯飞、中科院计算所、中科院深圳先进技术研究院、微软、IBM、HP、思科等许多国内外著名研究院所和IT企业建立了长期的合作关系,与北京、上海、深圳、合肥和苏州等地的70余家知名软件企业和日本软件企业建立了实习基地,并与美国克莱姆森大学和日本法政大学、法国SKEMA商学院、荷兰代尔夫特理工大学以及澳大利亚南澳大学等大学合作办学,建立了联合培养软件工程硕士计划,以培养国际化软件人才。

重要发展及重大事件

(一)党团建设与思想政治工作

以制度化建设为引领,创新工作模式,做实做强党建和思想政治工作。修订《中国科学技术大学软件学院党委会议议事规则》《中国科学技术大学软件学院党政联席会议议事规则》,制定《中国科学技术大学软件学院2018年党委工作要点》,建立党员院领导、教工党员联系指导学生党支部工作制度,充分落实学校理论中心组学习制度、学工例会制度、班主任队伍考核制度,保证学院各项工作稳步有序协同推进。

2018年度共组织学院党委中心组集中学习会6次,召开院党委会议12次,党政联席会议10次,学工例会8次,全体教职工学习大会2次,在校学生座谈会2次,开展党建相关问卷调研2次。

加强师德师风、党风廉政建设,实现常抓不懈。2018年度组织2次师德师风建设专题全体教职工大会,学习《习近平在北京大学师生座谈会上的讲话》等讲话精神,学习《中国科学技术大学关于进一步加强和改进师德师风建设的指导意见》等具体规定,切实做好民主生活会,深入开展述职述廉工作,实现党风廉政建设常抓不懈。在学院党委层面,对各支部的理论学习和主题党日活动等组织生活进行统一部署和指导。2018年度,布置支部理论学习内容8次,开展主题党日活动15项,召开学生座谈会2次,就学生入党意愿、实习学生党员组织生活情况等组织2次问卷调查,撰写调查报告并提交学院党委会讨论。

2018年共发展党员92名,新转入党员92名,转出党员227人,回执落实率97%。成立延期毕业学生党支部,确保每一个党员都能够正常开展组织生活。表彰优秀共产党员41名、优秀党务工作者32名,慰问困难党员群众45人次。

贯彻落实《中国科学技术大学党委意识形态责任制实施细则》,学院党委领导班子对学院意识形态工作切实担负起主体责任。2018年度学院网站共发布党团建设和学生活动相关新闻稿173篇,并将重点稿件及时向学工部、组织部、学校新闻网进行推送。

加强学工队伍建设,建立学工例会制度,定期召开会议布置工作任务、交流工作心得、解决工作中遇到的问题。编制班主任工作手册,加强工作过程管理和监控,年终举行班主任考核和交流,形成管理的闭环。

学院成立心理健康工作小组,制定工作预案,完善联动机制。成立二级心理咨询工作站并在苏州校区建成专业的心理咨询室,为学生提供一对一心理咨询服务。

2018年度,一个班级及班主任获得校级先进班集体和优秀班主任表彰,24名同学获得省级优秀毕业生、86名同学获得校优秀毕业生的荣誉称号。

(二) 教学工作

全年开设课程76门,其中包括美国德州大学阿灵顿校区David Kung教授等海外专家开设的全英文课程4门。

以新工科建设需求为导向,深化教学改革和研究,继续加强科研建设和学科建设。2018年新设立"大数据与人工智能"专业方向,并招生120人。

积极优化教育环境,设立"慕课工作室","Linux操作系统分析"课程被认定为国家精品在线开放课程,并被中国高校计算机教育MOOC联盟评为2018年度优秀课程(全国40余门优秀课程之一)。学院承担了教育部在线教育研究中心的"混合式教学试点项目"并成为试点单位。

以校庆为契机,学院组织无人机编队花样飞行活动为学校六十华诞献礼。

(三) 教学研究及科研工作

2018年度学院广大教师承担了包括国家科技重大专项、国家基金委、江苏省基金委、苏州市科技计划等纵向课题十余项,并与华为公司、厦门公路局、国电集团等单位进行技术合作,探索科研成果转化的有效方法和途径。在IEEE Trans等SCI期刊和国际会议上发表论文十余篇。

（四）对外合作

进一步加强与国内外知名企业、科研院所及当地政府的交流与合作，并保持与实习重点企业定期沟通机制。接待来访企业20余家，并邀请行业专家来学院给学生开展行业报告讲座10次。学院与华为苏州研究院、科大讯飞苏州研究院合作，加强学生实践能力和创新能力的培养，在工程实践环节中由企业出题并参与指导和评审，校企合作完成该项必修教学环节，2018年吸收60余位学生和10余位老师参加。校产结合的模式有效提升了学生工程化能力和软件技术创新能力，也加深了教师对工业界需求的理解，提升了教师软件工程技术能力的新鲜度。

不断深化与克莱姆森大学计算学院、日本政法大学、法国SKEMA商学院的合作，2018年与克莱姆森大学计算学院续签合作协议。

（五）招生就业、学生活动等

2018年，共录取全日制软件工程专业学位研究生550人，其中第一志愿录取220人，调剂录取330人。生源质量保持稳定，本科"211工程"以上生源比率达65%。

2018届总毕业人数为503人，初次就业率99.2%，平均起薪19.2万元，入职排名前十位著名跨国公司（Google、Facebook、Microsoft、IBM、Cisco、Intel、AMD、Amazon、SAP、sony）比例为8%，入职国内10家著名IT企业（阿里巴巴、腾讯、百度、华为等）比例为55%。学院荣获学校"2018年毕业生就业工作特色奖"，3位老师获得"2018年毕业生就业工作先进个人"称号。

高度重视创新创业教育，创新创业实验室为学生提供在校创新创业平台。在2018年第十届"姑苏精英创业大赛"中，学院申报校友项目7项，在非企业类6个获奖项目中最终获得三等奖1项。校友项目在当地落地并获得当地政府各方面支持。

鼓励并组织学生参加各类科技竞赛。学院举办了2018 IBM区块链技术全国校园黑客马拉松大赛。2017级3名同学参加2018"东证期货杯"全国大学生统计建模大赛并荣获全国二等奖。在阿里巴巴阿里云天池平台举办的"天池精准医疗大赛"中，学院学生在全国2500多支参赛队中脱颖而出，荣获复赛第一名，全国总决赛第二名。

环境科学与光电技术学院

学院概况

学院是中国科学院在践行科教结合、教育创新的基础上，进一步推进"寓教于研"的重要举措。学院经中国科学院批准，由中科院合肥物质科学研究院和中国科学技术大学共同筹建，由中科院安徽光学精密机械研究所为主，负责落实中国科大环境科学与光电技术学院的合作事宜，以培养环境科学与光电技术交叉学科方面具有实际科研能力的高层次精英人才和领军人才为目标。

中科院合肥物质研究院与中国科大在物质科学研究领域具有深厚的基础和优势,其中安徽光学精密机械研究所(安徽光机所)拥有大气光学、环境光学及环境遥感监测技术、激光技术等有特色有优势的学科领域,现有国家"863"计划大气光学重点实验室、中科院通用光学辐射定标与表征技术创新重点实验室、中科院环境光学与技术重点实验室、安徽省环境光学监测技术重点实验室,形成了在国内具有较鲜明特色的一流科研团队。

2011年9月28日,白春礼院长出席环境科学与光电技术学院揭牌仪式并亲自为学院题名。学院将按照科教结合的崭新方式,对学生进行个性化培养。在中国科大完成基础课和专业基础课教育,在科学岛完成专业方向课学习,并依托在科学岛相关研究单元雄厚的科研能力和条件完成毕业论文。研究院所将选派相关领域专家承担相应的教学任务,学生将深入研究院所进行专题讨论和科研实习。在校期间,学院还将选派有丰富经验的教授作为学生的学业导师,并聘请国内一流的院士、专家亲自指导学生的学习和科研工作。

学院建设基本思路

以"科教结合、协同创新"为宗旨,发挥中国科大和合肥物质科学研究院综合优势,面向国家环境科技需求和光电技术前沿,探索科技创新与人才培养紧密结合、协同发展的运行机制,培养和造就具有国际视野、立志造福社会、既掌握环境科学又拥有光电技术的高科技综合型实用人才。

专 业 设 置

学院现有2个一级学科:物理学、环境科学与工程。

物理学目前的主要专业方向有:环境光学、大气光学、光学遥感、光电子技术、激光技术等。

环境科学与工程目前的主要专业方向有:大气物理化学、环境毒理学。

师 资 队 伍

学院师资力量雄厚,现有教授22名,工程院院士3人,"万人计划"入选者1人,中科院"百人计划"入选者3人,安徽省"百人"1人,"青年千人"1人。

研究生工作

2018年招收22名硕士研究生、10名博士研究生。

2018年毕业21名硕士研究生,其中转博10人,直接就业11人,就业率达100%。6名博士研究生毕业,就业率达100%。就业质量非常高,毕业生大多进入国内外著名的科研机构、高新技术企业工作,如中国航天科技集团、华为、中兴、科大讯飞等,深受用人单位青睐。

科 研 成 果

国家重点研发计划:太阳反射谱段空间辐射基准载荷技术(郑小兵);近海洋边界层大气污染综合立体探测技术研发与应用示范(刘建国)。

中科院先导项目:大气环境立体探测实施设施(AEOS)预研(刘建国)。

中科院重点部署:化工园区废气排放监测关键技术设备研发与应用(谢品华)。

中科院仪器研制:用于高端平板显示制造的准分子激光退火设备(方晓东)。

院国际合作国际伙伴计划项目:面向污染物超灵敏检测的新型分子识别器件研究(方晓东)。

基金(重点项目):大气温室气体气柱总量及垂直廓线高精度探测新原理新技术研究(高晓明)等。

"工业园区有害气体光学监测关键技术与产业化"项目荣获安徽省科技进步一等奖(刘建国)。

"车载污染气体分布及排放通量光谱遥测技术与应用"项目荣获环境保护科学技术一等奖(谢品华)。

公共事务学院

学 院 概 况

学院成立于2010年,是中国科大实施建设世界一流研究型大学的发展战略,完善高校服务社会功能,促进社会经济发展和公共事务管理创新而成立的新型学院。

学院已经形成了以知识产权与创新管理、科技政策与科技管理为核心的优势学科,拥有多家成果突出、社会影响力较大的科研机构。国家知识产权培训(安徽)基地是京外首个国家级知识产权培训基地,也是全国唯一连续7年获得国家知识产权局考评优秀的机构;安徽省版权教育示范基地(全国版权示范基地)是全国首家以版权教育为目的的全国版权示范基地;合芜蚌创新人才培训基地多年来为安徽省、合芜蚌试验区培养了一大批科技和管理人才,积极为国家和地方经济建设与社会发展贡献力量;全国专利代理人资格考试考点也落户在学院,是安徽省唯一的专利代理人考试考点。

学院与安徽省知识产权局共建有安徽知识产权发展研究中心,科研单位有中国科大科技法学研究室、知识产权研究中心、环境政策与环境管理研究中心、公共政策研究中心等。全国法律类核心期刊《科技与法律》杂志首次进入CSSCI扩展版。

围绕国家需求和学校发展战略,稳步提升学科建设水平

在科研项目方面,学院今年成功申请了一批新的科研项目,如科技部科技创新战略研究

专项、国家版权局重大课题等;青年教师、博士后等担任负责人或主要参与人的比例持续上升,学院青年人才科研发展呈现良好态势。在学科建设方面,学院师生不仅积极开展纵向课题研究,形成学术高地,而且还主动将研究目标与实践发展相对接,发挥公共政策的应用性,为国家、地方和区域发展提供智力支持。进一步推进我校"科技创新与区域发展研究中心"安徽省重点智库建设,该智库将设立科技战略与科技政策、知识产权与科技成果转化等若干研究部门,重点开展科技创新战略、科技政策与管理、创新创业和新兴产业、科技成果产业化、知识产权与区域创新等应用型研究。

由科技部主管、中国科技法学会主办的法律类核心学术期刊《科技与法律》首次进入CSSCI扩展版,该期刊在国内科技法、知识产权、科技政策与管理领域属于顶级期刊,为我校师生提供了一个广阔的学术交流和发展平台。

学院通过以科技法研究室、知识产权研究中心、创新管理研究中心等研究单元为抓手,围绕国家和社会的发展需求,不断凝练研究方向。为了应对日益严峻的环境压力和气候变化形势,学院今年还重点加强了对环境政策研究中心的支持力度。

加强培养环节过程和结果管理,不断提高研究生教育质量

学院围绕提高专业学位研究生培养质量中心目标,从学科建设、实习实践基地、课程开发等各个环节提高过程管理水平。通过实施教学环节监控,扎实推进学科建设,大力开发英文教学课程,全面提升学生的综合素质和专业能力。

2018年,学院针对专业学位研究生的教育问题多次召开了全院研讨会。加强了法律硕士教育中心、MPA教育中心等中心的教学管理水平建设,规范课程教学、实习实践和毕业设计三个环节的教学流程。学院通过教学督导组加强对课堂教学活动的管理,严格按照教学计划,提高课堂教学水平。通过严格规范专业学位研究生的毕业设计开题程序,提升毕业设计质量。

学院十分重视与国内行业和部门的合作共同开展专业学位研究生的培养工作,提升专业学位研究生的实践能力和职业能力。继续巩固实践教学基地,基地建设水平有所提升。

积极拓展业务,深化流程管理,高端培训成绩斐然

2018年,在中科院继续教育基地工作汇报会中,我校继续教育基地工作多次得到主管部门的表扬和肯定。学院面向中国科学院、各级政府部门、部队及重点行业企业举办各类培训班,在培训过程中,采用双师教育、移动课堂、个性化课程设置的一系列特色鲜明的办学方式,强调创新人才的培养,引进先进的学术资源,形成以知识产权、创新管理、科技管理和科技政策为特色的高端培训。特色培训项目如中科院国际组织任职及后备人员培训、科研院所知识产权与创新管理培训项目、中科院与合芜蚌自主创新试验区科技成果转移转化培训班、大数据应用研修班、全国专利代理人资格考试强化培训系列项目等。

国家级专业技术人员继续教育基地,紧紧围绕建设发展规划,按照预期设立的目标要求,在机构设置、制度建设、在线平台开发、网络课程制作、培训项目实施、交流与合作等方面

都进行了建设。基地把近期规划和年度工作计划中明确的工作要点逐个落实,同时创新方法,做到善于落实。在师资选聘、教学资源分配、教学项目设计、学员管理等方面强化了决策管理和日常的管理执行工作。充分利用各种资源,积极承办、建设和开展各类高层次的专业技术人才培训任务。

国家知识产权培训(安徽)基地注重培训效果和培训质量,加强软硬件建设,侧重实战和应用,形成了特色鲜明的知识产权系列培训课程和培训项目,取得了良好的效果。依托我校专业人才和学术研究等方面的优势,编写了一系列培训教材和培训案例,打造了一批理实交融的培训精品项目,为安徽省特别是合芜蚌自主创新试验区培训了一大批知识产权应用人才,为促进地方经济社会发展贡献力量。

学院在中国科学院国际合作局的支持下,今年开展的第九期国际组织任职及后备人员培训班,再次获得成功。学院在立足于加强质量管理的基础上,积极稳妥地开发新的培训项目。在培训项目设计和培训对象选择上,注重精品办学和高端培养,不断完善培训方案,继续教育管理体系日趋成熟。

国际交流合作蓬勃发展,国际化程度进一步提升

学院通过邀请海外学者访学、接纳外国留学生来校攻读学位、接受交换生、选派教师和优秀学生参加国际学术交流、与海外高水平大学开展联合培养、与港台高校建立双向交流机制、承担中科院的国际合作局培训任务、承担安徽省相关厅局海外培训任务等多种形式,全方位地开展了国际交流与合作,与国际知名院校共同举办案例教学,多名国外专家来院做访问教授,增进沟通合作。

今年利用中国政府奖学金和中国科学院针对发展中国家奖学金来我院留学的海外学子人数再创新高。目前,已有109名"一带一路"沿线42个国家留学生在我院攻读硕士、博士学位。国际学生的增加也为我院的教学和管理工作带来了新的挑战。为了适应国际化水平的发展,高质量完成留学生的培养任务,学院加大了国际化课程的开发力度,开展了涉及创新管理、科技法律、公共管理研究方法、政策分析等多个领域的全英文授课课程,此外学院还举办了一系列的讲座活动,很好地满足了外国留学生的需求。

学院以研究生教育、科研工作为需求导向,按质按需邀请外国专家来学院进行交流、访问及开展合作,着力推动学院国际交流向纵深和广度发展。国内外知名教授来院开展学术讲座等交流活动更加频繁。今年,学院赴海外进行学术交流和联合培养的学生数量也有所增加,毕业的全日制博士研究生都有至少一次海外学术交流经历。

经过几年持续建设和发展,学院的国际化层次也在不断提升。很多研究生利用外国专家在院工作的机会,与外国专家共同开展课题研究,共同进行论文写作,大大提高了研究生的创新能力和培养质量。多名研究生通过与外国专家合作,在国际知名期刊上发表了多篇高质量的论文。今年,学院针对留学生来自的42个国家基本覆盖了"一带一路"战略区域,组织中外研究生一起开展了"一带一路"区域各国创新政策和知识产权制度的预研,为我国企业走出去,为一带一路战略目标的实现提供支撑。

以活动为载体,以人为本,切实做好党建工作

截至2018年12月31日,学院现有师生(全日制学生,下同)165人,正式党员80人,其中教工党员30人,学生党员50人。院党委成员8人。

学院党委贯彻上级党组织决定,积极做好党建主体责任,把学习、宣传、贯彻党的十九大精神作为首要政治任务,推进学习型党组织建设,利用报刊、新媒体、墙报、宣传橱窗等各种载体宣传十九大精神,通过多媒体、知识竞赛、演讲等方式学习十九大精神,营造浓厚的学习氛围。获得的荣誉包括安徽省委宣传部"学习习近平新时代中国特色社会主义思想"理论研讨会入选作品优秀奖,校"巾帼心向党 建功新时代"的读书心得活动三等奖,3篇论文入选省委宣传部"新思想·新青年"学习沙龙论文集。承办安徽省委宣传部和我校联合举办的第四届"新思想·新青年"学术沙龙活动,通过精心组织,密切配合,会议顺利举办,效果良好。

2018年10月,院党委组织学院师生参观了物质科研楼科教创新成果展厅和"红专并进、科教报国"中科院党员主题教育基地,开展"与青年科学家面对面"系列活动,邀请学校优秀青年人才为学院师生讲述他们科研奋斗故事,引导学生在新时代自觉弘扬爱国奋斗精神,积极开展主题党日活动,以实地参观、观看爱国主义教育电影、读党建党史书籍、晨读夜跑、党员故事分享等方式组织主题党日活动,促进基层党支部健康有序发展。

学院党委始终重视教职员工和学生的思想意识形态工作。在借鉴其他省市、院校爱国教育基地的优秀经验的基础上,根据学院实际,加强师生思想意识形态引导。学院党委先后制定了《公共事务学院落实党委意识形态/网络意识形态工作责任制办法(试行)》《公共事务学院教师课堂教学基本行为规范(试行)》《公共事务学院培养"六有大学生"实施方案(试行)》《公共事务学院基层党支部工作管理办法(试行)》《公共事务学院基层党支部党建工作考核办法(试行)》等规章制度,并根据新情况进行局部完善。设立公共事务学院意识形态工作领导小组、公共事务学院师德师风建设领导小组等。

自媒体时代,做好网络环境下的思想意识形态工作尤为重要,学院通过微信公众号、微信群、QQ群等方式进行网络思想意识形态引导。经学校审批,建立"USTC青年先锋PAS"公众号。根据总书记讲话精神,党章党规,结合学院实际,党支部有针对性地进行学习,撰写心得,并发布在该公众号上。建立党支部书记党务工作微信群,方便与学生党支部的联系,及时推送党务工作信息。

通过学院研究生会、社团等机构对党员思想意识形态进行引导、教育。通过解决学生遇到的困难,如学习、科研、生活、社团活动等,增加学生对院党委的认同感与信任感。

材料科学与工程学院

学院概况

学院的成立是学校按照中国科学院"率先行动"计划部署,深化科教融合、协同创新,丰

富"全院办校、所系结合"的新形式和新内涵的重要举措。学院经中国科学院批准,由中国科学技术大学和中国科学院金属研究所(以下简称金属所)共同建设,于2015年9月2日正式成立,以培养材料科学与工程学科研究生和高年级本科生为目标。

金属所所长左良教授任学院院长,副所长刘岗研究员任常务副院长,刘世勇教授、李扬任副院长。2016年2月22日成立中国科学技术大学金属所学位评定分委会,李依依院士任主任,张哲峰研究员任副主任。

金属所成立于1953年,是中华人民共和国成立后中国科学院新创建的首批研究所之一,是涵盖材料基础研究、应用研究和工程化研究的综合型研究所,创建者是我国著名的物理冶金学家李薰先生。金属所以"创新材料技术,攀登科技高峰,培育杰出人才,服务经济国防"为使命。主要学科方向和研究领域包括:纳米尺度下超高性能材料的设计与制备、耐苛刻环境超级结构材料、金属材料失效机理与防护技术、材料制备加工技术、基于计算的材料与工艺设计、新型能源材料与生物材料等。2001年成立的沈阳材料科学国家(联合)实验室,是我国第一个以学科命名的研究类国家实验室。2018年在原沈阳材料科学国家(联合)实验室基础上,成立了我国材料领域首个国家研究中心——"沈阳材料科学国家研究中心"。

专 业 设 置

学院按材料科学与工程一级学科培养硕士、博士研究生,设材料物理与化学、材料学、材料加工工程、腐蚀科学与防护(自主增设)、材料工程5个二级学科。

师 资 队 伍

截至2018年底,金属所共有在职职工934人,包括中国科学院院士5人、中国工程院院士1人、发展中国家科学院院士3人,研究员及正高级工程技术人员170人,副研究员及高级工程技术人员359人。博士生导师92人,硕士生导师260余人,2018年新增博士生导师8人。

导师们在国内外影响力进一步增大,卢柯院士当选美国工程院外籍院士,任文才荣获"何梁何利基金科学与技术创新奖",马宗义当选"2018中国科学年度新闻人物",周亦胄荣获"中国产学研合作创新与促进奖——产学研合作创新奖",王京阳、刘岗、刘畅、李峰、李殿中、张健、陈星秋、周亦胄入选第三批国家"万人计划"科技创新领军人才,肖伯律入选科技部"中青年科技创新领军人才",马秀良荣获中国电子显微学会"钱临照奖",张炳森荣获"中国颗粒学会自然科学奖二等奖",孙明月荣获"2018年度中国科学院青年科学家奖"。

课 程 教 学

2018年在金属所开设课程46门次,其中博士生课15门次,硕士生课31门次。外聘教师14人(含外籍教师4人),学院教师68人。EPC分中心建成并投入运行。选送60名学生到合肥本部上课。

招 生 就 业

2018年招收硕士生146人,招收国内博士生128人,国外博士生7人。截至2018年底,金属所在学研究生952人(含国科大学籍学生),其中博士生582人(含留学生43人),硕士生370人。在学非全日制专业学位生24名,在站博士后37人。全年毕业博士生92人,硕士生36人,年终就业率99%。

2018年一系列的招生宣传举措收效显著。从一年级硕士研究生中选拔36名招生宣传员并进行培训,参与招生咨询,有5名导师和25名招生志愿者(包括已录取推免生)赴42所高校进行了宣讲。进一步扩大了夏令营规模,分别在7月和8月举办了夏令营活动,共有554人报名,268名同学参加。此外本年度继续利用QQ群、微信公共平台、论坛等新媒体开展招生宣传,并进行了2次网络面试,共面试84人,还组织了一场学院网络视频宣讲会。招生质量不断提高,共享学校教育资源,实现课程教学等多方面与中国科大的深度融合。

培 养 学 位

为保证培养质量,2018年继续对本年度毕业研究生的学位论文进行随机抽查,11本博士论文和5本硕士论文通过了抽查。全面实行博士学位论文查重检测。针对学位论文撰写存在不规范的问题,聘请三位专家对博士学位论文进行形式和格式审查。制定《中科大材料学院(金属所)硕士/博士研究生培养过程要求简要流程图》。为鼓励研究生创新,继续资助研究生创新项目,5名同学通过专家评审并获得项目资助。

合 作 交 流

2018年金属所国际合作持续活跃,不断拓展与国际知名研究所、大学和跨国公司的交流合作模式和领域。年度师生派出305人次,接待来访303人次,举办"亚太材料科学学院2018年会"等3个国际学术会议,签署国际合作项目6项。与金属所长期开展合作的澳大利亚学者王连洲教授获2018年辽宁省国际科学技术合作奖。

积极与地方政府、企业开展了多元化、深层次的政产学研合作,面向国内不同区域的产业特点,有针对性地开展了重点领域的院地合作工作。2018年金属所持续、高速推进院地合作工作。签订"四技"合同452项,合同额1.8亿元。积极推动与行业领军企业合作,不断扩大辐射范围,合作企业遍布全国逾300家,涉及装备制造、新能源、钢铁冶金、石油化工、有色加工、医疗卫生、轨道交通、消费类电子产品等行业。

2018年派出33名研究生、博士后出国(境)参加会议和短期培训,24人获得所国际会议基金资助。派出6名研究生联合培养或攻博。

科 研 进 展

2018年金属所科研工作进展顺利,在基础研究工作方面,金属所围绕高性能金属材料、新型无机非金属材料及先进复合材料等领域深入开展关键科学问题研究,牵头承担的国家重点研发计划"新型纳米金属材料的构筑及使役行为研究""低能晶界及相界调控实现材料素化的原理及演示验证"及院重点部署项目的研究工作进展顺利,并持续保持在纳米金属材料方向的国际领先地位。全年在国际著名学术期刊《Science》《Nature》及其子刊上共发表学术论文 11 篇;"金属纳米结构材料"被习总书记在"两院"院士大会讲话上列举为重大科研产出,"超长寿命疲劳裂纹萌生机理与寿命预测"获 2018 年国家自然科学二等奖(第二完成单位),"高性能碳基储能材料及其器件的研究"获 2018 年辽宁省自然科学一等奖。

在应用研究工作方面,金属所充分发挥在高温合金、钛合金、精密管材、高品质钢铁、核用特种合金、防护涂层等材料制备加工技术和工程化应用研究领域的优势地位,面向国家在陆、海、空、天、核等高技术领域的重大战略需求,在先进飞行器、航空发动机、燃气轮机、先进核能、海洋装备等重大工程关键材料方面积极策划,新承接了多项来自国家部委和中科院的纵向科研项目。其中利用自主开发的"SEBF/SLF 重腐蚀防护技术"为港珠澳大桥提供超长耐久性防护,入选"伟大的变革——庆祝改革开放 40 周年大型展览"。利用该技术还完成了岛礁防腐工程设计,并获得中共中央、中央军委、国务院的集体表彰;自主设计和研发了 8 类国内首台套在模拟核电高温高压水环境中开展材料损伤试验研究的关键测试装备和技术,建立了我国核电材料试验与安全评价平台,填补了该领域国际空白,相关成果获 2018 年国家技术发明二等奖、院科技促进发展奖;瞄准核电和轴承等特殊钢零部件重大需求,开发了超厚尺度钢的偏析控制技术、低氧特殊钢制备技术,实现了稀土在特殊钢中的稳定应用,研究成果成功应用于国产核电"华龙一号"大锻件和高档轴承钢制造,为特殊钢超越国外提供了强有力技术支撑,相关成果获 2018 年辽宁省技术发明一等奖。

国家同步辐射实验室

基 本 情 况

国家同步辐射实验室("NSRL")是我国批准建设的第一个国家实验室,建有我国第一台从红外到软 X 射线的专用同步辐射光源("合肥光源""HLS")。

合肥光源历经 HLS-Ⅰ和 HLS-Ⅱ两个阶段,HLS-Ⅰ(1984~2012)包括一期工程和二期工程建设项目。HLS-Ⅱ建设自 2012 年开始,新建直线加速器、储存环及 5 条光束线站,并在 2016 年 1 月 5 日正式完成改造工程竣工验收的基础上,进一步实施恒流运行、供电系统改造及老光束线站的性能提升等,从而实现 HLS-Ⅱ整体性能提高。目前 HLS-Ⅱ已建设完成,达到三代光源运行水平。

作为国家大科学装置和合肥大科学中心及合肥综合性国家科学中心的重要组成部分,NSRL 将继续面向国家战略需求和前沿基础科学研究,为国内各领域科学家提供长期、可靠、稳定的技术支撑。

工作进展

(一) 合肥光源运行开放

2018年合肥光源顺利完成中科院大科学装置维修改造项目"合肥光源恒流运行关键系统改造项目",于7月正式开始恒流运行模式。这标志着按照二代光源设计建造的合肥光源达到了三代运行水平,同时作为一个重要里程碑,宣告着HLS-Ⅱ的建设完成。

2018年度,合肥光源总运行时间为7219小时,供光时间为5485小时,占运行时间的75.43%,圆满超额完成中国科学院下达的年度计划任务。2018年光源运行状况良好,开机率达到99.06%,平均无故障时间96.24小时,平均故障恢复时间0.91小时,处于国际同类装置先进水平。

10条线站全面向国内外用户开放,线站性能持续优化,用户需求逐步增加,申请课题数大幅增长,机时供不应求。2018年合肥光源共执行用户课题370个,实验人次为1320。

(二) 成果产出

实验室重视吸引高端用户,积极与用户开展合作研究并取得重要成果。2018年NSRL发表论文403篇,其中1区169篇,影响因子大于9.0的论文107篇。发表在《Cell》《Nature Catalysis》《Physical Review Letters》《PNAS》《Advanced Materials》《Nature Nanotechnology》《Journal of the American Chemical Society》《Angew. Chem. Int. Ed.》等国际著名期刊上。获得省部级以上奖励4项,获得发明专利授权16项,实用新型授权14项。

(三) 科研项目进展

2018年新获批国家自然科学基金等各类项目共24项。

重要项目进展如下:

(1) 国家重大科研仪器设备研制专项"基于可调红外激光的能源化学研究大型实验装置",实验室承担该项目红外自由电子激光光源的建设。光源的工程设计于2015年底确定并开始正式施工,2016年完成了重大技术设备的招标采购。2017年,主体设备基本完成加工并进行离线调试,土建工作基本完成。2018年,全面推进总装及调试工作,目前正在进行第二轮调试。

(2) 国家重大科研仪器研制项目"太赫兹近场高通量材料物性测试系统",2018年完成了技术设计及方案论证,制订工程实施方案,编制经费概算书,明确技术接口,持续开展关键技术验证。

(3) 国家重大科研仪器设备研制专项"新一代高衬度低剂量X射线相位衬度CT装置",2018年完成了原理样机研制及集成测试,对系统误差进行了全面分析。

(四) 国内外合作与交流

实验室成功举办"相干光源和科学国际研讨会(2018)"(会议英文名称:Workshop on Coherent Light Source and Sciences (CLSS) 2018)。

2018年,实验室邀请了来自美国、俄罗斯、德国、法国、韩国、日本等多个国家的同步辐射领域专家约50人次来我室进行学术交流,多位专家作了高水平学术报告。

在加强请进来工作的同时,鼓励实验室研究人员积极走出去,拓展眼界,提高知名度。2018年出访突破100人次,并有多人次受邀在国际大会上作邀请报告。

2018年,实验室主任陆亚林教授一行先后出访瑞典MAX IV光源、法国SOLEIL光源、瑞士保罗谢勒研究所(PSI)、意大利Elettra实验室、日本Spring-8实验室等国际知名的加速器及同步辐射应用研究机构,继续提升实验室国际影响力,并与有关单位达成了合作研究及人才交流计划。

(五)学科建设、研究生培养及科普活动

2018年实验室在读研究生261人,毕业授予博士学位33人,硕士学位34人。实验室通过一系列措施致力于提升研究生培养质量,成功举办第八届光子科学夏令营等活动。本年度首次开展工程博士招生工作,招收2名工程博士生,并制订了相应的培养计划。

实验室重视科普工作,专门设置了科普图片展板、模型展示、退役实物展示等,吸引了各地、各年龄段科技爱好者,2018年共接待7000余人来室参观。

(六)合肥先进光源项目推进及预研工程进展

合肥先进光源预研工程自2017年12月29日正式启动以来,2018年各方面工作按计划推进。

合肥先进光源物理方案已基本确定,光源性能提升,放松了对关键技术指标要求,工程难度进一步降低。预研工程各项关键技术已完成方案设计工作。

对合肥先进光源预研工程关键技术方案进行了系列研讨;进行了任务部署,设备研制、设备采购、关键技术研发等各项工作有序推进;组织召开线站规划系列研讨会;组织召开"合肥先进光源物理方案国际评审会"。

在中科院推荐申报"十四五"国家发改委立项的答辩会上,"合肥先进光源"项目排名第一。

合肥微尺度物质科学国家研究中心

2017年11月,科技部正式发布《关于批准组建北京分子科学等6个国家研究中心的通知》(国科发基〔2017〕358号),批准组建包括合肥微尺度物质科学国家研究中心(以下简称国家研究中心)在内的6个国家研究中心。

2018年3月,国家研究中心建设运行实施方案通过专家论证。

至此,国家研究中心以全新的结构和面貌,清晰定位,面向世界科技前沿、面向经济主战场、面向国家重大需求,聚焦未来信息、新能源和生命健康等重大创新领域,继续以纳米科技、生物科技、信息科技和认知科学的多学科交叉创新为导向,开展微尺度物质体系的基础和应用基础研究,汇聚一流创新资源,完善协同创新体制机制,抢占科学研究制高点,产出一批源发性创新成果,将建设成为微尺度物质科学领域科研与人才培养高地。

国家研究中心现包含10个研究部,1个包含了理化、生物、极端条件和微纳加工的公共技术部以及1个交叉型高端研究平台,涵盖物理、化学、生物、材料、信息五大学科。中心以多学科交叉融合为指导思想,聚集微观尺度科学并产生重大原创性成果,在光与冷原子物理、单分子物理与化学、低维物理与化学、纳米材料与化学、纳米催化与能量转化、分子与细胞生物物理、神经环路与脑认知、分子医学、Bio-X 交叉科学、理论与计算科学等十个重要研究领域开展基础性研究。

2018 年国家研究中心按照建设运行实施方案,对人才队伍进行了大刀阔斧的重组建设。国家研究中心采用多种途径积极吸纳各类优秀人才,不断加强创新队伍建设。固定人员从 2017 年底的 273 人增长到 371 人,新吸纳优秀人才近百人。目前国家研究中心人员构成包括中国科学院院士 11 位、中国工程院院士 1 位、教育部长江学者奖励计划入选者 16 位、国家杰出青年科学基金获得者 46 位、"青年千人计划"入选者 76 位、"万人计划"入选者 20 位、中科院"百人计划"入选者 65 位、科技创新领军人才 13 位、国家优秀青年科学基金获得者 37 位、百千万人才工程入选者 18 位等,以及 10 支基金委创新研究群体。

国家研究中心已在国家"重大研究计划"中领衔承担项目 20 项,名列国内研究机构前列。另外,还承担了中科院"量子科学与技术前沿交叉研究"B 类先导专项,中科院"量子科学实验卫星"A 类先导专项及多项知识创新工程重大项目和国家有关军工重大项目。国家研究中心支撑的"量子信息与量子科技前沿协同创新中心"成为教育部公布的首批 14 家通过认定的协同创新中心之一,所支撑的"量子信息与量子科技前沿卓越创新中心"成为中国科学院首批启动的五个卓越中心之一。

本年度国家研究中心承担和参与的省部级以上研究项目共 595 项,累计已到位经费约 6 亿元,按项目来源统计分为以下几部分:科技部国家重点研发计划项目(课题)等经费约 18652.5 万元,占 31.1%;中科院战略性先导科技专项等经费约 16275.3 万元,占 27.1%;国家自然科学基金委项目(课题)经费约 24350.5 万元,占 40.6%;省级及其他项目(课题)经费约 709.3 万元,占 1.2%。承担横向项目 19 项,到位经费 703 万元。

本年度,"墨子号"量子科学实验卫星研究成果入选美国物理学会 2018 年度国际物理学十大进展。杜江峰院士团队的"固态单自旋量子相干控制与精密测量实验研究"项目获得高校自然科学一等奖;俞书宏教授获 2018 年度安徽省重大科技成就奖;潘建伟院士团队完成的"城域量子通信组网技术"项目获安徽省科学进步一等奖;曾杰教授课题组完成的"催化剂表界面配位结构的静态调控和动态演化"项目获安徽省自然科学一等奖;张强教授、熊伟教授和黄光明教授、"京沪干线"项目团队荣获 2018 年度杰出研究校长奖。此外,今年国家研究中心研究人员授权发明专利 61 项。

2018 年度,研究中心发表 SCI 收录论文 1002 篇(独立完成或第一单位的文章计 510 篇),其中 I 区论文(按中科院分区)有 445 篇(独立或第一单位 231 篇),占发表总量的 44%。其中很多发表在包括《Science》《Cell》《Nature》及其子刊等在内的国际顶级期刊,部分统计结果如下:《Science》3 篇,《Cell》1 篇,《Nature》4 篇,《Nature》子刊 35 篇。

国家研究中心不断加强对年轻学术带头人和科研骨干的支持与培养,并取得显著进展。2018 年新增国家杰出青年科学基金获得者 2 位,国家优秀青年科学基金获得者 3 位。本年度获得的荣誉主要包括:潘建伟院士获国际激光科学和量子光学兰姆奖,获"中国侨界杰出人物"称号;袁岚峰副研究员当选"典赞·2018 科普中国"十大科学传播人物;量子信息实验室团支部荣获"全国五四红旗团支部"光荣称号。

2018年国家研究中心共计招收博士生79人,其中享受政府奖学金的外国留学生5人,硕士生110人。目前,在籍研究生总人数已达574人(含硕士生243人,博士生331人,其中留学生27人)。2018年国家研究中心承担了学校11门研究生课程的理论讲授和实验操作,总共763学时,听课人数近1500人。本年度国家研究中心毕业授予博士学位68人,硕士学位17人。

2018年度已有152位海内外学者应邀来国家研究中心开展学术交流,共作学术报告156场次,其中国内66场次、北美地区49场次、欧洲地区21场次、亚太地区20场次。

国家研究中心一直以来不断优化和完善公共平台,促进设施设备条件改善,加强交叉创新研究平台的建设,对提升学校整体的科研能力产生了积极影响。2018年国家研究中心购置设备价值约10033万元。国家研究中心公共平台不仅为校内师生的科技创新服务,还面向社会开放共享,拓展区域经济社会服务范围:本年度为地方企事业单位服务测试样品26374个,测试机时25723小时,包括为安徽省交通事故鉴定30多次,对30多家药品企业进行了新药的结构确证以及为其他科研院校进行了大量的样品测试。

2018年度,国家研究中心充分利用自身丰富的知识积累、高水平的研究平台积极开展科普活动和公共服务:在国内率先举办的以"发现微观之美,分享科研之趣"为主题的系列"显微摄影比赛"继续举办,吸引社会群体与新闻媒体的关注,促进科技传播;5月的科技活动周,接待来自安徽省和周边省市的中小学生、普通市民5000余人次前来参观;向全国知名中学派出院士教授科普报告团,作各类科普报告37场,听众7000余人;组织专家教授团奔赴西安、武汉、长春、哈尔滨、大连、山东、长沙等地的大学作科普报告,加大科学宣传力度;举办各类面向大学生、中学生的夏令营9场,参与同学近3000人。

附录　新闻媒体有关我校的报道索引

国际新闻媒体有关我校的报道索引

媒体名称	时间	文 章 标 题
Labmate	1.16	Breakthrough with Potential Imaging Project
Insidescience	1.19	Is China the Leader in Quantum Communications?
Phys.org	1.19	Real-world Intercontinental Quantum Communications Enabled by the Micius Satellite
Physics	1.19	Focus: Intercontinental, Quantum-Encrypted Messaging and Video
Wired	1.20	Why This Intercontinental Quantum-Encrypted Video Hangout Is a Big Deal
Xinhua	1.20	Details of China's Long-range, Quantum-Secured "Unhackable" Messaging Revealed
ibtimes	1.20	Is China Leading the Race to Create Quantum Internet? Massive Quantum Key Network Now Online
Global Times	1.21	Quantum Messaging Links China and Austria
straightstimes	1.22	Translation Made Easy with iFlytek APP
theregister	1.22	China Flaunts Quantum Key Distribution in-SPAAACE by Securing Videoconference
Asia Times	1.22	Quantum Leap in the Dark Science of Cryptography
Room	1.22	Quantum-enabled Satellite Passes Key Tests
Computing	1.22	China Details Its Quantum Key Distribution Network
Spaceflightinsider	1.22	China's "Micius" Satellite Demonstrates Intercontinental Quantum Key Distribution for the First Time
INAVATE	1.24	Quantum Encryption Demo Is another Step Closer to a Quantum Internet
Phys.org	1.30	Team Realizes Strong Indirect Coupling in Distant Nanomechanical Resonators
Xinhua	1.31	Feature: Unveiling the Beauty of Chemistry
Phys.org	2.1	Generalized Hardy's Paradox Shows an Even Stronger Conflict Between Quantum and Classical Physics
DesignNews	2.2	DesignCon Engineer of the Year Builds on Foundation of Astrophysics
Techonode	2.7	iFlytek's Journey from the Bottom to the Top of China's Voice AI Industry
Nature	2.14	The Quantum Internet has Arrived (and It Hasn't)
Seeker	2.20	These Stunning Microscopic Visuals Make It Easy to Envision Chemistry

续表

媒体名称	时间	文章标题
Science Advance	2.22	A Surface-Display Biohybrid Approach to Light-Driven Hydrogen Production in Air
Bulletin of the Atomic Scientists	3.1	Is China Seeking "Quantum Surprise?"
Discover	3.6	Blind Mice See Again With Gold and Titanium
ecns	3.7	iFlytek Developing AI-enabled System for Legal Purposes
bigthink	3.7	Scientists Restore Vision in Blind Mice Using Gold and Titanium Nanowire Arrays
Futurism	3.9	Gold and Titanium Restore Vision to Blind Mice
Semiconductor today	3.12	Room-Temperature Electrically Pumped Indium Gallium Nitride Microdisk Laser
ecns	3.28	China Sees Shortfall of 5 mln AI Experts
Chemistry World	3.29	Artificial Photosynthesis Harnesses Forgotten Half of Sunlight's Energy
Xinhua	3.30	Chinese Scientists Discover Possible Cause of the Great Dying
ecns	4.2	Youths in China Seek Attention Through Short Videos
urdupoint	4.3	Chinese Researchers Develop New Fire-Resistant Construction Material
financialexpress	4.3	Chinese Researchers Develop New Construction Material that Can Resist Flames As Hot As 1300 Degrees Celsius
Xinhua	4.3	Chinese Researchers Develop New Fire-Resistant Construction Material
ecns	4.8	Nation Woos Back Chinese Studying Overseas
Semiconductor today	4.11	Near-Ultraviolet Aluminium Gallium Nitride Laser Diode on Silicon
ucrtoday	4.17	UCR Explores Cross-Continental Collaboration with China's Top Educators and Entrepreneurs
Sciencetrends	4.25	Exploring Low-Concentration PV Technology As an Environmentally-Friendly Option in Large-Scale Applications
Ucar	4.30	U.S. Gains in Air Quality are Slowing Down
Khou	4.30	The USA's Long Battle Against Air Pollution Isn't over Yet, As Air Quality Improvements are Slowing Down
latimes	4.30	Slowdown in Emissions Reductions Could Explain Stalled Progress on Smog, Study Finds
The Citizen	4.30	Slowdown in US Air Quality Gains: Study
USA TODAY	4.30	The USA's Long Battle Against Air Pollution Isn't Over Yet, As Air Quality Improvements are Slowing Down

续表

媒体名称	时间	文 章 标 题
photonics	5.1	CLEO 2018 Bridges Tech Advancement, Learning
Eurekalert	5.9	The Big Bell Test
Chemistry World	5.10	Transition Metal Catalyst Helps Produce Sustainable Hydrogen from Urea
ecns	5.14	Powering up the World with Solar
Eurekalert	5.14	Stress Regulates Self-harm in Rats
Phys.org	5.14	A Chip that Allows for Two-dimensional Quantum Walks
HPCwire	5.17	Spring Meetings Underscore Quantum Computing's Rise
The Scientists	5.17	Could a Dose of Sunshine Make You Smarter?
Xinhua	5.18	Breakthrough Discovery by Aussie, Chinese Universities Could Lead to Innovative Approach to Treating Cancer
Phys.org	5.23	Universal pH Regulated Assembly of DNA Nanostructures
Phys.org	5.24	Sustainable Highly Conductive Electrode Materials from Ultrathin Carbon Nanofiber Aerogels Derived from Nanofibrillated
Sciencetrends	5.24	Anion Exchange Membrane Crosslinked in The Easiest Way Exhibits High Alkaline Stability
Xinhua	5.29	For a China Strong in Science
Advanced Science News	6.20	Fire Retardant Binary Network Aerogels
Chemistry World	6.20	Transition Metal Catalyst Helps Produce Sustainable Hydrogen from Urea
Global Times	7.4	Chinese Physicists' Quantum Achievement Signals Dawn of Supercomputer
Global Times	7.25	Technology Developed by Chinese Scientists Makes Future Quantum Network Safer, Increases Channel Capacity
Phys.org	8.13	Biomimetic Micro/Nanoscale Fiber Reinforced Composites
Science News	8.13	This Synthetic Wood is As Strong As the Real Thing—and Won't Catch Fire
Eurekalert	8.13	USTC Develops a Family of Bioinspired Artificial Woods by Traditional Resins
NHK WORLD	9.11	China: Science Superpower in the Making
Xinhua	9.17	New Platform to Boost China's AI Research and Education
Global Times	9.17	Tibet Relics from 2000 Years Ago Suggest Plateau Silk Road
Global Times	9.17	Sulfate in Air Unlikely Originates from Burning Coal: Chinese Scientists

续表

媒体名称	时间	文 章 标 题
Xinhua	9.17	Two Asteroids Named After Well-known Chinese Scholar Couple
Technode	9.17	China is Building a Massive Multi-location National-level Quantum Laboratory
Xinhua	10.15	Chinese Scientists Discover Better Treatment for Liver Transplant Rejection
Global Times	10.24	Chinese, Aussie Experts Develop 'Terminator'-Like Liquid Metal Robot
South China Morning Post	10.25	Chinese Scientists Develop Shape-shifting Robot Inspired by T-1000 from Terminator
Washington Post	11.26	Chinese Scientist's Claim of Gene-edited Babies Creates Uproar
NPR	11.27	China Pours Money into Research, Luring US Scientists and Students: Shots-Health News
Scientific American	12.12	Engineering a Biomedical Revolution in China
Business Times	12.20	China's Father of Quantum Superpower
ecns	12.29	Fire-resistant Xuan Paper Developed for Precious Calligraphy Collection

国家级新闻媒体有关我校的报道索引

综合报道篇

媒体名称	时间	文 章 标 题	作 者
人民网	1.5	中国科大附属第一医院(安徽省立医院)荣获第五届"全国文明单位"称号	刘 颖 金蕾欣
新华网	1.20	钟扬同志先进事迹报告会在中国科大举行	房子妤
中国科学报	1.23	中国科技大学空间物理专业党支部：以党建助推"双一流"建设	桂运安 温才妃
中国青年报	1.24	中国科大空间物理专业：服务青年教师成长成才 助燃科技创新的火焰	
科学网	2.23	量子创新研究院理事会会议暨年度工作会议召开	
新华网	2.24	"第一动力"的历史自觉——中国创新的时代答卷	陈 芳 杨玉华 董瑞丰 陈 聪

续表

媒体名称	时间	文章标题	作者
中国科学报	2.26	中科院院长白春礼调研中国科大	倪思洁
中国科学报	2.26	量子创新研究院理事会会议暨年度工作会议召开	倪思洁
光明日报	2.28	科学大咖带你看懂2017年度中国科学十大进展	
CCTV新闻频道	2.28	科技部:2017年度中国科学十大进展公布	
科技日报	2.28	2017年度中国科学十大进展揭晓	刘垠
科技日报	2.28	解读2017年度中国科学十大进展	
新华网	2.28	专家带你读懂"2017年度中国科学十大进展"	凌纪伟
CCTV新闻频道	3.3	聚焦两会·"委员通道"首次开启·潘建伟 量子信息科技发展与生活息息相关	
光明日报	3.4	量子技术将对中国发展产生重大影响	底亚星 王斯敏
中国教育报	3.4	保护千家万户的信息安全	
CCTV纪录频道	3.4	创新中国 信息技术:墨子号	
CCTV纪录频道	3.4	创新中国 信息技术:光量子计算机	
CCTV科教频道	3.5	《聚力支撑》飞向深空	
中国新闻网	3.7	潘建伟院士:合肥成继京沪后又一个大科学装置集中地	
科技日报	3.11	"黄金时间"搞科研,必有更大作为	吴长锋
中国广播网	3.15	中科大中、西校区将"牵手"	
人民日报	3.30	下好先手棋 蹚出改革路	朱思雄 孙振
人民网	4.29	中国科大国金院创新创业孵化中心落户合肥包河	赵越 杜欣
新华网	5.8	首届中国高校智能机器人创意大赛决出一等奖	朱涵
人民网	5.10	安徽大力实施创新驱动 区域创新能力稳居全国第一方阵	
中国广播网	5.16	中共中央决定舒歌群任中国科技大学党委书记	郑言
光明网	5.17	舒歌群任中国科学技术大学党委书记	冀文亚
中国科学报	5.18	白春礼调研中国科学技术大学	丁佳
央视网	5.27	畅想数字未来 "最强大脑"带来思想盛宴	孔华
中国新闻网	5.28	第二届中国(合肥)类脑智能高峰论坛6月在合肥举办	张俊
中国广播网	5.29	院士学术报告会:潘建伟、武向平等科学界大咖分享研究成果	朱敏

续表

媒体名称	时间	文章标题	作者
中国新闻网	5.29	2018安徽省高校智慧教学研讨会在中国科大举行	
CCTV朝闻天下	5.31	两院院士大会 陈嘉庚科学奖及青年科学奖揭晓	
经济日报	6.7	欢迎来到量子世界	沈 慧
中青在线	6.8	中国科大60周年校庆获捐赠6千万 用于支持新医学发展	王 磊 王海涵
新华网	6.20	第二届中国(合肥)类脑智能高峰论坛即将启幕	孙亚萍
中国广播网	6.20	第二届中国(合肥)类脑智能高峰论坛将于6月22日举行	
人民日报	7.31	创新活力如何激发	徐 靖 柯仲甲 贺 勇 钟自炜 黄 超
中国科学报	8.23	红专并进一甲子 科教报国争一流	李晨阳
CCTV新闻联播	8.28	国际量子密码大会首次在我国召开	
新华网	8.28	量子密码"大咖"齐聚上海 共同勾勒量子科学新图景	周 琳 董瑞丰
中国科学报	8.29	国际量子密码会议首度在中国召开	黄 辛 丁 佳
新华社	8.29	第8届国际量子密码大会在上海举行 量子"大咖"聚中国，勾勒迷人运用前景	周 琳 董瑞丰
中国科学报	8.29	国际量子密码会议首度在中国召开	黄 辛 丁 佳
人民网	9.1	中国科大最大校区今天奠基开工 一期预计2020年交付	汪瑞华
中国广播网	9.1	中国科大合肥最大校区开建	刘 军
中国新闻网	9.1	中国科大高新园区奠基 布局高技术与工程学科领域	吴 兰
新华网	9.2	中国科学技术大学高新园区举行奠基仪式	程 红
中国科学报	9.3	白春礼调研中国科大 强调要早日建成质量优异、特色鲜明的世界一流大学	高雅丽
新华社	9.9	立心铸魂兴伟业——以习近平同志为核心的党中央情系教育事业发展	吴 晶 胡 浩 施雨岑 白 瀛

续表

媒体名称	时间	文章标题	作者
中国科学报	9.11	中国科大的一流密码(上)	陈欢欢
新华网	9.11	中科大毕业生在华盛顿举行建校60周年庆祝活动	杨承霖 周 舟
中国科学报	9.12	中国科大的一流密码(下)	陈欢欢
中国科学报	9.13	辉煌、非议、坚持:少年班风雨四十年	高雅丽 陈欢欢
中国新闻网	9.15	2018年度求是奖颁奖 杨振宁等出席典礼	吴 兰
中青在线	9.16	校友马东敏向母校捐赠1亿元	范 雪
中国新闻网	9.16	李彦宏夫人马东敏向母校中国科大捐赠一亿元人民币	吴 兰
光明网	9.16	2018年度"求是奖"在中国科大揭晓	常 河
中国科学报	9.17	新中国首个研究生院的前世今生	高雅丽 陈欢欢
中国科学报	9.17	2018年度"求是奖"揭晓	徐海涛
中国教育报	9.17	2018年度"求是奖"颁奖	方梦宇
光明日报	9.18	中国科技大学:科教报国六十载	常 河
中国科学报	9.18	科研创新频频亮剑	高雅丽 陈欢欢
中国青年报	9.18	中国科大60年:脚踏祖国大地 仰望科学星空	王 磊 原春琳
中国科学报	9.19	无行政化 无门派之分 无后顾之忧 中国科大打造"三无四有"科研环境	陈欢欢
中国科学报	9.19	山西与中国科大签署战略合作协议	程春生 邰 丰
中国科学报	9.20	大学校长齐聚中国科大:共话教育创新 擘画发展愿景	陈欢欢
中国广播网	9.20	教育创新暨中外大学校长论坛在中国科大举行	刘 军
中国广播网	9.20	中国科大隆重举行建校60周年纪念大会	刘 军 杨保国
中国新闻网	9.20	海内外校友庆祝中国科学技术大学建校60周年	吴 兰
中国科学报	9.21	首届"嘉庚论坛"召开搭建跨领域对话平台 推进科技经济深度融合	倪思洁
中国教育报	9.21	中国科大举办中外大学校长论坛	方梦宇
中国科技网	9.21	红专并进一甲子,科教报国六十年 中科大举行建校60周年纪念大会	吴长锋

续表

媒体名称	时间	文章标题	作者
新华社	9.22	六十秒 六十年——中国科学技术大学视频报道	刘美子 水金辰 汤 阳 张 铮
新华社	9.22	穿越时空的不懈攀登——中国科大科教报国60年记	王正忠 杨玉华 徐海涛 周 畅
人民日报	9.23	围绕国家需求 迈向科技前沿——写在中国科学技术大学建校60周年之际	朱思雄 韩俊杰
CCTV朝闻天下	10.1	勋章的故事·"两弹元勋"郭永怀:心有大我 以身许国 誓死无憾	
CCTV新闻联播	10.5	勋章的故事·"两弹元勋"郭永怀:星空中永恒的勋章	
中国青年报	10.10	科大讯飞:用AI让中国发声越来越响亮	王 林
新华社	11.12	中科大建校60年:"科教报国"攀高峰	徐海涛 周 畅
人民日报	11.13	红专并进 科教报国 建校60年来,中国科学技术大学始终面向国家需求,抢占科技前沿	
新华社	12.24	"墨子号"洲际量子密钥分发成果入选2018年度国际物理学十大进展	张紫赟
中国科学报	12.25	"墨子号"成果入选2018年度国际物理学十大进展	杨保国

科学研究篇

媒体名称	时间	文章标题	作者
新华网	1.2	我国学者量子计算研究获新进展:实现三量子点半导体比特高效调控	徐海涛
中国科学报	1.3	我国学者量子计算研究获新进展	徐海涛
科技日报	1.10	海森堡极限的量子精密测量首次实现	吴长锋
中国新闻网	1.11	中国科大首次实现海森堡极限的量子精密测量	吴 兰
新华网	1.12	我国科学家首次实现海森堡极限的量子精密测量	徐海涛
中国经济网	1.17	二氧化碳加氢——简单高效催化剂问世	佘惠敏

续表

媒体名称	时间	文章标题	作者
科技日报	1.18	新型革兰氏阳性菌抗药机制揭示	吴长锋
新华网	1.20	"墨子号"首次量子保密洲际通信细节公布	林小春 周舟
中国新闻网	1.20	"墨子号"量子卫星具备洲际量子保密通信能力	吴兰
中国广播网	1.21	"墨子号"量子卫星成功实现洲际量子密钥分发	刘军
光明网	1.21	"墨子号"量子卫星成功实现洲际量子密钥分发　有望构建全球化量子通信网络	李睿宸
解放日报	1.21	"墨子号"首次量子保密　洲际视频通话细节公布	林小春 周舟
新华网	1.22	"墨子号"量子卫星成功实现洲际量子密钥分发	徐海涛
中国科学报	1.22	"墨子号"成功实现洲际量子密钥分发	杨保国
科技日报	1.22	"墨子号"成功实现洲际量子密钥分发	吴长锋
CCTV-2	1.22	"墨子号"量子卫星成功实现洲际量子密钥分发	
中国教育报	1.23	"墨子号"量子卫星成功实现洲际量子密钥分发	方梦宇
人民日报	1.23	"墨子号"卫星实现洲际量子密钥分发	孙振
光明日报	1.25	量子计算机呼之欲出	杨骏 黄堃
新华网	1.28	中美科学家利用石墨烯系统探索量子信息处理新方式	徐海涛
科技日报	1.31	我首次实现纳米机电系统非近邻模式耦合	吴长锋
中国新闻网	2.2	中国科研人员在新型量子密钥分配研究上取得重要进展	吴兰
科技日报	2.5	我率先实现脉冲数最小、安全距离最长量子密钥分发	吴长锋
新华网	2.6	我国学者实现新型量子密钥分配研究协议提升安全性能	徐海涛
中国新闻网	2.10	中国科研人员解密神经突触"黑匣子"	吴兰
中国科学报	2.12	新技术解密神经突触"黑匣子"	杨保国
科技日报	2.12	我利用冷冻电镜成功解析神经突触超微结构	吴长锋
新华网	2.12	中美学者用冷冻电镜解析大脑神经突触"黑匣子"	徐海涛
人民日报	2.13	中美学者利用冷冻电镜成功解析神经突触	孙振
新华网	2.21	我国半导体量子芯片研究获突破：首次实现三量子比特逻辑门	徐海涛
科技日报	2.22	我半导体量子芯片研制首次实现三量子比特逻辑门	徐海涛

续表

媒体名称	时间	文章标题	作者
人民日报海外版	2.22	中国半导体量子芯片研制新进展	徐海涛
人民日报海外版	2.22	冷冻电镜成功解析大脑神经突触	
人民日报	2.22	我国科学家再获多项研究成果	徐海涛
中国日报网	2.23	量子创新研究院提五年目标　将发多颗微纳量子卫星	朱立新
人民网	2.23	中科院量子创新研究院：未来五年发射多颗微纳量子卫星	汪瑞华
中国新闻网	2.24	中国科研人员实现高分辨新型成像技术	吴兰
科技日报	2.26	我率先发现离子通道离子选择性新机制	吴长锋
中国科学报	2.26	单电子自旋量子传感器研制成功	杨保国
人民日报	2.26	中国科大实现高分辨电阻抗医学成像	孙振
中国科学报	2.27	中国科大实现高分辨电阻抗医学成像	杨保国
光明网	2.27	2017年中国科学十大进展发布　"墨子号"位列榜首	赵清建
人民日报	2.28	中科大研制新型量子传感器	孙振
科技日报	3.2	神奇低成本技术"点铁成氢"	吴长锋
央视网	3.3	"量子信息技术"到底有什么用？听听"量子之父"怎么说	
科技日报	3.4	新型有机太阳能电池：将含能电子关起来	吴长锋
新华网	3.6	我国学者发现神奇"点铁成氢"技术	徐海涛
科技日报	3.8	十年后量子通信网络覆盖千家万户	张盖伦 李大庆
科技日报	3.11	量子通信：让信息传输无条件安全	
科技日报	3.11	《自然》：中国量子互联网已遥遥领先	吴长锋
科技日报	3.17	我率先实现单颗粒或细胞捕获	吴长锋
中国经济网	3.20	中科大揭示酵母酶的"钻戒"结构　可优化癌症的个性化治疗	佘惠敏
中国青年报	3.26	科学家揭示一种酵母乙酰转移酶的"钻戒"结构	范琼 王磊
中国新闻网	3.27	中国学者研究发现2.5亿年前生命大灭绝重要环境因素	吴兰
中青在线	3.27	中国科大学者解密二叠纪末生命灭绝事件	王磊
人民网	3.27	中科大教授提出二叠纪末生命灭绝假说：大陆风化或是重要因素	汪瑞华
人民网	3.27	全球首款量子计算云平台APP正式上线	
中国科学报	3.28	二叠纪末生命灭绝事件研究获进展	杨保国

续表

媒体名称	时间	文章标题	作者
中国科学报	3.28	我学者揭示酵母乙酰转移酶的"钻戒"结构	范 琼 杨保国
科技日报	3.28	二叠纪生命灭绝关键因素证据找到	吴长锋
光明网	3.28	本源量子计算云平台全球首款APP正式上线	张士英
新华网	4.1	我国学者研制出可耐1300摄氏度高温的隔热防火材料	徐海涛
人民日报	4.2	中科大提出二叠纪末生命灭绝假说	孙 振
中国青年报	4.2	中国科大学者解密二叠纪末生命大灭绝事件	王 磊
科技日报	4.2	新型气凝胶隔热防火 为火灾时赢得逃生时间	吴长锋
人民日报	4.2	我国研制出新型隔热防火材料	徐海涛
人民日报	4.4	全球首款量子计算云平台APP上线	孙 振
科技日报	4.11	我率先在冷原子系统中模拟曲面量子霍尔效应	吴长锋
科技日报	4.13	破解2.5亿年前的"谋杀案"	陆成宽
中国新闻网	4.13	中国学者实现国际上最高效的量子态层析测量	吴 兰 杨保国
经济日报	4.15	我国揭示酵母酶的"钻戒"结构	佘惠敏
科技日报	4.16	新发现病菌也有"公、私"之分	吴长锋
中国科学报	4.17	中国科大等实现最高效量子态层析测量	杨保国
经济日报	4.19	我国实现全球最高效量子态层析测量	佘惠敏
人民日报	4.23	中科大团队揭示绿脓杆菌菌落发展机制	范 琼
新华网	4.23	2018GIX创新大赛合肥赛区宣讲会举办	子 岩
人民网	4.27	中国科学家首次观测到化学反应中"日冕环"现象	张世安
科学网	4.27	中国科学家首次观测到化学反应中"日冕环"现象	刘万东
中国新闻网	5.3	中国科大在大气环境研究方面取得重要进展	吴 兰
科技日报	5.7	氮氧化物排放数据打了美国环保局的脸	吴长锋
中国科学报	5.7	中国科大等证实中国污染物排放控制成效显著	杨保国
中国科学报	5.8	中国科大、中科院大连化物所首次观测到化学反应中"日冕环"现象	刘万生
中国新闻网	5.9	中国科研人员让二氧化碳"变废为宝"	吴 兰 杨保国

续表

媒体名称	时间	文章标题	作者
中青在线	5.9	中国科学技术大学研发出二氧化碳"变废为宝"技术	杨保国 王磊 王海涵
中国广播网	5.9	我国科学家研发出二氧化碳"变废为宝"技术	刘军 杨保国
科技日报	5.9	华北发现百万年前地下"化石"水	吴长锋
人民日报	5.10	我科学家发现新型催化机制	赵永新 杨保国
新华网	5.11	潘建伟团队实现基于人类自由意志的量子非定域性检验	徐海涛
光明日报	5.13	我科学家实现基于人类自由意志的量子非定域性检验	冀文亚
中国科学报	5.14	中国科大单原子协同催化助力二氧化碳"变废为宝"	杨保国
中国科学报	5.14	科学家实现基于人类自由意志量子非定域性检验	杨保国
科技日报	5.14	我国科学家检验量子非定域性	吴长锋
人民日报	5.14	中科大实现基于人类自由意志的量子非定域性检验	孙振
中国教育报	5.15	中国科大量子研究获新进展	方梦宇
新华网	5.18	科普：晒太阳为何让人更聪明	周舟
中国科学报	5.21	中国科大与中科院昆明动物所绘制首张自残行为相关脑区图谱	杨保国
中青在线	5.21	中国科大揭示日光照射可改善学习记忆的分子及神经环路	王磊 王海涵
光明日报	5.22	晒太阳如何改善记忆能力	冀文亚
中国新闻网	5.22	中国科大研究新发现：晒太阳可改善记忆	吴兰
新华网	5.22	"晒太阳"为何能增强学习记忆能力？我国学者发现背后原因	徐海涛
新华网	5.23	我国学者发现动物自残行为的调控机制	徐海涛
解放军报	5.23	"晒太阳"能增强学习记忆能力	徐海涛
中国科学报	5.24	科学家发现"晒太阳"增强学习记忆力原因	杨保国
新华网	5.24	我国学者研发新技术助力二氧化碳高效转化为甲醇	徐海涛
科技日报	6.5	简单高效发光墨水研发成功	吴长锋
中国科学报	6.12	容忍光子损失玻色采样实验首次实现	柯讯
科技日报	6.12	我首次实现容忍光子损失的玻色采样实验	吴长锋

续表

媒体名称	时间	文章标题	作者
新华网	6.13	我国学者新型玻色采样实验开辟实现量子霸权新途径	徐海涛
中国科学报	6.19	中国科大等电催化二氧化碳制备多碳醇燃料获突破	杨保国
中国新闻网	6.19	中国学者发现治疗肿瘤新路径	吴兰
科技日报	6.20	二氧化碳"变身"高能量密度液体醇燃料	吴长锋
科技日报	6.21	我学者首次构建出锯齿型碳纳米管片段	吴长锋
科技日报	6.22	我首次实现零磁场核磁共振的普适量子控制	吴长锋
中国科学报	6.22	晒太阳让你更聪明	张文静
中国新闻网	6.26	研究显示缺氧是约4.97亿年前全球三叶虫灭绝的重要因素	吴兰
中国科学报	6.27	木材可制备出碳纳米纤维材料	杨保国
新华网	6.27	我国学者发现海洋缺氧是寒武纪全球三叶虫灭绝重要原因	徐海涛
中国广播网	6.27	寒武纪三叶虫灭绝或因缺氧造成	刘军 杨保国
光明网	6.27	我国科学家发现造成全球寒武纪三叶虫灭绝重要因素	冀文亚
中国科学报	6.28	中国科大：晚寒武世海洋缺氧是三叶虫灭绝重要原因	杨保国
中青在线	6.28	中国科大在研究全球寒武纪三叶虫灭绝事件方面取得新进展	王磊 王海涵
光明日报	6.29	中国科大建成新型光学量子行走实验系统	冀文亚 杨保国
中国广播网	7.2	中国科大首次实现18个量子比特的纠缠 再次刷新量子纠缠世界纪录	刘军 杨保国
中国新闻网	7.2	中国科大再次刷新量子纠缠世界纪录	吴兰
新华网	7.2	我国实现18个量子比特纠缠 再次刷新世界纪录	徐海涛
人民日报	7.3	我国实现18个量子比特纠缠	孙振
中国青年报	7.3	中国科大首次实现18个量子比特的纠缠	王磊 王海涵
中国教育报	7.3	中国科技大学首次实现18个量子比特的纠缠	方梦宇
中国科学报	7.3	我国实现18个量子比特纠缠	徐海涛
科技日报	7.3	我国率先实现18个量子比特纠缠	吴长锋
光明日报	7.3	我科学家首次实现18个光量子比特纠缠	冀文亚 杨保国
CCTV新闻直播间	7.3	我国科学家实现18个量子比特纠缠	

续表

媒体名称	时间	文章标题	作者
CCTV新闻联播	7.3	我国科学家实现18个量子比特纠缠	帅俊全 方田
中国教育报	7.9	中国科学技术大学：晚寒武世海洋缺氧致三叶虫灭绝	樊畅
科技日报	7.16	"时间折叠"使皮秒级任意序列发生器成为现实	吴长锋
人民日报	7.16	中科大首次实现皮秒精度任意序列发生器	孙振
人民日报	7.17	中科大潘建伟团队首次实现18个光量子比特的纠缠	孙振 李家林
中国科学报	7.17	科学家实现皮秒精度任意序列发生器	柯讯
中国科学报	7.23	中国科大研制出新型碱性水还原电催化剂	杨保国
科技日报	7.25	我首次利用四维纠缠态实现量子密集编码	吴长锋
中国新闻网	7.25	中国科大创造密集编码量子通信信道容量新纪录	吴兰 杨保国
央视新闻	7.25	我国量子通信研究取得新进展：创造密集编码量子通信信道容量新纪录	
人民网	7.25	中科大再创纪录 量子密集编码信道容量达到2.09	汪瑞华
新华网	7.25	我国学者创造密集编码量子通信信道容量新纪录	徐海涛
中青在线	7.25	中国科大创造密集编码量子通信信道容量新纪录	王磊 王海涵
科技日报	7.30	我发现宏量合成多孔掺杂 碳纳米材料制备新途径	吴长锋
中国科学报	7.31	中科大创密集编码量子通信信道容量新纪录	杨保国
中国科学报	7.31	中国科大提出碳纳米材料合成新路线	杨保国
科技日报	8.7	两类不同量子资源间实现相互循环转化	吴长锋
中国经济网	8.7	中国科大实现两类不同量子资源间的相互循环转化	文晶
中国新闻网	8.7	中外科学家合作研究华南雾霾来源和形成机制取得重要进展	吴兰
中国科学报	8.8	两类量子资源实现循环转化	杨保国
中国青年报	8.8	中科大与美国院校合作研究雾霾来源和形成机制取得重要进展	王磊 王海涵
中国科学报	8.9	雾霾来源和形成机制研究获新进展	杨保国
人民日报	8.9	中国科大实现两类不同量子资源间的循环转化	孙振
科技日报	8.9	硫同位素为华南雾霾研究提供新途径	吴长锋

续表

媒体名称	时间	文章标题	作者
中国教育报	8.10	中国科学技术大学:为雾霾成因研究提供新途径	方梦宇
中国新闻网	8.11	中国科大成功研制仿生人工木材	吴 兰
人民日报	8.12	中科大研制出高强度仿生工程材料	孙 振
中青在线	8.12	中国科大成功研制仿生人工木材	王海涵 王 磊
光明日报	8.13	我科学家研制成功新型仿生人工木材	常 河 杨保国
中国科学报	8.13	中国科大研制仿生人工木材	杨保国
人民日报	8.14	中科大对南极望远镜实现高效远程控制	孙 振
中国教育报	8.16	中国科技大学:成功研制仿生人工木材	方梦宇
工人日报	8.17	雾霾来源和形成机制研究取得重要进展	陈 华
中国科学报	8.17	锁定华南雾霾"元凶"	袁一雪
科技日报	8.26	中科大提出宇宙原初黑洞形成新机制	徐 玢 金庄维
中国新闻网	8.27	"墨子号"发射两周年 中国正研制多颗低轨量子通信卫星	郑莹莹
科技日报	8.28	我率先实现基于星光随机数的贝尔不等式检验	吴长锋
科技日报	8.30	多自由度并行复用的固态量子存储器面世	吴长锋
中国新闻网	9.6	中国科大成功制备出仿蜘蛛丝的导电材料	吴 兰
中国科学报	9.7	人工木材从"形似"走向"神似"	袁一雪
中国广播网	9.7	中国科大首次在"水"中实现单个生物分子磁共振谱探测	刘 军 杨保国
中国科学报	9.13	中国科大首次在水溶液环境中实现单生物分子磁共振谱探测	杨保国
中国广播网	9.19	中国科大研究揭示"暴雨"或成企鹅又一生存挑战	刘 军
人民日报	9.20	中国科学技术大学在国际上首次实现器件无关的量子随机数 有了它,可防御量子攻击	吴月辉
中国新闻网	9.20	可防御量子攻击 中国在国际上首次实现器件无关量子随机数	孙自法
新华网	9.20	中科大团队实现器件无关量子随机数 量子保密通信安全再升级	董瑞丰
中青在线	9.20	可防御量子攻击?中国科学家首次实现器件无关的量子随机数	邱晨辉

续表

媒体名称	时间	文章标题	作者
中国科学报	9.20	科学家首次实现器件无关的量子随机数	丁佳
科技日报	9.21	我科学家实现与器件无关的量子随机数	李大庆 吴长锋
中国科学报	10.11	中国科大发现治疗肝纤维化智能疗法	柯讯
科技日报	10.11	以富勒烯作盾牌：显著提高二维材料的稳定性	吴长锋
中国新闻网	10.12	中国科大仿鱼鳞制备人造盔甲研究取得重要进展	吴兰
新华社	10.13	我国学者发现"智能施药"克服肝脏移植排斥新方法	徐海涛
新华社	10.15	我国学者仿生"超强鱼鳞"研制"人体盔甲"新材料	徐海涛
中国科学报	10.18	中国科大等克服肝脏移植排斥研究获进展	杨保国
新华社	10.18	中新学者研制激光诱导"智能生长"材料取得新进展	徐海涛
中国新闻网	10.18	中国科大等首次实现液态金属驱动轮式移动机器人	吴兰
中青在线	10.18	研究人员设计出新型液态金属自驱动轮式移动机器人	王磊
光明日报	10.19	我首次研制成功液态金属驱动的功能性轮式移动机器人	常河 杨保国
新华社	10.19	中澳学者实现液态金属驱动的功能性轮式机器人	徐海涛
科技日报	10.22	我国首次量子模拟马约拉纳零模的非阿贝尔几何相位	吴长锋
科技日报	10.22	我学者研发出液态金属驱动机器人	吴长锋
中国科学报	10.23	科学家实现液态金属驱动轮式机器人	杨保国
中国科学报	10.23	中新学者研究发现"聚合物自生长"效应	杨保国
中国科学报	10.24	中国科大富勒烯新应用研究获进展	杨保国
CCTV新闻直播间	10.24	中国科学技术大学 液态金属驱动机器人研究获新进展	
中国教育报	10.25	中国科大发明液态金属驱动机器人	方梦宇
中国新闻网	10.25	学者研究新发现：爱因斯坦比牛顿更有影响力	吴兰
中青在线	10.26	我国学者提出科学声望测度方法 爱因斯坦比牛顿的"影响力"更大	杨保国 王磊
安徽新闻联播	10.26	中国科大在液态金属驱动机器人领域获重大突破	姜相民
中国科学报	10.31	新测度方法排出物理学家声望榜	杨保国
中国科学报	11.22	"合肥先进光源"设计方案获国际专家组肯定	徐海涛
新华社	12.3	中加学者研制出"仿竹节"纳米材料提升"太阳能制氢"效率	徐海涛
中青在线	12.3	中国科大研制出仿竹节结构纳米材料	王磊 王海涵

续表

媒体名称	时间	文章标题	作者
中国科学报	12.4	人造纳米"竹子"实现高效太阳能制氢	杨保国
科技日报	12.4	仿竹节纳米材料使太阳能制氢效率提高一个数量级	吴长锋
中国广播网	12.4	中外科学家研发"纳米竹" 提高太阳能转化制氢效率	刘　军 杨保国
中国广播网	12.4	中国科大研制出新型质子交换膜燃料电池阴极催化剂	刘　军 杨保国
中国新闻网	12.4	中国学者研制出直径仅1纳米新型纳米线催化剂	吴　兰
中国新闻网	12.4	中国学者设计"智能"探针用于肿瘤光声成像	吴　兰
新华社	12.4	我国学者研发新技术可显著增强"肿瘤拍照"成像信号	徐海涛
中国科学报	12.6	新型"智能"探针精准肿瘤光声成像	杨保国
科技日报	12.6	新型纳米线催化剂有望使燃料电池大幅降价	吴长锋
中国新闻网	12.6	中国首款国产量子计算机控制系统诞生	吴　兰 张　俊
中青在线	12.7	国内首款自主知识产权量子计算机控制系统诞生	王海涵 王　磊
央广网	12.7	我国首款国产量子计算机控制系统在合肥诞生	马　喆 张建亚
新华社	12.8	我国学者研制出"未来电动汽车电池"高性能催化剂	徐海涛
新华社	12.8	我国成功研制自主知识产权的量子计算机控制系统	徐海涛 周　畅
CCTV中国新闻	12.8	中国成功研制量子计算机控制系统	
CCTV新闻联播	12.8	我国成功研制量子计算机控制系统	
中国科学报	12.11	新型催化剂实现高效廉价电解"水制氢"	徐海涛
中国科学报	12.11	中国科学技术大学研制出直径1纳米的纳米线催化剂	杨保国
人民网	12.11	中科大发布机器人柔性手爪 取豆腐抓纸片轻而易举	汪瑞华
中国新闻网	12.11	中国科大研发柔性机器人手爪 可抓豆腐纸张玻璃杯	吴　兰
中国科学报	12.12	首款量子计算机控制系统发布	赵广立
中国科学报	12.13	中科大研发"机器人柔性手爪"	徐海涛
央广网	12.14	中国科学家首次观测到化学反应中的"几何相位"效应	贾铁生
中国科学报	12.17	研究揭示化学反应中"几何相位"效应	刘万生 王永进

续表

媒体名称	时间	文章标题	作者
科技日报	12.18	我科学家率先观测到化学反应中的"几何相位"效应	吴长锋
科技日报	12.20	近邻宇宙星系发现中等质量黑洞候选体	吴长锋
新华社	12.21	我国学者首次实验实现量子纠缠态自检验	徐海涛
解放日报	12.22	量子纠缠态自检验首次实现	
中国新闻网	12.22	中国科大首次实验实现量子纠缠态自检验	吴兰
科技日报	12.24	我科学家首次实现量子纠缠态自检验	吴长锋
人民日报	12.26	硬件"瘦身" 性能提升 中科大郭光灿团队研制出自主知识产权的量子计算机控制系统	孙振 李家林

人才培养篇

媒体名称	时间	文章标题	作者
中国青年网	2.1	中科大举办研支团支教二十年新春座谈会	李川
人民网	3.14	中科院首届"率先杯"大赛宣讲会走进合肥	汪瑞华
中国科学报	3.17	教育部举行"拔尖计划"2.0版战略研讨会	杨保国
中国科学报	5.31	到中流击水——两院院士现身说法话"双创"	王佳雯
新华网	6.9	《国家相册》第94集:少年大学生	
光明日报	8.28	加大师资队伍的集群定向建设	邓晖
中国新闻网	11.12	中国科大"理实交融"育英才:千生一院士七百硕博生	吴兰
光明日报	11.13	红专并进 科教报国——中国科学技术大学人才培养模式探秘	常河
CCTV 新闻直播间	11.13	中国科学技术大学 聚集人才 科教报国服务社会	
CCTV 科教频道	12.14	《四十年四十个第一》第一批自主培养的博士	

校园文化篇

媒体名称	时间	文章标题	作者
中国新闻网	3.16	中科大少年班学霸每天读1.4本借阅图书	吴兰
新华网	3.30	樱花季,到中国科大来一场美丽的邂逅	周雨濛 吴正杰

续表

媒体名称	时间	文章标题	作者
中国新闻网	4.1	中科大樱花绽放 万人涌入"樱花大道"	韩苏原
人民网	4.2	中科大里赏樱花 不负春光不负卿	王晓飞 张 俊
新华网	4.2	中国科大校园醉美"樱花大道"	
人民网	4.10	中科大第二届"墨子论坛"将于本周举办	汪瑞华
中国广播网	4.10	第二届"墨子论坛"13日在合肥举行	刘 军
新华网	4.10	第二届"墨子论坛"将在合肥举办	吴 雷
中国经济网	4.10	第二届"墨子论坛"将在合肥举行	文 晶
中国新闻网	4.10	两百余海内外青年科学家将齐聚合肥"墨子论坛"话创新	吴 兰
光明网	4.11	中科大第二届"墨子论坛"将在合肥举行	冀文亚
人民网	4.14	第二届"墨子论坛"合肥举办 中科大广发英雄帖征召人才	汪瑞华
中国新闻网	4.14	第二届中国科大"墨子论坛"在合肥举行	吴 兰
中国广播网	4.14	安徽合肥:第二届"墨子论坛"今日开幕	徐 鹏
新华网	4.16	第二届"墨子论坛"在合肥开幕	吴 雷
人民网	4.25	2018GIX创新大赛合肥赛区宣讲会在中国科学技术大学成功举办	
新华网	4.27	第四届全国高校云计算应用创新大赛总决赛举办	蔡汉青
新华网	5.19	高校科普周 机器人炫动中科大	杨晓原
人民网	6.23	中科大校长寄语毕业生:做永不褪色的科大人	汪瑞华
中国新闻网	6.24	中国科大校长包信和院士勉励毕业生做出彩者	吴 兰
中青在线	6.24	中国科大校长勉励毕业生"做永不褪色的科大人"	王 磊 王海涵
中国科学报	7.3	做永不褪色的科大人	包信和
中国新闻网	7.7	墨子量子科技基金设立 初创资金一亿元	吴 兰
新华网	7.7	安徽与中科大共同设立"墨子量子科技基金"	徐海涛
人民网	7.7	量子墨子科技基金正式设立 初创规模1亿元	汪瑞华
新华网	7.13	中外学子科大讯飞感受智能语音科技	张 端
人民日报海外版	7.14	中外学子感受智能语音科技	张 端
人民网	7.20	两颗小行星以一对中国科大教授夫妇名字命名	汪瑞华
中国新闻网	7.20	两颗小行星以中国科大教授郭永怀伉俪的姓名命名	吴 兰

续表

媒体名称	时间	文章标题	作者
光明日报	7.22	两颗小行星以中国科大教授郭永怀伉俪姓名命名	
科技日报	7.23	两颗小行星以郭永怀李佩伉俪之名命名	吴长锋
新华网	8.5	将个人理想奋斗融入祖国建设——"弘扬爱国奋斗精神、建功立业新时代"活动引起热烈反响	
中国教育报	8.7	两颗小行星以中科大夫妻教授命名	方梦宇
人民网	8.30	中科大新生迎来入学第一课	赵越 陶涛
中国科学报	9.3	中国科大举行新生开学典礼白春礼寄语新生：立德求真、格物致知，成长为优秀的科大人	高雅丽
中国新闻网	9.14	中国高校学子创意无限玩转"核+X"	吴兰
中国广播网	9.17	第四届"核你在一起"科普开放周在中国科大启动	刘军 陈志
中国科学报	9.21	"我奉献，我自信"	陈欢欢
人民网	10.21	中国科大上演"机器人总动员" 21支队伍同台竞技	汪瑞华
新华社	10.21	中科大校园上演机器人大赛	张端
中国青年报	11.1	中国科大校园里的青春知心人"我们都是同学选出来的，不为同学服务就是失职"	王磊

科大学人篇

媒体名称	时间	文章标题	作者
光明网	1.6	中国科大获校友捐赠助推新学科建设	
中国新闻网	1.6	中国科大校友捐赠5000万助母校新学科建设	吴兰
中国新闻网	1.11	中国科学家潘建伟获国际激光科学和量子光学兰姆奖	吴兰
央视网	1.12	CCTV 2017年度科技创新团队：天地一体化广域量子通信技术研究团队	
光明日报	1.13	扎根雪域高原 永葆追梦初心	李睿宸
中国新闻网	1.20	2017年度科技创新人物揭晓 看看今年有哪些"科学明星"	张素
中国科学报	1.22	2017年度科技创新人物揭晓	
人民网	3.3	潘建伟委员：我国量子保密通信技术在国际处于全面领先地位	夏晓伦

续表

媒体名称	时间	文章标题	作者
新华网	3.3	潘建伟:中国科技工作者迎来了"黄金时间"	徐海涛 水金辰
中国新闻网	3.3	潘建伟:量子保密通信网络可保千家万户信息安全	
中国青年网	3.3	"量子之父"潘建伟:中国量子保密通信技术全面领先全球	陈琛 张曈
科学网	3.3	潘建伟:中国量子有信心继续领跑世界	
中国网	3.6	潘建伟:中国量子信息科技将继续领跑世界	
中国新闻网	3.8	潘建伟团队:未来五年内研制中高轨量子通信卫星	张素
中国青年报	3.9	全国政协委员潘建伟:量子通信网络有望十年左右覆盖千家万户	邱晨辉
央视网	3.9	全国政协委员潘建伟:今年将启动"量子通信全球组网"预研项目	帅俊全
人民网	3.10	全国人大代表包信和:中科大将重点培养现代科技医学应用人才	张磊 韩震震 陶涛
CCTV新闻频道	3.11	潘建伟:其实我不懂	
科技日报	3.13	知道量子是什么 比知道潘建伟是谁更重要	张盖伦
中国新闻网	3.14	潘建伟院士:期待早日有人能发展霍金的理论	
人民网	3.16	中科大六位院士为安徽科技成果转化助力	罗鸣
中国新闻网	4.25	安徽欧美同学会成立 潘建伟任第一届理事会会长	张强
人民日报	4.29	包信和:不忘多党合作初心 牢记复兴中华使命	
科技日报	5.10	潘建伟:量子信息技术是和平年代的"核武器"	张佳星
CCTV-1	5.26	物理学家潘建伟朗读《我的世界观》	
中国新闻网	5.29	潘建伟:量子通信网络和经典通信网络10多年后将无缝衔接	孙自法
中国新闻网	5.30	2018年度陈嘉庚奖揭晓颁奖 6人6项目分别获奖	孙自法
中国科学报	5.31	中国科学院院士潘建伟:新量子革命助力中国成为信息技术引领者	高雅丽
新华网	5.31	大国科学家丨包信和:期待打开催化的"黑匣子"	
中国广播网	5.31	包信和获2018年度陈嘉庚化学科学奖	贾铁生
人民网	5.31	中科大校长包信和获陈嘉庚科学奖	汪瑞华
中国科学报	6.29	中国科学技术大学熊宇杰同志:在纳米世界尽情翱翔	高雅丽

续表

媒体名称	时间	文章标题	作者
中国科学报	8.9	本源量子首席科学家郭国平：一切为了量子计算机研制提速	赵广立
科技日报	9.1	中科大学生发表顶级论文：AI帮你来作曲	吴长锋
中国新闻网	9.9	中国科大少年班学子：从来没把自己当"神童"	吴兰
新华网	9.20	专访：中国量子随机数研究新突破领先世界——访中国科学技术大学教授潘建伟	张家伟
中国科学报	9.21	在南极走出自己的脚印	张文静
人民网	9.28	卢广师：科大的荣耀与责任让我成长至今	
人民网	9.28	何兵兵：17岁中科大本硕博连读 9年换来人生坚实起点	郭宇 金蕾欣
人民日报	10.3	一名七十六岁老院士倔强的科研生涯	徐靖
中国科学报	10.8	中国科学院院士潘建伟：中国科学家要再"贵气"一点、"好斗"一点	倪思洁
人民网	10.16	中国科大附一院孙敬武当选"中国好医生"	汪瑞华
中国科学报	11.2	个人梦想与国家命运息息相关	张思玮
中国科学报	11.21	当科学家是我的理想	
中国科学报	11.22	中国科学院院士郭光灿：量子信息勿过分炒作	赵广立
人民网	12.1	中国科大附一院翁建平获CDS"科学贡献奖"	汪瑞华
人民日报	12.20	牢记时代使命 勇攀科技高峰	潘建伟
新华社	12.21	潘建伟：求解量子奥秘的"中国创新者"	徐海涛
新华社	12.22	（改革先锋风采）潘建伟	金剑 徐海涛 张端 刘勤兵 潘旭 狄春
科技日报	12.24	陈云霁：站在AI战队的最前列